了不起的

国学启蒙 1

论语 青少年版

（春秋）孔子◎著　木　沐◎译注

江苏凤凰文艺出版社
JIANGSU PHOENIX LITERATURE AND ART PUBLISHING

图书在版编目（CIP）数据

论语：青少年版 /（春秋）孔子著；木沐译注 .--南京：江苏凤凰文艺出版社，2024.5

（了不起的国学启蒙；1）

ISBN 978-7-5594-8531-1

Ⅰ .①论… Ⅱ .①孔… ②木… Ⅲ .①《论语》－青少年读物 Ⅳ .① B222.2-49

中国国家版本馆 CIP 数据核字（2024）第 059783 号

论语：青少年版

（春秋）孔子 著 木沐 译注

责任编辑 王昕宁

策划编辑 李 根

特约编辑 连 慧

装帧设计 天下书装

责任印制 杨 丹

出版发行 江苏凤凰文艺出版社

南京市中央路 165号，邮编：210009

网 址 http://www.jswenyi.com

印 刷 北京雁林吉兆印刷有限公司

开 本 880毫米×1230毫米 1/32

印 张 9

字 数 172千字

版 次 2024年 5月第 1版

印 次 2024年 5月第 1次印刷

书 号 ISBN 978-7-5594-8531-1

定 价 199.80元（全7册）

江苏凤凰文艺版图书凡印刷、装订错误，可向出版社调换，联系电话 025-83280257

前言

《论语》是一部由春秋时期著名教育家、思想家孔子及其弟子，以及再传弟子所编的以记言为主的语录体散文集，与《孟子》《大学》《中庸》并称为“四书”。它作为儒家经典的代表作，不仅是古代学校官定的教科书，更是现代国家教育部推荐的中小学生必读书目之一，同时也是我们探索和研究孔子思想及儒家理论的重要参考资料。

《论语》全书分为二十篇，涉及教育、文学、道德修养、政治、礼乐，以及立身处世等诸多方面内容。以语录体为主，叙事体为辅，语言精练，浅显易懂而用意深远。通过简单的交谈和互动，充分展现了孔子及其弟子性格鲜明的人物形象。书中的哲学思想丰富而深刻，对现代人的工作、生活、学习等方面都具有指导意义。

关于做人，孔子教导我们要仁慈、包容、诚实守信、不违背道德良知、与人为善。比如，“己所不欲，勿施于人。”“人而无信，不知其可也。”“吾日三省吾身：为人谋而不忠乎？与朋友交而不信乎？传不习乎？”

关于治国之道，孔子认为治国要“以人为本”“以德治国”。将人民群众的利益放在第一位，强调以道德和礼教来治理国家、引导百姓。比如，“为政以德，譬如北辰，居其所而众星共之。”“道之以政，齐之以刑，民免而无耻。道之以德，齐之以礼，有耻且格。”

关于学习，孔子认为好学精神非常重要，学习的过程中要灵活掌握学习方法。学习内容方面应当广博，不能单一、偏颇。学习的重点在于“学以致用”。比如，“知之者不如好之者，好之者不如乐之者。”“学而不思则罔，思而不学则殆。”“多闻，择其善者而从之；多见而识之，知之次也。”“见贤思齐焉，见不贤而内自省也。”

关于教育思想，孔子主张“有教无类”，普通百姓也有接受教育的机会；“因材施教”根据人们不同的性格特点，采用不同的教育方式，从而提升教学效果；“仕而优则学，学而优则仕”，教育的目的除了以仁义礼使人们的灵魂得以净化、社会行为得以协调，其最重要的目的是培养怀有仁义之心的“士”和“君子”。

本书旨在让读者对《论语》有更加深刻的理解，并且能够与社会现实相结合，透彻地体悟其中的精神内涵，以达到提升自身思想道德修养的目的。

囿于编者才疏学浅，虽借鉴了众多学者的思想精华，也难免存在疏漏，还望读者朋友及时批评指正，编者感激不尽。

目 录

学而第一 ……………………………………001

为政第二 ……………………………………011

八佾第三 ……………………………………025

里仁第四 ……………………………………041

公冶长第五 …………………………………052

雍也第六 ……………………………………069

述而第七 ……………………………………085

泰伯第八 ……………………………………102

子罕第九 ……………………………………114

乡党第十 ……………………………………130

先进第十一 …………………………………146

颜渊第十二 ……………………………………162
子路第十三 ……………………………………176
宪问第十四 ……………………………………192
卫灵公第十五 …………………………………215
季氏第十六 ……………………………………231
阳货第十七 ……………………………………241
微子第十八 ……………………………………256
子张第十九 ……………………………………265
尧曰第二十 ……………………………………277

学而第一

1.1　子①曰："学而时②习之，不亦说③乎？有朋④自远方来，不亦乐乎？人不知而不愠⑤，不亦君子⑥乎？"

【注释】

①子：孔子。

②时：做副词，指一定或适当的时候。

③说（yuè）：同"悦"，高兴、愉快。

④朋：志同道合的朋友。

⑤愠（yùn）：怨恨。

⑥君子：指有道德的人。

【译文】

孔子说："学习了，能在适当的时候去温习它，不也很快乐吗？有志同道合的朋友从远方来，不也很快乐吗？别人不了解我，我却不怨恨，不就是君子吗？"

1.2　有子[①]曰："其为人也孝弟[②]，而好犯[③]上者，鲜矣；不好犯上，而好作乱者，未之有也[④]。君子务本[⑤]，本立而道[⑥]生。孝弟也者，其为仁之本与[⑦]！"

【注释】

①有子：孔子的学生，姓有，名若。《论语》中记载孔子的学生时一般都称字。

②弟（tì）：同"悌"，弟弟对待兄长的正确态度。

③犯：抵触、冒犯。

④未之有也：倒装句，未有之也。

⑤本：根本。

⑥道：指孔子提倡的仁道，就是治国做人的基本原则。

⑦与：同"欤"，感叹词。《论语》里的"欤"，写作"与"。

【译文】

有子说："一个人孝顺父母、敬爱兄长，却喜欢冒犯在上者，这样的人是很少的；不喜欢冒犯在上者却喜欢作乱的人，这样的人是不会有的。君子致力于根本，确立了根本，道也就形成了。仁的基础大概是孝悌吧！"

1.3　子曰："巧言令色，鲜矣仁[①]！"

【注释】

①鲜：少。

【译文】

孔子说："花言巧语、面容虚伪，这种人就很少有仁德了。"

1.4　曾子①曰："吾日三省②吾身：为人谋而不忠乎？与朋友③交而不信乎？传④不习乎？"

【注释】

①曾子：孔子的学生，姓曾，名参，字子舆。

②三省（xǐng）：多次审查自身。三，古人用三或九表示多。

③友：指志同道合的人。

④传：动词做名词，这里指老师传授的学业。

【译文】

曾子说："我每天多次反省自己：替他人办事有没有尽心尽力？与朋友交往有没有守信？老师传授的学业有没有仔细复习？"

1.5　子曰："道千乘之国①，敬②事而信，节用而爱人③，使民以时。"

【注释】

①千乘（shèng）之国：具有千乘兵车的国家。这属于当时的中等水平的诸侯国。乘，古代用四匹马拉着的兵车。

②敬：指工作态度，严肃慎重。

③人：此处为狭义的“人”，指士大夫以上的统治阶层。

【译文】

孔子说：“要治理一个有千乘兵车的国家，需要谨慎处事并且诚实守信，要节约费用并且爱护百姓，要根据农时来役使百姓。”

1.6　子曰：“弟子[1]入则孝，出则弟，谨而信，泛爱众而亲仁。行有余力，则以学文[2]。”

【注释】

①弟子：这里是指年纪幼小的人。

②文：指古代贵族必修的六项技艺：礼、乐、射、御、书、数。

【译文】

孔子说：“年轻人在家要孝敬父母，出门要敬爱兄长，小心谨慎，诚实守信，博爱众人，亲近仁者。做到了这些还有余力，就去学习文献。”

1.7　子夏[1]曰：“贤贤易色[2]；事父母，能竭其力；

不畏浮云遮望眼，
只缘身在最高层。

生当作人杰，
死亦为鬼雄。

路漫漫其修远兮，
吾将上下而求索。

长风破浪会有时，
直挂云帆济沧海。

天生我材必有用，千金散尽还复来。

穷且益坚，
不坠青云之志。

宝剑锋从磨砺出，
梅花香自苦寒来。

会当凌绝顶，
一览众山小。

沉舟侧畔千帆过，
病树前头万木春。

天行健，
君子以自
强不息。

非淡泊无以明志，非宁静无以致远。

事君，能致[3]其身；与朋友交，言而有信。虽曰未学，吾必谓之学矣。”

【注释】

①子夏：孔子的学生，姓卜，名商，字子夏，擅长文学。

②贤贤易色：敬重德行而不重视容貌。第一个“贤”做动词用。

③致：献出。

【译文】

子夏说：“敬重德行但不重视容貌，要尽心竭力地侍奉父母，侍奉君主要献出性命，与朋友交往时说话要守信。这样的人即使没学习过，我一定说他学过了。”

1.8　子曰：“君子不重则不威，学则不固。主忠信。无友[1]不如己者。过，则勿惮改。”

【注释】

①无友：不要结交。无：同“毋”，不要。友：做动词用，结交。

【译文】

孔子说：“君子不庄重就没有威严，所学习的知识就不牢固。要以忠诚和守信为主，不要结交志向不同的朋友，有了过错就不要惧怕改正。”

1.9　曾子曰："慎终①追远，民德归厚矣。"

【注释】

①慎终：慎重处理父母的丧事。郑玄《论语注》："老死曰终。"可见这"终"字是指父母的死亡。

【译文】

曾子说："谨慎处理父母的丧事，追念远代的祖先，这样能让百姓的德行归于忠厚。"

1.10　子禽①问于子贡②曰："夫子③至于是邦也，必闻其政。求之与？抑与之与？"子贡曰："夫子温、良、恭、俭、让以得之。夫子之求之也，其诸异乎人之求之与？"

【注释】

①子禽：姓陈，名亢（kàng），字子禽。

②子贡：孔子的学生，姓端木，名赐，字子贡，擅长言语。

③夫子：古代对当过大夫的人的敬称，后来也用来称呼长者。在一定的场合下，也特指孔子。

【译文】

子禽问子贡说："夫子每到一个国家，必定知道这个国家的政务，是他特意去打听的呢，还是别人告诉他的呢？"子贡说：

“夫子凭借温顺、和善、恭敬、节制、谦让从而得知国家的政务。夫子得知政事的方法，恐怕和别人获取的方法不同吧。”

1.11　子曰：“父在，观其志；父没，观其行；三年[①]无改于父之道，可谓孝矣。”

【注释】

①三年：有时不要机械地看待古人的这种数字，它常用来表示很长的时间。

【译文】

孔子说：“父亲活着的时候，要观察儿子的志向；父亲去世后，要考察儿子的行为；如果他长期不改变父亲活着时合理的准则，可以说他做到孝了。”

1.12　有子曰：“礼之用，和[①]为贵。先王之道，斯为美，小大由之。有所不行，知和而和，不以礼节之，亦不可行也。”

【注释】

①和：和谐。发而皆中节谓之和。

【译文】

有子说："礼的作用，在于使人的关系和谐为可贵。以前圣明的君主治理国家，以此为美，大事小事都要遵循它。但是有的地方行不通，还为了和谐而和谐，如果不用礼来节制，那也是不可取的。"

1.13　有子曰："信近于义，言可复也。恭近于礼，远耻辱也。因[①]不失其亲，亦可宗[②]也。"

【注释】

①因：依靠。

②宗：可靠。

【译文】

有子说："守信需要符合道义，这样才能够履行。态度恭敬合乎礼，就能远离耻辱。依靠的都是亲近的人，也就可靠了。"

1.14　子曰："君子食无求饱，居无求安，敏于事而慎于言，就有道而正[①]焉，可谓好学也已。"

【注释】

①正：用作动词，匡正、端正。

【译文】

孔子说："君子，不要求吃得饱足，不要求住得舒适，工作勤劳，谨言慎语，能到有道德的人那里去匡正自己，这样，就可以说是好学了。"

1.15　子贡曰："贫而无谄，富而无骄，何如？"子曰："可也，未若贫而乐①，富而好礼者也。"

子贡曰："《诗》云'如切如磋，如琢如磨。'其斯之谓与？"子曰："赐也，始可与言《诗》已矣，告诸②往而知来者。"

【注释】

①贫而乐：有的版本"乐"下有"道"字。

②诸：之于。

【译文】

子贡说："贫穷却不阿谀奉承他人，富有却不骄傲，这样的人怎么样？"孔子说："可以了，但是还比不上贫困却快乐，富有却好礼的人。"

子贡说："《诗经》说：'如切如磋，如琢如磨。'就是这个道理吧？"孔子说："赐啊，现在我可以开始和你谈论《诗经》了，因为你能举一反三了。"

1.16　子曰："不患人之不己知，患不知人也。"

【译文】

孔子说："不因为别人不了解我而感到担忧，只担忧我不了解别人。"

【赏析】

《学而》作为《论语》的首篇，共十六章，开篇中的"学而时习之，不亦说乎？有朋自远方来，不亦乐乎？人不知而不愠，不亦君子乎？"不仅有对道德实在论的确认，同时也解释了"学"与"乐"的关系，让情感体验成为道德认知的有效通道，引导学生进入"道德之门"。钱穆先生说其"多务本之义，乃学者之先务"。孔子教导人们如何学习，怎样学习，以及学习交友和处事的方法，还告诫人们应该怎样对待学习。此外，本篇提出的"孝弟也者，其为仁之本"及"礼之用，和为贵"等观点，对现代社会的发展和道德建设产生了深远影响。其所表达的仁与礼的特征能够维系社会秩序，形成严整有序又和谐融洽的理想化社会状态。本篇强调人与人之间的情感联系和行为规范，对维护社会秩序、促进人际关系和谐、提高个人修养具有重要意义。

为政第二

2.1　子曰：“为政以德，譬如北辰①居其所而众星共②之。”

【注释】

①北辰：北极星。

②共：同“拱”，环抱、环绕。

【译文】

孔子说：“运用德行来治国理政，执政者就会像北极星一样在自己的位置上，众多星辰都围绕着它。”

2.2　子曰：“诗三百①，一言以蔽之，曰：‘思无邪。’”

【注释】

①诗三百：儒家经典中的《诗经》。三百只是举其整数，实际有三百零五篇。

【译文】

孔子说："《诗经》有三百篇，用一句话概括，就是'思想纯正无邪念'。"

2.3　子曰："道[1]之以政，齐之以刑，民免而无耻。道之以德，齐之以礼，有耻且格[2]。"

【注释】

①道：同"导"，引导。

②格：亲近、归服。

【译文】

孔子说："用政令引导百姓，用刑罚制约百姓，百姓就会不会犯罪，但缺少廉耻之心。用德行引导百姓，用礼仪规范百姓，百姓既有廉耻心又能人心归服。"

2.4　子曰："吾十有[1]五而志于学，三十而立[2]，四十而不惑，五十而知天命[3]，六十而耳顺[4]，七十而从[5]心所欲，不逾矩。"

【注释】

①有：同"又"。

②立：本意为"站得住"。这里指确立了人生目标。

③天命：这里指事物发展的自然规律。

④耳顺：指不介意任何话语。

⑤从：同“纵”，放纵。

【译文】

孔子说：“我十五岁时，立志要好好学习，三十岁时能确立人生目标，四十岁能不再对世间的事感到疑惑，五十岁懂得事物发展的自然规律，六十岁对听到的一切话语都不介意，七十岁能随心所欲但不会违反法度。”

2.5　孟懿子①问孝。子曰：“无违。”

樊迟②御，子告之曰：“孟孙问孝于我，我对曰，无违。”樊迟曰：“何谓也？”子曰：“生，事之以礼；死，葬之以礼，祭之以礼。”

【注释】

①孟懿子：鲁国大夫，姓仲孙，名何忌，“懿”是他的谥号。

②樊迟：孔子的学生，名须，字子迟。

【译文】

孟懿子询问孔子什么是孝道。孔子说：“不违背礼节。”

樊迟为孔子驾车时，孔子把这件事告诉了他说：“孟孙询问我什么是孝道，我回答他不违背礼节。”樊迟说：“为什么这样说呢？”孔子说：“父母活着，就以礼侍奉他们；父母去世，就以礼安葬他们，以礼祭祀他们。”

2.6　孟武伯[1]问孝。子曰："父母唯其[2]疾之忧。"

【注释】

①孟武伯：孟懿子的儿子，名彘，"武"是他的谥号。

②其：此处有两种解释，一是指父母，二是指子女。

【译文】

孟武伯询问孔子什么是孝道。孔子说："父母亲只需要为了孩子的疾病而担忧。"

2.7　子游[1]问孝，子曰："今之孝者，是谓能养。至于犬马，皆能有养。不敬，何以别乎？"

【注释】

①子游：孔子的学生，姓言，名偃，字子游。擅长文学。

【译文】

子游询问孔子孝道。孔子说："现在的孝指能供养父母就行了。按照这个说法，人们也能饲养狗马，如果缺少恭敬的态度，这两者又有什么区别呢？"

2.8　子夏问孝，子曰："色[1]难。有事，弟子服其劳；有酒食，先生馔[2]，曾[3]是以为孝乎？"

【注释】

①色：指容色。

②馔（zhuàn）：吃喝、享用。

③曾：段玉裁《说文解字注》说，这里的“曾”意为乃。

【译文】

子夏问孔子什么才是孝。孔子说：“和颜悦色地侍奉父母是很难的。有了事情，子女帮忙做事，有酒食能让长辈享用，这难道就算是孝吗？”

2.9　子曰：“吾与回①言终日，不违，如愚。退而省其私②，亦足以发，回也不愚。”

【注释】

①回：颜回，字子渊，是孔子最得意的学生。

②退而省其私：这里有两种解释，一是颜回回家后自行研究；二是孔子观察颜回之后的行为。这里选后一种解释。

【译文】

孔子说：“我整天给颜回讲学，他没有提出任何的疑问，就像一个愚蠢的人。但后来，我观察他的言行举止，他将所学的道理完全地展现出来了，颜回并不愚蠢啊！”

2.10　子曰："视其所以①，观其所由，察其所安。人焉廋②哉？人焉廋哉？"

【注释】

①以：作为。

②廋（sōu）：隐藏、藏匿。

【译文】

孔子说："察看他的行为方式，考察他的做事动机，了解他的心情安于什么。如此，这个人还能隐瞒什么呢？这个人还能隐瞒什么呢？"

2.11　子曰："温故而知新，可以为师矣。"

【译文】

孔子说："温习之前学得的知识而能发现新的知识，这就能成为别人的老师了。"

2.12　子曰："君子不器①。"

【注释】

①器：器皿、器物。这里喻指特定的才能。

清·王时敏 《仿北宋赵令穰 江乡清夏图》

【译文】

孔子说："君子不能如同器皿一般。"

2.13　子贡问君子。子曰："先行其言而后从之。"

【译文】

子贡询问孔子君子是什么样的人。孔子说："他想说的话会先去实践，然后才表达出来。"

2.14　子曰："君子周而不比①，小人比而不周。"

【注释】

①比（bì）：勾结。

【译文】

孔子说："君子合群但不会因为一己私欲而勾结，小人因私欲勾结但不合群。"

2.15　子曰："学而不思则罔①，思而不学则殆②。"

【注释】

①罔：迷茫、受欺蒙。

②殆：危险。此处指精神疲惫。

【译文】

孔子说："只学习但不思考，就会迷茫而没有收获；只思考但不学习，就会精神疲惫而没有收获。"

2.16 子曰："攻①乎异端②，斯害也已③。"

【注释】

①攻：攻击、批判。

②异端：指不正确的议论。

③已：动词，止也。意思是消灭。

【译文】

孔子说："批判那些异端邪说，就可以消灭祸害了！"

2.17 子曰："由①，诲女知之乎！知之为知之，不知为不知，是知②也。"

【注释】

①由：孔子的学生，仲由，字子路。擅长政治。

②知：同"智"，智慧。

【译文】

孔子说：“仲由，我来教导你什么叫知道吧！知道就是知道，不知道就是不知道，这才是有聪明才智。”

2.18　子张[①]学干[②]禄。子曰：“多闻阙疑，慎言其余，则寡尤；多见阙殆[③]，慎行其余，则寡悔。言寡尤，行寡悔，禄在其中矣。”

【注释】

①子张：孔子的学生，姓颛孙，名师，字子张。

②干：求取。

③殆：与下文的“疑”同义。

【译文】

子张询问如何求得官名利禄。孔子说：“多听别人说，自己保留疑问，其余的问题可以慎重地表达，这样就可以减少言语的错误；多看别人做的事，自己不带着疑问做事，其余的事可以慎重地实行，这样就能减少悔恨的行为。错误的言语减少了，悔恨的行为减少了，官名利禄就在其中了。”

2.19　哀公[①]问曰：“何为则民服？”孔子对曰：“举直错[②]诸枉，则民服；举枉错诸直，则民不服。”

【注释】

①哀公：鲁哀公，名蒋，“哀”是他的谥号。

②错：同“措”，有放置的意思，也有废置的意思。这里指前者。

【译文】

鲁哀公问：“做什么才会让民众服从呢？”孔子回答说：“提拔正直的人，把他放在坏人的位置上面，民众就会服从；提拔坏人，把他放在正直的人的位置上面，民众就不会服从。”

2.20　季康子①问：“使民敬、忠以②劝，如之何？”子曰：“临之以庄，则敬；孝慈，则忠；举善而教不能，则劝。”

【注释】

①季康子：季孙肥，鲁国贵族，是鲁哀公在位时最有权势的大臣，“康”是他的谥号。

②以：连词，与“和”同。

【译文】

季康子问：“怎样才能让百姓恭敬、忠诚并且努力呢？”孔子说：“你要用庄重的态度来对待他们，他们就会恭敬地对你；你尊老爱幼，他们就会忠诚；任用贤良，培养人才，他们就会努力。”

2.21　或谓孔子曰："子奚不为政？"子曰："《书》[1]云：'孝乎？惟孝，友于兄弟，施于有政。'是亦为政，奚其为为政？"

【注释】

①《书》:《尚书》，下文的三句见于《伪古文尚书》中的《君陈篇》。

【译文】

有人问孔子："你为什么不去做官参政呢？"孔子说："《尚书》说：'什么是孝？只有孝顺父母，兄友弟恭，并把这种风气施行到政治上。'这也是参与政治，为什么要做官才算是参与政治呢？"

2.22　子曰："人而无信，不知其可也。大车无輗[1]，小车无軏，其何以行之哉？"

【注释】

①輗（nǐ）：车前端的横木与车辕衔接的地方。与下文"軏"的含义相同。

【译文】

孔子说："没有信用的一个人，我不知道他还能做什么。就像牛车没有輗，马车没有軏，凭借什么来行驶呢？"

2.23　子张问："十世可知也？"子曰："殷①因于夏②礼，所损益，可知也；周③因于殷礼，所损益，可知也。其或继周者，虽百世，可知也。"

【注释】

①殷：上古时期的朝代名，也称为商，公元前 16 世纪灭夏之后建立，后来被周所灭。

②夏：据说是我国历史上的第一个朝代，是禹的儿子启在公元前 21 世纪建立，后来被商所灭。

③周：上古时期的朝代名，公元前 11 世纪灭商之后建立，后来被秦所灭。

【译文】

子张问道："能够预知十代以后的礼仪制度吗？"孔子说："殷朝沿袭了夏朝的礼制，它所增加和废除的地方是能知道的；周朝沿袭殷朝的礼制，所增加和废除的地方也是能知道的。那么以后继承周朝的朝代，即使历经了一百代，也能知道的。"

2.24　子曰："非其鬼①而祭之，谄也；见义不为，无勇也。"

【注释】

①鬼：古人死后都称为“鬼”，一般指已经死去的祖先，也泛指鬼神。

【译文】

孔子说：“自己不应该拜祭的鬼神，但你去祭祀，这是谄媚；遇到符合道义的事，但你不去做，这是没有勇气。”

【赏析】

本篇记录了孔子讲治国理政的道理和方法。道德与政治结合是孔子政治思想的基本特征，他提出“为政以德”的原则。孔子强调的“德”是人与人之间相处的道德准则，主要的表现形式是孝悌。同时，人与人相处也需要具备忠、信、敬等品质。孔子提出的道德规范体系与他的政治理想是一致的。本篇蕴含孔子关于孝悌、修身、为人处世的思想，包含孔子对于如何达到道德要求的具体阐述。此外，本篇提到的“诗三百，一言以蔽之，曰：‘思无邪。’”对后人解读《诗经》产生了巨大影响。钱穆先生说：“本章孔子论诗，犹其论学论政，主要归于己心之德。孔门论学，主要在人心，归本于人之性情。学者当深参。”在本篇中，孔子根据“为政以德”的原则，要求统治者规范自身的道德行为，同时把道德教化作为治国理政的重心。

八佾第三

3.1 孔子谓季氏①，“八佾②舞于庭，是可忍也，孰不可忍也？”

【注释】

①季氏：可能指季平子，即季孙意如。也可能指季康子。

②八佾（yì）：八行八列的舞队，共计六十四人，只有天子才可以使用。诸侯应该用六行六列，共计三十六人，大夫则是四行四列，共计十六人。四佾才应该是季氏用的舞队。

【译文】

孔子谈到季氏时，说：“他在厅堂上使用八佾的乐舞，这种事情都能容忍他去做，还有什么事是不能容忍他做的呢？”

3.2　三家①者以《雍》②撤，子曰："'相维辟公，天子穆穆。'奚取于三家之堂？"

【注释】

①三家：当时在鲁国执掌大权的叔孙、仲孙、季孙三家大夫。

②《雍》：《诗经·周颂》中的一篇，是天子用来撤除祭品时唱的乐歌。

【译文】

仲孙、叔孙、季孙三家在祭祀时，唱着《雍》来撤除祭品，孔子说："《雍》诗中说：'诸侯是助祭，天子是主祭。'怎么能在这三位大夫家的厅堂上使用它呢？"

3.3　子曰："人而不仁，如礼何？人而不仁，如乐何？"

【译文】

孔子说："一个没有仁德的人，怎么来对待礼呢？一个没有仁德的人，怎么来对待音乐呢？"

3.4　林放①问礼之本。子曰："大哉问！礼，与其奢也，宁俭。丧，与其易②也，宁戚。"

【注释】

①林放：鲁国人，有人说他是孔子的学生。

②易：这里指把事情办得过度周到。

【译文】

林放询问什么是礼的本义。孔子说："你的问题很重要啊！实行礼，与其铺张浪费，不如节俭；对于丧葬，与其过度注重礼仪，不如过度悲哀。"

3.5　子曰："夷狄之有君①，不如诸夏之亡②也。"

【注释】

①夷狄之有君：夷狄泛指边地的少数民族。君指贤明之君。

②亡：同"无"。

【译文】

孔子说："虽然文化落后的国家有君主，但还不如中原没有君主。"

3.6　季氏旅①于泰山，子谓冉有②曰："女③弗能救与？"对曰："不能。"子曰："呜呼！曾谓泰山不如林放乎？"

【注释】

①旅：动词，祭祀。根据礼法，只有天子和诸侯才有祭祀名山大川的资格。

②冉有：孔子的学生，姓冉，名求，字子有。

③女：同“汝”，你。

【译文】

季氏打算去祭祀泰山，孔子问冉有：“你能劝阻他不去祭祀泰山吗？”冉有答道：“不能。”孔子说：“唉！难道泰山还没有林放懂礼节吗？”

3.7　子曰：“君子无所争。必也射①乎！揖让而升，下而饮。其争也君子。”

【注释】

①射：射箭。古时集会、宴饮必有比赛射箭作为娱乐节目。

【译文】

孔子说：“君子没有可以争的事情，如果有，那一定就是比赛射箭了！他们先互相行礼，然后上场比试，比赛结束，就下来共同饮酒，这种争也是君子的方式。”

3.8　子夏问曰："'巧笑倩兮①，美目盼兮，素②以为绚兮。'何谓也？"子曰："绘事后素。"

曰："礼后乎？"子曰："起③予④者商也！始可与言《诗》已矣。"

【注释】

①兮：句末感叹词，无义。

②素，指白色的丝织物。前两句语见《诗经·卫风·硕人》，第三句可能是遗句。

③起：发挥、领悟。

④予：我。

【译文】

子夏问："'明媚的笑容真美啊！黑白分明的眼睛真灵动白净的面容被妆扮得很美。'这句话表达的是什么呀？"孔子说："用白色打底，再画其他颜色。"

子夏说："就是说礼会在仁义之后形成吗？"孔子说："商啊，你能领悟我的意思了！现在我能开始和你谈论《诗经》了。"

3.9　子曰："夏礼，吾能言之，杞①不足征也；殷礼，吾能言之，宋②不足征也。文献③不足故也，足，则吾能征之矣。"

【注释】

①杞（qǐ）：周初为夏禹的后代所建立的封国，后来被楚所灭。

②宋：周初为商汤的后代所建立的封国，后来被齐所灭。

③文献：朱熹注："文，典籍也；献，贤也。"

【译文】

孔子说："我能述说夏朝的礼，但夏朝后代的杞国不能够证明它；我能述说殷朝的礼，但殷朝后代的宋国不能够证明它。这是因为杞、宋两个国家的典籍和贤者不足的原因，如果典籍和贤者足够，我就能用它们做证了。"

3.10 子曰："禘[①]自既灌[②]而往者，吾不欲观之矣。"

【注释】

①禘（dì）：禘礼，指古代只有天子才能举行极为隆重的祭祀大典。由于鲁国的开国国君周公对周朝有莫大的功勋，特许他举行禘礼，后被鲁国所延续。

②灌：指祭典中的一个节目。

【译文】

孔子说："举行禘礼，从第一次敬酒后的节目，我就不想再观看了。"

3.11　或问禘之说。子曰："不知也。知其说者之于天下也，其如示[1]诸斯乎！"指其掌。

【注释】

①示：同"置"，摆、放。

【译文】

有人询问关于禘祭的理论。孔子说："我不知道啊，知道这个道理的人治理天下，就像在这里放置东西一样吧。"说着，他指着自己的手掌。

3.12　祭如在，祭神如神在。子曰："吾不与祭，如不祭。"

【译文】

祭祖时就像先祖在世，祭神时就像神存在。孔子说："如果我没有参与祭祀，就如同没有祭祀。"

3.13　王孙贾[1]问曰："与其媚于奥，宁媚于灶[2]，何谓也？"子曰："不然。获罪于天，无所祷也。"

【注释】

①王孙贾：卫灵公的大臣，是那时卫国有权势的人。

②与其媚于奥，宁媚于灶：疑似当时俗语。屋内西南角叫奥，烹饪食物的设备叫灶，古人认为那里有神，所以祭拜它。

【译文】

王孙贾问："与其讨好奥神，不如讨好灶神，这两句话有什么含义吗？"孔子说："这话不对，得罪了上天的人，是没有地方可以祈祷的。"

3.14 子曰："周监[1]于二代[2]，郁郁乎文哉！吾从周。"

【注释】

①监：同"鉴"，借鉴。

②二代：指夏、商两代。

【译文】

孔子说："周朝借鉴了夏、殷两代，它制定了多么丰富的典制啊！我主张遵循周朝的制度。"

3.15 子入大庙[1]，每事问。或曰："孰谓鄹人之子[2]知礼乎？入大庙，每事问。"子闻之，曰："是礼也。"

【注释】

①大庙：周公的庙。大，同“太”。

②鄹（zōu）人之子：《史记·孔子世家》：“孔子生鲁昌平乡鄹邑。”古代经常把某地的大夫称为某人，“鄹人”指孔子父亲曾经作过鄹邑的大夫，所以称孔子为“鄹人之子”。

【译文】

孔子进了周公的庙，做每件事情都要询问。有人说：“谁说这个鄹人的儿子了解礼呢？他进了周公的庙，每件事情都要发问。”孔子听说了这件事，说：“这就是礼。”

3.16　子曰：“射不主皮①，为力不同科②，古之道也。”

【注释】

①射不主皮：皮指代箭靶子。这是演习礼乐的射，其以中不中为主。

②同科：同等级。

【译文】

孔子说：“射箭不以把箭穿透皮靶为主，因为人的力量不相同，这是古代的礼节。”

清·查士标 《桃园图》

3.17　子贡欲去告朔[1]之饩羊[2]。子曰："赐也！尔爱其羊，我爱其礼。"

【注释】

①告朔：指一种礼仪。朔：每月的第一天。

②饩（xì）羊：用于告朔礼的牲羊。

【译文】

子贡想要取消每月初一用来祭祖庙的羊。孔子说："赐啊！你爱惜的是这只羊，我爱惜的是这项礼仪。"

3.18　子曰："事君尽礼，人以为谄也。"

【译文】

孔子说："礼数周到地侍奉君主，人们会觉得这是谄媚。"

3.19　定公[①]问："君使臣，臣事君，如之何？"孔子对曰："君使臣以礼，臣事君以忠。"

【注释】

①定公：鲁定公，名宋，在位十五年，"定"是他的谥号。

【译文】

鲁定公问："君主差使臣子，臣子侍奉君主，该怎么做呢？"孔子说："君主按照礼法差使臣子，臣子忠诚地侍奉君主。"

3.20　子曰："《关雎》[①]乐而不淫[②]，哀而不伤。"

【注释】

①《关雎》:《诗经》中的第一篇。

②淫：过分、放纵。古人称过度失当为"淫"。

【译文】

孔子说："《关雎》欢乐但不放纵，悲哀但不伤感。"

3.21　哀公问社[①]于宰我[②]。宰我对曰："夏后氏以松，殷人以柏，周人以栗，曰使民战栗。"子闻之，曰："成事不说，遂事不谏，既往不咎。"

【注释】

①社：土神叫社。这里推测为指社主，即古代祭祀土神的木牌位。

②宰我：孔子的学生，名予，字子我。擅长言语。

【译文】

鲁哀公询问宰我用什么木头做社主。宰我回答说："夏朝的人用松木，殷朝的人用柏木，周朝的人用栗木，意思是让民众畏惧战栗。"孔子听到了，说："不用解释已经做了的事情，不必规劝已经结束的事情，不必怪罪已经过去的事情。"

3.22　子曰："管仲[①]之器小哉！"

或曰："管仲俭乎？"曰："管氏有三归[②]，官事不摄[③]，焉得俭？"

"然则管仲知礼乎？"曰："邦君树塞门[④]，管氏亦树塞门。邦君为两君之好，有反坫[⑤]，管氏亦有反坫。管氏而知礼，孰不知礼？"

【注释】

①管仲：春秋时期齐国人，名夷吾，仲是他的字。齐桓公时期担任宰相。

②三归：对此解释繁多，依据杨伯峻所说，三归指市租。

③摄：兼职。

④塞门：门前用以隔绝内外视线的墙壁。

⑤反坫（diàn）：厅堂上筑起的土台，用来放置器物。

【译文】

孔子说："管仲的器度很小啊！"

有人问："管仲很节约吗？"孔子说："管仲收取了大量本该上缴的市租，他的下属都是专职并且不任兼职，这怎么是节约呢？"

那人又说："那么，管仲懂得礼吗？"孔子说："国君在门口设立墙壁，管仲也在门口设立墙壁。国君为了两国友好，在邀请他国君主时，设置放酒杯的坫台，管仲也设置放酒杯的坫台。如果管仲懂得礼，那么谁不懂得礼呢？"

3.23　子语鲁大师[1]乐，曰："乐其可知也：始作，翕如[2]也；从[3]之，纯如也，皦[4]如也，绎如也，以成。"

【注释】

①大师："大"同"太"，乐官名。

②翕（xī）如：形容声音一齐奏响。

③从：同"纵"，指展开。

④皦（jiǎo）：明晰。

【译文】

孔子告诉鲁国太师演奏音乐的道理："奏乐的规律是能被知道的：开始演奏时，乐声振奋热烈；继续演奏，乐声纯粹和谐，节奏清晰明亮，连绵不绝，这样乐曲就完成了。"

3.24　仪封人①请见，曰："君子之至于斯也，吾未尝不得见也。"从者见之。出曰："二三子何患于丧乎？天下之无道也久矣，天将以夫子为木铎②。"

【注释】

①仪封人：仪，地名。封人，官名，大概是戍守边疆的官员。

②木铎：古代宣布事情时，摇响铜质木舌的铃铛来召集众人。

【译文】

仪这个地方的长官求见孔子，说："只要有君子来到这里，我从没有不和他见面的。"与孔子随行的学生让他见了孔子。他出来后说："你们这些人为什么会担忧没有官职呢？天下无道的情况已经很久了，上天将你们的老师当作醒世的木铎。"

3.25　子谓《韶》①："尽美矣，又尽善也。"谓《武》②："尽美矣，未尽善也。"

【注释】

①《韶》：舜时的乐曲，歌颂世道升平。

②《武》：周武王的乐曲名，歌颂灭商。

【译文】

孔子谈到《韶》乐，说："极其美好的音乐，表现内容也极其完善。”谈到《武》乐，说：“极其美好的音乐，但表现内容并不完善。”

3.26　子曰：“居上不宽，为礼不敬，临丧不哀，吾何以观之哉？”

【译文】

孔子说：“居于高位但不宽厚，行礼但不严肃恭敬，参加丧礼但不悲哀，我怎么看得下去呢？”

【赏析】

本篇主要阐述了儒家礼乐教化、人文化成的思想，论说了“礼”和“乐”的相关问题。孔子想用“礼”和“乐”来规范人的行为，提出“君使臣以礼，臣事君以忠”的政治道德主张。孔子处于周王室衰微的时代，列国争霸，大夫专权，先前的政治秩序正在急剧瓦解，维系君臣上下等级秩序的典章制度和礼仪教化遭到前所未有的破坏，不满社会现状的孔子竭力弘扬周礼，他把西周社会制度当作政治蓝图，想要通过“克己复礼”来恢复西周的政治秩序，重建等级分明的稳定秩序。在时代的浪潮下，孔子的政治理想必然不符合社会发展的趋势。本篇反映了当时的社会形式，也是孔子“礼”“乐”观念的表达。

里仁第四

4.1　子曰："里①仁为美。择不处仁，焉得知②？"

【注释】

①里：动词，居住。

②知：同"智"，明智、聪明。

【译文】

孔子说："在风气仁德的地方居住是美好的，不选择有仁德的地方居住，怎么能说是明智呢？"

4.2　子曰："不仁者不可以久处约，不可以长处乐。仁者安仁，知者利仁。"

【译文】

孔子说："没有仁道的人不能长期处在贫困中，也不能长期处在安乐中。有仁德的人安于仁，聪明的人利用仁。"

4.3　子曰："唯仁者能好人，能恶人。"

【译文】

孔子说："只有仁者才有喜爱和厌恶人的能力。"

4.4　子曰："苟志于仁矣，无恶也。"

【译文】

孔子说："如果立志实行仁德，就没有恶行了。"

4.5　子曰："富与贵，是人之所欲也；不以其道得之，不处也。贫与贱，是人之所恶也；不以其道得之，不去也。君子去仁，恶乎①成名？君子无终食之间违仁，造次必于是，颠沛必于是。"

【注释】

①恶（wū）乎：为"于何处"，意为"怎样"。

【译文】

孔子说："财富和权贵是人们都向往的，如果不通过正当方法获得，君子就不会接受。贫困和卑贱是人们都厌恶的，如果不通过正当途径达到目的，君子也不会去摆脱这样的困境。君

子抛弃了仁德，怎么会有名声呢？即使是一顿饭的时间君子也不会违背仁德，无论是匆忙还是颠沛，君子都会实行仁德。”

4.6　子曰：“我未见好仁者，恶不仁者。好仁者，无以尚①之；恶不仁者，其为仁矣，不使不仁者加乎其身。有能一日用其力于仁矣乎？我未见力不足者。盖②有之矣，我未之见也。”

【注释】

①尚：动词，超过。

②盖：副词，大概。

【译文】

孔子说：“我从未见过喜好仁德的人和厌恶不仁的人。喜好仁德的人，觉得任何事物都不能超过仁；厌恶不仁的人，他能去实行仁德，是不会让任何不仁的事情发生在自己的身上。有谁能在一天里尽全力实行仁德吗？我没见到有力量不足的。大概有这样的人，但从我未见到。”

4.7　子曰：“人之过也，各于其党①。观过，斯知仁②矣。”

【注释】

①党：类别。

②仁：同“人”。

【译文】

孔子说：“可以将人的过错归在不同的类别。只要观察人的过错，就知道他属于哪一种人了。”

4.8　子曰：“朝闻道，夕死可矣。”

【译文】

孔子说：“如果早上得知了真理，当晚我死去，也是可以的。”

4.9　子曰：“士志于道，而耻恶衣恶食者，未足与议也。”

【译文】

孔子说：“有志于真理的读书人，却因为粗衣糙食而感到耻辱，这样的人，不值得与他探讨真理。”

4.10　子曰：“君子之于天下也，无适也①，无莫也，义之与比②。”

【注释】

①适（dí）：规定。一说“适”同“敌”，敌对。

②比：靠近、靠拢。

【译文】

孔子说：“君子对于天下的事情，没规定必须做什么，也没规定必须不做什么，只求所做都符合道义。”

4.11　子曰：“君子怀德，小人怀土；君子怀刑①，小人怀惠。”

【注释】

①刑：这里解释为法度。

【译文】

孔子说：“君子怀念德行，小人怀念乡土；君子关注法度，小人关注恩惠。”

4.12　子曰：“放①于利而行，多怨。”

【注释】

①放（fǎng）：依据、根据。

【译文】

孔子说:"根据自己的利益做事,必定会招来很多的怨恨。"

4.13 子曰:"能以礼让为国乎?何有①?不能以礼让为国,如礼何?"

【注释】

①何有:春秋常用语,"何难之有"的省略,这里指有什么困难。

【译文】

孔子说:"能用礼让来治理国家吗?有什么困难呢?如果不能用礼让来治理国家,那用礼来做什么呢?"

4.14 子曰:"不患无位,患所以立①。不患莫己知②,求为可知也。"

【注释】

①所以立:指能够任职的才能。立,同"位"。

②己知:倒装词,"知己",意为知道、了解自己。

【译文】

孔子说:"不要担心没有职位,应该担心自己如何胜任职位。不要担心没有人了解自己,应该担心自己能让别人了解什么。"

4.15　子曰："参乎！吾道一以贯之。"曾子曰："唯[1]。"

子出，门人[2]问曰："何谓也？"曾子曰："夫子之道，忠恕[3]而已矣。"

【注释】

①唯：表示赞同。

②门人：孔子的学生。也有人认为，这里指曾参的学生。

③忠：尽心尽力待人。恕：推己及人。

【译文】

孔子说："参啊，我的学说中贯穿着一个基本的观念。"曾子说："是的。"

孔子离开后，学生们问："老师是什么意思呢？"曾子说："老师的学说，只有忠和恕而已。"

4.16　子曰："君子喻于义，小人喻于利。"

【译文】

孔子说："君子懂得道义，小人懂得利益。"

4.17　子曰："见贤思齐焉，见不贤而内自省也。"

【译文】

孔子说："见到贤者，就想向他看齐；见到没有德行的人，就该反省自己做得怎么样。"

4.18　子曰："事父母几①谏，见志不从，又敬不违②，劳③而不怨。"

【注释】

①几：轻微、婉转。

②违：触忤、冒犯。

③劳：忧愁。

【译文】

孔子说："侍奉父母，如果父母有过错应该婉转地劝谏，当自己的意见没有被采纳，仍然要对他们恭敬并且不能冒犯他们，内心只有忧虑但不怨恨。"

4.19　子曰："父母在，不远游，游必有方。"

【译文】

孔子说："父母还在人世时，不离家去很远的地方，如果离家远行必须有明确的去处。"

4.20 子曰：“三年无改于父之道，可谓孝矣。”

【译文】

孔子说：“三年能不改变父亲生前行事的方式，可谓是尽孝了。”

4.21 子曰：“父母之年，不可不知也。一则以喜，一则以惧。”

【译文】

孔子说：“不能不记住父母的年龄。一方面是喜悦他们的高寿，另一方面是担忧他们的衰老。”

4.22 子曰：“古者言之不出，耻①躬之不逮②也。”

【注释】

①耻：动词的意动用法，以为可耻。

②逮：及、赶上。

【译文】

孔子说：“古代的人不随便地说话，他们会为语言赶不上自身的行动而感到耻辱。”

4.23 子曰："以约[1]失之者鲜矣。"

【注释】

①约：约束。

【译文】

孔子说："节制约束自己还会发生失误的人是很少的。"

4.24 子曰："君子欲讷[1]于言而敏于行。"

【注释】

①讷（nè）：迟钝，这里是言语迟钝。

【译文】

孔子说："君子要言语迟钝但行为敏捷。"

4.25 子曰："德不孤，必有邻[1]。"

【注释】

①邻：邻居，这里指志同道合的伙伴。

【译文】

孔子说："有道德的人并不会孤单，他必定会有志同道合的伙伴。"

4.26　子游曰："事君数[1]，斯辱矣。朋友数，斯疏矣。"

【注释】

①数：密，这里指烦琐。

【译文】

子游说："过于烦琐地侍奉君主，反会招来耻辱。与朋友交往过于烦琐，反会遭到疏远。"

【赏析】

本篇主要讲仁德的道理，内容基本是孔子简短的言论，涉及义与利的关系、个人的道德修养、孝敬父母等问题，以及君子与小人的区别。"仁"是孔子思想体系的核心内容，他在这方面有开创性的理论。"仁"作为道德修养，通过各种形式在实际生活中表现出来。本篇一开始就讨论"仁"，孔子认为"仁"是礼乐得以实施的根本。"仁"的理论体现了孔子对于人的哲学思考，是一个直接关系到孔子社会理想与政治原则的重大问题。随后，孔子称"吾道一以贯之"，曾参解释为"忠恕"二字。钱穆先生说："尽己之心以待人谓之忠，推己之心以及人谓之恕。"又说："而言忠恕，则较言仁更使人易晓。因仁者至高之德，而忠恕则是学者当下之工夫，人人可以尽力。"

公冶长第五

5.1　子谓公冶长[①]："可妻[②]也。虽在缧绁[③]之中，非其罪也。"以其子妻之。

【注释】

①公冶长：孔子的学生，名长，字子长。

②妻：这里做动词，以女嫁人。

③缧绁（léi xiè）：这里指代监狱。

【译文】

孔子谈论公冶长时，说："能将女儿嫁给他。他虽然曾被关押，罪不在他。"于是将自己的女儿嫁给了他。

5.2　子谓南容[①]："邦有道，不废；邦无道，免于刑戮。"以其兄[②]之子妻之。

【注释】

①南容：孔子的学生。

②兄：孔子的兄长叫孟皮，这时他可能去世了，所以孔子替他为他的女儿主婚。

【译文】

孔子谈到南容时说："在国家政治清明时，他不会被埋没；在国家政治昏暗时，他能免受刑罚。"于是就把兄长的女儿嫁给了他。

5.3　子谓子贱[①]："君子哉若人！鲁无君子者，斯焉取斯？"

【注释】

①子贱：孔子的学生，姓宓，名不齐，字子贱。

【译文】

孔子谈到宓子贱时，说："这个人是真的君子啊！如果鲁国没有君子，这人是从哪儿学到的品德呢？"

5.4　子贡问曰："赐也何如？"子曰："女，器也。"曰："何器也？"曰："瑚琏[①]也。"

【注释】

①瑚琏：古人祭祀的时候盛放粮食的器皿。

【译文】

子贡问道："我怎么样？"孔子说："你像是器皿。"子贡说："什么器皿呢？"孔子说："像宗庙里盛放祭品的礼器。"

5.5　或曰："雍①也仁而不佞②。"子曰："焉用佞？御人以口给③，屡憎于人。不知其仁，焉用佞？"

【注释】

①雍：孔子的学生，冉雍，字仲弓。擅长德行。

②佞：有口才。

③口给：言辞不穷。给，足也。

【译文】

有人说："冉雍这个人有仁德，但没有口才。"孔子说："为什么需要口才呢？伶牙俐齿地与他人争辩，经常被人厌恶。我不了解冉雍的仁德，但为什么需要口才呢？"

5.6　子使漆雕开①仕。对曰："吾斯之未能信。"子说。

【注释】

①漆雕开：孔子的学生，姓漆雕，名开，字子开。

【译文】

孔子让漆雕开去当官，他回答道："在这事上，我还没有信心。"孔子听了很开心。

5.7　子曰："道不行，乘桴①浮于海。从②我者，其由与？"子路闻之喜。子曰："由也好勇过我，无所取材。"

【注释】

①桴（fú）：古代把竹子扎成的牌筏，当作船，较大的称筏，小的称桴。

②从：动词，跟随。

【译文】

孔子说："实行不了我的主张，我就乘着小筏子漂洋过海。能跟随我的人，大概只有仲由吧？"子路听到后很欢喜，孔子说："仲由这个人勇敢的精神超过我，但这是不可取的。"

5.8　孟武伯问："子路仁乎？"子曰："不知也。"又问。子曰："由也，千乘之国，可使治其赋①也。不知其

仁也。”

“求也何如？”子曰：“求也，千室之邑，百乘之家，可使为之宰[②]也。不知其仁也。”

“赤[③]也何如？”子曰：“赤也，束带[④]立于朝，可使与宾客[⑤]言也。不知其仁也。”

【注释】

①赋：军队。

②宰：古代城邑的长官和大夫家的总管都称为“宰”。

③赤：孔子的学生公西赤，字子华。

④束带：穿戴好礼服。用于指代礼服。

⑤宾客：古代贵客叫宾，一般客人叫客。

【译文】

孟武伯询问孔子：“子路是否有仁德？”孔子回答：“不知道。”他再问。孔子说：“仲由这个人啊，在一个拥有千乘兵车的国家，可以让他治理军务。我不知道他是否有仁德。”

孟武伯问：“冉求怎么样呢？”孔子说：“求这个人啊，一个拥有千户居民的城邑，有百乘兵车的封地，可以让他当总管。我不知道他是否有仁德。”

孟武伯说：“公西赤怎么样呢？”孔子说：“赤这个人啊，可以让他穿着礼服站立在朝堂上接待宾客。我不知道他是否有仁德。”

唐·吴道子《先师孔子行教像》

5.9　子谓子贡曰："女与回也孰愈？"对曰："赐也何敢望回？回也闻一以知十，赐也闻一以知二。"子曰："弗如也，吾与[1]女弗如也。"

【注释】

①与：连词，和。

【译文】

孔子问子贡："你和颜回相比，谁更强？"子贡回答："我怎么敢和颜回相比呢？颜回听到一件事情，能推及十件事。我听到一件事，只能推及两件事。"孔子说："确实不如他啊，我和你都比不上他啊！"

5.10　宰予昼寝。子曰："朽木不可雕也，粪土之墙不可杇[1]也。于予与何诛？"子曰："始吾于人也，听其言而信其行；今吾于人也，听其言而观其行。于予与改是。"

【注释】

①杇：原为抹墙的工具，这里用作动词，粉刷。

【译文】

宰予在大白天睡觉，孔子说："腐烂的木头不能雕刻，像

粪土一样的墙壁不能粉刷。对于宰予，我还能责备些什么呢？”孔子说：“先前我对他人，听到他的言谈就相信他的行为；现在我对他人，听到他的言谈还要观察他的行为。是宰予让我发生了改变。”

5.11　子曰：“吾未见刚者。”或对曰：“申枨[1]。”子曰：“枨也欲，焉得刚？”

【注释】

①申枨（chéng）：有人说他是孔子的学生。

【译文】

孔子说：“我未曾见过刚强之人。”有人答道：“申枨就是这样的人。”孔子说：“申枨的个人欲望太多了，怎么能算得上刚强呢？”

5.12　子贡曰：“我不欲人之加[1]诸我也，吾亦欲无加诸人。”子曰：“赐也，非尔所及也。”

【注释】

①加：凌辱、强加。

【译文】

子贡说："我不想他人凌辱我，我也不想凌辱他人。"孔子说："赐啊，这还不是你可以做到的。"

5.13　子贡曰："夫子之文章①，可得而闻也。夫子之言性②与天道③，不可得而闻也。"

【注释】

①文章：指有关古代文献的学问。

②性：人的本性。

③天道：指自然与人类社会吉凶祸福的关系。

【译文】

子贡说："老师在古代文献方面的学说，通过耳闻就能学到。老师在关于本性与天道方面的理论，依靠耳闻是无法学到的。"

5.14　子路有闻，未之能行，唯恐有闻。

【译文】

子路听闻一种道理，还没能实行时，只怕又听到新的道理。

5.15　子贡问曰："孔文子①何以谓之'文'也？"子

曰："敏而好学，不耻下问，是以谓之'文'也。"

【注释】

①孔文子：卫国大夫孔圉，也写作"御"或"圄"，"文"是他的谥号。

【译文】

子贡问道："为什么孔文子的谥号是'文'呢？"孔子说："他聪明好学，不耻下问，因此用'文'作为他的谥号。"

5.16 子谓子产[①]："有君子之道四焉：其行己也恭，其事上也敬，其养民也惠，其使民也义。"

【注释】

①子产：公孙侨，字子产（也作"子美"），是古代著名的政治家和外交家。

【译文】

孔子评价子产，说："子产具有君子的四项处事准则：自身行为态度庄重，对待君主恭敬负责，教养人民有恩惠，使役人民合于道义。"

5.17 子曰："晏平仲[①]善与人交，久而敬之。"

【注释】

①晏平仲：名婴，春秋时期齐国的贤大夫，字平仲。

【译文】

孔子说："晏平仲擅长与人结交，相处越久，人们就更加敬重他。"

5.18　子曰："臧文仲[1]居蔡，山节[2]藻棁[3]，何如其知也？"

【注释】

①臧文仲：鲁国大夫臧孙辰，字仲，"文"是他的谥号。

②节：柱上斗拱。

③棁：梁上短柱。

【译文】

孔子说："臧文仲把一种叫蔡的大乌龟养在一间屋子里，这间屋里有雕刻着山形的斗拱和画着藻草的短柱，他的见识怎么是这样啊？"

5.19　子张问曰："令尹子文[1]三仕为令尹，无喜色；三已之，无愠色。旧令尹之政，必以告新令尹。何如？"

子曰：“忠矣。”曰：“仁矣乎？”曰：“未知，焉得仁？”

“崔子弑齐君[②]，陈文子[③]有马十乘，弃而违之。至于他邦，则曰：‘犹吾大夫崔子也。’违之。之一邦，则又曰：‘犹吾大夫崔子也。’违之。何如？”子曰：“清矣。”曰：“仁矣乎？”曰：“未知，焉得仁？”

【注释】

①令尹子文：官名，宰相。

②崔子弑（shì）齐君：崔子，齐国大夫崔杼，他谋害了齐庄公。

③陈文子：齐国大夫，名须无，“文”是他的谥号。

【译文】

子张问：“楚国的令尹子文多次出任令尹，但他的脸上没有表现出喜悦之色，多次被免职，但他的脸上也没有表现出恼怒之色。他还会把在令尹任内的政事告诉接替他的令尹。他这个人怎么样啊？”孔子说：“这个人忠诚。”子张说：“那他是有仁德的人吗？”孔子说：“不知道，怎样是有仁德呢？”

子张又问：“崔杼谋害了齐庄公，虽然陈文子有四十匹马，但舍弃了它们离开了齐国。去到了他国，说：‘这里的执政者就像我国的大夫崔杼一样。’然后离开了。又去到另一个国家，说：‘这里的执政者就像我国的大夫崔杼一样。’又离开了。这个人怎么样啊？”孔子说：“这个人是清白的。”子张说：“那他是有仁德的人吗？”孔子说：“不知道，怎样是有仁德呢？”

5.20　季文子[1]三思而后行。子闻之曰："再，斯可矣。"

【注释】

①季文子：鲁国大夫季孙行父，"文"是他的谥号。

【译文】

季文子每件事都要考虑多次后才采取行动。孔子听后，说："考虑两次，就可以了。"

5.21　子曰："宁武子[1]，邦有道，则知；邦无道，则愚。其知可及也，其愚不可及也。"

【注释】

①宁武子：姓宁，名俞，卫国大夫，"武"是他的谥号。

【译文】

孔子说："宁武子在国家太平时，就显露才智；而国家政治混乱时，就装傻。他的才智是别人赶得上的，但装傻是别人赶不上的。"

5.22　子在陈[1]，曰："归与！归与！吾党之小子狂简，斐然成章，不知所以裁之。"

【注释】

①陈：国名，姓妫。

【译文】

在陈国，孔子说："回去吧！回去吧！我家乡的学生们有远大的志向，文采也相当可观，我不知道该如何指导他们。"

5.23 子曰："伯夷、叔齐①不念旧恶，怨是用希。"

【注释】

①伯夷、叔齐：孤竹君的两个儿子，父亲死后，由于两人都谦让君位而逃奔周文王那里。后来他们不能阻止周武王讨伐商朝，就到首阳山隐居，最后因"义不食周粟"而饿死。

【译文】

孔子说："伯夷、叔齐二人不记旧仇，因此别人对他的怨恨就少了。"

5.24 子曰："孰谓微生高①直？或乞醯焉，乞诸其邻而与之。"

【注释】

①微生高：古时候"微""尾"古音相近，字通，这里疑似为因守信用被水淹死的尾生高。

【译文】

孔子说："谁说微生高直爽？有人来向他讨要一些醋，他不直接说没有，反而从邻居那里讨要来一些给人家。"

5.25　子曰："巧言、令色、足恭[①]，左丘明耻之，丘亦耻之。匿怨而友其人，左丘明耻之，丘亦耻之。"

【注释】

①足恭：朱熹《论语集注》："足，过也。"有满足的意思。"足恭"指谦恭从而取悦他人。

【译文】

孔子说："花言巧语，伪善的面容，过度地谦恭，这种态度，左丘明觉得可耻，我也觉得可耻。心里隐藏怨恨而表面上与他友好，这种行为，左丘明觉得可耻，我也觉得可耻。"

5.26　颜渊、季路侍。子曰："盍[①]各言尔志？"

子路曰："愿车马衣裘与朋友共蔽之而无憾。"

颜渊曰："愿无伐[②]善，无施劳。"

子路曰："愿闻子之志。"

子曰："老者安之，朋友信之，少者怀之。"

【注释】

①盍：何不。

②伐：夸耀，夸赞。

【译文】

颜回、子路站在孔子的身边侍奉他。孔子说：“为什么你们不谈谈各自的志向呢？”

子路说：“我愿与朋友共享车马和衣裘，就算用坏了也不遗憾。”

颜回说：“我希望不夸耀自己的长处，不彰显自己的功绩。”

子路说：“我们也想听听老师的志向。”

孔子说：“让老人能得到安抚，让朋友能信任我，让晚辈能怀念我。”

5.27　子曰：“已矣乎！吾未见能见其过而内自讼者也。”

【译文】

孔子说：“算了吧！我从来没有见到过能发现自己的过失而在内心自我责备的人。”

5.28　子曰：“十室之邑，必有忠信如丘者焉，不如丘之好学也。”

【译文】

孔子说："就是只有十户人家居住的地方，必定会有像我一样的既忠诚又诚信的人，但不如我这样好学。"

【赏析】

本篇评论人物的内容较多，其中以孔子的学生为主，还涉及了其他人。从简单的言语中谈论修养、处世、政事等问题，反映了孔子选取人才的标准与他的思想体系具有一致性。对此，钱穆先生说："孔门之教，重于所以为人，知人物之贤否，行事之得失，即所学之实证。"首先，孔子提出了明确的价值观，道德和才干是为现实政治服务的标准。春秋时期，子产的功绩尽人皆知，孔子评价子产"有君子之道四"，他已经具备了修己、治人、敦伦、笃行的品质，这正是孔子对人才价值目标的高度概括。其次，即使受到同一个价值观的影响，由于每个人的个性或生活环境的不同，德才也会有不同的表现。所以孔子对不同的学生采用不同的教学方式，循循善诱，引导学生学习。在本篇中，可以了解孔子学生的性格特征。

雍也第六

6.1　子曰："雍也可使南面[①]。"

【注释】

①南面：古代"坐北朝南"是最好的位置，所有官府中长官总是面南而坐，因此这个方位意为尊贵。

【译文】

孔子说："雍这个人啊，能让他担任一国的君主。"

6.2　仲弓问子桑伯子[①]。子曰："可也，简。"

仲弓曰："居敬而行简，以临其民，不亦可乎？居简而行简，无乃[②]大[③]简乎？"子曰："雍之言然。"

【注释】

①子桑伯子：事迹不详，有可能是卿大夫。

②无乃：相当于不是，仅用于反问句。

③大：同“太”。

【译文】

仲弓询问子桑伯子，孔子说：“这人可以，但办事简单。”

仲弓说：“如果内心庄重严肃，但行事简要不繁，以此来治理百姓，不也可以吗？如果内心单纯简单且行事简要不繁，不是太简单了吗？”孔子说：“雍啊，你说得很对。”

6.3 哀公问：“弟子孰为好学？”孔子对曰：“有颜回者好学，不迁怒，不贰过。不幸短命[①]死矣，今也则亡，未闻好学者也。”

【注释】

①短命：颜回死于鲁哀公十四年（公元前481），年三十一。

【译文】

鲁哀公问道：“你的哪一个学生好学？”孔子回答说：“有个叫颜回学生的好学，他不会迁怒他人，不会重复地犯相同的错。但不幸的是他短命死了，现在没有好学的人了，我也再没有听说过有好学的人了。”

6.4 子华使于齐，冉子为其母请粟。子曰：“与之釜[1]。”请益。曰：“与之庾[2]。”

冉子与之粟五秉[3]。

子曰：“赤之适齐也，乘肥马，衣轻裘。吾闻之也：君子周急不继富。”

【注释】

①釜：古代容量单位，六斗四升。

②庾：古代容量单位，二斗四升。

③秉：古代容量单位，十六斛（古代十斗为斛，斛后来也称石）。

【译文】

子华被派往齐国，冉有为了他的母亲而向孔子求要小米。孔子说：“给她六斗四升。”

冉有请求再多给些。孔子说：“再给她二斗四升。”

最后冉有却给了她八十斛小米。

孔子说：“公西赤到齐国，坐在强壮的马拉着的车上，穿着既轻又暖和的裘皮袍。我听说：君子只是为穷人雪中送炭，而不是为富人锦上添花。”

6.5　原思[1]为之宰，与之粟九百，辞。子曰："毋！以与尔邻里乡党[2]乎！"

【注释】

①原思：孔子的学生，原宪，字子思。

②邻里乡党：古代地方的单位，五家为邻，二十五家为里，一万二千五百家为乡，五百家为党。

【译文】

原思担任孔子家的总管，孔子给他九百斗小米，他推辞不接受。孔子说："别推辞，你觉得多了可以拿去接济邻里乡亲！"

6.6　子谓仲弓，曰："犁牛[1]之子骍[2]且角，虽欲勿用，山川其舍诸？"

【注释】

①犁牛：耕牛。古代用纯色牛祭祀，用杂色牛来耕田。

②骍（xīng）：赤色。周朝以赤色为尊，所以也用赤色的牛祭祀。

【译文】

孔子谈到仲弓时，说："耕牛生出来的小牛毛色纯赤、牛角端正，即使人们不打算用它来祭祀，难道山川之神会舍弃它吗？"

6.7　子曰："回也，其心三月①不违仁，其余则日月至焉而已矣。"

【注释】

①三月：古代的三是约数，指时间长久。

【译文】

孔子说："颜回这个人啊，他的内心能长久地不背离仁德，其他人只能短暂地做到仁。"

6.8　季康子问："仲由可使从政也与？"子曰："由也果，于从政乎何有？"

曰："赐也可使从政也与？"曰："赐也达，于从政乎何有？"

曰："求也可使从政也与？"曰："求也艺，于从政乎何有？"

【译文】

季康子问孔子："能让仲由处理政务吗？"孔子说："仲由做事果断，让他处理政务有什么不可以呢？"

季康子说："能让端木赐处理政务吗？"孔子说："端木赐通达情理，让他处理政务有什么不可以呢？"

季康子问道："能让冉求处理政务吗？"孔子说："冉求有才能，让他处理政务有什么不可以呢？"

6.9 季氏使闵子骞①为费宰。闵子骞曰："善为我辞焉！如有复我者，则吾必在汶上②矣。"

【注释】

①闵子骞：孔子的学生，名损，字子骞。

②汶（wèn）上：汶，水名。鲁国在汶水之南，汶上是指汶水的北面，暗指齐国。

【译文】

季氏让闵子骞去费邑做官。闵子骞对使者说："请好好地为我推辞掉吧。如果再找我，那我就会离开鲁国了。"

6.10 伯牛①有疾，子问之，自牖执其手，曰："亡之，命矣夫！斯人也而有斯疾也！斯人也而有斯疾也！"

【注释】

①伯牛：孔子的学生，冉耕，字伯牛。

【译文】

伯牛生病了，孔子前去探望他，从窗口将手伸进去握着他

的手，说：“要失去你了，这就是命啊！这样的人竟然患上了这样的病！这样的人竟然患上了这样的病！”

6.11　子曰：“贤哉，回也！一箪[①]食，一瓢饮，在陋巷，人不堪其忧，回也不改其乐。贤哉，回也！”

【注释】

①箪：古代盛饭的圆形竹器。

【译文】

孔子说：“颜回很有修养啊！一箪饭食，一瓢饮水，住在破巷子里，其他人接受不了贫困的忧愁，颜回却不改变他自己的乐趣。颜回很有修养啊！”

6.12　冉求曰：“非不说子之道，力不足也。”子曰：“力不足者，中道而废。今女画[①]。”

【注释】

①画：停止。朱熹《论语集注》：“谓之画者，如画地以自限也。”

【译文】

冉求说："我不是不喜欢老师的学说，只是我的能力有限。"孔子说："如果能力有限，那就会在半路停下歇息了。现今你却没有迈步就停下了。"

6.13　子谓子夏曰："女为君子儒，无为小人儒！"

【译文】

孔子对子夏说："你要成为君子式的儒者，不要成为小人式的儒者。"

6.14　子游为武城[①]宰。子曰："女得人焉耳乎？"曰："有澹台灭明者，行不由径，非公事，未尝至于偃之室也。"

【注释】

①武城：鲁国的城邑，现在山东费县西南。

【译文】

子游担任武城县的长官，孔子说："你在那个地方求得贤才了吗？"子游说："有个叫澹台灭明的人，他走路不走小道，不是公事就不会到我的住所。"

6.15　子曰："孟之反①不伐，奔而殿②，将入门，策其马，曰：'非敢后也，马不进也。'"

【注释】

①孟之反：鲁国的大夫。

②殿：在全军的最后面抵挡追兵。

【译文】

孔子说："孟之反不夸耀自己。他在军队败退时走在全军的最后，掩护全军，即将进入城门时，他鞭打着自己的马说：'我不是敢断后，而是我的马跑得不快。'"

6.16　子曰："不有祝鮀①之佞，而有宋朝②之美，难乎免于今之世矣。"

【注释】

①祝鮀：卫国大夫，字子鱼。

②宋朝：宋国的公子朝，据说他因为美丽惹起了乱子。

【译文】

孔子说："假如没有祝鮀的口才，却有宋朝的美貌，也难以在如今的世上避免祸患。"

6.17 子曰："谁能出不由户[1]？何莫由斯道也？"

【注释】

①户：单扇的门，指代室内的房门。

【译文】

孔子说："谁能不经过门走出房屋呢？为什么没有人顺着这条大道走呢？"

6.18 子曰："质胜文则野，文胜质则史。文质彬彬，然后君子。"

【译文】

孔子说："质朴多于文采就会过于粗野，文采多于质朴就表现出浮躁。兼备文采和质朴，才是个君子。"

6.19 子曰："人之生也直，罔之生也幸而免。"

【译文】

孔子说："人能活着是因为正直，那些欺罔的人能活着，只是他侥幸地避免了灾祸。"

6.20　子曰："知之者不如好之者，好之者不如乐之者。"

【译文】

孔子说："在学问事业方面，了解它的人不如喜爱它的人，喜爱它的人不如为它乐在其中的人。"

6.21　子曰："中人以上，可以语上也；中人以下，不可以语上也。"

【译文】

孔子说："才智在中等水平以上的人，可以和他谈论高深的学问；才智在中等水平以下的人，不可以和他谈论高深的学问。"

6.22　樊迟问知。子曰："务民之义，敬鬼神而远之，可谓知矣。"

问仁。曰："仁者先难而后获，可谓仁矣。"

【译文】

樊迟询问怎样才算有智慧。孔子说："专心致力于人民的道德方面，敬畏鬼神，但不亲近它们，可以被称为有智慧了。"

樊迟又询问怎样才算仁。孔子说："有仁德的人克服困难在前，然后再收获成果，可以称为仁德了。"

6.23　子曰："知者乐水，仁者乐山。知者动，仁者静。知者乐，仁者寿。"

【译文】

孔子说："聪明的人喜好水，仁爱的人喜好山。聪明的人活跃，仁爱的人娴静。聪明的人快乐，仁爱的人长寿。"

6.24　子曰："齐一变，至于鲁；鲁一变，至于道。"

【译文】

孔子说："齐国的政治改革一下，就能达到鲁国的程度了；鲁国的政治改革一下，就能符合大道了。"

6.25　子曰："觚[①]不觚，觚哉！觚哉！"

【注释】

①觚（gū）：古代盛酒的器皿，其腹部和足部各有四条棱角。

【译文】

孔子说："觚不像觚该有的样子，那还叫作觚吗？还叫作觚吗？"

6.26　宰我问曰："仁①者，虽告之曰'井有仁焉'，其从之也？"子曰："何为其然也？君子可逝②也，不可陷也；可欺也，不可罔③也。"

【注释】

①仁：同"人"，仁人。

②逝：往而不复。

③罔：迷惘。

【译文】

宰予问："假如对有仁德的人说'井里掉下去一个有仁德的人'，他会跳下去吗？"孔子说："你为什么会这样做呢？君子可以在井边救人，但不会让自己掉落井中；可以欺骗他前去井边，但他不能被欺骗掉落进去。"

6.27　子曰："君子博学于文，约之以礼，亦可以弗畔①矣夫。"

【注释】

①畔：同"叛"，背离。

【译文】

孔子说："君子如果广泛地学习文献，加上礼仪来约束自己，也就不会离经叛道了。"

6.28 子见南子[1]，子路不说。夫子矢之曰："予所否者，天厌之！天厌之！"

【注释】

①南子：卫灵公的夫人，原是宋国贵族，她有段时期把持着卫国的朝政，行为不当，名声不好。

【译文】

孔子拜见南子，子路不高兴。孔子发誓说："假如我做得不对的话，上天将会嫌弃我！上天将会嫌弃我！"

宋·刘松年 《秋窗读书图》

6.29　子曰："中庸[①]之为德也，其至矣乎！民鲜久矣。"

【注释】

①中庸：孔子提倡的最高道德标准。中，折中，无过也无不及，调和。庸，平常。

【译文】

孔子说："中庸作为一种德行，应该是最高的了！大家已经长久地缺乏它了。"

6.30　子贡曰："如有博施于民而能济众，何如？可谓仁乎？"子曰："何事于仁！必也圣乎！尧、舜其犹病[①]诸！夫仁者，己欲立而立人，己欲达而达人。能近取譬，可谓仁之方也已。"

【注释】

①病：难。

【译文】

子贡说："假如有一个人能广泛地给人民施恩，并且能救济人民，怎么样？这能被称为仁吗？"孔子说："岂止是仁！那一定是圣人了！尧、舜也许都难以做到呢！作为仁者，能自己立身，同时能让他人立身，自己能事事行得通，同时使他人事事行得通。能选择眼前的事例一步步地去做，可以称为实践仁的方法了。”

【赏析】

本篇内容较为复杂，谈及政治、伦理、哲学、人性、人才等。其中有很多评论孔子学生的言论，对颜回的讨论尤为突出。需要特别注意的是，孔子在《论语》中唯一谈论“中庸”的言论就在本篇的第二十九章，孔子称：“中庸之为德也，其至矣乎！民鲜久矣。”其高度肯定了“中庸”的思想。中庸即以中为用、取用其中的意思，主要指折中、适当、不走极端。“中庸”思想是孔子学说中最基本的范畴之一，是贯穿孔子思想体系的大道，也是孔子思想精华之所在。孔子提出的“过犹不及”“和而不同”“乐而不淫，哀而不伤”等观点，正是中庸思想在孔子思想中的具体表现。本篇孔子从不同的角度谈论了对于道德、政治、学习、为人等问题的看法。

述而第七

7.1　子曰：“述而不作，信而好古，窃[1]比于我老彭[2]。”

【注释】

①窃：私下。在这里表示尊敬。

②老彭：一说是商代的“贤大夫”。一说是指老子和彭祖两个人。还有说是殷商时代的彭祖一人。

【译文】

孔子说：“只是阐述典籍而不创作思考，信奉和喜好古代的文化，我私自把自己比作老彭。”

7.2　子曰：“默而识[1]之，学而不厌，诲人不倦，何有于我[2]哉？”

【注释】

①识（zhì）：记住。朱熹《论语集注》：“识，记也。默识，

谓不言而存诸心也。一说，识，知也，不言而心解也。”

②何有于我：朱熹《论语集注》：“何有于我，言何者能有于我也。”

【译文】

孔子说：“把自己的见闻默默地记在心里，努力学习而不厌烦，教导他人而不知道厌倦，这对我有什么难的呢？”

7.3 子曰：“德之不修，学之不讲，闻义不能徙，不善不能改，是吾忧也。”

【译文】

孔子说：“不培养品德，不讲习学问，听到义却不能亲自做到；不能改正缺点，这些是我所担忧的事情。”

7.4 子之燕①居，申申如也，夭夭如也。

【注释】

①燕：同“闲”。

【译文】

孔子闲居在家时，穿戴整齐，神色舒缓和乐。

7.5　子曰："甚矣吾衰也！久矣吾不复梦见周公①。"

【注释】

①周公：周文王的儿子，姓姬，名旦。他是鲁国的始祖，也是孔子敬佩的古代圣人之一。

【译文】

孔子说："我衰老得如此厉害了！我很久没有梦到周公了。"

7.6　子曰："志于道，据于德，依于仁，游于艺①。"

【注释】

①艺：指礼、乐、射、御、书、数。

【译文】

孔子说："志向在道，据守在德，依靠在仁，而娱乐在六艺。"

7.7　子曰："自行束脩①以上，吾未尝无诲焉。"

【注释】

①束脩：十条干肉。

【译文】

孔子说："只要他求见我时带十条干肉，我从来没有不愿意收他为学生教诲他的。"

7.8 子曰："不愤①不启，不悱②不发，举一隅不以三隅③反，则不复也。"

【注释】

①愤：朱熹《论语集注》："愤者，心求通而未得之意。"

②悱：朱熹《论语集注》："悱者，口欲言而未能之意。"

③隅（yú）：角落。

【译文】

孔子说："教导学生，不到在他冥思苦想没有答案时不去启迪他，不到他郁积难言却不开口时，而不去开导他。举一个例子，但他不能理解其他方面，我就不再教导他了。"

7.9 子食于有丧者之侧，未尝饱也。

【译文】

孔子在死者亲属旁边吃饭，就没有吃饱过。

7.10　子于是日哭，则不歌。

【译文】

孔子在这一天哭了，就不会再唱歌了。

7.11　子谓颜渊曰："用之则行，舍之则藏，惟我与尔有是夫！"

子路曰："子行三军①，则谁与？"

子曰："暴虎冯河②，死而无悔者，吾不与也。必也临事而惧，好谋而成者也。"

【注释】

①三军：这里指军队。

②暴虎冯（píng）河：朱熹《论语集注》："暴虎，徒搏。冯河，徒涉。"

【译文】

孔子对颜渊说："需要我的时候，我就行动；舍弃我的时候，我就藏匿起来，只有我和你能够这样吧！"

子路说："老师，若您统率三军，会和谁共事呢？"

孔子说："空手和老虎搏斗，徒步渡过河流，这样死了也不会后悔的人，我不会和他共事。与我共事的人，必须面临任务时小心谨慎，擅长谋划。"

7.12　子曰："富而可求也，虽执鞭之士[①]，吾亦为之。如不可求，从吾所好。"

【注释】

①执鞭之士：朱熹《论语集注》："执鞭，贱者之事。"这里是指市场的守门人，手执皮鞭来维持秩序。

【译文】

孔子说："假如财富可以求得的话，即使是执鞭贱职，我也能做。如果求不到它，那还是做我喜爱的事情吧！"

7.13　子之所慎：齐[①]，战，疾。

【注释】

①齐：同"斋"，斋戒。古代祭祀前的整洁工作。

【译文】

孔子谨慎小心地对待三件事：斋戒、战争、疾病。

7.14　子在齐闻《韶》，三月不知肉味，曰："不图为乐之至于斯也。"

【译文】

孔子在齐国听到了《韶》的乐章，很长时间尝不出肉的美味，他说："想不到音乐之美竟然能达到这般境界。"

7.15　冉有曰："夫子为[1]卫君[2]乎？"子贡曰："诺，吾将问之。"

入，曰："伯夷、叔齐何人也？"曰："古之贤人也。"曰："怨乎？"曰："求仁而得仁，又何怨？"

出，曰："夫子不为也。"

【注释】

①为：赞同、帮助。

②卫君：卫出公辄，卫灵公之孙。

【译文】

冉有问子贡："老师会帮助卫君吗？"子贡说："好吧，我正想问老师。"

于是子贡进屋，问："伯夷和叔齐是什么样的人呢？"孔子说："古代的贤人。"子贡说："他们后来有怨恨吗？"孔子说："他们谋求仁德，最后得到了仁德，又有什么好怨恨的呢？"

子贡出来，对冉有说："老师不会帮助卫君。"

7.16　子曰："饭疏食饮水[1]，曲肱而枕之，乐亦在其中矣。不义而富且贵，于我如浮云。"

【注释】

①水：指冷水。

【译文】

孔子说："吃粗粮、喝冷水，使胳膊弯着做枕头，也能乐在其中。不符合道义而得到的富有、显贵，这对我就像浮云一般。"

7.17　子曰："加我数年，五十以学《易》，可以无大过矣。"

【译文】

孔子说："让我的寿命增加几年，等到五十岁能研究《易》，就能没有什么大的过错了。"

7.18　子所雅言[1]，《诗》、《书》、执礼，皆雅言也。

【注释】

①雅言：指当时所通行的规范语言。

【译文】

孔子在需要用规范言语的场合，吟诵《诗》《书》，执行礼事，都是在用规范的语言。

7.19 叶公问孔子于子路，子路不对。

子曰："女奚不曰：'其为人也，发愤忘食，乐以忘忧，不知老之将至云尔。'"

【译文】

叶公向子路询问孔子是怎样的人，子路没有回答。

孔子对子路说："你怎么不这样说：'他的为人啊，发愤努力时连吃饭都忘了，开心时就忘记忧愁，不知道衰老快要到来，如此而已。'"

7.20 子曰："我非生而知之者，好古，敏以求之者也。"

【译文】

孔子说："我不是一生下来就有知识，我只是喜好古代文化，勤勉求学的人。"

7.21　子不语怪、力、乱、神。

【译文】

孔子不去谈论怪异、勇力、悖乱和神鬼。

7.22　子曰："三人行，必有我师焉。择其善者而从之，其不善者而改之。"

【译文】

孔子说："三个人同行，其中必定有可以成为我的老师的人。我择取他们的优点学习，看到别人的缺点，如果自身也有就改正。"

7.23　子曰："天生德于予，桓魋其如予何？"

【译文】

孔子说："上天把这样的品德赋予我，桓魋又能把我怎么样呢？"

7.24　子曰："二三子以我为隐乎？吾无隐乎尔。吾无行而不与二三子者，是丘也。"

【译文】

孔子说："你们这些学生觉得我有所隐匿吗？我对你们没有隐匿啊！我没有任何事是不对你们公开的，这就是我的为人啊。"

7.25　子以四教：文、行、忠、信。

【译文】

孔子用四项内容去教育学生：历代文学典籍、为人的品行、对他人的忠心、与人交往的诚信。

7.26　子曰："圣人，吾不得而见之矣；得见君子者，斯可矣。"

子曰："善人，吾不得而见之矣；得见有恒者，斯可矣。亡而为有，虚而为盈，约而为泰①，难乎有恒矣。"

【注释】

①泰：奢侈。

【译文】

孔子说："我是不能见到圣人了；能见到君子，就可以了。"

孔子又说："我是不能见到善人了；能见到有操守的人，就可以了。原本没有却要装作有，本来空虚却要装作盈实，本来贫困却要装作奢华，这样的人很难有操守。"

7.27　子钓而不纲①，弋②不射宿③。

【注释】

①纲：渔网上用以收束的绳子。这里用作动词，意为截断水流拦网捕鱼。

②弋：用带丝绳的箭射鸟，方便回收猎物。

③宿：歇宿的鸟。

【译文】

孔子钓鱼，但不用大网截断水流来捕鱼；孔子射鸟，但不射归巢栖息的鸟。

7.28　子曰："盖有不知而作之者，我无是也。多闻，择其善者而从之；多见而识之；知之次①也。"

【注释】

①次：次一等、差一点。

【译文】

孔子说："可能有一种自己不懂就凭空捏造的人，我不是这样的人。多听，选择其中好的从而接受它；多看，把看到的全都记在心里。这样得到的智慧，只比那些生来就懂的差一点。"

7.29　互乡①难与言，童子见，门人惑。子曰：“与其进也，不与其退也，唯何甚？人洁己以进，与其洁也，不保其往也。”

【注释】

①互乡：地名。

【译文】

难以和互乡这个地方的人交谈，孔子见了那个地方的一个少年，学生很困惑。孔子说：“我鼓励他进步，不赞成他退步，你们何必做得如此过分呢？别人想洁身自好地来，应该赞成他洁身自好的态度，而不是追究他的过往。”

7.30　子曰：“仁远乎哉？我欲仁，斯仁至矣。”

【译文】

孔子说：“仁德距离我们很遥远吗？我想行仁德，它就来了。”

7.31　陈司败①问：“昭公②知礼乎？”孔子曰：“知礼。”

孔子退，揖巫马期③而进之，曰：“吾闻君子不党，君子亦党乎？君取于吴④，为同姓，谓之吴孟子。君而知

礼，孰不知礼？”

巫马期以告，子曰：“丘也幸，苟有过，人必知之。”

【注释】

①陈司败：陈国大夫，一说司败是人名。一说司败是官名。

②昭公：鲁昭公，名裯，也作袑，谥号“昭”。

③巫马期：孔子的学生，名施，字子期（也作子旗）。

④君取于吴：取，同“娶”。吴，当时的国名，哀公时被越王勾践所灭。

【译文】

陈司败询问孔子：“鲁昭公懂不懂得礼？”孔子说：“懂得礼。”

孔子出来后，陈司败向巫马期作揖，请他到身旁，说：“我听说君子是没有偏私的，难道君子也会包庇别人吗？鲁国的君主娶了吴国的女子，但吴和鲁是同姓，为了掩盖这件事，就称女子为吴孟子。鲁国的君主也算懂得礼，那么谁还不知礼呢？”

巫马期告诉孔子这件事。孔子说：“我很幸运，如果有过错，还有人能指出来。”

7.32　子与人歌而善，必使反之，而后和之。

【译文】

孔子与别人唱歌，如果唱得好，就会让那个人再唱一遍，然后自己应和着他唱。

7.33　子曰：“文，莫①吾犹人②也。躬行君子，则吾未之有得。”

【注释】

①莫：意为也许、大约。

②犹人：朱熹《论语集注》：“言不能过人而尚可以及人。”

【译文】

孔子说：“书本上的知识，也许我和别人差不多。但在日常生活中做一个身体力行的君子，那我还不能做到。”

7.34　子曰：“若圣与仁，则吾岂敢？抑为之不厌，诲人不倦，则可谓云尔已矣。”公西华曰：“正唯弟子不能学也。”

【译文】

孔子说：“我怎么敢当圣和仁呢？我不过是从不厌倦学习和工作，教导他人也不疲倦，就是如此而已。”公西华说：“这就是我们难以学到的。”

7.35　子疾病①，子路请祷。子曰："有诸？"子路对曰："有之，《诔②》曰：'祷尔于上下神祇③。'"子曰："丘之祷久矣。"

【注释】

①疾病：把"疾病"连在一起，就是病得很重。

②诔（lěi）：向神灵祈祷的文辞。

③神祇：古人将天神称为"神"，地神称为"祇"。

【译文】

孔子病得很重，子路要去祈祷。孔子说："有这样的事情吗？"子路回答："有的。《诔》说：'为你向天神和地祇祈祷。'"孔子说："我以前就祈祷过了。"

7.36　子曰："奢则不孙①，俭则固②。与其不孙也，宁固。"

【注释】

①孙：同"逊"，谦逊、恭顺。

②固：朱熹《论语集注》："固，陋也。"

【译文】

孔子说："奢侈就会显得不恭顺，俭朴就会显得简陋。与其显得不恭顺，宁愿显得简陋。"

7.37　子曰："君子坦荡荡，小人长戚戚。"

【译文】

孔子说："君子心胸开阔坦荡，小人常常忧愁局促。"

7.38　子温而厉，威而不猛，恭而安。

【译文】

孔子温和并且严厉，威严但不凶猛，谦恭有礼并且从容不迫。

【赏析】

本篇是孔子为人和举止的自述，包含对孔子容貌、行事的描写，集中地记录了孔子在文化、教育方面的言行。第一章中的"述而不作，信而好古"体现了孔子对待古文化的原则。有的学者认为，孔子并非"述而不作"，反是"述而又作"。"述"者"礼"也，"作"者"仁"也。"作"是为了"述"，结果却超出了"述"。孔子不仅整理编撰了重要的古籍文献，还在传统文化的理论和认识观念上开拓创新，为后人留下了宝贵的财富。在本篇中提到的"因材施教""诲人不倦""举一反三"等教学的原则和方法，到现在也具有实践价值。

泰伯第八

8.1 子曰："泰伯[①]，其可谓至德也已矣。三以天下让，民无得而称焉。"

【注释】

①泰伯：也作"太伯"，周朝祖先古公亶父的长子。

【译文】

孔子说："泰伯，可以说是有极其高尚的品德了。他多次辞让王位给季历，百姓都找不出称颂他的语言了。"

8.2 子曰："恭而无礼则劳，慎而无礼则葸[①]，勇而无礼则乱，直而无礼则绞[②]。君子笃于亲，则民兴于仁；故旧不遗，则民不偷[③]。"

【注释】

①葸（xǐ）：胆怯、懦弱。

②绞：尖刻刺人。另一说，指急切。

③偷：轻薄，这里指人与人的感情淡薄。

【译文】

孔子说："只注重恭敬的态度却没有礼，就会劳累；只知道谨慎却没有礼，就会懦弱；只有敢作敢为的胆量却没有礼，就会莽撞；只心直口快地讲话却没有礼，就会尖刻刺人。君子对亲人有深厚的感情，民众就会走向仁德；君子不遗弃故人旧友，民众就不会对他人冷淡无情。"

8.3　曾子有疾，召门弟子曰："启①予足！启予手！《诗》云：'战战兢兢，如临深渊，如履薄冰。'而今而后，吾知免夫！小子！"

【注释】

①启：视，意为掀开被子看。

【译文】

曾子病了，他将学生召唤来，说："掀开被子看看我的脚！掀开被子看看我的手。《诗经》说：'战战兢兢，好像面临深渊的旁边，好像在薄冰上行走。’从今以后，我知道自己能够免于受到损伤了！学生们！”

8.4　曾子有疾，孟敬子[1]问之。曾子言曰：“鸟之将死，其鸣也哀；人之将死，其言也善。君子所贵乎道者三：动容貌，斯远暴慢矣；正颜色，斯近信矣；出辞气，斯远鄙倍[2]矣。笾豆[3]之事，则有司存。”

【注释】

①孟敬子：鲁国大夫仲孙捷，孟武伯的儿子，谥号“敬”。

②倍：同“背”，违背、不合理。

③笾（biān）豆：指两种礼器。笾是竹器。豆是木器。

清·髡残《山水图卷》(局部)

【译文】

曾子生病了，孟敬子来慰问他。曾子对他说："鸟将要死去的时候，它的鸣叫声是悲哀的；人快要死去的时候，他的话语是带有善意的。君子有三项待人接物时注重的礼仪准则：严肃自己的容貌礼仪，就会避免粗暴与懈怠；端正自己的仪表神态，就容易让人信任；说话时多注意用温和的言辞和声调，就会避免鄙陋粗野。至于具体的礼的事务，自然会有相关部门管理。"

8.5　曾子曰："以能问于不能，以多问于寡；有若无，实若虚，犯而不校。昔者吾友①尝从事于斯矣。"

【注释】

①吾友：有人认为指颜渊。也有人认为，这是在说自己不具备这种德行。

【译文】

曾子说："有才能的人却向没有才能的人请教，知识多的人却向知识少的人请教；有学问就像没有一样，满腹经纶就像空无一物，被冒犯也不计较。此前我的一个朋友就这样做过。"

8.6　曾子曰："可以托六尺之孤，可以寄百里之命，临大节而不可夺也，君子人与？君子人也。"

【译文】

曾子说："能够托付幼小的孤儿给他，能够交付国家的政务给他，在生死存亡之际不动摇，这样的人是君子吗？这样的人是君子啊！"

8.7　曾子曰："士不可以不弘毅，任重而道远。仁以为己任，不亦重乎？死而后已，不亦远乎？"

【译文】

曾子说："读书人不能不刚强而且坚毅，因为他们责任重大而且路途遥远。把仁德的实现当作自己的责任，不也很沉重吗？至死方休，不也很遥远吗？"

8.8　子曰："兴于《诗》，立于礼，成于乐。"

【译文】

孔子说："诗能启发我的志向，礼能让我在社会上立身，音乐能够完善我的学识。"

8.9　子曰："民可使由①之，不可使知之。"

【注释】

①由：遵循。

【译文】

孔子说："民众可以遵循真理走下去，不需要让他们明白为什么这样做。"

8.10　子曰："好勇疾贫，乱也。人而不仁，疾之已甚，乱也。"

【译文】

孔子说："喜爱勇敢却厌恶贫困，会造成祸乱。对不仁的人，过度地厌恶，也会引发祸乱。"

8.11　子曰："如有周公之才之美，使骄且吝，其余不足观也已。"

【译文】

孔子说："假如有人能像周公那样具有完美的才能，只要他骄傲而且吝啬，其他方面也就不值得一提了。"

8.12　子曰："三年学，不至于谷①，不易得也。"

【注释】

①不至于谷：朱熹《论语集注》："谷，禄也。至，疑当作'志'。"

【译文】

孔子说："学习多年，不想去做官，这是难以做到的。"

8.13　子曰："笃信好学，守死善道。危邦不入，乱邦不居。天下有道则见，无道则隐。邦有道，贫且贱焉，耻也；邦无道，富且贵焉，耻也。"

【译文】

孔子说："有坚定的信念并且努力地学习，至死守护并且完善道。不进入有危难的国家，不居住在有祸乱的国家。天下太

平就出去工作，天下大乱就隐居。国家秩序井然，自己却贫困且卑贱，这是耻辱；国家没有秩序，自己却富足且显贵，这也是耻辱。”

8.14　子曰：“不在其位，不谋其政。”

【译文】

孔子说：“不在这个职位上任职，就不要为它的政务出谋划策。”

8.15　子曰：“师挚①之始②，《关雎》之乱③，洋洋乎盈耳哉！”

【注释】

①师挚：鲁国的太师，名挚。

②始：音乐的开始。

③乱：音乐的结束。

【译文】

孔子说：“从师挚开始演奏音乐，到最后的结尾演奏《关雎》的时候，我的耳朵里都是美妙的音乐啊！”

8.16 子曰："狂而不直，侗而不愿[①]，悾悾[②]而不信，吾不知之矣。"

【注释】

①侗而不愿：朱熹《论语集注》："侗，无知貌。愿，谨厚也。"

②悾悾（kōng）：真诚的样子。

【译文】

孔子说："狂妄而且不正直，幼稚而且不老实，看似真诚而不守信用，我不理解这种人。"

8.17 子曰："学如不及，犹恐失之。"

【译文】

孔子说："学习时总像赶不上一样，学到了还害怕丢掉什么。"

8.18 子曰："巍巍乎，舜、禹[①]之有天下也而不与[②]焉。"

【注释】

①禹：传说中夏朝开国的君主，因治水有功舜禅让帝位给他。

②与：意为享有、私有。

【译文】

孔子说："崇高的舜和禹啊，他们拥有天下却没有享有它。"

8.19　子曰："大哉尧之为君也！巍巍乎！唯天为大，唯尧则[1]之。荡荡乎！民无能名焉。巍巍乎其有成功也，焕[2]乎其有文章！"

【注释】

①则：效法。

②焕：朱熹《论语集注》："焕，光明之貌。"

【译文】

孔子说："尧作为帝王很伟大啊！极其崇高啊！只有最高大的天，只有尧能够效法它。多么浩瀚啊！百姓都无法用言语来赞美他。尧的功业多么崇高啊，他的礼乐制度多么灿烂美好啊！"

8.20　舜有臣五人而天下治。武王曰："予有乱臣[1]十人。"孔子曰："才难，不其然乎？唐、虞[2]之际，于斯为盛。有妇人焉，九人而已。三分天下有其二[3]，以服事殷。周之德，其可谓至德也已矣。"

【注释】

①乱臣："治理之臣"。这里的"乱"意为治理。

②唐、虞：尧出于陶唐氏，他在位的时代叫唐；舜出于有虞氏，他在位的时代叫虞。

③三分天下有其二：据说当时天下分九州，周文王在灭商前就已经取得了六州的诸侯拥护，相当于三分之二。

【译文】

舜拥有五位贤臣所以能让天下太平。武王说："我有十个能治理国家的大臣。"孔子说："人才难寻，难道不是吗？唐尧和虞舜之时，以及周武王时，人才是最多的。在武王的这十个臣子中还有一位妇女，事实上不过九个人。周文王虽然得到了三分之二的天下，但仍然侍奉殷商。周朝的品德，可以说达到了最高的境界了。"

8.21　子曰："禹，吾无间[1]然矣。菲饮食而致孝乎鬼神，恶衣服而致美乎黻冕[2]，卑[3]宫室而尽力乎沟洫[4]。禹，吾无间然矣。"

【注释】

①间：朱熹《论语集注》："间，隙也，谓指其隙而非议之也。"

②黻冕（fú miǎn）：黻，祭祀时所穿的礼服。冕，祭祀时

所戴的礼帽。

③卑：做动词，把宫室建得低矮简陋。

④沟洫：沟渠，这里指农田水利。

【译文】

孔子说："对于禹，我没有可以指责他的了。他的饮食简单而祭祀时极其虔诚，衣着破旧而祭祀的礼服极其华丽，居室简陋而尽力开挖沟渠。对于禹，我没有可以指责他的了。"

【赏析】

本篇集中记录了孔子赞美古代圣贤的言论，从这些方面可以看出孔子的政治理想。孔子赞美古代圣贤，是在寄托他的政治期望。借助古代圣贤的道德表现，反衬了当时统治者的不足。此外，本篇还连续几章记录了曾参的言论。在孔子的学生中，曾参比较注重道德修养。他唯唯诺诺、行事谨慎的态度，显现了宗教性的道德观念。在强调严格要求和恪守小节的宗教性学派中，曾参树立了一个刚强不屈的伟大人格，而这种伟大人格的建立需要经过长久的锤炼。钱穆先生评价曾参说："心弥小而德弥恢，行弥谨而守弥固。以临深履薄为基，以仁为己任为量。"曾参后来授徒讲学，对儒学的传扬具有深远影响。本篇还记录了孔子对礼乐、治政、学习、品格等方面的思想内容。

子罕第九

9.1　子罕言利与命与仁。

【译文】

孔子很少去谈论功利、命运和仁德。

9.2　达巷[1]党人曰："大哉孔子！博学而无所成名。"子闻之，谓门弟子曰："吾何执？执御乎？执射乎？吾执御矣。"

【注释】

①达巷：地名。

【译文】

有个在达巷居住的人说："孔子真伟大啊！学问广博，却没有用一方面的专长来树立名声。"孔子听了这话后，对学生们说："我需要专长于什么呢？赶马车吗？射箭吗？我还是赶马车好了！"

9.3　子曰："麻冕[①]，礼也。今也纯[②]，俭，吾从众。拜下[③]，礼也。今拜乎上，泰也。虽违众，吾从下。"

【注释】

①麻冕：用麻料制作而成的礼帽。

②纯：指黑色的丝。

③拜下：朱熹《论语集注》："臣与君行礼，当拜于堂下。君辞之，乃升成拜。"

【译文】

孔子说："麻料做成的礼帽，是合乎传统的礼。现在大家都用丝帛，这样俭省很多，我赞同大家。大臣拜见君主，要先在堂下跪拜，这合乎礼仪。但是现在只在堂上跪拜，这是傲慢的体现，即使不同于大家的做法，我依旧主张在堂下跪拜。"

9.4　子绝四：毋意，毋必，毋固，毋我。

【译文】

孔子绝对不会去做的四件事情：不凭空猜测、不擅自专断、不拘泥固执、不妄自尊大。

9.5 子畏[1]于匡。曰："文王[2]既没，文不在兹乎？天之将丧斯文也，后死者不得与于斯文也。天之未丧斯文也，匡人其如予何？"

【注释】

①畏：拘囚。

②文王：周文王，姓姬，名昌。

【译文】

孔子被关押在匡地，说："周文王去世后，西周的文化制度不都传到我这里了吗？上天想让这些文化消亡，我就不会接触到它们了。如果上天不想让这些文化制度消亡，那匡人又能拿我怎么样呢？"

9.6 太宰[1]问于子贡曰："夫子圣者与？何其多能也？"子贡曰："固天纵之将圣，又多能也。"

子闻之，曰："太宰知我乎！吾少也贱，故多能鄙事。君子多乎哉？不多也。"

【注释】

①太宰：官名，相当于后代的宰相。

【译文】

太宰问子贡："孔子是圣人吧？他为什么如此多才多艺呢？"子贡说："本来上天就是让他成为圣人的，又让他多才多艺。"

孔子听到后说："太宰了解我啊！我小时候地位贫贱，所以学会了许多卑贱的技艺。真正的君子会这么多的技能吗？是不会的。"

9.7　牢①曰："子云：'吾不试②，故艺。'"

【注释】

①牢：孔子的学生。琴牢，字子开，一字子张。

②试：朱熹《论语集注》："试，用也。言由不为世用，故得以习于艺而通之。"

【译文】

牢说："孔子说过：'我曾经不为世所用，所以学会了一些技艺。'"

9.8　子曰："吾有知乎哉？无知也。有鄙夫问于我，空空如也。我叩其两端①而竭焉。"

【注释】

①两端：朱熹《论语集注》："两端犹言两头，言终始、本末、上下、精粗，无所不尽。"

【译文】

孔子说："我有知识吗？没有知识啊。有个知识贫乏的人问我问题，我却一无所知。我只是从问题的两端去问，然后搞清楚了全部问题。"

9.9 子曰："凤鸟①不至，河不出图②，吾已矣夫！"

【注释】

①凤鸟：凤凰，出现代表天下太平。

②河不出图：传说在伏羲时代，黄河中出现背负符图的龙马。"河出图"象征圣王承受天命，盛世将至。

【译文】

孔子说："凤凰没有飞来，黄河也没有出现图，我这一生恐怕是没什么希望了！"

9.10 子见齐衰①者、冕衣裳者②与瞽者，见之，虽少，必作③，过之，必趋④。

【注释】

①齐衰（zī cuī）：古代用粗麻布做成的丧服。

②冕衣裳者：衣冠整齐的贵族。

③作：站起身来，表示尊敬。

④趋：快步走，表示尊敬。

【译文】

孔子看到穿着服丧的人、衣冠整齐的贵族和盲人，尽管见到的是年轻人，他一定站起身来；路过他们身边时，也必定会快步走。

9.11　颜渊喟然叹曰："仰之弥高，钻之弥坚。瞻之在前，忽焉在后。夫子循循然善诱人，博我以文，约我以礼，欲罢不能。既竭吾才，如有所立卓尔，虽欲从之，末由也已。"

【译文】

颜回感叹地说："老师的学问和道德，越是仰望它，越觉得崇高；越是钻研它，越觉得深厚。观望时觉得在前面，忽然又在后面了。老师对我循循善诱，用各种文献典籍来丰富我的知识，又用礼仪来约束我的行为，让我不可能停止。直到我竭尽全力，但它就像在我的面前高大地伫立着，即使想攀登，却又不知道该从何着手。"

9.12　子疾病，子路使门人为臣[①]。病间，曰："久矣哉，由之行诈也！无臣而为有臣。吾谁欺？欺天乎？且予与其死于臣之手也，无宁死于二三子之手乎！且予纵不得大葬[②]，予死于道路乎？"

【注释】

①臣：家臣按照古代礼制，诸侯之死才能有负责治丧的"臣"来处理相关事宜，孔子此时没有官职，因此他不赞同子路的做法。

②大葬：朱熹《论语集注》："谓君臣礼葬。"

【译文】

孔子病重，子路让孔子的学生们以家臣的身份来准备治丧。孔子病情好转后，他说："仲由做这种弄虚作假的勾当太久了！我没有家臣却装作有家臣，是要让我欺骗谁呢？要让我欺骗上天吗？我与其在家臣的伺候下死去，还不如在你们这些学生伺候下死去吗？即使不能用卿大夫的礼仪来隆重地安葬，难道我会被丢弃在道路上无人问津吗？"

9.13　子贡曰："有美玉于斯，韫椟[①]而藏诸？求善贾[②]而沽诸？"子曰："沽之哉！沽之哉！我待贾者也。"

【注释】

①韫椟：收藏东西的木匣。

②贾：商人。

【译文】

子贡说："这里有一块美玉，是把它放到匣子里珍藏起来呢？还是找个识货的商人卖掉它呢？"孔子说："卖出去吧！卖出去吧！我正等着识货的买主。"

9.14 子欲居九夷[①]。或曰："陋，如之何？"子曰："君子居之，何陋之有？"

【注释】

①九夷：指淮夷，淮水、泗水流域之间的少数民族聚集地。

【译文】

孔子想搬到九夷去住。有人说："那个地方很简陋，怎么能住人呢？"孔子说："有君子居住在那里，哪里还会简陋呢？"

9.15 子曰："吾自卫反鲁，然后乐正，《雅》《颂》[①]各得其所。"

【注释】

①《雅》《颂》:《诗经》内容的分类名，也是乐曲的分类名。

【译文】

孔子说："我从卫国返回鲁国后，才将乐章整理出来，使《雅》《颂》两类诗能各得其所。"

9.16　子曰："出则事公卿，入则事父兄，丧事不敢不勉，不为酒困，何有于我哉①？"

【注释】

①何有于我哉：两种说法。一种是自谦之词：我做到了哪一件呢？另一种是自述之词：这些事对我有什么困难呢？

【译文】

孔子说："外出就侍奉公卿，在家就孝敬父兄，有丧事不敢不全力去办，不被酒耽误事，我做到了哪一件呢？"

9.17　子在川上，曰："逝者如斯夫！不舍昼夜。"

【译文】

孔子站在河边，感叹道："消逝的时间就像河水一样啊！白天黑夜不停地流。"

9.18 子曰："吾未见好德如好色者也。"

【译文】

孔子说："我从未见到过喜好德行像爱好美色一样的人。"

9.19 子曰："譬如为山，未成一篑①，止，吾止也。譬如平地，虽覆一篑，进，吾往也。"

【注释】

①篑：用来盛土的竹筐。

【译文】

孔子说："用堆土成山打比方，只差一筐土就能堆成山时，却停下了，那是我自己停了下来！用平整土地打比方，即使只倒了一筐土，却继续进行，那需要我自己坚持啊。"

9.20 子曰："语之而不惰者，其回也与！"

【译文】

孔子说："始终不懈怠地听我讲话的人，大概只有颜回吧！"

明·仇英 《子路问津》

9.21　子谓颜渊，曰："惜乎！吾见其进也，未见其止也。"

【译文】

孔子谈到颜渊时，说："可惜他去世了啊！我只见到他不断地前进，却没有见到他止步。"

9.22　子曰："苗而不秀者有矣夫！秀而不实者有矣夫！"

【译文】

孔子说："有的庄稼生长了，但不吐穗开花；有的吐穗开花，但不结果实。"

9.23　子曰："后生可畏，焉知来者之不如今也？四十、五十而无闻焉，斯亦不足畏也已。"

【译文】

孔子说："年少的人是让人敬畏的，你怎么知道他们将来不如我们呢？一个人如果到了四五十还没有名望，也就不值得敬畏了。"

9.24　子曰："法语之言，能无从乎？改之为贵。巽[1]与之言，能无说乎？绎之为贵。说而不绎，从而不改，吾末如之何也已矣。"

【注释】

①巽：谦逊顺从。

【译文】

孔子说："听到严肃且符合礼仪的话语，能不接受吗？但改正错误才是可贵。听到谦逊顺从的话语，能不高兴吗？但仔细分析才是可贵。不加分析地盲目高兴，表面听从但不改正，这种人我就不知道怎么应对了。"

9.25　子曰："主忠信。毋友不如己者。过，则勿惮改。"

【译文】

孔子说："做人要以忠诚和守信两种道德为主。不要结交不同于自己的朋友。有了过错，就不要惧怕改正。"

9.26　子曰："三军可夺帅也，匹夫不可夺志也。"

【译文】

孔子说："一个军队可以丧失它的主帅，一个普通百姓却不能强迫他改变志向。"

9.27　子曰："衣敝缊袍[①]，与衣狐貉[②]者立而不耻者，其由也与！'不忮不求，何用不臧？'"子路终身诵之，子曰："是道也，何足以臧？"

【注释】

①缊袍：用旧丝绵絮做成的袍子。

②狐貉：用狐和貉的皮毛做的皮袍。

【译文】

孔子说："穿着破烂的旧絮衣袍和穿着狐貉皮毛做的衣服的人站在一起，但不会觉得羞耻的人，也许只有仲由了吧！《诗经》说：'不妒忌、不贪求，做什么不会好呢？'"子路听了后，总是吟诵它们，孔子说："只是这个样子，怎么会好起来呢？"

9.28　子曰："岁寒，然后知松柏之后雕也。"

【译文】

孔子说："天气严寒的时候，才会知道松柏的叶子是最后才凋谢的。"

9.29 子曰："知者不惑，仁者不忧，勇者不惧。"

【译文】

孔子说：有智慧的人不感到疑惑，仁德的人不觉得忧愁，勇敢的人无所畏惧。"

9.30 子曰："可与共学，未可与适道；可与适道，未可与立①；可与立，未可与权。"

【注释】

①立：事事依礼而行。

【译文】

孔子说："可以与他一起学习的人，不一定能与他取得共同的成就；能与他取得共同成就的人，不一定能与他一起事事依照礼法而行动；能与他一起事事依照礼法而行动的人，不一定能与他一起通权达变。"

9.31 "唐棣①之华②，偏其反而。岂不尔思？室是远而。"子曰："未之思也，夫何远之有？"

【注释】

①唐棣：一种蔷薇科植物。

②华：同“花”。

【译文】

古代有这样几句诗：“唐棣的花朵，翩翩地摇摆着；我怎么会不思念你呢？只是家居住得遥远。”孔子说：“他没有真的思念啊，如果真的思念，哪有什么遥远呢？”

【赏析】

本篇主要记录了孔子的言论，涉及道德修养，内容丰富，有孔子的政治理想、为人、学识等思想内容，能对内在逻辑结构深入挖掘，从而揭示其中蕴含的自然价值观和意义。前几章是弟子对孔子理念及历史作用的体认、评价，也记录了孔子对自己一生事业的评估。后几章是孔子对人事代谢的感叹、对去世的颜回的赞扬与怀念、勉励学生为学奋进等。从本篇中，可以看出孔子的思想已经成熟、稳定，对很多问题有豁达和淡定的态度，还体现了孔子重视并遵循客观发展规律，严格的自我控制和修养，因此，才使得他的言行能够超越内在的思想局限，具有深远的影响力。

乡党第十

10.1 孔子于乡党，恂恂[①]如也，似不能言者。其在宗庙朝廷，便便[②]言，唯谨尔。

【注释】

①恂恂（xún）：恭顺温和的样子。

②便便（pián）：善于言辞的样子。

【译文】

孔子在本乡就会恭顺温和，像不会说话的人一样。在宗庙朝堂上，则会明白流畅地说话，只是说得比较谨慎。

10.2 朝，与下大夫[①]言，侃侃如也；与上大夫言，訚訚[②]如也。君在，踧踖[③]如也，与与如也。

【注释】

①下大夫：官名。

②訚訚（yín）：正直而恭敬的样子。

③踧踖（cù jí）：恭敬而心中不安的样子。

【译文】

孔子上朝的时候，与下大夫交谈，表现出温和而快乐的样子；与上大夫交谈，表现出正直而恭敬的样子。国君来到了，表现出恭敬而心中不安的样子，仪容正好合适。

10.3　君召使摈[①]，色勃[②]如也，足躩[③]如也。揖所与立，左右手，衣前后，襜[④]如也。趋进，翼如也。宾退，必复命曰："宾不顾矣。"

【注释】

①摈：同"傧"，招待宾客。

②勃：面容端庄的样子。

③躩：走得很快。

④襜（chān）：整齐的样子。

【译文】

国君召孔子去接待贵宾，他神色端庄，步伐也快了起来。他向两旁的人作揖，分别向左右两边拱手，衣服前后摆动，但很整齐。快步向前时，就像鸟儿伸展了翅膀。贵宾离开后，他一定会向国君禀报："宾客已经走远了。"

10.4　入公门，鞠躬[1]如也，如不容。

立不中门，行不履阈。

过位，色勃如也，足躩如也，其言似不足者。

摄齐[2]升堂，鞠躬如也，屏气似不息者。

出，降一等，逞颜色，怡怡如也。

没阶，趋进，翼如也。

复其位，踧踖如也。

【注释】

①鞠躬：谨慎而恭敬的样子

②摄齐：提起衣裳的下摆。摄，提起。

【译文】

孔子走入朝堂的大门时，表现出谨慎而恭敬的样子，好像门不能容身一样。

他站立时，不挡在门的中间；行走时，不踩着门槛。

他路过国君座位时，神色端庄，步伐也加快起来，说话好像中气不足一样。

他提起下摆走向朝堂时，显得谨慎而恭敬，屏住气息好像不呼吸一样。

出来后，每下一级台阶，神色便越发放松，怡然自得。

走完了台阶，快速地向前走几步，好像鸟儿伸展翅膀一样。

回到自己的位置时，表现出恭敬而心中不安的样子。

10.5　执圭①，鞠躬如也，如不胜。上如揖，下如授。勃如战色，足蹜蹜②如有循。

享礼，有容色。

私觌③，愉愉如也。

【注释】

①圭：一种玉器，其形状上圆下方。

②蹜蹜（sù）：步伐密而狭的样子。

③私觌（dí）：以私人的身份与对方的君臣相见。觌，相见。

【译文】

孔子出使邻国时，手里拿着玉圭，谨慎而恭敬地像举不起来一样。他向上举的时候就像作揖，执玉圭的时候就像递东西。神色端庄，有些战战兢兢，迈开的步伐密且小，像沿着直线行走。

他在献礼物的时候，面容和悦。

用私人的身份拜见对方的君臣时，他的样子轻松愉快。

10.6　君子不以绀緅①饰②，红紫不以为亵服③。

当暑，袗絺绤④，必表而出之。

缁⑤衣，羔裘⑥；素衣，麑裘；黄衣，狐裘。

亵裘长，短右袂⑦。

必有寝衣⑧，长一身有半。

狐貉之厚以居。

去丧，无所不佩。

非帷裳⑨，必杀之。

羔裘玄冠不以吊。

吉月，必朝服而朝。

【注释】

①绀緅（gàn zōu）：都表示颜色。绀，深青中透红的颜色。緅，黑中透红的颜色。

②饰：衣服的镶边，这里是动词。

③亵服：非正规场合所穿的家居衣服。

④袗絺绤（zhěn chī xì）：袗，单衣，这里是动词，有单穿的意思。絺，细葛布。绤，粗葛布。

⑤缁：黑色。

⑥羔裘：羊皮裘。

⑦袂：袖子。

⑧寝衣：被子。

⑨帷裳：礼服，用整幅布所做的裳，不加以裁剪，用于上朝或祭祀时穿。

【译文】

君子的衣服不用深青中透红的颜色和黑中透红的颜色作为镶边，不用绯色和紫色的布料来做家居的衣服。

夏天，穿着粗葛布或者细葛布做的单衫时，出门必须在外

面穿上外套。

羔羊皮裘配黑色的衣服，鹿皮裘配白色的衣服，狐皮裘配黄色的衣服。

居家穿的皮裘较长，但右袖要略短些。

睡觉必须备有小被，长度为本人身长再过半。

用狐貉的厚毛皮做坐垫。

守丧结束，脱下丧服后，才能佩带装饰的东西。

如果不是上朝或典礼祭礼时穿的礼服，不要用整幅布，一定要裁短一些。

不能戴着黑色的羊皮裘和玄色的帽子去吊丧。

正月初一，必定穿着朝服去朝拜。

10.7 齐①，必有明衣，布②。

齐必变食，居必迁坐。

【注释】

①齐：同“斋”。

②布：那时还没有棉布，这里的“布”指麻布或葛布。

【译文】

斋戒沐浴的时候，一定要准备沐浴后穿的衣服，它需要是布制作的。

斋戒时，一定要改变平常的饮食，必须改变平常居住的寝室。

10.8　食不厌精[①]，脍[②]不厌细。

食饐而餲[③]，鱼馁[④]而肉败，不食。色恶，不食。臭恶，不食。失饪，不食。不时，不食。割不正，不食。不得其酱，不食。

肉虽多，不使胜食气[⑤]。惟酒无量，不及乱。

沽酒市脯不食。

不撤姜食，不多食。

【注释】

①精：指米被舂得精细。

②脍：细切的鱼或肉。

③食饐（yì）而餲（ài）：食物放久了腐臭变味。

④馁：指鱼腐烂了。

⑤食气：指饭食。

【译文】

食用的米不嫌舂得精，鱼和肉不嫌切得细。

食物放久了发霉变味，鱼和肉腐烂，都不吃。食物变成难看的颜色，不吃。气味难闻，不吃。烹饪不当，不吃。不到吃饭的时候，不吃。不按照一定方法切割的肉，不吃。没有合适的调味料，不吃。

宴席上即使肉很多，但吃它不超过主食。只有酒不限量，

但不会喝到醉。

打来的酒和买来的熟干肉，都不吃。

饭后不撤去姜，但也不会多吃。

10.9　祭于公，不宿肉①。祭肉②不出三日。出三日，不食之矣。

【注释】

①不宿肉：指参加国家祭祀按照贵贱等级分得的祭肉，也称胙肉。

②祭肉：指自己家祭用的肉，或者是指朋友家中祭祀后送来的肉。

【译文】

参加国家的祭祀典礼，不会把分得的祭肉留到第二天。家里祭祀用的肉不会存放超过三天，若是存放超过三天，就不会吃了。

10.10　食不语，寝不言。

【译文】

吃饭的时候不交流，睡觉的时候不说话。

10.11　虽蔬食菜羹，必祭，必齐如也。

【译文】

即使是糙米饭和蔬菜汤，在吃饭前也必须先献祭给祖先，而且表情要像斋戒时那样严肃恭敬。

10.12　席[1]不正，不坐。

【注释】

①席：古代没有椅子和凳子，古人都是在地面铺上席子，席地而坐。

【译文】

座席摆放的方向不符合礼制，就不坐。

10.13　乡人饮酒，杖者出，斯出矣。

【译文】

乡里的人饮酒礼结束后，要等老人都出去后，自己才能出去。

10.14　乡人傩[1]，朝服而立于阼阶[2]。

【注释】

①傩（nuó）：古代一种驱疫逐鬼的风俗。

②阼（zuò）阶：东面的台阶，一般是主人所站的地方。

【译文】

乡里的人驱疫逐鬼时，就会穿着朝服站在东边的台阶上。

10.15　问人于他邦，再拜而送之。

【译文】

托人给在他国的好朋友带去问候时，要向受托者行两次礼送别。

10.16　康子馈药，拜而受之。曰："丘未达，不敢尝。"

【译文】

季康子赠孔子药物，孔子拜谢并且接受。说："我不了解这种药的药性，不敢服用。"

10.17　厩焚。子退朝，曰："伤人乎？"不问马。

【译文】

孔子家的马棚着火了。孔子从朝堂回来，说："伤到人了吗？"不询问马的情况。

10.18　君赐食，必正席先尝之。君赐腥，必熟而荐①之。君赐生②，必畜之③。

侍食于君，君祭，先饭。

【注释】

①荐：进奉。这里的供奉对象为自己的祖先，所以不看作祭祀。刘宝楠《论语正义》："凡祭，进熟食曰荐。"

②生：同"牲"，活物。

③畜之：朱熹《论语集注》："畜之者，仁君之惠，无故不敢杀也。"

【译文】

国君赐给熟食，孔子必定摆正座席，先尝一尝。国君赐给生肉，一定先煮熟了，然后进奉给祖先。国君赐给活物，一定先养着它。

和国君吃饭，在饭前国君献祭祖先时，自己就为国君先尝饭食。

10.19 疾，君视之，东首，加朝服，拖绅[①]。

清·上睿《携琴访友图》

【注释】

①拖绅：绅，束于礼服外的大带。盖着衣服，腰带束起来后仍有一段是垂下来的。

【译文】

孔子重病，国君前来探望，孔子就将脑袋朝东，身上披着上朝时的礼服，拖着大腰带。

10.20　君命召，不俟驾行矣。

【译文】

国君召见孔子，他等不及驾好马车，就先走路前往了。

10.21　入太庙，每事问。

【译文】

孔子进入周公庙，每件事情都要发问。

10.22　朋友死，无所归，曰："于我殡[1]。"

【注释】

①殡：停放灵柩和埋藏的地方，都称殡。这里指一切丧葬事务。

【译文】

朋友逝世，没有亲人来为他收殓，孔子就说："让我来负责他的丧事吧。"

10.23　朋友之馈，虽车马，非祭肉，不拜。

【译文】

朋友赠送的物品，即使是车辆马匹，只要不是祭肉，孔子在收礼的时候就不会行礼拜谢。

10.24　寝不尸，居不客。

【译文】

睡觉时不像死尸一样直躺着，居家时不会像做客式接待客人那样恭恭敬敬。

10.25　见齐衰者，虽狎①必变。见冕者与瞽者，虽亵必以貌。

凶服②者式③之。式负版④者。

有盛馔，必变色而作。

迅雷风烈必变。

【注释】

①狎（xiá）：亲近、亲密。下文的“亵”的意思相同。

②凶服：丧服。古代称丧礼为凶礼。

③式：同“轼”，古代的车辆前面的横木。这里是动词，把手放在轼上。

④版：国家图籍。

【译文】

看到穿着丧服的人，即使是熟悉的人，也一定会改变神色表示哀悼。见到戴着礼帽的人和盲人，即使是经常见面，也一定礼貌相待。

在车上遇到穿着丧服的人，就用手扶着车前的横木表示哀悼。遇到背负国家图籍的人，也会这样做表示敬重。

有丰盛的菜肴，一定会改变神色，站起身来致谢。

遇上雷电风暴的天气，一定会改变神态表示敬畏。

10.26　升车，必正立，执绥。

车中不内顾，不疾言，不亲指。

【译文】

孔子上车，必定先端正地站好，握好扶手带再登车。

在车上，不会回头看，不会很快地大声说话，不用手指指点点。

10.27　色斯举[①]矣，翔而后集。曰："山梁雌雉，时哉时哉！"子路共[②]之，三嗅[③]而作。

【注释】

①举：指野鸡飞起来。

②共：同"拱"，拱手。

③嗅（jú）：同"狊"，鸟张开两翅的样子。

【译文】

一群野鸡见到人脸色不友善就飞了起来，盘旋一阵，才会落下来停在树上。孔子说："山里的这些野鸡，识时宜啊！识时宜啊！"子路向野鸡拱拱手，它们又张开翅膀飞走了。

【赏析】

本篇详尽地描绘了孔子的言行举止、待人接物、衣食住行，尤其详尽地记录了孔子在朝廷、宗庙等重要场合的言行。通过本篇的描述，展现了孔子及儒家对礼与现实生活关系的重要意义，传达了行礼实践背后所蕴含的礼的实质及其文化价值意义。本篇讲了孔子对人的教养与人格成长的认识，尤其突出了君子人格养成的智慧，这种智慧在孔子的生活中生动地展现出来。孔子礼仪实践的特色就是生活化的儒家教养，在今天，儒家的教养仍然具有安身立命、文化认同的重大意义。

先进第十一

11.1 子曰："先进于礼乐，野人[1]也；后进于礼乐，君子也。如用之，则吾从先进。"

【注释】

①野人：没有爵禄的读书人。

【译文】

孔子说："先学习礼乐再去做官的，是普通的读书人；先做官再去学习礼乐的，是卿大夫的后代。要是让我选用人才的话，我主张选前者。"

11.2 子曰："从我于陈、蔡[1]者，皆不及门也。"

【注释】

①从（zòng）我于陈、蔡：孔子一行人曾被困在陈、蔡交界地，没了口粮，子贡到楚国，请楚昭王救了被困的孔子等人。

【译文】

孔子说："以前跟着我在陈国、蔡国之间受困的学生，现在都不在我身边了。"

11.3　德行：颜渊，闵子骞，冉伯牛，仲弓。言语：宰我，子贡。政事：冉有，季路。文学：子游，子夏。

【译文】

孔子的学生中德行好的人有：颜渊、闵子骞、冉伯牛、仲弓。口才很好的有：宰我、子贡。擅长处理政务的有：冉有、季路。文学才华突出的有：子游、子夏。

11.4　子曰："回也非助我者也，于吾言无所不说。"

【译文】

孔子说："颜回不是能够帮助我的人，他对我所说的话没有不心悦诚服的。"

11.5　子曰："孝哉闵子骞！人不间于其父母昆弟之言。"

【译文】

孔子说：“闵子骞是真的孝顺啊！别人不会质疑他的父母兄弟称赞他的话语。”

11.6　南容三复白圭①，孔子以其兄之子妻之。

【注释】

①白圭：出自《诗经·大雅·抑》，诗句的意思是白圭的污点可以磨掉，我们言语中的污点却没办法去掉。

【译文】

南容多次吟诵《诗经》中“白圭之玷，尚可磨也；斯言不玷，不可为也”这几句诗，孔子让侄女嫁给了他。

11.7　季康子问：“弟子孰为好学？”孔子对曰：“有颜回者好学，不幸短命死矣，今也则亡。”

【译文】

季康子问道：“你哪一个学生好学？”孔子答道：“颜回算好学的学生，不幸的是他短命去世了，现在没有好学的人了。”

11.8　颜渊死，颜路①请子之车以为之椁②。子曰：

“才不才，亦各言其子也。鲤[3]也死，有棺而无椁，吾不徒行以为之椁。以吾从大夫之后，不可徒行也。”

【注释】

①颜路：颜渊的父亲，也是孔子的学生，名无繇，字路。

②椁：古代大型的棺木至少用两层，里面的一层叫棺，外面的一层叫椁。

③鲤：孔子的儿子孔鲤，字伯鱼，他死的那年孔子七十岁。

【译文】

颜渊去世，颜路请求孔子把车卖掉来为颜渊做一个椁。孔子说：“无论才能是有还是无，都是自己的儿子吧。我的儿子孔鲤去世，也只有棺没有椁。我也不能为他置办椁而去卖了车子徒步行走。因为我曾经担任大夫的职位，不能步行。”

11.9　颜渊死。子曰：“噫！天丧予！天丧予！”

【译文】

颜渊死了，孔子说：“唉！上天要我的命啊！上天要我的命啊！”

11.10　颜渊死，子哭之恸[1]。从者曰：“子恸矣。”曰：“有恸乎？非夫人之为恸而谁为？”

【注释】

①恸（tòng）：极度悲伤，大哭。

【译文】

颜渊死了，孔子哭得十分悲痛。跟随孔子的人说："您过度悲伤了！"孔子说："我真的太悲伤了吗？我不为他悲伤，还能为谁悲伤呢？"

11.11 颜渊死，门人欲厚葬之。子曰："不可。"

门人厚葬之。子曰："回也视予犹父也，予不得视犹子也。非我也，夫二三子也！"

【译文】

颜渊死了，孔子的学生打算把他厚葬。孔子说："不可以。"

学生们依旧厚葬了他。孔子说："颜回啊，他对我像对待父亲一样，我却不能像儿子一样对待他。这不是我的意思啊，是这些同学做的啊！"

11.12 季路问事鬼神。子曰："未能事人，焉能事鬼？"

曰："敢[①]问死。"曰："未知生，焉知死？"

【注释】

①敢：表示尊敬的谦辞，没有实际意义。

【译文】

季路询问侍奉鬼神的方法。孔子说："还没有侍奉好活着的人，怎么能去侍奉鬼神呢？"

季路又说："请问死是怎么样的呢？"孔子说："还没明白生的道理，又怎么能明白死呢？"

11.13　闵子侍侧，訚訚如也；子路，行行①如也；冉有、子贡，侃侃如也。子乐。"若由也，不得其死然。"

【注释】

①行行（hàng）：朱熹《论语集注》："刚强之貌。"

【译文】

闵子骞站在孔子身边时，样子恭敬且正直；子路则是刚强英武的样子；冉有、子贡是温和而从容的样子。孔子非常开心。但孔子又说："像仲由这样，只怕是不得好死吧。"

11.14　鲁人①为长府②。闵子骞曰："仍旧贯，如之何？何必改作？"子曰："夫人不言，言必有中。"

【注释】

①鲁人：这里指鲁国掌权的大臣。

②长府：鲁国国库的名称。

【译文】

鲁国翻修了贮藏财货的国库。闵子骞说："仍然用旧的又会怎样呢？为什么一定要翻修呢？"孔子说："这个人平时不怎么说话，说话必定切中要害。"

11.15　子曰："由之瑟[①]奚为于丘之门？"门人不敬子路。子曰："由也升堂[②]矣，未入于室也。"

【注释】

①瑟：古代的乐器，与古琴相同。

②堂：屋里的正厅。入门、升堂、入室是做学问的几个阶段。

【译文】

孔子说："仲由弹瑟，为什么要到我这里弹呢？"因此，学生们不尊重子路。孔子说："仲由啊，学识已经登上大厅，只是还没有入室罢了。"

11.16　子贡问："师与商也孰贤？"子曰："师也过，商也不及。"

曰："然则师愈与？"子曰："过犹不及。"

【译文】

子贡问孔子道："颛孙师（子张）和卜商（子夏）谁更好？"

孔子说："颛孙师呢，有点过度了，卜商呢，有点不足。"

子贡说："所以是颛孙师强一些吗？"孔子说："过度和不足不相上下。"

11.17　季氏富于周公，而求也为之聚敛而附益之。子曰："非吾徒也。小子鸣鼓而攻之，可也。"

【译文】

季氏比周公还要有钱，但冉求还为他搜刮来增加他的钱财。孔子说："冉求不是我的学生了，你们这些学生可以敲着大鼓去攻击他。"

11.18　柴①也愚，参也鲁，师也辟，由也喭。

【注释】

①柴：高柴，孔子的学生，字子羔。

【译文】

高柴愚笨，曾参迟钝，颛孙师偏激，仲由莽撞。

11.19　子曰："回也其庶①乎，屡空②。赐不受命，而货殖焉，亿则屡中。"

【注释】

①庶：几乎，差不多。一般用于称赞。

②屡空：朱熹《论语集注》："数至空匮也。"

【译文】

孔子说："颜回的学问和道德近乎完美了吧，可是常常贫穷得没有办法。端木赐没有官方的授命而去经商，他猜测市场行情都很准确。"

11.20 子张问善人之道。子曰："不践迹，亦不入于室。"

【译文】

子张询问善人是什么样的。孔子说："善人不跟随前人的脚步走，但他的学问修养也达不到高深的境界。"

11.21 子曰："论笃是与①，君子者乎？色庄者乎？"

【注释】

①论笃是与："与论笃"的倒装形式。与，许也，赞许。论笃，是"论笃者"的意思。

【译文】

孔子说："总是赞许言论笃实的人，但这种人是真的君子呢？还是在表面上假装庄重的人呢？"

11.22　子路问："闻斯行诸？"子曰："有父兄在，如之何其闻斯行之？"

冉有问："闻斯行诸？"子曰："闻斯行之。"

公西华曰："由也问闻斯行诸，子曰'有父兄在'；求也问闻斯行诸，子曰'闻斯行之'。赤也惑，敢问。"子曰："求也退，故进之。由也兼人①，故退之。"

【注释】

①兼人：一个人做两个人的事，比喻好勇过人。

【译文】

子路问孔子："听见了就要去实行吗？"孔子说："父亲兄长都活着，怎么能听到了就去实行呢？"

冉有问孔子："听见了就要去实行吗？"孔子说："听到了就要去实行。"

公西华说："仲由询问听到了就要去实行吗？老师说'父亲兄长都活着'；冉求询问听到了就要去实行吗？老师说'听到了就要去实行'。我有些不明白，就来向老师请教。"孔子说："冉求平时做事容易退缩，所以我鼓励他。仲由好勇过人，所以我约束他。"

11.23　子畏于匡，颜渊后。子曰："吾以女为死矣。"曰："子在，回何敢死？"

【译文】

孔子在匡地被囚禁起来了，失散的颜渊最后才来。孔子说：“我以为你已经死掉了。”颜渊说：“老师还活着，我怎么敢先死呢？”

11.24　季子然[1]问：“仲由、冉求可谓大臣与？”子曰：“吾以子为异之问，曾由与求之问。所谓大臣者，以道事君，不可则止。今由与求也，可谓具臣矣。”

曰：“然则从之者与？”子曰：“弑父与君，亦不从也。”

【注释】

①季子然：鲁国季氏的学生。

【译文】

季子然问道：“仲由和冉求能称为大臣吗？”孔子说：“我以为你要问别的人，竟然是问仲由和冉求呀。我们所说的大臣，是用合乎礼仪的方式来侍奉君主，如果不能做到，就会辞职不做。仲由和冉求这两个人，只能是备位充数的臣属。”

季子然又说：“那么他们会一切顺从上级吗？”孔子说：“谋害父亲、刺杀君主的事情，他们不会顺从的。”

11.25　子路使子羔为费宰。子曰：“贼夫人之子。”

子路曰："有民人焉，有社稷焉，何必读书，然后为学？"

子曰："是故恶夫佞者。"

【译文】

子路让子羔去费地担任邑宰。孔子说："你这是在误人子弟啊！"

子路说："那个地方有老百姓，又有土地和五谷，为什么必须要读书才能算学习呢？"

孔子说："因此我讨厌能言善辩的人！"

11.26　子路、曾晳[1]、冉有、公西华侍坐。

子曰："以吾一日长乎尔，毋吾以也。居[2]则曰：'不吾知也！'如或知尔，则何以哉？"

子路率尔而对曰："千乘之国，摄[3]乎大国之间，加之以师旅，因之以饥馑，由也为之，比及[4]三年，可使有勇，且知方也。"

夫子哂之。

"求！尔何如？"

对曰："方六七十[5]，如五六十，求也为之，比及三年，可使足民。如其礼乐，以俟君子。"

"赤！尔何如？"

对曰："非曰能之，愿学焉。宗庙之事，如会同[6]，

端章甫[7]，愿为小相[8]焉。”

“点！尔何如？”

鼓瑟希[9]，铿尔，舍瑟而作[10]，对曰：“异乎三子者之撰。”

子曰：“何伤乎？亦各言其志也。”

曰：“莫[11]春者，春服既成，冠者[12]五六人，童子六七人，浴乎沂，风乎舞雩，咏而归。”

夫子喟然叹曰：“吾与点也！”

三子者出，曾皙后。曾皙曰：“夫三子者之言何如？”

子曰：“亦各言其志也已矣。”

曰：“夫子何哂由也？”

曰：“为国以礼，其言不让，是故哂之。”

“唯求则非邦也与？”

“安见方六七十如五六十而非邦也者？”

“唯赤则非邦也与？”

“宗庙会同，非诸侯而何？赤也为之小，孰能为之大？”

【注释】

①曾皙：名点，曾参的父亲，也是孔子的学生。

②居：平日家居。

③摄：意为局促、受制约。

④比及：等到。

⑤方六七十：古代计算土地面积的方法，意为每边长六七十里。

⑥会同：诸侯会盟。

⑦端章甫：古代礼服叫端，古代的礼帽叫章甫。

⑧小相：小，谦辞。相，礼赞之人，即协助行礼的人，类似于司仪。

⑨希：同“稀”，朱熹《论语集注》：“间歇也。”

⑩作：站起来。

⑪莫：同“暮”。

⑫冠者：行了冠礼的成年人。古代的男子在二十岁行冠礼，表示成年。

【译文】

子路、曾皙、冉有、公西华陪着孔子坐着。

孔子说：“虽然我的年龄比你们稍大一些，但你们不要拘束。你们平时说：‘没人了解我！’如果有人了解你们，你们会做些什么呢？”

子路不假思索地回答：“一个拥有千辆兵车的国家，它受制于大国之间，外面有其他国家兵力的进扰，国内又有饥荒，我去治理它，只需要三年的时间，就能让百姓勇敢，并且懂得道理。”

孔子微微一笑。

又问：“冉求，你怎么样啊？”

冉有回答：“一个国土纵横有六七十里或者五六十里的国

家，如果让我去治理它，只需要三年的时间，就能让百姓富有。至于该国的礼乐教化，那只能等君子实施了。”

孔子又问：“公西赤，你怎么样啊？”

公西华回答：“不敢说我能做到，但我愿意这样学习。在国家的祭祀或者和其他国家会盟的会议上，我愿意穿着礼服，担任一个小小的司仪。”

孔子又说：“曾点，你怎么样啊？”

曾皙弹奏瑟的曲子接近尾声，铿的一声结束演奏，放开瑟站起来，回答说：“我的志向和他们三位所说的不一样。”

孔子说：“那有什么关系呢？不过是大家说说自己的志向而已。”

曾皙说：“暮春三月，已经穿上了春天的衣服，我陪着五六个成年人、六七个少年，到沂河里洗澡，再到舞雩台上吹吹风，一路上唱着歌走回来。”

孔子长叹一声说：“我赞同曾点的观点啊！”

子路、冉有、公西华三人都出去了，曾皙最后走。曾皙问孔子：“他们三个人的话怎么样啊？”

孔子说：“不过是说说各自的志向而已。”

曾皙说：“您为什么对仲由微笑呢？”

孔子说：“治理国家需要讲究礼让，但他的话一点都不谦虚，所以我笑他。”

曾皙说：“难道冉求所说的就不是国家了吗？”

孔子说：“哪里见得纵横六七十里或者五六十里的地方就不是国家呢？”

曾皙又问："公西赤所说的就不是国家吗？"

孔子说："有宗庙和国家的会盟，怎么会不是国家呢？但公西赤只做一个小小的司仪，那谁可以承担更大的职能呢？"

【赏析】

本篇以孔子评论自己的学生为主要内容，钱穆先生说："本篇多评门弟子贤否，编者首以此章，为其分别门弟子先后学风最扼要。"其中，谈论颜渊和子路的言语尤其多。孔子明确指出，真正有用于国家的人才是通过自己的真才实学获取官位的人。所以孔子的学生多为平民子弟，这就打破了传统的官府和贵族垄断教育和文化的局面。由于当时特定的教学环境和方式，孔子与学生朝夕相处，关系平等融洽。在日常生活中，孔子也进行教学活动，于是，他的思想潜移默化地影响了学生。从本篇中可以窥见孔子的一些学生的性格、言行、志向，也可以看到孔子因材施教的具体实践和扬善抑恶、助其不足的待人态度。

颜渊第十二

12.1　颜渊问仁。子曰："克己复礼为仁。一日克己复礼，天下归仁焉。为仁由己，而由人乎哉？"

颜渊曰："请问其目。"子曰："非礼勿视，非礼勿听，非礼勿言，非礼勿动。"

颜渊曰："回虽不敏，请事斯语矣。"

【译文】

颜渊问怎样才是有仁德的人。孔子说："约束自己，让言语和行为都符合礼，这就是仁。只要有一天做到了约束自身，天下的人都会称赞你是有仁德的人。实践仁德在于自己，难道要靠他人吗？"

颜渊说："请问具体行动的内容呢？"孔子说："不符合礼的事情不要去看，不符合礼的事情不要去听，不符合礼的事情不要去说，不符合礼的事情不要去做。"

颜渊说："我虽然迟钝，也会奉行您的这些教导。"

12.2　仲弓问仁。子曰："出门如见大宾，使民如承大祭。己所不欲，勿施于人。在邦无怨，在家①无怨。"

仲弓曰："雍虽不敏，请事斯语矣。"

【注释】

①在家：刘宝楠《论语正义》："在邦谓仕于诸侯之邦，在家谓仕于卿大夫之家也。"

【译文】

仲弓问怎样才是有仁德的人。孔子说："出门办事就像去接待贵宾，役使百姓就像承当大祭。自己不想要的，就不要施加给别人。在诸侯的朝廷里工作没有怨恨，在卿大夫的封地工作也没有怨恨。"

仲弓说："我虽然迟钝，也会按照您的这些教导去做。"

12.3　司马牛①问仁。子曰："仁者，其言也讱。"

曰："其言也讱，斯谓之仁已乎？"子曰："为之难，言之得无讱乎？"

【注释】

①司马牛：孔子的学生，名耕，字子牛。

【译文】

司马牛问怎样才是有仁德的人。孔子说："具备仁德的人，他的言语谨慎迟钝。"

司马牛说："言语谨慎迟钝，这就能称为有仁德了吗？"孔子说："做起来难，讲话才会谨慎迟钝吗？"

12.4　司马牛问君子。子曰："君子不忧不惧。"

曰："不忧不惧，斯谓之君子已乎？"子曰："内省不疚，夫何忧何惧？"

【译文】

司马牛问如何才能成为一个君子。孔子说："君子不会忧愁，不会恐惧。"

司马牛说："不会忧愁、恐惧就能成为君子吗？"孔子说："自己问心无愧，那还有什么是值得忧愁和恐惧的呢？"

12.5　司马牛忧曰："人皆有兄弟，我独亡。"子夏曰："商闻之矣：死生有命，富贵在天。君子敬而无失，与人恭而有礼，四海之内，皆兄弟也。君子何患乎无兄弟也？"

南宋·马远 《孔子像图页》

【译文】

司马牛忧愁地说："所有人都有兄弟，只有我没有。"子夏说："我曾经听说：生死是命运注定，富贵由上天安排。君子只是对待工作严谨，没有差错，对待别人恭敬，而且符合礼仪，那四海以内的人都是自己的兄弟。君子为什么会担忧没有兄弟呢？"

12.6　子张问明。子曰："浸润之谮，肤受之愬，不行焉，可谓明也已矣。浸润之谮，肤受之愬，不行焉，可谓远①也已矣。"

【注释】

①远：何晏《论语集解》引马融说："德行高远。"

【译文】

子张问怎样才是明智。孔子说："比如点滴的、日积月累的谗言，比如切肤之痛的诬蔑，这些在你身上都不能生效，就可以叫作明智了。点滴的、日积月累的谗言，切肤之痛的诬蔑，这些在你身上都不能生效，就可以叫作德行高远了。"

12.7　子贡问政。子曰："足食，足兵，民信之矣。"

子贡曰："必不得已而去，于斯三者何先？"曰："去兵。"

子贡曰："必不得已而去，于斯二者何先？"曰："去食。自古皆有死，民无信不立。"

【译文】

子贡问怎样治理政务。孔子说："让粮食充足，军备充实，百姓信任。"

子贡说："如果不得不放弃一项，可以先放弃这三项中的哪项呢？"孔子说："放弃军备。"

子贡说："如果不得不再放弃一项，在这两项中先放弃哪项呢？"孔子说："放弃粮食。自古以来谁都免不了死亡，如果缺少百姓的信任，国家就不能建立。"

12.8　棘子成[1]曰："君子质而已矣，何以文为？"子贡曰："惜乎，夫子之说君子也。驷[2]不及舌。文犹质也，质犹文也。虎豹之鞟犹犬羊之鞟[3]。"

【注释】

①棘子成：卫国的大夫。

②驷：指用四匹马拉的车。

③鞟（kuò）：去了毛的皮。

【译文】

棘子成说："只要君子的本质良好就可以了，为什么还要文采呢？"子贡说："真可惜，先生您这样谈论君子。一言既出，驷马难追。本质和文采，文采和本质，是同等重要的。假如把去了有花纹毛的虎豹皮与去了毛的犬羊皮相比较，它们就没有区别了。”

12.9　哀公问于有若曰：“年饥，用不足，如之何？”

有若对曰：“盍彻[①]乎？”

曰：“二，吾犹不足，如之何其彻也？”

对曰：“百姓足，君孰与不足？百姓不足，君孰与足？”

【注释】

①彻：西周时期十分抽一的租赋制度。

【译文】

鲁哀公向有若询问：“年成不好，国家的用度不够，要怎么办呢？”

有若回答：“为什么不实行十分抽一的税法呢？”

哀公说：“现在十分抽二都还不够，怎么能采用十分抽一呢？”

有若回答：“如果百姓富足了，您怎么会不富足呢？百姓不富足，您怎么会富足呢？”

12.10　子张问崇德辨惑，子曰：“主忠信，徙义，崇德也。爱之欲其生，恶之欲其死。既欲其生又欲其死，是惑也。‘诚不以富，亦祇以异。’”

【译文】

子张询问如何提高道德水平和辨别迷惑的能力。孔子说："以忠诚守信为主，唯义是从，这就能提高道德水平了。喜爱一个人时，希望他长寿；厌恶他时，恨不得他立刻死去。既希望他长寿，又希望他短命，这就是疑惑。'这实在是对自己没有益处的，只会让人感到奇怪。'"

12.11　齐景公[1]问政于孔子。孔子对曰："君君，臣臣，父父，子子。"公曰："善哉！信如君不君，臣不臣，父不父，子不子，虽有粟，吾得而食诸？"

【注释】

①齐景公：名杵臼，齐国的国君，在位时间是公元前547—前490年。

【译文】

齐景公问孔子怎样治理国家。孔子说："君主要像君主，大臣要像大臣，父亲要像父亲，儿子要像儿子。"景公说："对啊！如果君主不像君主、大臣不像大臣、父亲不像父亲、儿子不像儿子，即使拥有粮食，我又怎么能吃得上呢？"

12.12　子曰："片言可以折狱者，其由也与？"子路无宿诺。

【译文】

孔子说："根据只言片语就能断案的人，大概只有仲由吧？"子路向来都没有不及时兑现的许诺。

12.13　子曰："听讼，吾犹人也。必也使无讼乎！"

【译文】

孔子说："审理诉讼案件，我与别人没什么差别。必须要让诉讼的事根本不发生。"

12.14　子张问政。子曰："居之无倦，行之以忠。"

【译文】

子张询问政治。孔子说："任职时不要松懈怠慢，执行命令时要忠诚。"

12.15　子曰："博学于文，约之以礼，亦可以弗畔矣夫。"

【译文】

孔子说："君子要广泛地学习古代文化典籍，加上礼仪来约束自己，也就不会离经叛道了。"

12.16 子曰："君子成人之美，不成人之恶。小人反是。"

【译文】

孔子说："君子成全他人的好事，不助长他人的坏事，小人却与这样的原则相反。"

12.17 季康子问政于孔子。孔子对曰："政者，正也。子帅以正，孰敢不正？"

【译文】

季康子向孔子询问怎样治理政务。孔子回答："政有端正的含义。您带头端正自身，还有谁敢不端正呢？"

12.18 季康子患盗，问于孔子。孔子对曰："苟子之不欲，虽赏之不窃。"

【译文】

季康子担忧盗贼多的问题，询问孔子怎么办。孔子回答："如果你不贪图过多的财富，即使奖励强盗，也不会有人去做。"

12.19　季康子问政于孔子曰："如杀无道，以就有道，何如？"孔子对曰："子为政，焉用杀？子欲善而民善矣。君子之德风，小人之德草。草上之风[1]，必偃[2]。"

【注释】

①草上之风：风加之于草。

②偃：倒。

【译文】

季康子向孔子请教政务问题，他说："假如杀掉坏人从而亲近好人，会怎么样呢？"孔子回答："你治理国家政治，怎么能用杀戮的手段呢？你只要行善，百姓也就会行善。君子的德行就像是风，百姓的德行就像是草。风向哪边吹，草就向哪边倒。"

12.20　子张问："士何如斯可谓之达矣？"子曰："何哉，尔所谓达者？"子张对曰："在邦必闻，在家必闻。"子曰："是闻也，非达也。夫达也者，质直而好义，察言而观色，虑以下人。在邦必达，在家必达。夫闻也者，色取仁而行违，居之不疑，在邦必闻。在家必闻。"

【译文】

子张问："士人要做什么才能达到通达呢？"孔子说："你说的通达是什么意思呢？"子张答道："在国家做官时有一定的名望，为卿大夫工作时有一定的名望。"孔子说："这个叫作闻名于世，不是通达。所说的通达，就是要秉性正直而且遵循义理，善于洞察他人的言谈，观察他人的神色，思考自己不如他人的地方。这样的人，在国家做官时必定显达，为卿大夫工作时必定显达。所说的有名望，则是表面上好像爱好仁德，但行动上却违背仁，可是自己以仁德的人自居却丝毫不觉得疑惑。这样的人，在国家做官时有一定的名望，为卿大夫工作时有一定的名望。”

12.21　樊迟从于舞雩之下，曰：“敢问崇德，修慝，辨惑。”子曰：“善哉问！先事后得，非崇德与？攻其恶，无攻人之恶，非修慝与？一朝之忿，忘其身，以及其亲，非惑与？”

【译文】

樊迟陪同孔子在舞雩台下面散步，他说：“请问怎么样能提高自己的品德、消除别人对自己的恶念、分辨迷惑呢？”孔子说：“问得好！首先付出劳动，然后再考虑收获，这不就可以提高品德了吗？批判自己的错误，不批判他人的错误，这不就可以消除恶念了吗？因为偶尔的愤怒，就忘记了自己，以至忘记了父母，这不就是迷惑吗？”

12.22　樊迟问仁。子曰：“爱人。”问知。子曰：“知人。”樊迟未达。子曰：“举直错诸枉，能使枉者直。”

樊迟退，见子夏曰："乡①也吾见于夫子而问知，子曰：'举直错诸枉，能使枉者直。'何谓也？"

子夏曰："富哉言乎！舜有天下，选于众，举皋陶②，不仁者远矣。汤③有天下，选于众，举伊尹，不仁者远矣。"

【注释】

①乡：同"向"，刚才。

②皋陶（yáo）：舜的大臣。

③汤：也称"成汤"，名履，商朝的开国君主。

【译文】

樊迟问仁是什么。孔子说："爱人。"樊迟问智是什么。孔子说："鉴别他人。"

樊迟仍然不理解。孔子说："提拔正直的人，将他的位置放在坏人的上面，就能让坏人变得正直。"

樊迟退出来，见到子夏时，说："刚才我去见老师，询问智是什么，他说：'提拔正直的人，将他的位置放在坏人的上面，就能让坏人变得正直。'是什么意思呢？"

子夏说："这句话有丰富的含义啊！舜拥有天下，在众人中挑选人才，选拔了皋陶，不仁的人就远离了。汤拥有天下，在众人中挑选人才，选拔了伊尹，不仁的人也就远离了。"

12.23　子贡问友。子曰："忠告而善道之，不可则止，毋自辱焉。"

【译文】

子贡问对待朋友的方法。孔子说："忠心地劝告他，并且恰当地引导他，如果他不听就停止，不要自取其辱。"

12.24　曾子曰："君子以文会友，以友辅仁。"

【译文】

曾子说："君子有文章学问来结交朋友，用朋友的鼓励帮助来培养自己的仁德。"

【赏析】

本篇涉及论仁、论政、论修养等方面的内容，论仁的内容较为集中且重要。其次是论政的内容，但又多与仁相关，多是德政、礼治方面的内容。孔子认为"仁"必须借助于"礼"的形式才能成立。因此，"仁"在反映个人人格的修养上必须恪守不渝地按照"礼"的标准来修身养性，对此提出"非礼勿视，非礼勿听，非礼勿言，非礼勿动"。"礼"与"仁"就是伦理关系正常化的保证。孔子希望政治清明、社会稳定，其关键就是建立有序的政治，每个人的行为需要符合其所担任的社会角色，君臣父子各安其位、各尽其职，即"君君、臣臣、父父、子子"。本篇比较集中地表达了仁、礼、政三者的关系。

子路第十三

13.1　子路问政。子曰：“先之劳之。”请益。曰：“无倦。”

【译文】

子路问如何处理政务。孔子说：“给百姓以身作则，然后让他们勤劳地工作。”子路请求多讲一些。孔子又说：“不要倦怠。”

13.2　仲弓为季氏宰，问政。子曰：“先有司，赦小过，举贤才。”

曰：“焉知贤才而举之？”子曰：“举尔所知。尔所不知，人其舍诸？”

【译文】

仲弓担任季氏的总管，他询问孔子如何处理政务。孔子说：“先任命各部门的官员，让他们各司其职，原谅他人的小失误，提拔有能力的人才。”

仲弓说：“怎样才能知道他们是有能力的人才并且提拔他们

呢？”孔子说：“提拔你所知道的人。你不知道的人，难道别人会埋没他们吗？”

13.3　子路曰：“卫君待子而为政，子将奚先？”

子曰：“必也正名乎！”

子路曰：“有是哉，子之迂也！奚其正？”

子曰：“野哉，由也！君子于其所不知，盖阙如也。名不正，则言不顺；言不顺，则事不成；事不成，则礼乐不兴；礼乐不兴，则刑罚不中；刑罚不中，则民无所错手足。故君子名之必可言也，言之必可行也。君子于其言，无所苟而已矣。”

【译文】

子路说：“卫君等待您去治国理政，您想先做什么呢？”

孔子说：“那必须是纠正名分上的用词不当！”

子路说：“您这么迂腐吗？为什么要做这件事呢？”

孔子说：“仲由，你真鲁莽啊！君子对自己不明白的事情，应该抱有怀疑的态度。用词不当，说话就不会顺理成章；说话不能顺理成章，事情就做不成；事情做不成，礼乐制度就不能兴起；礼乐制度不能兴起，刑罚就不会得当；刑罚不得当，民众就不知道怎么办。因此，君子一定要用词得当，必定要说出理由，言之有理，就能实行。君子措辞说话，不能有一点儿马虎的地方。”

13.4　樊迟请学稼。子曰："吾不如老农。"请学为圃[①]。曰："吾不如老圃。"

樊迟出。子曰："小人哉，樊须也！上好礼，则民莫敢不敬；上好义，则民莫敢不服；上好信，则民莫敢不用情。夫如是，则四方之民襁[②]负其子而至矣，焉用稼？"

【注释】

①圃：朱熹《论语集注》："种蔬菜曰圃。"

②襁：背负婴儿的宽带子。

清·黄山寿《拟古山水4》

【译文】

樊迟请求学习种庄稼。孔子说："我比不上老农民。"樊迟请求学习种蔬菜。孔子说："我比不上老菜农。"

樊迟离开了。孔子说："樊迟真是小人！统治者讲究礼仪，百姓就没有人敢不尊敬；统治者讲究道义，百姓就没有人敢不服从；统治者注重诚信，百姓没有人敢不真诚相待。做到这样，四方的百姓就会背着他们的孩子来投靠，怎么会需要自己去种庄稼呢？"

13.5　子曰："诵《诗》三百，授之以政，不达；使于四方，不能专对①；虽多，亦奚以为？"

【注释】

①专对：独立应对。

【译文】

孔子说："就算熟读了《诗经》的三百篇，把政务交给他，却不能办，派他出使国外，却不能独立地谈判。纵使读得再多，又有什么用处呢？"

13.6　子曰："其身正，不令而行；其身不正，虽令不从。"

【译文】

孔子说："统治者本身的行为端正，就算不发命令，事情也能施行；他自身的行为不端正，即使三令五申，百姓也不会服从的。"

13.7　子曰："鲁、卫之政，兄弟也。"

【译文】

孔子说："鲁国和卫国的政治，就像是兄弟一样。"

13.8　子谓卫公子荆[1]："善居室。始有，曰：'苟合矣。'少有，曰：'苟完矣。'富有，曰：'苟美矣。'"

【注释】

①公子荆：卫国大夫。

【译文】

孔子谈及卫国的公子荆时，说："他擅长居家过日子。刚宽裕一些，就说：'差不多就够了。'增加一些财产，就说：'差不多完备了。'财产再多一些，就说：'差不多算是完美了。'"

13.9　子适卫，冉有仆[1]。子曰："庶矣哉！"

冉有曰："既庶矣，又何加焉？"曰："富之。"

曰："既富矣，又何加焉？"曰："教之。"

【注释】

①仆：动词，驾车。

【译文】

孔子到了卫国，冉有为他驾车。孔子说："卫国有好多的百姓啊！"

冉有说："已经有很多百姓了，接下来该怎么办呢？"孔子说："让他们富裕起来。"

冉有说："已经富裕了，又该怎么办呢？"孔子说："让他们接受教育。"

13.10　子曰："苟有用我者，期月①而已可也，三年有成。"

【注释】

①期月：一周年。

【译文】

孔子说："如果有人聘用我管理国家的政治，一年就差不多了，三年就会成功。"

13.11　子曰："'善人为邦百年，亦可以胜残去杀矣。'诚哉是言也！"

【译文】

孔子说："'善人连续一百年治理国家的政治，就能够克服残暴，消除杀戮了。'这话说得真对！"

13.12　子曰："如有王者，必世而后仁。"

【译文】

孔子说："如果有王者兴起，必定需要三十年才能实现仁政。"

13.13　子曰："苟正其身矣，于从政乎何有？不能正其身，如正人何？"

【译文】

孔子说："假如端正了自身，治理国家的政治还会有什么困难呢？连自身都不能端正，又怎么能让他人端正呢？"

13.14　冉子退朝。子曰："何晏也？"对曰："有政。"

子曰："其事也。如有政，虽不吾以，吾其与闻之。"

【译文】

冉有退朝回来。孔子说："今天为什么回来这么晚呢？"冉有回答："有政务。"孔子说："是季氏的事务吧。如果有政务，虽然不任用我，我也是会知道的。"

13.15 定公问："一言而可以兴邦，有诸？"

孔子对曰："言不可以若是其幾也。人之言曰：'为君难，为臣不易。'如知为君之难也，不几乎一言而兴邦乎？"

曰："一言而丧邦，有诸？"

孔子对曰："言不可以若是其几也。人之言曰：'予无乐乎为君，唯其言而莫予违也。'如其善而莫之违也，不亦善乎？如不善而莫之违也，不几乎一言而丧邦乎？"

【译文】

鲁定公问："一句话能让国家兴盛，有这样的事情吗？"

孔子答道："不能对言语寄托这样的期望。不过，人们说：'做国君难，做大臣不容易。'如果明白做国君艰难的地方，不类似于一句话能让国家兴盛吗？"

鲁定公说："一句话能让国家灭亡，有这样的事吗？"

孔子答道："不能对言语寄托这样的期望。不过，人们说：

‘我当国君没有任何的快乐，只是我说的话没有人会违背。’如果说的话是正确的并且没有人违背，不也很好吗？如果说的话不对但是没有人违背，不类似于一句话能让国家灭亡吗？”

13.16　叶公问政。子曰：“近者说，远者来。”

【译文】

叶公问怎样处理政治。孔子说：“让境内的人快乐，让境外的人归依。”

13.17　子夏为莒父[①]宰，问政。子曰：“无欲速，无见小利。欲速则不达，见小利则大事不成。”

【注释】

①莒（jǔ）父：鲁国的一座城邑的名称。

【译文】

子夏担任莒父的长官，向孔子询问怎么处理政务。孔子说：“不要贪求快速，不要只看到小利。贪求快速反而不能达到目的，只看到小利就不能办成大事。”

13.18　叶公语孔子曰："吾党有直躬①者，其父攘②羊，而子证③之。"孔子曰："吾党之直者异于是。父为子隐，子为父隐，直在其中矣。"

【注释】

①直躬：以直道立身。

②攘：朱熹《论语集注》："有因而盗曰攘。"意为羊走到了自己的家里就将它占为已有。

③证：检举、揭发。

【译文】

叶公告诉孔子说："我的家乡有个坦白直率的人，他的父亲偷了羊，他就去告发。"孔子说："我的家乡坦白直率的人与你们不一样。父亲替儿子隐瞒，儿子替父亲隐瞒，坦白直率就体现在这里面了。"

13.19　樊迟问仁。子曰："居处恭，执事敬，与人忠。虽之夷狄，不可弃也。"

【译文】

樊迟问怎样才是有仁德。孔子说："平时态度端庄，工作严肃认真，待人忠心诚实。这几种品德，即使到了未开化的地方，也不能丢弃。"

13.20　子贡问曰："何如斯可谓之士矣？"子曰："行己有耻，使于四方，不辱君命，可谓士矣。"

曰："敢问其次。"曰："宗族称孝焉，乡党称弟焉。"

曰："敢问其次。"曰："言必信，行必果，硁硁[①]然小人哉！抑亦可以为次矣。"

曰："今之从政者何如？"子曰："噫！斗筲[②]之人，何足算也？"

【注释】

①硁硁：喻指浅陋固执。

②斗筲：比喻度量与见识狭小。斗，计量粮食的器具。筲，饭筐。

【译文】

子贡问道："什么样的人能称为士呢？"孔子说："自己做事时保持羞耻之心，出使国外能很好地完成国君交付的使命，就能称为士了。"

子贡说："请问再差一等的呢？"孔子说："宗族称赞他孝顺父母，乡里称赞他敬重兄长。"

子贡说："请问再差一等的呢？"孔子说："说话一定要诚实可靠，行为一定要坚决果断。这不就是固执己见的小人啊！但也能称为再差一等的士了。"

子贡说："现在执政的人，你觉得怎么样呢？"孔子说："唉！那些气量狭小的人怎么能算得上呢？"

13.21　子曰："不得中行而与之，必也狂狷乎！狂者进取，狷者有所不为也。"

【译文】

孔子说："找不到行为符合中庸的人与他交往，那一定要与志向高远、廉洁耿直的人相交。志向高远的人一路向前，廉洁耿直的人也不肯去做坏事。"

13.22　子曰："南人有言曰：'人而无恒，不可以作巫医。'善夫！"

"不恒其德，或承之羞。"子曰："不占而已矣。"

【译文】

孔子说："南方有句话说：'人如果没有恒心，就不能担任巫医。'这话说得好啊！"

《易经·恒卦》的《爻辞》说："人不能长时间地坚持自己的品德，就可能受到羞辱。"孔子说："这句话的意思是没有恒心的人根本用不着去占卜了。"

13.23　子曰："君子和①而不同，小人同而不和。"

【注释】

①和：意为和谐。

【译文】

孔子说："君子追求和谐，但有自己独立的见解；小人盲目附和，但是不追求和谐。"

13.24　子贡问曰："乡人皆好之，何如？"子曰："未可也。"

"乡人皆恶之，何如？"子曰："未可也。不如乡人之善者好之，其不善者恶之。"

【译文】

子贡问："乡里的人都喜欢他，这个人如何？"孔子说："不能因此肯定他好。"

子贡说："乡里的人都讨厌他，这个人如何？"孔子说："不能因此肯定他坏。比较可取的是乡里的好人都喜欢他，乡里的坏人讨厌他。"

13.25　子曰："君子易事而难说也。说之不以道，不说也。及其使人也，器之。小人难事而易说也。说之虽不以道，说也。及其使人也，求备焉。"

【译文】

孔子说："在君子的手下工作很容易，但难以讨他喜欢。用不正当的方法去讨他喜欢，他是不会喜欢的。到了用人的时候，总是衡量每个人的才能去分配任务。在小人手下工作很难，但很容易讨他喜欢。不用正当的方法去讨他喜欢，他也会喜欢。到了用人的时候，他会吹毛求疵、求全责备。"

13.26　子曰："君子泰而不骄，小人骄而不泰。"

【译文】

孔子说："君子安详但不傲慢，小人傲慢但不安详。"

13.27　子曰："刚、毅、木、讷近仁。"

【译文】

孔子说："刚强、坚毅、朴实、慎言，有这四种品德的人就接近仁德了。"

13.28　子路问曰："何如斯可谓之士矣？"子曰："切切偲偲[1]，怡怡[2]如也，可谓士矣。朋友切切偲偲，兄弟怡怡。"

【注释】

①切切偲偲（sī）：相互切磋、勉励的样子。

②怡怡：友好和顺的样子。

【译文】

子路问："怎样才能被叫作士呢？"孔子说："相互勉励，和睦共处，就可以算是士了。与朋友相互勉励督促，与兄弟和睦共处。"

13.29　子曰："善人教民七年，亦可以即戎矣。"

宋·佚名《孔子弟子像卷》（局部）

【译文】

孔子说："善人教育人民长达七年，也能让他们参军作战了。"

13.30 子曰："以不教民战，是谓弃之。"

【译文】

孔子说："用没有经受过训练的百姓去作战，这就是抛弃他们。"

【赏析】

本篇多是论政的内容，体现了孔子礼治、德政、举贤、治者先正己、悦近来远、不可急功近利，以及富民教民等思想。在本篇中，孔子更为广泛地探讨了治政方面的内容，不仅有远大的政治目标，还有具体的行政环节，比如"先有司，赦小过，举贤才"，只要有好的政治制度，何愁不出人才。在孔子看来，完美的人格不但需要明辨是非、爱憎分明、与他人和谐相处，还需要坚守信念，并且能关注生活中的细节。孔子提出"君子和而不同，小人同而不和"的思想，个体保持独特性和独立性，社会和人际才会和谐。这反映了孔子在人格问题上追求完美独特的特点。本篇记录孔子为人和为政的道理，与《颜渊》篇似有一定的承接关系。

宪问第十四

14.1　宪问耻。子曰："邦有道，谷。邦无道，谷，耻也。"

"克、伐、怨、欲不行焉，可以为仁矣？"子曰："可以为难矣，仁则吾不知也。"

【译文】

原宪询问什么是耻辱。孔子说："当国家政治清明时，做官领取俸禄。当国家政治昏暗时，仍然做官领取俸禄，这就是耻辱。"

原宪又说："好胜、自夸、抱怨和贪婪，这四种行为都没有，能算做到仁了吗？"孔子说："做到这些很难得了，但是不是做到了仁，我就不清楚了。"

14.2　子曰："士而怀居①，不足以为士矣。"

【注释】

①怀居：怀，怀思、留恋。居，安居

【译文】

孔子说："读书人如果怀恋安逸的生活，就不配称为读书人了。"

14.3　子曰："邦有道，危①言危行；邦无道，危行言孙②。"

【注释】

①危：《广雅·释诂》："危，正也。"

②孙：同"逊"。

【译文】

孔子说："国家清明，说话正直，行为正直；国家黑暗，行为正直，说话谦虚。"

14.4　子曰："有德者必有言，有言者不必有德。仁者必有勇，勇者不必有仁。"

【译文】

孔子说："有道德的人必定有杰出的言论，但有杰出的言论的人不一定有道德。仁德的人必定勇敢，但勇敢的人不一定有仁德。"

14.5　南宫适问于孔子曰："羿善射，奡[①]荡舟，俱不得其死然。禹、稷躬稼而有天下。"夫子不答。

南宫适出，子曰："君子哉若人！尚德哉若人！"

【注释】

①奡（ào）：也作"浇"，传说为寒浞的儿子。

【译文】

南宫适向孔子询问："羿擅长射箭，奡擅长水战，他们最后都不得好死。禹和稷都自己种地，最后得到了天下，这是为什么呢？"孔子没有回答。

南宫适退出去后，孔子说："这个人真是个君子啊！这个人多么地崇尚道德啊！"

14.6　子曰："君子而不仁者有矣夫，未有小人而仁者也。"

【译文】

孔子说："在君子中会有不仁的人，但在小人中从来没有有仁德的人。"

14.7　子曰："爱之，能勿劳乎？忠焉，能勿诲乎？"

【译文】

孔子说："喜爱他，能不让他劳苦吗？忠诚于他，能不去教诲他吗？"

14.8　子曰："为命，裨谌草创之，世叔讨论之，行人子羽修饰之，东里子产润色之。"

【译文】

孔子说："郑国制定外交文书，由裨谌拟初稿，世叔研究并且提出意见，外交官子羽加以修改，东里的子产润色加工而成。"

14.9　或问子产。子曰："惠人也。"

问子西。曰："彼哉！彼哉！"

问管仲。曰："人也。夺伯氏骈邑三百，饭疏食，没齿无怨言。"

【译文】

有人向孔子询问子产是怎样的人。孔子说："他是宽厚慈惠的人。"

又询问子西。孔子说："他啊！他啊！"

又询问管仲。孔子说："他是个有才干的人啊！他夺走了伯氏骈邑三百户的封地，让伯氏只能吃粗粮，但伯氏到死也没有怨恨的话。"

14.10　子曰："贫而无怨难，富而无骄易。"

【译文】

孔子说："贫困但是不抱怨，很难做到；富贵但不骄傲，很容易做到。"

14.11　子曰："孟公绰①为赵、魏老②则优，不可以为滕、薛③大夫。"

【注释】

①孟公绰：鲁国大夫。

②老：大夫的家臣。

③滕、薛：当时在鲁国附近的小国。

【译文】

孔子说："孟公绰如果去担任晋国赵氏、魏氏的家臣，那是游刃有余的，但他不能担任滕国、薛国这样小国的大夫。"

14.12　子路问成人[1]。子曰："若臧武仲[2]之知，公绰之不欲，卞庄子[3]之勇，冉求之艺，文之以礼乐，亦可以为成人矣。"曰："今之成人者何必然？见利思义，见危授命，久要[4]不忘平生之言，亦可以为成人矣。"

【注释】

①成人：朱熹《论语集注》："犹言全人。"

②臧武仲：鲁国大夫，姓臧孙，名纥，"武"是他的谥号。

③卞庄子：鲁国大夫，封地卞邑，以勇武著称。

④久要：指旧约。

【译文】

子路问怎样才是德才兼备的全人。孔子说："要像臧武仲一样有智慧，像孟公绰一样廉洁，像卞庄子一样勇敢，像冉求一样多才多艺，再用礼乐成就他的文采，也就能算是德才兼备的全人了。"孔子又说："现在的全人为什么一定要这样呢？见到利益可以想到道义，遇到危险可以献出生命，不忘记平时与他人的诺言，也可以说是全人了。"

14.13　子问公叔文子[1]于公明贾[2]曰："信乎，夫子不言，不笑，不取乎？"

公明贾对曰：“以告者过也。夫子时然后言，人不厌其言；乐然后笑，人不厌其笑；义然后取，人不厌其取。”

子曰：“其然？岂其然乎？”

【注释】

①公叔文子：名拔，卫国大夫。

②公明贾：卫国人。

【译文】

孔子向公明贾询问公叔文子，说：“这位老先生不说话，不笑，不取于人，这是真的吗？”

公明贾答道：“这是传话的人说错了。这位老先生是该说话时才说，因此别人不讨厌他说的话；高兴时才笑，因此别人不讨厌他的笑；在符合道义时才获取，因此别人不讨厌他获取。”

孔子说：“是这样的吗？难道真的是这样的吗？”

14.14　子曰：“臧武仲以防①求为后于鲁，虽曰不要君，吾不信也。”

【注释】

①防：地名，臧孙纥的封地，在今山东费县东北，离齐国很近。

【译文】

孔子说："臧武仲凭借封地防城请求立他的后代为鲁国卿大夫，即使有人说他的行为不是要挟国君，我也不相信。"

14.15　子曰："晋文公①谲而不正，齐桓公②正而不谲。"

【注释】

①晋文公：晋国国君，名重耳，在位时间是公元前636—前628年，春秋时代的五霸之一。

②齐桓公：齐国国君，名小白，在位时间是公元前685—前643年，春秋时代第一个霸主。

【译文】

孔子说："晋文公诡诈而且不正直，齐桓公正直而且不诡诈。"

14.16　子路曰："桓公杀公子纠①，召忽死之，管仲不死。"曰："未仁乎？"子曰："桓公九合诸侯，不以兵车，管仲之力也。如其仁，如其仁！"

【注释】

①公子纠：齐桓公的哥哥，与齐桓公都是齐襄公的弟弟。

【译文】

子路说："齐桓公杀了他的哥哥公子纠，召忽因此自杀以示忠心，管仲却不跟随他去死。"接着又说："管仲不具备仁德吧？"孔子说："齐桓公多次召开诸侯会盟，不用武力，这都是管仲的功劳。这就是管仲的仁德啊，这就是管仲的仁德啊！"

14.17　子贡曰："管仲非仁者与？桓公杀公子纠，不能死，又相之。"

子曰："管仲相桓公，霸诸侯，一匡①天下，民到于今受其赐。微管仲，吾其被发左衽②矣。岂若匹夫匹妇之为谅③也，自经④于沟渎而莫之知也？"

【注释】

①匡：朱熹《论语集注》："匡，正也。"

②被发左衽（rèn）：披散着头发，衣襟向左边掩着。被，同"披"。衽，衣襟。

③谅：朱熹《论语集注》："小信也。"

④自经：自缢。

【译文】

子贡说："管仲不是仁人吧？齐桓公杀了公子纠，他不仅不跟着去死，还想辅佐桓公。"

孔子说："管仲辅佐桓公，称霸诸侯，使天下得到匡正，百姓到今天还受到他的恩惠。如若没有管仲，我们都是披散着头

发、衣襟向左边开的样子。他难道要像普通人那样恪守小节，在山沟里自杀，还没有人知道吗？”

14.18　公叔文子之臣[①]大夫僎[②]与文子同升诸公。子闻之，曰：“可以为‘文’矣。”

【注释】

①臣：家臣。

②僎（zhuàn）：人名。由于公叔文子举荐，他和公叔文子共同担任大夫。

【译文】

公叔文子的家臣僎和公叔文子一起担任国家的大臣。孔子知道后，说：“他真的能用‘文’作为谥号了。”

14.19　子言卫灵公[①]之无道也，康子曰：“夫如是，奚而不丧？”

孔子曰：“仲叔圉[②]治宾客，祝鮀治宗庙，王孙贾治军旅。夫如是，奚其丧？”

【注释】

①卫灵公：名元，卫襄公的庶子。

②仲叔圉：卫国大夫，孔文子。

明·仇英《桃源仙境图》

【译文】

孔子讲到卫灵公的昏庸无道，季康子说："既然这样，他的国家为什么没有败亡呢？"

孔子说："他有仲叔圉接待宾客，祝鮀管理宗庙祭祀，王孙贾率领军队，如此，怎么可能败亡呢？"

14.20　子曰："其言之不怍，则为之也难。"

【译文】

孔子说："一个人大言不惭地说话，那么他就很难行动起来。"

14.21　陈成子①弑简公②。孔子沐浴而朝，告于哀公曰："陈恒弑其君，请讨之。"公曰："告夫三子。"

孔子曰："以吾从大夫之后，不敢不告也。君曰'告夫三子'者。"

之三子告，不可。孔子曰："以吾从大夫之后，不敢不告也。"

【注释】

①陈成子：齐国大夫，陈恒，"成"是他的谥号。

②简公：齐国国君，姓姜，名壬。

【译文】

陈恒杀死齐简公。孔子特意斋戒沐浴后去觐见鲁哀公，他对鲁哀公说："陈恒谋杀了他的国君，请您出兵讨伐他。"哀公说："你去向季孙、叔孙、孟孙三位大夫报告。"

孔子退下后，说："因为我曾担任大夫，不敢不来报告，但国君却说'向三位大夫报告'！"

于是孔子报告给三位大夫，他们不同意出兵讨伐。孔子说："因为我曾担任大夫，不敢不来报告。"

14.22　子路问事君。子曰："勿欺也，而犯之。"

【译文】

子路问如何侍奉君主。孔子说："不能欺骗他，但可以当着他的面直谏。"

14.23　子曰："君子上达，小人下达。"

【译文】

孔子说："君子向上通达于仁义，小人向下通达于财利。"

14.24　子曰："古之学者为己，今之学者为人。"

【译文】

孔子说："古代的人学习是为了自己得到好的学问，现在的人学习是为了表现给别人看。"

14.25　蘧伯玉[1]使人于孔子。孔子与之坐而问焉，曰："夫子何为？"对曰："夫子欲寡其过而未能也。"

使者出。子曰："使乎！使乎！"

【注释】

①蘧伯玉：卫国大夫，名瑗，字伯玉。孔子在卫国时在他家居住过。

【译文】

蘧伯玉派使者来拜访孔子。孔子请使者坐下，然后问："老先生近来在做什么啊？"那人答道："老先生想减少自己的失误，但还不能做到。"

使者辞别后。孔子说："真是一位好使者！真是一位好使者！"

14.26　子曰："不在其位，不谋其政。"

曾子曰："君子思不出其位。"

【译文】

孔子说："不在这个职位上任职，就不为它的政务出谋划策。"

曾子说："君子的思考不超过自己的职责。"

14.27 子曰："君子耻其言而①过其行。"

【注释】

①而：用法同"之"。

【译文】

孔子说："君子会为自己的言论超过自己的行动而觉得耻辱。"

14.28 子曰："君子道者三，我无能焉：仁者不忧，知者不惑，勇者不惧。"子贡曰："夫子自道也。"

【译文】

孔子说："君子的行为准则有三件事，我一件也没能做到：仁德的人不忧虑，智慧的人不疑惑，勇敢的人不惧怕。"子贡说："这三点就是老师对自己的描述。"

14.29 子贡方人①。子曰："赐也贤乎哉？夫我则不暇。"

【注释】

①方人：郑玄《论语注》作"谤人"，郑注："谓言人之过恶。"

【译文】

子贡讥讽他人。孔子说："赐啊，你就真的有才能吗？我就没有这么空闲。"

14.30 子曰："不患人之不己知，患其不能也。"

【译文】

孔子说："不要担心他人不知道自己，只要担心自己没有能力。"

14.31 子曰："不逆诈，不亿不信，抑亦先觉者，是贤乎！"

【译文】

孔子说："不提前怀疑他人有欺诈，不没有根据地猜测他人不诚实，但也可以事先发觉，这样的人就是贤者了！"

14.32 微生亩①谓孔子曰："丘何为是栖栖②者与？无乃为佞乎？"孔子曰："非敢为佞也，疾固也。"

【注释】

①微生亩：姓微生，名亩。

②栖栖：指忙碌不安的样子。

【译文】

微生亩对孔子说："孔丘啊，你为什么这样忙忙碌碌呢？难道为了彰显你的口才吗？"孔子说："我不敢彰显口才，我只是讨厌那些顽固不化的人。"

14.33　子曰："骥[1]不称其力，称其德也。"

【注释】

①骥：千里马。

【译文】

孔子说："对于被称为千里马，不是赞美它的力气，是赞美它的品德。"

14.34　或曰："以德报怨，何如？"子曰："何以报德？以直报怨，以德报德。"

【译文】

有人说："用恩惠来回报怨恨，这样如何？"孔子说："那要用什么来回报恩惠呢？要用正直回报怨恨，用恩惠回报恩惠。"

14.35　子曰："莫我知也夫！"子贡曰："何为其莫

知子也？”子曰：“不怨天，不尤人，下学而上达。知我者其天乎！”

【译文】

孔子说：“没有人懂我啊！”子贡说：“为什么没有人懂老师您呢？”孔子说：“不抱怨上天，不责怪他人，下能学习平常的知识，上能通达天理。懂我的只有上天了！”

14.36　公伯寮①愬②子路于季孙。子服景伯③以告，曰：“夫子固有惑志于公伯寮，吾力犹能肆诸市朝④。”

子曰：“道之将行也与，命也；道之将废也与，命也。公伯寮其如命何！”

【注释】

①公伯寮：鲁国人，孔子的学生，名寮，字子周。

②愬：同“诉”，进谗言。

③子服景伯：鲁国大夫，名何。

④肆诸市朝：肆，处死刑后陈尸示众。市朝，指市场。大夫之尸陈于朝廷，士之尸陈于市。

【译文】

公伯寮在季孙面前毁谤子路。子服景伯告诉孔子这件事，并且说：“季孙已经被公伯寮的话迷惑了，但我的力量还能把他处死并且陈尸街头。”

孔子说：“大道将要实行，这是命运；大道将废弃，这也是命运。公伯寮能把命运怎么样啊！”

14.37 子曰：“贤者辟[1]世，其次辟地，其次辟色，其次辟言。”

子曰：“作者七人矣。”

【注释】

①辟：同“避”，避开。

【译文】

孔子说：“贤者逃避乱世而隐居，次等的是避开一个地方而选择另一个地方，再次等的是避开难看的脸色，再次等的是避开难听的言论。”

孔子说：“已经有七个这样做的人了。”

14.38 子路宿于石门[1]。晨门曰：“奚自？”子路曰：“自孔氏。”曰：“是知其不可而为之者与？”

【注释】

①石门：郑玄《论语注》：“石门，鲁城外门也。”

【译文】

子路在石门睡了一晚。第二天早晨进城，守门的人说：“你

从哪里来啊？”子路说：“我从孔子的家里来。”守门的人说：“是那个知道行不通还要去做的人吗？”

14.39　子击磬①于卫，有荷蒉②而过孔氏之门者，曰：“有心哉，击磬乎！”既而曰：“鄙哉，硁硁乎！莫己知也，斯己而已矣。深则厉，浅则揭。”

子曰：“果哉！末之难矣。”

【注释】

①磬：一种用玉或石制成的打击乐器。

②荷蒉：荷，背负。蒉，草筐。

【译文】

孔子在卫国，一天正在击奏着磬，有个人挑着草筐从孔子居住的门口经过，他说：“这样击磬的人是有心事啊！”过了一会儿又说：“真浅陋啊，这硁硁的磬声！没有人了解自己，那守着自己就行了，如果水深就穿着衣服走过去，如果水浅就提起衣服走过去。”

孔子说：“好坚决啊！没有办法能说服他。”

14.40　子张曰：“《书》云：‘高宗谅阴，三年不言。’①何谓也？”子曰：“何必高宗，古之人皆然。君薨②，百官总己以听于冢宰③三年。”

【注释】

①高宗谅阴，三年不言：引自《尚书·无逸》，原文语句略有不同。意思是高宗守丧，三年不问国事。谅阴，天子守丧所居住的房子。

②薨：君主去世称薨。

③冢宰：官名，类似于后来的宰相。

【译文】

子张说："《尚书》中说：'殷高宗住在凶庐里守丧，三年不说话。'这是什么意思呢？"孔子说："不只是殷高宗，古代的人都这样。君主去世了，三年之内，百官管理自己的职务并且都听命于冢宰。"

14.41　子曰："上好礼，则民易使也。"

【译文】

孔子说："在位者能够按照礼仪行事，百姓就容易顺从管理了。"

14.42　子路问君子。子曰："修己以敬。"

曰："如斯而已乎？"曰："修己以安人。"

曰："如斯而已乎？"曰："修己以安百姓。修己以安百姓，尧、舜其犹病诸！"

【译文】

子路问君子是什么样的。孔子说："修养自身能够做到严肃认真地对待工作。"

子路说："这样就够了吗？"孔子说："修养自身能够让亲友安乐。"

子路说："这样就行了吗？"孔子说："修养自身能让人民安定。修养自身能让人民安定，尧、舜也会觉得做不到吧！"

14.43　原壤[1]夷俟[2]。子曰："幼而不孙弟[3]，长而无述焉，老而不死，是为贼。"以杖叩其胫。

【注释】

①原壤：孔子的老朋友。

②夷俟：夷，箕踞，伸开双腿坐于地上的姿势，与双膝着地的跪坐礼节不符合。俟，等待。

③孙弟：同"逊悌"，孝悌。

【译文】

原壤双腿伸开坐在地上等孔子。孔子说："你小的时候不谦逊也不友爱，长大了无所作为，老了还白吃粮食，真是个害人精。"说着，就用拐杖敲原壤的小腿。

14.44　阙党童子将命。或问之曰："益者与？"子曰：

“吾见其居于位也，见其与先生并行也。非求益者也，欲速成者也。”

【译文】

一个阙党的少年来向孔子传话。有人问孔子：“这个少年求上进吗？”孔子说：“我看到他坐在成年人的席位上，还看到他和年长的人并肩而走。他不是一个想求上进的人，而是一个想急于求成的人。”

【赏析】

本篇主要记录孔子及其弟子论德、论政、论学，还包含对古人的评价，内容较杂。讨论了一些著名历史人物，如子产、管仲、晋文公、齐桓公、卫灵公等人，表现出孔子的政治、伦理观点，再次揭示了“仁”的特质。在本篇中，孔子突出表达了“仁”作为精神境界的内在性，把“仁”与具体的品行区别开来，强调仁者的外在表现必是优秀的。比如，孔子评价管仲的功绩“一匡天下，民到于今受其赐”，强调“仁”不是抽象的精神，需要在现实中最大限度地造福社会和民众，才能体现仁者的价值。本篇孔子通过答弟子问、评历史人物、评自己和他人等内容，阐明了儒家的理念。

卫灵公第十五

15.1　卫灵公问陈①于孔子。孔子对曰："俎豆②之事，则尝闻之矣；军旅之事，未之学也。"明日遂行。

【注释】

①陈：即"阵"字，军阵行列。

②俎（zǔ）豆：盛放食品的礼器，借指代礼仪的事情。

【译文】

卫灵公询问孔子有关军队阵列的事情。孔子答道："礼仪的事情，我曾经听到过；军事方面，我没学过。"次日孔子就离开了卫国。

15.2　在陈绝粮，从者病，莫能兴。子路愠见曰："君子亦有穷乎？"子曰："君子固穷，小人穷斯滥矣。"

【译文】

孔子在陈国没有了粮食，跟随他的人病倒了，难以起来。子路不高兴地来见孔子，说：“君子也有穷困得毫无办法的时候吗？”孔子说：“君子虽然有穷困的时候，但能坚守本分，而小人在穷困时就会开始胡作非为了。”

15.3　子曰：“赐也，女以予为多学而识之者与？”对曰：“然，非与？”曰：“非也，予一以贯之。”

【译文】

孔子说：“赐啊，你认为我是能学得很多并且都能记住的人吗？”子贡回答：“对啊，怎么不是这样呢？”孔子说：“不是的，我是凭借一个基本道理来贯通所学的知识。”

15.4 子曰：“由！知德者鲜矣。”

【译文】

孔子说：“仲由！知道德的人太少了。”

15.5　子曰：“无为而治者其舜也与？夫何为哉？恭己正南面而已矣。”

【译文】

孔子说："只有舜能无为而让天下太平了吧！他做了什么呢？他只是庄严端正地坐在王位而已。"

15.6　子张问行。子曰："言忠信，行笃敬，虽蛮貊[①]之邦，行矣。言不忠信，行不笃敬，虽州里，行乎哉？立则见其参于前也，在舆[②]则见其倚于衡也，夫然后行。"子张书诸绅[③]。

【注释】

①蛮貊（mò）：蛮，南方少数民族部落。貊，北方的少数民族部落。

②舆：指车箱。

③书诸绅：古人怕忘记就经常将重要的事情写在垂下的腰带上。

【译文】

子张询问如何做事才行得通。孔子说："语言忠诚可信，行为笃实严肃，即使到了少数民族的部落，也行得通。语言不忠诚可信，行为不笃实严肃，即便是在自己的家乡，也能行得通吗？站立时，就看见"忠信笃敬"这个准则在我们的眼前，乘车时就如同这个准则镌刻在车横木上，这样做事才能行得通。"子张把这些话写在腰带上。

15.7　子曰："直哉史鱼①！邦有道，如矢；邦无道，如矢。君子哉蘧伯玉！邦有道，则仕；邦无道，则可卷而怀之。"

【注释】

①史鱼：卫国大夫，名鳅，字子鱼。

【译文】

孔子说："史鱼是真的刚直啊！国家政治清明时，他像箭一样直；国家政治昏暗时，他也像箭一样直。蘧伯玉是真君子啊！国家政治清明时，他就任职；国家政治昏暗时，他就收起自己的才能隐退。"

15.8　子曰："可与言而不与之言，失人；不可与言而与之言，失言。知者不失人，亦不失言。"

【译文】

孔子说："应该同他谈话的人，却没有和他谈话，是错过了人；不应该和他谈话的人，却和他谈话了，是白费口舌。明智的人既不会错过人也不会白费口舌。"

15.9　子曰："志士仁人，无求生以害仁，有杀身以成仁。"

【译文】

孔子说："志士仁人，不会因为贪生怕死而损害仁德，只会献出自身来成全仁德。"

15.10　子贡问为仁。子曰："工欲善其事，必先利其器。居是邦也，事其大夫之贤者，友其士之仁者。"

【译文】

子贡询问怎样培养仁德。孔子说："工匠想要做好他的工作，一定会先让他的工具完善。在这个国家居住，就要侍奉他们大夫中的贤者，结交士人中的有仁德的人。"

15.11　颜渊问为邦。子曰："行夏之时①，乘殷之辂②，服周之冕，乐则《韶》《舞》。放郑声，远佞人。郑声淫，佞人殆。"

【注释】

①夏之时：这里的"时"指节令，即类似于《大戴礼记》中《夏小正》那样依据自然变化来安排人事，以保持天人和谐的节令。一说是指夏代的历法。

②辂（lù）：君王所乘坐的大车。

【译文】

颜回询问如何治理国家。孔子说："实行夏朝的历法，乘坐殷朝的车子，戴周代的礼帽，音乐则用《韶》和《舞》。抛弃郑国的乐曲，斥退谄媚的小人。郑国的乐曲淫荡靡曼，谄媚的小人危险。"

15.12　子曰："人无远虑，必有近忧。"

【译文】

孔子说："一个人没有长远的谋虑，必定会有眼前的忧虑。"

15.13　子曰："已矣乎！吾未见好德如好色者也。"

【译文】

孔子说："完了！我从未见到过喜好美德就像爱好美色一样的人。"

15.14　子曰："臧文仲其窃位者与？知柳下惠①之贤而不与立也。"

【注释】

①柳下惠：鲁国的贤者，本名展获，字禽，"柳下"可能是他所居住的地方，"惠"是他的谥号。

【译文】

孔子说："臧文仲可能是占据官位但不做事的人吧？他知道柳下惠贤良，却不举荐他做官。"

15.15　子曰："躬自厚而薄责于人，则远怨矣。"

【译文】

孔子说："严格地责备自己，而宽容地责备他人，那就能远离怨恨了。"

15.16　子曰："不曰'如之何①，如之何'者，吾末如之何也已矣。"

【注释】

①不曰"如之何"：不动脑筋。

【译文】

孔子说："一个不思考'如何做，如何做'的人，我也就不知道怎么对这种人了！"

15.17　子曰："群居终日，言不及义，好行小慧，难矣哉！"

【译文】

孔子说："整天和大家聚在一起，但不说一句有道理的话，只喜欢耍小聪明，这种人就难长进了。"

15.18　子曰："君子义以为质，礼以行之，孙以出之，信以成之。君子哉！"

【译文】

孔子说："君子将道义当作行事的根本原则，根据礼仪来实践它，以谦逊的语言述说它，用诚实的态度来成就它。这就是真的君子啊！"

15.19　子曰："君子病无能焉，不病人之不己知也。"

【译文】

孔子说："君子担忧自己没有能力，不担忧他人不了解自己。"

15.20　子曰："君子疾没世而名不称焉。"

【译文】

孔子说："君子会忧虑死后自己的名声不被人们称赞。"

15.21　子曰："君子求诸己，小人求诸人。"

【译文】

孔子说："君子要求自己，小人要求别人。"

15.22　子曰："君子矜而不争，群而不党。"

【译文】

孔子说："君子端庄而且不与人争执，合群但不结党。"

15.23　子曰："君子不以言举人，不以人废言。"

【译文】

孔子说："君子不因为一个人的话语就推荐他，不因为一个人品行不端就排斥他的言论。"

15.24　子贡问曰："有一言而可以终身行之者乎？"子曰："其恕乎！己所不欲，勿施于人。"

【译文】

子贡问道："有没有可以终身遵循的一个字呢？"孔子说："应该是恕吧！自己不想要的事情，不要强加给别人。"

15.25 子曰："吾之于人也，谁毁谁誉？如有所誉者，其有所试矣。斯民也，三代之所以直道而行也。"

【译文】

孔子说："我对于他人，诋毁了谁？称赞了谁？如果是我称赞的人，必然是通过检验了。现在的人啊，都是夏、商、周三代能直道而行的人啊。"

15.26 子曰："吾犹及史之阙文也。有马者借人乘之，今亡矣夫！"

【译文】

孔子说："我能见到史书上有疑问的地方。有马的人自己不会训练，就把马给别人使用从而驯马，这样的态度，现在没有了吧！"

15.27 子曰："巧言乱德。小不忍，则乱大谋。"

【译文】

孔子说："花言巧语就会败坏品德。不能忍耐小事情，就会败坏大事情。"

15.28　子曰："众恶之，必察焉；众好之，必察焉。"

【译文】

孔子说："大家厌恶的人，一定要去审察；大家喜欢的人，也一定要去审察。"

15.29　子曰："人能弘道，非道弘人。"

【译文】

孔子说："人能够去弘扬道义，而不是用道义来弘扬人。"

15.30　子曰："过而不改，是谓过矣。"

【译文】

孔子说："有了过错但不去改正，这才是真的错误。"

15.31　子曰："吾尝终日不食，终夜不寝，以思，无益，不如学也。"

【译文】

孔子说："我曾经整天不进食，整夜不睡，自己思考，但毫无收益，还不如去学习。"

15.32　子曰："君子谋道不谋食。耕也，馁在其中矣；学也，禄在其中矣。君子忧道不忧贫。"

【译文】

孔子说："君子寻求道义，但不寻求衣食。耕田，却经常会饥饿；学习，则可能会得到俸禄。君子只忧虑不能得到道义，而不忧虑贫困。"

15.33　子曰："知及之，仁不能守之，虽得之，必失之。知及之，仁能守之。不庄以涖[①]之，则民不敬。知及之，仁能守之，庄以涖之，动之不以礼，未善也。"

【注释】

①涖（lì）：同"莅"，朱熹《论语集注》："临也。"

【译文】

孔子说："才智能够胜任官职，但不能用仁德保持它，即使得到了官职也必定会失去。才智能够胜任官职，还能用仁德来保持它，却不态度严肃地治理百姓，那就不能得到百姓的尊重。才智能够胜任官职，能用仁德来保持它，还能态度严肃地治理百姓，但不符合礼法地使用百姓，就还不算完善。"

15.34　子曰："君子不可小知而可大受也，小人不可大受而可小知也。"

【译文】

孔子说："不可以从小事了解君子，但他能担重任；小人不能担重任，却可以从小事了解他。"

明·文徵明《浒溪草堂》

15.35　子曰："民之于仁也，甚于水火。水火，吾见蹈而死者矣，未见蹈仁而死者也。"

【译文】

孔子说："百姓对仁德的需要，比对水火的需要还急切。我见到过蹈入水火而死去的人，却没见到过因为践行仁道而死去的人。"

15.36　子曰："当仁，不让于师。"

【译文】

孔子说："如果面临仁德，对老师也不用谦让。"

15.37　子曰："君子贞①而不谅②。"

【注释】

①贞：朱熹《论语集注》："正而固也。"

②谅：朱熹《论语集注》："不择是非而必于信。"

【译文】

孔子说："君子恪守正道但不被小信所拘泥。"

15.38　子曰："事君，敬其事而后其食。"

【译文】

孔子说："侍奉君主，要认真工作，把俸禄的事情放在后面。"

15.39 子曰："有教无类①。"

【注释】

①类：用作动词，区分。

【译文】

孔子说："要对所有人施行教育，没有区别。"

15.40 子曰："道不同，不相为谋。"

【译文】

孔子说："所主张的道义不同，就不相互商议。"

15.41 子曰："辞达而已矣。"

【译文】

孔子说："言语能表达清楚意思就行了。"

15.42　师冕[1]见，及阶，子曰："阶也。"及席，子曰："席也。"皆坐，子告之曰："某在斯，某在斯。"

师冕出，子张问曰："与师言之道与？"子曰："然，固相师之道也。"

【注释】

①师冕：名冕的乐师。师，乐师。古代的乐师多为盲人。

【译文】

师冕来见孔子，走到台阶边上时，孔子说："这里有台阶。"走到坐席旁边，孔子说："这里是坐席。"等到人们坐下后，孔子告诉他："某人在这边，某人在这边。"

师冕告辞后，子张问："这是与盲人乐师讲话的方法吗？"孔子说："是的，这本来就是接待盲人乐师的方法。"

【赏析】

本篇主要记录了孔子及其弟子在周游列国时有关仁政方面的言论，多为论道德修养、为人处世的内容。在本篇中，孔子依旧强调统治者的德行的重要性。如何正确地对待民众，社会是发展还是倒退，这是统治者该思考的问题。孔子认为只要统治者知礼行仁，这些问题都能解决。其次，从本篇的只言片语中看出，孔子对君子的人格构想是全面而且严格的，他认为君子必须做到"克己复礼"，还要遵循许多具体的要求。本篇在内容上突出政事，也多涉及深层次的思想理论。

季氏第十六

16.1　季氏将伐颛臾[1]。冉有、季路见于孔子曰：“季氏将有事于颛臾。”

孔子曰：“求！无乃尔是过与？夫颛臾，昔者先王以为东蒙[2]主，且在邦域之中矣，是社稷之臣也。何以伐为？”

冉有曰：“夫子欲之，吾二臣者皆不欲也。”

孔子曰：“求！周任[3]有言曰：‘陈力就列，不能者止。’危而不持，颠而不扶，则将焉用彼相矣？且尔言过矣，虎兕[4]出于柙[5]，龟玉毁于椟中，是谁之过与？”

冉有曰：“今夫颛臾，固而近于费。今不取，后世必为子孙忧。”

孔子曰：“求！君子疾夫舍曰欲之而必为之辞。丘也闻有国有家者，不患寡而患不均，不患贫而患不安。盖均无贫，和无寡，安无倾。夫如是，故远人不服，则修文德以来之。既来之，则安之。今由与求也，相夫子，远人不

服，而不能来也；邦分崩离析，而不能守也；而谋动干戈于邦内。吾恐季孙之忧，不在颛臾，而在萧墙之内也。”

【注释】

①颛臾：国名，附庸于鲁国，在今山东费县西北。

②东蒙：山名，即蒙山，在今山东蒙阴县以南。

③周任：古代的一位史官。

④兕（sì）：雌性犀牛。有的说是野牛。

⑤柙（xiá）：关猛兽的笼子。

【译文】

季氏将要攻打颛臾。冉求和子路去拜见孔子，说：“季氏准备对颛臾使用兵力。”

孔子说：“冉求！难道这不是你的过错吗？颛臾，上代的君王曾经任命他主持蒙山的祭祀，况且它在鲁国的境内，是鲁国的藩属。为什么要攻打它呢？”

冉求说：“是季孙要这么做的啊，我们两个本来都是不同意的。”

孔子说：“冉求！周任曾经这样说：‘能施展能力就任职，没有能力就辞职。’如果盲人遇到危险时不去扶助他，要跌倒了也不去搀扶他，又何必需要帮助的人呢？而且你的话就是错的。老虎和犀牛从笼子里逃跑出来了，在匣子里的龟壳和美玉被毁坏了，这是谁的错呢？”

冉求说："颛臾现在的城池坚固，并且接近季氏的封邑的费地。现在不去占领，将来一定会成为子孙的祸害。"

孔子说："冉求！君子讨厌那种贪得无厌却找借口来为自己遮掩的态度。我听说过，无论诸侯或是卿大夫，不忧虑贫穷而忧虑财富不均，不忧虑人口不足而忧虑不安定。因为财富平均了就无所谓贫穷，和平团结了就不会觉得人口不足，境内安定了就不会倾覆。做到这样，远方的人还不归顺，就修仁义礼乐的政教招他们来。他们来了，就使他们安心生活。仲由、冉求你们两个现在辅佐季孙，远方的人不归顺，你们不能招他们来；国家分崩离析，你们却不能守护；反而想在国家的境内动用武力。恐怕让季孙忧虑的事不在颛臾，而在鲁国的内部吧。"

16.2　孔子曰："天下有道，则礼乐征伐自天子出；天下无道，则礼乐征伐自诸侯出。自诸侯出，盖十世希①不失矣；自大夫出，五世希不失矣；陪臣②执国命，三世希不失矣。天下有道，则政不在大夫。天下有道，则庶人不议。"

【注释】

①希：同"稀"，少。

②陪臣：指卿大夫的家臣。

【译文】

孔子说："天下太平，那么制礼作乐、出兵征伐都取决于天子；天下混乱，那么制礼作乐、出兵征伐都取决于诸侯。这种事取决于诸侯，大概传到十代都很少有还能继续的；取决于大夫，传到五代都很少有还能继续的；如果大夫的家臣掌握了国家政治，那么传到三代都很少有还能继续的。天下太平，国家政治就不会落到大夫手中。天下太平，普通百姓就不会对政事议论纷纷。"

16.3　孔子曰："禄之去公室五世①矣，政逮于大夫四世②矣，故夫三桓之子孙微矣。"

【注释】

①五世：指鲁宣公、成公、襄公、昭公、定公。

②四世：指掌控鲁国国政的季氏四代，即文子、武子、平子、桓子。

【译文】

孔子说："国家失去政权已经五代了，国家政权落到大夫手中已经四代了，所以恒公后代的三家子孙已经都衰微了。"

16.4　孔子曰："益者三友，损者三友。友直，友谅①，友多闻，益矣。友便辟，友善柔，友便佞，损矣。"

【注释】

①谅：《说文》："谅，信也。""谅"和"信"有时意义相同。

【译文】

孔子说："有三种有益的朋友，有三种有害的朋友。交正直的朋友，交诚信的朋友，交见识广博的朋友，这是有益的。交奉承谄媚的朋友，交当面恭维背后诋毁的朋友，交巧言善辩的朋友，这是有害的。"

16.5　孔子曰："益者三乐，损者三乐。乐节礼乐，乐道人之善，乐多贤友，益矣。乐骄乐，乐佚游，乐宴乐，损矣。"

【译文】

孔子说："有三种有益的快乐，有三种有害的快乐。因为得到礼乐的调节而快乐，因为赞颂他人的长处而快乐，因为结交很多贤明的朋友而快乐，这是有益的。因为肆意骄纵快乐，因为游荡无度而快乐，因为沉溺酒食而快乐，这是有害的。"

16.6　孔子曰："侍于君子有三愆：言未及之而言谓之躁，言及之而不言谓之隐，未见颜色而言谓之瞽。"

【译文】

孔子说："侍奉君子容易犯三种过失：还没有轮到他讲话就先说了，叫急躁；已经轮到他讲话却不说话，叫隐瞒；不看脸色就贸然说话，叫盲目。"

16.7　孔子曰："君子有三戒：少之时，血气未定，戒之在色；及其壮也，血气方刚，戒之在斗；及其老也，血气既衰，戒之在得。"

【译文】

孔子说："君子有三种事情要警惕：年轻时，血气还没有稳定，要警惕迷恋女色；到了壮年时，血气旺盛，要警惕争强好斗；到了老年时，血气衰微，要警惕贪得无厌。"

16.8　孔子曰："君子有三畏：畏天命，畏大人，畏圣人之言。小人不知天命而不畏也，狎大人，侮圣人之言。"

【译文】

孔子说："君子的敬畏有三种：敬畏天命，敬畏在高位的人，敬畏圣人的话。因为小人不懂得天命所以不敬畏，对在高位的人态度轻慢，对圣人的话多是侮辱。"

16.9　孔子曰："生而知之者上也，学而知之者次也；困而学之，又其次也；困而不学，民斯为下矣。"

【译文】

孔子说："上等是天生就知道的人，次一等是通过学习然后知道的人；再次一等是遇到了困难才去学习的人；遇到了困难还不去学习，这就是最下等的愚民了。"

16.10　孔子曰："君子有九思：视思明，听思聪，色思温，貌思恭，言思忠，事思敬，疑思问，忿思难，见得思义。"

【译文】

孔子说："君子要考虑九件事，看到的时候就考虑能不能看明白，听到的时候就考虑能不能听清楚，要考虑脸上的神态温和了吗，要考虑容貌态度恭敬了吗，说的话要考虑忠诚，要考虑做事是否严肃认真，遇到疑问要考虑如何向他人询问，发怒要考虑到后果，看到可得的利益要考虑道义。"

16.11　孔子曰："见善如不及，见不善如探汤[1]。吾见其人矣，吾闻其语矣。隐居以求其志，行义以达其道。闻其语矣，未见其人也。"

【注释】

①汤：滚烫的开水。

【译文】

孔子说："看到品德好的人，就努力去追求，如同自己赶不上一样；见到品德不好的人，就急忙摆脱，如同手伸进了开水一样。这样的人我见过，也听到过这样的话。能通过避世隐居来坚守他的意志，施行道义来实施他坚持的主张。这样的话我听过，但没见过这样的人。"

16.12　齐景公有马千驷[1]，死之日，民无德而称焉。伯夷、叔齐饿于首阳[2]之下，民到于今称之。其斯之谓与？

【注释】

①驷：古代用四匹马拉一辆车，一驷就是四匹马。

②首阳：山名。周武王灭商后，伯夷和叔齐在首阳山隐居，采薇而食，最后饿死。

【译文】

齐景公有四千匹马，去世的时候，百姓觉得他的德行没有值得赞颂的。伯夷、叔齐两人饿死在首阳山下，百姓到现在还赞颂他们。大概就是这个意思吧！

16.13　陈亢[1]问于伯鱼曰："子亦有异闻乎？"

对曰："未也。尝独立，鲤趋而过庭。曰：'学诗乎？'对曰：'未也。''不学诗，无以言。'鲤退而学诗。他日，又独立，鲤趋而过庭。曰：'学礼乎？'对曰：'未也。''不学礼，无以立。'鲤退而学礼。闻斯二者。"

陈亢退而喜曰："问一得三，闻诗，闻礼，又闻君子之远其子也。"

【注释】

①陈亢：字子禽。《孔子家语》中说他是孔子的学生，但在《史记·仲尼弟子列传》中没有他。

【译文】

陈亢问伯鱼："你从你的父亲那里听到过与众不同的教诲吗？"

伯鱼答道："没有。父亲曾独自站在庭院中，我恭敬地走过。他问：'学习诗了吗？'我回答：'没有。'他说：'不学习诗，就不能跟人从容对谈。'我退下来就学习诗。又有一天，父亲又独自站在庭院中，我恭敬地走过。他说：'学习礼了吗？'我回答：'没有。'他说：'不学习礼，就不知道如何在社会立身处世。'我退下来就学习礼。我听到的就是这两件事。"

陈亢回去后高兴地说："我问了一件事却知道了三件事，知道了要学诗，知道了要学礼，还知道了君子对待他的儿子也不会有私心。"

16.14 邦君之妻，君称之曰夫人，夫人自称曰小童；邦人称之曰君夫人，称诸异邦曰寡小君；异邦人称之亦曰君夫人。

【译文】

国君的妻子，国君称她为夫人，她自称小童；国内的人称呼她为君夫人，其他国家的人则称呼她为寡小君；别的国家的人也称呼她为君夫人。

【赏析】

本篇记录孔子的言论时都不写“子曰”，而写“孔子曰”，学者推测这些内容不是孔子弟子所记录的。但本篇的内容涉及孔子的政治、教育、天命、道德修养等思想，也有很高的史料价值。在本篇中，孔子提出了“不患寡而患不均，不患贫而患不安”的治国主张，能对现在国家的治理提供思想帮助。本篇关于德行、学识等方面的章节，多是孔子用数字归纳出来的人生道理，看起来简单明了却寓意深刻。本篇中的最后一章，内容较为突兀，学者对此也议论良多，但不影响《论语》的整体结构。

阳货第十七

17.1　阳货[1]欲见孔子，孔子不见，归[2]孔子豚。

孔子时其亡也，而往拜之。

遇诸途。

谓孔子曰："来！予与尔言。"曰："怀其宝而迷其邦，可谓仁乎？"曰："不可。好从事而亟[3]失时，可谓知乎？"曰："不可。日月逝矣，岁不我与！"

孔子曰："诺，吾将仕矣。"

【注释】

①阳货：季氏家臣。又名阳虎。

②归：同"馈"，赠送。

③亟（qì）：副词，屡次。

【译文】

阳货想见孔子，孔子不去见他，于是他就给孔子送了一头蒸熟的小猪。

孔子趁他不在家的时候去拜谢。

在路途中两人相遇了。

阳货对孔子说：“来！我同你谈谈。”阳货说：“自己有一身的本领，却放任国家迷乱，这可以叫仁吗？”阳货接着说：“不能。喜欢从事政务，却屡次错失机会，这可以叫智吗？”阳货又接着说：“不能。时间飞快地流逝，岁月不等人啊！”

孔子说：“是啊，我将要去做官了。”

17.2　子曰：“性相近也，习相远也。”

【译文】

孔子说：“本来人的天性相近，受到习惯的影响才变得悬殊了。”

17.3　子曰：“唯上知与下愚不移。”

【译文】

孔子说：“只有上等的智者和下等的愚人是改变不了的。”

17.4　子之武城[1]，闻弦歌之声。夫子莞尔而笑，曰：“割鸡焉用牛刀？”

子游对曰："昔者偃也闻诸夫子曰：'君子学道则爱人，小人学道则易使也。'"

子曰："二三子！偃之言是也。前言戏之耳。"

【注释】

①武城：鲁国的邑名，当时子游在这里任职。

【译文】

孔子到了武城，听见弹琴唱歌的声音。孔子微微一笑说："杀鸡为什么要用宰牛的刀呢？"

子游回答："我曾经听到老师说：'做官的人学习了礼乐之道就会有仁爱之心，百姓学习了礼乐之道就容易顺从听使唤。'"

孔子说："学生们，言偃说得对！我刚才的那句话只是和他开玩笑。"

17.5　公山弗扰①以费畔，召，子欲往。

子路不说，曰："末之也已，何必公山氏之之也？"

子曰："夫召我者，而岂徒哉？如有用我者，吾其为东周乎！"

【注释】

①公山弗扰：季氏的家臣，也作公山不狃。

【译文】

公山弗扰占据了费邑发起叛乱，召孔子，孔子准备前往。

子路非常不高兴，说：“没有地方去就算了，何必要到公山氏那里呢？”

孔子说：“召我的人，难道只是白白地召我去吗？假如真有人用我，我便会使周朝的政德在东方兴起！”

17.6 子张问仁于孔子。孔子曰：“能行五者于天下为仁矣。”

“请问之。”曰：“恭、宽、信、敏、惠。恭则不侮，宽则得众，信则人任焉，敏则有功，惠则足以使人。”

【译文】

子张问孔子什么样才是仁。孔子说：“能在方方面面实行五种品德就是仁了。”

子张说：“请问是哪五种呢？”孔子说：“恭敬、宽厚、诚实、勤敏、慈惠。恭敬就不会受到欺侮，宽厚就会得到众人的拥护，诚实就会被人任用，勤敏就会取得成功，慈惠就能役使他人。”

17.7 佛肸①召，子欲往。

子路曰："昔者由也闻诸夫子曰：'亲于其身为不善者，君子不入也。'佛肸以中牟②畔，子之往也，如之何？"

子曰："然，有是言也。不曰坚乎，磨而不磷③；不曰白乎，涅④而不缁。吾岂匏瓜⑤也哉？焉能系而不食？"

【注释】

①佛肸（bì xī）：鲁国范氏、中行氏的家臣。晋国大夫赵简子攻打范氏、中行氏，佛肸作为中牟的县长，在中牟抵抗赵简子。

②中牟：晋国的邑名，在今河北邢台和邯郸之间。

③磷：薄。

④涅：一种矿物，古代用作黑色染料。这里做动词，染黑。

⑤匏（páo）瓜：葫芦科植物，果实比葫芦大，味道苦涩不能食用。

【译文】

佛肸召请孔子，孔子打算前往。

子路说："我曾经听老师您说过：'亲自做坏事的人，君子是不会去他那里的。'佛肸依据中牟发动叛乱，老师您却要去，这怎么说呢？"

孔子说："是的，我讲过这样的话。但是，坚硬的东西，是磨也磨不薄的；真正洁白的东西，是染也染不黑的。难道我是匏瓜吗？只能挂起来但不可以给人吃吗？"

17.8　子曰："由也！女闻六言六蔽矣乎？"对曰："未也。"

"居！吾语女。好仁不好学，其蔽也愚。好知不好学，其蔽也荡。好信不好学，其蔽也贼。好直不好学，其蔽也绞[①]。好勇不好学，其蔽也乱。好刚不好学，其蔽也狂。"

【注释】

①绞：过于急切而造成偏激。

【译文】

孔子说："仲由啊！你听说过六种品德及各自的弊端吗？"子路回答："没有。"

孔子说："你坐下！我告诉你。爱仁德但不爱学习，它的弊端是愚昧。爱智慧但不爱学习，它的弊端是放荡不羁。爱诚实守信但不爱学习，它的弊端是会伤害到自己。爱直白坦率但不爱学习，它的弊端是刻薄偏激。爱勇敢但不爱学习，它的弊端是闯祸捣乱。爱刚强但不爱学习，它的弊端是胆大妄为。"

17.9　子曰："小子何莫学夫诗？诗，可以兴，可以观，可以群，可以怨。迩之事父，远之事君。多识于鸟兽草木之名。"

【译文】

孔子说："为什么你们这些学生没有人去学习诗呢？学习诗，能够培养联想的能力，能够提高观察的能力，能够锻炼合群的能力，能够学会讽刺的方法。近可用这些道理来侍奉父母，远可用来侍奉国君，还能认识到很多鸟兽草木的名称。"

17.10　子谓伯鱼曰："女为《周南》《召南》矣乎？人而不为《周南》《召南》，其犹正墙面而立也与？"

【译文】

孔子对伯鱼说："你学习《周南》和《召南》了吗？如果一个人不学习《周南》和《召南》，就如同面对墙壁站着吧？"

17.11　子曰："礼云礼云，玉帛云乎哉？乐云乐云，钟鼓云乎哉？"

【译文】

孔子说："礼啊礼啊，只是指玉帛等礼器而言吗？乐啊乐啊，只是指钟鼓等乐器吗？"

17.12　子曰："色厉而内荏，譬诸小人，其犹穿窬[①]之盗也与？"

【注释】

①穿窬（yú）：钻洞翻墙，这里指偷盗行为。

【译文】

孔子说："外表严厉但内心懦弱的人，用小人作比喻，也许他就像那挖洞爬墙的小偷吧！"

17.13　子曰："乡原，德之贼也。"

【译文】

孔子说："没有辨别是非能力看起来忠厚的人，是道德败坏的人。"

17.14　子曰："道听而涂说，德之弃也。"

【译文】

孔子说："四处传播在路上听到谣言，这是被道德遗弃的。"

17.15　子曰："鄙夫可与事君也与哉？其未得之也，患得之[①]。既得之，患失之。苟患失之，无所不至矣。"

【注释】

①患得之：也有作“患不得之”。

【译文】

孔子说：“那种鄙陋的人，怎么能和他共同侍奉国君呢？他在尚未取得职位时，担忧得不到。但他取得职位后，又害怕失去。如果害怕失去职位，那就什么事都能做得出来。”

17.16　子曰：“古者民有三疾，今也或是之亡也。古之狂也肆，今之狂也荡；古之矜也廉[1]，今之矜也忿戾；古之愚也直，今之愚也诈而已矣。”

清·叶欣 《山水册页》

【注释】

①廉：棱角。比喻为人方正有威，不易接近。

【译文】

孔子说："古代的人有三种缺点，现在的人或许没有这些缺点了。古代的狂人肆意直言，现在的狂人放荡无羁；古代矜持的人棱角分明，现在矜持的人怒而好争；古代的愚人还直率，现在的愚人只会欺诈耍手段而已。"

17.17　子曰："巧言令色，鲜矣仁！"

【译文】

孔子说："花言巧语、面容伪善，这种人就很少有仁德了。"

17.18　子曰："恶紫之夺朱也，恶郑声之乱雅乐也，恶利口之覆邦家者。"

【译文】

孔子说："厌恶紫色取代了大红色的光彩，厌恶郑国的音乐扰乱了典雅正统的音乐，厌恶巧言善辩颠覆了国家的人。"

17.19　子曰："予欲无言。"子贡曰："子如不言，则小子何述焉？"子曰："天何言哉？四时行焉，百物生焉，天何言哉？"

【译文】

孔子说："我不想再说什么话了。"子贡说："如果老师您不说话，我们这些学生还传述什么呢？"孔子说："上天说什么话了吗？四季依旧运行，世间万物照样生长，上天说什么话了吗？"

17.20　孺悲[1]欲见孔子，孔子辞以疾。将命者出户，取瑟而歌，使之闻之。

【注释】

①孺悲：鲁国人。

【译文】

孺悲想拜见孔子，孔子用生病作为理由拒绝了。传话的人刚走出房门，孔子便把瑟拿来，边弹边唱，故意让孺悲听见。

17.21　宰我问："三年之丧，期已久矣。君子三年不为礼，礼必坏；三年不为乐，乐必崩。旧谷既没，新谷既升，钻燧[1]改火，期可已矣。"

子曰："食夫稻[2]，衣夫锦，于女安乎？"

曰："安。"

"女安，则为之！夫君子之居丧，食旨不甘，闻乐不乐，居处[3]不安，故不为也。今女安，则为之！"

宰我出。子曰："予之不仁也！子生三年，然后免于父母之怀。夫三年之丧，天下之通丧也。予也有三年之爱于其父母乎！"

【注释】

①钻燧：古人钻木取火的方法。

②食夫稻：古代北方稻米珍贵，所以守丧期间不能食用。

③居处：指平日的居住生活。

【译文】

宰我问："父母去世要守丧三年，时间也太久了吧！君子三年不学习礼仪，必定会荒废礼仪；三年不演奏音乐，音乐必定会失传。已经吃完了陈谷，新谷都上场，取火的木已经更换了一个轮回，守丧一年，时间也就够了。"

孔子说："守丧不到三年，你吃着那稻米，穿着那棉衣，你会心安吗？"

宰我说："安心。"

孔子说："如果你觉得安心，那就这么做吧！君子在守丧期间，吃美味的食物没有味道，听音乐也觉得不快乐，住在家里觉得不舒适，所以不这样做。现在你能安心，那就去做吧！"

宰我退出来。孔子说："宰予不仁啊！儿女出生，三年后才能离开父母的怀抱。为父母守丧三年，是天下通行的时间。宰予对他的父母有三年的爱吗？"

17.22　子曰："饱食终日，无所用心，难矣哉！不有博弈①者乎？为之，犹贤乎已。"

【注释】

①博弈：博，古代一种棋类游戏，现已失传。弈，即现在的围棋。

【译文】

孔子说："整天吃饱了饭，什么事也不做，难有出息啊！不是有棋类游戏吗？玩玩它也比闲着好啊。"

17.23　子路曰："君子尚勇乎？"子曰："君子义以为上，君子有勇而无义为乱，小人有勇而无义为盗。"

【译文】

子路说："君子会崇尚勇敢吗？"

孔子说："君子认为义是最高的行为准则，君子有勇无义，就会捣乱造反；小人有勇无义，就会成为盗贼。"

17.24　子贡曰："君子亦有恶乎？"子曰："有恶。恶称人之恶者，恶居下流[1]而讪上者，恶勇而无礼者，恶果敢而窒[2]者。"

曰："赐也亦有恶乎？""恶徼[3]以为知者，恶不孙以为勇者，恶讦以为直者。"

【注释】

①流：衍文，晚唐以前的本子没有这个"流"字。

②窒：朱熹《论语集注》："不通也。"

③徼：孔安国《注》："抄也，抄人之意以为己有。"

【译文】

子贡说："君子也有厌恶的事情吗？"孔子说："有厌恶的事情。君子厌恶讨论别人的坏处的人，厌恶在下位却毁谤在上级的人，厌恶勇敢却没有礼节的人，厌恶果敢却固执己见的人。"

孔子说："赐，你也有厌恶的事情吗？"子贡说："我厌恶抄袭他人却觉得自己聪明的人，厌恶不谦逊却觉得自己勇敢的人，厌恶揭发别人隐私却觉得自己正直的人。"

17.25　子曰："唯女子与小人为难养也，近之则不孙，远之则怨。"

【译文】

孔子说："只有女子和小人最难养的了，亲近他们，他们就会放肆；疏远他们，他们就会怨恨。"

17.26　子曰："年四十而见恶焉，其终也已。"

【译文】

孔子说："一个人到了四十岁还被厌恶，那他这辈子也就完了。"

【赏析】

本篇主要是孔子论述仁德，其阐明了礼乐治国的道理。本篇只有两章称"孔子曰"，其他各章都称"子曰"。记录了孔子批评当时的道德状况，从孔子否定现状的角度出发，体现了他的道德标准，也能在一定程度上展现变动时期的社会风貌。本篇"性相近也,习相远也"是《论语》中唯一谈到"性"的语句，对此钱穆先生说："孔子责习不责性，以勉人为学。"本篇记录的内容丰富，多涉及政治、礼乐、诗教、道德、人性、天命等，有关家臣操权、叛乱的内容也都集中在此。

微子第十八

18.1 微子①去之，箕子②为之奴，比干③谏而死。孔子曰："殷有三仁焉。"

【注释】

①微子：名启，纣王的哥哥。

②箕子：商纣王的叔父，他曾多次劝谏纣王无果，于是装疯避祸，被囚为奴。

③比干：商纣王的叔父，强谏纣王而被剖心而死。

【译文】

微子离开了商纣王，箕子成了商纣王的奴隶，比干因劝谏而被杀。孔子说："殷朝有三位有仁德的人。"

18.2 柳下惠为士师，三黜。人曰："子未可以去乎？"曰："直道而事人，焉往而不三黜？枉道而事人，何必去父母之邦？"

【译文】

柳下惠出任典狱官，被多次免职。有人对他说："你不能离开鲁国吗？"柳下惠说："坚守正直之道去侍奉他人，到哪里不会被屡次免职？按照歪门邪道去侍奉他人，为什么一定要离开故国家园呢？"

18.3　齐景公待孔子曰："若季氏，则吾不能；以季、孟之间待之。"

曰："吾老矣，不能用也。"孔子行。

【译文】

齐景公谈到对待孔子的打算时说："我做不到像鲁国的君主对待季氏那样来对待孔子。我会介于季氏和孟氏之间的待遇来对待他。"

后来又说："我老了，不能用他了。"孔子便离开了齐国。

18.4　齐人归女乐，季桓子[①]受之，三日不朝，孔子行。

【注释】

①季桓子：鲁国大夫季孙斯，是鲁定公至哀公初年的实际掌权者。

【译文】

齐国赠送了鲁国许多歌姬舞女，季桓子接受了，三天不问政事，所以孔子离开了鲁国。

18.5 楚狂接舆[1]歌而过孔子曰："凤兮凤兮！何德之衰？往者不可谏，来者犹可追。已而，已而！今之从政者殆而！"

孔子下，欲与之言。趋而辟之，不得与之言。

【注释】

①接舆：楚国一个假装狂人的隐者。

【译文】

楚国的狂人接舆唱着歌从孔子坐的车旁边走过，他唱道："凤凰啊凤凰！你的德行为什么这样衰微了？过去的已经不能挽回，未来的还可以补救。算了吧，算了吧！现在执政的人都危险不可救了！"

孔子走下车，想要和他说话。他却加快步伐避开了，孔子没能与他交谈。

18.6 长沮、桀溺[1]耦而耕，孔子过之，使子路问津焉。

长沮曰："夫执舆[2]者为谁？"

子路曰："为孔丘。"

曰："是鲁孔丘与？"

曰："是也。"

曰："是知津矣。"

问于桀溺。

桀溺曰："子为谁？"

曰："为仲由。"

曰："是鲁孔丘之徒与？"

对曰："然。"

曰："滔滔者天下皆是也，而谁以易之？且而与其从辟人之士也，岂若从辟世之士哉？"耰[3]而不辍。

子路行以告。

夫子怃然[4]曰："鸟兽不可与同群，吾非斯人之徒与而谁与？天下有道，丘不与易也。"

【注释】

①长沮、桀溺：两个隐者，这不是真实的姓名。

②执舆：朱熹《论语集注》："执辔在车也。盖本子路执辔在车，今下问津，故夫子代之也。"

③耰（yōu）：播种后，再用土覆盖平坦，防止鸟类啄食。

④怃（wǔ）然：怅然若失的样子。

【译文】

长沮、桀溺在一起耕地，孔子路过，让子路去询问渡口在什么地方。

长沮说："在车上驾车的那个人是谁啊？"

子路说："是孔丘。"

长沮说："他是鲁国的孔丘吗？"

子路说："是的。"

长沮说："他应该知道渡口在哪里。"

子路又去问桀溺。

桀溺说："你是谁？"

子路说："我是仲由。"

桀溺说："你是鲁国孔丘的学生吗？"

子路答道："是的。"

桀溺说："天下像江水一样混乱，你们和谁一起去改变它呢？你与其跟随那些躲避坏人的人，为什么不跟随逃避社会的人呢？"他边说，依旧不停地耙土。

子路回来把这些话报告给孔子。

孔子失落地说："我们不能和鸟兽合群共处，我们不和人群相处，又和谁交往呢？如果天下太平，我就不会和你们一起改革了。"

18.7 子路从而后，遇丈人，以杖荷蓧①。

子路问曰："子见夫子乎？"

丈人曰："四体不勤，五谷不分，孰为夫子？"植其杖而芸。

子路拱而立。

止子路宿，杀鸡为黍而食之，见其二子焉。

明日，子路行以告。

子曰："隐者也。"使子路反见之。至，则行矣。

子路曰："不仕无义。长幼之节，不可废也，君臣之义，如之何其废之？欲洁其身，而乱大伦。君子之仕也，行其义也，道之不行，已知之矣。"

【注释】

①蓧（diào）：古代用来除草的竹制农具。

【译文】

子路跟随孔子，却落在了后面，他遇到一位老人，老人用拐杖挑着锄草用的农具。

子路问他："您见到我的老师了吗？"

老人说："你这个人，有四肢却不劳动，看到五谷却不能分辨，谁知道你的老师是谁呀？"说完，将拐杖立在地上就去锄草了。

子路拱手恭敬地站在旁边。

老人让子路到他们家里住宿，杀鸡做饭给他吃，还让自己的两个儿子和子路见面。

第二天，子路告别，找到了孔子就把这些话告诉了他。

孔子说："这是隐者啊！"让子路返回去见他。子路到了那个老人的家里，老人却离开了。

子路说："不肯做官是不符合道义的。不能废弃长幼之间的关系，那么又怎么能不管君臣之间的关系呢？你想要自身高洁，却破坏了君臣之间的伦理关系。君子做官，是为了实现君臣之间的大义。至于我们的政治主张不能实行，这是早就知道的。"

18.8　逸民[1]：伯夷、叔齐、虞仲、夷逸、朱张、柳下惠、少连。子曰："不降其志，不辱其身，伯夷、叔齐与！"谓"柳下惠、少连，降志辱身矣，言中伦，行中虑，其斯而已矣"。谓"虞仲、夷逸，隐居放言，身中清，废中权。我则异于是，无可无不可"。

【注释】

①逸民：逸，同"佚"，遗佚于世的人。

【译文】

被遗落的人才有：伯夷、叔齐、虞仲、夷逸、朱张、柳下惠、少连。孔子说："不动摇自己的意志，不辱没自己的身份，这是伯夷、叔齐吧！"又说"柳下惠、少连，他们降低了自己的意志，屈辱了自己的身份，但言谈符合伦理，行为经过思虑，也就这样吧"。又说"虞仲、夷逸，他们避世隐居，不谈世事，但行为廉洁，被遗弃也符合权变的道理。我和他们这些人都不一样，也没有什么可以不可以的"。

18.9　大师挚适齐，亚饭干①适楚，三饭缭适蔡，四饭缺适秦，鼓方叔入于河，播鼗武入于汉，少阳师、击磬襄入于海。

【注释】

①亚饭干：亚饭，乐师。干，人名。下文的“缭”“缺”都是人名。

【译文】

太师挚到了齐国，亚饭乐师干到了楚国，三饭乐师缭到了蔡国，四饭乐师缺到了秦国，击鼓的方叔定居在黄河一带，摇小鼓的乐师武定居在汉水一带，少师阳和击磬的乐师襄定居在海边。

18.10　周公谓鲁公曰：“君子不施①其亲，不使大臣怨乎不以。故旧无大故，则不弃也。无求备于一人。”

【注释】

①施：同“弛”，遗弃。

【译文】

周公对鲁公说：“君子不要疏远他的亲族，不让大臣抱怨自己没有被任用。故旧朋友没有犯大的过错就不要抛弃他。不要求全责备一个人。”

18.11　周有八士：伯达、伯适、仲突、仲忽、叔夜、叔夏、季随、季騧。

【译文】

周代有八位有教养的人：伯达、伯适、仲突、仲忽、叔夜、叔夏、季随、季騧。

【赏析】

本篇主要记录了古代圣贤的事迹、孔子众人周游列国时的言行，以及世人对于乱世的看法。通过孔子与一些高尚人士相比较来反映孔子的处世态度，也显现了孔子不拘泥于一种形态的灵活性，从而展现自己的主动性和独特性。本篇记述的事件和言语反映了孔子一贯的政治原则和人生追求。从避世隐者的言语中，更能体现孔子“知其不可而为之”的精神，“吾非斯人之徒与而谁与”，体现了孔子积极入世为国的真诚之心。孔子虽然历尽挫折，终究没完成自己的治世理想，但他对学生的教育始终贯彻着他的治世理念。

子张第十九

19.1　子张曰："士见危致命，见得思义，祭思敬，丧思哀，其可已矣。"

【译文】

子张说："在遇到危险时士人能献出生命，看到利益时士人就会考虑是否符合道义，祭祀时士人考虑严肃恭敬，守丧时士人能考虑悲伤哀痛，这就可以了。"

19.2　子张曰："执德不弘，信道不笃，焉能为有？焉能为亡？"

【译文】

子张说："坚持道德却不能弘扬，信奉道义却不忠诚，这种人，怎么能算他存在呢？又怎么算他不存在呢？"

19.3 子夏之门人问交于子张。子张曰："子夏云何？"对曰："子夏曰：'可者与之，其不可者拒之。'"

子张曰："异乎吾所闻。君子尊贤而容众，嘉善而矜不能。我之大贤与，于人何所不容？我之不贤与，人将拒我，如之何其拒人也？"

【译文】

子夏的学生询问子张如何交友。子张问："子夏是如何回答的？"

学生答道："子夏说：'与可以为友的人交往，拒绝和不能为友的人交往。'"

子张说："我听说的和这个不一样。君子能尊重贤仁，也能容纳普通人；赞扬善人，也会怜惜缺乏才能的人。如果我是个贤明的人，有什么人是不能容纳的呢？如果我不贤明，我又如何去拒绝别人呢？"

19.4 子夏曰："虽小道，必有可观者焉，致远恐泥①，是以君子不为也。"

【注释】

①泥：郁结不通。

【译文】

子夏说："即使是小技能，一定也有可取之处，但怕是会阻碍从事远大的事业，所以君子不去做小技艺。"

19.5　子夏曰："日知其所亡，月无忘其所能，可谓好学也已矣。"

【译文】

子夏说："每天知道自己未知的，每月不忘记自己所学到的，可以说是好学了。"

19.6　子夏曰："博学而笃志，切问而近思，仁在其中矣。"

【译文】

子夏说："广泛地学习并能坚守志向，真诚地问贴近自己所学的问题并且考虑当前的事，仁德就在其中了。"

19.7　子夏曰："百工居肆[1]以成其事，君子学以致其道。"

【注释】

①肆：手工业作坊，朱熹《论语集注》：“谓官府造作之处。”

【译文】

子夏说：“工匠们居住在作坊里以便完成他们的工作，君子通过学习从而掌握道。”

19.8　子夏曰：“小人之过也必文。”

【译文】

子夏说：“小人犯了错必定会作掩饰。”

19.9　子夏曰：“君子有三变：望之俨然，即之也温，听其言也厉。”

【译文】

子夏说：“君子有三种形象的变化：远望时神态庄严可畏，与他接近时温和亲近，听他说话言辞严厉。”

19.10　子夏曰：“君子信而后劳其民；未信，则以为厉己也。信而后谏；未信，则以为谤己也。”

【译文】

子夏说："君子得到信任才能役使百姓；没有得到信任就这样做，百姓会认为这是折磨他们。君子得到信任才去进谏；没有得到信任就这样做，君主会认为是对他进行诽谤。"

19.11　子夏曰："大德不逾闲，小德出入可也。"

【译文】

子夏说："大的德行不能超越界限，在小节上有点出入也是可以的。"

19.12　子游曰："子夏之门人小子，当洒扫应对进退，则可矣，抑末也！本之则无，如之何？"

子夏闻之，曰："噫！言游过矣！君子之道，孰先传焉？孰后倦[①]焉？譬诸草木，区以别矣。君子之道，焉可诬也？有始有卒者，其惟圣人乎！"

【注释】

①倦：朱熹《论语集注》："如诲人不倦之倦。"

【译文】

子游说："子夏的学生啊，让他们打扫卫生和接待宾客，是可以的。但这只是末节的事而已。不能学到根本的道理，这怎么能行呢？”

子夏听到后，说：“唉！言游说错话了！君子的学问，哪是什么内容先传授？哪些内容后讲述就倦于教诲？如同草木要区别不同种类。君子的学问，怎么可以歪曲呢？能依据一定的次序，有始有终地贯通的，或许只有圣人吧！”

19.13　子夏曰：“仕而优则学，学而优则仕。”

【译文】

子夏说：“做官有余力的就学习，学习有余力的就去做官。”

19.14　子游曰：“丧致乎哀而止。”

【译文】

子游说：“居丧能充分地表达悲哀就足够了。”

19.15　子游曰：“吾友张也为难能也，然而未仁。”

【译文】

子游说：“我的朋友子张可以说是难能可贵了，但他还没有做到仁。”

19.16　曾子曰："堂堂乎张也，难与并为仁矣。"

【译文】

曾子说："子张真是仪表堂堂啊，难以和他一起做到仁德。"

19.17　曾子曰："吾闻诸夫子：人未有自致者也，必也亲丧乎！"

【译文】

曾子说："我曾经听到老师说：人没有自动地充分发挥情感的事情，如果有，一定是父母去世的时候！"

19.18　曾子曰："吾闻诸夫子：孟庄子[1]之孝也，其他可能也，其不改父之臣与父之政，是难能也。"

【注释】

①孟庄子：鲁国大夫孟献子的儿子，名速。

【译文】

曾子说："我曾经听到老师说：孟庄子的孝，其他方面都能做到，但不更换父亲的臣属与不改变父亲所施行的政事，这是难以做到的。"

19.19　孟氏使阳肤①为士师，问于曾子。曾子曰："上失其道，民散久矣。如得其情，则哀矜而勿喜！"

【注释】

①阳肤：曾子的学生。

【译文】

孟氏让阳肤去担任典狱官，阳肤求教曾子。曾子说："居高位的人不按道义行事，民心离散很久了。如果你审出犯罪的实情，应该同情、可怜他们，不要自鸣得意。"

宋·萧照《丹林诗意图》

19.20　子贡曰："纣①之不善，不如是之甚也。是以君子恶居下流②，天下之恶皆归焉。"

【注释】

①纣：商朝的末代国君，商纣王。

②下流：地势低下的地方。喻指恶名归集的地位。

【译文】

子贡说："商纣王的坏，不像传说中的那么严重。所以君子不愿意居于下流之地，以至于天下的坏事都归到了他的身上。"

19.21　子贡曰："君子之过也，如日月之食焉。过也，人皆见之；更也，人皆仰之。"

【译文】

子贡说："君子的过错就像日食和月食。有过错的时候，人人都能看得到；改正了，每个人都会仰望着。"

19.22　卫公孙朝①问于子贡曰："仲尼焉学？"子贡曰："文武之道，未坠于地，在人。贤者识其大者，不贤者识其小者。莫不有文武之道焉。夫子焉不学？而亦何常师之有？"

【注释】

①公孙朝：卫国的大夫。

【译文】

卫国的公孙朝问子贡："仲尼先生是从哪里得来的学问呀？"子贡说："周文王和武王的大道没有失传，还在人世间。贤者能知道它的大处，不贤者知道它的末节。没有一处不是文王和武王的大道。我的老师在哪里不能学习呢？又为什么一定要有专门的老师呢？"

19.23　叔孙武叔[①]语大夫于朝曰："子贡贤于仲尼。"

子服景伯以告子贡。

子贡曰："譬之宫墙，赐之墙也及肩，窥见室家之好。夫子之墙数仞[②]，不得其门而入，不见宗庙之美，百官[③]之富。得其门者或寡矣。夫子之云不亦宜乎！"

【注释】

①叔孙武叔：鲁国的大夫，名州仇，"武"是他的谥号。

②仞：古代的长度单位，一仞等于七尺。

③官：这里指房屋。

【译文】

叔孙武叔在朝堂上对官员们说："子贡强于仲尼。"

子服景伯就把这句话告诉了子贡。

子贡说：“用房屋的围墙作比喻：我的墙只有肩膀那么高，人们能够直接窥见房屋里的美好。老师的墙却有几丈高，找不到大门走进去，就看不到宗庙的雄伟和房屋的富丽。但是能找到大门的人也许太少。叔孙先生说这样话，不也是很自然的吗？”

19.24　叔孙武叔毁仲尼。子贡曰：“无以为也！仲尼不可毁也。他人之贤者，丘陵也，犹可逾也。仲尼，日月也，无得而逾焉。人虽欲自绝，其何伤于日月乎？多见其不知量也。”

【译文】

叔孙武叔诋毁仲尼。子贡说：“不要做这样的事！仲尼先生是不能诋毁的。别人的贤能像是丘陵，还可以超越。仲尼先生就像是日月，是不可能超越的。即使有人要与日月自绝，这又能损害日月什么呢？只是表现他不自量力而已。”

19.25　陈子禽谓子贡曰：“子为恭也，仲尼岂贤于子乎？”

子贡曰：“君子一言以为知，一言以为不知，言不可不慎也。夫子之不可及也，犹天之不可阶而升也。夫子之

得邦家者，所谓立之斯立，道之斯行，绥之斯来，动之斯和。其生也荣，其死也哀，如之何其可及也？”

【译文】

陈子禽对子贡说：“你只是在谦恭吧，难道仲尼真的比你强吗？”

子贡说：“君子可以根据一句话展现出他的聪明，可以根据一句话展现出他的无知，因此说话不可以不谨慎啊。我的老师是难以企及的，就像天不能用阶梯攀爬一样。如果我的老师获得了封国为诸侯，或得到封邑为大夫，那就像我们所说的，教百姓自立，他们就会自立；引导百姓前进，他们就会前进；安抚百姓，他们就来归顺；动员百姓，他们就能齐心协力。他在世时享受尊荣，去世了令人哀痛，他怎么能被他人赶上呢？”

【赏析】

本篇重新以弟子命名，其涉及子张、子夏、子游、曾子、子贡五人，钱穆先生说：“盖自孔子殁后，述遗教以诱后学，以及同门相切磋，以其能发明圣义，故编者集为一篇，以置《论语》之后。无颜渊、子路诸人语，以其殁在前。”从这些学生的言论中，可以看出他们对孔子学说的忠诚和传述，以及他们对孔子圣人形象的维护。本篇的内容也是在《论语》结束之际，再一次回顾了儒家学说仁、礼、学、孝悌、忠恕、智、德等基本的思想理念。

尧曰第二十

20.1　尧曰："咨！尔舜！天之历数在尔躬，允执其中。四海困穷，天禄永终。"

舜亦以命禹。

曰："予小子[1]履[2]敢用玄牡[3]，敢昭告于皇皇后帝[4]：有罪不敢赦。帝臣不蔽，简在帝心。朕躬有罪，无以万方。万方有罪，罪在朕躬。"

周有大赉[5]，善人是富。"虽有周亲，不如仁人。百姓有过，在予一人。"

谨权量，审法度，修废官，四方之政行焉。兴灭国，继绝世，举逸民，天下之民归心焉。

所重：民、食、丧、祭。

宽则得众，信则民任焉，敏则有功，公则说。

【注释】

①予小子：和“予一人”相同，是上古帝王自称之词。

②履：商代开国君主商汤的名字。

③玄牡：黑色的公牛。

④后帝：指天帝。

⑤赉（lài）：赏赐，指封诸侯。

【译文】

尧说：“唉！舜啊！上天安排的帝王命运落在了你的身上，要忠诚地执行正确的准则。如果天下的百姓陷入困顿穷苦，上天赏赐你的禄位也就会永远终止。”

舜告诫禹同样的话。

商汤说：“我小子谨慎地用黑色的公牛作为祭品，明白地禀告庄严的天帝：我不敢擅自赦免有罪的人。对天帝臣仆的善恶，我不敢欺瞒掩盖，天帝心中能鉴察一切。如果我一个人有罪，不要牵连天下万方。天下万方有罪，就都由我个人来承担。”

周朝大封诸侯，让善人都能富贵起来。“我虽然有至亲，但不如有仁德的人士。百姓如果有过错，都由我个人来承担责任。”

慎重地检验并且确定度量衡，恢复已经废弃的官职，全国的政令就能通行了。复兴灭亡的国家，承续已经断绝的后代，举用遗落的贤才，天下的百姓就会心悦诚服地归服了。

需要重视的是：百姓、粮食、丧礼、祭祀。

宽厚就会获得百姓拥戴，诚信就会得到别人的任用，勤敏就会取得功绩，公正就会让百姓高兴。

20.2　子张问于孔子曰："何如斯可以从政矣？"

子曰："尊五美，屏四恶，斯可以从政矣。"

子张曰："何谓五美？"

子曰："君子惠而不费，劳而不怨，欲而不贪，泰而不骄，威而不猛。"

子张曰："何谓惠而不费？"

子曰："因民之所利而利之，斯不亦惠而不费乎？择可劳而劳之，又谁怨？欲仁而得仁，又焉贪？君子无众寡，无小大，无敢慢，斯不亦泰而不骄乎？君子正其衣冠，尊其瞻视，俨然人望而畏之，斯不亦威而不猛乎？"

子张曰："何谓四恶？"

子曰："不教而杀谓之虐；不戒视成谓之暴；慢令致期谓之贼；犹之与人也，出纳①之吝谓之有司②。"

【注释】

①出纳：偏义复词，这里只取"出"的意思，"纳"无意义。

②有司：指官府中负责具体事务的小吏，这里表示治理政事不能像这些小吏处理具体事务一样刻板琐细。

【译文】

子张问孔子："怎样才可以治理政事呢？"

孔子说："推崇五种美德，摒弃四种恶政，这样就能够治理政事了。"

子张说："五种美德是什么呢？"

孔子说："君子施予百姓恩惠但自己没有耗费，役使百姓劳动但百姓不怨恨，有欲望但不贪婪，安详但不骄傲，有威严但不凶猛。"

子张说："怎样才是施予百姓恩惠但自己没有损耗呢？"

宋·佚名 《柳院消暑图》

孔子说："百姓想要得到利益的地方就让他们得到利益，这不就是施予百姓恩惠但自己没有损耗了吗？选择能够让百姓劳动的时间而去让他们劳动，谁还会怨恨呢？希望得到仁道而且得到了仁道，那还有什么可以贪求的呢？不管人多人少，不管势力大小，君子都不敢怠慢，这不就是安详但不骄傲了吗？君子衣冠整洁，庄重自己的仪容，严肃的神态让人看见了就有敬畏之心，这不就是威严但不凶猛了吗？"

子张说："四种恶政是什么呢？"

孔子说："不先进行教化就杀戮称为虐；不先告诫就要求成功称为暴；前期懈怠政令而后又突然限期完成叫作贼；同样是给人财物，却出手悭吝，这是具体办事人的做派。"

20.3　孔子曰："不知命，无以为君子也。不知礼，无以立也。不知言，无以知人也。"

【译文】

孔子说："不懂天运，就不可能成为君子。不懂礼仪，就不可能在社会立身；不知道辨别他人的言谈，就不可能了解别人。"

【赏析】

本篇仅有三章，首章尧、舜、禹、商汤和周武王的即位之辞，是他们治理国家的基本准则。次章孔子答子张问从政，从“五美”“四恶”中讨论了治理教化民众的问题。末章孔子谈知命、知礼、知言的重要性。本篇作为《论语》末篇，在内容和行文风格上都与之前的篇章不太相同。学界对本篇是否为《论语》原始内容的争议较大，但大多学者认为，本篇像是《论语》补遗，结语意味深长，不可忽视。《论语》的研究还未停止，钱穆先生说：“《论语》一书，乃孔门遗训所萃，此为中国最古最有价值之宝典。孔门七十子后学讨论会集而成此书，厥功大矣。”

了不起的

国学启蒙②

古文观止 青少年版

（清）吴楚材，（清）吴调侯◎编　木　沐◎译注

江苏凤凰文艺出版社
JIANGSU PHOENIX LITERATURE AND ART PUBLISHING

图书在版编目（CIP）数据

古文观止：青少年版 /（清）吴楚材，（清）吴调侯编；木沐译注 . -- 南京：江苏凤凰文艺出版社，2024.5

（了不起的国学启蒙；2）

ISBN 978-7-5594-8531-1

Ⅰ．①古… Ⅱ．①吴… ②吴… ③木… Ⅲ．①《古文观止》－青少年读物 Ⅳ．① H194.1-49

中国国家版本馆 CIP 数据核字（2024）第 059784 号

古文观止：青少年版

（清）吴楚材，（清）吴调侯 编 木沐 译注

责任编辑 王昕宁
策划编辑 李 根
特约编辑 连 慧
装帧设计 天下书装
责任印制 杨 丹
出版发行 江苏凤凰文艺出版社
南京市中央路 165号，邮编：210009
网 址 http://www.jswenyi.com
印 刷 北京雁林吉兆印刷有限公司
开 本 880毫米×1230毫米 1/32
印 张 6.5
字 数 104千字
版 次 2024年 5月第 1版
印 次 2024年 5月第 1次印刷
书 号 ISBN 978-7-5594-8531-1
定 价 199.80元（全7册）

前 言

《古文观止》是清代人吴楚材、吴调侯编订于康熙三十三年（1694年）的一部古文选本。“观止”意为好到极致，用作书名，代表着该书所选的文章多是最好的、脍炙人口的名篇佳作。全书共分十二卷，按照时间顺序收录了春秋起至明代的文章二百二十二篇，篇幅适当，兼顾多种流派、多种风格。所选文章的文体以散文为主，骈、韵二体为辅。书中所收录的文章反映了先秦至明末散文发展的大致脉络及主要风貌，先秦时期文章多选自《左传》，两汉时期文章多选自《史记》，唐宋时期文章多选自苏轼、柳宗元、韩愈、欧阳修等人，“唐宋八大家”作品多达七十多篇。

《古文观止》自清初定稿以来，凭借其突出优势和鲜明特色，成为当时最具影响力的初学古文选本，私塾及学堂常将本书作为启蒙读本，几乎人手一本，风行海内。直到今天，它凭借自身难以动摇的通俗性及权威性，仍然是人们首选的普及性古文选本，更是人们学习古文和了解中国优秀传统文化的必备之书。

古代文学作为我国历史文化之瑰宝，是培养中小学生审美情趣和人文素养的重要渠道之一。而在这方面，《古文观止》作为一部经典的古文选集，有着独特的意义和价值。为了满足当代读者的阅读需求，培养学生学习、理解汉语言的能力，以及提升学生古代文学的鉴赏能力，我们推出了此版本的《古文观止》。

本书以吴楚材、吴调侯编选为基础，在内容上作了适当的调整：原文方面，择其精华，选取经典中的经典，《左传》选取“曹刿论战”“烛之武退秦师”等名篇；《战国策》选取“邹忌讽齐王纳谏”“范雎说秦王”等名篇；《史记》选取“项羽本纪赞”“孔子世家赞”等篇章。唐宋文人多选其为人熟知的名篇佳作。注释方面，着重解释难以理解的字句，扫清阅读障碍，方便学生掌握古代文言文的词汇、句法和修辞手法。译文方面，在忠于原作的基础上译文更加通畅明白，便于学生更透彻地理解文章的精髓，体悟其蕴含的哲理，有助于提高学生对古代文学作品的解读能力。

《古文观止》自问世以来经久不衰，我们本着历久弥新的精神，力图将它打造为更适合大众阅读的作品，但编者学识水平有限，难免出现不妥之处，望读者朋友不吝赐教。愿每个读过此书的人都能受益终身。

目 录

卷一

周郑交质……………………………………001
石碏谏宠州吁……………………………………004
曹刿论战……………………………………008
宫之奇谏假道……………………………………013
齐桓下拜受胙……………………………………017
介之推不言禄……………………………………020
烛之武退秦师……………………………………023

卷二

王孙满对楚子……………………………………028
子产告范宣子轻币……………………………………031
晏子不死君难……………………………………035

子产论尹何为邑……………………………038
子产论政宽猛……………………………042

卷三

召公谏厉王止谤……………………………046
敬姜论劳逸……………………………050
公子重耳对秦客……………………………056
晋献文子成室……………………………060

卷四

范雎说秦王……………………………062
邹忌讽齐王纳谏……………………………070
冯煖客孟尝君……………………………075
触詟说赵太后……………………………085
谏逐客书……………………………093

卷五

五帝本纪赞……………………………102
项羽本纪赞……………………………105
孔子世家赞……………………………107

卷六

高帝求贤诏……110
上书谏猎……112
马援诫兄子严敦书……116
前出师表……120

卷七

陈情表……127
兰亭集序……132
桃花源记……137
滕王阁序……142
春夜宴桃李园序……152
陋室铭……154
阿房宫赋……156

卷八

师说……163

卷九

捕蛇者说……168
岳阳楼记……173

卷十

醉翁亭记……………………………………………………179

卷十一

前赤壁赋……………………………………………………184
游褒禅山记…………………………………………………190

卷十二

沧浪亭记……………………………………………………195

卷一

周郑交质

《左传》

郑武公、庄公为平王卿士，王贰于虢①，郑伯怨王。王曰：“无之。”故周、郑交质②，王子狐③为质于郑，郑公子忽④为质于周。王崩，周人将畀⑤虢公政。四月，郑祭足帅师取温之麦⑥。秋，又取成周⑦之禾。周、郑交恶。

【注释】

①王贰于虢（guó）：指周平王不想让郑庄公独大，便分权给虢公，以保持周王室的权力平衡。贰，两属。虢，指西虢公，姬姓。

②交质：交换人质。

③王子狐：周平王的儿子。

④公子忽：郑庄公的儿子，后继位为郑昭公。

⑤畀（bì）：给予，托付。

⑥祭（zhài）足：祭仲，郑国大夫。温：周王室的属地，在今河南温县。

⑦成周：周之东都，在今河南洛阳市东郊。

【译文】

郑武公、郑庄公先后被任命为周平王的执政大臣。平王想兼用虢公分掌政权，因此郑庄公对平王抱有怨恨。平王说："根本没有这件事。"为了消除怀疑，周朝就和郑国交换人质。平王的儿子王狐去做郑国的人质，庄公的儿子公子忽去做周朝的人质。周平王驾崩，周朝的大臣准备让虢公管理国政。四月，郑国的祭足率军收割了温地的麦子。秋天，又把成周的谷子收割了。从此，周朝和郑国互相憎恨，关系恶化。

君子曰："信不由中①，质无益也。明恕而行，要②之以礼，虽无有质，谁能间之？苟有明信，涧、溪、沼、沚之毛③，蘋、蘩、薀、藻之菜④，筐、筥、锜、釜之器⑤，潢污、行潦之水⑥，可荐于鬼神，可羞于王公，而况君子结二国之信，行之以礼，又焉用质？《风》

有《采蘩》《采蘋》,《雅》有《行苇》《泂酌》,昭忠信也。”

【注释】

①中：同“衷”，内心。

②要（yāo）：约束。

③沼：池塘。沚：水中的小块陆地。毛：本指草，这里泛指植物。

④蘋（pín）：浮萍，生长在浅水中的植物。蘩：白蒿。蕰（wēn）：是一种水草。藻：聚集生长的藻类。

⑤筐、筥（jǔ）：竹制容器，方形的是筐，圆形的是筥。锜（qí）、釜：烹饪器，有足的是锜，无足的是釜。

⑥潢（huáng）污：积着不流动的水。行潦（xíng lǎo）：流动的水。

【译文】

君子说：“不发自内心地信任，交换人质也没有效果。如果彼此互相体谅再行事，并且接受礼仪的约束，就算没有人质，谁又能让他们心生隔阂呢？如果彼此信任体谅，那么山涧溪水中的野草，四叶菜、白蒿、水草以及聚集水面的藻类等野菜，方筐、圆筐、有足、无足的烹饪器等器具，地面上聚集和流动的水，都可以供献给鬼神，贡奉给王公；何况

君子在两国间建立信任关系，依照礼仪行事，又何必用人质呢？《诗经·国风》有《采蘩》《采蘋》，《大雅》有《行苇》《泂酌》，这四篇诗文蕴含的道理都是说明忠诚和信用的。”

【赏析】

周天子与郑庄公想用交换人质的方法来缓解双方的矛盾，取得相互的信任，这是不可能成功的。原因在于周郑之间并没有坦诚相待，并且不按照“礼”行事，纵使他们交换了人质，也无法保持良好的关系。反而为日后周、郑互相憎恨仇视埋下了隐患。君子通过评论此事，指出信任和了解应当建立在设身处地为彼此着想、相互坦诚的基础之上，着重提出遵守礼仪、忠诚信义是十分重要的。

石碏谏宠州吁

《左传》

卫庄公娶于齐东宫得臣[①]之妹，曰庄姜，美而无子，卫人所为赋《硕人》[②]也。又娶于陈，曰厉妫[③]，生孝伯，蚤[④]死。其娣[⑤]戴妫生桓公，庄姜以为己子。公子

州吁，嬖人⑥之子也，有宠而好兵，公弗禁，庄姜恶之。

【注释】

①东宫得臣：齐庄公太子得臣。东宫，太子的居处，这里代指太子。

②《硕人》：见于《诗经·卫风》。据说是赞扬庄姜的。

③妫（guī）：姓。

④蚤：同“早”。

⑤娣：古代称妹妹为“娣”。春秋时嫁女，常以妹来陪嫁。

⑥嬖（bì）人：身份低贱但受宠爱的人，这里指卫庄公的宠妾。

【译文】

卫庄公娶了齐国太子得臣的妹妹，被称为庄姜，庄姜长得很美却没有儿子，卫国的人写了《硕人》赞美她。庄公又娶了陈国名叫厉妫的女子，厉妫生下了孝伯，但她自己很小就死掉了。厉妫的妹妹戴妫生下了桓公，庄姜收养他作为自己的儿子。庄公宠爱的姬妾生了公子州吁，他备受宠爱又喜欢兵器，庄公也不禁止，庄姜很厌恶他。

石碏①谏曰：“臣闻爱子，教之以义方，弗纳于邪。骄、奢、淫、佚，所自邪也，四者之来，宠禄过也。将

立州吁，乃定之矣，若犹未也，阶之为祸[②]。夫宠而不骄，骄而能降，降而不憾，憾而能眕[③]者，鲜矣。且夫贱妨贵，少陵长，远间亲，新间旧，小加大，淫破义，所谓六逆也；君义，臣行，父慈，子孝，兄爱，弟敬，所谓六顺也；去顺效逆，所以速祸也。君人者，将祸是务去，而速之，无乃不可乎？”弗听。其子厚与州吁游，禁之，不可。桓公立，乃老[④]。

【注释】

①石碏（què）：卫国大夫。

②阶之为祸：逐渐酿成祸患。阶，阶梯，这里指逐渐。

③眕（zhěn）：克制，隐忍，不草率行事。

④老：告老还乡。

【译文】

石碏劝谏庄公说："我听说疼爱儿子，要教育他正确的道义规矩，避免他走上邪路。骄傲、奢侈、放荡、安逸是走上邪路的根源。产生这四种恶习，是由于得到了过多的宠爱和赏赐。您如果立州吁为太子，就要定下来；如果还没有决定，这样纵容他只会逐渐酿成祸患。得到宠爱却不骄横，骄横却能安心于地位下降，地位下降内心却不怨恨，怨恨却能对自己加以克制，这样的人是很少见的。而且卑贱妨害尊贵，年少侵凌年长，疏远离间亲近，新人离间旧人，弱小欺侮强大，淫邪破坏道义，这是六种违逆理义的行为。国君行事仁义，臣下奉命执行，父亲慈祥和善，儿子孝顺，兄长友善，弟弟恭敬，这是六种顺从理义的行为。舍弃顺从，而模仿违

清·刘彦冲《听阮图》

逆，这就会招致祸患。作为百姓的君主，应该尽力消除祸患，现在却在加速祸乱的到来，这恐怕不妥当吧？”庄公不听劝。石碏的儿子石厚和州吁来往密切，石碏禁止他，石厚根本不听。庄公死后，卫桓公继位，石碏就告老还乡了。

【赏析】

本篇重点强调“谏”字，深刻分析了作为父母应当怎样以正确的方式教导子女。父母宠爱子女是一般人通常都有的感情，然而过度的宠爱则容易让孩子迈进错误的道路。教育孩子的重中之重在于：父母应当明白规则，更要教导孩子明白规则。宠爱不是无限度的，一旦超出了感情的限度，必然会造成严重的祸患。

曹刿论战

《左传》

十年春，齐师伐我，公[①]将战，曹刿[②]请见。其乡人曰：“肉食者[③]谋之，又何间[④]焉？”刿曰：“肉食者鄙[⑤]，未能远谋。”遂入见。

【注释】

①公：即鲁庄公。

②曹刿（guì）：鲁国人，一作“曹沫”。

③肉食者：即食肉者，指做官有权势地位的人。

④间（jiàn）：参与。

⑤鄙：浅陋，目光短浅。

【译文】

鲁庄公十年春，齐国军队攻打鲁国，庄公准备迎战来犯之敌，曹刿请求面见庄公。他的同乡人说：“做官的人自然会谋划，你为何要参与呢？”曹刿说：“当官的人见识浅陋，没有深远谋虑。”于是他入宫进见庄公。

问：“何以战？”公曰：“衣食所安，弗敢专也，必以分人。”对曰：“小惠未遍，民弗从也。”公曰：“牺牲玉帛[①]，弗敢加[②]也，必以信。”对曰：“小信未孚[③]，神弗福也。”公曰：“小大之狱[④]，虽不能察，必以情。”对曰：“忠之属也，可以一战。战，则请从。”

【注释】

①牺牲玉帛：祭祀用的牛、羊、猪和珠玉、丝绸。

②加：虚报夸大。

③孚：使信服。

④狱：诉讼案件。

【译文】

曹刿问庄公："你凭借什么作战？"庄公说："衣服和食物这些安身的东西，我不敢自己一个人享用，一定分给众人一起享用。"曹刿回答说："这些不过是小恩惠罢了，不能遍及所有百姓，百姓是不会听从的。"庄公说："用来祭祀的牲畜和玉帛，我不敢夸张虚报，向来据实反映。"曹刿回答说："小的诚信不能让神灵信服，神灵是不会来保佑您的。"庄公说："大大小小的官司，虽然我不能一一审察，但一定会照实处理。"曹刿回答说："这是为百姓尽力办事，可以凭借这一点打一仗。作战时请允许我跟在您左右。"

公与之乘，战于长勺①。公将鼓之，刿曰："未可。"齐人三鼓，刿曰："可矣！"齐师败绩，公将驰之②，刿曰："未可。"下，视其辙，登，轼③而望之，曰："可矣！"遂逐齐师。

【注释】

①长勺：鲁国地名，在今山东莱芜东北。

②驰之：驱车追击敌人。

③轼：车厢前面供乘者扶手的横木，又是车上较高之处，故登上就可以远望。

【译文】

庄公与曹刿共同乘坐一辆战车，在长勺与齐军作战。庄公准备击鼓进军，曹刿说："不可以。"齐军三次击鼓发动攻击后，曹刿说："可以击鼓了。"结果，齐军大败。庄公准备驱车追击齐军，曹刿说："不可以。"他下车看了齐军战车的车轮痕迹后，又登上车，扶着车前横木眺望齐军退兵的情况后，说："可以进行追击了。"这才开始追击齐军。

既克，公问其故，对曰："夫[1]战，勇气也。一鼓作气，再而衰，三而竭。彼竭我盈，故克之。夫大国，难测也，惧有伏焉。吾视其辙乱，望其旗靡[2]，故逐之。"

【注释】

①夫：句首语气词，表示要发表议论和看法等。

②靡：倒下。

【译文】

战胜齐军后，庄公问曹刿取胜的原因，曹刿回答说："打仗，靠的是勇气。第一次击鼓时，士气能振作起来；第二次击鼓时，士气就开始减弱了；第三次击鼓时，士气就快耗尽了。敌人的士气耗尽了，而我军士气高涨，自然能够取得胜利了。大国的行动是难以测度的，我担心他们设有埋伏。我看他们车辙的痕迹杂乱，他们的旗帜也倒下了，所以才下令进行追击。"

【赏析】

本篇以曹刿的"远谋"对照鲁庄公的"鄙"来写，将曹刿的聪明才智和军事头脑刻画得淋漓尽致。通过双方探讨齐、鲁之间的战争问题，阐明了弱国在战争中对抗强国所采用的战略准则。说明了只有取得人民的信任，并且运用正确的作战方法，充分把握作战时机，才能在战争中取胜的道理。

宫之奇谏假道

《左传》

晋侯复假道于虞以伐虢[1]。宫之奇[2]谏曰："虢，虞之表[3]也；虢亡，虞必从之。晋不可启，寇不可玩[4]，一之为甚，其可再乎？谚所谓'辅车相依，唇亡齿寒'者，其虞、虢之谓也。"

【注释】

①晋侯：晋献公。虞：国名，在今山西平陆县东。虢（guó）：国名，指北虢，在今山西平陆县南。

②宫之奇：虞国大夫。

③表：外面，这里指屏障。

④玩：轻视，放松警惕。

【译文】

晋献公又向虞国借路，前去攻伐虢国。宫之奇劝谏虞公说："虢国，是虞国的屏障，如果虢国灭亡，虞国一定也会紧跟着灭亡。不能助长晋国的野心，不可以轻视外国军队。借一次路就已经过分，怎么可以再借一次呢？俗谚说‘面颊与牙床相互依存，嘴唇没了，牙齿受寒’，这就如同虞国和虢国互相依存的情况一样。”

公曰：“晋，吾宗也，岂害我哉？”对曰：“大伯、虞仲，大王之昭①也。大伯不从，是以不嗣。虢仲、虢叔，王季之穆也。为文王卿士②，勋在王室，藏于盟府③。将虢是灭，何爱于虞？且虞能亲于桓、庄乎？其爱之也？桓、庄之族何罪，而以为戮，不唯逼乎？亲以宠逼，犹尚害之，况以国乎？”

【注释】

①昭：古代宗庙神主左右排列的次序，始祖居中，下按辈分分为昭、穆两行，昭左穆右。

②卿士：执掌国政的大臣。

③盟府：掌管功勋封赏及盟誓典册的官府。

【译文】

虞公说：“晋国与我是姬姓同宗，难道会害我吗？”宫之奇答道：“太伯、虞仲，是周太王的儿子，太伯没有跟随在太王左右，因此没能继承王位。虢仲、虢叔，是王季的儿子，

做过文王的卿士，对周王朝有功，接受功勋封赏的典册还藏在盟府里。现在晋国连虢国都要灭掉，对虞国又怎么可能会爱惜呢？况且虞国与晋国的关系能比曲沃桓叔、庄伯两族更加亲近吗？桓叔、庄伯的族人有什么罪行而要把他们杀了，是因为近亲的势力对自己有威胁吗？亲族因为受宠让人觉得有威胁，尚且对他们都要加以杀害，更何况其他国家呢？”

公曰：“吾享祀[1]丰洁，神必据[2]我。”对曰：“臣闻之，鬼神非人实亲，惟德是依。故《周书》[3]曰：‘皇天无亲，惟德是辅。’又曰：‘黍稷非馨，明德惟馨。’又曰：‘民不易物，惟德繄物。’如是，则非德，民不和，神不享矣。神所冯[4]依，将在德矣。若晋取虞，而明德以荐馨香，神其吐之乎？”

【注释】

①享祀：泛指一切祭祀活动。

②据：依从。

③《周书》：古代周朝的史书。

④冯：同“凭”，依托。

【译文】

虞公说："我祭祀的祭品极为丰盛而且非常干净，神灵必定会在我们这边。"宫之奇回答说："臣听说，鬼神不会随便亲近哪一个人，只是保佑那些有德行的人。所以《周书》说：'皇天没有固定亲疏的人，只辅助那些有德行的人。'又说：'祭品黍稷还不算是芳香的，只有美好的德行才是芳香的。'又说：'百姓不能改变祭品，神灵只享用有德行的人的祭品。'这样看来，没有德行，百姓就无法和睦相处，神灵就不会享用祭品了。神灵所依托的，只是德行罢了。如果晋国攻打了虞国，但能发扬美德，向神灵奉献芳香的祭品，神难道会吐出来吗？"

弗听，许晋使。宫之奇以其族行，曰："虞不腊[①]矣。在此行也，晋不更举矣。"冬，晋灭虢。师还，馆于虞，遂袭虞，灭之。执虞公。

【注释】

①腊：腊祭。

【译文】

虞公没有听从，答应了晋国使者的要求。宫之奇带着他的族人离开了虞国，在临行前说："虞国不能举行年终的腊

祭了，在晋国的这一次行动中就会被灭掉，晋国不用再次发兵了。”冬季，晋国消灭了虢国。在回师途中，晋军在虞国修整时发动袭击，灭掉了虞国并且把虞公也俘虏了。

【赏析】

实力不足的弱小国家，只有相互支持、相互帮助、相互依靠、相互救援，才有在强大的邻国在四周虎视眈眈的形势下生存的可能。“辅车相依，唇亡齿寒”在现如今依旧有着重要的指导意义。宫之奇对虞公愚昧无知的言论进行了严厉地批判，精深透彻地分析且准确推测了国家形势的变化，展现了贤臣拥有的风范。

齐桓下拜受胙

《左传》

会于葵丘[1]，寻盟，且修好，礼也。王使宰孔赐齐侯胙[2]，曰：“天子有事于文、武[3]，使孔赐伯舅[4]胙。”齐侯将下拜。孔曰：“且有后命。天子使孔曰：‘以伯舅耋[5]老，加劳，赐一级，无下拜。’”对曰：“天威不

清·唐岱、沈源画，汪由敦书《曲院风荷》

违颜咫尺，小白⑥，余敢贪天子之命，无下拜？恐陨越⑦于下，以遗天子羞。敢不下拜？”下，拜，登，受。

【注释】

①会于葵丘：葵丘，宋国的地名，在今河南民权县东北。齐桓公与鲁僖公、周天子使臣宰孔、宋襄公、郑文公、卫文公、曹共公、许僖公在葵丘相会。

②王：周襄王。宰孔：名孔，宰是官名，周襄王的使臣。胙（zuò）：祭祀用的肉。

③有事于文、武：指祭祀周文王、周武王的事。

④伯舅：天子称异姓诸侯为伯舅。

⑤耋（dié）：七十岁的老人。

⑥小白：齐桓公的小名。

⑦陨越：摔倒，这里指违反礼法。

【译文】

齐侯和众诸侯在葵丘相会，重申以前的盟约，进一步发展彼此间的友好关系，这是合乎礼法的。周天子派宰孔把祭肉赏赐给齐桓公，说：“天子忙于祭祀文王、武王，派我前来把祭肉赐给伯舅。”齐桓公正准备下阶拜谢。宰孔说：“且慢，天子还有其他的命令。天子让我告诉您：‘因为伯舅年老了，再加上对王室有大功劳，赐给一等，不用下阶进行跪拜了。’”齐桓公回道：“天子的威严近在咫尺，小白我怎么敢妄自凭借天子的宠命，而不下阶进行跪拜呢？恐怕我在下面摔倒，让天子蒙羞，我怎么敢不下阶进行跪拜呢？”于是齐桓公从台阶上走下来，跪拜后又登上台阶，接受了祭肉。

【赏析】

本篇围绕齐桓公“下拜”之事，刻画了周天子祭祀场面的隆重盛大。齐桓公坚持下拜接受祭肉，展现了他的巍巍功德，严守君臣之礼，以实际行动给别人做出榜样，使君臣之道在一定程度上得以恢复，同时也展现出齐桓公要求他人遵守道德规范之前，自己首先遵守、以正统率天下的霸主气概。

介之推不言禄

《左传》

晋侯[①]赏从亡者，介之推不言禄，禄亦弗及。

【注释】

①晋侯：晋文公重耳。

【译文】

晋文公奖赏跟随他一起逃亡的人，介之推不要求爵禄，晋文公赏赐时也没把他考虑在内。

推曰：“献公之子九人，唯君在矣。惠、怀无亲[1]，外内弃之。天未绝晋，必将有主。主晋祀者，非君而谁？天实置之，而二三子[2]以为己力，不亦诬乎？窃人之财，犹谓之盗，况贪天之功以为己力乎？下义其罪，上赏其奸，上下相蒙，难与处矣。”其母曰：“盍亦求之？以死，谁怼[3]？”对曰：“尤[4]而效之，罪又甚焉。且出怨言，不食其食。”其母曰：“亦使知之，若何？”对曰：“言，身之文也。身将隐，焉用文之？是求显也。”其母曰：“能如是乎？与汝偕隐。”遂隐而死。

【注释】

①惠：即晋惠公夷吾。怀：即晋怀公圉。

②二三子：指跟随重耳逃亡并得到赏赐的大臣。

③怼：怨恨。

④尤：过失，罪过。

【译文】

介之推说：“在献公的九个儿子中，只有君侯尚在人世。

惠公、怀公没有亲近的人，国内外的人都厌弃他们。上天不想让晋国就此灭亡，必定会等到圣明的君主。能主持晋国祭祀的人，不是君侯还能是谁呢？这是上天的安排，而那随他逃亡的人却觉得是自己的力量，这不是欺骗吗？偷别人的钱财，尚且叫盗窃，何况贪取上天的功劳认为是自己的功劳呢？下面的人把这种罪过当成合乎正义的行为，上面的人还赏赐这种有欺骗行为的人，上下互相欺骗，和他们很难相处了。”介之推的母亲说：“你为什么不也去请求赏赐呢？不去求就这样死了，又能怨恨谁呢？”介之推回道：“明知道这是错误的行为还要去效仿，那罪过就更大了。况且我已经口出怨言，不能再吃他的俸禄了。”他的母亲说：“至少也要让君侯知道这件事，怎么样？”介之推答道：“言语，是身体的文饰。既然自身将要隐居，那还用得着文饰吗？这样做是求显达了。”他的母亲说：“你真能做到这样吗？我和你一块儿去隐居吧。”于是母子俩便隐居起来，一直到死。

晋侯求之不获，以绵上为之田①，曰：“以志②吾过，且旌③善人。”

【注释】

①绵上：介之推隐居的地方，在今山西介休市东南。田：私田，封地。

②志：记下。

③旌：表扬。

【译文】

晋文公寻找他们却找不到，就把绵上的田作为介之推的封田，说："用这来记下我的过失，并且表扬那些善良的人。"

【赏析】

辅佐君主建功立业之后，臣子是坦然地接受赏赐还是自行隐退，这一问题时刻困扰着古人。多数臣子都拒绝不了高官厚禄的诱惑，介之推却弃赏赐如敝屣，毫不犹豫地选择归隐。本篇通过介之推与母亲的对话，刻画出他正直清高的形象，赞扬了他不被利欲熏心的高尚品德。介之推认为君王上应天命，功臣不该邀功请赏的主张，成为后世淡泊名利的隐士处世之准则。

烛之武退秦师

《左传》

晋侯、秦伯围郑①，以其无礼于晋，且贰于楚也。晋军函陵②，秦军氾南③。

【注释】

①晋侯：晋文公。秦伯：秦穆公。

②函陵：在今河南新郑市北。

③氾（fán）南：氾水之南。

【译文】

晋文公、秦穆公联合包围郑国，因为郑国对晋国无礼，并且对晋国有二心，亲近楚国。晋军驻扎在函陵，秦军驻扎在氾水的南面。

佚之狐言于郑伯曰[①]：“国危矣。若使烛之武见秦君，师必退。”公从之。辞曰：“臣之壮也，犹不如人；今老矣，无能为也已。”公曰：“吾不能早用子，今急而求子，是寡人之过也。然郑亡，子亦有不利焉。”许之。

【注释】

①佚之狐：郑大夫。郑伯：郑文公。

【译文】

佚之狐对郑文公说：“国家陷入危险的境地了！如果派烛之武前去面见秦穆公，秦军一定会选择撤退的。”郑文公听从了他的建议。烛之武却推辞说：“臣年轻时，尚且不如别人；如今年老了，更做不了什么事了。”郑文公说：“我未

能及早任用你，如今形势危急了才来求你，这是我犯的错误。但是郑国灭亡了，对你也没什么好处啊。”烛之武这才答应了郑文公。

夜缒①而出。见秦伯，曰："秦、晋围郑，郑既知亡矣。若亡郑而有益于君，敢以烦执事。越国以鄙远，君知其难也，焉用亡郑以陪邻？邻之厚，君之薄也。若舍郑以为东道主，行李②之往来，共③其乏困，君亦无所害。且君尝为晋君赐矣，许君焦、瑕④，朝济而夕设版⑤焉，君之所知也。夫晋，何厌之有？既东封郑，又欲肆其西封。若不阙⑥秦，将焉取之？阙秦以利晋，唯君图之！"秦伯说⑦，与郑人盟，使杞子、逢孙、杨孙戍之，乃还。

【注释】

①缒：用绳子系住人或者物品放下城。

②行李：指外交使臣。

③共：同“供”，供应。

④焦、瑕：晋国的两个地名，在今河南陕县附近。

⑤设版：筑城墙进行设防。

⑥阙：同“缺”，损害。

⑦说（yuè）：同“悦”，欢喜，高兴。

【译文】

当夜，烛之武就用绳子系住身体，将自己从城上吊下去，见到秦穆公，说："秦、晋两国围攻郑国，郑国已经知道自己离灭亡不远了。如果郑国灭亡对您有利，那麻烦您派军队把郑国灭掉吧！一个国家跨越另一个国家，在远方开辟自己的边邑，您知道这是极为困难的。您何必灭掉郑国来为邻国扩大土地呢？邻国的实力增强，就等于削弱了贵国的实力。假如您放弃消灭郑国的打算，而让郑国成为您在东方路上的主人，凡是秦国的使者往来，郑国会提供各方面的需要，这对您没有丝毫害处。再说您曾经对晋君有恩，晋君承诺给您焦、瑕的土地，然而，他早晨渡河回到晋国，晚上就修筑城墙，加强防卫，您是知道这些事的。晋国怎么会有满足的时候呢？他已经在东边向郑国扩张疆域，又想拓展西方的疆域。如果不侵损西边的秦国，他又如何获取土地呢？损害秦国来让晋国获得利益，请君王您考虑这样做是否值得。"秦穆公很高兴，于是就和郑国订立了盟约，派遣杞子、逢孙、杨孙驻守郑国，他便率军回国了。

子犯[①]请击之。公曰："不可，微夫人[②]之力不及此。因人之力而敝[③]之，不仁；失其所与[④]，不知[⑤]；以乱易整，不武。吾其还也。"亦去之。

【注释】

①子犯：晋上卿狐偃。

②夫（fú）人：指秦穆公。夫，语气助词。

③敝：失败，指伤害。

④所与：同盟者，盟国。

⑤知：同“智”，明智。

【译文】

子犯请求晋文公下令对秦军进行追击，晋文公说：“不行。没有这个人的力量，我就走不到今天。得到了别人的帮助，现在反而去伤害他，这是不仁；失去自己的同盟者，这是不智；用冲突代替和睦，这是不讲武德。我们还是回去吧。”于是晋军也选择从郑国撤离。

【赏析】

烛之武对秦穆公摆事实讲道理，将两国的处境层层剖析，让秦伯看清“亡郑以陪邻”的不利之处。听起来似乎不是为了让郑国得以保留，而是处处为秦国的利益着想，因此秦穆公深受感动。秦伯一心想东向争夺霸权，郑国正是他迫切希望得到的，烛之武猜透了他的心思，以成为秦之东道主来引诱，顺利说服秦伯撤兵。

卷二

王孙满对楚子

《左传》

楚子伐陆浑之戎[①]，遂至于雒[②]，观兵于周疆。定王使王孙满劳楚子，楚子问鼎之大小轻重焉，对曰："在德不在鼎[③]。昔夏之方有德也，远方图物，贡金九牧，铸鼎象物，百物而为之备，使民知神、奸。故民入川泽山林不逢不若，螭魅罔两[④]，莫能逢之。用能协于上下，以承天休。桀有昏德，鼎迁于商，载祀[⑤]六百。商纣暴虐，鼎迁于周。德之休明，虽小，重也；其奸回[⑥]昏乱，虽大，轻也。天祚明德，有所厎止。成王定鼎于郏鄏[⑦]，卜世三十，卜年七百，天所命也。周德虽衰，天命未改。鼎之轻重，未可问也。"

【注释】

①楚子：指楚庄王，春秋五霸之一。陆浑之戎：我国古代西北地区少数民族的一支。

②雒（luò）：雒水。源出陕西，从河南洛阳流入黄河。

③鼎：指九鼎，相传夏禹时用九州进贡的铜铸成，代表九州。

④螭（chī）魅（mèi）罔（wǎng）两：即魑魅魍魉，指山林水泽中的精灵鬼怪。

⑤载祀：年的别名，指年代。

⑥奸回：奸恶邪僻。回，邪。

⑦成王：周成王。郏鄏（jiá rǔ）：东周王城，在今河南省洛阳市。

【译文】

楚庄王攻打陆浑之戎，于是来到了雒水，在周朝疆域内检阅军队。周定王派王孙满前去慰问楚庄王，楚庄王问九鼎的大小轻重，王孙满回答说："大小轻重取决于君王的道德而不是鼎本身。从前夏王朝施行德政时，远方的各种奇异物产都画成图像，九州的长官进贡了出产的青铜，铸造九鼎，并把图像铸在鼎上，各种东西都具备，让百姓认识神鬼恶物的形状。因此百姓进入江河湖泊、深山密林，就不会碰上不顺利的事。山林水泽中的精灵鬼怪，都不会碰上。因而能够使上下和睦相处，以接受上天赐予的福佑。夏桀的品德言行昏乱，九鼎迁到商朝，前后经历了六百年。商纣王残暴肆虐，九鼎又迁到周朝。如果德行美善光明，鼎虽小，分量也很重；如果邪恶昏乱，鼎虽大，分量也是很轻的。上天赐福给有德的君王，是有一定期限的。成王把九鼎安放在郏鄏，占卜预测可以传世三十代，享国七百年，这是上天所命令的。周室的德行虽然衰减，天命也没有改变。九鼎的轻重，是不能询问的。”

【赏析】

楚庄王询问周大夫王孙满九鼎的大小轻重，鼎在当时象征着王权，因而暴露了他想争夺王权的意图。王孙满为维护周王室，讲了统治天下不在鼎而在德的道理，并且还要顺应天命，灵巧高妙地回答了楚庄王，有力地使楚国的嚣张气焰有所收敛。其中重德轻鼎的观点说明了时代的进步性，而天命占卜的观点说明历史具有局限性。

子产告范宣子轻币

《左传》

范宣子为政，诸侯之币[1]重，郑人病之。

二月，郑伯如晋。子产寓书于子西[2]，以告宣子，曰：“子为晋国，四邻诸侯不闻令德[3]，而闻重币，侨也惑之。侨闻君子长国家者，非无贿之患，而无令名之难。夫诸侯之贿聚于公室，则诸侯贰；若吾子赖[4]之，则晋国贰。诸侯贰，则晋国坏；晋国贰，则子之家坏。何没没[5]也！将焉用贿？夫令名，德之舆也；德，国家之基也。有基无坏，无亦是务乎？有德则乐，乐则能久。《诗》[6]云‘乐只君子，邦家之基’，有令德也夫！‘上帝临女，无贰尔心’，有令名也夫！恕思以明德，则令名载而行之，是以远至迩安。毋宁使人谓子‘子实生我’，而谓‘子浚[7]我以生’乎？象有齿以焚其身，贿也。”宣子说，乃轻币。

【注释】

①币：指诸侯向晋国进献的财礼。

②子产：公孙侨。寓书：托人捎带书信。子西：公孙夏，郑大夫。

③令德：指美德。

④赖：指占为己有。

⑤没没：同“昧昧”，昏聩、糊涂的样子。

⑥《诗》：即《诗经》。

⑦浚：搜刮，榨取。

【译文】

范宣子在晋国执掌朝政，加重征收诸侯朝见晋国时的贡品，郑国人对此感到苦恼。

二月，郑简公到晋国，子产写信托子西带给范宣子。信中说："您治理晋国，四邻的诸侯没听见有人传颂您的美德，只听到您加重诸侯缴纳的贡品，我对此困惑不解。我听说君子治理国家，从不担心缺少财物，只担心没有好名声。如果诸侯的财物都聚集在晋国的国库里，那么诸侯就会对晋国有异心。如果这些财宝被您占有了，那么晋国的百姓就会对您有异心。诸侯有异心，晋国就会受到损害。晋国的百姓有异心，您的家就会受到损害。您为什么如此执迷不悟呢？占有这些财物做什么？好名声是传播美德的工具。美德是国家的基础。有了好基础，国家才不会消亡。您为什么不尽心尽力地推行美德呢？执政有美德，百姓才会快乐，百姓快乐，国

北宋·张择端《清明上河图》（局部）

家才能长治久安。《诗经》说‘得到君子的快乐，是国家的基础’，这是因为有美德。又说：‘天帝在你上面，你不可三心二意’，这是因为有良好的名声吧！用宽厚的心态来发扬美德，那么好名声就会像车子一样载着美德向四方传播，这样远方的人就会争相归附，近处的人都能安居乐业。您是想让别人说‘您让我们得以生存了下来’，还是说‘您榨取我们养肥了自己’呢？大象因为有象牙而丧命，是因为象牙珍贵！”范宣子看了子产的信很高兴，于是下令减少诸侯进献贡品的数量。

【赏析】

范宣子加重诸侯的贡赋来使自己得利，子产在信中开头就将“令德”“令名”与“重币”对举，执论公正，随后以赞叹之语议论“令德”“令名”对个人家国的重要性，以激危之语议论“重币”对个人家国的危害性，从正反两面论证盟主风范应当是修德轻币。最后“象有齿以焚其身，贿也”的比喻，直到今天仍然具有借鉴意义。

晏子不死君难

《左传》

崔武子见棠姜而美之①，遂取②之。庄公通焉，崔子弑之。

【注释】

①崔武子：崔杼，齐国执政大夫。棠姜：齐国棠公的妻子。

②取：同“娶”，指娶妻。

【译文】

崔武子见到棠姜，觉得她非常漂亮，于是就娶她为妻。齐庄公和棠姜私通，崔武子便把齐庄公杀死了。

晏子①立于崔氏之门外，其人曰：“死②乎？”曰：“独吾君也乎哉？吾死也。”曰：“行乎？”曰：“吾罪也

乎哉？吾亡③也。”曰：“归乎？”曰：“君死，安归？君民者，岂以陵④民，社稷是主⑤。臣君者，岂为其口实⑥，社稷是养。故君为社稷死，则死之；为社稷亡，则亡之。若为己死，而为己亡，非其私昵⑦，谁敢任之？且人有君而弑之，吾焉得死之？而焉得亡之？将庸何归？”门启而入，枕尸股而哭。兴，三踊而出。人谓崔子：“必杀之！”崔子曰：“民之望⑧也，舍之，得民。”

【注释】

①晏子：晏婴，字平仲。著名政治家，历仕齐灵公、庄公、景公三朝，曾任齐卿。

②死：为国君殉难。

③亡：与上文“行”同义，指逃亡到国外。

④陵：凌驾。

⑤社稷是主：即“主社稷”，指主持国家的政务。

⑥口实：指俸禄。

⑦私昵：宠爱亲近的人。

⑧望：拥戴、拥护。

【译文】

晏子站在崔氏的门外，他的随从问他：“你准备为国君去死吗？”晏子说：“他难道只是我一个人的国君吗，我为何

要为他而死？”随从说：“你要逃亡吗？”晏子说：“他的死是我的罪过吗，我为什么要逃走？”随从说：“准备要回去了吗？”晏子说：“国君死了，我还回哪里去？君主是百姓的君主，难道让他凌驾在百姓之上吗？让他主持国政才对。作为君主的臣子，难道只是为了他的俸禄吗？让他为国家效力才对。所以君主为了国家而死，臣子就应为他而死；君主为国家逃亡，臣子也应跟着他逃亡。如果君主为自己而死，为自己而逃亡，不是他自己宠爱的人，这个责任谁敢来承担啊？人家被君主宠信，反而把君主杀死了，我怎么能为他而死呢？怎么能为他逃亡呢？又怎么能回去呢？”崔家的门打开了，晏子走了进去，他把庄公的尸体放在自己腿上大哭不止。哭完后站起来跳了三下后才走了出去。有人对崔武子说：“一定要把他杀了！”崔武子说：“他受百姓拥戴，把他放了，才能得到民心。”

【赏析】

齐庄公因贪恋美色丢了性命，死得卑鄙下贱。晏子既不为齐庄公的死而死，也不因齐庄公而逃亡；晏子认为，不管是国君还是臣子，都要对国家负责。倘若国君没有履行职责，臣子就不必效忠于他。这一观点在当时具有进步性。文中三问三答，答中有反问，最终归结于“社稷”二字，跌宕起伏，主旨明确。

子产论尹何为邑

《左传》

子皮[1]欲使尹何为邑。子产曰："少，未知可否。"子皮曰："愿[2]，吾爱之，不吾叛也。使夫往而学焉，夫亦愈知治矣。"子产曰："不可。人之爱人，求利之也。今吾子爱人则以政，犹未能操刀而使割也，其伤实多。子之爱人，伤之而已，其谁敢求爱于子？子于郑国，栋也。栋折榱[3]崩，侨将厌焉[4]，敢不尽言？子有美锦，不使人学制焉。大官、大邑，身之所庇也，而使学者制焉，其为美锦不亦多乎？侨闻学而后入政，未闻以政学者也。若果行此，必有所害。譬如田猎，射御贯[5]，则能获禽，若未尝登车射御，则败绩[6]厌覆是惧，何暇思获？"子皮曰："善哉！虎不敏。吾闻君子务知大者、远者，小人务知小者、近者。我，小人也。衣服附在吾身，我知而慎之，大官、大邑，所以庇身也，我远而慢之[7]。微[8]子之言，吾不知也。他日

我曰：‘子为郑国，我为吾家，以庇焉，其可也。’今而后知不足。自今请虽吾家，听子而行。”子产曰：“人心之不同如其面焉，吾岂敢谓子面如吾面乎？抑心所谓危，亦以告也。”子皮以为忠，故委政焉，子产是以能为郑国。

【注释】

①子皮：名罕虎，郑上卿。

②愿：谨慎厚道。

③榱：房屋的椽子。

④侨：子产的名。厌：同“压”。

⑤贯：同“惯”，习惯，熟练。

⑥败绩：指车辆崩坏。

⑦远：这里有“疏忽”的意思。慢：轻视。

⑧微：没有。

【译文】

子皮想让尹何治理他的封邑。子产说：“他太年轻了，不知道能不能胜任。”子皮说：“他老实厚道，我很喜爱他，他对我不会有异心的。让他到那里学习一段时间，他就懂得治理政事了。”子产说：“不行的！一个人喜爱另一个人，总要让他得到一些好处。现在您喜爱一个人，却让他处理政事，这就如同让一个不会拿刀的人去切割东西，反而会对他造成伤害。您喜爱一个人，却让他受到了伤害，还有谁敢求得您的喜爱呢？您在郑国，好像是房子的栋梁，如果栋梁折断了，房屋的椽子也会崩散开来，我也会被压在屋子底下，怎敢不把全部的话说出来呢？您有漂亮的锦缎，是不会让人用它来学习裁剪的。高级的官职和重要的城邑，是您自己的依托庇护，您反而让初学者去治理，与漂亮的锦缎相比，它们难道不是更加珍贵吗？我只听说过学习了之后才去从政，从来没听说把办理政事作为学习的。如果这样做，必定会造成损害。就如同打猎，熟悉了射箭驾车，就能够获取猎物，如果从来没有登过车，没有射过箭与驾过车，那么他肯定会担心车辆崩毁翻倒把自己压坏了，哪里还有时间去猎杀猎物呢？”子皮说：“你说的很对！我考虑得不够详细。我听说君子考虑重大的事，小人只注意小事。我是个小人啊！衣服穿在我的身上，我知道珍惜；高级的职位和重要的城邑，是我的身家性命所依托庇护的，我却认为是遥远的事情而轻视它。倘若没有您的这番话，我是不会明白的。从前我说：‘您治理郑国，我治理我的家族，庇护自己，这就已经足够了。’现在才知道这样做还不够。从今以后，我请求即便是我的家事，也听从您的意见行事。”子产说：“人心的不一样就好像人们各不相同的面貌。我怎敢说您的面貌像我的面貌呢？只是我觉得危险，就告诉了您。”子皮认为子产有一颗忠诚的心，就把郑国的政事托付给了他。子产因此才能够治理郑国。

清·袁耀（款）《汉宫秋月》

【赏析】

本篇是一段郑国上卿子皮和继任子产围绕用人问题展开的对话，人物形象特点鲜明，语言精练畅达，叙述线索清晰明确，善用比喻手法，层层论证，结果使人心服口服。展现出子产眼光长远和知无不言的诚恳态度，子皮则态度谦虚，乐于接受正确的意见，二人彼此信任、相互理解，简直是人际交往的典范。

子产论政宽猛

《左传》

郑子产有疾①，谓子大叔②曰："我死，子必为政。唯有德者能以宽服民，其次莫如猛。夫火烈，民望而畏之，故鲜死焉；水懦弱，民狎而玩之③，则多死焉，故宽难。"疾数月而卒。

【注释】

①疾：病，疾病。

②子大（tài）叔：游吉，郑国大夫。

③狎：轻慢。玩：忽视。

【译文】

郑国的子产生病了，对子太叔说："我死了以后，您一定会执政的。只有有德行的人能够用宽和的政策使百姓服从，其次就不如用严厉的政策更合适了。火猛烈，百姓看到就感到害怕，所以死于火的人极少；水软弱，百姓轻慢地忽视它，所以死在水里的人就有很多。因此施行宽和的政策并不容易。"子产病了几个月后就死掉了。

大叔为政，不忍猛而宽。郑国多盗，取人于萑苻之泽①。大叔悔之，曰："吾早从夫子，不及此。"兴徒兵②以攻萑苻之盗，尽杀之，盗少止。

【注释】

①取：通"聚"，聚集。萑苻（huán fú）之泽：泽名。郑国因葭苇丛生而便于藏身，盗贼在此聚集。

②徒兵：指步兵。

【译文】

子太叔执政后，不忍心用严厉的手段而实行宽和的政策。郑国涌现出不少盗贼，聚集在萑苻泽里。子太叔后悔了，说："我早点听从子产的话，也不至于弄到这个地步。"发动步兵攻打萑苻泽的盗贼，把他们全杀了。盗贼这才稍微有所收敛。

仲尼曰："善哉！政宽则民慢[①]，慢则纠之以猛，猛则民残，残则施之以宽。宽以济[②]猛，猛以济宽，政是以和。《诗》曰："民亦劳止，汔[③]可小康。惠此中国，以绥四方。'施之以宽也。'毋从诡随，以谨无良。式遏寇虐，惨不畏明。'纠之以猛也。'柔远能迩，以定我王。'平之以和也。又曰：'不竞不絿[④]，不刚不柔，布政优优，百禄是遒。'和之至也。"及子产卒，仲尼闻之，出涕曰："古之遗爱也。"

【注释】

①慢：怠慢、懈怠。

②济：停止，这里引申为调节，

③汔：其。

④絿（qiú）：急。

【译文】

孔子说："讲得好啊！政策宽和了百姓就会开始怠慢，怠慢就要通过严厉来纠正。政策严厉了就会伤害到百姓，百姓受到伤害后就应该再次施行宽和的政策。用宽和调节严厉，用严厉调节宽和，政事才能因此得以和谐。《诗》说：'百姓

很辛劳，可以让他们稍微安康；赐恩给中原各国，以此来让四方得以安定。’这是实施宽和的政策。‘不要放纵假意迎合的人，以对不良之徒进行约束；要阻止侵夺和残暴，他们触犯法律过于嚣张。’这是用严厉来纠正宽和。‘安抚边远，柔服近地，以此来安定我的君王’，这是用宽和与严厉达到和谐来让国家平静。又说：‘不竞争也不急躁，不刚强也不柔软。施行政策多些宽和，各种福禄就能聚到百姓身上。’这可谓是和谐的最高境界。”等到子产去世，孔子听说后，流泪说：“他具备古人仁爱的遗风啊！”

【赏析】

本篇阐明了为政要“宽猛相济”这一观点。后来此观点成为中国历代君主统治国家的根本手段。文章以子产的话提出论点，以子太叔执政为实例，以孔子的话为总结，结构完整，层次清晰。运用浅显易懂的比喻讲述深刻的道理，通过对话、言论，刻画出惟妙惟肖的人物形象。

卷三

召公谏厉王止谤

《国语》

厉王[1]虐，国人[2]谤王。召公[3]告曰："民不堪命矣！"王怒，得卫巫，使监谤者，以告，则杀之。国人莫敢言，道路以目。

【注释】

①厉王：西周第十代君王，暴虐无道。

②国人：都城里的平民，此泛指百姓。

③召公：指召穆公姬虎，周王卿士。

【译文】

周厉王暴虐无道，百姓纷纷埋怨指责他。召公告诉厉王

说："百姓已经无法忍受你的政令了！"厉王恼羞成怒，便找来一个卫国巫师，负责监视指责自己的人。只要巫师向厉王报告，厉王就下令处死被告发的人。百姓就不敢说话了，即使熟人在路上相遇，也只能互相用眼神示意。

王喜，告召公曰："吾能弭谤矣，乃不敢言。"召公曰："是鄣[1]之也。防民之口，甚于防川。川壅[2]而溃，伤人必多，民亦如之。是故为川者决之使导，为民者宣之使言。故天子听政，使公卿至于列士[3]献诗，瞽[4]献典，史[5]献书，师[6]箴，瞍[7]赋，矇[8]诵，百工谏，庶人传语，近臣尽规，亲戚补察，瞽、史教诲，耆、艾[9]修之，而后王斟酌焉，是以事行而不悖。民之有口也，犹土之有山川也，财用于是乎出，犹其有原隰[10]，衍沃[11]也，衣食于是乎生。口之宣言也，善败于是乎兴，行善而备败，所以阜[12]财用、衣食者也。夫民虑之于心而宣之于口，成而行之，胡可壅也？若壅其口，其与能几何？"

王弗听，于是国人莫敢出言。三年，乃流王于彘。

【注释】

①鄣（zhàng）：阻塞。

②壅：堵塞。

③公卿至于列士：指大小官员。

④瞽（gǔ）：本义为盲人，这里指主乐太师。

⑤史：记事官。

⑥师：乐官少师。

⑦瞍（sǒu）：没有眼瞳的盲人。

⑧矇：有眼瞳的盲人。

⑨耆、艾：年高之人。六十曰耆，五十曰艾。这里指朝中老臣。

⑩原隰（xí）：平原和洼地。

⑪衍沃：平坦肥沃的良田。

⑫阜：富足。

【译文】

厉王非常高兴，对召公说："我能够消除百姓对我的指责了，他们不敢开口说话了。"召公说："这是用暴力堵住了他们的嘴啊！不让百姓说话，比堵截江河的水还要危险。江河的水被堵塞，一旦决口，就会一溃千里，伤害很多人，禁止百姓言论也是如此。所以治理水患的人，要疏浚堵塞的河道使水流通畅；治理百姓的人，要积极开导百姓让他们畅所

欲言。因此天子处理政务，让公、卿、大夫及下层官员都能献上规谏的诗歌，乐官进献乐章，史官进献古代史书，少师进献箴言，瞍者吟咏，矇者讽诵，百工都能直谏诤言，百姓能把意见辗转向上传达，近臣尽规劝之责，宗室姻亲察补缺漏，乐官和史官提供教诲，元老重臣对天子进行劝诫，然后由天子进行斟酌裁决。这样政事才能推行下去，而不违背情理。百姓有嘴，就如同大地上有山有河一样，财物器用都从这里产生；就如同土地有平原、洼地、高低良田，衣食都来源于这里。百姓谈论政事，国家政务的好坏就能从他们的言论中反映出来。施行正确的政令，防范失误，这是增加财物、器用、衣食的好办法。百姓心有所想，然后用言论表达出来，只要思考成熟便会脱口表达，怎么能堵他们的嘴呢？如果封堵百姓的嘴，那统治还能长久吗？”

厉王不听召公的劝说，从此国都中的百姓不敢议论政事。三年后，厉王就被流放到了彘地。

【赏析】

周厉王用刑杀作为威胁，压制百姓对他的控诉，最终百姓忍无可忍将他驱逐。这深刻地说明一个道理：“防民之口，甚于防川。”对百姓是广开言路，让他们表达想法，还是采用高压手段，让他们无法发声，这关乎国家的命运，对于这一点，早在千百年前政治家就有所体会了。可见，民心可测，民意难违，从古至今都是如此。

敬姜论劳逸

《国语》

公父文伯①退朝，朝其母，其母方绩。文伯曰："以歜之家而主②犹绩，惧干季孙之怒也③，其以歜为不能事主乎！"

【注释】

①公父文伯：即公父歜（chù），鲁国大夫。

②主：主母的简称，这里指敬姜。

③干：冒犯。季孙：指季康子季孙肥，时任鲁国正卿。

【译文】

公父文伯退朝回家，去拜望母亲，他的母亲正在纺麻。文伯说："像我这样的家庭，主母还要纺麻，我怕季孙发怒。责怪我不能孝敬好母亲！"

其母叹曰："鲁其亡乎！使僮子备官而未之闻邪[①]？居，吾语女。昔圣王之处民也，择瘠土而处之，劳其民而用之，故长王天下。夫民劳则思，思则善心生；逸则淫，淫则忘善，忘善则恶心生。沃土之民不材，淫也；瘠土之民莫不向义，劳也。是故天子大采[②]朝日，与三公[③]、九卿祖识地德；日中考政，与百官之政事，师尹惟旅、牧、相宣序民事[④]，少采[⑤]夕月，与太史、司载纠虔天刑[⑥]，日入监九御[⑦]，使洁奉禘、郊之粢盛[⑧]，而后即安。诸侯朝修天子之业命，昼考其国职，夕省其典刑，夜儆[⑨]百工，使无慆淫，而后即安。卿大夫朝考其职，昼讲

唐·张暄《虢国夫人游春图》

其庶政，夕序其业，夜庀[10]其家事，而后即安。士朝受业，昼而讲贯，夕而习复，夜而计过无憾，而后即安。自庶人以下，明而动，晦而休，无日以怠。王后亲织玄紞，公侯之夫人加之以纮、綖，卿之内子为大带，命妇成祭服，列士之妻加之以朝服，自庶士以下，皆衣其夫。社而赋事，烝而献功，男女效绩，愆[11]则有辟，古之制也。君子劳心，小人劳力，先王之训也。自上以下，谁敢淫心舍力？

【注释】

①僮：同“童”。备官：做官。

②大采：五彩礼服。

③三公：太师、太傅、太保的总称。

④惟：与，同。牧：指地方官吏。

⑤少采：三采礼服。

⑥天刑：天体运行的法则。

⑦九御：九嫔，内宫中的各种女官。

⑧粢盛（zī chéng）：用来祭祀的谷物。

⑨儆（jǐng）：训诫。

⑩庀（pǐ）：治理。

⑪愆（qiān）：罪过。

【译文】

他的母亲叹气说："鲁国可能要灭亡了吧！让小孩子占据官位，却不知道为官的道理吗？坐下，我来告诉你。从前圣明的君主管理百姓，让他们到贫瘠的土地居住，让他们辛勤劳动然后任用，所以能够长久地统治天下。百姓辛苦劳作，才会去思考，思考才会有善心；贪图安逸就会放纵，放纵就会把善良忘掉，忘掉善良就会萌生邪恶之心。在肥沃土地上居住的百姓不成材，就是因为贪图安逸；在贫瘠土地上居住的百姓没有不讲道义的，这是辛勤劳动所致。因此天子每年春分都要穿上五彩礼服去祭拜日神，与三公、九卿一起熟悉农业生产的情况；到了日中时，谋划国家政事，朝廷的长官带领属官和地方官员，辅佐天子安排百姓事务；每年秋分又穿三彩礼服祭祀月神，和记事官员、天文官员一起恭敬地观察天象的征兆；到了黄昏就监察内宫的女官，让她们把祭祖先、天地的谷物料理得干干净净，然后才能去休息。诸侯们早上处理天子颁布的任务和命令，白天考察本国的一些政事，黄昏检查执行法令的具体情况，晚上训诫属下百官，让他们不敢懈怠放荡，然后才能去休息。卿大夫早晨完成自己分内的事情，白天谋划相关的政事，黄昏把经办的事务安排好，晚间料理家务，然后才能去休息。士人早晨接受学业，白天研习，黄昏进行复习，晚间反省自己有没有过失，没有过失，然后才能去休息。从平民以下，天亮开始劳动，天黑时休息，没有一天懈怠。王后亲手编天子冠冕上用来悬玉的黑色丝绳，公侯的夫人还要做冠冕上的纮带和覆盖在冠冕上的布，卿的妻子要做大带，大夫的妻子要缝祭服，士人的妻子还要做朝服，平民以下的妻子要为丈夫缝制衣服。春分祭祀的时候就安排一年的农事，冬天祭祀的时候献上收成，不管男女，都尽力做出成绩，发生过失就要责罚，自古以来的制度就是如此。君子劳心，小人劳力，这是先王的教导。从上到下，谁敢放荡心志，不尽心竭力呢？

“今我，寡也，尔又在下位，朝夕处事①，犹恐忘先人之业，况有怠惰，其何以避辟？吾冀而朝夕修②我曰：‘必无废先人。’尔今曰：‘胡不自安？’以是承君之官，余惧穆伯之绝祀也。”

仲尼闻之曰：“弟子志之，季氏之妇不淫③矣。”

【注释】

①处事：做事。

②修：勉励。

③淫：贪图安逸。

【译文】

“如今我成为寡妇，你在朝中的职位又不高，从早到晚置身政事，还担心把祖宗的业绩忘记了。何况产出了懈怠的念头，将如何不被惩处呢？我希望你常常提醒我说：‘千万不要丢弃祖先的功绩！’你今天却说：‘为何不自己图些安逸？’用这样怠惰的心思接受国君给你的官职，我担心你父亲要绝后了。”

孔子听到这件事后，说：“弟子们要记住，季家老夫人真是不贪图安逸啊！”

【赏析】

敬姜的长篇大论，不外乎是想让做高官的儿子做好本职工作，与此同时，必须勤劳节俭，不要贪图安逸，她认为贪图安逸会触发内心的贪念，贪念能葬送儿子的前途甚至性命。现如今，人们的生活观乃消费至上，有钱之人忘我消费，没钱之人只能叹息，叹息之余难免担忧愤怒，怎能和谐？我们应当提倡简朴地生活，生活舒适便足够了，过度消费伤财劳命，十分不值得。

公子重耳对秦客

《礼记》

晋献公之丧，秦穆公①使人吊公子重耳，且曰："寡人闻之：'亡国恒于斯，得国恒于斯。'虽吾子俨然在忧服之中，丧亦不可久也，时亦不可失也，孺子其图之。"以告舅犯②。舅犯曰："孺子其辞焉。丧人无宝，仁亲以为宝。父死之谓何？又因以为利，而天下其孰能说③之？孺子其辞焉。"

【注释】

①秦穆公：春秋时秦国的国君。

②舅犯：狐偃，重耳的舅父。

③说：同“悦”，高兴。

【译文】

晋献公去世，秦穆公派使者向公子重耳表示哀伤之情，并且说：“寡人听说：‘这个时候常常会失去国家，也常常会得到国家。’虽然您庄重严肃，正在忧伤的服丧期间，但是流亡的日子不宜太久，不可轻易错过得到国家的时机。年轻人，请考虑一下吧！”重耳向舅父子犯说了这件事。子犯说：“年轻人，还是辞谢他的好意吧！流亡的人没什么宝贵的东西，最宝贵的是那颗仁爱思亲的心。父亲去世是重大悲痛的

清·徐扬《乾隆南巡图》（局部）

事？若想趁机谋取权益，天下的人还有谁会拥护你呢？年轻人，还是辞谢掉他的好意吧。”

公子重耳对客曰：“君惠吊亡臣重耳。身丧父死，不得与于哭泣之哀，以为君忧。父死之谓何？或敢有他志，以辱君义？”稽颡而不拜①，哭而起，起而不私②。

【注释】

①稽颡（sǎng）而不拜：以额触地叩头，但不拜谢。

②私：指私下交谈。

【译文】

公子重耳答复秦穆公的使者说：“多谢贵国君主派使者来吊唁亡命之臣重耳。我自己在外逃亡，父亲去世，却不能与亲人同在灵前哭泣哀悼，让贵国国君担忧。父亲去世是一件让人痛心的事，我怎么敢别有用心，来损害贵国君主对我的情义呢？”说完，跪下叩头，却没有行拜谢礼，哀哭着站起身来，私下里没有再与使者交谈。

子显以致命于穆公。穆公曰：“仁夫，公子重耳！

夫稽颡而不拜，则未为后[1]也，故不成拜。哭而起，则爱父也。起而不私，则远利也。”

【注释】

①后：君，国君。

【译文】

子显把情况汇报给了秦穆公。秦穆公说：“公子重耳有仁德啊！他叩头却不对宾客进行拜谢，是不敢以晋国君主自居，所以不行拜礼。哭着站起身来，表现了对亡父的挚爱。站起来后不与使者私下谈论，是借此表示不愿意谋求个人私利。”

【赏析】

晋献公死后秦穆公劝重耳趁此机会回国继位，狐偃却觉得还不到时机成熟之时，因此让重耳拒绝了秦穆公的提议。文中着重体现重耳的“孝”，事实上秦穆公、重耳等人都是在利用晋献公的死做文章，居父丧只是重耳装样子的一个理由而已。秦穆公的试探与狡猾、狐偃的精明老练及重耳的有义、有利、有节，都在对话中展现了出来。

晋献文子成室

《礼记》

晋献文子成室[1]，晋大夫发[2]焉。张老[3]曰："美哉轮焉，美哉奂焉。歌于斯，哭于斯，聚国族于斯。"

文子曰："武也，得歌于斯，哭于斯，聚国族于斯，是全要领以从先大夫于九京也。"北面再拜稽首。君子谓之善颂、善祷。

【注释】

①晋献文子：晋国正卿赵武，死后谥号"献文"，还简称文子。成室：新居建成。

②发：送礼庆祝、祝贺。

③张老：晋国大夫张孟。

【译文】

晋国大夫赵武的新宅建成，晋国大夫都前去贺喜送礼。大夫张老说："真是美极了啊，这么高大！美极了啊，这么

华丽！可以在这里奏乐祭祀，也可以在这里居丧哭泣，还可以在这里设宴款待国宾，宗族聚会！”

赵武说：“我赵武啊，能在这里奏乐唱诗，在这里居丧哭泣，在这里设宴款待国宾，宗族聚会，这样我能免于刑戮而善终，跟随我的先祖、先父埋葬在九原了！”说完，面朝北拜了两拜，叩头行礼致谢。当时的君子赞扬他们一个擅长赞颂，一个擅长祈祷。

【赏析】

晋献文子新的住处建好了，张老祝贺赵氏又能够祭祀祖先，赵氏的家人都能够寿终正寝，赵氏一族再次兴旺发达起来。赵武对此表示感谢。祝贺与感谢都密切围绕着赵氏自衰落后再度兴盛这一现实，的确是“一个善于祝颂，一个善于祷告”。

卷四

范雎说秦王

《战国策》

范雎[1]至，秦王[2]庭迎范雎，敬执宾主之礼，范雎辞让。是日见范雎，见者无不变色易容者。秦王屏[3]左右，宫中虚无人。秦王跪而进曰："先生何以幸教寡人？"范雎曰"唯唯"。有间，秦王复请，范雎曰"唯唯"。若是者三。秦王跽[4]曰："先生不幸教寡人乎？"

【注释】

①范雎（jū）：魏国人，字叔。游说秦昭王得到信任，后拜为相。

②秦王：秦昭王嬴则。

③屏：使退避。

④跽：长跪，挺身直腰两膝着地。

【译文】

范雎来到秦国，秦昭王在宫廷前迎接他，用宾主礼节恭敬地接待他，范雎客气地推辞谦让。当天秦昭王接见范雎，看到当时接见场面的人没有不惊叹的。秦昭王屏退左右的侍从，殿中除了他和范雎，再无他人。秦昭王跪着请求说："先生准备用什么来指教我呢？"范雎只是应道"嗯嗯"。过了一会儿，秦昭王再次上前求教，范雎仍然只是应道"嗯嗯"。这样反复了三次。秦昭王长跪着说："先生不想开导我吗？"

清·袁江《塞北彤云》

范雎谢曰："非敢然也。臣闻昔者吕尚[1]之遇文王也，身为渔父而钓于渭阳之滨耳。若是者，交疏也。已一说而立为太师，载与俱归者，其言深也。故文王果收功于吕尚，卒擅[2]天下而身立为帝王。即使文王疏吕望而弗与深言，是周无天子之德，而文、武无与成其王也。今臣，羁旅[3]之臣也，交疏于王，而所愿陈者，皆匡君臣之事，处人骨肉之间。愿以陈臣之陋忠，而未知王心也，所以王三问而不对者是也。

【注释】

①吕尚：姜姓，名尚，字子牙，封于吕，故称吕尚。

②擅：拥有。

③羁旅：长时间旅居他乡。

【译文】

范雎向秦王谢罪说："我不敢这样呀。我听说，当初吕尚遇到周文王时，只是一个在渭水北岸垂钓的老渔翁。像这样的情况，他们的关系是疏浅的。后来吕尚通过一次交谈得到了太师的职位，与周文王一同乘车回去，这是因为他们言谈深切啊。因此，周文王果然凭借吕尚的辅佐成就了功业，终于拥有天下成为一代帝王。假如当时周文王疏远吕尚不与

他深入交谈，这样周室就谈不上有天子的德行，而文王、武王也就不可能成为建立帝业的人了。如今的我，只是客居在他乡的人，我和大王的关系非常疏浅，而我要陈述的，又全都是匡正君臣过失的事情，还涉及您的王亲骨肉。我本想表示对您的浅陋忠诚，但我不知道大王内心是怎么想的，所以大王再三发问而我都没有回答，其中的原因就在于此啊。

“臣非有所畏而不敢言也。知今日言之于前，而明日伏诛于后，然臣弗敢畏也。大王信行臣之言，死不足以为臣患，亡不足以为臣忧，漆身而为厉①，被发而为狂，不足以为臣耻。五帝之圣而死，三王之仁而死，五霸之贤而死，乌获②之力而死，奔、育③之勇而死。死者，人之所必不免。处必然之势，可以少有补于秦，此臣之所大愿也，臣何患乎？

【注释】

①漆身：用漆涂身，古代的刑法。厉：生癞疮。

②乌获：秦武王的力士。

③奔、育：孟奔、夏育，都是卫国勇士。

【译文】

“我不是因为有所畏惧而不敢进言。我知道，今天把话讲出来，明天就可能会被杀死，但我也不敢因此而内心害怕啊。大王真能实践我的主张，那么死亡将不再是我所顾虑的，流亡不再是我的忧虑，即使浑身涂漆像遍体生癞、披头散发成为狂人，也不足以成为我的耻辱。五帝那样的圣人最终死掉了，三王那样的仁人死掉了，五霸那样的贤人也死掉了，乌获那样的力士死掉了，孟奔、夏育这样的勇士也死掉了。死，是人最终不能避免的。处在必有一死的趋势下，假如我的死能稍微给秦国带来补益，这便是我最大的心愿了，我还有什么值得忧虑的呢？

“伍子胥橐载而出昭关①，夜行而昼伏，至于蔆水②，无以餬其口，膝行蒲伏③，乞食于吴市，卒兴吴国，阖闾为霸。使臣得进谋如伍子胥，加之以幽囚不复见，是臣说之行也，臣何忧乎？箕子、接舆④，漆身而为厉，被发而为狂，无益于殷、楚。使臣得同行于箕子、接舆，可以补所贤之主，是臣之大荣也，臣又何耻乎？

【注释】

①伍子胥：春秋时楚国人。橐（tuó）：口袋。

②蔆（líng）水：即溧水。在今江苏溧阳一带。

③蒲伏：同“匍匐”。

④箕子：名胥余，商纣王的叔父，官太师，因劝谏纣王不听，披发佯狂。接舆：姓陆名通，春秋时楚国隐者。

【译文】

“伍子胥藏在袋子里逃出昭关，白天躲藏，黑夜赶路，来到蔆水时，没有食物，就跪着向前爬，在吴市上讨饭吃，最终他振兴了吴国，使阖闾成了霸主。假如我进献的谋略能像伍子胥那样，即使把我终生囚禁，永远不能再见到大王，只要我的主张能够实行，我又有什么值得担忧的呢？箕子、接舆浑身涂漆像遍体生癞，披头散发成为狂人，但他们对殷朝和楚国毫无贡献。假如我与箕子、接舆有同样的行为，就能帮助贤明的君主，这便是我最大的荣耀了，我又怎么会觉得耻辱呢？

“臣之所恐者，独恐臣死之后，天下见臣尽忠而身蹶①也，是以杜口裹足，莫肯即②秦耳。足下上畏太后之严，下惑奸臣之态；居深宫之中，不离保傅③之手，终身暗惑，无与照奸，大者宗庙灭覆，小者身以孤危。此臣之所恐耳！若夫穷辱之事，死亡之患，臣弗敢畏也。臣死而秦治，贤于生也。”

【注释】

①蹶：跌倒。

②即：靠近，走向。

③保傅：辅导天子及诸侯子弟的大臣。

【译文】

“我所担忧的，只是在我死了以后，天下人看到我因尽忠而招致杀身之祸，便闭口沉默，裹足不前，没有人再愿意到秦国来了。大王您对上畏惧太后的威严，对下受奸臣言行迷惑，住在深宫中，行动受权臣的制约，始终遭受蒙蔽，没人帮助您洞察奸邪，这样下去，大则导致国家灭亡，小则自身陷于孤立危险的境地，这才是我担忧的问题啊！至于个人穷困受到耻辱的事情，死亡的祸患，我是不敢害怕的。我死了但秦国能被治理好，比我活在世上要好。”

秦王跪曰：“先生是何言也！夫秦国僻远，寡人愚不肖，先生乃幸至此，此天以寡人慁①先生，而存先王之庙也。寡人得受命于先生，此天所以幸先王而不弃其孤也。先生奈何而言若此！事无大小，上及太后，下至大臣，愿先生悉以教寡人，无疑寡人也。”范睢再拜，秦王亦再拜。

【注释】

①慁（hùn）：打扰。

【译文】

秦王挺直上身跪着说："先生这是说的什么话！秦国地处荒僻，我愚昧无能，幸蒙先生光临此地，这是上天让我烦扰先生，从而得以留存先王的宗庙啊。我能取得先生的教导，这是上天眷顾先王，而不肯遗弃他的儿子的缘故啊。先生怎么能说这样的话呢？无论事情大小，上至太后，下至大臣，希望先生毫无保留地教导，不要再对我的诚意表示怀疑。"范雎向秦王拜了两拜，秦王也向范雎回了两拜。

【赏析】

本篇记述了范雎从魏到秦，第一次与秦昭王见面时的谈话情景，在谈话中范雎采用步步为营、曲折迂回的策略，成功指出宣太后和魏冉专权造成的不良后果，因而得到秦昭王的认真对待。语言优美，精辟动人。委婉说理时若涓涓细流般真切，表达忠心时铿锵激昂，势如破竹。在精彩的论说中，成功地刻画出范雎处事严谨、出类拔萃、拥有雄奇胆识和精妙论辩艺术的高士形象。

邹忌讽齐王纳谏

《战国策》

邹忌[①]修八尺有余，而形貌昳丽[②]。朝服衣冠，窥镜，谓其妻曰："我孰与[③]城北徐公美？"其妻曰："君美甚，徐公何能及君也！"城北徐公，齐国之美丽者也。忌不自信，而复问其妾曰："吾孰与徐公美？"妾曰："徐公何能及君也！"旦日[④]，客从外来，与坐谈，问之："吾与徐公孰美？"客曰："徐公不若君之美也！"明日，徐公来，熟[⑤]视之，自以为不如，窥镜而自视，又弗如远甚。暮，寝而思之，曰："吾妻之美我者，私[⑥]我也；妾之美我者，畏我也；客之美我者，欲有求于我也。"

【注释】

①邹忌：战国齐人。

②昳（yì）丽：光艳美丽。

③孰与：何如。两者相比，择其一。

④旦日：第二天。

⑤熟：仔细。

⑥私：偏私，偏爱。

【译文】

邹忌身高八尺多，外表潇洒俊丽。早上穿戴好衣帽，照着镜子里仔细端详，对他的妻子问道："我跟城北的徐公相比，谁更美？"他的妻子说："您美极了，徐公怎么比得上您呀！"城北的徐公是齐国的美男子。邹忌不自信自己比他美，又去问他的侍妾："我和徐公相比，谁更美？"妾回答道："徐公怎么比得上您呢！"第二天，有位客人从外面来，邹忌和他坐着闲谈。邹忌问客人："我与徐公相比，谁更美呢？"客人说："徐公不如您美啊！"过了一天，徐公前来拜访。邹忌仔细看了看徐公，觉得自己没有他美。照着镜子看自己，更觉得远不如徐公了。晚上，他躺在床上思考说："我的妻子称赞我美，是她偏爱我啊；侍妾称赞我美，是因为害怕我啊；客人称赞我美，是有求于我啊！"

于是入朝见威王[①]曰："臣诚知不如徐公美，臣之妻私臣，臣之妾畏臣，臣之客欲有求于臣，皆以美于

清· 王时敏《杜甫诗意图》

徐公。今齐地方千里，百二十城，宫妇左右，莫不私王；朝廷之臣，莫不畏王；四境之内，莫不有求于王。由此观之，王之蔽甚矣！”王曰：“善！”乃下令：“群臣吏民，能面刺寡人之过者，受上赏；上书谏寡人者，受中赏；能谤议于市朝②，闻寡人之耳者，受下赏。”令初下，群臣进谏，门庭若市；数月之后，时时而间③进；期④年之后，虽欲言，无可进者。燕、赵、韩、魏闻之，皆朝于齐。此所谓战胜于朝廷。

【注释】

①威王：战国初期齐国的国君，齐桓公之子，公元前356至前320年在位。实行改革，整顿吏治，奖谏用贤，先后任邹忌、田婴为相，田忌、田盼为将，孙膑为军师，因而使国力富强。

②市朝：公共场所。

③间（jiàn）：间或，偶尔。

④期（jī）年：一周年。

【译文】

于是邹忌上朝见齐威王，说：“臣确实知道自己不如徐公美，可是我的妻子偏爱我，我的妾害怕我，我的客人有求于我，因此他们都说臣比徐公美。如今齐国的领土方圆千里，城邑有一百二十座，大王宫内的嫔妃及亲信侍从没有不偏爱大王的；朝廷上的大臣没有不害怕大王的；全国境内，没有人不想求助于大王的。由此看来，大王受到的蒙蔽非常严重了！”齐威王说：“对！”于是下令：“朝廷大臣、地方官吏和普通百姓，能当面指出我过失的，给上等奖赏；能上书劝谏我的，给中等奖赏；能在公众场所指责我的过失，并且能让我听到的，给下等奖赏。”命令一出，群臣纷纷上朝劝谏，朝堂就像集市一样热闹。几个月以后，只断断续续地有人来进谏。一年以后，有人想提意见，也没有什么可说的了。燕国、赵国、韩国、魏国等听到了这件事，都来齐国朝拜。这就是所谓在朝廷上，不用武力就能战胜别的国家。

【赏析】

本篇以日常小事“比美”问答作开篇，耐人寻味。继而写邹忌以小事感悟出一番大道理：地位越高的人受到的蒙蔽越深，并以此委婉地规劝齐威王。齐威王采纳了邹忌的意见，接受臣子进谏，为百姓创造发表意见的机会。最终使齐国内政修明，不用出兵就能使别的国家畏惧臣服。旨在告诫世人只有广开言路、采纳群言，虚心接受批评建议并积极做出改变，才能走向成功。

冯煖客孟尝君

《战国策》

齐人有冯煖[1]者，贫乏不能自存，使人属孟尝君[2]，愿寄食门下。孟尝君曰："客何好？"曰："客无好也。"曰："客何能？"曰："客无能也。"孟尝君笑而受之曰："诺。"

【注释】

①冯煖（xuān）：孟尝君的门客。又称"冯谖"或"冯驩"。

②孟尝君：田姓，名文，齐湣王时为相，门下有许多食客。

【译文】

齐国有个叫冯煖的人，家里太穷没法养活自己，就让人去告诉孟尝君，想到他门下做食客。孟尝君问："他有什么爱好？”答道：“他没什么爱好。”孟尝君又问：“他能做什么？”答道：“他没什么本领。”孟尝君笑了笑，答应收留他，说：“好吧。”

左右以君贱之也，食以草具①。居有顷②，倚柱弹其剑，歌曰：“长铗③归来乎！食无鱼。”左右以告。孟尝君曰：“食之，比④门下之客。”居有顷，复弹其铗，歌曰：“长铗归来乎！出无车。”左右皆笑之，以告。孟尝君曰：“为之驾，比门下之车客。”于是乘其车，揭其剑，过其友曰：“孟尝君客我。”后有顷，复弹其剑铗，歌曰：“长铗归来乎！无以为家。”左右皆恶之，以为贪而不知足。孟尝君问：“冯公有亲乎？”对曰：“有老母。”孟尝君使人给其食用，无使乏。于是冯煖不复歌。

【注释】

①草具：指粗劣的食物。

②有顷：不一会儿，指时间短。

③铗（jiá）：剑把，这里指剑。

④比：按照。

【译文】

孟尝君的手下以为主人看不起冯煖，便给他吃粗劣的食物。不久，冯煖背靠柱子弹着他的佩剑，唱道："长剑啊，我们回去吧！没有鱼吃呀！"左右的人把这事报告给孟尝君。孟尝君说："给他鱼吃，按照一般门客的用餐标准款待他。"过了没多久，冯煖又弹着佩剑，唱道："长剑啊，我们回去吧！出门没有车乘坐呀！"左右的人都笑话他，把这事去报告给孟尝君。孟尝君说："给他备车，按照门下能坐车的宾客的待遇款待他。"于是，冯煖坐上了车，举着他的佩剑，去拜访他的朋友，说："孟尝君把我当上客对待。"此又过了没多久，冯煖又弹着他的佩剑，唱道："长剑啊，我们回去吧！没有能拿来养家的东西啊！"左右的人都讨厌他了，认为他太贪了。孟尝君知道后，问："冯公的父母还健在吗？"回答说："有个老母亲。"孟尝君便派人供给冯煖的母亲吃的穿的，不让她短缺什么，从此冯煖就不再唱歌了。

后孟尝君出记[1]，问门下诸客："谁习计会[2]，能为文收责[3]于薛者乎？"冯煖署曰："能。"孟尝君怪之，曰："此谁也？"左右曰："乃歌夫'长铗归来'者也。"

孟尝君笑曰：“客果有能也，吾负之，未尝见也。”请而见之，谢曰：“文倦于是，愦于忧，而性懧愚，沉于国家之事，开罪于先生。先生不羞，乃有意欲为收责于薛乎？”冯煖曰：“愿之。”于是约车治装，载券契而行。辞曰：“责毕收，以何市而反？”孟尝君曰：“视吾家所寡有者。”

【注释】

①记：通告，文告。

②计会：即会计，计算和管理财务。

③责：同“债”，债务。

【译文】

后来，孟尝君发了一个告示，征询门客：“谁懂得会计，能为我到薛地收债？”冯煖签署了名字，说：“我行。”孟尝君对此感到奇怪，问：“这是谁呀？”左右的人回答说：“就是唱‘长剑啊，我们回去吧’的那个人。”孟尝君笑道：“这个门客是有才能的人，我怠慢了他，还没和他见过面呢。”孟尝君便请冯煖来见面，抱歉地说：“我被琐碎事务弄得极为疲惫，被烦恼的事情弄得心烦意乱，而我生性懦弱愚笨，整天被国家事务缠身，对先生多有得罪。先生不计较，真的同意替我到薛地收债吗？”冯煖回道：“愿意。”于是，准备车马，收拾行李，带上债券契据准备启程，临行前冯煖向孟尝君告别时问："收完了债，要买些什么呢？"孟尝君说："看我家里缺少什么东西就买什么吧。"

驱而之薛，使吏召诸民当偿者，悉来合券①。券遍合赴，矫命②以责赐诸民，因烧其券。民称万岁。

【注释】

①合券：核验债券。

②矫命：假托命令。

【译文】

冯煖驱车来到薛地，让地方官员召集那些需要还债的百姓来核对债券。等把债券全部核验完毕后，冯煖起身，假传孟尝君的命令，把债款都赏赐给百姓，还烧了那些债券。百姓们齐声欢呼万岁。

长驱到齐，晨而求见。孟尝君怪其疾①也，衣冠而见之，曰："责毕收乎？来何疾也？"曰："收毕矣。""以何市而反？"冯煖曰："君云'视吾家所寡有者'。臣窃

计，君宫中积珍宝，狗马实外厩，美人充下陈[②]，君家所寡有者以义耳！窃以为君市义。”孟尝君曰：“市义奈何？”曰：“今君有区区之薛，不拊[③]爱子其民，因而贾利之。臣窃矫君命，以责赐诸民，因烧其券，民称万岁。乃臣所以为君市义也！”孟尝君不说，曰：“诺，先生休矣！”

【注释】

①疾：迅速。

②下陈：堂下陈放财物、站立婢妾的地方。

③拊（fǔ）：安抚。

【译文】

冯煖马不停蹄地驱车赶回齐都，大清早就去求见孟尝君。孟尝君对他回来得这么快感到惊讶，穿戴整齐后就接见他，问道：“收完债了？怎么这么快就回来了？”冯煖回答：“债都收完了。”“你用它买了什么回来？”冯煖回答：“您说‘看我家缺少什么就买什么’，我私自以为，您家里有无数的奇珍异宝，猎狗骏马挤满了畜棚，美丽女子站满了堂下。您家里只缺少‘义’！我私自为您买回了‘义’。”孟尝君问：“买义是怎么一回事呢？”冯煖说：“现在您拥有小小的薛地，没有像爱抚自己的子女一样爱抚那里的百姓，还像商人一样从他们身上获利。我擅自假传您的命令，把债款都赏给了百姓，就地烧掉了债券，百姓因此欢呼万岁。这就是我为您买的‘义’呀！”孟尝君听了不高兴，说：“好了，先生算了吧！”

后期年①，齐王②谓孟尝君曰：“寡人不敢以先王之臣为臣。”孟尝君就③国于薛。未至百里，民扶老携幼，迎君道中，终日。孟尝君顾谓冯煖：“先生所为文市‘义’者，乃今日见之。”

【注释】

①期（jī）年：一周年。

②齐王：指齐湣王。

③就：前往。

【译文】

过了一年，齐湣王对孟尝君说：“我不敢把先王的大臣用作自己的臣下。”孟尝君只好去他的封邑薛地。在离薛地还有一百多里的地方，百姓们便扶老携幼，早就在路上恭候了一整天，等待孟尝君到来，孟尝君回头对冯煖说：“先生为我买的义，今天终于见到了。”

冯煖曰:“狡兔有三窟,仅得免其死耳。今有一窟,未得高枕而卧也,请为君复凿二窟。”孟尝君予车五十乘,金五百斤,西游于梁①。谓梁王曰:“齐放其大臣孟尝君于诸侯,先迎之者,富而兵强。”于是,梁王虚上位,以故相为上将军,遣使者,黄金千斤,车百乘,往聘孟尝君。冯煖先驱诫孟尝君曰:“千金,重币也;百乘,显使也。齐其闻之矣。”梁使三反,孟尝君固辞不往也。

【注释】

①梁:指魏国都大梁,在今河南开封。

【译文】

冯煖说:“狡猾的兔子有三个用来藏身的洞穴,才能免它一死。现在您只有了一个洞穴,还无法高枕无忧,请让我为您再去凿两个洞穴吧。”孟尝君给他五十辆车马,黄金五百斤,让他向西到大梁游说。冯煖对魏王说:“齐王把孟尝君放逐给诸侯国了,首先迎接到他的诸侯将会国富兵强。”于是,魏王就空出相位,把原来的相调任为将军,派遣使者带着千斤黄金、一百辆车,前去邀请孟尝君。冯煖先驱车回

来告诫孟尝君说："一千斤黄金，是很贵重的聘礼；一百辆车，是非常显赫的使者。齐王大概听到这个消息了吧。"梁国的使者来回往返了好几趟，孟尝君都推辞掉了，不肯前往。

齐王闻之，君臣恐惧，遣太傅赍①黄金千斤，文车二驷，服剑一，封书谢孟尝君曰："寡人不祥，被于宗庙之祟②，沉于谄谀之臣，开罪于君，寡人不足为也。愿君顾先王之宗庙，姑反国统万人乎！"冯煖诫孟尝君曰："愿请先王之祭器③，立宗庙于薛。"庙成，还报孟尝君曰："三窟已就，君姑高枕为乐矣！"

【注释】

①赍（jī）：持物赠人。

②被：遭受。祟：灾难。

③祭器：祭祖用的礼器。

【译文】

齐王得知这个消息，君臣上下惊恐害怕，于是齐王派太傅带了千斤黄金、两辆彩车、一把佩剑，还写了一封信向孟尝君表达歉意，说："寡人没福气，受到了祖宗降下的灾祸，又被阿谀谄媚的小人迷惑，得罪了您。我不值得您帮助了，但希望您念及先王宗庙的情面，姑且回到齐国来治理百姓吧！”冯煖又告诫孟尝君说：“希望您向齐王请求先王的祭器，在薛地修建宗庙。”宗庙建好了，冯煖回来报告孟尝君说：“三个洞窟都已经建好了，您可以高枕无忧，去享乐吧！”

孟尝君为相数十年，无纤介①之祸者，冯煖之计也。

【注释】

①纤介：细微的。

【译文】

孟尝君当了几十年宰相，没有受到一点灾祸，这全依靠冯煖的谋划。

【赏析】

冯煖是齐国寒士，尽管有远大志向，才华横溢，他却不刻意炫耀，因而一度遭受冷漠的待遇。为提升生活待遇他三次“弹铗而歌”，孟尝君次次都满足于他，体现了孟尝君宽容厚道的秉性，也为后文冯煖采用高明的政治策略，令孟尝君取得百姓支持，走出困境埋下伏笔。全文语言流畅简洁、人物形象生动逼真，可谓独具匠心，成为世人传诵的佳作。

触詟说赵太后

《战国策》

赵太后新用事①，秦急攻之。赵氏求救于齐，齐曰："必以长安君为质②，兵乃出。"太后不肯，大臣强谏。太后明谓左右："有复言令长安君为质者，老妇必唾其面！"

【注释】

①用事：当权。

②长安君：赵太后小儿子的封号。质：抵押品，这里指人质。

【译文】

赵太后刚开始执政，秦国就加紧进攻赵国。赵国向齐国求救，齐国说："一定要用长安君作为人质，才会出兵。"赵太后不答应，大臣们极力劝说。太后明确地告诉大臣："谁再敢提让长安君去当人质，老妇我一定会吐他一脸唾沫！"

左师[1]触訾愿见。太后盛气而揖[2]之。入而徐趋[3]，至而自谢[4]，曰："老臣病足，曾不能疾走，不得见久矣，窃[5]自恕。恐太后玉体之有所郄[6]也，故愿望见。"太后曰："老妇恃辇而行。"曰："日食饮得无衰乎？"曰："恃鬻[7]耳。"曰："老臣今者殊不欲食，乃自强步，日三四里，少益[8]嗜食，和于身。"曰："老妇不能。"太后之色少解。

【注释】

①左师：官名。

②揖：揖让，古代宾主相见的礼节。

③趋：小步急行，古人见尊长时表示的一种礼貌。

④谢：告罪，道歉。

⑤窃：表示自己想法的谦词。

⑥郄（xì）：同“隙”，欠缺，不舒服。

⑦鬻：“粥”的本字。

⑧少益：稍微增加。

【译文】

左师触詟求见赵太后，太后怒气冲冲地等着他。触詟进门后，以快步走的姿势小步向前挪，到太后跟前主动谢罪说：“老臣的脚有毛病，不能快步跑，好久没有拜见您了，老臣私下以脚病为由原谅自己，然而还是担心太后玉体欠安，所以希望能来拜见您。”太后说：“老身也只能靠辇车行动了。”触詟问：“您每天的饮食没有减少吧？”太后说：“只是吃点

清末·于非闇《摹顾恺之女史人物卷全图》（局部）

粥罢了。”触詟说：“老臣最近特别不想吃东西，勉强自己散散步，每天走三四里路，稍稍增加一点食欲，身体也就舒服了些。”太后说：“老身做不到。”这时，太后的脸色稍缓和了一些。

左师公曰：“老臣贱息①舒祺，最少②，不肖。而臣衰，窃爱怜之。愿令补黑衣之数，以卫王宫，没死③以闻。”太后曰：“敬诺。年几何矣？”对曰：“十五岁矣。虽少，愿及未填沟壑④而托之。”太后曰：“丈夫亦爱怜其少子乎？”对曰：“甚于妇人。”太后曰：“妇人异甚。”对曰：“老臣窃以为媪⑤之爱燕后贤于长安君。”曰：“君过矣，不若长安君之甚。”左师公曰：“父母之爱子，则为之计深远。媪之送燕后也，持其踵⑥为之泣，念悲其远也，亦哀之矣。已行，非弗思也，祭祀必祝之，祝曰：‘必勿使反。’岂非计久长，有子孙相继为王也哉？”太后曰：“然。”

【注释】

①贱息：向人谦称自己儿子。

②少（shào）：小。

③没（mò）死：冒死。

④填沟壑（hè）：原指尸骨填埋山沟，这里用作死的谦卑说法。

⑤媪（ǎo）：对老年妇女的称呼，这里指太后。

⑥踵：脚后跟。

【译文】

左师公说："老臣的儿子舒祺，年纪最小，非常不成器。而老臣已经衰老了，私底下还总是非常疼爱他。希望他能补黑衣侍卫的空缺，为保卫王宫贡献力量，老臣冒着死罪来向太后禀告。"太后说："好吧，我答应您。他多大了？"触詟答道："十五岁了。虽然他的年纪不大，但老臣希望趁自己还没死之前把他托付给您。"太后问："男人也疼爱自己的小儿子吗？"触詟回答说："比女人更加疼爱。"太后笑道："女人疼爱得特别厉害。"触詟说："臣私下认为您对女儿燕后的疼爱，胜过对小儿子长安君的疼爱。"太后道："您说错了！远不如对长安君那般疼爱。"左师公说："父母爱自己的子女，就要为他们的前途和长远利益做打算。您送燕后出嫁时，站在车下抱着她的脚，为她哭泣，为她嫁到远方而感到悲伤，也是很伤心的事了。燕后走后，您并不是不想她，每逢祭祀典礼时都为她祝福，祈祷说：'不要回来啊！'这难道不是为她从长远打算，希望她的子孙后代可以世代做燕王吗？"太后说："的确是这样。"

左师公曰："今三世[1]以前，至于赵之为赵[2]，赵王之子孙侯者，其继有在者乎？"曰："无有。"曰："微独[3]赵，诸侯有在者乎？"曰："老妇不闻也。""此其近者祸及身，远者及其子孙。岂人主之子孙则必不善哉？位尊而无功，奉[4]厚而无劳，而挟重器[5]多也。今媪尊长安之位，而封以膏腴之地，多予之重器，而不及今令有功于国。一旦山陵崩[6]，长安君何以自托于赵？老臣以媪为长安君计短也，故以为其爱不若燕后。"太后曰："诺。恣[7]君之所使之。"于是为长安君约车百乘[8]质于齐，齐兵乃出。

【注释】

①三世：三代。父子相继为一世。

②赵之为赵：赵氏建立赵国，指赵立国之时。

③微独：不仅。

④奉：通"俸"，指俸禄。

⑤重器：指珍宝。

⑥山陵崩：古代对君主之死的一种婉转说法。

⑦恣：任凭。

⑧乘：四匹马拉的一辆车为一乘。

【译文】

触詟又说："从现在往上推三代，一直到赵国刚建立的时候，历代赵王的子孙受封为侯的，他们的继承人如今还有继承爵位的吗？"太后说："没有。"触詟又说："不仅是赵国，其他诸侯那些封侯的子孙中，他们的继承人中如今还保有封爵的吗？"太后说："我还没听说过。"触詟说："这是因为封侯者，祸患来得早，就危及他们自身，祸患来得晚，就会连累他们的子孙。君主的子孙难道就不好吗？只不过是他们地位尊贵却没有为国建立功勋，俸禄优厚却没有劳绩，却拥有了太高的权位和太多的财富。现在您让长安君地位尊贵，又分给他肥沃的土地，赐给他大量珍宝，却不让他趁早为国立功。有朝一日您不在了，长安君靠什么在赵国立足呢？我觉得您为长安君想得太短浅了，所以觉得您对长安君的疼爱比不上对燕后的疼爱。"太后说："好吧，按照您的意思去安排吧。"于是为长安君准备了一百辆车马，到齐国做了人质，齐国这才出兵了。

子义[1]闻之曰："人主之子也，骨肉之亲也，犹不

能恃无功之尊，无劳之奉，而守金玉之重也，而况人臣乎！”

【注释】

①子义：赵国贤士。

【译文】

子义听说了这件事后，感叹道：“国君的儿子，是国君的亲骨肉，尚且不能依靠没有功勋的尊贵地位，没有劳绩贡献的丰厚俸禄来守护金玉重器，更何况那些做臣子的呢！”

【赏析】

敌军紧逼国境，赵太后又拒绝规劝的危急情况下，触聋顺势而为，以柔克刚，用“父母爱子女应当为他们做长远的打算”的道理，成功将赵太后说服，让她把心爱的儿子送到齐国做人质，换得救兵，使国家脱离困境。赞扬了触聋善于劝谏的才能。反映了战国中后期传统的世卿世禄制度面临挑战，选拔任用有德才贤能的人已经被一些开明人士所接受。

谏逐客书

李斯

秦宗室大臣皆言秦王①曰："诸侯人来事秦者，大抵为其主游间于秦耳，请一切逐客②。"李斯议亦在逐中。

【注释】

①秦王：秦始皇，此时还没有统一六国，故称秦王。

②客：指在秦国做官的其他诸侯国的人。

【译文】

秦国的宗室大臣都对秦王说："那些前来侍奉秦国的各个诸侯国的人，大都是为他们的君主游说、离间秦国的，请把全部客卿都从秦国境内驱逐出去。"李斯也包括在计划被驱逐的人中。

斯乃上书曰："臣闻吏议逐客，窃以为过矣。

"昔穆公求士，西取由余①于戎，东得百里奚②于宛，迎蹇叔③于宋，求丕豹④、公孙支于晋。此五子者，不产于秦，而穆公用之，并国二十，遂霸西戎。孝公用商鞅⑤之法，移风易俗，民以殷盛，国以富强，百姓乐用，诸侯亲服，获楚、魏之师，举地千里，至今治强。惠王用张仪⑥之计，拔三川⑦之地，西并巴、蜀，北收上郡，南取汉中，包九夷，制鄢、郢，东据城皋之险，割膏腴之壤，遂散六国之从，使之西面事秦，功施到今。昭王得范睢⑧，废穰侯，逐华阳，强公室，杜私门，蚕食诸侯，使秦成帝业。此四君者，皆以客之功。由此观之，客何负于秦哉！向使四君却客而不内，疏士而不用，是使国无富利之实，而秦无强大之名也。

【注释】

①由余：春秋时晋国人。

②百里奚：传说他是楚国宛地的人，曾为楚大夫，后沦落为奴，秦穆公用五张羊皮把他赎出来，任他为秦相。

③蹇（jiǎn）叔：本岐州（今陕西）人，被百里奚力荐后，秦穆公聘请他做上大夫。

④丕豹：晋国人，秦穆公任他为大夫。

⑤商鞅：姓公孙，名鞅。本是卫国公族，又称卫鞅。

⑥张仪：魏国人，曾屡任秦相，主张“连横”策略。

⑦三川：今河南西北一带，因为黄河、洛河、伊河从境内流过，故称三川。

⑧范雎：字叔，魏国人，曾被秦昭王任为秦相，提出“远交近攻”政策。

【译文】

李斯便上书秦王说：“我听官吏们在议论驱逐所有的客卿，我私下认为这样做是不对的。

从前，秦穆公招纳良才，把由余从西戎聘请回来，从东方的宛地得到了百里奚，从宋国迎来了蹇叔，从晋国招来了丕豹、公孙支。这五位先生并不是秦国人，但秦穆公重用他们，结果兼并了二十个小国，终于在西戎称霸。秦孝公采纳商鞅的新法，移风易俗，百姓因此富裕，国家因此富强，百姓愿意为国效力，诸侯都听命秦国，击败了楚国、魏国的军队，夺取的土地有上千里，国家至今都安定富强。秦惠王采纳张仪的计谋，攻占三川一带的土地，向西夺取了巴、蜀之地，向北攻占了上郡，向南获得了汉中，兼并了九夷，掌控了楚国的鄢、郢二城，向东占领了成皋的险要，割占了别国富饶的土地，于是把六国的合纵联盟拆散了，逼迫他们向西来侍奉秦国，功绩延续到了现在。秦昭王得到范雎，废除穰侯，驱逐华阳君，强化朝廷的权力，遏制贵族王室的力量，逐渐把诸侯各国都吞并了，从而成就了帝王的基业。这四位君王，都是凭借客卿的功劳。由此可见，客卿怎么辜负秦国了呢？假如当初这四位君王不接纳客卿，远离贤士而不加以任用，这就会使国家没有富裕强盛的实力，而秦国自然也就不会有强盛的威名了。

“今陛下致昆山①之玉，有随、和之宝②，垂明月之珠，服太阿③之剑，乘纤离④之马，建翠凤之旗⑤，树灵鼍⑥之鼓。此数宝者，秦不生一焉，而陛下说之，何也？必秦国之所生然后可，则是夜光之璧不饰朝廷，犀象之器不为玩好，郑、魏之女不充后宫，而骏马𫘝騠⑦不实外厩，江南金锡不为用，西蜀丹青不为采。所以饰后宫、充下陈、娱心意、说耳目者，必出于秦然后可，则是宛珠之簪、傅玑之珥、阿缟之衣、锦绣之饰，不进于前，而随俗雅化、佳冶窈窕赵女不立于侧也。夫击瓮叩缶，弹筝搏髀⑧，而歌呼呜呜、快耳目者，真秦之声也；郑、卫桑间、《韶》、《虞》、《武》、《象》者，异国之乐也。今弃击瓮而就郑、卫，退弹筝而取韶、虞，若是者何也？快意当前，适观而已矣。今取人则不然。

不问可否，不论曲直，非秦者去，为客者逐。然则是所重者在乎色乐珠玉，而所轻者在乎人民也。此非所以跨海内、制诸侯之术也。

【注释】

①昆山：昆仑山。

②随：春秋时的小国，传说随侯有一颗宝珠，称为“随侯珠”。和：据说春秋时楚国人卞和发现一块璞玉，献给了楚王，称为“和氏璧”。

③太阿（ē）：宝剑名。

唐·韩干《牧马图》

④纤离：骏马名。

⑤翠凤之旗：用翠羽装饰的旗子。

⑥鼍（tuó）：俗名“猪婆龙”，鳄鱼的一种，皮可以用来蒙鼓。

⑦驶騠（jué tí）：古代北方的名马。

⑧搏髀（bì）：拍着大腿来打拍子。

【译文】

“如今陛下得到了昆仑山的美玉，有随侯珠、和氏璧这些稀世珍宝，悬挂着明月之珠，佩带着太阿宝剑，乘坐着纤离骏马，竖立起翠凤旗帜，摆设着灵鼍皮鼓。这几种珍宝，秦国一件也产不出，而陛下您却很喜欢它们，这是为什么呢？假如只有秦国出产的才可以使用，那么您的朝廷就不会装饰夜光之璧，您也不会把玩赏识犀牛角和象牙制成的器物，您的后宫就不会充满郑国和卫国的美女，您的马棚里也不会饲养骏马驶騠，就不会用江南产出的金锡来制作器具，就不能用巴蜀的丹青来作为染料。您用来装饰后宫的稀世珍宝、充实堂下的美丽姬妾、娱乐心意的器具、愉悦耳目的音乐绘画等，如果必须在秦国出产才能够使用，那么，这些镶嵌有宛珠的簪子、缀着小珠的耳环、东阿白绢制成的衣服、锦缎绣织的装饰品，就不会进献到您的眼前了，而且那些装扮入时、艳美窈窕的赵国美女，就不会侍立在您的身边了。再说敲击

陶罐瓦器、弹奏古筝，拍打大腿，呜呜哇哇地歌唱来让耳目愉悦，才是秦国真正的音乐呢。郑、卫一带的民间音乐 :《韶》《虞》《武》《象》的古曲，全都是他国的音乐。如今，您不听敲打陶罐瓦器的秦乐而听郑、卫二国的乐曲，不再听弹筝而听《韶》《虞》之类的曲目，为什么这样做呢？不过是贪图一时的心情愉悦、宜于观赏。如今您用人却没有这样做，不问能不能用，不管是非曲直，不是秦国的人都要赶走，凡是客卿都一律驱逐出境。您这样做，只能说明您对声色珠宝重视，对百姓却轻视。这种方法可不能统一天下、制服诸侯啊！

“臣闻地广者粟多，国大者人众，兵强则士勇。是以泰山不让土壤，故能成其大；河海不择细流，故能就其深；王者不却众庶，故能明其德。是以地无四方，民无异国，四时充美，鬼神降福，此五帝、三王之所以无敌也。今乃弃黔首①以资敌国，却宾客以业诸侯，使天下之士退而不敢西向，裹足不入秦，此所谓‘藉寇兵而赍②盗粮’者也。

【注释】

①黔（qián）首：指百姓。

②赍：送给。

【译文】

“我听说，土地辽阔，粮食就充裕；国家强盛，百姓就众多；武器装备精良，士兵就勇猛。因此，泰山不舍弃微小的土壤，所以能成就它的高大；河海不排斥涓涓细流，所以能汇成它的深广；帝王不拒绝所有的百姓，所以能彰显他的恩惠。所以，土地不分东西南北，百姓不分国界，四季都富裕美好，鬼神都来降福，这就是五帝、三王天下无敌的原因。现在您却把百姓抛弃去资助敌国，驱逐宾客以成就他国诸侯的功绩，让天下的贤士退却而不敢来西方，停下脚步不敢进入秦国境内，这就是‘给敌人提供武器，给强盗送粮食’啊！

“夫物不产于秦，可宝者多；士不产于秦，而愿忠者众。今逐客以资敌国，损民以益仇，内自虚而外树怨于诸侯，求国之无危，不可得也。”

秦王乃除逐客之令，复李斯官。

【译文】

“东西不在秦国出产，其中却有很多宝物；贤士不在秦国出生，愿意为秦国效忠的却不少。如今驱逐客卿来资助敌国，损害百姓以使仇敌得到好处，对内让自己国内空虚，对外又

与诸侯结怨，这样做想让国家没有危险，是行不通的啊！”

秦王便废除了逐客令，让李斯恢复了官职。

【赏析】

战国时期，秦国国力强大，逼迫欺凌六国，韩国最先受到攻击，于是派水工郑国到秦国兴修水利，借此消耗秦的国力，秦王察觉后下令驱逐所有客卿。李斯在列，遂给秦王写了一封谏书，秦王读后撤销了逐客令。本文说服力之强可见一斑。这不仅是一篇好文章，还是一个好策略。它的社会价值和历史价值不仅仅是改变“逐客”，更为秦国称霸天下奠定了策略基础。

卷五

五帝本纪赞

《史记》

太史公[1]曰：学者多称五帝，尚矣。然《尚书》[2]独载尧以来，而百家言黄帝[3]，其文不雅驯[4]，荐绅先生[5]难言之。孔子所传《宰予问五帝德》及《帝系姓》，儒者或不传。余尝西至空峒[6]，北过涿鹿[7]，东渐于海，南浮江淮矣，至长老皆各往往称黄帝、尧、舜之处，风教固殊焉，总之，不离古文者近是。予观《春秋》《国语》，其发明《五帝德》《帝系姓》章矣，顾弟弗深考，其所表见皆不虚。《书》缺有间矣，其轶乃时时见于他说。非好学深思，心知其意，固难为浅见寡闻道

也。余并论次，择其言尤雅者，故著为本纪书首。

【注释】

①太史公：司马迁自称。

②《尚书》：上古政治文诰和部分追述古代事迹的汇编书，亦称《书》《书经》。

③黄帝：轩辕氏，传说的远古帝王，中原各族的祖先。

④雅驯：正确可信。

⑤荐绅先生：即士大夫。

⑥空峒：崆峒山，在今甘肃平凉市西。传说黄帝曾经到过此山。

⑦涿鹿：涿鹿山，在今河北涿鹿县东南。传说黄帝、尧、舜都曾经在那里建都。

【译文】

太史公说：读书人常常谈到五帝，这已经由来已久了。但是《尚书》中只记载唐尧以来的史事，诸子百家谈到黄帝，也经常不可确信，士大夫们难以相信并且转述它。孔子传下来的《宰予问五帝德》和《帝系姓》，一些儒者并不进行传授学习。我曾经西游崆峒山，北到涿鹿山，东临大海，南渡江淮，所到过的地方，当地年长的人都常常谈到黄帝、唐尧、虞舜活动过的地方，各地的风俗教化本来并不相同，但总的来说，不背离古籍文献记载的说法比较接近正确的历史情况。我阅读《春秋》《国语》，他们阐述《五帝德》和《帝系姓》的内容是很明白的，只是学者们没有深入考察，但这两本书所记载的内容都是可以相信的。《尚书》残缺已有些年头了，它所缺失的内容常常在其他著作中能见到。如果不是喜欢钻研而且深入思考，善于领会这些书中的含义，自然就很难向孤陋寡闻的人阐述清楚。我把与五帝相关的记载综合起来加以论定编次，选择最正确的材料，写成《五帝本纪》，以此作为全书的第一篇。

【赏析】

本篇是《史记》的开篇《五帝本纪》结尾的赞语。司马迁首创“赞”这种形式，后世很多史书都有所沿用。本篇赞语讲述了创作《本纪》的史料，阐明其杂乱、破碎残缺的状况，以及整理编次具有的重要意义。条理清晰、严谨，能够令人信服。

项羽本纪赞

《史记》

太史公曰：吾闻之周生曰“舜目盖重瞳子[①]”，又闻项羽亦重瞳子。羽岂其苗裔邪？何兴之暴也！夫秦失其政，陈涉首难，豪杰蜂起，相与并争，不可胜数。然羽非有尺寸[②]，乘势起陇亩[③]之中，三年，遂将五诸侯灭秦，分裂天下而封王侯，政由羽出，号为“霸王”。位虽不终，近古以来未尝有也。及羽背关怀楚，放逐

清· 徐扬《乾隆南巡图》(局部)

义帝[④]而自立，怨王侯叛己，难矣。自矜功伐，奋其私智而不师古，谓霸王之业欲以力征经营天下，五年卒亡其国，身死东城，尚不觉寤而不自责，过矣。乃引“天亡我，非用兵之罪也”，岂不谬哉！

【注释】

①重瞳子：双瞳人。后人认为重瞳是帝王之相。

②尺寸：一点点凭借，这里指土地或权力。

③陇亩：田间，民间。

④义帝：楚怀王的孙子熊心。

【译文】

太史公说：我听周生讲过“舜的眼睛是两个瞳子”，又听说项羽也是双瞳仁。莫非项羽是舜的后代？项羽的兴起是何等突然而迅猛啊！秦朝的统治残暴衰败，陈涉首先起义反秦，随后天下豪杰也蜂拥而起，争夺天下的人多得数也数不清。然而项羽没有一点根基，趁着时势从民间兴起，不过三年，就率领五国的义军把秦国灭掉了，随后分割天下，封授各路王侯，一切政令都由项羽发布，自号“霸王”。虽然项羽的霸主地位没维持多久，但像他这样的人物，自古以来还不曾有过。等项羽因为怀念故乡楚地而放弃了关中之地，定都彭城，又放逐了义帝而自立为王，这时埋怨各路诸侯背叛了自己，想成大事就太勉强了。自己夸耀功劳，按个人的想

法行事，而不肯师法古代帝王的仁义之道，一心沉醉在霸王的事业中，只想通过武力征伐来统治天下，不过五年就使自己的国家灭亡了，自己也身死东城，但仍然没有觉醒，还不肯反省自责，这显然是错误的。他却借口说“这是天要灭亡我，并不是我用兵的过错”，这难道不是很荒谬吗？

【赏析】

本篇为《项羽本纪》结尾的赞语。《史记》里面的“本纪”原是记录历朝历代统治者事迹的体裁，没有建立霸业的项羽也被司马迁列入“本纪”，原因在于他在秦、汉两朝的若干年间，拥有帝王般的权力和威望，也表明司马迁十分欣赏项羽。文中不隐瞒、不夸大，真实地写出项羽成败的原因，展现了司马迁对他爱恨交织的复杂情感。

孔子世家赞

《史记》

太史公曰：《诗》有之：“高山仰止，景行[1]行止。”虽不能至，然心乡[2]往之。余读孔氏书，想见其为人。适鲁，观仲尼庙堂、车服、礼器，诸生[3]以时习礼其家，

余低回[4]留之，不能去云。天下君王至于贤人众矣，当时则荣，没则已焉。孔子布衣，传十余世，学者宗之。自天子王侯，中国言六艺[5]者折中于夫子[6]，可谓至圣矣！

【注释】

①景行（háng）：大道，比喻行为光明正大。

②乡：通“向”，向往。

③诸生：众儒生。

④低回：心怀敬意而流连徘徊。

⑤六艺：即“六经”，指《诗》《书》《礼》《乐》《易》《春秋》。

⑥夫子：旧时对学者的尊称，这里专称孔子。

【译文】

太史公说：《诗经》里有这样的话：“像山岳一样高尚的品德，会让人敬仰；像大道一样光明正大的行为，会引导人们遵从。”我虽然无法达到这样的境界，内心却非常向往。我读了孔子的著作，就能够想象到他的为人。后来我去了鲁地，参观了孔子的庙堂、车驾、衣服和祭祀用的礼器，看到众多儒生按时在孔子的家庙里演习礼仪，我在那里恭敬地徘徊，舍不得离开。天下的君王乃至历代贤士真是太多了，但他们在世时荣耀无比，死了就什么都没有了。孔子身为平民，他的学说却已经流传了十多代，读书人至今仍然极为尊崇他。上自天子、王侯，中国讲说六艺的人都把孔子的学说当做标准，孔子真的是至高无上的圣人啊。

【赏析】

本篇为《孔子世家》结尾的赞语，作者首先以总评表达自己对孔子的仰慕之情，然后从三个方面——遗书、遗物、遗教，表达对孔子的向往，结尾再用总评表达对孔子的尊崇，处处洋溢着对孔子的无限敬仰。整篇文章描写含情，议论含情，叙事同样含情，深情充斥在字里行间，且文笔简练，意味深长。

卷六

高帝求贤诏

《汉书》

盖闻王者莫高于周文①，伯者莫高于齐桓②，皆待贤人而成名。今天下贤者智能岂特古之人乎？患在人主不交故也，士奚由进！今吾以天之灵、贤士大夫定有天下，以为一家，欲其长久，世世奉宗庙亡③绝也。贤人已与我共平之矣，而不与吾共安利之，可乎？贤士大夫有肯从我游者，吾能尊显之。布告天下，使明知朕意。御史大夫④昌下相国，相国酂侯下诸侯王，御史中执法下郡守，其有意称明德者，必身劝，为之驾，遣诣相国府，署行、义、年。有而弗言，觉免。年老癃病，勿遣。

【注释】

①周文：周文王。

②齐桓：齐桓公。

③亡（wú）：无。

④御史大失：掌管机要文书和监察事务，是汉朝中枢机构的最高长官之一。

【译文】

听说历来成就帝业的，没有人能够超越周文王；成就霸业的，没有人能够超越齐桓公：他们都凭借贤能的人的辅佐来成就功名。天下贤人的聪明才智，难道只存在于古代的人身上吗？问题在于帝王不去与他们结交，贤士们通过什么途径来为朝廷效力呢？现在我靠上天佑助、贤士大夫的才智，平定天下，取得政权，完成统一大业，国家想要长治久安，世世代代延续不断地奉祠宗庙。贤士们与我共同平定了天下，却不与我共同治理，让它安定发展，这怎么可以呢？贤士们有乐意和我合力治理国家的，我能让他们得到尊贵的地位，声名显赫，还会昭告天下，让天下清楚地了解我的意图。御史大夫周昌把我的求贤诏下传给相国，相国酂侯萧何把它下传给诸侯王，御史中丞下传给各郡的太守，如果有名声、才德相符的贤士，各郡太守必须亲自劝勉，安排车驾，把他送到相国府，并且把他的表现、外貌和年纪记下来。如果官吏不举荐贤才，一经发现立即罢免官职。年老有病的就不用遣送了。

【赏析】

楚汉战争期间，刘邦重视将才，轻视文才。汉朝建立后过了六年，刘邦才意识到比取得政权更难的是巩固政权，想要天下长久太平，一定要有贤士大夫的辅佐，因此特意发此文告，求取贤才。文章以古代有为帝王为例，引出选贤举才具有重要意义；再由选贤举才联系到统治国家，层层递进；最后阐明自己任用天下贤能之士的意愿，展现出刘邦不让古人的豪迈气概。

上书谏猎

司马相如

相如从上至长杨①猎。是时天子方好自击熊豕②，驰逐埜兽。相如因上疏谏曰：

“臣闻物有同类而殊能者，故力称乌获③，捷言庆忌④，勇期贲、育⑤。臣之愚，窃以为人诚有之，兽亦宜然。今陛下好陵阻险，射猛兽，卒然⑥遇逸材之兽，骇不存之地，犯属车之清尘，舆不及还辕，人不暇施

巧，虽有乌获、逢蒙⑦之技不得用，枯木朽株尽为难矣。是胡、越起于毂⑧下，而羌、夷接轸⑨也，岂不殆哉？虽万全而无患，然本非天子之所宜近也。

【注释】

①长杨：宫殿名。

②豕（shǐ）：猪，此指野猪。

③乌获：战国时秦国的大力士，力大无穷，能力举千钧。

④庆忌：春秋时吴王僚之子，跑得非常快，连马都追不上。

⑤贲、育：战国时卫国的勇士孟贲、夏育。

⑥卒（cù）然：突然。卒，通“猝”。

⑦逢（páng）蒙：夏代擅长射箭的武士。

⑧毂（gǔ）：车轮中心的圆木，这里代指车。

⑨轸（zhěn）：车厢的底框，这里代指车。

【译文】

司马相如随同皇帝到长杨宫打猎。当时天子正喜欢亲自与熊和野猪进行搏击，驾车追赶野兽。司马相如因而上疏进谏说：

“我听说有些事物虽属同类而能力却超过寻常，所以论力气大要提到乌获，论敏捷要说到庆忌，论勇敢必定要数孟贲、夏育。以臣下的愚见，私底下则认为人类确实存在这种情况，野兽也应该如此。如今陛下喜欢到险峻难行的地方射击猛兽，如果突然遭遇异常凶猛的野兽，让它们在绝境下被惊吓，侵犯圣驾，那时车子来不及掉头，卫士们没时间施展本领，即使有乌获、逢蒙的本领也用不上，就连枯树烂草也要为难您了。这就好像胡人、越人突然从车轮下跑出来，羌人、夷人在车子后面紧跟一样，这难道不是很危险吗？即使准备周全而没有危险隐患，然而身为天子不应该接近那种地方啊。

“且夫清道而后行，中路而驰，犹时有衔[①]橛之变，况乎涉丰草，骋丘墟，前有利兽之乐，而内无存变之意，其为害也不亦难矣！夫轻万乘[②]之重，不以为安，乐出万有一危之涂以为娱，臣窃为陛下不取。盖明者远见于未萌，而知者避危于无形，祸固多藏于隐微，而发于人之所忽者也。故鄙谚曰：‘家累千金，坐不垂堂。’此言虽小，可以喻大。臣愿陛下留意幸察。”

【注释】

①衔：马嚼，放在马口内用来勒马的铁具。

②万乘（shèng）：一万辆战车。古代只有天子能拥有万辆战车，这里代指皇帝。

【译文】

“再说清除道路之后出行，驰骋在大路中央，还经常发生拉断马嚼、车钩心之类断裂的事故。何况跋涉在荒林草莽中，奔驰在丘陵山野上，前面有猎获野兽的欢喜，而心里没有防备变故，这种情况下非常容易发生灾祸。不以天子尊贵的地位为重，不安于此，却喜欢外出到可能发生灾祸的道路上，以此娱乐，我私下觉得陛下这样做是极不可取的。大凡聪明的人能在事情还没有萌发之前就能预见，智慧的人能在危害还没有形成时就能躲避它，灾祸往往潜藏在微小隐蔽之处，发生在人们疏忽之际。所以俗话说：‘家中有千金财产，不坐在靠近屋檐的地方。’这话虽然说的是小事情，却反映出了大道理。我希望陛下对这一点要留心明察。”

【赏析】

汉武帝虽有杰出的才智和宏大的谋略，但在迷信神仙、挥霍奢侈、贪图女色、沉迷游猎等方面，也如昏君一般。司马相如呈上这篇谏猎书，规劝汉武帝看清打猎暗藏的种种隐患，希望他能以身体和国家安危为重。行文含蓄婉转，劝谏与奉承相结合，具有很强的感染力与说服力。

马援诫兄子严敦书

《后汉书》

援[1]兄子严、敦并喜讥议，而通轻侠客。援前在交趾，还书诫之曰：

【注释】

①援：马援，东汉初扶风茂陵（今陕西兴平东北）人，曾跟随刘秀，任伏波将军。

【译文】

马援的侄儿马严、马敦都喜欢讥笑和议论别人，还结交举止轻浮的侠客。马援以前在交趾的时候，写信训诫他们说：

“吾欲汝曹闻人过失如闻父母之名，耳可得闻，口不可得言也。好议论人长短，妄是非正法，此吾所大

恶也，宁死不愿闻子孙有此行也。汝曹知吾恶之甚矣，所以复言者，施衿结缡①，申父母之戒，欲使汝曹不忘之耳。

【注释】

①施衿结缡（lí）：女儿出嫁时，父母给她系上佩带和佩巾。

【译文】

“我希望你们听到别人的过失，就如同听到自己父母的名字一般，耳朵可以听，但嘴不能说。喜好谈论别人的长短，随意评论国家的法制，我最痛恨这一点了。我宁可去死也不想听到子孙有这样的行为。你们知道我痛恨极了这种行为，之所以要重复跟你们说，就好像女儿在出嫁时，父母亲手为她系上佩带和佩巾，又训诫她到了夫家不能出差错那样，是希望让你们不要忘掉罢了。

“龙伯高①敦厚周慎，口无择言，谦约节俭，廉公有威，吾爱之重之，愿汝曹效之。杜季良②豪侠好义，忧人之忧，乐人之乐，清浊无所失，父丧致客，数郡

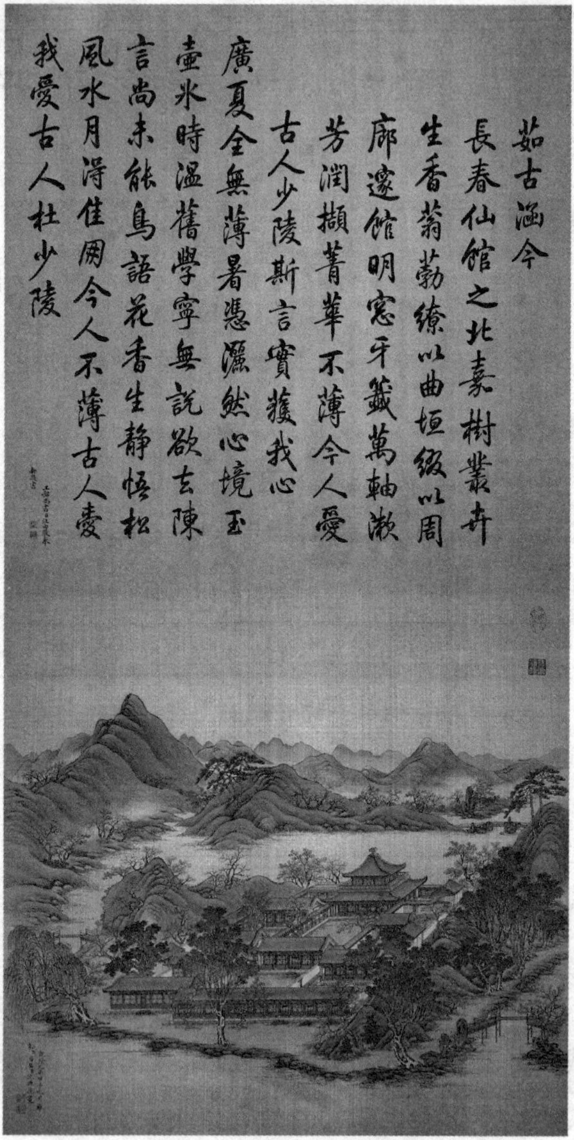

清·唐岱、沈源画，汪由敦书《茹古涵今》

毕至。吾爱之重之，不愿汝曹效也。效伯高不得，犹为谨敕之士，所谓刻鹄[3]不成尚类鹜[4]者也。效季良不得，陷为天下轻薄子，所谓画虎不成反类狗者也。讫今季良尚未可知，郡将下车辄切齿，州郡以为言，吾常为寒心，是以不愿子孙效也。”

【注释】

①龙伯高：龙述，字伯高。

②杜季良：杜保，字季良。

③鹄（hú）：天鹅。

④鹜（wù）：家鸭。

【译文】

“龙伯高为人忠厚朴实，办事周密谨慎，嘴里不说可以挑剔的话，谦和平易，生活俭朴，廉洁公正，威望很高。我喜爱且敬重他，希望你们向他学习。杜季良为人豪放侠义，为别人的忧愁而担忧，为别人的快乐而高兴，无论品行好坏，他都与他们交往，为父亲办丧事时邀请宾客，几个郡的人都来了。我喜爱且敬重他，但不希望你们向他学习。如果学习伯高不成，还能做一个严肃谨慎的士人，就像人们所说的‘画天鹅不成还像鸭子’；如果学杜季良不成，就会堕落成轻薄子弟，就像人们所说的‘画老虎不成反而像狗’。到现在，还不知道杜季良以后会怎样，新到的郡守刚下车就对他切齿的痛恨，州郡官员告诉我这些情况，我经常为他感到寒心，因此不希望我的子孙向他学习。”

【赏析】

马援的侄子马严、马敦平日里喜爱讥评时政、与侠客结交，这让他很担忧，即便身处遥远的交趾军中，依旧写了这封情意真切的信。信中语句诚恳，以自己的亲身经历告诫侄子们如何为人处世，同时还以现实中的人物为例，运用生动的俗语阐明自己的观点，写得既形象又亲切，长辈对晚辈的关怀渗透在字里行间。

前出师表

诸葛亮

臣亮言：先帝[①]创业未半而中道崩殂[②]。今天下三分，益州疲敝[③]，此诚危急存亡之秋也。然侍卫之臣不

懈于内，忠志之士忘身于外者，盖追先帝之殊遇，欲报之于陛下也。诚宜开张圣听，以光先帝遗德，恢宏志士之气，不宜妄自菲薄④，引喻失义⑤，以塞忠谏之路也。宫中府中，俱为一体，陟罚臧否⑥，不宜异同。若有作奸犯科及为忠善者，宜付有司论其刑赏，以昭陛下平明之治，不宜偏私，使内外异法也。

【注释】

①先帝：这里指刘备。

②崩殂（cú）：皇帝死称作“崩”，又叫“殂”。

③疲敝：困乏，贫弱。

④妄自菲薄：随便地看轻自己。

⑤引喻失义：言谈不当。

⑥陟（zhì）罚臧（zāng）否（pǐ）：赞扬和批评。

【译文】

臣诸葛亮呈表进言：先帝创建大业还未完成一半，竟半途离世。如今天下三国鼎立，我蜀汉国力衰微、民生凋敝，这真的是处在生死存亡的危急关头啊！然而，朝中的官员丝毫不敢懈怠，忠诚有志的将士，在外作战把生死置之度外，这是因为他们感念先帝对他们有特殊的恩遇，想要报答陛下的恩情啊！陛下确实应该广开言路，听取大臣们的意见，把先帝遗留下来的美德发扬光大，振奋鼓舞忠臣志士的勇气。绝不应该看轻自己，说出不恰当的话，以致阻塞了忠臣进谏的道路。皇帝的宫廷中和丞相的府中，都是一个整体，晋升处罚，赞扬批评，不应该有所不同。如有触犯法纪做坏事的，或尽忠做好事的，都应该让主管部门评判，对他们进行惩罚或奖励，以彰显陛下公正严明的治理，而不应该有所偏袒，使朝廷内外的法令不一样。

侍中、侍郎[①]郭攸之、费祎、董允等，此皆良实，志虑忠纯，是以先帝简拔以遗陛下。愚以为宫中之事，事无大小，悉以咨之，然后施行，必能裨补阙漏[②]，有所广益。将军向宠，性行淑均[③]，晓畅军事，试用于昔日，先帝称之曰能，是以众议举宠为督。愚以为营中之事，事无大小，悉以咨之，必能使行阵和穆，优劣得所也。亲贤臣，远小人，此先汉所以兴隆也；亲小人，远贤臣，此后汉所以倾颓也。先帝在时，每与臣论此事，未尝不叹息痛恨于桓、灵也。侍中、尚书、长史、参军，此悉贞亮死节之臣也，愿陛下亲之信之，则汉室之隆，可计日而待也。

【注释】

①侍郎：宫廷近侍官。

②阙：通“缺”，缺点。漏：疏漏。

③均：公正。

【译文】

侍中、侍郎郭攸之、费祎、董允等人，都善良忠实，他们的志向和心思都忠诚纯洁，因此先帝才选用他们来辅佐陛下。臣认为宫内的大小事情都应当征求询问他们的意见，然后再施行。这样一定能弥补缺点和过失，收到更多的成效。将军向宠，性格和善，办事公正，精通军事，当初任用他的时候，先帝称赞他是个有能力的人，所以大家评议推举他为中部督。臣认为军中的大小事情都应该征询他的意见，就必定能使军队团结，德才高的和德才低的人都能得到合理的安排。亲近贤臣，疏远小人，这是汉朝前期兴盛的原因；亲近小人，疏远贤臣，这是汉朝后期衰败的原因。先帝在世时，每次跟我谈到这件事，没有一次不对桓、灵二帝叹息，觉得痛心和遗憾。侍中郭攸之、费祎，尚书陈震，长史张裔，参军蒋琬，这些都是忠心坦率、能够以死报效国家的大臣，希望陛下亲近信任他们，这样汉王室的兴盛便指日可待了。

臣本布衣，躬耕于南阳[①]，苟全性命于乱世，不求闻达于诸侯。先帝不以臣卑鄙[②]，猥自枉屈，三顾臣于草庐之中，谘臣以当世之事，由是感激，遂许先帝以驱驰。后值倾覆[③]，受任于败军之际，奉命于危难之间，尔来二十有一年矣。先帝知臣谨慎，故临崩寄[④]臣以大事也。受命以来，夙夜忧叹，恐托付不效，以伤先帝之明，故五月渡泸[⑤]，深入不毛[⑥]。今南方已定，兵甲已足，当奖帅三军，北定中原，庶[⑦]竭驽钝，攘除奸凶，兴复汉室，还于旧都[⑧]。此臣之所以报先帝，而忠陛下之职分也。至于斟酌损益，进尽忠言，则攸之、祎、允之任也。愿陛下托臣以讨贼兴复之效，不效，则治臣之罪，以告先帝之灵。若无兴德之言，则责攸之、祎、允之咎，以彰其慢。陛下亦宜自谋，以咨诹善道，察纳雅言，深追先帝遗诏，臣不胜受恩感激。今当远离，临表涕泣，不知所云。

【注释】

①南阳：郡名。

②卑鄙：出身低微，见识浅陋。

③倾覆：这里指兵败。

④寄：委托。

⑤泸：泸水，即现在的金沙江。

⑥不毛：不生草木的荒凉之地。

⑦庶：但愿。

⑧旧都：指东汉曾建都的洛阳。

【译文】

臣原本是个平民，在南阳郡耕田种地，只想在乱世中保全性命，不奢望在诸侯中获取显赫的名声。先帝不介意臣出身低微，见识浅陋，不惜屈尊，三顾茅庐来看望臣，询问臣对天下大事的看法。因此臣大为感动，于是答应为先帝奔走效力。后来遭遇战事失败，臣受任于败亡之际，奉命于形势危急之时，到现在已经有二十一年了。先帝深知臣处事谨慎小心，所以临终时把国家大事交付给臣。臣接受先帝遗命以来，日夜担忧叹息，恐怕不能完成托付给臣的大任，从而损害先帝的英明。所以臣在五月率兵向南渡过泸水，深入荒芜地带。如今南方已经平定，军库兵器装备也充足，应当鼓励和率领全军，北伐平定中原地区，臣希望竭尽自己愚钝的才能，消灭奸贼，兴复汉室，返还旧都。这是臣报答先帝、效忠陛下的职责本分。至于权衡得失，毫无保留地向陛下进献忠言，那是郭攸之、费祎、董允等人的职责了。希望陛下把讨伐奸贼，兴复汉室的重任交给臣，如果臣没有成功，那就治臣失职的罪，以告慰先帝的在天之灵。如果不能劝勉陛下发扬圣德的言论，那就请追究郭攸之、费祎、董允等人的失职，公布他们的过失之处。陛下也应该自行谋划，征求治国的好办法，明察并采纳正确的话，深切地追思先帝的遗诏，臣不胜受恩感激。而今即将离开陛下远征，热泪盈眶地写下这篇表文，心情激动得都不知道说了些什么。

【赏析】

本篇表文以议论为主，记叙与抒情为辅。没有优美的辞藻，也不引用典故，多以四字句行文。用真诚恳切的言语，根据当时的局面，多次劝勉刘禅继承先主的遗志，应当开张圣听，赏罚严明，亲贤远佞，才有完成“兴复汉室”大业的可能，体现了诸葛亮以身许国的伟大精神和对蜀汉忠贞不渝的品质。

清·吴历《槐荣堂图》

卷七

陈情表

李密

臣密言：臣以险衅①，夙遭闵凶。生孩六月，慈父见背②；行年四岁，舅夺③母志。祖母刘，愍臣孤弱，躬亲抚养。臣少多疾病，九岁不行，零丁孤苦，至于成立。既无叔伯，终鲜兄弟。门衰祚薄，晚有儿息④。外无期⑤功强近之亲，内无应门五尺之童，茕茕孑立⑥，形影相吊。而刘夙婴疾病，常在床蓐，臣侍汤药，未尝废离。

【注释】

①险衅：厄运。

②背：背离，这里指去世。

③夺：强迫。

④儿息：儿子。

⑤期："期服"的简称，这里指服丧一年。

⑥茕茕（qióng）：指孤立无依的样子。孑（jié）立：孤立。

【译文】

臣李密呈言：臣命运坎坷，从小就遭遇了不幸。出生才六个月，父亲就离开了人世；长到四岁，舅舅又逼母亲改变守节志愿，改嫁他人。祖母刘氏可怜臣孤苦弱小，于是亲自抚养臣。臣从小就常常得病，九岁时还不能走路，一直孤独无依，直到成人自立。臣既没有叔伯，也没有兄弟，门庭衰落，福气浅薄，很晚才有儿子。外面没有关系好的亲戚，家里没有看管门房的僮仆，一个人孤单地生活，只能和自己的影子作伴。而祖母刘氏很早就满身疾病，经常卧在床上不能起身，臣服侍她服用汤药，不曾间断和离开过。

逮奉圣朝，沐浴清化。前太守臣逵，察臣孝廉，后刺史臣荣，举臣秀才。臣以供养无主，辞不赴命。诏书特下，拜臣郎中，寻蒙国恩，除臣洗马[①]。猥以微贱，当侍东宫，非臣陨首所能上报。臣具以表闻，辞

不就职。诏书切峻，责臣逋慢②，郡县逼迫，催臣上道，州司临门，急于星火。臣欲奉诏奔驰，则以刘病日笃，欲苟顺私情，则告诉不许。臣之进退，实为狼狈。

【注释】

①洗（xiǎn）马：太子的属官。

②逋慢：怠慢。

【译文】

到了如今圣明的朝代，臣被清明的政治教化熏陶。起初是太守逵举荐臣为孝廉；后来刺史荣推举臣为秀才。臣因为没人供养祖母，就推辞没有遵命。陛下特意下诏，任命臣为郎中。不久又承蒙国家的恩典，授予臣太子洗马的职位。以臣这样卑微低贱的人去东宫侍奉太子，这实在不是臣肝脑涂地所能报答的。臣曾经将自己的情况都上表陈述，推辞不去就职。不料又下诏书，急切且严厉，责备臣怠慢不敬；郡县的长官催促逼迫，令臣马上启程；州的长官也到家里来督促，比星火还要急迫。臣想奉诏马上赶去上任，但祖母刘氏的病却日渐加重，臣想迁就私情，但上诉苦衷，又没有得到准许。臣进退两难，实在是狼狈啊。

伏惟[1]圣朝以孝治天下，凡在故老，犹蒙矜育，况臣孤苦，特为尤甚。且臣少事伪朝[2]，历职郎署，本图宦达，不矜名节。今臣亡国贱俘，至微至陋，过蒙拔擢，宠命优渥，岂敢盘桓[3]，有所希冀？但以刘日薄西山，气息奄奄，人命危浅，朝不虑夕。臣无祖母，无以至今日；祖母无臣，无以终余年。母孙二人，更相为命，是以区区[4]不能废远。臣密今年四十有四，祖母刘今年九十有六，是臣尽节于陛下之日长，报刘之日短也。乌鸟私情[5]，愿乞终养。

【注释】

①伏惟：旧时奏章中下级对上级常用的表敬之辞。

②伪朝：指蜀汉。

③盘桓：逗留，指辞不赴命。

④区区：犹拳拳，形容感情陈恳。

⑤乌鸟私情：传说乌鸦能反哺，比喻侍奉尊亲的孝心。

【译文】

臣认为，圣明的朝代是以孝道来治理天下的，凡是年老而有功德的旧臣，尚且受到怜恤和赡养，何况臣孤苦无依的情况很严重。而且臣年轻时在伪朝蜀汉做官，一直做到郎官，本来就希望仕途顺达，不计较名誉节操。如今臣是亡国的俘虏，是非常卑微鄙陋的，却得到超常的提拔，十分优厚的恩宠，怎么敢犹豫观望，心存非分之想呢？只是因为祖母刘氏已经像是快要落山的残阳，气息微弱而短促，生命垂危，处于朝不保夕的境地。如果没有祖母的抚育，臣就活不到现在；没有臣的侍奉，祖母现在就不能安度晚年。臣与祖母相依为命，正是因为这种发自内心的私情让臣不能放弃侍养祖母而外出做官。臣李密今年四十四岁，祖母刘氏九十六岁，因此，臣为陛下效力的时间还长，而报答刘氏的日子却很短了。臣怀着像乌鸦反哺一样的私情，希望能准许臣完成为祖母养老送终的心愿。

臣之辛苦，非独蜀之人士及二州牧伯①所见明知，皇天后土，实所共鉴。愿陛下矜愍愚诚，听臣微志。庶刘侥幸，卒保余年，臣生当陨首，死当结草②。臣不胜犬马怖惧之情，谨拜表以闻。

【注释】

①二州牧伯：指梁州、益州的行政长官。

②结草：这里指报恩。

【译文】

臣的辛酸苦楚，不但蜀地人士和梁州、益州的长官都看到和了解，就连天地神明也都共同见证。希望陛下怜悯臣的愚拙和至诚，准许臣低微的心愿，或许祖母刘氏能因此侥幸地安度晚年。臣活着愿意誓死效忠，死后也应当结草报答陛下的恩情。臣怀着像犬马一样不胜恐惧的心情，谨慎地呈上此表奏报陛下。

【赏析】

此文语言生动形象、情真意切，文笔流畅简洁，巧妙地展现了李密复杂矛盾的内心情感，极具感染力。句法间用骈散，用词错落多变也是此文的特色。因此，这篇情义感人且具有论辩色彩的文章，不但令当时的晋武帝折服，而且在往后千百年时光里被人们广为传诵，有着“中国古代以至诚感人的抒情散文的典范”之称。

兰亭集序

王羲之

永和九年[1]，岁在癸丑。暮春之初，会于会稽山阴之兰亭，修禊[2]事也。群贤毕至，少长[3]咸集。此地有崇山峻岭，茂林修竹，又有清流激湍，映带左右，引

以为流觞曲水④，列坐其次，虽无丝竹管弦之盛，一觞一咏，亦足以畅叙幽情。是日也，天朗气清，惠风和畅。仰观宇宙之大，俯察品类⑤之盛，所以游目骋怀，足以极视听之娱，信可乐也。

【注释】

①永和九年：公元353年。

②修禊（xì）：指三月上旬巳日，古人临水行祭，以祛除不祥的活动。

③少长：指年长的人和王氏兄弟。

④流觞曲水：人们坐在曲水旁，让酒杯随水漂动，漂到谁的面前，谁就取杯而饮。

⑤品类：自然界的万物。

【译文】

永和九年，也就是癸丑年。在暮春三月初，我们在会稽郡山阴县的兰亭聚会，举行修禊活动。众多的名流贤士都到来了，老老少少聚在一起。这里有高耸的山峰，茂盛的树林和挺拔的翠竹，又有清澈湍急的溪流，掩映环绕两旁的景物，引溪水作为漂流酒杯的曲折水道。大家依次坐在曲折的水道边上，即使没有丝竹管弦合奏的盛大场面，但一边饮酒一边赋诗，也足以痛快地表达各自的内心情怀。这一天，天气晴朗，空气清新，和风舒畅，抬头观望宇宙的无限阔大，俯下

身观察众多物种的兴盛繁茂，用来放眼观赏，开阔胸怀，足以尽享耳目视听的无穷乐趣，实在是很快乐啊。

夫[1]人之相与，俯仰一世，或取诸怀抱，晤言[2]一室之内；或因寄所托，放浪形骸[3]之外。虽取舍万殊，静躁不同，当其欣于所遇，暂得于己，快然自足，曾不知老之将至。及其所之既倦，情随事迁，感慨系之矣！向之所欣，俯仰之间，已为陈迹，犹不能不以之兴怀，况修短[4]随化，终期于尽！古人云："死生亦大矣[5]。"岂不痛哉！

【注释】

①夫：句首助词。

②晤言：面对面地谈话。

③形骸：形体，身躯。

④修短：指生命长短。

⑤死生亦大矣：语见《庄子·德充符》："仲尼曰：'死生亦大矣，而不得与之变。'"

【译文】

人的互相交往，俯仰间就度过了一生。有的人倾吐内心的感悟，与朋友在一室之内面对面地交谈；有的人把自己的

兴趣寄托在外物上，任性不受拘束地外出游览。虽然他们各有各的爱好，沉静躁动也各不相同，但当他们遇到令人高兴的事情，自己暂有所得，感到欣喜并自我满足时，竟忘记人生的暮年将要到来。等到他们对获得的事物感到厌倦，情感就会随着事物的变化而变化，无限的感慨就会随之产生了。过去所得到的欢乐，转眼间，已经成了历史的遗迹，尚且对此不能不深有感触；更何况人生的长短只由天定，最终都要归结于穷尽。古人说："死生毕竟是件大事啊。"这怎么能不令人悲痛！

每览昔人兴感之由，若合一契①，未尝不临文②嗟悼，不能喻③之于怀。固知一死生④为虚诞，齐彭殇⑤为妄作，后之视今，亦犹今之视昔，悲夫！故列叙时人，录其所述。虽世殊事异，所以兴怀，其致一也。后之览者，亦将有感于斯文。

【注释】

①契：符契。古代的合同文书，分为两半，双方各执一半以资取信。

②临文：看到文辞。

③喻：明白。

④一死生：把生和死等同看待。

⑤齐彭殇：把长寿与短命等量齐观。彭，彭祖，传说中长寿的人。

【译文】

每次看到前人所发感慨的缘由，就像一张符契那样相合，难免对着前人的文章感叹悲伤，心里却不清楚为何会这样。本来知道把死和生混为一谈是荒诞的，把长寿和短命等同起来是荒谬的。后人看待今人，也就像今人看待前人，这真是可悲啊！因此我记下这次与会者的姓名，抄录他们所作的诗篇。纵然时代变了，世事变化，但引发人们感慨情怀的原因，大致是一样的。后世的读者，也将会对这些诗文有所感慨。

【赏析】

本篇序文记载了东晋文坛的兰亭雅集。文章在汉、魏文人单纯叹息人生短暂的常规模式中实现了超越，展现出一种在有限的人生中体会宇宙之开阔豁达，以及在无边无际的宇宙中反观人生之虚无悲凉所交织的复杂情感，正是这种情感才令它“苍凉感叹之中自有无穷逸趣”。文中有写景、记事，也有议论、抒情，文笔自然，情感真挚。

桃花源记

陶渊明

晋太元[①]中，武陵人捕鱼为业。缘溪行，忘路之远近。忽逢桃花林，夹岸数百步，中无杂树，芳草鲜美，落英[②]缤纷。渔人甚异之，复前行，欲穷其林。

【注释】

①太元：晋孝武帝司马曜的年号。

②落英：落花。

【译文】

晋太元年间，有一个武陵人以捕鱼为生。一天，他沿着山间小溪划船往前走，忘记了路的远近。忽然遇见一片桃花林，沿着溪流的两岸绵延有几百步，中间没有一棵别的树，树下芳草鲜嫩，桃花花瓣飘落在草地上。渔人见了十分诧异，他又往前行船，想要走到桃林的尽头。

林尽水源，便得一山。山有小口，仿佛若有光。便舍船，从口入。初极狭，才通人。复行数十步，豁然开朗。土地平旷，屋舍俨然[1]，有良田、美池、桑竹之属，阡陌交通，鸡犬相闻。其中往来种作，男女衣着，悉如外人。黄发垂髫[2]，并怡然自乐。见渔人，乃大惊，问所从来，具答之。便要[3]还家，设酒杀鸡作食。村中闻有此人，咸来问讯。自云先世避秦时乱，率妻子邑人来此绝境[4]，不复出焉，遂与外人间隔。问今是何世，乃不知有汉，无论魏、晋。此人一一为具言所闻，皆叹惋。余人各复延[5]至其家，皆出酒食。停数日，辞去。此中人语云："不足为外人道也。"

【注释】

①俨然：整齐的样子。

②黄发：这里指老人。垂髫（tiáo）：指儿童。

③要（yāo）：通“邀”，邀请。

④绝境：与世隔绝的地方。

⑤延：邀请。

【译文】

桃花林的尽头是溪水的源头，在那里有一座小山。山间有一个小洞口，洞里好像有些许光亮。于是渔人舍弃自己的船，从洞口进去。起初的一段洞口很窄，只能通过一个人。又走了几十步，眼前豁然开朗。只见那里的土地平坦宽广，房屋整齐，有肥沃的田地、美丽的池塘和桑树、竹林之类的植

北宋·张择端《清明上河图》（局部）

物，田间的小路纵横交错，鸡鸣狗吠声在村落到处都能听到。人们在田野里来来往往耕种劳作，男女的衣着打扮都和外面的人完全一样。老人和小孩个个自在逍遥。他们见到渔人，都很惊讶，纷纷询问他是从哪里来的，渔人详细地回答了他们。他们就邀请渔人到家里做客，端上酒杀了鸡款待他。村里的人听说有这样一个人到来，都来向他打听消息。他们说，祖先为了躲避秦时的战乱，领着妻子孩子和乡亲们来到这个与世隔绝的地方，就没再出去过了，于是就与外面隔绝了。他们问渔人现在是什么朝代，竟然不知道有过汉朝，更不用说魏晋两朝了。渔人就向他们详细地讲述自己知道的事情，他们听了都不停地感叹惋惜。其余的人又相继邀请渔人到自己家里，拿出酒菜招待他。渔人在那里停留了几天，告辞离去。临走时那里的人嘱咐他："这里的情形不要对外人说呀！"

既出，得其船，便扶①向路，处处志②之。及郡下，诣③太守说如此。太守即遣人随其往，寻向所志，遂迷不复得路。

【注释】

①扶：沿着，顺着。

②志：做标记。

③诣：拜见，拜访。

【译文】

渔人出来以后，找到了自己的船，就顺着来时的路返回，沿途处处留下记号。渔人到了武陵郡，去拜见了太守，说了这一经历。太守马上派人跟着他前去，寻找先前留下的标记，却迷失了方向，再也找不到那条路了。

南阳刘子骥①，高尚士也。闻之，欣然规②往，未果，寻③病终。后遂无问津④者。

【注释】

①刘子骥：南阳人。好游山水，隐居不仕。

②规：计划，打算。

③寻：不久。

④津：渡口，这里指道路。

【译文】

南阳人刘子骥，是一个高雅的名士。听到这件事后，高兴地准备前往，但还没有去成，不久就生病去世了。此后就再也没有人去探寻桃花源了。

【赏析】

此篇构思精巧，作者借一位捕鱼人的经历作线索展开描写，虚构出一个与世隔绝、景色优美的小山村，那里民风淳朴，百姓自给自足、怡然自乐，犹如美好的世外仙界。采用虚实结合的手法，表达了作者对现实生活的不满，以及对安宁和乐、平等自由的向往。语言精练生动，意味深长，景物描写历历在目，令人心向往之。

滕王阁序

王勃

南昌故[1]郡，洪都新府。星分翼、轸[2]，地接衡、庐[3]。襟三江而带五湖，控蛮荆而引瓯越[4]。物华天宝，龙光射牛斗之墟；人杰地灵，徐孺下陈蕃之榻。雄州雾列，俊彩星驰。台隍枕夷夏之交，宾主尽东南之美。都督阎公之雅望，棨戟[5]遥临；宇文新州之懿范，襜帷[6]暂驻。十旬休暇，胜友如云，千里逢迎，高朋满座。腾蛟起凤，孟学士之词宗，紫电清霜，王将军之武库。家君作宰，路出名区，童子[7]何知，躬逢胜饯。

【注释】

①故：旧。

②翼、轸（zhěn）：二十八宿中的二星。

③衡、庐：衡，今湖南的衡山；庐，今江西的庐山。

④蛮荆：指古楚地。瓯越：今浙江南部及福建一带。

⑤棨（qǐ）戟：有衣套的戟，指高官出行的仪仗。

⑥襜（chān）帷：车上的帐幔，这里借指车马。

⑦童子：王勃自称，这里自居幼小表示谦逊，不是指少年儿童。

【译文】

南昌，是旧时豫章郡的治所，现在是洪州都督府。天上的分野对应着翼、轸两星宿，地域上连接着衡山和庐山。它以三江为衣襟，以五湖为衣带，控制着楚地，连接着瓯越。物类的精华，是上天的珍宝，宝剑发出的光芒直射牛、斗二星之间；人多俊杰，大地灵秀，太守陈蕃为高雅隐士徐孺设下床榻。雄伟的州郡如同大雾般密布，杰出的人才像众星那样飞驰。城楼池壕处在夷夏接壤的地方，宾客主人都是东南地区的俊杰。都督阎公有崇高的声望，仪仗远来；德行美好的宇文新州，车驾暂驻。正逢十日休假的日子，好友云集；高贵的宾客，也都不远千里地到这里聚会。文坛宗匠孟学士，文章龙腾凤舞；王将军乃武库权威，藏有像紫电、青霜一样精良的武器。家父远在交趾做县令，我因探亲途中路过这里；我一个无知少年，却有幸亲自参加这场盛会。

时维九月，序属三秋。潦水[1]尽而寒潭清，烟光凝而暮山紫。俨骖騑[2]于上路，访风景于崇阿。临帝子之长洲，得仙人之旧馆。层峦耸翠，上出重霄，飞阁流丹，下临无地。鹤汀凫渚，穷岛屿之萦回，桂殿兰宫，列冈峦之体势。披绣闼[3]，俯雕甍[4]，山原旷其盈视，川泽盱[5]其骇瞩。闾阎扑地，钟鸣鼎食[6]之家；舸舰迷津，青雀黄龙之轴[7]。虹销雨霁，彩彻云衢[8]。落霞与孤鹜[9]齐飞，秋水共长天一色。渔舟唱晚，响穷彭蠡[10]之滨，雁阵惊寒，声断衡阳之浦。

【注释】

①潦（lǎo）水：积存的雨水。

②骖騑（cān fēi）：驾车的马匹。

③闼（tà）：阁门。

④甍（méng）：屋脊。

⑤盱（xū）：睁大眼睛看。

⑥钟鸣鼎食：古代高官贵族吃饭要敲钟奏乐，指代富贵人家。

清·徐冈《三星图》

⑦轴（zhú）：船端，这里指船只。

⑧云衢：指高空。

⑨鹜（wù）：野鸭。

⑩彭蠡（lǐ）：鄱阳湖的古名。

【译文】

眼下正值九月，季节步入深秋。积水消尽，潭水清澈；烟霭凝聚，山峦青紫。整齐的车马驰骋在大道上，在崇山峻岭中访求美景。来到滕王的长洲，登上仙人的故居。重重叠叠的山峦苍翠一片，山峰向上直插云霄；凌空的楼阁，红色的阁道好像飞翔在天空，向下看不到地面。仙鹤和野鸭在小沙洲栖息，极尽岛屿曲折回环的景致；桂树和木兰建造的宫殿，依据山冈呈现出高低起伏的态势。打开精致的阁门，俯视华丽的屋脊，山岭平原全部收入眼底，河流湖泽观看得令人诧异。门户房舍遍布城郊，这些都是钟鸣鼎食的人家。舟楫船舰布满渡口，都是雕刻着青雀黄龙花纹的大船。彩虹消散，雨过天晴；阳光明亮，天空宽阔。天边的晚霞与孤鹜仿佛在一起飞翔，秋天的江水和广阔明净的天空相映成一色。傍晚渔船中传出歌声，响彻鄱阳湖的岸边；南飞的群雁因感到寒冷，一路飞鸣直到衡阳水滨为止。

遥吟俯畅，逸兴遄[1]飞。爽籁[2]发而清风生，纤歌凝而白云遏。睢园[3]绿竹，气凌彭泽[4]之樽；邺水朱华，光照临川[5]之笔。四美具，二难并。穷睇眄[6]于中天，极娱游于暇日。天高地迥，觉宇宙之无穷；兴尽悲来，识盈虚之有数。望长安于日下[7]，指吴会[8]于云间。地势极而南溟深，天柱高而北辰远。关山难越，谁悲失路之人？萍水相逢，尽是他乡之客。怀帝阍[9]而不见，奉宣室以何年？

【注释】

①遄（chuán）：迅速。

②籁：箫管之类的乐器。

③睢园：指西汉梁孝王刘武修建的竹园。

④彭泽：指陶渊明，曾任彭泽令。

⑤临川：南朝诗人谢灵运，曾任临川内史。

⑥睇眄（dì miǎn）：斜视，顾盼。

⑦长安：唐代京都，今陕西省西安。日下：指京师。

⑧吴会：吴郡和会稽郡，今江浙一带。

⑨帝阍（hūn）：传说天帝的守门人，此处指朝廷。

【译文】

远望高歌，登高俯视，十分畅快；豪情雅兴，迅速翻腾。清脆的箫声响起，清凉的风徐徐吹来；轻柔的歌声缭绕，吸引住飘动的白云。今日盛会像梁王睢园绿竹的宴会，善饮人的酒量豪情超过了陶渊明；今日赋诗，好比曹植邺水朱华之作，文采照映于谢灵运的诗笔。良辰、美景、赏心、乐事，四种美好的事物都已经齐备；贤明的主人和美好的嘉宾，两种人难得齐聚一堂。放眼远眺长空，在假日里尽情欢乐。天高地远，让人感到宇宙无穷无尽，兴尽悲来，明白事物变化、兴衰成败是自有定数的。向西眺望夕阳下的长安，向东指点如同在云间缥缈的吴郡。南方的陆地已到尽头，大海深不可测；天柱在北方高耸，北辰多么遥远。关山难以逾越，有谁同情怜惜不得志的人？萍水偶尔相逢，都是漂泊的异乡之客。怀念朝廷而不能觐见，希望如同贾谊那般奉召在宣室，却不知在何年何月？

呜呼！时运不齐，命途多舛[①]。冯唐[②]易老，李广[③]难封。屈贾谊[④]于长沙，非无圣主，窜梁鸿[⑤]于海曲，岂乏明时？所赖君子安贫，达人知命。老当益壮，宁知白首之心？穷且益坚，不坠青云之志。酌贪泉而觉爽，处涸辙以犹欢。北海虽赊，扶摇可接；东隅已逝，桑榆非晚。孟尝高洁，空怀报国之心；阮籍猖狂，岂效穷途之哭？

【注释】

①舛（chuǎn）：不幸，不顺利。

②冯唐：西汉人，老了仍做小官，汉武帝时求贤良，冯唐被人推荐，但他已经九十多岁了。

③李广：西汉名将，抗击匈奴屡立战功而终身未得封侯。

④贾谊：西汉人，有高才而得不到重用，被贬为长沙王太傅。

⑤梁鸿：东汉隐士，因讥讽朝政，被迫改名换姓，逃至齐鲁一带，后又转到吴地。

【译文】

唉！各人的时运不同，命运多坎坷。冯唐年老却不得高官，李广有显赫的军功却难以封侯。委屈贾谊被贬到长沙，并不是没有圣明君主；梁鸿被逼迫逃窜到海边，难道是没在政治清明的时代吗？只不过有修养的君子能安于清贫，通事理的人能知道自己的命运罢了。年纪老了志气应当更加旺盛，怎么能在年老时改变心志呢？境遇虽然困厄，但应当更加坚定意志，不可抛弃上干青云的气节。喝了贪泉的水，仍然觉得神清气爽；处在困境依然心情乐观。北海虽远，乘着大风也可以到达；年少的时光已经过去，但珍惜将来还不算太晚。品行高洁的孟尝，空有一腔报国的热情；不拘礼法的阮籍，怎么能效仿它那样在无路可走时大哭呢？

勃，三尺微命，一介书生。无路请缨[①]，等终军之弱冠[②]，有怀投笔[③]，慕宗悫之长风。舍簪笏于百龄，奉晨昏[④]于万里。非谢家之宝树，接孟氏之芳邻。他日趋庭，叨陪鲤对，今晨捧袂[⑤]，喜托龙门。杨意[⑥]不逢，抚凌云而自惜；锺期既遇，奏流水以何惭？

呜呼！胜地不常，盛筵难再。兰亭已矣，梓泽丘墟。临别赠言，幸承恩于伟饯；登高作赋，是所望于群公。敢竭鄙诚，恭疏短引。一言均赋，四韵俱成。

滕王高阁临江渚，佩玉鸣鸾罢歌舞。
画栋朝飞南浦云，朱帘暮卷西山雨。
闲云潭影日悠悠，物换星移几度秋。
阁中帝子今何在？槛外长江空自流。

【注释】

①请缨：指请求赐予克敌建功的命令。

②终军：西汉人。弱冠：二十岁。

③投笔：指弃文就武。

④晨昏：古代礼节，早晨向父母问安，晚间为父母铺床。

⑤捧袂（mèi）：抬起衣袖，表示恭谨。

⑥杨意：杨得意，汉武帝时担任掌管猎犬的官，向汉武帝引荐了司马相如。

【译文】

我王勃只是腰带三尺的小官，地位卑微的一介书生。与终军的弱冠年龄相当，却没有报国的门路，怀着投笔从戎的志向，仰慕宗悫乘风破浪的英雄气概。宁愿抛弃一生的功名利禄，跋涉万里去侍奉双亲。我虽然不及谢玄那样的杰出人才，却有幸接触孟母所追求的好邻居。我将到父亲身边聆听教诲，今天有幸拜见阎公，让我高兴得如同鲤鱼跃龙门。倘若司马相如没能遇到杨得意那样的引荐人，只能捧着赋而空自叹息；既然伯牙遇到锺子期那样的知音，弹奏高山流水的曲子又有什么羞愧呢?

唉！名胜之地不能常游，盛大宴会难再遇到；兰亭雅集已经成了古迹，金谷名园也成了废墟。临别时写几句赠言，有幸蒙受阎公的恩惠来参加这次宴会；登高赋诗，还是仰仗在座诸公。请允许我冒昧地尽我微薄的心意，恭敬地写了这篇短序。一说大家都请赋诗，就写成了四韵八句：

巍峨的滕王阁耸立在江渚，佩玉声声鸾铃鸣响的歌舞已经停止了。早晨，画栋雕梁飞上了南浦的云；晚上，朱红帘幕卷起了西山的雨雾。闲暇浮云，潭中倒影，都在晃晃悠悠，世事变迁，星斗转移，度过了多少春秋。往日阁中的帝子滕王，今日又在哪里？只有那栏杆外的赣江水，空自向远方奔流！

【赏析】

本篇从洪都的地势、人才切入，写到宴会，写滕王阁的宏伟瑰丽，秋景的浓墨重彩；再从宴会娱游引出对人生际遇的感慨；接着作者借用典故描述自己遭遇的困境，并用乐观的精神加以化解；最后用应命赋诗与自谦之辞作结尾。文中即便包含命运悲观的思想，但整体的感情基调仍是积极向上的，展现了作者深刻的思考和丰富的情感。

春夜宴桃李园序

李白

夫天地者，万物之逆旅①；光阴者，百代之过客。而浮生若梦，为欢几何？古人秉烛夜游，良②有以也。况阳春召我以烟景，大块③假我以文章。会桃李之芳园，序天伦之乐事。群季俊秀，皆为惠连④，吾人咏歌，独惭康乐。幽赏未已，高谈转清。开琼筵以坐花，飞羽觞⑤而醉月。不有佳作，何伸雅怀？如诗不成，罚依金谷⑥酒数。

【注释】

①逆旅：旅舍。逆，迎接。旅，远行的人。

②良：的确。

③大块：天地，这里指大自然。

④惠连：谢惠连，南朝著名文学家，和族兄谢灵运一起称为“大小谢”。

⑤羽觞（shāng）：一种双耳酒杯。

⑥金谷：西晋石崇在金谷园宴请宾客，不能赋诗的人，自罚三杯。

【译文】

天地，是万物的旅舍；光阴，是古往今来的过客。人生漂浮不定，就像梦一样，得到的欢乐能有多少？古人在夜间点燃灯烛游玩，确实是有道理的啊！何况温暖和煦的春天用美景召唤我们，大自然又给我们提供锦绣风光。我们在桃李芬芳的花园里聚会，叙说天伦乐事。各位贤弟都英俊优秀，个个都有谢惠连那样的才情，而我作诗吟咏，自愧比不上谢灵运。欣赏幽雅景色的情趣未了，高谈阔论又转向清言雅语。坐在花丛中摆开盛筵，觥筹交错，醉于月光之下，如果没有好诗，怎么能抒发高雅的情怀？如果赋诗不成，依照金谷园雅集的先例罚酒三杯。

【赏析】

本文生动地描绘了作者与一众兄弟在春天的夜晚相聚，饮酒赋诗的场景。作者发出天高地广，年华易逝，人生如梦，欢乐难得的感叹，且以古人“秉烛夜游”加以印证，表达了作者对生活和自然充满热爱的愉悦心情，也显示出作者俯仰古今的宽阔胸怀。语句洒脱自在，音调激昂，精妙的骈偶句式让文章增色不少。

陋室铭

刘禹锡

山不在高，有仙则名；水不在深，有龙则灵。斯是陋室，唯吾德馨[1]。苔痕上阶绿，草色入帘青。谈笑有鸿儒[2]，往来无白丁[3]。可以调[4]素琴，阅金经[5]。无丝竹[6]之乱耳，无案牍之劳形。南阳诸葛庐[7]，西蜀子云亭。孔子云：“何陋之有？”

【注释】

①德馨：德行馨香。

②鸿儒：大儒，泛指博学的人。

③白丁：平民，无功名者。这里指没有文化的人。

④调（tiáo）：调和，这里指和弦。

⑤金经：泛指佛道经籍。

⑥丝竹：泛指弦乐和管乐，这里指音乐之声。

⑦诸葛庐：东汉末诸葛亮出山前，隐居于草庐，躬耕于南阳。

【译文】

山不在有多高，有了神仙就会出名；水不在有多深，藏有蛟龙就有灵气。这是简陋的小屋，不过我的德行美好。绿色的苔痕长在庭阶上，草色透过帘栊，满室映照得青绿。在这里谈笑的都是饱学多识的大儒，来往的没有知识浅薄的人。可以弹奏清雅的古琴，可以诵读金字书写的经卷。既没有嘈杂的音乐来扰乱听觉，也没有劳碌审阅公事文书使身体劳累。如同南阳有诸葛亮的茅庐，西蜀有扬雄的子云亭。孔子说：“这有什么简陋呢？”

【赏析】

文章结构明确清晰，以山水起兴，点明主旨——“斯是陋室，惟吾德馨”，随后从室外之景、室内之人、室中之事落笔，说明陋室不陋。结尾引证古人、古迹、古语，上下古今，浑然一体，情兴无限，韵味深长。作者托物言志，借赞美陋室表达自己不与世俗同流合污，安贫乐道，不慕名利的高洁之志。

阿房宫赋

杜牧

六王[①]毕，四海一；蜀山兀[②]，阿房出。覆压三百余里，隔离天日。骊山[③]北构而西折，直走咸阳[④]。二川溶溶，流入宫墙。五步一楼，十步一阁，廊腰缦回，檐牙高啄，各抱地势，钩心斗角。盘盘焉，囷囷[⑤]焉，蜂房水涡，矗不知其几千万落。长桥卧波，未云何龙？复道行空，不霁何虹？高低冥迷，不知西东。歌台暖响，春光融融，舞殿冷袖，风雨凄凄。一日之内，一宫之间，而气候不齐。

【注释】

①六王：指齐、楚、燕、赵、韩、魏六国的君王。

②兀：砍光树木，山顶平秃。

③骊山：在今陕西省西安市临潼区东南。

④咸阳：在今陕西省咸阳市东北。

⑤囷囷（qūn）：曲折回旋的样子。

【译文】

六国覆灭，天下统一。蜀地的山光秃秃的，阿房宫建成了。阿房宫覆压了三百多里的地面，宫殿高耸，遮天蔽日。它从骊山的北面建起，向西面延伸转折，直到咸阳。渭水和樊川的水波荡漾，流入宫墙里面。五步一座楼，十步一个阁。连接楼阁的走廊如腰带般萦回；屋檐翘起，像鸟嘴在高处啄食。楼阁依随着地势连绵起伏，彼此呼应，低处的屋角钩住高处的屋心，屋角彼此相斗。盘旋曲折，如同一格格密集的蜂房，一圈圈迂回曲折的旋涡，巍峨高耸，不知有几千万座。长长的桥在水上横卧，没有风起云涌，哪来的龙？楼阁的过道横贯空中，不是雨过天晴，哪来的彩虹？亭榭池苑忽高忽低，幽暗迷离，让人不能分辨东西。台上歌声嘹亮，充满温暖的气息，如春光融和；殿中舞袖挥动，又如风雨凄凉。一天里，一座宫殿中，气候却大不相同。

妃嫔媵嫱[①]，王子皇孙，辞楼下殿，辇[②]来于秦，朝歌夜弦，为秦宫人。明星荧荧，开妆镜也；绿云扰扰，梳晓鬟也；渭流涨腻，弃脂水也；烟斜雾横，焚椒兰也；雷霆乍惊，宫车过也；辘辘远听，杳不知其所之也。一肌一容，尽态极妍，缦立远视，而望幸焉。有不得见者，三十六年[③]。燕、赵之收藏，韩、魏之经

五代·卫贤《高士图》

营，齐、楚之精英，几世几年，取掠其人，倚叠如山。一旦不能有，输来其间。鼎铛④玉石，金块珠砾，弃掷逦迤⑤，秦人视之，亦不甚惜。

【注释】

①嫔、嫱（qiáng）：指宫中的女官。

②辇（niǎn）：皇帝、皇后乘坐的车。这里用作动词，乘车。

③三十六年：指秦始皇在位的实际年数。

④铛（chēng）：平底浅锅。

⑤逦迤（lǐ yǐ）：绵延不断，这里指不止一处。

【译文】

六国的宫妃，王子皇孙，辞别故国的楼阁宫殿，乘坐辇车来到秦国。日日夜夜唱歌弹琴，变成秦国的宫人。星光闪烁，是美人们打开了梳妆镜；绿云朵朵，是她们在梳理晨妆时披散的秀发；渭河上漂着的油腻，是她们倒掉的脂粉水；烟雾缭绕，是她们在焚烧椒兰香料；雷霆震响，是宫车行驶过去了；车轮声由近而远，不知它驶向了哪里。宫女的肌肤和容貌都精心地打扮过，艳丽娇艳，久久地站着眺望，期望皇帝驾到，有的人竟然等了三十六年都没见过皇帝。燕国、赵国珍藏的珍宝，韩国、魏国经营的珠玉，齐国、楚国搜集的奇珍，是他们经过多少代多少年，从百姓那里掠夺来的，堆积如山。一旦国家灭亡，就不能被占有，都被运送到阿房宫。在这里，宝鼎当成铁锅，宝玉当成石头，金子当成土块，珍珠当成沙砾，随处丢弃，秦国人看见，也丝毫不觉得可惜。

嗟乎！一人之心，千万人之心也。秦爱纷奢，人亦念其家。奈何取之尽锱铢①，用之如泥沙？使负栋之柱，多于南亩之农夫；架梁之椽②，多于机上之工女。钉头磷磷③，多于在庾之粟粒；瓦缝参差，多于周身之帛缕。直栏横槛，多于九土之城郭；管弦呕哑，多于市人之言语。使天下之人，不敢言而敢怒，独夫④之心，日益骄固。戍卒叫⑤，函谷⑥举，楚人一炬⑦，可怜焦土。

【注释】

①锱铢（zī zhū）：指古代的重量单位。

②椽（chuán）：屋梁上用来支撑屋面和瓦片的木条。

③磷磷：本义指水中有石头突出，此处形容砖木结构建筑物上突的钉头很多。

④独夫：指秦始皇。

⑤戍卒叫：指陈胜吴广起义。

⑥函谷：即函谷关，在今河南省灵宝东北。

⑦楚人一炬：公元前 206 年，项羽攻入咸阳后，焚烧了阿房宫。

【译文】

唉！一个人的心，也就是千万人的心。秦王喜爱豪华奢侈，百姓也眷恋自己的家。为什么搜刮时锱铢必较，挥霍时像对待泥沙一样？使得支撑宫殿的柱子，比田地里的农夫还要多；架在梁上的椽子，比织机上的织女还要多；梁柱上的一颗颗钉头，比粮仓里的米粟还要多；参差交错的瓦缝，比百姓衣服上的丝缕还要多；或直或横的栏杆，比天下的城池还要多；管弦的嘈杂声，比集市的人声还要多。这让百姓不敢说话，心里却极为愤怒。独断专行的暴君之心，竟一天天更加骄横顽固。陈涉、吴广振臂一呼，函谷关就被攻破。项羽放一把大火，可惜阿房宫就化成了一片焦土！

呜呼！灭六国者，六国也，非秦也；族①秦者，秦也，非天下也。嗟夫！使六国各爱其人，则足以拒秦；秦复爱六国之人，则递三世，可至万世而为君，谁得而族灭也？秦人不暇自哀，而后人哀之，后人哀之而不鉴之②，亦使后人而复哀后人也！

【注释】

①族：杀死全族的人，这里指消灭。

②鉴之：借鉴。

【译文】

唉！灭亡六国的是六国自己，不是秦国啊；灭掉秦国的是秦国自己，而不是天下人啊。唉！假如六国的国君爱护自己的百姓，就完全能抵抗秦国；如果秦国又能爱护六国的百姓，那就能顺次传到三世，乃至万世而永为皇帝，谁又能让秦国灭亡呢？秦国人来不及哀叹自己的灭亡，可是后世的人来哀叹它；后世的人只是哀叹它而不引以为戒，那么又只好让更后来的人来哀叹这后人了。

【赏析】

杜牧以描写阿房宫的建成及毁灭，总结了秦朝统治者因骄纵的品性行为导致国家灭亡的历史教训，借古讽今，以示唐朝统治者不要重蹈历史的覆辙。展现了封建时期正直文人匡时济俗、心忧天下的伟大爱国之情。文章遣词造句华丽无比，见解深刻，是脍炙人口的千古名篇，被后世广泛赞誉和传诵。

卷八

师说

韩愈

古之学者[1]必有师。师者，所以传道、受业[2]、解惑也。人非生而知之者，孰能无惑？惑而不从师，其为惑也，终不解矣。

生乎吾前，其闻道也，固先乎吾，吾从而师之；生乎吾后，其闻道也，亦先乎吾，吾从而师之。吾师道[3]也，夫庸知其[4]年之先后生于吾乎？是故无贵无贱，无长无少，道之所存，师之所存也。

嗟乎！师道之不传也久矣，欲人之无惑也难矣。古之圣人，其出人[5]也远矣，犹且从师而问焉；今之众人，其下圣人也亦远矣，而耻学于师。是故圣益圣，愚益愚。圣人之所以为圣，愚人之所以为愚，其皆出于此乎？

爱其子，择师而教之；于其身也，则耻师焉，惑矣！彼童子之师，授之书而习其句读者也，非吾所谓传其道、解其惑者也。句读之不知，惑之不解，或师焉，或不⑥焉，小学而大遗，吾未见其明也。

巫医、乐师、百工⑦之人，不耻相师；士大夫之族，曰师、曰弟子云者，则群聚而笑之。问之，则曰："彼与彼年相若也，道相似也。位卑则足羞，官盛则近谀。"呜呼！师道之不复，可知矣。巫医、乐师、百工之人，君子不齿，今其智乃反不能及，其可怪也欤！

【注释】

①学者：指求学的人。

②受业：传授学业。受，通"授"。

③师道：学习道理。师，动词，学习。

④庸知其：哪管他。

⑤出人：超过一般人。

⑥不（fǒu）：通"否"。这里指不从师学习。

⑦百工：泛指各种手工业工匠。

【译文】

古时求学的人必定有老师。所谓的老师，就是传授道理、教授学业、解答疑惑的人。人，不是一生下来就什么都知道，谁能没有疑惑呢？有了疑惑，如果不去请教老师，那些疑惑就始终不能解决。

年龄比我大的人，他懂得的真理也就比我早，我就把他当做老师向他学习；年龄比我小的人，如果他懂得的真理也比我早，我也把他当做老师向他学习。我学习的是真理，怎么会考虑他年龄比我大还是小呢？因此，不论地位贵贱，也不论老少，道理在哪里，老师也就在哪里。

唉！从师学习的风尚已经失传很久了，想要人们没有困惑也太难了！古代的圣人，远超出一般人，尚且向老师请教；现在的一般人，他们远不如圣人，却以向老师请教为耻。因此，圣人更加圣明，而愚人更加愚昧。圣人之所以成为圣人，而愚人之所以成为愚人，大概都是这个原因吧？

人们爱自己的孩子，就让老师来教育孩子；可是自己呢，却以向老师学习为耻，这真让人疑惑啊！那些孩子的老师，是教孩子读书、学习断句的人，不是我所说的传授道理、解答疑惑的人。不会断句，愿意找老师去请教；有疑惑时，却不愿意请教老师，这是学了小知识，放弃了大学问，我看不出这种人高明在什么地方。

巫医、乐师和各种手工业者，他们不以互相学习为耻。

士大夫这类人却一说到“老师”“弟子”，就会聚集起来讥笑人家。问他们为什么笑，他们就说：“他和他年纪相近，知道的道理也差不多。拜地位低的人为师，那真的太羞耻了；而拜官职高的人为师，那就太过于谄媚了。”唉！由此可见，从师学道的风气还不能恢复。对于巫医、乐师和各种手工业者，君子是不屑与他们为伍的，现在士大夫的智慧却反不如他们，这真是太奇怪了！

圣人无常师①。孔子师郯子、苌弘、师襄、老聃②。郯子之徒，其贤不及孔子。孔子曰：“三人行，则必有我师。”是故弟子不必不如师，师不必贤于弟子，闻道有先后，术业有专攻，如是而已。

李氏子蟠，年十七，好古文，六艺③经传皆通习之，不拘于时，学于余。余嘉④其能行古道，作《师说》以贻之。

【注释】

①常师：固定的老师。

②郯（tán）子：郯国国君，子爵，故称。孔子曾向他请教官名的事。苌（cháng）弘：周敬王时大夫。孔子曾向他请教音乐的问题。师襄：春秋鲁国乐官，名襄。孔子曾向

他学弹琴。老聃（dān）：老子。孔子曾向他问礼。

③六艺：指六经，即《诗》《书》《礼》《乐》《易》《春秋》。

④嘉：赞许。

【译文】

圣人没有固定的老师。孔子曾经向郯子、苌弘、师襄、老聃请教。郯子这些人的品德和能力不如孔子。孔子说："三个人一起走，其中一定有可以做我老师的人。"因此，学生不一定不如老师，老师也不一定比学生贤能。懂得真理有先有后，专业技术各有专长，如此罢了。

李家叫蟠的孩子，今年十七岁，爱好古文，已经全面学习了六经的经文和传文。他不受世俗拘束，来向我学习。我很赞赏他能遵循古人的从师学习的做法，所以写了这篇《师说》送给他。

【赏析】

这是一篇极具针对性的批驳性论文，通过对古今师风、学风的比较，阐明了教师的重要性，以及从师求学的必要性和正确原则，批判讽刺了当时士大夫阶层耻于相师的不良风气。展现出韩愈不惧世俗的巨大勇气和坚持真理的可贵精神。全文结构严谨，论点明确，说理清晰透彻，有着较强的感染力和说服力。

卷九

捕蛇者说

柳宗元

永州之野产异蛇，黑质①而白章，触草木尽死，以啮人，无御之者。然得而腊②之以为饵，可以已大风、挛踠、瘘、疠③，去死肌，杀三虫④。其始，太医以王命聚之，岁赋⑤其二，募有能捕之者，当其租入，永之人争奔走焉。

【注释】

①质：质地。

②腊（xī）：风干。

③挛踠：手脚关节障碍，不能伸屈自如。瘘：颈部肿大。疠：恶疮。

④三虫：人体的寄生虫。道家把人的脑、胸、腹三部称为“三尸”，虫进入三尸，人就会得病。

⑤赋：征收。

【译文】

永州的山野出产一种怪异的蛇，黑色的身体上长着白色的花纹。它碰到草木，草木全都会干枯而死；如果咬到人，没有医治的办法。但是捕杀它后风干，做成药饵，却可以用来治愈麻风、关节病、颈部脓肿、恶疮，去除掉坏死的肌肉，杀死人体内的寄生虫。起初，太医奉皇帝的命令搜集这种蛇，每年征收两次。招募能捕捉这种蛇的人，用蛇抵扣他应该缴纳的赋税。于是，永州的百姓都争着抢着去做这件事。

有蒋氏者，专其利[1]三世矣。问之，则曰：“吾祖死于是，吾父死于是，今吾嗣为之十二年，几死者数矣。”言之，貌若甚戚者。

余悲之，且曰：“若毒之乎？余将告于莅事者[2]，更若役，复若赋，则何如？”蒋氏大戚，汪然出涕曰：“君将哀而生之乎？则吾斯役之不幸，未若复吾赋不幸之甚也。向吾不为斯役，则久已病矣。自吾氏三世居是乡，积于今六十岁矣，而乡邻之生日蹙[3]，殚其地之

出，竭其庐之入，号呼而转徙，饥渴而顿踣[4]，触风雨，犯寒暑，呼嘘毒疠[5]，往往而死者相藉也。曩[6]与吾祖居者，今其室十无一焉，与吾父居者，今其室十无二三焉，与吾居十二年者，今其室十无四五焉，非死则徙尔，而吾以捕蛇独存。悍吏之来吾乡，叫嚣乎东西，隳突乎南北，哗然而骇者，虽鸡狗不得宁焉。吾恂恂[7]而起，视其缶，而吾蛇尚存，则弛然而卧。谨食之，时而献焉。退而甘食其土之有，以尽吾齿。盖一岁之犯死者二焉，其余则熙熙而乐，岂若吾乡邻之旦旦有是哉！今虽死乎此，比吾乡邻之死则已后矣，又安敢毒邪？”

余闻而愈悲。孔子曰：“苛政猛于虎也。”吾尝疑乎是，今以蒋氏观之，犹信。呜呼！孰知赋敛之毒，有甚是蛇者乎！故为之说[8]，以俟夫观人风者得焉。

【注释】

①专其利：独享这种好处，指捕蛇上缴可不纳税。

②莅（lì）事者：负责这事的人，指地方官。

③蹙（cù）：穷困。

④顿踣（bó）：因劳累而倒下。

⑤毒疠（lì）：毒气。

⑥曩（nǎng）：从前。

⑦恂恂（xún）：小心谨慎的样子。

⑧说：一种叙事兼议论的文体。

【译文】

有个姓蒋的人家，享有捕蛇免税的好处已经有三代了。我问他有关情形，他说："我的祖父死在捕蛇上，我的父亲也死在捕蛇上，现在我继承捕蛇这件事十二年了，有好几次险些丧命。"言语间神色悲伤。

我非常同情他，就说："你憎恨这个差事吗？我打算告诉主管这事的地方官，更换你的差事，恢复你的赋税，你觉得如何？"蒋氏一听更加悲伤了，满眼含泪地说："你这是可怜我，想让我活下去吗？可是我做这个差事的不幸，还比不

清· 石涛《渊明诗意图》

上恢复我的赋税的不幸那样严重！假如我曾经不做捕蛇这个差事，那我早已贫困不堪了。自从我家三代住在这个地方，到现在有六十年了。乡邻们的生活一天比一天窘迫，他们用尽土地里产出的东西，上缴家里所有的收入，却只得哭号着背井离乡，饥饿了倒在地上。他们一路上遭受着狂风暴雨，冒着严寒酷暑，呼吸着带毒的瘴气，因此死亡的人常常积尸成堆。从前与我祖父同住在这里的人，十家中现在剩下不到一家了；和我父亲同住在这里的人，十家中现在剩下不到两三家了；和我同住了十二年的人，十家中现在剩下的不到四五家了，不是死了，就是搬迁了。只有我凭着捕蛇独自活了下来。凶狠的官吏来我们乡里时，四处吆喝叫骂，骚扰毁坏，受到惊吓的人们乱嚷乱叫，连鸡狗也得不到安宁。我小心翼翼地起来，看装蛇的瓦罐，我捕的蛇还在，就放心地躺下了。我小心地喂养它，按照规定的时间把它献上去。回到家，就能美滋滋地吃着那自己田地里收获的东西，这样来度过我的余年。大约一年中冒生命危险的情况只有两次，其余时间则舒坦地生活，哪像我的乡邻们天天有这种危险呢！现在，我即使死在捕蛇这个差事上，与我的乡邻相比，已经是死得晚多了，又怎么敢怨恨这个差事呢？”

我听了蒋氏的这些话更加悲伤了。孔子说：“严苛的政治比老虎更加凶猛啊。”我曾经怀疑过这句话，现在从蒋氏

的遭遇来看，真是千真万确。唉！谁能想到苛捐杂税的毒会比毒蛇的毒更厉害呢！因此，我写了这篇文章，期待那些视察民情的官吏参考。

【赏析】

柳宗元被贬为永州司马后写了这篇著名的寓言体散文，通过一个姓蒋的捕蛇者的自述，揭示了他一家犯险捕蛇的原因："赋敛毒于蛇。"从而揭露了封建官吏对永州百姓的盘剥压榨，百姓家破人亡的悲苦遭遇，作者对生活在水深火热中的贫苦百姓寄予了极大的同情，有力地控诉了当时社会吏治的腐败，同时反映了自己坚持改革的美好愿望。

岳阳楼记

范仲淹

庆历四年[1]春，滕子京谪守巴陵郡[2]。越明年，政通人和，百废具兴。乃重修岳阳楼，增其旧制，刻唐贤、今人诗赋于其上，属[3]予作文以记之。

【注释】

①庆历四年：1044年。庆历是宋仁宗的年号。

②巴陵郡：指岳州，治所在今湖南岳阳。

③属：同“嘱”，委托，嘱咐。

【译文】

庆历四年的春天，滕子京被贬到岳州做知州。到了第二年，政务办得通达顺畅，百姓安居乐业，原先荒废的各种事业也都兴办起来了。于是他就重新修建了岳阳楼，扩大原来的规模，把唐朝名人和当代文人的诗赋刻在了上面，并委托我写一篇文章来记述这件事。

予观夫巴陵胜状，在洞庭[1]一湖。衔远山，吞长江，浩浩汤汤，横无际涯；朝晖夕阴，气象万千。此则岳阳楼之大观也，前人之述备矣。然则北通巫峡，南极潇湘[2]，迁客骚人[3]，多会于此，览物之情，得无异乎？

【注释】

①洞庭：指洞庭湖，在今湖南岳阳西。

②潇湘：指湘水与潇水在湖南零陵汇合，称为潇湘。

③迁客：指被贬的官吏。骚人：诗人，因《离骚》得名。

【译文】

在我看来，岳州的美景全在洞庭湖上。这湖衔接着远山，吞吐着长江，浩浩荡荡，无边无际；清晨阳光灿烂，傍晚暮霭萦回，一天之内的气象千变万化。这就是岳阳楼的雄伟景象，前人已经详细地描绘过了。这湖北边通到巫峡，南边直达潇水和湘水，那些被贬官员和诗人经常在这里聚会，他们观赏自然景物的心情，怕是也有所不同吧？

若夫霪雨霏霏①，连月不开，阴风怒号，浊浪排空，日星隐曜②，山岳潜形，商旅不行，樯倾楫摧，薄暮冥冥，虎啸猿啼。登斯楼也，则有去国③怀乡，忧谗畏讥，满目萧然，感极而悲者矣。

【注释】

①霪（yín）雨霏霏：指连绵的细雨。

②曜（yào）：指光辉。

③去国：离开国都，指被贬官。

【译文】

在那细雨连绵不断，接连几个月不放晴的日子里，阴冷的风在水面怒吼，浑浊的浪冲向天空；太阳和星辰失去了晶莹的光辉，山岳潜藏了巍峨的山体；往来的商人和旅客不能通行，船桅倾倒，船桨折断；傍晚时天色昏暗，老虎低啸，猿猴哀啼。这时登上岳阳楼观景，就会想念朝廷，怀念家乡，担心受到诽谤，惧怕被讥讽，满眼萧条凄凉，心情自然就万分悲凉了。

至若春和景[①]明，波澜不惊，上下天光，一碧万顷，沙鸥翔集，锦鳞[②]游泳，岸芷汀[③]兰，郁郁[④]青青。而或长烟一空，皓月千里，浮光耀金，静影沉璧，渔歌互答，此乐何极！登斯楼也，则有心旷神怡，宠辱皆忘，把酒临风，其喜洋洋者矣。

【注释】

①景：日光。

②锦鳞：这里代指鱼。

③汀（tīng）：指水边的平地。

④郁郁：形容香气很浓。

【译文】

到了春光和煦、阳光明媚的季节，湖上风平浪静；天光水色交融互映，万顷的江面一片碧绿；沙鸥时而独自飞翔，时而落下聚集成群，美丽的鱼游来游去；岸上的白芷和小洲

上的兰花，草木茂盛，郁郁葱葱。有时满天云烟完全消散，皎洁的月光一泻千里，湖面上闪烁着金色的光辉，静静的月影如沉入水中的璧玉，渔夫的歌声此唱彼和地响起，这乐趣真是无穷尽啊！这时登上岳阳楼观景，就会觉得心胸开阔，心情愉悦，恩宠和屈辱一起忘记，迎着和风端起酒杯畅饮，觉得喜气洋洋了！

嗟夫！予尝求古仁人之心，或异二者之为。何哉？不以物喜，不以己悲。居庙堂①之高，则忧其民；处江湖之远，则忧其君。是进亦忧，退亦忧，然则何时而乐耶？其必曰“先天下之忧而忧，后天下之乐而乐”欤！噫！微斯人，吾谁与归！

【注释】

①庙堂：宗庙和明堂，这里代指朝廷。

【译文】

唉！我曾探求过古代仁义之士的思想，他们往往不同于上面两种人。这是为什么呢？是因为他们不为外界事物美好而欢喜，也不为个人的坎坷遭遇而悲哀。他们在朝廷任职，就为百姓担忧；在民间闲居，就为皇帝担忧。这样，做官担忧，不做官也担忧，那什么时候才会快乐呢？他们一定会说“在世人担忧之前就担忧，在世人欢乐之后才欢乐”吧！唉！如果不是这样的人，我还能与谁在一起呢！

【赏析】

“庆历新政”失败后，范仲淹在谪居外地时写了此文，他虽然身居江湖，却依旧心忧国事，虽然遭受迫害，却仍然追求自己的理想。通过描绘岳阳楼的美丽景色及迁客骚人登楼观景后的感情，表达了自己“不以物喜，不以己悲”的旷达豪迈与“先天下之忧而忧，后天下之乐而乐”的宏大政治抱负。这种先吃苦后享乐的品质，一直有着很强的教育意义。

宋·马和之《唐风册》

卷十

醉翁亭记

欧阳修

环滁[1]皆山也。其西南诸峰，林壑尤美。望之蔚然而深秀者，琅琊[2]也。山行六七里，渐闻水声潺潺，而泻出于两峰之间者，酿泉也。峰回路转，有亭翼然临于泉上者，醉翁亭也。作亭者谁？山之僧智仙也。名之者谁？太守自谓也。太守与客来饮于此，饮少辄醉，而年又最高，故自号曰醉翁也。醉翁之意不在酒，在乎山水之间也。山水之乐，得之心而寓之酒也。

【注释】

①滁（chú）：在今安徽滁州。

②琅琊（láng yá）：指琅琊山，在今安徽滁州市西南。

【译文】

滁州城四面环绕的都是山。西南的几座山峰，树林和山谷尤为秀丽。远远望去，那郁郁葱葱、幽深秀丽的地方，就是琅琊山了。走六七里的山路，渐渐地能听到潺潺的流水声，从两座山峰间飞泻而下的是酿泉。山势回环，山路曲折蜿蜒，一座亭子的亭檐像飞鸟展翅般飞架在泉上，这就是醉翁亭。是谁建造的亭子呢？是山上的僧人智仙。给亭子取名的又是谁呢？就是自号“醉翁”的滁州太守。太守和他的宾客们到这里饮酒，只喝一点儿就喝醉了，而且年纪又是最大的，所以自号“醉翁”。其实醉翁的情趣不在饮酒，而在山水之间。欣赏山水美景的乐趣，从心领神会而又寄托在酒中。

若夫[①]日出而林霏开，云归而岩穴暝[②]，晦明变化者，山间之朝暮也。野芳发而幽香，佳木秀而繁阴，风霜高洁，水落而石出者，山间之四时也。朝而往，暮而归，四时之景不同，而乐亦无穷也。

【注释】

①若夫：句首语气词，至于的意思。

②暝（míng）：昏暗，黄昏。

【译文】

至于太阳升起时，林间的云雾消散，烟云聚拢时，山岩洞穴就显得昏暗了，这种明暗交替变化，那是山中的清晨与黄昏。野花开了，散发着阵阵幽香；林木秀美枝叶繁茂；天高气爽，霜色洁白；溪水低落，山石显露，这就是山中四季景致的变化，早晨进山，傍晚回来，四季的景象都不相同，其中的乐趣无穷无尽。

至于负者歌于涂，行者休于树，前者呼，后者应，伛偻提携[①]，往来而不绝者，滁人游也。临溪而渔，溪深而鱼肥，酿泉为酒，泉香而酒洌。山肴野蔌，杂然而前陈者，太守宴也。宴酣之乐，非丝非竹，射者中，弈者胜，觥[②]筹交错，起坐而喧哗者，众宾欢也。苍颜白发，颓乎其中者，太守醉也。

【注释】

①伛偻（yǔ lǚ）提携：指老人和小孩。

②觥：指酒器。

【译文】

至于背着货物的人在山路上唱歌，行路的人在树下休息，前面的招呼，后面的应答，老人弯着腰走，小孩由大人领着走，往来不断，那是滁州人来这里游山玩水。在溪边钓鱼，溪水深并且鱼肉肥美；用泉水酿酒，泉水香甜而且酒清洌。山珍野菜交错地摆在面前，那是太守宴请宾客所设的筵席。宴饮酣畅的乐趣，不在于弹琴奏乐，投壶的投中了，下棋的赢了，只见酒杯和酒筹杂乱交错，人们时起时坐、说笑喧闹，那是欢乐的宾客们。有个人面容苍老，满头白发，昏昏沉沉地坐在众人中间，那是太守醉了。

已而夕阳在山，人影散乱，太守归而宾客从也。树林阴翳①，鸣声上下，游人去而禽鸟乐也。然而禽鸟知山林之乐，而不知人之乐；人知从太守游而乐，而不知太守之乐其乐也。醉能同其乐，醒能述以文者，太守也。太守谓谁？庐陵②欧阳修也。

【注释】

①阴翳（yì）：指树木枝叶繁茂。

②庐陵：今江西吉安。欧阳修先世是庐陵大族，因而这里他自称为庐陵人。

【译文】

不久，太阳已经西落，人影开始散乱，那是宾客们纷纷跟随太守回去了。树林浓密成荫，鸟儿到处鸣叫，这是游人走后鸟儿的欢唱。但是鸟儿只知生活在山林的快乐，却不知人们游山玩水的快乐；而人们只知跟随太守游山玩水的快乐，却不知太守是因游人的快乐而感到快乐。喝醉时，能同大家一起欢乐；酒醒了，又能用文章记叙这些乐事，这个人就是太守啊。太守是谁呢？是庐陵的欧阳修啊。

【赏析】

这篇散文富有诗情画意，别具清丽格调，主要写了两部分内容：第一部分重点写亭；第二部分重点写游。但全篇都贯穿着一个“乐”字。欧阳修把政治失意、仕途坎坷的抑郁和苦闷寄情于山水间，消融在与民同乐间，描绘了多幅变化多姿的优美图画，获得了一种平衡、和谐的感受，充满了士大夫悠闲自适的情调。表现了他随遇而安、与民同乐、不与世俗同流合污的旷达情怀。

卷十一

前赤壁赋

苏轼

壬戌①之秋，七月既望②，苏子与客泛舟游于赤壁③之下。清风徐来，水波不兴。举酒属客，诵《明月》之诗，歌“窈窕”之章。少焉，月出于东山之上，徘徊于斗、牛④之间。白露横江，水光接天。纵一苇之所如，凌万顷之茫然。浩浩乎如冯⑤虚御风，而不知其所止，飘飘乎如遗世独立，羽化⑥而登仙。

【注释】

①壬戌：宋神宗元丰五年，1082年。

②既望：旧历每月十六日。

③赤壁：指湖北黄冈的赤鼻山，也称赤壁。

④斗、牛：星宿名，指斗宿和牛宿。

⑤冯：同“凭”，凭借。

⑥羽化：道家用语，指成仙。

【译文】

元丰五年秋，七月十六日，我和客人在赤壁的下面划船游玩。清凉的风徐徐地吹来，水面上没有波澜。我举起酒杯，向客人敬酒，吟诵起《诗经·陈风·月出》里的“窈窕”这一章。一会儿，月亮从东山升起，在斗宿和牛宿之间徘徊。白茫茫的雾气横浮在江面，波光闪动的水面衔接着天边，我们任凭轻舟漂荡，越过茫茫无边的江面。江面浩瀚无垠，小船好像腾空驾风而行，不知道要飞向何方。我们飘飘然，仿佛远离人世间，无牵无挂，成为神仙，飞升仙境。

于是饮酒乐甚，扣舷而歌之，歌曰：“桂棹[1]兮兰桨，击空明兮泝流光。渺渺兮予怀，望美人兮天一方。”客有吹洞箫者，依歌而和之。其声呜呜然，如怨如慕，如泣如诉，余音袅袅，不绝如缕，舞幽壑之潜蛟，泣孤舟之嫠妇。苏子愀然[2]，正襟危坐而问客曰：“何为其然也？”客曰：“‘月明星稀，乌鹊南飞’，此非曹孟德之诗乎？西望夏口，东望武昌，山川相缪，郁乎苍苍，此非孟德之困于周郎者乎？方其破荆州[3]，下江陵，

顺流而东也，舳舻千里，旌旗蔽空，酾酒临江，横槊赋诗，固一世之雄也，而今安在哉？况吾与子渔樵于江渚之上，侣鱼虾而友麋鹿，驾一叶之扁舟，举匏樽以相属。寄蜉蝣④于天地，渺沧海之一粟，哀吾生之须臾，羡长江之无穷，挟飞仙以遨游，抱明月而长终。知不可乎骤得，托遗响于悲风。”

【注释】

①棹（zhào）：划船的工具。

②愀（qiǎo）然：忧愁的样子。

③荆州：今湖北襄阳一带。

④蜉蝣（fú yóu）：昆虫名，一种生存期极短的小飞虫。

【译文】

这时，我们喝酒喝得很高兴，就敲着船舷唱起歌来。歌词是：“桂木做的船棹呀木兰做的船桨，击打着清澈的江水，船在浮动着月光的水面上逆流而行。我的情思，深远无穷，心中思念的美人呀，在天涯那方。”客人中有个会吹洞箫的，随着歌声吹奏起来。那箫声呜呜咽咽，像是哀怨，又像是思慕，像在抽泣，又像在倾诉，尾音悠长，像一缕细丝延绵不断。这箫声引得在幽谷深潭里潜伏的蛟龙为之起舞，惹得孤舟中的寡妇听了落泪。我顿时忧愁凄怆，整理好衣襟，坐端正，问客人说：“这箫声为何这样悲凉呢？”客人说：“‘月明星稀，乌鹊南飞’，这不是曹操的诗句吗？从这里向西望到夏口，向东望到武昌，山水环绕，草木茂盛苍翠，这不正是曹操当年被周瑜围困的地方吗？当时曹操夺取荆州，攻下江陵，大军顺着长江东下的时候，战船连接千里，旌旗遮蔽天空，他在江边举杯痛饮，横执长矛吟诗作赋，真是一世的英雄啊，可如今他又在哪里呢？何况我和你只是在江边沙洲捕鱼砍柴，与鱼虾为伴、与麋鹿为友，驾着一叶小船，举着葫芦做成的酒杯相互敬酒。我们像蜉蝣似的短暂地寄生在天地之间，渺小得如同沧海中的一粒粟米，哀叹我们的生命短促，羡慕长江的流水无穷无尽，希望拉着仙人一起遨游各地，拥抱着明月一起长存。明知道这是不可能马上实现的，只好借箫声把无穷的遗恨托寄在悲凉的秋风中。”

宋·马和之《唐风册》

苏子曰：“客亦知夫水与月乎？逝者如斯[①]，而未尝往也；盈虚者如彼，而卒莫消长也。盖将自其变者而观之，则天地曾不能以一瞬，自其不变者而观之，则物与我皆无尽也，而又何羡乎？且夫天地之间，物各有主，苟非吾之所有，虽一毫而莫取。惟江上之清风，与山间之明月，耳得之而为声，目遇之而成色，取之无禁，用之不竭，是造物者之无尽藏也，而吾与子之所共适。”

【注释】

①逝者如斯：语见《论语·子罕》：“子在川上曰：逝者如斯夫。”

【译文】

我对客人说：“您也理解那江水和月亮吗？江水昼夜不停地流淌，而实际上它又不曾流去；月亮时圆时缺变化不定，然而它并没有增加或减少。如果从事物变化的一面来观察，那天地的万事万物没有一刻能保持原样；如果从事物不变的一面来观察，那万物和我们的生命同样无穷无尽，您又为什么要羡慕它们呢？再说天地之间，万物都有各自的归属，假如不是我们的东西，哪怕是一丝一毫也不能求取。只有江上的清风和山间的明月，我们的耳朵听到了，就成为悦耳的声音；眼睛看到了，就是悦目的形色，取用他们从来没有人来

禁止，我们享用他们也不曾用尽，这就是大自然无穷无尽的宝藏，我和您都可以共同享用。”

客喜而笑，洗盏更酌，肴核①既尽，杯盘狼藉，相与枕藉乎舟中，不知东方之既白。

【注释】

①核：指水果。

【译文】

客人高兴地笑了，于是又清洗酒杯，重新斟酒再饮，菜肴和果品都被吃完了，杯盘凌乱，大家在船上互相靠着睡着了，连天亮了都不知道。

【赏析】

此赋是苏轼因为“乌台诗案”被贬黄州团练副史所作。通过月夜泛舟、饮酒赋诗引出主客间的对话，既从客人的口中说出吊古伤今的情感，也从苏子的言论中听到矢志不移的情怀，是文赋中的佳作。第一段，写夜游赤壁。第二段，写作者欢快地饮酒放歌与客人悲凉的箫声。第三段，写客人感叹人生的短促无常。第四段，写苏轼针对客人的感慨陈述自己的见解，宽解对方。第五段，写客人转悲为喜，开怀畅饮。总之，作者阐发了变与不变的哲理，展现了他忘怀得失、超然物外、乐观旷达的胸襟。

游褒禅山记

王安石

褒禅山[1]亦谓之华山。唐浮图[2]慧褒始舍于其址，而卒葬之，以故其后名之曰褒禅。今所谓慧空禅院者，褒之庐冢也。距其院东五里，所谓华山洞者，以其乃华山之阳[3]名之也。距洞百余步，有碑仆道[4]，其文漫灭，独其为文犹可识，曰“花山”。今言“华”如“华实”之“华”者，盖音谬也。

【注释】

①褒禅山：在今安徽含山县北。

②浮图：这里指佛教徒，即和尚。

③阳：山的南面或水的北面。

④仆道：倒在路上。

【译文】

褒禅山也称为华山。唐朝和尚慧褒起初在这盖房定居，

而且最后还埋葬在这里，因为这个缘故，在慧褒之后人们就称这座山为褒禅山。如今所谓的慧空禅院，就是慧褒和尚的房舍和坟墓的所在地。距离这座院子东边五里，有一个地方叫华山洞，因为它在华山的南面，所以有了这样的名字。距离洞口一百多步，有一块石碑倒在路边，上面的文字已经模糊不清，只能从几个残存的文字辨认出“花山”的字样。现在把“华”字读成“华实”的“华”，也许是把字音读错了。

其下平旷，有泉侧出，而记游者①甚众，所谓“前洞”也。由山以上五六里，有穴窈然②，入之甚寒，问其深，则其好游者不能穷也，谓之“后洞”。予与四人拥火以入，入之愈深，其进愈难，而其见愈奇。有怠而欲出者，曰：“不出，火且尽。”遂与之俱出。盖予所至，比好游者尚不能十一，然视其左右，来而记之者已少。盖其又深，则其至又加少矣。方是时，予之力尚足以入，火尚足以明也。既其出，则或咎③其欲出者，而予亦悔其随之，而不得极乎游之乐也。

【注释】

①记游者：题字留念的人。

②窈然：幽深、深远的样子。

③咎：怪罪。

【译文】

山洞下的地势平坦空阔，有一股泉水从侧壁流出来，很多人到这里游览、题字留念，这就是“前洞”。沿着山路向上走五六里，有一个幽暗的山洞，走进洞里，寒气逼人，要问这个洞的深度，就连那些喜爱探险的人也不能走到尽头，这就是所说的“后洞”。我和同游的四个人举着火把走进去，进去越深，前行的道路就越困难，然而看见的景致就越奇妙。有一个退缩并想回去的人说：“如果再不回去，火把就要烧完了！”于是大家都跟他一起退出来了。大概我们所抵达的深度，比起那些喜爱探险的人还不到十分之一，然而看看左右的洞壁，来到这里题记留念的人已经很少了。大概洞越深，来的人就越少了。当决定从洞内退出时，我的力气还够继续前行，火把也足够继续照明。从山洞退出来后，就有人埋怨那个主张退出来的人，我也后悔跟着别人退出来，而未能尽情享受游览山洞的乐趣。

于是予有叹焉。古人之观于天地、山川、草木、虫鱼、鸟兽，往往有得，以其求思之深而无不在也。夫夷[①]以近，则游者众，险以远，则至者少。而世之奇伟瑰怪、非常之观，常在于险远，而人之所罕至焉，故非有志者不能至也。有志矣，不随以止也，然力不足者，亦不能至也。有志与力，而又不随以怠，至于幽暗昏惑，而无物以相之，亦不能至也。然力足以至焉，

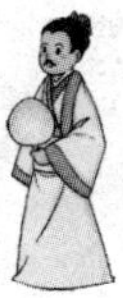

于人为可讥，而在己为有悔。尽吾志也而不能至者，可以无悔矣，其孰能讥之乎？此予之所得也。

【注释】

①夷：平坦。

【译文】

因此我深有感叹。古人观察天地、山川、草木、虫鱼、鸟兽，往往都有心得体会，这是因为他们思考问题深刻而处处都能这样的缘故。道路平坦而距离又近，那么游人就多；道路艰险而又偏远，那么游人就少了。然而世上的奇妙雄伟、珍异奇特和不同寻常的景象，往往就在艰险偏远、人迹罕至的地方，所以没有毅力的人是不能到达的。有毅力的人，不随着别人中途盲目停止，但体力不足，也不能够到达。既有毅力和体力，又不盲目听从别人、有所懈怠，但是到了幽深昏暗而令人迷惑的地方，却缺少外物辅助的支持，也还是不能到达的。然而能力足够到达却没有到达，在别人看来是可以讥笑的，而自己也是会感到后悔的。如果我尽力了仍不能到达，那就没什么可以后悔的了，谁又能来讥笑我呢？这些就是我这次游山的心得。

予于仆碑，又有悲夫古书之不存，后世之谬其传而莫能名者，何可胜①道也哉！此所以学者不可以不深思而慎取之也。

【注释】

①胜（shēng）：尽，完全。

【译文】

我对于那块倒地的石碑，又感叹古代书籍文献的遗失，后代的人讹传而无法弄清真相，这样的事情还能说得完吗？这就是读书人不能不深入思考并谨慎地选择的缘故啊。

四人者：庐陵萧君圭君玉，长乐王回深父，予弟安国平父、安上纯父。

【译文】

与我同游的四个人是：庐陵的萧君圭字君玉，长乐的王回字深父，我的弟弟王安国字平父、王安上字纯父。

【赏析】

王安石在辞职回家的途中游览褒禅山后，以追忆的形式写下了这篇游记，记叙与议论相结合，但重点不是记游褒禅山的经过，而是以游褒禅山的见闻为喻，抒发了哲理性的见解，告诉我们在生活中要实现梦想，成就事业，或者在学问上有所建树，都要有坚强的意志，只有坚持不懈，才能达到预期的目的。

卷十二

沧浪亭记

归有光

浮图①文瑛，居大云庵，环水，即苏子美②沧浪亭之地也。亟求余作《沧浪亭记》，曰：“昔子美之记，记亭之胜也，请子记吾所以为亭者。”

【注释】

①浮图：也作“浮屠”，这里代指佛教徒。

②苏子美：即苏舜卿，北宋文学家。

【译文】

僧人文瑛居住在大云庵，那里四面环水，以前是北宋文人苏子美修建沧浪亭的遗址。文瑛多次请我写一篇《沧浪亭记》，说："过去苏子美写的《沧浪亭记》，是描述沧浪亭的优美景色，而我是请您记述我修复这个亭子的缘由。"

余曰：昔吴越[1]有国时，广陵王镇吴中[2]，治南园于子城[3]之西南，其外戚孙承佑，亦治园于其偏。迨淮海纳土，此园不废。苏子美始建沧浪亭，最后禅者居之，此沧浪亭为大云庵也。有庵以来二百年，文瑛寻古遗事，复子美之构于荒残灭没之余，此大云庵为沧浪亭也。夫古今之变，朝市改易。尝登姑苏之台，望五湖[4]之渺茫，群山之苍翠，太伯、虞仲[5]之所建，阖闾、夫差之所争，子胥[6]、种、蠡之所经营，今皆无有矣，庵与亭何为者哉？虽然，钱镠因乱攘窃，保有吴、越，国富兵强，垂及四世。诸子姻戚，乘时奢僭，宫馆苑囿，极一时之盛。而子美之亭，乃为释子所钦重如此，可以见士之欲垂名于千载，不与澌然[7]而俱尽者，则有在矣。

【注释】

①吴越：五代十国之一。

②吴中：泛指今太湖流域一带。

③子城：这里指内城。

④五湖：泛指太湖一带的所有湖泊。

⑤太伯、虞仲：传说是吴国的开创者。

⑥子胥：即伍子胥，春秋时人，曾经辅佐吴王夫差讨伐越国。

⑦澌然：指冰块融化的样子。

【译文】

我说：从前吴越建国时，广陵王镇守卫吴中，曾经在内城西南方向修建了一座园林，他的外戚孙承佑也在旁边建造了一座园林。直到吴越国降宋，把淮海之地献给宋朝时，这些园林也还没有被荒废。这时苏子美开始建造沧浪亭，后来一些僧人到这里居住，沧浪亭便演变为大云庵了。大云庵建成有二百年的历史，文瑛寻访亭子的遗迹，在荒芜残破的废墟上，重新恢复了苏子美修建沧浪亭的旧貌，这样，大云庵又演变成沧浪亭。历史不断变迁，朝廷和市容也发生了改变。我曾经登上姑苏台，远眺浩渺的五湖，树木苍翠的群山，太伯、虞仲曾建立的国家，阖闾、夫差所争夺的地盘，伍子昏、文种和范蠡所谋划的事业，现在都已经消失殆尽了，那大云庵与沧浪亭的兴废又算得了什么呢？虽然是这样，钱镠乘着混乱窃取了权位，占有吴越之地，国富兵强，延续了四代，子孙亲戚也乘此挥霍无度，广建宫馆园林，盛极一时。而苏子美修建的沧浪亭，竟然被僧人如此看重。可见，士人想要美名千古流传，而不像冰块那样很快融化，其中是有一定原因的。

文瑛读书喜诗，与吾徒游，呼之为沧浪僧云。

【译文】

文瑛喜爱读书、作诗，跟我们交往，大家称他为“沧浪僧”。

【赏析】

姑苏太湖，不但山川秀美，而且由于朝代更迭，留下了很多胜迹。历朝历代的文人墨客游览山水名胜，不惜笔墨，许多传世佳作应运而生。归有光作文的风格以朴素见长，用词简洁，不故作惊人之语。本文是他应僧人文瑛之请而作，记述了沧浪亭的历代沿革、兴废，感叹自太伯、虞仲以来的遗迹无存，钱镠等以权势购筑的宫馆也成了陈迹，只有苏子美的沧浪亭能在天地间长久留存。可见，宫墙华厦会倾倒，富贵功名是人世浮荣，真正垂名后世的是一个人的品格和文章。

了不起的

国学启蒙③

弟子规 青少年版

（清）李毓秀◎著　木 沐◎译注

江苏凤凰文艺出版社
JIANGSU PHOENIX LITERATURE AND ART PUBLISHING

图书在版编目（CIP）数据

弟子规：青少年版 /（清）李毓秀著；木沐译注
.-- 南京：江苏凤凰文艺出版社，2024.5
（了不起的国学启蒙；3）
ISBN 978-7-5594-8531-1

Ⅰ.①弟… Ⅱ.①李… ②木… Ⅲ.①《弟子规》- 青少年读物 Ⅳ.①B825-49

中国国家版本馆 CIP 数据核字（2024）第 061344 号

弟子规：青少年版

（清）李毓秀　著　木沐　译注

责任编辑　王昕宁
策划编辑　李　根
特约编辑　连　慧
装帧设计　天下书装
责任印制　杨　丹
出版发行　江苏凤凰文艺出版社
　　　　　南京市中央路 165号，邮编：210009
网　　址　http://www.jswenyi.com
印　　刷　北京雁林吉兆印刷有限公司
开　　本　880毫米×1230毫米　1/32
印　　张　6
字　　数　100千字
版　　次　2024年 5月第 1版
印　　次　2024年 5月第 1次印刷
书　　号　ISBN 978-7-5594-8531-1
定　　价　199.80元（全7册）

前　言

“国学”，顾名思义，中国之学，中华之学，是中华民族文化之根基与栋梁。而作为学生训蒙文的典范之作——《弟子规》，则更是国学的入门经典。

《弟子规》成书于清朝，全文共1080个字，作者是清朝的秀才李毓秀。《弟子规》在李毓秀手中诞生之初并不叫《弟子规》，而是叫《训蒙文》。后来经过一位名叫贾存仁的先生修订后，才正式定名为《弟子规》。

李毓秀以《训蒙文》作为授课教材进行教习之后，前去听课的人很多，学堂门外满是学生与访客的脚印，他也因此被人尊称为李夫子。当时的太平县御史王奂曾多次向他请教，十分佩服他的才学。他是清初著名的学者、教育家，他的著作还有《四书正伪》《四书字类释义》《学庸发明》《读大学偶记》《宋孺夫文约》《水仙百咏》等，现分别藏于山西省图书馆和北京大学图书馆。

《弟子规》的内容源自《论语·学而篇》第六条："弟子入则孝，出则悌，谨而信，泛爱众，而亲仁，行有余力，则以学文"的文义，详细列出了为人子弟者在家、求学、出外及待人接物应有的礼仪和规范。

《弟子规》将诵读经典与习字、治学、修身融于一体，教导人们勤学诵读并落实在生活当中，帮助人们树立正确的人生观、价值观，养成良好的生活和行为习惯，培养敦厚善良的心性。它注重家庭教育与生活实际相结合，是待人处事的道理与具体方法。

《弟子规》语言流畅，三字一句，两句一韵，接近白话，读诵时朗朗上口，有利于人们培养语感、陶冶情操，能为学习其他经典和文化知识打下坚实的基础，是启蒙养正、教育子弟，防邪存诚、养成忠厚家风的最佳读物。

本书根据《弟子规》的内容共分成八章九十二小节，每小节包含原文、注释、译文、赏析四部分。全书在系统阐释《弟子规》的字词句义的基础上，广泛而全面地对《弟子规》进行评议解读。

国学经典是我们民族文化教育精神的庞大载体，是我们民族生存的根基。它们浓缩了中华五千年文明的精华，包含了中华民族生存的伟大智慧。人们从这些经典中汲取营养，就是用经典智慧的钥匙来开启现代各学科知识的宝库，而《弟子规》就是这其中的一把最基础的入门钥匙。

目　录

第一章　总叙

圣人教诲，智慧永传　//　002

首善为孝，次为谨信　//　004

关怀众人，博爱亲仁　//　007

行有余力，则以学文　//　010

第二章　入则孝

父母之命，切勿拖延　//　014

教诲责备，敬听顺承　//　016

嘘寒问暖，早晚问候　//　018

出反必告，居业无变　//　020

事虽微小，勿擅为之　//　023

物虽微小，勿私藏之　//　026

顺从父母，真正尽孝 // 028
身德有伤，父母羞忧 // 030
双亲憎我，孝者方贤 // 032
劝谏父母，声柔色怡 // 033
悦时复谏，泣随无怨 // 035
亲若有疾，昼夜服侍 // 037
守丧三年，常常悲咽 // 039
对待死者，如同事生 // 041

第三章 出则悌
兄弟和睦，孝在其中 // 044
轻财忍语，不生怨忿 // 046
长者优先，幼者居后 // 048
长者呼人，即刻代叫 // 050
面对尊长，谦虚低调 // 053
路遇长者，疾趋致礼 // 055
路遇长者，招呼让路 // 056
知礼守礼，助人成事 // 058
尊长面前，声音要低 // 059
进趋退迟，勿移视线 // 061
事诸父兄，如事父兄 // 063

第四章　谨

老年易至，惜此时光　// 066
晨起洗漱，便溺净手　// 068
衣冠整洁，袜履紧切　// 070
置放冠服，要有定位　// 072
衣贵整洁，不重华贵　// 075
饮食勿择，食可勿过　// 077
年纪幼小，切勿饮酒　// 079
从容端正，深圆恭敬　// 080
行走坐立，讲究规矩　// 082
缓揭门帘，宽松转弯　// 084
进入虚室，如遇有人　// 086
事勿忙乱，忙则多错　// 088
勿近闹场，勿问邪事　// 090
入门问存，上堂声扬　// 091
若人问谁，对以姓名　// 093
用人物品，须明请求　// 094
好借好还，再借不难　// 097

第五章　信

言而有信，切勿诈妄 // 100
话不要多，切勿佞巧 // 101
市井之气，切戒除之 // 102
未见真相，勿轻言传 // 103
事非适宜，切勿轻诺 // 106
道字重舒，勿急模糊 // 107
莫论长短，远离是非 // 109
见贤思齐，全力以赴 // 111
有则改之，无则加勉 // 113
技不如人，应当自砺 // 115
安贫乐道，不要生戚 // 117
闻过易怒，闻誉易乐 // 119
闻誉易恐，闻过易欣 // 121
无心之错，有心之恶 // 123
有过能改，善莫大焉 // 125

第六章　泛爱众

众生万物，皆须关爱 // 128
品行高者，名声自高 // 129
才华大者，名望自大 // 131

学以致用，大公无私 // 133
勿谄富贵，勿骄贫贱 // 134
不闲不安，切勿搅扰 // 135
有短有私，切莫揭说 // 137
道人善者，即是善行 // 138
扬人恶者，即是恶行 // 140
互相欣赏，互相劝告 // 141
分晓明理，与多取少 // 143
欲施于人，先问自己 // 145
报恩忘怨，怨短恩长 // 147
品行端正，树立榜样 // 148
以理服人，方无怨言 // 149

第七章 亲仁

流俗者众，仁爱者稀 // 152
直言不讳，色不谄媚 // 153
亲仁则好，德进过少 // 155
不亲仁者，贻害无穷 // 157

第八章 余力学文

纸上谈兵，不切实际 // 160
力行学文，自然明理 // 161

读书三到，事半功倍 // 163
此终彼起，专心致志 // 164
宽松为限，抓紧用功 // 167
心有疑问，随即札记 // 169
环境整洁，心情舒畅 // 171
心神安宁，方能字敬 // 172
排列典籍，当有定处 // 174
爱护书籍，及时修补 // 176
非圣贤书，摒弃勿视 // 178
切勿自弃，可达圣贤 // 179

第一章 总叙

《弟子规》是国学经典之一，历经近三百年时间的检验，依旧鲜活地承担着训蒙、诫行的教育功用。它推崇的是圣人之学，追求的是儒家礼义，这放在当代并不过时。书中所述的规范教诲拥有无比强大的生命力，值得我们潜心品读。

圣人教诲，智慧永传

弟子[1]规[2]，圣人[3]训[4]。

【注释】

①弟子：孩子、学生。

②规：据东汉著名文字学家许慎撰写的《说文解字》中所言："规，有法度也。从矢，从见，会意。"其本义为画圆的工具器械，今指圆规。这里的"规"是引申义，指的是一种文体，这种文体在唐代就有了，如《五规》:《出规》《处规》《戏规》《心规》以及《时规》。这类文体通常都被用来劝勉规正、教化警示后人。

③圣人：传统意义上指的是才能卓越、品行高洁的人，但由于《弟子规》的内容源自《论语·学而篇》，因此，这里的圣人普遍被理解为儒家学派的创始人、古时候的大教育家孔子。

④训：教诲、训蒙。

【译文】

《弟子规》是学生要学习的训示规范，它是根据孔圣人关于学生言行方面的教诲编撰而成的。

【赏析】

《弟子规》开宗明义，寥寥几字就提纲挈领地说明了这本书的作用对象、体裁、来源及作用，强调了全书依据至圣孔子的相关训诫撰写而成。

全书结构的设置则是参照《论语·学而篇》第六“弟子入则孝，出则悌，谨而信，泛爱众，而亲仁，行有余力，则以学文”，全面讲述学生在为人处世、待人接物以及学习与生活中应当遵循的言行规范。

《弟子规》原名《训蒙文》，作者是清朝的一位秀才，叫李毓秀。李毓秀考进士未中，于是回乡创办私塾以教书为生。后来，他结合自己多年的教书经验以及对儒家典籍的研究，编写出了一本专门用来作为孩子启蒙的书，也就是《训蒙文》。

不过，这本书能够广为流传则得益于另一位清朝的学者——贾存仁，他擅长书法和韵律，为《弟子规》的传播做出了巨大的贡献。《训蒙文》经过贾存仁的修订，被更名为《弟子规》，并开始在许多私塾学堂中流传，它的影响力也就随之扩大，直至成为如今的国学经典之一。

历经三百年的时间检验,《弟子规》依旧鲜活地承担着训蒙、诫行的教育功能，这充分体现了这本书的重要意义，也充分说明了书中所述的规范教诲拥有无比强大的生命力，值得我们潜心品读。

首善为孝,次为谨信

首①孝②悌③，次④谨⑤信⑥。

【注释】

①首：象形文字，本义为头。这里采用的是“首”的引申义，意思是首要、首先。

②孝：孝顺，孝敬。

③悌（tì）:《说文解字》有云：“悌，善兄弟也。”其本义是尊敬兄长、友爱弟妹，引申义为兄弟间和睦友好。所谓“入则孝，出则悌”，也就是说在家中要孝顺父母，在外面要敬重兄长。这里的“悌”采用的是其本义，即尊敬、听从兄长，善待、关爱幼弟。

④次：指的是地位上的紧随其后，意为第二、其次。

⑤谨：谨慎。

⑥信：诚信、可靠的意思。

【译文】

首要的就是孝顺、尊敬父母长辈，团结、关爱兄弟姐妹，其次就是谨慎规范言行举止，严格做到诚实守信。

【赏析】

《弟子规》脱胎于《论语》，它的中心理论自然是儒家思想的集中体现。“首孝悌，次谨信”点出的是《弟子规》的主要内容，亦即它所要宣扬的主题思想：一是孝悌，二是谨信。在“孝悌”方面，它探究的是人与人的关系，包括人要对父母孝、对兄弟悌、对国家忠，这种关系有着相对性和社会性的特点；而在“谨信”方面，它探究的是人与自己的关系，包括言行举止要谨慎有礼，为人处世要诚实守信，这种关系有着绝对性与内省性的特点。

《弟子规》的主要内容体现了中国传统文化中“孝”文化与“信”文化的重要地位。“孝”的基本要义概括了以家庭为单位的社会结构应遵守的秩序伦常，而“信”的丰富内涵则定义了社会群体之间沟通交流的原则准绳。“百善孝为先”“人无信不立”等世代相传的名句无一不彰显了“孝”“信”文化在中华民族的悠久历史长河中始终根深蒂固的崇高地位。

对于古代的封建统治阶级来说，“孝”文化与“信”文化是其巩固政权的良好工具。因为推广“孝”文化，教化风气，有利于促进家庭和谐，使得人人守孝忠君，进而维护社会的稳定。譬如汉武帝刘彻提倡“以孝治国”，其目的主要还是为施行自己“罢黜百家，独尊儒术”的思想方略服务。

而推广“信”文化，肃清秩序，则有利于加强道德建设，使得人人守信讲礼，进而推动社会的发展。譬如著名的历史典故“商鞅立木”，为了表现自己推行新法的决心与权威，商鞅巧妙地用一件守信的小事顺利地取信于民，为自己的变法道路奠定了强有力的群众基础。可见，“孝”文化与“信”文化能成为儒家思想的主要构成部分自有其必然的理由。

关怀众人，博爱亲仁

泛①爱②众③，而④亲⑤仁⑥。

【注释】

①泛：指程度上的普遍，即广泛。

②爱：关爱、仁爱。

③众：许多人。

④而：用作文言虚词，表并列。

⑤亲：作动词使用，意思是亲近。

⑥仁：用作名词，指的是仁厚有德的人。

【译文】

要广泛施与关爱之心，多关怀众人，多亲近厚德仁义之人。

【赏析】

如果说“首孝悌，次谨信”是《弟子规》的主要内容，那“泛爱众，而亲仁”应该算是《弟子规》的行动纲领了。《弟子规》追求孝悌谨信，要求弟子以宽广博大的仁爱之心关怀众人，以见贤思齐的自省精神亲近仁人。

《弟子规》推崇的“仁”，源于儒家的核心思想“仁、义、礼、智、信、忠、孝、悌、节、恕、勇、让”，孔子说：“仁者，爱人。”基于这个定义式的解读，孔子通过回答颜渊、仲弓、司马牛、樊迟、子张等人的“问仁”，全方位地解读了“仁”的丰富内涵。“仁”是“克己复礼”，

是“己所不欲，勿施于人”，是“无求生以害仁，有杀身以成仁”。

“仁”在儒家思想体系乃至整个中国封建社会的思想体系中占据着重要的历史地位。孔子曰：“能行五者于天下为仁矣。”所谓“五者”，指的是恭、宽、信、敏、惠，即恭敬、宽和、诚信、智敏、仁惠。

孔子进一步指出“恭则不侮，宽则得众，信则人任焉，敏则有功，惠则足以使人”，意思是恭敬待人不易招受侮辱，

南宋·赵伯驹 《莲舟新月图》（局部）

宽和待人易获众人爱戴，诚信能被予以大任，智敏能建丰功伟业，而广施仁惠则足以驱使他人为己所用。孔子说秉持这“五者”行走世间就是“仁”。

这一条关于“仁”的理念对修身、治国都大有裨益，哪怕放在现代也颇具现实借鉴意义，这其实也正是儒家思想能永葆生机的重要原因之一。

行有余力，则以学文

有①余②力③，则④学⑤文⑥。

【注释】

①有：表示存在、拥有。

②余：剩余、多余。

③力：作名词使用，指的是力量、精力。

④则：作连词使用，表顺承关系。

⑤学：指学习知识。

⑥文：文章，知识。

【译文】

有空余的时间及精力，就去学习知识。

【赏析】

“有余力，则学文”体现了《弟子规》对学习的重视。它强调只要有空余的时间与精力就应该用来学习，这既对学习的重要性给予了肯定，又对学习的方法提出了指导。

诸葛亮曾说：“非学无以广才，非志无以成学。”学习能够增长见闻、增进才干，学习可以启迪心智、教化人心，学习的功用性注定了它的重要性非同一般。

也正是因为如此，作为训蒙文的《弟子规》强调了学习的重要性。既然知道重要，那该如何去更好地学习呢？《弟子规》随后就对这个问题进行了解答：有余力，则学文。只要有空余的时间和精力，就应该花在学习上，也就是说，要充分利用每一刻的空暇时间来进行学习。

学习是一个长期的过程，古人从接受启蒙教育开始接触书本知识，有的或许只为认几个字，但大部分人还是秉持着“学而优则仕”的想法，试图通过科举入仕的道路成就一介书生的最高人生理想——学成文武艺，货与帝王家。对这样的人而言，学习是伴随其终生的事业。

所以，《弟子规》对如何学习做了一番指导：首先，要端正学习的态度，要以敬畏之心尊重知识，以渴求之心学习知识，以机变之心运用知识；其次，要讲究学习的方法，要抓紧时间去学习，要耐心细致地学习，要孜孜不倦地学习。

“学不可以已”，《弟子规》在学习方面提出的要求对加强学生学习极具指导意义。

第二章 入则孝

父母喜欢的东西，尽力为他们打点；父母不喜欢的东西，尽量为他们摒除。顺从父母的意见，尊重父母的想法，具体问题具体分析的“无违”，才是真正的尽孝。无论父母对我们是喜爱还是厌恶，我们都应该不忘父母的养育之恩，报答父母的栽培之情。不要因为父母的态度而改变自己尽孝的行为。

父母之命，切勿拖延

父母呼[①]，应[②]勿[③]缓[④]；父母命[⑤]，行[⑥]勿懒[⑦]。

【注释】

①呼：《说文解字》指出“呼，外息也”，因此其本意为通过嘴向外送出气息，后来引申为呼喊、呼叫、召唤。这里的“呼”运用的就是其引申义，即呼唤。

②应：应该、应当。

③勿：多表否定，含劝阻之意。

④缓：迟缓、缓慢。

⑤命：命令。

⑥行：象形字，本义为纵横交错的小路，指代的是道路。后引申为行走、行动等词义。这里的“行”指的是其引申义，即行走、行动。

⑦懒：懒怠。

【译文】

父母呼喊，应当立即回应，不要拖拉延缓；父母吩咐，应该当即行动，不要推搪懒散。

【赏析】

《弟子规》注重孝悌之义，却并不只是泛泛而谈地喊口号，而是切实地提出了具体要求，这对学生而言是极其有益且十分重要的。因为作为训蒙文，如果只是假大空地讲道理，而不提出具体的实践要求，那对年幼的学生来说毫无指导意义。

因此，《弟子规》将如何在日常生活中孝敬父母以及行为举止应有的规范详细地列出来了，这种落实到细节的指导要求具有很强的针对性，对学生理解并实践孝悌之义有很大的帮助。

《弟子规》要求学生对父母长辈尊敬爱戴，不能敷衍违逆。父母呼喊召唤要即时回应，不能听而不闻、故意无视以逃避面对父母；父母嘱咐命令要立即行动，不能找借口推脱，想方设法懒怠或消极应对，那些都是不孝顺、不礼貌的表现。

如今许多孩子被父母长辈娇惯溺爱，养成了无礼懒怠的性格，这对孩子的成长是相当不利的。其实，耐心听取父母的意见、尽力满足父母的需要不仅是中华民族传统孝悌文化的要求，也是孩子成长教育过程中性格培养、素质养成的重要一课。

父母要通过言传身教、悉心指导等方式纠正孩子的不礼貌行为，引导孩子关爱老人、关心父母，鼓励孩子力所能及地帮助父母解决问题，这样一方面有利于塑造孩子的孝悌观念，另一方面有助于提高孩子解决问题的能力，对孩子的健康成长大有裨益。

教诲责备，敬听顺承

父母教①，须②敬③听④；父母责⑤，须顺⑥承⑦。

【注释】

①教：作动词使用，意思是教导、教育。

②须：应该、应当。

③敬：恭敬。

④听：聆听、听从。

⑤责：叱责、责罚。

⑥顺：听从、顺从。

⑦承：接受、侍奉。

【译文】

父母的教诲应当恭敬地听从，父母的责备应该顺从地承受。

【赏析】

“父母教，须敬听。父母责，须顺承。”这是《弟子规》针对如何尊敬父母所提出的更为具体的要求。它指出：父母教育孩子，孩子要恭敬地听从；父母责骂孩子，孩子要顺从地承受。

从某一个层面上来说，这种说法确实符合尊敬父母的要求，它也是中国封建社会儒家思想体系中孝悌文化的应有之义，但是，如果将其直接应用到当下的现实家庭之中却并不恰当。

据科学研究显示，婴儿自九个月开始就能够区分出高兴、悲伤、生气等不同表情所代表的情绪。也就是说，作为一个独立的个体，孩子拥有自己的思想。所以作为父母，不应该强制地要求孩子必须如《弟子规》中所说的“打不还手，骂不还口”，那并不符合社会实际，也不利于孩子的健康成长。

孩子要孝顺，但不能愚孝；父母要教导，但不应强制。

父母与孩子之间要建立和谐的关系，父母一定要多与孩子讲道理，少对孩子用暴力，同时还要注意多以自己良好的行为影响孩子。至于孩子，则要学会尊敬父母、孝顺父母，多听取父母的意见，多尊重父母的想法。这样父母慈爱，孩子孝顺，上慈下孝，就会形成一种和谐的家庭关系。

嘘寒问暖，早晚问候

冬①则温②，夏③则清④，晨⑤则省⑥，昏则定。

【注释】

①冬：寒冷的冬天。

②温：作动词使用，让人感到温暖。

③夏：夏天。

④清（qìng，一读jìng）：一般理解为清凉，作动词使用时解释为“使其感觉清凉”。这里的“清”意思是让人感到清凉。

⑤晨：指早上、清晨。

⑥省（xǐng）：在古代汉语中，“省”的本义为察看、视

察，它的引申义有检查、领悟、明白、探望等。这里的“省”指的是问候、探视。

【译文】

冬天寒冷的时候要让父母感受到温暖，夏天炎热的时候要让父母感觉到清凉。早上出门前要问候父母，晚上回家后要告知父母，早晚问候探视以让父母安心。

【赏析】

“冬温夏凊，晨昏定省”，这是《弟子规》就日常生活中孩子应该如何关爱父母所提出的具体要求。“冬温夏凊”的实质其实是要求孩子在物质上对父母有所关怀，对父母尽到子女的赡养义务；而“晨昏定省”则是要求孩子在精神上对父母有所关爱。

父母对孩子总是时刻牵挂的，所以为人子女者应该多照顾、体贴自己的父母，多与父母交流，多对父母嘘寒问暖，让父母能感觉到子女对自己的重视，从而使其心灵上得到满足，进而衍生出精神上的愉悦感与幸福感。这不仅是一种人伦上的需要，也是一种情感上的诉求。基于血缘关系上的父母与子女，不该只是生与养的关系，这二者之间还应包括更深层次的情感内涵。

鸦有反哺之情，羊有跪乳之恩。为人子女者要学会感恩，不能因为对象是自己的父母，就将他们的付出视为理所应当。

实际上，《弟子规》所提出的“冬温夏凊，晨昏定省”同样具有现代意义。现在的孩子被娇惯得只思索取，不愿回报，很容易使孩子养成自私狭隘的性格。虽说父母之爱不为报，但在以家庭为细胞构成的中国社会，倘若家庭中失去了父慈子孝的亲情纽带，那这些细胞就会破裂失联，最终必然会给以家庭为基本单位的社会结构造成重大的冲击。

因此，正如《弟子规》中所言，孩子对父母、对长辈、对国家、对社会都应抱有一种感恩的心态，也只有在这样的人伦关怀下，我们中华民族的传统美德才能继续发扬光大，我们每一个人的生活也才会更美好。

出反必告，居业无变

出①必②告③，反④必面⑤，居⑥有常⑦，业⑧无变。

【注释】

①出：出去、出门。

②必：其本义为标杆。这里指的是一定、必须。

③告：其本义为献祭时的祷告，后引申为汇报、报告。这里的“告”意思是告知、告诉。

④反：同“返”，返回。

⑤面：其本义为脸，后引申为面向、当面、方面等释义。这里的“面”指的是面见、当面问候。

⑥居：居住的地方。

⑦常：指的是固定的、长久的。

⑧业：指的是事业、职业。

【译文】

出门一定要告知父母，归家一定要禀报父母。居住的地方要安定下来，工作的地方不要经常变动。

【赏析】

“出必告，反必面，居有常，业无变”，是《弟子规》提出的又一个在日常生活中为人子女者需要注意的生活细节。“出必告，反必面”，虽然看起来烦琐，但其实这样的要求只是为了让父母随时了解自己的行踪，让父母安心。而“居有常，业无变”，则是号召为人子女者要时常陪伴在父母身边，工作、居住的地方不要离父母太远。因为儿女居无定所、四处漂泊会让父母牵挂担心。

《论语·里仁》中说道：父母在，不远游，游必有方。意思是说若家中有父母，那儿女一定不能去远方，即使迫不得已一定要去远方，那也一定要有不得不去的理由并且要将这个理由解释给父母听，以期获得父母的理解。

“父母在，不远游”是古代人对子女朴素的要求和期盼，因为在交通和通信非常不发达的古代，如果儿女远游那可能三年五载都很难联络到和有消息。古代远距离的沟通只能通过书信实现，而书信往往要经过一层层的驿站来传达，耗费时间不说，私人信件有时甚至会因为不完善的通信制度在传递过程中被遗失。因此，那时的远游就代表着相隔天涯海角。而家中父母一般都年事已高、身患病痛，甚至可能会突然遭逢不测，如果没有儿女在身边，父母会非常无助又可怜的。

所以，儒家思想倡导父母健在，儿女不远游，即便不得不远游，也一定要及时告知父母，随时汇报行踪，免得父母牵挂，这是很有道理的。

事虽微小，勿擅为之

事[①]虽[②]小[③]，勿擅[④]为[⑤]，苟[⑥]擅为，子[⑦]道[⑧]亏[⑨]。

【注释】

①事：其本义为职位，后引申为事务、事情，作动词使用时，表示从事、侍奉、任用。这里的“事”指的是事情、事务。

②虽：纵使、即便。

③小：细微。

④擅：指的是擅自。

⑤为：行为、行动、作为。

⑥苟：用作连词，意思是假如。

⑦子：指的是儿女。

⑧道：指事物的道理。

⑨亏：其本义为气血亏损，后引申为损失、欠缺、减损等释义。这里的“亏”指的是亏损。

清·石涛 《赠刘石头册》

【译文】

事务纵然细微，也不能擅自行动做主，如果擅自行动做主，那就对为人子女的道义有所损害。

【赏析】

“事虽小，勿擅为。苟擅为，子道亏。”这是《弟子规》在要求儿女尊重父母意见方面提出的要求。虽然它要求哪怕是再琐碎的事情都要跟父母汇报，但从理解的层面上来说，我们应该把它视为一种强调的态度，而不是具体的实践方法。

也就是说，我们不能刻板地以为，这就是要求我们事无巨细地都要跟父母禀报，毕竟这落实到具体实践上有一定的困难。其实，这句话更强调的是一种为人子女的态度以及听从父母意见、尊重父母想法的倡议。

古代子女对于父母长辈的看法是极其重视的，尤其是对各种人生大事的决定，比如“父母之命，媒妁之言”决定古代男女的婚事，再如“堂上双亲你不敬，远庙拜佛有何功”甚至将父母双亲的作用跟神佛类比起来，可见父母的意见在古人心目中的重要影响。

《弟子规》强调儿女要高度尊重父母的意见，这其实也正是当今社会所需要注意的道德伦理问题。老年人得不到应有的奉养和尊重，那必然不能称其为和谐健康的社会状态。

因此，对待父母，摆正态度十分重要：要尊敬而有礼，但又不冷漠疏离；要关心且爱戴，却又不过于亲密狎昵。这才是为人子女应有的本分，也只有这样，才能圆满尽到为人子女的孝道。

物虽微小，勿私藏之

物①虽小，勿私②藏③，苟私藏，亲④心⑤伤⑥。

【注释】

①物：指东西。

②私：私自、偷偷地。

③藏：其本义为将粮食收起来，后引申为隐藏、收藏。这里的“藏”指的是隐藏、藏匿。

④亲：指父母。

⑤心：其本义指的是人的心脏，后引申为心情、中心等。这里的“心”指的是心中、心情。

⑥伤：悲伤、难过。

【译文】

东西纵然很小，但也不能私自藏匿，如果私自藏匿了，会让父母心中感到悲伤、难过。

【赏析】

“物虽小，勿私藏，苟私藏，亲心伤。”这是《弟子规》围绕为人子女的日常品行所提出来的要求。这句话其实可以从两个层面来解读：一是从尊重父母的层面来理解，它要求子女在父母面前不该有所隐藏，哪怕是再小的东西都应该让父母知晓；二是从恪守品行的层面来理解，它要求即使是再小的东西，也不能够偷偷藏匿，如果藏匿，那便是品行不够良好的表现。

也就是说，如果有子女违背了这句话私自藏匿，那就在两个层面上都违背了儒家学派所倡导的“仁”的思想。一方面是不尊重父母，没有达到“孝”的标准；另一方面是为人不够磊落，没有达到“信”的标准。倘若身处封建社会，那这个人无论是在家庭还是在社会都很难得到认同了。

当然，即便是现代社会也不提倡这样的私藏行为，父母与子女之间有着浓厚的血脉亲情，没有必要因为蝇头小利而与父母产生嫌隙。私藏不仅于孝道有亏，更不利于个人声名，因此，我们为人要坦荡。

顺从父母，真正尽孝

亲所[1]好[2]，力为具[3]；亲所恶[4]，谨为去[5]。

【注释】

①所：本义为地方、住所，在古代汉语中多被用作文言虚词，此处指所……的人或事物。

②好：多音字，喜爱、爱好的意思。

③具：本义为供置，后引申为具备、完备、都有等义，此处指置办、置备。

④恶：指厌恶、嫌恶。

⑤去：本义为离开，后引申为失去、抛弃，此处指除去。

【译文】

父母喜欢的东西，尽心尽力地去置办奉上；父母厌恶的东西，慎重地除去。

【赏析】

《弟子规》要求我们作为儿女应该多关心父母，体贴父母，多为父母考虑。父母喜爱的东西，一定要尽力去帮父母置办好。因为绝大多数父母给自己的孩子买东西特别舍得花钱，但是用在自己身上的时候，却舍不得。所以作为子女应该尽自己的能力去满足父母的愿望。

此外，父母厌恶的东西，包括父母对我们身上一些不好的做法以及某些生活习惯的不认同，为人子女者都应该表示理解，并尽力去改正。

因为父母的生活经验多过我们，有时候他们所说的道理，可能我们因为没有经历过所以无法理解，但我们不应该急于否定它，而是应该试着去理解，甚至尝试去改变。实践才是检验真理的唯一标准，如果实践证明确实如父母所言，那我们就应该尊重父母的意见，并认真进行改变。

身德有伤，父母羞忧

身[1]有伤，贻[2]亲忧[3]；德[4]有伤，贻亲羞[5]。

【注释】

①身：本义为人的身体、身躯，后引申为身份、身世等义，此处指身体。

②贻（yí）：原指赠送，后引申为遗留、贻误，此处指留下。

③忧：本义为忧愁，后常被解释为忧患及父母丧事等义，此处指担忧。

④德：原指攀登，后引申为道德、品行、恩德等义，此处指德行。

⑤羞：其本义为进献，常用释义有害羞、羞辱、羞惭等，此处指羞愧。

【译文】

身体受到伤害，会让父母担忧。德行有所污损，会令父母蒙羞。

【赏析】

这一句指出了《弟子规》对于为人子女者在身体和精神方面应该注意的事项。告诉我们，子女的“孝”还体现为在身体和精神两方面保护好自己。

在身体方面保护好自己表现在保全自己的身体，不让身体有所损伤。身体损伤了，只会让自己的父母担心、焦急，这不是一个孝顺的孩子应该做的事情。

在精神方面保护好自己表现在多做让父母以自己为荣的好事，不做让父母蒙羞的丑事，这其实也是父母对自己儿女的最大期盼：身体健康，品行端正。自己的孩子仰不愧于天，俯不怍于人，那对父母来说便是最大的成功和骄傲。

双亲憎我，孝者方贤

亲爱我[①]，孝何[②]难[③]？亲恶[④]我，孝方[⑤]贤[⑥]。

【注释】

①我：本义为武器，后多用作人称代词，此处指自己。

②何：什么。

③难：本义是被困住的鸟，后引申为灾祸、费劲，此处指困难。

④恶：原指讨厌，此处指厌恶、憎恨。

⑤方：这里用作副词，指刚才、刚刚。

⑥贤：原指有德行、有才能的人，此处指贤德。

【译文】

父母疼爱自己，尽孝哪有什么困难的？父母厌恶自己，还能坚持尽孝，那才是真正的贤德。

【赏析】

《弟子规》要求，为人子女者不能因为父母态度的好坏而改变自己尽孝的初衷。

父母疼爱儿女，儿女当然要尽孝；父母不疼爱儿女，儿女同样也要尽孝。儿女尽孝不能因为父母的态度而有所不同。作为子女，我们要承担起自己奉养父母的责任和赡养父母的义务。

当然，父母如果疼爱我们，那我们的孝心也会加倍，会对父母奉献出自己所能奉献的一切。因此，有的时候，难不在尽孝，也不在父母疼爱自己的时候尽孝，而难在父母憎恶自己的时候，还要坚持尽孝。

劝谏父母，声柔色怡

亲有过[1]，谏[2]使[3]更[4]，怡[5]吾[6]色[7]，柔[8]吾声。

【注释】

①过：本义指摆脱漩涡，后指经过、超过、失去，此处指错误。

②谏：原指向君王进言，后引申为进谏，此处指劝谏。

③使：本义为命令，这里用作动词，表示让、令。

④更：原义指变更，此处指更改、改进。

⑤怡：和悦、愉快。

⑥吾：原指我，此处指我的。

⑦色：本义为颜色、气色，这里指脸色。

⑧柔：温和，柔缓。

【译文】

父母有过错，要诚恳地劝谏让他们改进，脸色要和悦愉快，声音要温和柔缓。

【赏析】

《弟子规》并不是一味要求我们对自己的父母盲从。它在要求我们孝敬、顺从父母的同时，还鼓励我们在发现父母有过错的时候，要勇于向父母劝谏。

当然，它也要求我们在劝谏父母的时候要有一个温和的态度，不能太过激烈，不能给脸色，不能怒吼咆哮。过于极端的态度和太过强烈的情绪并不能有助于问题的解决，有时甚至还会加剧矛盾，因此，劝谏要有端正的态度和恰当的方法。

“人非圣贤，孰能无过”，即便是父母也会有犯错的时

候，而在那种时候，作为子女的最大孝敬就是诚挚地劝谏父母，使其改正自己的错误。劝谏的时候，脸色要温和，声音要柔缓，要让父母在如沐春风中意识到自己的错误，这样才能达到最好的劝谏效果。

悦时复谏，泣随无怨

谏不入①，悦②复③谏，号④泣⑤随⑥，挞⑦无怨⑧。

【注释】

①入：此处指接受、采纳。

②悦：原指说，后引申为高兴、顺服、悦耳，这里指愉悦。

③复：本义指往回走，这里指再次、重来。

④号：原意为受到折磨时发出的嚎叫，此处指哭嚎。

⑤泣：原指站着哭泣，这里引申为无声哭泣。

⑥随：本义指跟从，后引申为顺从、接着、按照等释义，此处指跟随。

⑦挞（tà）：原指用工具抽打，这里指抽打、惩罚。

⑧怨：本义为愤恨、仇怨，此处指埋怨、责怪。

【译文】

劝谏不被父母接受的话，就等父母心情愉悦的时候再去继续劝谏。号啕哭泣地跟随着父母，父母生气了责罚自己也没有怨言。

【赏析】

劝谏也要讲究方法。有的时候，父母可能听不进我们的劝谏，但我们不能就此放弃，而是应该挑选合适的时机继续劝谏，直到父母改正了自己的错误。至于怎么把握合适的时机，那就要看劝谏方法了。

劝谏要尽量在父母高兴的时候进行，父母不高兴的时候，再怎么苦口婆心地劝谏，他们都会听不进去。只有当父母心情愉悦的时候，劝谏才能发挥出最好的效果。如果父母因为劝谏而对我们生气，那我们也不应该就此放弃并产生怨言，

清·王士祯 《放鸟图卷》

哪怕可能遭遇父母的抽打责罚，都要坚持劝谏的态度。

此外，还有一种方法就是哭着劝谏，这种方法其实主要是以情动人。父母看到自己的孩子哭泣，一般都会心生不忍，从而静下心来，认真听孩子的意见，这样有利于实现劝谏的效果。

亲若有疾，昼夜服侍

亲有疾①，药②先③尝④，昼⑤夜⑥侍⑦，不离⑧床。

【注释】

①疾：泛指疾病，后引申为快速、疼痛、嫉妒等释义，

此处指病痛。

②药：本义为祛除病痛的物品，后泛指治病药草、药材等，这里表示药物。

③先：多指时间上的先后顺序，此处指的是事先。

④尝：本义指用舌头辨别滋味，这里引申为品尝。

⑤昼：此处指白天，与“夜”相对。

⑥夜：原指黄昏、天黑，这里表示夜晚。

⑦侍：本义是陪侍在长者身旁，此处指侍奉。

⑧离：本义指黄鹂，后引申为分离、离散，这里指离开。

【译文】

父母生病了，要为父母事先品尝下药物的味道。日夜都在父母身旁服侍，不离开父母所在的坐榻。

【赏析】

父母患病无疑是最考验子女孝心的时候。正所谓“久病床前无孝子”，无论多有孝心的人，要长年累月地在父母病床前侍奉，显然是很难做到的。但父母都日益年迈，患病的情况往往时有发生，所以为人子女者应该尽量多关心父母。

放任自己的父母沉疴在床，那显然是不孝的。因此，在父母患病的时候，子女要在内外两方面对自己的父母进

行照顾。所谓在外，就是指随时关心自己父母的病情，为父母抓药熬药，陪床送饭。所谓在内，就是指要在精神上多关注父母的情绪。年事已高的父母，往往对自己的病特别敏感，也容易孤独。

所以，为人子女者应该时常陪伴在父母的病床前，跟父母聊聊天，为父母解解闷，不让父母闲得无聊而去瞎想。坚持做好以上两点便是病床前最好的“孝”了。

守丧三年，常常悲咽

丧三①年②，常③悲④咽⑤，居⑥处⑦变，酒肉⑧绝。

【注释】

①三：这里指的是具体的数目，即三。

②年：这里指时间。

③常：原是指旗，后多表示规律以及时间上的频繁等义，这里指时常。

④悲：原指悲痛，后引申为悲愤、哀伤等义，此处指悲伤。

⑤咽：本义为咽喉，这里用作动词，表示哽咽、哭泣。

⑥居：原指居住，这里代指生活起居。

⑦处：本义为处所，此处指的是住的地方，引申为生活习性。

⑧肉：原指动物的肉，后泛指肉类，此处指代的是酒肉声色的生活习惯。

【译文】

父母过世，要按照古代礼法制度守三年丧礼，时常悲伤地哭泣，改变自己的生活习惯，戒绝酒肉声色的奢靡生活。

【赏析】

在古代，丧葬礼节被认为是很重大的习俗。所谓“生前显贵，身后显荣”，意思是看一个人一生成不成功就看他的葬礼办得风不风光，如果风光，那就说明子女孝顺，人生完美落幕。反之，则不然。所以，丧葬之礼对于古人来说是非常重要的。这也是为什么《弟子规》对儿女在治丧守孝上应该如何孝敬父母而提出了具体的要求。

古代丧葬有守丧三年的说法，它要求子女在先人故去以后的三年里，恪守节俭朴素，甚至禁欲的生活作风，坚决杜绝酒色财气的奢侈生活以悼念先人。这种风俗的本意是想强调子女对父母的孝顺不会因父母生命的消逝而消失，最终落脚点也还是放在孝顺之情上。

对待死者，如同事生

丧①尽②礼③，祭④尽诚⑤，事死⑥者⑦，如⑧事生。

【注释】

①丧：丧事。

②尽：竭尽。

③礼：原指进行礼仪，后引申为庆贺、习俗等义，这里指礼节。

④祭：本义为祭祀，后扩展为祭祖拜神等义，此处指祭祀礼仪。

⑤诚：本义指诚信，有真实、真理等义，这里指真诚。

⑥死：原指逝者嘴叼食物死去，后泛指死亡。

⑦者：多用作代词，此处表示死的人。

⑧如：好像。

【译文】

办理父母丧事要恪守治丧礼节，祭奠要竭尽诚心，对待死去的父母要像对待在世时的父母那样尊敬孝顺。

【赏析】

《弟子规》要求子女不能在父母死后便停止尽孝，而是应该始终保持对父母亲的无限哀思。给父母办葬礼要诚心，对待逝世的父母要仿佛他们还在世一样，同样孝敬恭顺。

按照中国的传统风俗习惯，每年的七月半是绝大多数地区举行祭祀先人活动的时期，这其实是源于古代的中元节，在国人心中一直有着十分重要的地位。

中元节的祭奠仪式，其实就是追怀先人的一场寻根式的活动，正是因为有了每年对先人的祭奠，人们才有了叶落归根的安全归属感，也才会更有动力和勇气去面对未来。这是纪念，也是感恩。

第三章 出则悌

出门在外要尊老爱幼、讲究礼仪，兄弟之间要互帮互助、和睦相处。只有讲究礼仪的人，才能得到他人的以礼相待，才能与他人展开友好的交往。只有兄弟之间做到兄友弟恭，父母才不用为兄弟二人的关系操心，这才是减少父母烦恼的“孝”。

兄弟和睦，孝在其中

兄[1]道[2]友[3]，弟[4]道恭[5]，兄弟睦[6]，孝在[7]中[8]。

【注释】

①兄：原指兄弟中年纪较长的人，后亦指对他人的尊称，这里指的是兄长。

②道：道德原则。

③友：原意指朋友，这里引申为友爱。

④弟：指同辈中年纪较小的人，也有徒弟、弟子等义，这里表示弟弟。

⑤恭：原指谦恭有礼，此处表示恭敬。

⑥睦：本义为彼此相看，互相尊重，后引申为关系友好，这里指和睦。

⑦在：原指存在，此处指介于、居于。

⑧中：泛指不偏不倚的正中，这里的意思是其中。

【译文】

做兄长的要关爱弟弟，做弟弟的要尊敬兄长。兄弟之间和睦友爱，孝道也就包含在其中了。

【赏析】

《弟子规》要求兄弟之间要互帮互助、和睦相处，兄弟间能够做到兄友弟恭，那父母就不用为兄弟二人的关系操心了。这样无疑就减少了父母的烦恼，这不仅是兄弟之“悌”，也是对父母的“孝”。作为兄姊，“悌”之道在于关爱弟妹；作为弟妹，“悌”之道在于尊敬兄姊。

古往今来，历史上流传的孝悌故事有很多，孔融让梨就是其中的一个。孔融让梨之所以能成为兄弟间友爱的故事典范，就是因为孔融作为弟弟，能够主动将更好的东西让出去，这是一般年幼的孩子所办不到的，因此显得弥足珍贵。

事实上，谦让的品德并不是天生就有的，而是后天通过德行教育所培养出来的，这也正是《弟子规》的训蒙意义之所在。

轻财忍语，不生怨忿

财[①]物[②]轻[③]，怨何生？言[④]语[⑤]忍[⑥]，忿[⑦]自[⑧]泯[⑨]。

【注释】

①财：原指人们所珍爱的东西，后泛指财宝、财产，这里指涉及利益的财物。

②物：本义指万事万物，后泛指物品，此处指东西。

③轻：原指质量上较小，后引申为轻视、轻率等义，这里指看轻、不重视。

④言：本义指说话，这里用作名词，表示说的话、发表的言论。

⑤语：原指辩论、讨论，后泛指交谈等义，这里指说话。

⑥忍：本义指忍耐，后引申为残忍、忍心等义，此处指容忍。

⑦忿：原意为心头情绪纷乱，后泛指愤怒、愤恨，这里

表示怨愤。

⑧自：本义为鼻子，后多表示自己，有开头、起源等义，此处指自然、当然。

⑨泯：原指消除、泯灭，这里指消失。

【译文】

在关涉利益的财物方面看得比较轻，哪里还会产生怨气呢？在言语交谈不合时要容忍，怨愤自然会消失无踪。

【赏析】

《弟子规》之所以强调兄弟间要讲究孝悌之义，正是因为兄弟之间往往会有家族利益上的牵扯。父母是同一个，那孝顺的对象自然没有不同，但是落在自己身上的赡养义务却存在区别。有的兄弟间会因为计较这些细微区别而产生嫌隙，甚至最后闹分家等，这些都是自古就有的矛盾纠纷。

因此，《弟子规》提出，兄弟之间应该少计较财物利益，少出言不逊，免得伤了和气，那样才能够在每天的相处中获得安宁，否则的话，只会天天吵架，这显然不是以和为贵的儒家所提倡的。

所以，兄弟之间要看轻财物，要温和言语，多谦让，多互助，避免兄弟阋墙的事情发生。

长者优先，幼者居后

或[①]饮[②]食[③]，或坐[④]走[⑤]，长[⑥]者先[⑦]，幼[⑧]者后[⑨]。

【注释】

①或：本义指不确定性，后引申为有的、或许等释义，这里指或是。

②饮：原指喝，有含着、隐没等释义，此处指吃喝。

③食：本义指五谷杂粮，后泛指粮食，这里指米饭、食物。

④坐：原指跪坐，即跪着以臀部坐于腿上，此处指端坐。

⑤走：本义指跑，后多用来表示逃跑、泄露、拜访等义，这里表示行走。

⑥长：原指成长，后引申为首领、抚育等释义，此处指年纪、辈分较大者。

⑦先：这里指优先、次序在前。

⑧幼：原指幼小，这里指年纪、辈分较小。

⑨后：本义指子孙后代，后来多被用作次序、位置在后，此处指后面。

【译文】

不论是吃喝用饭的时候，或是坐下行走的时候，都要让长辈在前，由长辈先开始，让晚辈在后，由晚辈后进行。

【赏析】

《弟子规》对吃饭用餐、坐立行走都做了比较细致的要求，概括而言就是：长幼有序。作为一本训蒙文，对日常生活中的礼仪细节进行倡导其实很有必要，因为每个人的生活习惯都是从小培养起来的，大部分人的生活习惯一旦确立就再难更改，举止礼仪也是如此。

所以，从小就有意识地培养孩子尊敬长辈的观念，规范孩子正确的礼仪举止是重要且必要的。事随时迁，朝代更迭，时代一直在变，但无论身处什么时代，尊敬长者这一点是永远不会变的，这是一个社会得以长久稳定发展的基础。因此，尊老爱幼的道德教育和举止得体的礼仪规范要从孩子抓起。

长者呼人，即刻代叫

长[1]呼[2]人，即[3]代[4]叫[5]，人不在[6]，己[7]即到[8]。

【注释】

①长：本义为老，后多用来表示辈分长的、年纪大的，此处意为长辈。

②呼：原指将口中气吐出，后引申为呼喊、呼叫，这里指的是召唤、呼唤。

③即：此处指当即、立即，表示反应迅速、立刻。

④代：这里用作动词，表示代替。

⑤叫：原指高声呼喊，后引申为叫声、招呼等释义，此处指传唤。

⑥在：本义指存在，后泛指位置上的存在，有处于、在于等释义，这里表示存在。

⑦己：原指缠丝的头绪，后假借为“自己”，指代第一

人称，此处的意思是自己。

⑧到：本义指达到，又有到时、去往等释义，这里指抵达、到达。

【译文】

长辈呼唤人，应立即代替长辈传唤，要是那人恰好不在，那自己应立即到长辈面前告知，并询问长辈自己能否帮忙。

【赏析】

《弟子规》十分重视对孩子礼仪的培养，小到如何询问，大到如何待客，都有所指导。中华民族是礼仪之邦，千百年来的礼仪规范经过历朝历代的实践改进，变得越发成熟和规范。可以说，留下来的礼仪传统都是通过了重重历史考验的国粹精华。

所以，继承和发扬这些礼仪是我们责无旁贷的责任和使命。当然，学习礼仪规范不能生硬刻板地照做，而要取其精华去其糟粕地进行升华学习。幸运的是，这些生命力极强的礼仪规范同时还具备极强的适应性，它们对当今社会的道德教育有很大的借鉴意义。因此，我们要善于学习并加以运用。

明末清初·蓝瑛 《山水十开》其九

面对尊长，谦虚低调

称[1]尊[2]长，勿[3]呼名[4]，对[5]尊长，勿见[6]能[7]。

【注释】

①称：原指相称、符合，有称重、称赞等释义，这里用作动词，表示称呼。

②尊：本义指装酒的器皿，后引申为敬重、推崇、遵守等义，此处指尊敬。

③勿：不要。

④名：姓名、名讳。

⑤对：面对、面前。

⑥见（xiàn）：同“现”，出现、显露。

⑦能：本领。

【译文】

称呼尊敬的长辈，不能直呼其名讳；在尊敬的长辈面前，不要显摆自己的本领。

【赏析】

是否尊敬长辈是一个人素质修养的体现。《弟子规》要求我们面对尊长的时候，态度要恭敬，姿态要谦虚，不能目无尊长，夸夸其谈地炫耀自己。它还要求我们对人要有礼貌，对同辈或者小辈可以称呼对方的名字，但是对长辈要用尊称，不能直呼其名，因为那是极其没有修养的表现。

长辈们年纪比我们大，生活经验也比我们多，所以即便我们懂一些长辈们可能不明白的“时髦”的东西，但也不能以此自傲，觉得自己无所不能，从而藐视长辈们的社会经验，那是愚昧自大、短视骄矜的行为。我们应该时刻保持虚怀若谷的态度，取长补短，认真学习长辈的经验，不断充实自己、提升自己。

路遇长者，疾趋致礼

路①遇②长，疾③趋④揖⑤，长无言，退⑥恭立⑦。

【注释】

①路：本义指十字路口，后泛指道路，有思路、经过等词义，这里指路上。

②遇：原指没有约定的碰面，即遇见，后引申为对待、遭受等释义，此处指碰见。

③疾：迅速地、快速地。

④趋：走上前。

⑤揖：作揖。

⑥退：倒退、后退。

⑦立：本义指人笔直端正地站立，有制定、建立、立刻等释义，此处指端正地站着。

【译文】

在路上碰见长辈，要快速地走上前去作揖致礼，长辈

如果没有说什么以示训诫，那便在行礼完毕后后退几步，在一旁恭敬地站着。

【赏析】

《弟子规》描绘了路上遇到长辈之时，我们应该采取的态度和应有的礼仪。首先，态度一定要谦卑，要主动迅速上前打招呼，对长辈作揖行礼；其次，要随时听候长辈的吩咐，如果长辈没有训示，那就尽量不要打扰地退下。

这一准则应用在当代生活中，那就应该是这样：在遇到长辈时，要主动上前问候打招呼，如果长辈有其他事要忙，那就说不打扰便告别离开。这种常规的礼节既包含了晚辈对长辈的尊敬，其实也是人与人之间拉近距离的方法。所以，我们应尽量将这种礼仪传扬下去。

路遇长者，招呼让路

骑①下②马③，乘④下车⑤，过⑥犹⑦待⑧，百步⑨余。

【注释】

①骑：本义指跨在马上，后引申为骑行、跨越，这里指

骑马。

②下：原指位置低处，后引申为下面、下次、离开等释义，此处指下来。

③马：本义指家禽的名字，这里指马匹。

④乘（chéng）：坐车。

⑤车：本义指有轮子的陆上交通工具，此处指马车。

⑥过：原指过错，后引申为超出、路过等释义，这里表示经过。

⑦犹：本义指相似，有迟疑、尚且等词义，此处意思是依然。

⑧待：原指等待，此处指等候。

⑨步：这里表示步数。

【译文】

遇见长辈的时候，如果正在骑马那就应该下马，如果正在乘坐马车那就应该下车，等长辈经过了依然要在原地等候目送，直到长辈离自己百多步的距离以后才继续自己的行程。

【赏析】

《弟子规》要求晚辈在路上遇到长辈时要打招呼并让路。尤其在自己乘坐交通工具的时候，不能因为车马快捷而故意忽略路上的长辈。骑马的时候要下马问候，坐车的时候要下车招呼，问候完毕还要让长辈先行离开，并目送长辈走出百步远后自己再离开。

这其实在我们的日常生活中也有体现，比如送客时要将客人送到门口或者更远，然后目送对方走开很远再关门，而不是客人才转身就将门关上，这样显得不礼貌。骑车在路上遇见熟人也应该主动打招呼，或者微笑示意，这些都是常见的生活礼节，而这些礼节其实也正是千百年前就流传下来的优良传统。

知礼守礼，助人成事

长者立，幼勿坐，长者坐，命①乃②坐。

【注释】

①命：本义指发号施令、发布命令，后引申为生命、指派、天命等释义，这里指吩咐、命令。

②乃：多用作代词，表示你、他、这个等义，又有就是、竟然等释义，此处用作副词，表示才。

【译文】

长辈站着的时候，晚辈不能坐着。长辈坐下了，晚辈得了长辈的吩咐准许才能坐下。

【赏析】

《弟子规》还规定了我们侍立在长辈身边时应当遵守的礼仪规范。总体而言，就是要时刻以长辈为尊，随时听候长辈吩咐，尽力满足长辈的要求。

当然，现代社会在长辈面前的坐立规矩已经没有那么严格了，但敬重长辈的精神内核在礼仪规范上还是有所体现的。比如吃饭应该让长辈坐尊位，长辈开始动筷吃饭，小辈们才能开始动筷吃饭等。

在我们的生活中，总该有些规矩和礼仪的，就像总该有些信仰一样，有了那些，我们的生活才能更有序，我们也才能生活得更美好。

尊长面前，声音要低

尊长前①，声要②低③，低不闻④，却⑤非⑥宜⑦。

【注释】

①前：本义指前进，有引导、进见等释义，这里表示面前。

②要：原指索取、希望等义，此处用作副词，表示应该、必须。

③低：这里指声音低弱、低微。

④闻：听见。

⑤却：反而、然而。

⑥非：原指违背，后多用于表示否定，意为错误、不合适，此处意思是并非。

⑦宜：本义指安住的地方，后泛指恰当、合适等义，这里表示适宜。

【译文】

在尊敬的长辈面前，说话的声音要低沉，不能喧闹，但也不能低弱到听不见的程度，那样反而不适宜。

【赏析】

《弟子规》要求我们在长辈面前说话要和颜悦色，声音不能高亢惊人，也不能低弱不可闻，而是要沉稳有力、恰到好处。声音过于高亢会给人留下浮躁、不可靠的印象，而声音过于低沉则会使人觉得自己怯懦、不自信，这两方面都会令人觉得这个人难当大任，所以都是不适宜的。

其实，关于在长辈面前的话语表达，我们可以更深层次地去理解：要向长辈表达自己的看法，既不能过于激烈冲动，让长辈因难以接受过于强烈的表达方式而彻底拒绝；也不能畏畏缩缩，不敢说出自己内心的想法，事事听从长辈的意愿，时时妥协家长的意志，而是要有礼有节地表达自己的看法，用长辈可以接受的温和的方式表达自己的看法。

进趋退迟，勿移视线

进[1]必[2]趋，退必迟[3]，问[4]起[5]对[6]，视[7]勿移[8]。

【注释】

①进：本义指前进，后引申为超过、走进、推荐等释义，此处指近前面见。

②必：多用作肯定，表示必然、一定要，这里表示必须、一定要。

③迟：本义指慢慢地走，后引申为迟到、犹疑等释义，此处表示迟缓、缓慢。

④问：多表示问候、审讯，这里指问话、问询。

⑤起：这里指站起、起身。

⑥对：这里作动词使用，表示应答、应对。

⑦视：本义指瞻仰、观看，后多表示观看、查探，这里用作名词，表示视线。

⑧移：原指移植稻苗，后泛指迁移、搬动，此处表示移动、转移。

【译文】

前去面见长辈时，一定要快步走向前；跟长辈告退时，一定要慢慢地往后退下。长辈问话，一定要站起来恭敬地回答，视线不能随意转动、飘忽不定。

【赏析】

《弟子规》要求我们在面对长辈提问时，要进退有度，坚定沉着，不能没有分寸地乱窜，也不能没有定力地乱看。这是一种礼貌与自信的表现。在长辈面前惊慌失措显得不够稳重，眼神飘忽则显得为人轻浮。

所以，我们在跟他人说话交流时，一定要注重眼神的交流，用眼神示意“我在聆听”，这样才能有助于交流的顺利进行。

事诸父兄，如事父兄

事①诸父②，如③事父；事诸兄，如事兄。

【注释】

①事：本义为官职，后多指事务、办法、事故等义，这里指服侍、对待。

②诸父：伯父、叔父。

③如：原指按照、依从，有跟随、去往、应当等释义，这里表示如同、好像。

【译文】

对待父辈的叔伯，要像对待自己的父亲一样；对待同族的兄弟姐妹，要像对待自己的兄弟姐妹一样。

【赏析】

《弟子规》提出，人不能只站在小家小国的立场上看待事物，而是应该站在更为广阔的大家大国的角度上考虑得失。有国才有家，国兴则家旺，只有国家太平，人们的生活才能安定。正如一句俗语所说，“宁做太平犬，不做乱离人”，在太平的年代，人们才能安居乐业，而战乱的年代必然充满流血与牺牲。

因此，每个人都向往和平，而和平其实也源于每一个人。只有人人都能遵纪守法，不去侵犯他人的权利，世界才会是一片祥和。所以，和平其实是从每一个人做起的，孝悌也是如此。人人都讲究孝悌，那整个社会便是和谐的大家庭。

元·赵雍 《孤窟横江图》

第四章 谨

庄重大方于人前是素质，不欺暗室于人后是修养。日常生活中，我们要谨言慎行，洁身自好。在生活细节上，要处处留心，于细微处显礼仪；在生活作风上，要勤俭节约，于自制中见精神。立身正，行事端，不耽于享乐，不窥听邪僻，做一个坦荡的君子。

老年易至，惜此时光

朝[1]起早[2]，夜[3]眠[4]迟，老[5]易[6]至[7]，惜[8]此[9]时[10]。

【注释】

①朝：本义指早晨，又有朝霞、朝夕等词义，这里表示早上。

②早：有本来、幸亏、早年等释义，此处指时间早。

③夜：多指天黑、夜色等义，这里指晚上。

④眠：本义指闭上眼睛假寐，后泛指睡觉，这里指入睡。

⑤老：原指年岁大，后引申为陈旧的、经常、程度深等词义，此处指年老。

⑥易：这里用作形容词，表示容易。

⑦至：原指到了至高地，有至此、至高等释义，这里指到达。

⑧惜：本义指哀痛，后引申为惋惜、吝惜等词义，此处

指珍惜。

⑨此：常作代词使用，表示这里，此处指这个。

⑩时：时间、时光。

【译文】

早上要早早起床，晚上应迟点入睡，我们很快就会步入老年阶段，所以要珍惜现在的时光。

【赏析】

古人对生活习惯，尤其是作息习惯向来有着严格的要求，《弟子规》中也是如此，它警示世人时光易逝难倒回。我们要珍惜年少的时光去努力学习，珍惜每天的时间去发奋读书，不要等到老了再去空叹“逝者如斯夫，不舍昼夜”，遗憾青春岁月一去不复返，感慨“书到用时方恨少”，遗憾没有在最好的时间里抓紧学习。

在记忆力最好、生命最有活力的那几年养成良好的学习及作息习惯，会让我们受益终身。

晨起洗漱，便溺净手

晨[1]必盥[2]，兼[3]漱[4]口，便溺[5]回[6]，辄[7]净[8]手。

【注释】

①晨：指早上，这里指清早起床。

②盥（guàn）：本义指清洗手部，后引申为洗涤、洗浴，此处表示洗漱。

③兼：原指合并，有加倍、兼顾等释义，这里指同时。

④漱：本义指清洗口腔，后引申为洗漱、涤漱，此处指漱口。

⑤溺：原指沉没进水里，后引申为过度沉迷，这里指排泄小便。

⑥回：本义指回转，后引申为返回、包围、调转等释义，这里表示回来。

⑦辄：原指车板外翻的地方，多用作文言虚词，表示立

即、总是，此处表示就。

⑧净：本义指护城河的名称，后引申为清洁、干净、纯净等释义，这里表示洗净。

【译文】

早上起来一定要洗漱，并且要清洗口腔。大便小便完回来后，要立即洗干净双手。

【赏析】

《弟子规》督促我们要养成良好的卫生习惯，每天早上洗脸漱口，如厕后及时洗手。这种类似如今幼儿教育的内容，古人将其放在训蒙的课程中是十分合适的。

事实上，虽然古代的卫生医疗条件不如现代发达，但古人的卫生习惯是很好的，而且他们的清洁方法有很多，分类繁杂且讲究，并不是如我们想象得那般简单随意。他们虽然没有香皂、洗发露等卫浴用品，但善于从植物中发现能用的清洁物。实际上，现代不少清洁产品都是从古代史料典籍中记载的配方得来的灵感制成的，如《本草纲目》等书籍就是很多企业研究实验的目标。

衣冠整洁，袜履紧切

冠①必正②，纽③必结④，袜⑤与履⑥，俱⑦紧⑧切⑨。

【注释】

①冠：原指戴帽子，这里用作名词，表示帽子。

②正：本义为一统天下，后引申为正直、正派，此处表示端正。

③纽：原指系上，有枢纽、纽扣等词义，这里指衣服上的纽结。

④结：打结。

⑤袜：这里指穿在脚上的袜子。

⑥履（lǚ）：原指践踏，后引申为履行、履职等词义，此处指鞋子。

⑦俱：泛指都、共同、一起，这里表示都要。

⑧紧：捆紧。

⑨切（qiè）：原指将东西切分，有接触、契合、急切等义，此处表示贴近。

【译文】

帽子一定要戴端正，衣服的纽扣一定要系好。袜子和鞋子都要绑紧，穿得贴实、合适。

【赏析】

《弟子规》针对个人的形象方面，提出了具体的穿戴要求和准则。它主张书生帽一定要戴正，衣袍一定要系好，袜子和鞋子不能穿得松松垮垮，整体衣服装束要整洁大方，要展现出书生一身正气的精神风貌。

仪容仪表上的讲究不仅是为了给人观感上舒服的礼仪，还因为仪容仪表是一个人内在精神的外在体现。多数人会根据人们的外在形象来进行初步判断，如果外在仪容端正整洁，更容易使人觉得其内里的精神是正直向上的。

在现代社会中，很多人抱着“大行不顾细谨，大礼不辞小让”的想法对自己的仪容仪表很不讲究，这其实是不对的。众所周知，第一印象往往决定事情开局的成功与否，而仪容仪表则是决定第一印象好坏的关键因素。因此，平时多注意自己仪容仪表的整洁是很有必要的。

置放冠服，要有定位

置[①]冠服[②]，有定[③]位[④]，勿乱[⑤]顿[⑥]，致[⑦]污[⑧]秽[⑨]。

【注释】

①置：本义指释放、恕罪，后引申为搁置、设置等词义，这里表示放置。

②服：多指衣裳，有担任、习惯、吃下等义，此处表示衣服。

③定：原指安定，后引申为定居、镇定等释义，这里表示固定。

④位：本义指单独站立，有地位、位次、方位等义，此处指位置。

⑤乱：原指整理丝线，后泛指没有秩序，表示混乱、凌乱，这里指随意。

⑥顿：这里作动词使用，表示安放、安顿。

⑦致：原指送达，有导致、归还、放置等义，这里表示致使。

⑧污：本义指泥水坑，后泛指脏污。

⑨秽：原指荒弃，这里指脏秽、污浊。

【译文】

放置帽子和衣服，要有固定的位置，而不能随意安置，因为那样会致使衣帽变得污秽。

【赏析】

《弟子规》要求我们要养成良好的生活习惯，用过的东西要随手归置好，不能四处乱丢，等到要用的时候又找不到。那种坏习惯会严重影响我们学习和工作的效率，耽误我们的学习、工作时间，破坏我们原定的时间管理规划，所以是不可取的。

当今社会，有不少小孩因为从小到大都是整个家庭围着转的核心，以至于长大后一点生活自理能力都没有，这显然不是健康科学的成长模式。教养孩子不能溺爱，要培养他在生活上的自理能力和执行力，培养他在学习上的自主能力和自制力，这才是一个合格的家长应该去做的。

南宋·马远《松寿图轴》

衣贵整洁，不重华贵

衣①贵②洁③，不贵华④，上⑤循⑥分⑦，下称⑧家⑨。

【注释】

①衣：本义指上衣，后泛指衣服，有穿衣、遮盖等释义，这里指衣物。

②贵：原指价格昂贵，后引申为高贵、贵重、珍贵、华贵等词义，此处表示看重。

③洁：本义指洁净，也有廉洁、高洁、洁白等释义，这里表示整洁。

④华：原指树木繁荣华茂，后引申为华彩、年华、精华等词义，这里指华贵。

⑤上：本义指高处，有上级、上升、奉上等词义，此处指地位上的优先次序。

⑥循：原指沿着，后泛指遵循、按照、循环、安抚等义，

这里表示依照。

⑦分（fèn）：本指分别，有区分、分辨、分担等释义，此处用作名词，表示身份。

⑧称（chèn）：原指相符、对称，这里指符合。

⑨家：本义指居所，后引申为家庭、家族等词义，此处表示家庭条件，即家境。

【译文】

衣服重在整洁，而不是注重华贵，它首先要合乎自己的身份地位，然后要适合家庭经济状况。

【赏析】

《弟子规》告诫我们衣着打扮要合时宜、合实情。不要过度追求服装的华贵精致，而要注重衣物的庄重整洁；不能不考虑自身的实际情况，而去追求过于奢华、超出自己身份规制和经济条件允许的衣服。那些都是贪慕虚荣的表现，不是一个恪守礼节本分的君子该做的。

所以，我们要放低自己在衣服饰品等外在东西方面的追求，看重自己在内涵修养等内在品质方面的提升，降低物质欲望，修炼精神涵养，让“腹有诗书气自华”的涵养成为自己紧随其身的华丽衣裳。

饮食勿择，食可勿过

对①饮食，勿拣②择③，食适④可，勿过⑤则⑥。

【注释】

①对：原指相对、答复等义，这里指的是对于、针对。

②拣：本义指用手进行分类挑选，后引申为捡起、选择等释义，此处指挑挑拣拣。

③择：原指拣选，后引申为选择、挑剔、捉住等词义，这里指挑嘴。

④适：本义指去往，后泛指合适、舒适，此处指适度、适中。

⑤过：原指经过，有过错、过去、过程等释义，这里表示过度、超过的意思。

⑥则：本义指法则，后引申为规律、等级等词义，此处指准则。

【译文】

关于吃喝的东西不要挑挑拣拣，食量也要注意适可而止，不要超过应有的准则。

【赏析】

《弟子规》主张在生活上保持勤俭节约的良好习惯，不能浪费，更忌奢侈，不要过度追求口腹之欲，而要注重养生。

随着生活水平的提高，现在许多的小孩养成了挑食的坏习惯，这是需要改正的。吃饭的最初目的是满足身体补充能量的需要，所以要荤素结合，要营养搭配。如果一味根据自己的喜好去吃饭，那带来的后果则会是身体内的营养不均衡，如吃肉过多显得肥胖，营养不足过于瘦弱等，这些都不利于身体的健康。所以，我们要养成良好的饮食习惯，同时要保持俭朴的生活作风。

年纪幼小，切勿饮酒

年[1]方[2]少[3]，勿饮酒，饮酒醉[4]，最[5]为丑[6]。

【注释】

①年：原指年成，后由除年兽的故事引申为一年到头的年份，这里指年纪。

②方：这里用作副词，表示方才、刚刚。

③少：原指幼小，后引申为年幼的，此处指年轻时期。

④醉：本义指喝酒过度后的状态，有过度沉迷、用酒腌渍等释义，这里表示喝酒过量。

⑤最：原指侵犯而获得，后多表示程度上的极致，此处指最是。

⑥丑：这里指形态难看。

【译文】

年纪还小的时候，不要喝酒，人在喝酒过度后，烂醉如泥的情态最是丑陋。

【赏析】

古代文人喝酒的不少，朋友间相互酬酢宴饮、宾客间欢庆恭贺都离不开酒，可以说，中国的酒文化与酒桌文化是相伴而生的，历史实在悠久。

不过，文人历来都是倡导喝酒要节制的，因为喝醉酒后，人的意志会变得薄弱，容易出丑，这显然是不符合儒家思想随时随地都要端庄守礼的准则的。

实际上，单从个人身体健康方面而言，也不宜过度饮酒。所以，青少年不宜喝酒，成年人哪怕喝酒也要节制。

从容端正，深圆恭敬

步从①容②，立端③正④，揖深⑤圆⑥，拜⑦恭敬⑧。

【注释】

①从：原指依从、跟从，也有参与、次要等释义，这里指的是不慌不忙的样子。

②容：本义指装东西的器皿，即容器，后引申为容忍、允许等释义，此处指淡定的模样。

③端：原指站得笔直端正，后引申为品行端方、端着东西等词义，这里表示端庄。

④正：本义指统一天下，有校正、纯正、正当等词义，此处表示笔直。

⑤深：本指河流的名字，后多用来表示深度、深刻、深入等词义，此处表示幅度大。

⑥圆：原指一种图形，后引申为圆满、圆滑、圆熟等义，这里指的是圆形。

⑦拜：指朝拜、作揖行礼。

⑧敬：本义指谨慎、自省，后引申为敬奉、恭敬、敬畏等词义，此处指尊敬、敬重。

【译文】

走路时步履要淡定从容，站立时要立得笔直端正，作揖时要深深鞠躬，拜奉时要恭敬顺从。

【赏析】

《弟子规》要求我们走路时要昂首阔步，不要蹑足不前；站立时要直立如松，不要歪倚斜靠；作揖时要深躬到位，不要敷衍了事；拜见时要恭顺端敬，不要轻率随意。

这些都是日常生活中见人待客时需要注意的礼节与规矩，要时刻谨记。如果将这些礼仪常识都抛诸脑后而置之不理，那在社会上进行人际交往时往往很难受到欢迎。

虽然当今社会已经不在见面时打躬作揖，但是基本的问候和招呼还是十分必要的。虽然作揖已被问候代替，但其诚恳恭敬的核心还是不变的，所以问候时要真诚，切忌敷衍，更不能忽略无视。

行走坐立，讲究规矩

勿践①阈②，勿跛③倚④，勿箕⑤踞⑥，勿摇⑦髀⑧。

【注释】

①践：本义指踩踏，后引申为履行、依循、经历等释义，此处指踏在、踩在。

②阈（yù）：原指国门，后泛指家门，这里表示门槛。

③跛：本指腿脚不便致使走路一瘸一拐，这里指走路不端正。

④倚：多用来表示靠着，也表示随着，此处指倚靠。

⑤箕（jī）：本义为簸箕，一种去糠分米的器具，此处指两腿张开而坐。

⑥踞（jù）：原指蹲坐，有倚着、踞坐等释义，这里表示伸展开两条腿呈八字形样坐着。

⑦摇：本义指摇动，后引申为骚扰、动摇等释义，此处指摇晃。

⑧髀（bì）：原指大腿骨，这里代指大腿。

【译文】

不要踩在门槛上，走路不要摇摆，不要张开两腿坐着，坐的时候不要抖腿。

【赏析】

《弟子规》告诫我们行走坐立要讲究规矩，不能轻忽随意。进出时，脚不能踩踏门槛；走路时，人不能左摇右晃；坐下时，腿不能大张叉开；坐着时，人不能跷腿抖腿。

这些礼仪讲究其实在现在依旧沿用着，虽然有一些难免带有封建迷信色彩，但不能否认的是，大部分礼仪要求能让我们的举止更为端庄，仪态更为优雅，所以，我们要取其精华，去其糟粕，将那些优良的举止礼仪继续传承和发扬下去。

缓揭门帘，宽松转弯

缓[①]揭[②]帘[③]，勿有声，宽[④]转[⑤]弯[⑥]，勿触[⑦]棱[⑧]。

【注释】

①缓：本义指舒缓、宽大，后引申为迟缓、柔软等释义，这里指缓慢。

②揭：原指显露、揭发，这里指掀开、揭起。

③帘：本指布帘，也指窗帘、酒帘，此处指门帘。

④宽：原指房间宽大，后多指宽广、宽容等释义，这里表示宽松而有余地。

⑤转：本义指转运，后引申为转动、旋转，此处指的是回转。

⑥弯：原指不笔直，有曲折、停泊等词义，这里指转弯。

⑦触：本义指用角顶住物体，后引申为接触、抵触、触动等词义，这里指碰触。

⑧棱：原指物体边缘的棱角，这里指门棱。

【译文】

要慢慢地掀开门帘，尽量不要弄出声响，宽松而留有余地地转弯，不要触碰到门棱。

【赏析】

《弟子规》对于礼仪各方面的要求阐述得很细致。它提醒我们在掀动门帘时要尽量不出声音，在转弯侧身时要尽量不磕碰。掀动门帘时弄出声响可能会打扰到门帘内的人，转弯侧身时磕碰到门框显得浮躁而不稳重。这些都是不合乎“礼”的。

这一准则应用在现代社会，即是要求我们脚上手上的动作不要过重，关门开门要尽量轻一些，不要弄出巨大的声响给别人造成困扰。这种礼仪细节虽然微不足道，但却是一个人修养高低的重要体现。所以，我们要时时小心注意，轻拿轻放，轻手轻脚，从小处做起，为他人着想。

进入虚室，如遇有人

执[①]虚[②]器[③]，如[④]执盈[⑤]；入虚室[⑥]，如有人。

【注释】

①执：本义指捉拿住，后引申为秉持、操作、取得、判断等释义，此处指拿着。

②虚：原指空旷，后引申为虚伪、心虚、谦虚等词义，这里用作形容词，表示空的。

③器：本指器具，有器量、器重、器官等词义，此处表示器皿。

④如：多用来表示相似，有前往、怎么、或者、比得上等释义，这里指好像。

⑤盈：本义指容器充满的样子，后引申为增长、超过等义，此处指充满。

⑥室：原指内室，后泛指住所，也有房间、妻室等词义，这里指内室、居所。

【译文】

拿着空空的器皿，要像拿着装满东西的器皿那样慎重小心。进入空房间，也要像主人在家一样庄重有礼。

【赏析】

《弟子规》要求我们不管在公共场合还是私下独处，都应该谨言慎行，恪守礼节，它指出这才是君子应有的气度。

事实上，这一点对当代社会有很大的借鉴意义。如今，

清·禹之鼎《修竹幽居图》

很多人在人前会礼貌周到、体贴勤快，但在人后却懒于管理自己，这显然不符合儒家思想的主张。儒家学派认为，无论当不当着他人的面，我们都应该言行一致，知情达理。

当然，我们要结合实际来考虑，所以其实也不是要求做到每时每刻都处于神经紧绷的战斗状态，而是试着去学会让优秀成为我们的习惯，那样的话，无论什么时候都会是我们自己最好的状态。

事勿忙乱，忙则多错

事勿忙①，忙多②错③，勿畏④难⑤，勿轻⑥略⑦。

【注释】

①忙：原指急忙，后多用于表达赶快、事务繁忙等义，这里指忙于做事、匆忙。

②多：此处用作副词，表示大多数情况。

③错：这里指犯错、出错。

④畏：本义指敬畏，还有担心、避开等释义，此处指害怕。

⑤难：原指被捕获的鸟，后多用来表示做事费劲，这里指困难。

⑥轻：原指重量上的轻，后引申为轻巧、轻薄等义，此处指轻视。

⑦略：本义指侵占、侵略，又有省略、战略等义，这里表示疏忽。

【译文】

办事不要匆匆忙忙，匆忙的情况下大多容易出错，也不要害怕，别有畏难情绪，更不要疏忽，精神上麻痹大意。

【赏析】

《弟子规》提醒我们不要因为事多事急就自乱阵脚，也不要因为困难重重就畏惧担忧，越是情况紧急越该平心静气，越是阻碍重重越该迎难而上。

当我们面对巨大压力与挑战时，要拿出“泰山崩于前而色不变”的气魄和“每逢大事有静气”的胆识，去勇敢面对，而不是裹足不前。狭路相逢勇者胜，只有拿出最大的勇气，做出最大的努力，才可能取得成功。

勿近闹场，勿问邪事

斗[1]闹[2]场[3]，绝勿近[4]；邪[5]僻[6]事，绝勿问[7]。

【注释】

①斗：本义指争斗，后引申为搏斗、战斗等义，此处指戏耍、逗乐。

②闹：原指集贸市场的喧闹嘈杂，这里泛指声色犬马的地方。

③场：原是指用来晾晒谷物的平地，后引申为人群集散的地方，此处指场所。

④近：这里指靠近。

⑤邪：原指不正当、不正派，此处指邪异、歪门邪道。

⑥僻：本义指回避，后多用来形容偏远，这里指偏僻、阴私。

⑦问：原表示问候、审讯等义，此处指询问、探询。

【译文】

声色犬马的喧闹玩乐场所，千万不要靠近、进入。歪

门邪道、阴私邪僻的事情，千万不要打听、探询。

【赏析】

《弟子规》要求我们不要靠近声色犬马的喧闹场所，不要打听歪门邪道的事。因为在声色犬马的喧闹场所中浸淫久了，容易使人变得浮躁；歪门邪道的事听多了，容易让人变得偏狭。所以，我们要立身正，行事端，不耽于享乐，不打听怪妄，做一个坦荡端方的君子。

现代社会中，有些人喜好窥私猎奇，爱打听八卦怪诞之事，这其实并非君子所为。那些似真似假的琐碎八卦往往会分散我们的注意力，让我们难以集中精力专注手头的事务，因此，那些行为实不可取。

入门问存，上堂声扬

将[1]入门[2]，问孰[3]存[4]；将上堂[5]，声必扬[6]。

【注释】

①将：原指率领，后引申为顺从、扶助等释义，此处用作副词，表示将要。

②门：这里表示大门。

③孰（shú）：这里用作疑问代词，表示哪个人、谁。

④存：本义为存活、留存，后引申为储藏、寄放、怀着等释义，此处表示存在。

⑤堂：原指住处中的公众场所，后泛指客厅，这里表示厅堂。

⑥扬：本义指以手播撒，有高举、飘扬、称颂等词义，此处指高声、高扬。

【译文】

快要进入大门的时候，要问有没有人在；快要到厅堂的时候，说话声音要高扬以示提醒。

【赏析】

《弟子规》认为君子在任何时候都必须保有坦荡的风度。在进门之前，要先询问是否有人在家；在进入厅堂之前，要先大声通报提醒里面的人自己将要进来，这些都是出门做客的礼节。

将这些准则应用到现代社会中，那便是在进门之前要先敲门，得到主人的邀请与许可后再进门。进入主人家的房间后，不能随意乱闯，侵犯主人的隐私。

也就是说，出门在外的时候，我们要努力做到坦荡守礼，不要鲁莽轻浮。

若人问谁，对以姓名

人问谁①，对②以③名④，吾与我，不分⑤明⑥。

【注释】

①谁：本义指什么，后泛指某人，此处指什么人。

②对：多指正确的、相对的，这里表示对答、回答。

③以：多用作文言虚词，表示由于、用来、认为等释义，这里指用。

④名：此处指姓名。

⑤分：本义指界限分明，有区分、分离等释义，这里指分辨、分别。

⑥明：此处指清楚、明晰。

【译文】

别人问自己是谁，应该把自己的名字告诉对方，因为只说我或者吾之类的人称代词，会让对方难以清楚地分辨出来到底是谁。

【赏析】

《弟子规》指出，在日常生活中，有一些不确定的人称回复往往会造成不必要的误会，所以在他人询问自己姓名的时候，我们应该简洁明了地据实以告，而不是含糊不清地以人称代词代替，这不仅不利于社交，也是极其不礼貌的行为。

所以，在与人交往的过程中，我们要在他人询问时清楚地告知对方自己的身份信息，一方面是因为这是人际交往过程中的基本礼貌，另一方面则是为了方便接下来的沟通交流。含糊其词只会让对方怀疑自己的素质和诚意，不利于交流目标的达成。

用人物品，须明请求

用①人物，须②明③求④，倘⑤不问，即⑥为偷⑦。

【注释】

①用：本义指的是采用、运用，这里指的是借用。

②须：必须、应该。

明末清初·蓝瑛 《山水十开》其八

③明：这里指的是公开的。

④求：古文中原指皮裘，后引申为乞求，此处指请求、恳求。

⑤倘：多用来表示假设，这里指的是假如、如果。

⑥即：就是。

⑦偷：这里指的是偷盗。

【译文】

借用他人的物品，应该公开地相借求取。如果不询问物品主人的意见，没有征得其同意，那就是偷盗的行为。

【赏析】

《弟子规》提出，没有经过主人的允许就擅动他人财物的行为都是偷窃行为。所以，我们在日常生活中，要时刻注意不要在不经意间侵犯了他人的权益，成为强势偷盗的“贼”。小到借用他人东西，大到做出某种行为，我们都应该在被允许的情况下进行。

好借好还，再借不难

借[1]人物，及[2]时[3]还[4]；人借物，有勿悭[5]。

【注释】

①借：本义指假借，后泛指暂时借用他人的物品，这里指借用。

②及：原指追赶上，后引申为达到、和等释义，此处指及早、及时。

③时：泛指时节、时令、时机，这里指时间。

④还：表示返回、复原等义，此处指归还。

⑤悭（qiān）：吝啬。

【译文】

借用别人的东西，要及时归还。别人向你借东西，有就不要吝啬。

【赏析】

《弟子规》强调做人要有诚信，“信”也是儒家思想体系的重要组成部分之一。“人无信不立”，意思是说一个人没有信用，就站不住脚，这充分表明了诚信对于人的重要性。

《弟子规》从借东西这样一件小事出发，由浅入深地阐述诚信的重要性。俗话说，“有借有还，再借不难”，这无疑与弟子规的这句话有着异曲同工之妙。其实，诚信的价值也正在于此，如果一个人能够坚守诚信，当他遇见急难的情况时，就能以自己的诚信作为抵押，获得他人的帮助。

在当代社会，诚信甚至已经成为衡量个人价值的一个重要指标。因此，诚信是一个志在成功的人必备的重要品质。

第五章 信

生活中，我们每个人手里都拿着一面镜子，仔细观照着别人的不足，却往往看不到自己的缺点。我们应该秉持见贤思齐的精神，多学习别人的优点，不断改进自己。对自己说出去的话负责，承诺他人的事情一定要做到，空穴来风的谣言决不乱传。

言而有信，切勿诈妄

凡[1]出言，信为先，诈与妄[2]，奚可焉[3]！

【注释】

①凡：凡是。

②妄：妄语，说大话。

③奚可焉：这怎么可以呢？

【译文】

凡是开口说话，都应该首先讲究信用，欺诈与妄语，这怎么可以呢？

【赏析】

这部分内容主要是在告诉世人，应该如何说话，说话的关键在于讲信用，对自己说出来的话负责任。努力去实践、去履行自己的诺言，答应别人的事情，就一定要尽力

去做到。如果知道自己没有能力做到，就不要随意夸下海口，更不能使用花言巧语来欺骗对方。

孔子说："人而无信，不知其可也。"如果说话不讲究信用，渐渐地，在社会上就无法立足。凡是在说话的时候，都应该保持诚信的态度，不能有任何的虚伪和隐瞒。

话不要多，切勿佞巧

话说多，不如少，惟其是，勿佞巧①。

【注释】

①佞（nìng）巧：花言巧语。

【译文】

多说话不如少说话，做事应该讲究实实在在，不要总是说一些花言巧语。

【赏析】

如果说了很多的话，但大部分都是没用的废话，那还不如少说。正所谓多说多错，少说少错，言多必失，做人应该谨言慎行，避免祸从口出。说话的时候，应该恰到好处，谈话内容也应该实事求是，那些不着边际的谎话，总有被识破戳穿的时候。

这段内容告诉我们：说话的关键在于说话要说到关键的位置，点到即可，避免言多必失。

市井之气，切戒除之

刻薄语，秽污[1]词；市井[2]气，切[3]戒[4]之。

【注释】

①秽污：肮脏、污秽；秽，淫乱。

②市井：古代指做买卖的地方，后为街市的代称，含有粗俗鄙陋之意。

③切：一定要。

④戒：去除。

【译文】

尖酸刻薄、脏秽不堪的话语以及市井无赖之徒的通俗口气，都一定要去除掉，切忌说出口。

【赏析】

古往今来，能说会道、逢迎拍马、喜欢说花言巧语的人实在太多了。在这些人之中，有的是因为自己地位卑微，而在高位面前不自觉地露出了自卑感，显露出卑微之态，所以才会刻意去顺着别人说话，较为被动地去讨好别人；而有些人则是为了达到某种有利于自身的目的，变着法儿地巴结讨好人家。

也许正是因为自古以来，有太多的人用花言巧语去讨好奉承别人，《弟子规》的作者才会反复告诫人们，不要从小就学会巴结别人。一句“勿佞巧”，一句“切戒之”，足可见作者的良苦用心了！

未见真相，勿轻言传

见[1]未[2]真[3]，勿[4]轻言[5]；知[6]未的[7]，勿轻传[8]。

【注释】

①见：看到的意思。

②未：不曾，没有的意思。

③真：真实的。

④勿：不要的意思。

⑤轻言：随便说，乱说。

⑥知：懂得，了解的意思。

⑦未的（dí）：不够清楚的意思，“的”的意思是真实、实在。

⑧传：传话，传播。

【译文】

自己没有弄清楚的事情，即使看到了，也是不能随便乱说的，更不能随便告诉别人。

【赏析】

如果没有看到事情、事物真实的样子，只是听到了别人随意说说，切记不要立即就说出去。自己所学的知识学问，如果没有彻底理解，没有领悟得很透彻，就不能随便发表自己的看法。如果随意发表，误导别人就不好了，而且还可能会把圣贤的学问讲错。所以我们不能“见未真”就去说，“知未的”就去讲，如果这样做了，说明这个人只是想借助自己的学识，得到别人的称赞。

如果你知道了事情的真相，也千万不要随意地说出去。我们不要让自己陷入口舌是非中，所以我们说话要慎重。说话之前要好好地想想，我们要说的话会带来哪些后患，我们说的话会不会对别人产生不好的影响，会不会牵涉到别人的名声，我们所说的话和别人的关系是怎么样的。有时候很随意的一句闲话，再加上个人的猜测，很容易就会把事实扭曲，并且越传播越离谱。“谣言止于智者”，很多没有事实基础的谣言，会生出很多事端，随意传播谣言，会引起别人的不满意，同时也会败坏了自己的名声。

在生活中，我们要做智者，不能轻信谣言，被谣言迷惑，以至于看不清楚事情的真相，同时也不能轻易去传播谣言，以免引来一些没有必要的是是非非。

宋·马远 《梅溪放艇图》

事非适宜，切勿轻诺

事[①]非[②]宜[③]，勿[④]轻诺，苟轻诺，进退[⑤]错。

【注释】

①事：事情，事件。

②非：不是。

③宜：适宜，合适。

④勿：不要的意思。

⑤进退："进退"的本义是前进和后退，在这里引申为做还是不做。

【译文】

对于别人请求我们做的事情，如果是不合适的，我们不能轻易答应；如果轻易答应了别人的请求，最后不管去做还是不去做，都是我们的不对。

【赏析】

这句话的意思是说，我们不应该去随意地许诺，做事情要给自己留些余地。比如，身为领导，说话的时候更要注意，如果说错话，很容易造成决策上的失误，古人说“一言可以兴邦”，所以讲话是很重要的，不能随意乱说。

在生活中，经常有人在做决策和决定的时候被自己的情绪左右，心情好的时候就随便答应别人很多事情，到最后发现自己做不了的时候，别人自然不开心，自己也变成了轻诺轻信的人。所以，我们最好少许承诺，除非自己有十足的把握能把事情做好。

道字重舒，勿急模糊

凡①道字②，重③且④舒⑤，勿急疾，勿模糊。

【注释】

①凡：凡是。

②道字：说话。在古代汉语中，“道”的意思很多，常用的有：道路、道德、道教、道士、说、讲、引导，在这里，

“道”的意思是说、讲。

③重：与轻相对，声音大的意思。

④且：而且。

⑤舒：舒缓。

【译文】

我们讲话之前，要经过慎重的思考，说话的态度要从容；不要说话太快，也不要说话太着急，更不要说得模糊不清。

【赏析】

我们说话的时候，吐字要清楚，声音要有力，说话的速度不要太快，要缓缓道来，让听的人觉得舒畅、觉得放松，不要让别人会意错了，产生不必要的误会。

有时候，别人讲话讲得很快，我们没有听清楚，这样可能就会耽误我们现在要做的事情。遇到这样的情况，我们可以给讲话的人复述一遍他讲话的内容，问问对方是不是正确。这样做可以确保事情的顺利进行，如果我们没有听清楚又嫌麻烦，不愿意再去确认别人说的内容，那就容易做错事情，造成不好的结果。

人说话的时候，往往有两种不好的方式，第一种是“急疾”，也就是说话很快的意思；第二种是“模糊”，也就是

说话不清楚的意思，这样别人就很难听清楚他在说什么。这些都是我们说话的时候需要注意的问题。当然讲得清楚，也不是每个字都要讲得特别重，我们应该用一种放松、舒缓的语气去说话。我们在不同的场合讲话时，对讲话的声音速度要求也是不一样的。如果老师在讲课的时候，语速就要缓和一些，面对那么多的学生，如果讲话的速度太快，下面的人就会听不清楚。当我们私底下和朋友聊天的时候，我们讲话就不必过于拘束，如果太拘束，往往会显得很沉闷。

莫论长短，远离是非

彼①说长，此②说短，不关己，莫③闲管。

【注释】

①彼："彼"的意思有：那；另一个事物；他，他们。这里的意思是他，他们。

②此："此"的意思有：这，这个；如此，这般；乃，则；此时或此地。这里的意思是这，这个。

③莫：不要。

【译文】

当有人和我们说别人的是非时，我们要用自己的智慧去判断真假，不要被谣言左右。如果是和自己没有关系的事情，我们最好不要牵涉其中。

【赏析】

古人说，“利刀割体痕易合”，你拿刀来割自己的肉，这个伤痕始终会好。“恶语伤人恨难消”，你用恶意的语言说别人，别人自然会怨恨你。如果有人和我们议论别人的是非对错，我们就随便听听，不要妄加判断，要有处世的智慧；如果是和自己没有关系的事情，更不要随便参与。不要多管闲事，我们的内心才更加清净，心里没有杂乱的事情，没有是是非非装在自己的心里，内心才会快乐。

多管别人的闲事，只会徒增自己的烦恼，同时还会引起别人的不满，甚至是别人对自己的怨恨。一旦和别人结怨，就很难再去化解，我们说再多的对不起，可能也很难换来别人的原谅。古德说：“莫说他人短与长，说来说去自遭殃。若能闭口深藏舌，便是修行第一方。”这句话就是要求我们不说是非长短，要有自己的涵养。

见贤思齐，全力以赴

见人善①，即②思齐，纵③去④远，以⑤渐跻⑥。

【注释】

①善：优点，长处，与“恶”相对。

②即：立即，马上。

③纵：即使，纵然。

④去：相距，距离。

⑤以：表示转折，有“但是”的意思。

⑥跻（jī）：上升，登。

【译文】

看到那些有优点长处的人，我们要希望自己能和他一样；即使和人家的程度相差很多，我们也要付出全力，想办法赶上。

【赏析】

我们要有“见贤思齐”的精神，看见别人的优点和长处，我们要向别人学习，即使相差很远，也要把别人当作自己的榜样，朝着目标不断地努力下去。

古人说：“尺有所短，寸有所长。”每个人都有自己的长处和短处，当我们和别人相处的时候，要有一颗谦卑的心，去发现别人身上好的地方，然后多学习别人身上好的东西，如果我们能多看到别人的长处，和别人的相处也会更加轻松愉快。同样，我们看到别人的优点，向别人学习，受益的是我们自己。如果我们总是用一种傲慢的心态去和别人相处，觉得别人都不如自己，那么长久下来，我们就再也没有好学的心态了，这对我们自身的发展是非常不利的，所以，我们要多去寻找别人身上的闪光点，最后变为自己的闪光点。

有则改之，无则加勉

见①人恶，即内省②，有则改③，无加④警。

【注释】

①见：遇见。

②省：反省。

③改：改正，修正。

④加：更加。

【译文】

当我们看见别人的缺点、看见别人有不良的行为时，我们要反思自己有没有同样的行为。如果我们有，就要马上改正；如果没有，也要提醒自己不要犯同样的错误。

【赏析】

“恶”是有过失，有不对的行为的意思，这里讲我们看到别人有错误的时候，要“即内省”，就是说，这个时候要好好地反思自己，看看自己身上有没有和别人同样的错误。如果我们有和别人同样的错误，就要立即改正过来，如果自己身上没有同样的错误，也要引以为戒，以后不要犯同样的错误。

人生的百态，就像是一面镜子一样，把别人的对错、别人的过失呈现在我们眼前，每个人都是一样的，我们很难看清楚自己身上的缺点和不好的地方，但是我们却很容易就能看清楚别人身上的善恶。所以当我们把镜子中的一切都看得清清楚楚的时候，我们一定要好好地反思自己，把自己身上的好坏都看得清清楚楚，用别人作为自己的一面镜子，反思警戒，这才是智慧的人生。

一个人只有知道自己身上的优点和缺点，才会把精力放在自身的发展上，而那些愚蠢的人往往把时间放在指责别人的错误上了，这样的行为真的是一种浪费时间的行为，“金无足赤，人无完人”，每个人都有优点和缺点，我们要对别人有一颗宽容之心，多将别人身上好的品质传播开来。

技不如人，应当自砺

惟[①]德学[②]，惟才[③]艺[④]，不如人，当自励。

【注释】

①惟：“惟”字放在句首，表示语气。

②学：学问。

③才：才华、才艺、才能。

④艺：技艺、艺术。

【译文】

我们每个人都该好好地重视自己品德、学问、才学方面的学习，如果自己有不如别人厉害的地方，我们应该继续努力。

【赏析】

当我们和别人在一起、看见别人在德学才艺这些方面比我们好的时候，我们应该努力向他们学习，争取追赶上别人的步伐。古有“孝、悌、忠、信、礼、义、廉、耻”，这是八德。孔子也有五德，是孔子的学生赞叹老师的，说孔子有“温、良、恭、俭、让”五德，即温和、善良、恭敬、节俭、忍让。这五德也属于德，都是我们应该很好地去修炼的，这种叫圣贤的品德。“学”当然是学问，包括知识，对于这些圣贤教育我们要努力地去学习。“才”就是指才华、才艺、才能，“艺”是指技艺、艺术，这些都是我们应该好好努力去提升的。

《中庸》上讲：“好学近乎智，力行近乎仁，知耻近乎

清・叶欣 《山水册页》

勇。”一个人如果真能对德学才艺努力踏实去学习，这叫近乎智慧了；学到之后，关键是要力行，如何把孔夫子的温、良、恭、俭、让做出来，把孝、悌、忠、信、礼、义、廉、耻落实到生活当中。对我们的父母，我们该如何尽孝心，对我们的国家，我们该如何尽忠诚，这些都是力行的范畴。当我们知道自己有过失、有做得不好的地方，我们要正确对待，改正过来。

安贫乐道，不要生戚

若[①]衣服，若饮食，不如人，勿[②]生戚[③]。

【注释】

①若：如果。

②勿：不要。

③戚（qī）：悲伤。

【译文】

当我们的衣服穿着、所吃的食物比不上别人的时候，我们不必因此而悲伤、不开心。

【赏析】

我们不要因为衣服和饮食方面不好，比不过别人，就心生悲伤。我们要像真正的君子、像真正要学道的人那样，去羡慕别人的学识、羡慕别人的德学才艺比我们强。

古人说“君子谋道不谋食，忧道不忧贫”，如果我们德行不好，学问做不好，这才是需要我们悲伤和难过的。饮食和衣服这些外在的东西，对于君子来说并不重要，食物可以饱腹，衣服可以遮体，这样就很好，君子当“安贫乐道”。如果总是觉得自己的衣服不够华美，觉得自己的饮食不够精细，那么这样的人是小人，这样的人往往不会在学问上有所成就。我们不能向这样的人学习，要严格地要求自己，把心思用在做学问上，追求真理的道路往往更加充实。

我们要记住“由俭入奢易，由奢入俭难”，物质生活给人带去的快乐和享受往往都是短暂的，有些人一味地去追求物质生活的享受，把很多精力都放在买东西和奢侈浪费上，这是不可取的。人生本就短暂，每个人的精力都是有限的，如果把有限的精力都放在享受上，生活最后往往是空虚的，过多的消费还会让人入不敷出，所以我们该让自己过上充实的、追求学问的生活。

闻过易怒，闻誉易乐

闻过怒[1]，闻誉[2]乐，损友来，益友却[3]。

【注释】

①怒：发怒，不开心。

②誉：赞美。

③却：退却。

【译文】

当我们听到别人说自己不好就生气、听到别人说自己好就开心时，不好的朋友就会来接近我们，良师益友就会离开我们。

【赏析】

如果我们听到别人说我们的过失、说我们的缺点就生气，反之，当我们听见别人赞美自己就开心，那么不好的朋友就会接近我们，良师益友就会远离我们。如果我们能够做到听见别人的批评能够接受，并且好好反思自己，听见别人的赞美不得意忘形，继续努力，那么美好正直的人才会愿意接近我们，这样我们才会越来越优秀。

每个人都喜欢和品德高尚、学识渊博的人做朋友，但是我们能够接近什么样的人，关键还是看我们自己的态度，交朋友还是要靠自己。如果我们听见别人批评自己就很不开心，拒绝别人说出自己的缺点和过错，而听到别人称赞自己就开心得不得了，那么，很快就没有人再来说我们的缺点和过失了。

那些说出你缺点和过失的人，往往都是为了你好，如果你善于听取他们的意见，改正自己的缺点，在品德上必然会有很大的进步；而那些总是说你的优点，总是赞美你的人，总是对你的缺点避而不谈的人，往往不是你真正的朋友，他们并不能让你的生活有所改变，不能让你有所进步。在我们的人生中，除了我们的老师、父母，其实能够真心批评我们的人，真的很少，那些能够善意批评我们的人，才是真的为了我们好，我们要珍惜那些敢于说出我们过错的人，他们是冒着被我们不喜欢的风险，指出了我们的不足之处。

闻誉易恐,闻过易欣

闻①誉恐②，闻过欣，直谅士，渐③相亲。

【注释】

①闻：听见，听到。

②恐：本义是恐惧，在这里是不安的意思。

③渐：渐渐的。

【译文】

如果我们听到别人的称赞，就觉得心里不安，听到别人说自己的缺点就开心，正直的朋友就会渐渐地喜欢接近我们。

【赏析】

我们惶恐于别人对自己的赞美，害怕别人过分夸奖我们，而自己实际上并没有那么好，我们想要谦虚努力，想着自己的目标，更加努力，听到别人说我们不好、说我们的过失时，我们反而高兴，这样自然会有正直的、品德高尚的朋友来接近我们。

我们要明确，一个人的成功很多时候并不全是个人的努力，更是凭借着父母、老师对我们的教育。在我们的人生当中，真的需要很多的良师益友，指出自己的不足，这样我们才可以改正自己的缺点，继续努力下去。

能够做大事的人，往往是很有涵养的人，往往是善于听取别人劝说的人。如果一个人可以在别人指出自己缺点的时候，丝毫没有不开心的反应，那么这个人就有希望走上一条成功的路。我国古代的很多圣人给我们做出了榜样，孔子的学生子路曾经说过，他听见别人说自己的过失，就觉得欢喜，就觉得开心。我们要感谢那些劝说我们的人，我们要做善于听取意见的人。如果一个人善于听取别人的意见，并且好好改正，这样必然能少走很多弯路，这样才能更容易达到自己的目标，更容易实现自己的理想，更容易取得成功。

无心之错，有心之恶

无心非①，名为错；有心非，名为恶②。

【注释】

①非：不对，错误。

②恶：罪过，罪恶。与“善”相对。

【译文】

人们没有意识犯下的过错，是错误；但是如果有意去做错事，那就是作恶。

【赏析】

勇者都是知道错误能够改正的人，只有善于改正，才能慢慢减少自己的错误。有些人知道自己错了也不去改正，而且还加以掩饰，这样的人完全是为了面子。

“人非圣贤，孰能无过”，圣贤其实也犯错误，但是他们和我们的区别在于，他们犯了错误敢于改正。圣贤懂得孝、悌、忠、信、礼、义、廉、耻，知道怎么做人，知道怎么做事。我们可以从《弟子规》中领悟很多东西，向圣贤们学习，做知错就改的好人。

在人的一生中，会有很多过失，会犯很多错误，如果我们无心犯了错误，有人好心提醒我们的时候，我们要感谢别人，因为不是所有人都愿意冒着让我们不开心的风险指出我们的错误，知道自己犯了错，就要好好地改正，以后不要再犯同样的错误。

如果我们能够明辨是非，但是还故意犯错误，那这种行为本身就是非常不好的，有意作恶的人，最后自己往往也不会有什么好下场。我们要做心地善良的人，如果自己的心地不够善良，那么也要像那些真正善良的人去学习。要不然，终有一天我们会因为自己犯下的错误而终日后悔，终日苦恼，那时就已经晚了。

有过能改，善莫大焉

过[1]能改[2]，归于无[3]，倘掩饰，增一辜[4]。

【注释】

①过：过失，错误。

②改：改正。

③无：没有。

④辜（gū）：过错。

【译文】

当我们犯了错误，如果能立刻改正，别人也不会在意我们犯过错误，还是觉得我们是好人；但是如果我们不承认自己错了，还去掩饰，那就等于我们又犯了一个新的错误。

【赏析】

有些人很爱面子，犯了错误也不去改正，这样的行为非常不可取，有过失没有关系，改正了就还是好人。

《菜根谭》上说：“弥天罪过，都当不得一个悔字。”有再大的过失，只要能够发自内心地认识到自己的错误，发自内心地想去悔改，这个人就是好人。因为只有心地善良的人才会心生善意，而那些不肯悔改，还加以掩饰的人，他们的内心就是不善的，就是向恶的，这样的人会被别人看不起。

世界上没有完美的人，没有不犯错误的人，我们每个人都是不断犯错、不断改正的。我们要有认错的勇气，要有改错的决心。犯了错误不能自暴自弃、自甘堕落，这样的人生才是坦坦荡荡的。

第六章　泛爱众

不欺贫贱，不谄富贵，不计较得失的人，往往才是生活的智者。我们要做有智慧的人，这样才能在错综复杂的社会中站稳脚跟，才能处理好错综复杂的人际关系，我们要时刻铭记吃亏是福的大智慧。

众生万物，皆须关爱

凡[1]是人，皆[2]须爱，天同覆[3]，地同载[4]。

【注释】

①凡：凡是。

②皆：都。

③覆：遮盖。

④载：承受。

【译文】

人与人之间，都应该相亲相爱，就好像天无私地覆盖着一切，大地承载培育万物一般。

【赏析】

别人有困难的时候，我们要伸出援助的手，帮助他们、关心他们，这是我们每个人都该对社会尽的责任和义务。每个人生活在社会上，都不是孤立无援的，我们的生存总

是需要别人的帮助和配合，人类的生存就是一个互帮互助的过程。

人类，都需要相亲相爱，相互帮助，这种关爱不分族群、肤色、宗教信仰，每个人其实都是天地所生的，我们要参透生命的真谛，然后用这些想法指导自己做人做事，所有的人组成了我们赖以生存的社会，所以我们要互相关爱。

品行高者，名声自高

行①高者，名②自高，人所重③，非貌④高。

【注释】

①行：品行，品德。

②名：名声。

③重：敬重。

④貌：容貌，外表。

【译文】

那些品德高尚的人，他们的名声自然而然会传播得很远，人们敬重他们的原因，不是因为他们的外表或是衣着，而是因为他们的品德好。

【赏析】

这里是讲，我们要注重自身的修行，要有仁爱之心，要对一切的人和事物都有一种仁爱、关心，我们应该多去帮助别人，这样品行才会慢慢变高。也就是说，如果一个人越有仁爱之心，他的品行就会越高。人们仰慕他、敬重他，也是一种自然而然的行为。

当然，人们敬重一个人从来都不是因为这个人的外表和他的衣着，而是因为这个人的学问。例如孔子，他的一生都在追求真理，并且是真的身体力行，他的一生都在宣扬圣贤的教导，他是真正德行高尚的人，他具备很大的人格魅力，有温、良、恭、俭、让的美德。不管孔子走到哪里，别人都愿意接近他、靠近他，大家都很喜欢他，他待人温和，谦卑而且有礼貌。假如孔子是一个傲慢、脾气怪异的人，我想即使他的学识再高，也不会有人愿意靠近他。

才华大者，名望自大

才[1]大者，望[2]自大，人所服[3]，非言[4]大。

【注释】

①才：才华。

②望：声望，名望。

③服：佩服。

④言：语言。

【译文】

那些有才华的人，他们的名声往往也是很大的，人们会因为他们的能力去佩服他们，而不会因为他们吹嘘自己而赞美他们。

【赏析】

那些有才能的人，那些声名不凡的人，往往具有很强的处理事情的能力。那些只会说大话、吹嘘自己的人，往往是得不到人们的真正称赞和认可的。

“才大者”的才显然是建立在道德的基础之上的。一个道德高尚的人，他的出发点总是以别人的利益为重，例如家庭的利益、社会的利益、朋友的利益。遇到事情的时候，他总是先想到别人，后想到自己。这样的人是德才兼备的人，他的才学是以道德为基础的，只有这样，才能将自己的才学发挥到极致。那些没有素质、没有素养的人想要成才也是很难的，哪怕最后成为学识渊博的人，也不能成为“一个高尚的人，一个纯粹的人，一个脱离了低级趣味的人，一个有益于人民的人”。

我们都知道有才无德是小人，所以才学必须是以道德为基础的，小人有才，也是小人得志，他们并不会将自己的才学应用到正确的地方，小人总是会扰乱社会，扰乱人心。孔子是一个出身于普通家庭的人，但是孔子的一生都在追求圣贤之道，从来没有过分看重利益，所以，孔子一直受到后人的追捧，被世人敬仰。

学以致用，大公无私

己有能[①]，勿自私[②]；人有能，勿轻訾[③]。

【注释】

①能：能力。

②私：自私。

③訾（zǐ）：说人坏话，诋毁别人。

【译文】

如果我们是有才华有本事的人，就不要过于自私保守；如果我们看见别人比自己有才华，我们也不能嫉妒和诋毁别人。

【赏析】

有些人存在很强的嫉妒心理，看见那些名望很高的人，不想着好好向人家学习，而总是想着诋毁别人，最后自己反而遭到侮辱，这就是自食恶果。

一个道德真正高尚、德行真正高尚的人，并不会因为别人的诋毁而不开心，因为他知道别人的无中生有不会使自己的才华降低，而且也无法使真正了解自己的人信服。

当我们遇见道德比我们高尚、学识比我们渊博的人时，我们要本着一颗向他们学习的心，多向他们请教，尊重他们，我们应该多要求自己，注重自身的发展，争取以后可以和他们一样优秀。

勿谄富贵，勿骄贫贱

勿①谄②富，勿骄③贫，勿厌故④，勿喜⑤新。

【注释】

①勿：不要。

②谄：谄媚。

③骄：骄傲。

④故：以前的人或事物。

⑤喜：喜爱。

【译文】

我们不要刻意去结交和巴结有钱的人，对待穷人的时候，我们也不能骄傲，我们也不要喜新厌旧。

【赏析】

“见富贵而生谄容者，最可耻”，有的人见到有钱和富贵的人就去巴结，这样的人其实是最可耻的；“遇贫穷而作骄态者，贱莫甚”，遇到贫穷的人就很得意，就瞧不起人家，这样的行为也是可耻的。任何人都不会因为有钱变得高贵，反而会因为自己的骄傲自大、会因为自己的狂妄而变得不那么高贵，所以我们不能用贫穷富贵去衡量一个人。

不闲不安，切勿搅扰

人不闲①，勿事搅②；人不安③，勿话扰④。

【注释】

①闲：清闲。

②搅：打搅。

③安：健康，身体好。

④扰：打扰。

【译文】

别人很忙，没有时间的时候，我们不要去打扰。别人心情不好、身体不好的时候，我们不要说一些闲话去增加他的烦恼。

【赏析】

与人相处，我们应该随时随地注意自己的言行不要影响到别人的正常生活与工作，这是一种做人的美德。

如果我们总是以自我为中心来考虑问题，不能替对方着想，譬如说我们要找人帮忙办事或谈话，不看对方是不是方便就贸然打扰，虽然对方往往碍于情面，不好意思拒绝，但是在心里已经对我们形成很不好的印象了，在以后的相处中就会对我们敬而远之。

我们要在平时的生活点滴中学会观察，不等别人说，我们就要能看出他需要什么、不需要什么。纵使是再近的亲人，进退之间，我们也要站在对方的感受上设想，这样大家自然就可以相处得很融洽了。

有短有私，切莫揭说

人有短①，切莫揭②；人有私③，切莫④说。

【注释】

①短：缺点，短处。

②揭：揭开，揭穿。

③私：隐私，秘密。

④莫：不要。

【译文】

如果我们发现别人有短处，有缺点，我们也不要去揭开；别人的秘密和隐私，我们更不能轻易地说出去。

【赏析】

如果我们觉得别人有缺点有过失，我们又非说不可，那我们也要选择正确的处理办法，可以在没有人的时候善意地提醒他一下，但是也要注意自己的言辞，不要让别人觉得很没有面子，觉得自尊心受到了伤害。

我们也可以用自己的影响力去影响别人、感染别人。我们和别人一起学习，一起进步，他们身上的缺点可能会慢慢地消失，这也是一种非常可取的、帮助别人的办法。

道人善者，即是善行

道①人善，即②是善③，人知之，愈④思勉⑤。

【注释】

①道：说，讲。

②即：那就是。

③善：好的行为，品质。

④愈：更加。

⑤勉：尽力，努力。

【译文】

我们赞美别人，这本身就是一种好的德行。别人知道有人夸赞自己，会尽力做得更好，会激励自己向着更好的方向发展。

【赏析】

我们每个人都应该学会赞美别人，赞美别人本身就是一种善良的行为，别人因为你的赞美而更加努力，努力地去提升自己，可见赞美别人本身就是一种善举。

如果自己听到别人的赞美，我们可能也会反躬自省，看看自己得到的赞美是不是名副其实的，如果是名副其实的，我们在开心之余，还会把我们该做的事情做得更好。我们夸赞别人的时候，如果被更多的人听见了，他们肯定会心生羡慕，自己也想得到这样的赞美，这样就会激励更多的人努力进取，所以，赞美别人，其实是一种善行，是一种功德无量的善行。

清·叶欣《山水册页》

扬人恶者，即是恶行

扬①人恶②，即是恶，疾之甚③，祸④且作⑤。

【注释】

①扬：宣扬的意思。

②恶：过失或缺点。

③甚：过分。

④祸：祸患。

⑤作：产生，兴起。

【译文】

我们宣扬别人的缺点和短处，是非常不好的事情。如果我们对别人的批评过分多了，还会给自己招惹来灾祸。

【赏析】

说话的时候，要注意自己的语气，哪怕是对待恶人，

如果你对他不恭敬，可能会被反咬一口，这是一种得不偿失的结果，所以和别人相处的时候，言语上要宽容。

当别人有做得好的地方，哪怕只是一个小地方，都可以去赞美他，因为这样别人会明白我们想要与他交好的诚意，会明白我们是真的想要与人为善。

古人讲：“口为祸福之门。”我们说话的语气、对待别人的态度，决定了别人是怎么对待我们的。一个人习惯宣扬别人的不好的事情，习惯贬低别人、抬高自己，别人也会用同样的方式来对待你。相反，如果能够多多赞美别人，和别人关系融洽，别人自然愿意和我们相处。

互相欣赏，互相劝告

善相[1]劝[2]，德皆建[3]；过不规[4]，道两亏[5]。

【注释】

①相：相互。

②劝：劝告。

③建：建立。

④规：规劝。

⑤亏：损失。

【译文】

作为朋友，应该互相欣赏彼此的优点，同时也要指出对方不足的地方，互相劝告，好好改正，这样两个人的品德修养都会提高。如果我们总是包庇彼此的错误，不加以劝谏，两个人的品德都不会得到提高。

【赏析】

我们规劝自己的朋友，一定是要在没有人的时候，这样我们的朋友才会感激你没有当众揭开他不好的地方。我们劝告朋友的目的，是真心希望他能改过，真心希望他能变得更好，但是我们要注意劝说别人的方法、方式，如果我们没有组织好语言，或是态度不对，很可能会影响两个人的感情，很可能会引起朋友的逆反心理。

朋友之间就该是这样的，真心指出彼此的不足，两个人都要建立起良好的品德。如果朋友有了错误，我们刻意去包庇，其实也并不是真的为了他好，这是一种很不好的行为，两个人最后都不会变得更优秀。

分晓明理，与多取少

凡取①与②，贵分③晓④，与宜⑤多，取宜少。

【注释】

①取：拿。

②与：给予。

③分：分明，清楚。

④晓：知道，明白。

⑤宜：应该，应当。

【译文】

当我们拿别人东西和给别人东西的时候，我们要清楚地明白，我们要给别人的多，而拿的要少，也就是说给别人东西要大方，不能抠门，拿别人的东西不能贪婪。

【赏析】

这里是讲，在财物的给予方面，我们一定要分得清清楚楚，绝对不能含糊不清。我们宁可给别人的多一些，也不能占别人的便宜，自己拿的少一些并没有关系，这样才能结交下很多朋友。

古人讲："登天难，求人更难。"这句话的意思是说，我们尽量不要去请求别人，尽量不要在别人那里占便宜。如果我们懂得遇事多为别人考虑，懂得谦让付出，那么我们可能早晚会得到回报。我们在给别人东西的过程中，会让别人对我们产生一种信服的、敬重的情绪，让他们愿意和我们做朋友。

所谓"人到无求品自高"，如果我们求别人的事情少了，想要得到的少了，更多的时候，我们想到的是付出，想到的是为别人着想，那么我们的品德自然就会变得更高了。我们要有一颗吃亏是福的心，不去侵占别人的利益，不去处处想着占便宜，不去计较得失。当我们达到这样的一种境界的时候，我们自然会有很多朋友。

不计较得失，不爱占便宜的人，往往才是生活的智者，我们做人，要做有智慧的人，这样才能在错综复杂的社会中站稳脚跟，才能处理好错综复杂的人际关系。

欲施于人,先问自己

将加①人，先问己，己不欲②，即③速④已⑤。

【注释】

①加：施加。

②欲：想要，希望。

③即：立即，马上。

④速：快，迅速。

⑤已：停止。

【译文】

我们打算怎么样去对待别人的时候，应该先问问自己是不是愿意这么被对待，如果自己都不愿意这么被对待，那么应该马上停止这种行为。

【赏析】

《论语》当中说的“己所不欲，勿施于人”，是在教我们做人的方法，我们自己不愿意做的事情，就不能施加在别人的身上。我们要对别人说的话，要让别人做的事情，要先想想自己是不是愿意去做，如果自己都不愿意，就不要让别人那么做。

你不愿意别人怎样对待你，你就不该怎样对待别人；你愿意别人怎样对待你，你就该怎样对待别人。如果你这样去和周围的人相处，自然就能得到大家的欢迎。

南宋·刘松年 《山馆读书图页》

报恩忘怨，怨短恩长

恩[1]欲报，怨[2]欲忘，报怨短，报恩长。

【注释】

①恩：恩惠，他人给予的好处。

②怨：怨恨，仇恨。

【译文】

我们得到了别人的恩惠，一定要想办法去报答，和别人结下了怨恨，则要想办法去忘记，抱怨永远只是一时的，报恩才是一辈子的事情。

【赏析】

古人说："受人滴水之恩，当以涌泉相报。"在我们的一生中，对我们有恩惠的人有很多很多，每个人都是活在种种恩惠当中的，对于这些恩惠，我们又回报了多少呢？

我们为父母做过什么，为我们的老师做过什么，又为我们的祖国做过什么呢？所以我们要时刻怀有一颗感恩的心，等我们有机会报答别人的恩情的时候，一定不要错过那样的机会。

《弟子规》的这几句话告诉我们，受到别人的恩惠，我们要时时刻刻想着去回报，当别人做了对不起我们的事情的时候，我们要得饶人处且饶人。

品行端正，树立榜样

待婢[①]仆，身贵[②]端[③]，虽贵端，慈[④]而宽[⑤]。

【注释】

①婢（bì）：女仆。古代罪人的眷属没入官为婢，后通称受役使的女子。

②贵：重要，重视。

③端：正，端正。

④慈：仁爱，和善。

⑤宽：宽容。

【译文】

对待家里的侍女和仆人，我们要品行端正，给他们树立榜样，但是光给他们树立榜样还是不够的，我们还要对他们仁慈和宽容。

【赏析】

孔子说：“其身正，不令而行。其身不正，虽令不从。”这句话是说，作为领导，自己把事情做得很好，他下达的命令，就会有人愿意听从；如果自己做事情都没有做好，那么他的命令，自然没有人愿意去听从。现代社会，领导与下属之间应该建立和睦的关系，应该互相尊重，只有这样，才能把事业做得更好。

以理服人，方无怨言

势①服②人，心不然③，理④服人，方⑤无言。

【注释】

①势：势力，权势。

②服：降服，使服从。

③然：如此，这样。

④理：道理。

⑤方：才。

【译文】

有些人通过权势让别人服从自己，可能别人表面上因为畏惧权势而不敢反抗，但是却不是真心服从。只有用道理去感化别人，才能让别人没有怨言。

【赏析】

现实中很多领导对待自己的下属的时候，往往都是依仗着自己的权势。这样，别人服从的是你的权势，而不是真正服从你这个人。如果在一个团队中，大家只是害怕领导的权势，碍于领导的面子才去服从，才去为领导做事，那这个团队是不会向着一个更好的方向发展的。大家都会过得昏昏沉沉，不思进取，只会把领导交给的任务用最快最简单的办法做好，但是自己却不会去思考怎样才能把工作做得更好。所以，作为一个团队的领导，要做到以理服人，以德驭人，让别人不只是表面上佩服你，而是内心里也一样尊敬你、爱戴你，愿意听从你的领导，愿意服从你的安排，你的团队才会朝着一个更好的方向发展。

第七章　亲仁

亲近贤德的人，会让我们在熏陶中变得优秀；亲近奸佞的人，会使我们在无意间踏上邪路。我们应时刻提醒自己，不断加强自己在精神内涵方面的修炼，坚决抵制各种败坏风气的诱惑。净持亲仁之心，始终坚信：德不孤，必有邻。

流俗者众，仁爱者稀

同是人，类[①]不齐[②]，流俗众[③]，仁者[④]稀[⑤]。

【注释】

①类：性情。

②齐：相同。

③众：很多。

④仁者：德行宽厚的人。

⑤稀：很少。

【译文】

同样是做人，但是每个人的脾气和性情都是不一样的，大多数的人都是平凡人，那些道德极其高尚的人，通常是非常少见的。

【赏析】

平凡的人每天关心的问题是自己生活中的小事儿，关

心衣食住行，关心自己的工作，关心自己的利益是否受到侵害，平凡的人大多为着自己的一己私利活着。但是那些品德高尚的人，他们关心的往往不只是自己，他们没有私心，他们关心所有人，如果每天只知道为自己的一己私利考虑，他们会嫌弃自己，觉得自己不过是流俗之众。

我们给自己选择榜样的时候，最好选择那些道德高尚的人，他们就像是全社会的道德标杆，他们的行为就好像是我们的行为准则一样，我们可以将自己的行为和他们对比，看看自己和他们的差距，见贤思齐，让自己的道德水平可以和他们靠近。

直言不讳，色不谄媚

果①仁者，人多畏，言不讳②，色不媚③。

【注释】

①果：真正的。

②讳：把事情隐蔽而不敢宣布。

③媚：谄媚，用甜言蜜语讨好。

【译文】

对那些真正道德高尚的人，人们会发自内心地敬重他们、敬畏他们；他们总是直言不讳，也不会用谄媚的神色去讨好别人。

【赏析】

道德高尚的人，往往无欲无求，不与别人争高下。他们从来不会想去巴结别人，他们说话的时候往往都是从别人的立场，从社会的立场出发，而把自己的利益置于次要位置。

古人讲：“忠言逆耳利于行。”那些对我们有益处的话，有些时候或许并不是很好听。所以有些时候，那些道德高尚的人说的话可能我们并不爱听，但是如果我们想要提高自己，想要自己有很高的人格魅力，就必须要接近那些仁者，让他们感染自己，向他们学习。最后哪怕我们没有成为和他们一样贤德的人，但自己也是有所提升的。

为什么我们接近那些仁者自己也会提高？因为他们“言不讳，色不媚”，他们总是可以对我们的错误直言不讳，他们也不会因为我们位高权重或者拥有财富，而刻意地巴结我们。这样，当我们犯错误的时候，他们才敢直接指出我们的缺点，我们自然能有所提高。

亲仁则好，德进过少

能亲①仁②，无限好，德③日④进⑤，过日少。

【注释】

①亲：亲近。

②仁：有仁德的人。

③德：品德。

④日：一天天。

⑤进：提高，进步。

【译文】

如果我们能够亲近道德高尚的人，可以向他们学习，真是非常好的事情，因为这样我们的德行才能不断地进步，我们的错误也会相应地减少。

【赏析】

我们学业的成功、事业的发展，都离不开老师对我们的教导，所以我们要亲近道德高尚的人，要听他们说的话，要观察他们的行为，并且像他们那样做人做事，我们要把他们当作自己的榜样，不断地向他们学习。

我们如果找到了令人佩服、值得我们学习的老师，就要真诚地去敬重他们，去学习他们身上好的地方。所谓“一分诚敬得一分利益，十分诚敬得十分利益”，我们保持谦卑的心态，拥有一颗恭敬的心，才可以更好地跟老师学习。我们接近我们的老师，自然能够接受他们的感染，在他们的熏陶下，我们才能更快地取得成功。

明·佚名《学童闹堂》

“德日进，过日少”，我们的缺点、毛病，也会因为老师对我们的教诲而逐渐减少，就连我们的形象和气质也会不断变好。所以，想要成功，首先就是要亲仁，亲近那些仁德的人，亲近那些道德高尚的人，亲近那些对我们有所帮助的人。

不亲仁者，贻害无穷

不亲仁，无限害①，小人②进③，百事坏。

【注释】

①害：祸害，害处。

②小人：人格卑鄙的人。

③进：入，走入，这里引申为接近的意思。

【译文】

如果我们不愿意去亲近仁德的君子，那必将会有无穷的祸患，因为很多小人会来接近我们，我们的言行受到小人的影响，整个人生都会失败。

【赏析】

我们能够亲近仁德的人，并且向那些仁德的人学习，是一件非常好的事情，因为和他们靠近，会使我们的品德一天比一天进步，我们的过错也会随之减少。相反的，如果我们不去接近那些仁德的君子，有些小人就会乘虚而入，趁机接近我们，这样我们的言行就会受到小人的影响，会把事情做得一败涂地，学习和事业都不会成功。所以我们要严格要求自己，多和仁德的君子在一起。

第八章 余力学文

无论是读书向学，还是发展事业，我们做任何事情都要先将态度端正。如果不能从心底对自己要做的事情报以高度的尊敬与敬畏，往往很难用心去做，结果自然也可想而知。所以，每一件有意义的事情都值得我们严阵以待，孜孜以求。

纸上谈兵，不切实际

不力行[1]，但[2]学文[3]，长[4]浮华，成何人！

【注释】

①力行：亲自实践，努力去做。这里指身体力行孝、悌、谨、信、泛爱众、亲仁。

②但：只有、唯有。

③学文：学习书本上的知识。

④长：年龄稍大。

【译文】

如果我们不能力行孝、悌、谨、信、泛爱众、亲仁这些本分，只知道学习书本知识，长大后可能就会变得浮华，变成不切实际的人。

【赏析】

《弟子规》让我们同时注重力行和学文，如果不能身体

力行孝、悌、谨、信、泛爱众、亲仁这些本分，一味死读书，纵然有些知识，也只是增长自己浮华不实的习气，怎能成为一个真正有用的人呢?

家长和老师在教育孩子的时候，要对孩子进行正确的引导，要先教会孩子做人，教会孩子做个品德高尚的人，然后再去重视孩子的学习，先学做人，后学做事。我们学会的道理会让我们一生都受益匪浅，而学会的知识只是我们生存和生活的能力，只有用高尚的道德作为我们生活的基础，我们的生活才是有意义的。

力行学文，自然明理

但力行①，不学文②，任③己见④，昧⑤理真。

【注释】

①力行：做事。

②学文：读书。

③任：任由。

④见：偏见。

⑤昧：蒙蔽。

【译文】

如果我们只是一味地做事情，不肯好好学习书本知识，我们做事情就容易凭着自己的偏见，这时候就违背了真理。

【赏析】

随着年龄的增长和人生阅历的增加，我们自身的能力也要随之增长，如果不去学习真理，不去学习新的知识，那么就会做出很多不合时宜的事情。

所以，我们要多读一些圣贤典籍，不断从圣贤的典籍中学习那些可以指引我们做人做事的真理。我们在学习圣贤真理的同时，也要学会把我们学到的理论转化为自己的体会，应用到自身的发展中去。当我们有了做人的智慧、有了做人的方法之后，我们做事情自然会得心应手。如果我们没有好好学习，只是学习一些肤浅的东西，而不是深入地去探究，那么我们就没有办法取得成就。

读书三到,事半功倍

读书法[1]，有三到[2]，心眼口，信[3]皆[4]要[5]。

【注释】

①法：方法。

②三到：指眼到、口到、心到，三者都要具备。

③信：确实、真的。

④皆：都、全。

⑤要：重要、需要。

【译文】

读书的方法要注重三到，眼到、口到、心到，三者缺一不可，我们做到这三到，才能得到事半功倍的效果。

【赏析】

我们读书要注重：眼到、口到、心到。读书要专注，专注到透彻地领会文章的意思，只有理解了文章的意思，才能事半功倍。读书最重要的还是在于心，如果眼睛在看，口也在读，但是心没有专注在课业上，想着其他的事情，也是白看白读。如果能专注地学习，读书就会读得很好。

此终彼起，专心致志

方①读此②，勿慕彼③，此未终④，彼勿起⑤。

【注释】

①方：正在。

②此：这。

③慕彼：想另一个。

④未终：还没完成。未，没有。终，结束、完毕。

⑤起：开始。

【译文】

我们读书的时候，不能刚拿起一本没有多久，就又开始看另一本，这一本没有看完，就不要再打开新的一本。

明·文徵明 《山水诗画册》

【赏析】

我们做学问、读书要专一，不能这一本书刚开始没读多久，就开始觉得另一本书好，然后就开始读另一本，如果我们总是这样一知半解地读书，那么最后很难积累知识。读书最重要的在于掌握纲领、真正落实，最忌贪多、贪快。

如果太躁进，心很浮动，就不能完全沉浸在书中，就不能好好地做学问。现在很多家长让孩子同时学习很多种才艺，美其名曰是为了孩子好，但是到最后，孩子可能一样都没有学好，没有人可以样样东西都精通。读书也一样，所以家长应该给孩子一种正确的引导，在孩子读书的时候，一定要告诉他们，读完一本再去读下一本，如果这个还没读完，又开始读那一本，只会两本书都读不好。

读书不在于数量，也不在于速度，而在于我们到底从书中学到了多少知识。曾国藩先生就说过，桌上不可多书，意思是，桌面上不能摆太多的书。反正多书你也读不过来，你多书，反而影响你的清净之心。你读着这本又看着那本，心就乱了，没有真正在每一本上把功夫下得扎实。桌上不可多书，心中不可少书，读完书就装在心里，这是值得我们效仿的。

宽松为限，抓紧用功

宽①为限②，紧用功，工夫③到，滞塞④通。

【注释】

①宽：宽松。

②限：限定。

③工夫：指所花费的时间和精力。

④滞塞：不通。这里指有困惑的地方。

【译文】

我们读书之前，在制订计划的时候，不妨把时间放宽松一些，但是执行计划的时候，要抓紧时间，严格按照自己制订的计划进行，功夫到位了，以前觉得困惑的地方自然就通畅了。

【赏析】

我们在读每一本书之前，都要制订一个详细的读书计划，不过制订的计划完全可以把时间放得宽松一些。当我们开始读书的时候，就要抓紧时间去读，严格执行自己制订的计划，不可以懒惰，也不可以随意改变自己的计划。我们所读的书中，往往有很多不理解的地方，但是只要我们功夫下得深了，只要读得多了，以前觉得不懂、困惑的地方，自然而然会变得简单了，这样就很容易被我们理解了。所以，读书还要多下些功夫，书读百遍，其义自见，读得多了，道理自然就懂了。

家长应该给孩子树立好的榜样，教会孩子读书要有计划，然后按照自己的计划，慢慢完成自己的目标。家长每天都可以抽出一段时间读书，这样孩子看见了，自然会效仿家长的行为，时间久了，孩子自然就养成了爱读书的好习惯。习惯都不是一天养成的，所以家长要在这方面多多用心，循循善诱，帮助孩子养成良好的习惯。

心有疑问，随即札记

心有疑，随①札记②，就人问③，求④确义⑤。

【注释】

①随：随即、立即。

②札记：笔记，读书时记录的重点或心得。

③就人问：找人问，向人请教。就，靠近。

④求：找寻、设法得到。

⑤确义：真正的意义。

【译文】

在求学的过程中，如果有不明白的地方，应该随时记到笔记上，一有机会，马上向别人请教，弄懂真正的意义。

【赏析】

这里是讲，我们读书的时候，遇见不明白的地方，一定要懂得向别人请教。如果我们的身边暂时没有可以请教的人，那么一定要用本子记下来，等到以后方便的时候，一定要把确切的意思弄明白。我们不要害怕向别人请教，即使是学识再渊博的人，都会有不明白的问题，所以遇到自己不懂的问题向别人请教是非常正常的事情。

向别人请教也是一种很好的学习态度，不会的东西就应该不耻下问。我们不必把向别人问问题当作一种耻辱，而应该养成一种追求真理的精神，从小就应该养成勤学好问的好习惯。只要是能够给我们帮助的人，不管他的年龄、地位如何，他们都是我们的老师。

“心有疑，随札记，就人问，求确义”是学习态度，同时也是生活态度。我们不会的知识，就好好去学习；我们不懂的问题，就好好地去询问。我们还要把学会的点滴都记在本子上，记在我们的心里，最后应用到我们的生活中，解决我们遇到的实际问题。

环境整洁，心情舒畅

房室[①]清[②]，墙壁净[③]，几[④]案[⑤]洁[⑥]，笔砚正。

【注释】

①房室：这里指读书做功课的房间。

②清：洒扫整理。

③净：干净。

④几：长方形的矮桌。

⑤案：桌子。

⑥洁：清净无垢。

【译文】

我们的书房要保持整洁和干净，墙壁也要保持干净，书桌要及时清洁，保持没有污垢，笔墨纸砚要摆放整齐。

【赏析】

我们都喜欢干净整洁的环境，因为干净整洁的环境往往让人觉得心情愉快。当我们处于一个干净整洁的读书环境中时，效率也会随之提高。只有整洁的书房、干净的墙壁、摆放整齐的笔墨纸砚，这样井井有条的环境，才能让我们静下心来，专心读书。所以我们在好好读书之余，还要注意保持读书环境的整洁，我们要做到定期打扫我们的书房，让自己时刻处于一个整洁和安静的学习氛围之中。

换一种思维，如果我们每天都处于脏乱差的环境中，地面肮脏，墙壁被乱涂乱画，桌子上杂乱地堆放着各种书籍，完全没有次序，笔墨纸砚都没有整齐地摆在一起，那我们看见这样的环境，又怎么能静下心来学习呢？所以，我们要养成保持书房整洁的好习惯。

心神安宁，方能字敬

墨①磨②偏③，心④不端，字不敬⑤，心先病⑥。

【注释】

①墨：书画用的黑色颜料。

②磨：转动研磨。

③偏：歪斜不正。

④心：五脏之一，古人认为心为思想意念的主宰，所以有心想、心思的说法。此处作意念解。

⑤敬：慎重。

⑥病：瑕疵、缺陷。

【译文】

磨墨的时候一定要端正自己的心态，磨偏了往往是因为心态不端正；字写得不规整，往往是因为内心不够安静。

【赏析】

古人说："意在笔先，心正则笔正。"也可以说是字如其人，如果一个人把字写得乱七八糟的，那么说明这个人并没有在专心写字，这个人极有可能是一个心浮气躁、无法沉得住气的人。所以说一个人写的字，也可以反映出一个人的精神面貌是怎么样的。

《大学》里说，想要把学问做好，就要先把自己的心摆正，也可以说是要先把自己的内心掏空。如果一个人的内心恐惧、烦躁、焦虑，装着很多的情绪，那么这个人是无法安心做学问的，必须把这些念头全部掏空，才能专心于学问，把心摆正之后写字才会工工整整的，字不整齐、字不恭敬，其实也是这个人的心不端正，也可以说这个人的心病了。

古人写字最忌讳心不在焉，写字前要先磨墨，如果磨都磨歪了，那么写出来的字必然也是歪歪扭扭的。汉字是我们的祖先留给我们的宝贵财富，我们的文明都是靠汉字记载下来的。作为华夏儿女，我们写字的时候要严格要求自己，即使我们写字不美，也不能写得歪歪扭扭，不能写得乱七八糟。如果把字写成那样，只能说明我们并没有专心写字，不管是做学问，还是写字，都要有严谨的作风，这种作风是我们每一个中华儿女都应该具备的。

排列典籍，当有定处

列①典②籍③，有定处，读看毕④，还⑤原处。

【注释】

①列：排列、陈列。

②典：重要的书籍。

③籍：书本。

④毕：终了。

⑤还：放回。

【译文】

我们的书籍要放置在固定的位置，看完之后要放回原处，这样以后再想找的时候也非常方便。

【赏析】

读到《弟子规》这一条的时候，我觉得很多人都会有这样的感觉，家里的书以前都是随手乱放的。大多数人都会犯毛病，我们一定要改正这个毛病，这里告诉我们，“列典籍，有定处”，书籍本来就该有它们自己的位置，我们的家里要有固定的放置书籍的地方，把它们排列整齐。这样我们以后想要看书的时候，就能很快找到自己想找的书。我们还可以给书籍做个分类，把各种类别的书籍都分开放置，这也是个很好的习惯。

“动物归原”，也是我们该养成的一个好习惯。不管我们动了什么东西，但是只要是我们动过的，动过之后都要放回原处。养成了这样的习惯以后，我们找东西会变得非常方便，可以为我们节约很多的时间，也可以提高我们找东西的效率。作为家长，更要以身作则，孩子总是会向自己的父母学习，他们看见父母怎么做了，自然会跟着效仿。我们要教导孩子，书要怎么排列比较整齐、好看、好拿。

爱护书籍,及时修补

虽有急[①]，卷[②]束[③]齐，有缺[④]坏，就补[⑤]之。

【注释】

①急：急迫的事。

②卷：书籍。

③束：捆扎。

④缺：缺少。

⑤补：修整。

【译文】

虽然有让自己着急的事情，但是也要把书籍整理好了再离开；书籍有坏掉的地方，就要马上把它修补好。

【赏析】

当我们看见书籍有破损的时候，需要把书籍修补好，要爱护书籍。不管情况多紧急，我们在要离开之前，都要用几分钟的时间，把手中正在读的书收拾好，放回到原处，然后再把我们阅读的环境也简单地收拾整洁。

有的人书读到一半需要离开，就会把自己读到的那一页折起来，这样的行为是非常不可取的，这是对书籍的一种伤害。

古人都是非常爱惜书籍的，他们用实际行动告诉我们，要好好爱护书籍，不能随便把书折起来，这样时间久了，书就会变坏。如果我们想知道自己读到了哪一页，用书签就可以了。不去让书变得破损，是对书的一种尊重。我们

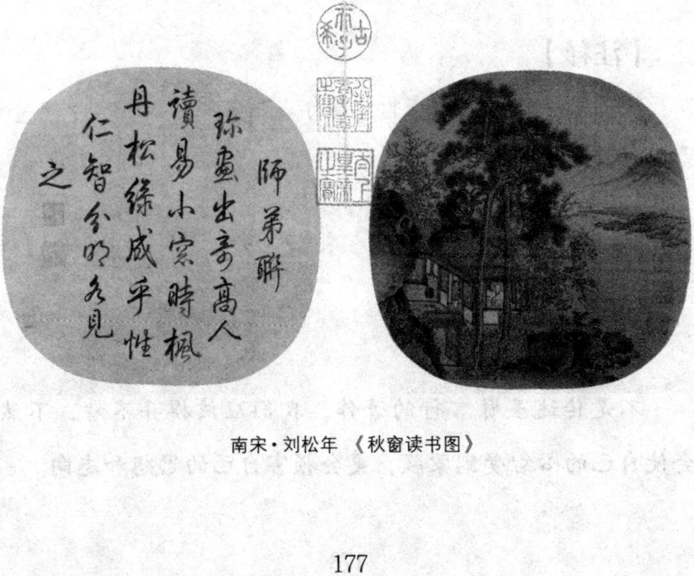

南宋·刘松年 《秋窗读书图》

尊重书籍，其实也是尊重知识的一种表现。

“有缺坏，就补之”，对于那些被弄坏了的书籍，我们一定要及时修补。一本书旧了，但是书中的知识可能还是非常重要的，以后想要借阅这本书的人可能还会有很多，所以书籍坏了一定要及时修补，这样才能防止书籍以后坏得更加厉害。

非圣贤书，摒弃勿视

非圣书①，屏②勿视，蔽③聪明，坏④心志。

【注释】

①圣书：传述圣贤言行的著作。

②屏：摒弃。

③蔽：蒙蔽。

④坏：破坏。

【译文】

不是传述圣贤言行的著作，我们应该摒弃不看，不然会使自己的心智受到蒙蔽，更会损害自己的思想和志向。

【赏析】

如今的社会信息传播得非常迅速，但信息并不是知道得越多越好，有些不利于身心健康的信息，就应该被摒弃掉，以免影响孩子的健康成长。作为父母，为了能够保证子女健康茁壮地成长，一定要控制孩子对这些不良信息的接收，使其尽量避免受到不良信息的影响。做到心平气和地学习，才是真正对孩子好。

正如孔子所说的“非礼勿视，非礼勿听，非礼勿言，非礼勿动”一样，现代的人们学习《弟子规》要做到学以致用，用所学的知识指导自己的学习和生活。

切勿自弃，可达圣贤

勿①自暴，勿自弃，圣与贤②，可驯致。

【注释】

①勿：不要。

②圣与贤：圣贤之人。

【译文】

遇到困难或挫折的时候，不要自暴自弃，虽然圣贤的境界很高，但只要我们循序渐进，还是可以达到的。

【赏析】

自己残害自己，说话的时候不遵守礼仪的叫作“自暴”；自己抛弃自己，自身的行为不符合道义为“自弃”。人生在世，最不能做的事情便是自暴自弃，只要循序渐进地努力，终究还是可以达到圣贤境界的。

遇到困难的时候，也不能愤世嫉俗，看什么都不顺眼，应该发奋向上，努力学习，把失败当作成功之母，无论多么美好的结局，都需要我们努力奋斗，刻苦之后才能得到。

了不起的

国学启蒙 4

道德经 青少年版

（春秋）老子◎著　木 沐◎译注

江苏凤凰文艺出版社
JIANGSU PHOENIX LITERATURE AND ART PUBLISHING

图书在版编目（CIP）数据

道德经：青少年版 /（春秋）老子著；木沐译注
. -- 南京：江苏凤凰文艺出版社，2024.5
（了不起的国学启蒙；4）
ISBN 978-7-5594-8531-1

Ⅰ. ①道… Ⅱ. ①老… ②木… Ⅲ. ①《道德经》- 青少年读物 Ⅳ. ① B223.1-49

中国国家版本馆CIP数据核字(2024)第058902号

道德经：青少年版

(春秋) 老子 著 木沐 译注

责任编辑 王昕宁
策划编辑 李 根
特约编辑 连 慧
装帧设计 天下书装
责任印制 杨 丹
出版发行 江苏凤凰文艺出版社
南京市中央路165号，邮编：210009
网 址 http://www.jswenyi.com
印 刷 北京雁林吉兆印刷有限公司
开 本 880毫米×1230毫米 1/32
印 张 6
字 数 96千字
版 次 2024年5月第1版
印 次 2024年5月第1次印刷
书 号 ISBN 978-7-5594-8531-1
定 价 199.80元（全7册）

江苏凤凰文艺版图书凡印刷、装订错误，可向出版社调换，联系电话 025-83280257

前言

中华文化博大精深，在五千年的辉煌历史中涌现出了无数的传世精品，各种各样的古物所承载的源远流长的中华文化薪火相传。传世精品中不只有秦砖汉瓦、钟鼎陶瓷，还有深藏功与名的精粹典籍。

《道德经》就是我国传统文化精粹之一，它是我国先贤老子所著之书。老子是春秋末期著名思想家、哲学家，道家的创始人，被誉有“东方三大圣人”之首，被《纽约时报》评为“世界古今十大作家”之首。

《道德经》共分为81章，是中国历史上首部完整的哲学著作。整本书汇聚了道家哲学思想的精粹，是后世道家哲学思想的重要来源。它的内容不仅包括哲学思想，而且涵盖伦理学、政治学、军事学等诸多学科，被后人尊奉为治国、齐家、修身、为学的宝典，对后世产生了深远的影响。据不完全统计，先秦以来，因研究《道德经》而产生的书籍超过 3000 余种，具有代表性的不少于 1000 种，这点也从侧面说明了《道德经》的巨大影响。

《道德经》虽然篇幅不长，但是论述精辟，短短 5000 字就让无数后人难以完全解读出来，世世代代为其诠释也未能尽善尽美，就算解读得再细致，也总会给人一种意犹未尽之感。老子对学术思想方面的影响，最早是先秦诸子，其次是魏晋文学，再次是佛学，最后是宋代理学。

老子思想对政治方面的影响，具体表现于汉初惠帝、文帝、景帝三朝，直到武帝罢黜百家、独尊儒术为止。“文景之治”时期，统治者清静无为，结果国库充实，百姓生活富足，因而才使汉武帝能够完成他的震烁古今的成就。汉武帝之后，道家在政治方面由明入暗，易主为辅，与儒家思想配合，形成了两千年来儒表道里的政治法则。

总的来说，《道德经》是老子思想的精华体现，是老子精神能量永存的见证。囿于编者学识水平有限，虽然借鉴了很多学者的思想精华，但是疏漏之处在所难免。所以诚恳地请求大家能够谅解，并希望读者朋友能够及时地批评与指正，编者感激不尽。最后祝愿所有爱好《道德经》的人都健康快乐，一生平安。

目　录

上篇　道经

第一章 ……………………………………002
第二章 ……………………………………004
第三章 ……………………………………006
第四章 ……………………………………009
第五章 ……………………………………012
第六章 ……………………………………014
第七章 ……………………………………016
第八章 ……………………………………017
第九章 ……………………………………020
第十章 ……………………………………021
第十一章 …………………………………023
第十二章 …………………………………025
第十三章 …………………………………028
第十四章 …………………………………030

第十五章 ··032
第十六章 ··034
第十七章 ··037
第十八章 ··039
第十九章 ··041
第二十章 ··043
第二十一章 ··045
第二十二章 ··047
第二十三章 ··050
第二十四章 ··052
第二十五章 ··054
第二十六章 ··056
第二十七章 ··058
第二十八章 ··060
第二十九章 ··062
第三十章 ··064
第三十一章 ··067
第三十二章 ··070
第三十三章 ··072
第三十四章 ··075
第三十五章 ··077
第三十六章 ··080
第三十七章 ··082

下篇　德经

第三十八章 ……………………………086

第三十九章 ……………………………088

第四十章 ………………………………091

第四十一章 ……………………………092

第四十二章 ……………………………095

第四十三章 ……………………………098

第四十四章 ……………………………100

第四十五章 ……………………………102

第四十六章 ……………………………104

第四十七章 ……………………………106

第四十八章 ……………………………107

第四十九章 ……………………………110

第五十章 ………………………………112

第五十一章 ……………………………114

第五十二章 ……………………………116

第五十三章 ……………………………119

第五十四章 ……………………………121

第五十五章 ……………………………123

第五十六章 ……………………………126

第五十七章 ……………………………128

第五十八章 ……………………………130

第五十九章 ……………………………133

第六十章……………………………………135
第六十一章…………………………………136
第六十二章…………………………………138
第六十三章…………………………………141
第六十四章…………………………………143
第六十五章…………………………………147
第六十六章…………………………………149
第六十七章…………………………………151
第六十八章…………………………………154
第六十九章…………………………………156
第七十章……………………………………159
第七十一章…………………………………161
第七十二章…………………………………162
第七十三章…………………………………164
第七十四章…………………………………166
第七十五章…………………………………168
第七十六章…………………………………170
第七十七章…………………………………172
第七十八章…………………………………175
第七十九章…………………………………177
第八十章……………………………………179
第八十一章…………………………………182

上篇　道经

第一章

道可道，非常道①；名可名，非常名②。

无名，天地之始③；有名，万物之母④。

故常无欲，以观其妙⑤；常有欲，以观其徼。

此两者同出而异名，同谓之玄。玄之又玄，众妙之门。

【注释】

①道可道，非常道：“道”，可以传道，但是这不是人们平常理解的“道”。第一个“道”和第三个“道”，是老子对宇宙万物的本源和实体的描述；第二个“道”则是动词词性，传道、说道、言说。

②名可名，非常名：“名”，可以命名，却不是人们平常理解的“名”。第一个“名”和第三个“名”，是用来特指“道”这个名称；第二个“名”则是动词词性，命名，用名

称界定。

③无名，天地之始：无，是整个宇宙的源头。

④母：母体，根本。

⑤妙：奥妙，微妙的关系。

【译文】

“道”，可以传道，但是这不是人们平常理解的“道”。“名”，可以命名，却不是人们平常理解的“名”。“无”，是整个宇宙的源头；“有”，是天地万物的根本。所以，经常处于“无”的状态，为的是领悟世间万物的奥妙；经常处于“有”的状态，为的是体会寻找天地之道的界限。“无”和“有”，本是出自同一个源头，名称却不同。（二者）都可以称得上是玄妙，这样的玄妙层层叠叠，无边无际，是揭示所有奥妙的智慧法门。

【赏析】

《道德经》开篇的两句是整本书的精华，也是全文的总纲。老子开宗明义地用这两句话提醒人们要时时刻刻注意“名”和“实”的界限，在认识事物的时候，要看清事物的本质，防止“名不副实”的现象产生。

老子曾经说过：道生一，一生二，二生三，三生万物。将人类与自然万物都划分到了同一个层次，不仅要求人类与道及自然万物处于平等地位，对于人类社会的内部稳定更是提出了更高标准的要求——人类社会之间“人人平等”。

道家思维的本源是玄学思维，注重直观的感悟，追求人性的解脱和看破虚妄驾驭万事万物的思维境界。虽然这种思维境界不像现在的数理化科学思维一样严谨准确，经得起时间的考验与人类的不停推敲。但是这种精神上的科学也有着独到的地方，深深地吸引着当今社会匆匆忙忙的人。

第二章

天下皆知美之为美，斯[1]恶已；皆知善之为善，斯不善已。

故有无相生，难易相成，长短相较[2]，高下相倾[3]，音声相和[4]，前后相随。

是以圣人处无为之事，行不言之教[5]。万物作焉而不辞，生而不有，为而不恃，功成而弗居。夫唯弗居，是以不去。

【注释】

①斯：就。

②相较：在相互比较中存在。

③倾：充实，补充，依存。

④和：配合，协调，应和。

⑤教：教化，教导。

【译文】

天下人都知道什么样的美才是真正的美的时候，丑的观念也就形成了。天下人都知道什么样的善良才是真正的善良的时候，恶的观念也就形成了。所以，“有”和“无”相互产生，“难”和“易”相互形成，“长”和“短”相互衬托，“高”和“下”相互充实，“音”和“声”相互协调，“前”和“后”相互伴随。所以圣人用“无为”的法则来处理世事，实行不发号施令就能教化百姓的德政。让世间万物自由发展而不加以干涉，让其自由活动却不占为己有，有所作为而不强加自己的意志，功成业就而不自己占有。正是因为不去占据功劳，所以才永远不会失去。

【赏析】

世间的万事万物都无绝对，很多价值判断与观念取向都是相对的。“美”与“丑”，“有”与“无”，“善”与

"恶"，"对"与"错"，"是"与"非"，"正"与"反"等的标准也是很难完整确立的。山外有山，天外有天，只要不是完全一样，二者相对比较，就一定会分出高下，但这种高下又不是绝对的，如果非要一直比下去，那真是无穷无尽，毫无休止。但是，何必拘泥于外表显露出来的一切呢？

在老子看来，这一切都不过是人们自寻烦恼罢了。上天赋予了我们丰富的头脑，就是为了让我们看清楚这个世界上最本源的那些东西。但是我们都因为自己的私心更愿意看到那些对自己有利的东西，不愿意接受甚至排斥那些对自己无用的东西，就像所有人都喜欢听到别人的歌颂和赞扬，却害怕别人的批评与指责一样。

第三章

不尚贤，使民不争①；不贵②难得之货，使民不为盗；不见③可欲，使民心不乱④。

是以圣人之治：虚其心，实其腹；弱其志，强其骨。常使民无知无欲，使夫智者不敢为也。为无为⑤，则无不治。

【注释】

①争：争夺，争抢。

②贵：珍贵，珍重，重视，珍崇。

③见：通“现”，显露，炫耀的意思。

④乱：不稳定，产生祸乱。

⑤为无为：用无所作为的方式来治理社会。

【译文】

社会上不过分地推崇有德才名声的人，就不会使老百姓去争名夺利。不特别重视稀奇珍贵的物品，就不会有偷盗的事情发生。不去炫耀能够引发人们各种贪欲的无妄幻想，就不会使老百姓产生邪淫和祸乱的心思。所以圣人治理社会采取的方法是：使人们的心灵得到净化，填饱老百姓的肚子（满足人们最基本的生存需要），弱化老百姓的欲望和渴求，强健他们的身体和筋骨。经常让人民没有投机取巧、争名夺利的贪欲，使那些聪明狡诈的人无计可施，不敢轻举妄动。用无所作为的方式来治理社会，社会就不会有治理不了的情况。

【赏析】

在本章中，老子提出了“使人无知无欲”的理想。这句话具有一定的普适性。不管在古代还是现代，若是每个人都能“无知无欲”，就可以减少不必要的名利纠纷，从而获得本真、平静的心。只有在这种情况下，人们才能够不被表象的繁华所迷惑，才不会去想着对立与抗争。自然、无为才是治愈人心、拯救社会的良药。

或许在很多人看来，道家的思维就是一种“虚无”。但是，当我们对“虚无”的概念一无所知的时候，谁又能够绝对地说“虚无”就一定胜过“实有”，又或者是谁又能够断定“虚无”就不会比“实有”更具有丰富的内涵呢？也有很多人认为道家的思维是从事物的“反面”看待问题。但是，当我们的目光只能看到事物的正面时，谁又有资格说那些从事物的“反面”看待问题的人不是在全面考虑问题呢？

表面上看，道家追求的是一种“虚无”的美，但是深入挖掘之后不难发现，这种“虚无”的美是在深刻地思考反省现实的过程中总结出来的。正是因为他的智慧，所以才不会被普通大众理解，但是我们不能因为不懂他，就去漠视他。就像飞鸟生活在天空中，游鱼生活在水里，但他们都不能否定彼此的存在一样。

第四章

道冲[1]，而用之或不盈[2]。

渊[3]兮，似万物之宗[4]：挫[5]其锐，解其纷；和其光，同其尘。湛兮，似或存。吾不知谁之子，象帝之先。

【注释】

①冲：通“盅”，一种用来盛酒的中空器物，此处用来表示虚空的意思。

②盈：满，引申为穷尽，极限的意思。

③渊：空明而深远。

④宗：本源，根本。

⑤挫：消磨掉。

【译文】

“道”是空虚而无形的，但是它使用起来却是无穷无尽的

明·张路《老子骑牛》

源泉。"道"是这么深远而广大啊，好像是世间万物产生的根本。它挫去锐气不显露自己的锋芒，解开它的纷杂，以简驭纷，将它的光芒收敛起来，遇到尘埃就可以与之混杂在一起。它看起来是那么沉静而虚无，又好像若有若无地存在着。我不知道它是由什么产生的，好像在天帝出现之前就产生了。

【赏析】

在本章中，老子用"吾不知谁之子，象帝之先"再一次重申了"道"的本源地位："道"是一种中虚真空、可望而不可即的境界。世间万物，没有任何东西能够有能力主宰"大道"，因为"道"是无形的。"道"似乎只存在于人的意识形态中，它可以是运动的，也可以是静止的；可以渺小到如同微末凡尘，也可以庞大到无边无际，无穷无尽。"道"在我们所不能穷极的地方，默默地滋养着世间生灵，山川河流，它拥有着一切却又什么都不占有。对于"道"的限定，最合适的描述恐怕就是"大体则有，具体则无"了。

第五章

天地不仁[1]，以万物为刍狗[2]；圣人[3]不仁，以百姓为刍狗。

天地之间，其犹橐籥[4]乎？虚而不屈[5]，动而愈[6]出。多言数穷[7]，不如守中[8]。

【注释】

①仁：仁爱。

②刍狗：用刍草扎成的狗，古人在祭祀时所用，有用的时候十分重视，没用的时候随意丢弃。

③圣人：有大智慧的人。

④橐籥（tuó yuè）：古代冶铸金属器物时所用的大风箱。

⑤虚而不屈：虽然内部空虚却无穷无尽、永不枯竭。

⑥愈：越，更加。

⑦穷：窘迫，没有退路。

⑧守中：持守须静，守护内心的安宁沉静。

【译文】

天地无情，无所谓仁爱还是不仁爱，把世间万物都当作祭祀时用刍草扎成的稻草狗一样，一律平等对待。圣人无情，没有任何偏爱，把天下百姓都当作祭祀时用刍草扎成的稻草狗一样，不分亲疏，从不厚此薄彼。天地之间，不就像一个巨大的风箱吗？虽然内部空虚却无穷无尽、永不枯竭。如果加以鼓动，生出的风就会越来越多。说的话越多，失去的也会越多，很快就会使自己陷入困窘的地步。不如保持始终的态度，让内心宁静，把想说的话藏在心中。

【赏析】

佛陀说："静定生慧"，这和道家的"无我"思想是不谋而合的。道家都坚持认为一个人只要能够做到"无我"，那么这个人就不会有偏见和不合适的行为，就不会有太过强盛的欲望；一个人如果能够做到"无我"，那么这个人就不会受到外物的干扰，产生喜怒哀乐，也不会受到血缘上的牵制，分出亲疏尊卑；一个人如果能够做到"无我"，那么他所想的、所做的，都会顺其自然地产生。

第六章

谷神不死[1]，是谓玄牝[2]。玄牝之门[3]，是谓天地根[4]。绵绵若存[5]，用之不勤[6]。

【注释】

①谷神不死：生养天地万物的大道——谷神是长生不死的。谷，形容“道”像山谷一样包含万物，虚空博大，无所不容。神，神奇，神妙。谷神，据高亨说：谷神者，道之别名也。这里将“谷神”借喻为“道”。

②玄牝：形容“道”具有不可思议的生殖能力。玄，神秘，玄妙，微妙。牝，雌性动物的生殖器官。

③门：雌性生殖器的产门，这里用来比喻产生天地万物的根源。

④是谓天地根：这个出口就是所谓的天地的根源。谓，称谓，称之为。根，根源，本源。

⑤绵绵若存：她就是这样连绵不绝、若有若无地存在着。

⑥勤：穷尽，枯竭。

【译文】

生养天地万物的大道——谷神是长生不死的，这就是滋养万物的根源。这个微妙的根源有一个出口，这个出口就是所谓的天地的根源。她就是这样连绵不绝、若有若无地存在着，使用起来无穷无尽。

【赏析】

道家注重养生之道的修炼，而这一节中又提到了“不死”，所以很多人都认为其中蕴藏了“长生”的法诀。其实，只要我们换个角度想想就能发现其中的奥秘。

道家讲究清心寡欲，天人合一，因此诞生的很多修炼方式和修炼法诀大多是模仿宇宙自然中的规律演化而来的。“绵绵若存，用之不勤”也是道家认为“得长生”的必由之路。道家修身养性讲究的是练气吐纳，缓缓地吸入一口气，再缓缓地吐出去，气息悠长，绵绵密密，似存似亡。整个人的神态祥和，心情愉悦，仿佛飞鸟飞向了蓝天，鱼儿跃入水中，整个人都融入了天地之间。这就是道家的静养之术。

第七章

天长地久。天地所以[1]能长且久者，以其不自生[2]，故能长生。是以[3]圣人后其身而身先[4]，外其身而身存[5]。非以其无私邪[6]？故能成其私。

【注释】

①所以：之所以……的原因。

②以其不自生：是因为天地不为自己存在着。

③是以：所以，因此。

④先：居先，站在众人之前。

⑤外其身而身存：将生死置之度外反而得以保存自身的存在。

⑥非以其无私邪：这不正是因为他没有私心吗？非，不是。以，因为。邪：通“耶”，表示疑问。

【译文】

天与地长久地存在着。天地之所以能够长久地存在着的原因，是因为天地不为自己存在着，所以才能够永久地长生。因此圣人谦让退身于人后反而能在众人中遥遥领先。将生死置之度外反而得以保存自身的存在。这不正是因为他没有私心吗？所以这样做反而更好地成就了他本身。

【赏析】

老子开宗明义地点出了天长地久的原因：一个人不能为了自己的个人利益而独自生存。紧接着就紧锣密鼓地得出了圣人之所以能够长生，是因为圣人做事总是效法天地，先人后己，大公无私。也就是说，一个人的行为只有顺天心，明天意，符合天地之间永恒的“道”，才能达到最高境界。

第八章

上善若水①。水善②利③万物而不争，处众人之所恶④，故几于道⑤。

居善地⑥，心善渊，与善仁，言善信，政善治，事善能，动善时。夫唯不争，故无尤。

【注释】

①上善若水：至高层次的善良就像是水一样。上善，最善，这里专指人的品性。

②善：善于，擅长。

③利：帮助，给……带来恩泽。

④处众人之所恶：停留在众人都厌恶、不愿居住的地方。

⑤故几于道：所以，最接近于“道”。几，接近。

⑥居善地：（通晓道法的人）停留时，善于选择环境。

【译文】

至高层次的善良就像是水一样。水善于帮助万物生长却不和万物相争，停留在众人都厌恶、不愿居住的地方，所以，最接近于“道”。（通晓道法的人）在停留某地时，能够善于选择环境；在思考问题时，能够善于做到深藏不露；在帮助他人时，能够善于仁爱有度；在和别人说话时，能够善于信守承诺；在管理事情时，能够善于选择方法；在办事情的时候，能够善于随机应变；在行动的时候，能够善于伺机而动。正是因为他的不与人争，所以才不会给自身招来怨恨。

【赏析】

老子在本章中提出的观点就是“像水一样活着”。水是天地之间的至刚至强之物，同时也是至阴至柔之物。盛大的水势可以崩灭山石，摧毁堤坝，淹没房屋；羸弱的水势却没有一点攻击力，对外物顺从到了极点。虽然水有形，却没有具体的形状，我们把它放在什么样的环境里，它就变成什么样子。水的性格柔弱到了无法言说的地步，任凭你拦它、堵它、刀砍它、斧劈它，它都静静地做着自己的事，不管外物变化。老子所说的“像水一样活着”，应该就是说人们的德行要像水一样，善利万物而不争吧。

清· 黄山寿 《拟古山水》其一

第九章

持而盈之，不如其已；揣而锐之①，不可常保②。

金玉满堂，莫之能守。富贵而骄③，自遗其咎④。功遂身退，天之道。

【注释】

①揣而锐之：将利器打磨到过于尖锐。

②不可常保：很难长久地保持下来。

③富贵而骄：若是因为拥有财富和权力生活就变得骄纵放肆。

④自遗其咎：就一定会给自己带来灾难。

【译文】

累积到了满溢，不如及时停止。将利器打磨到过于尖锐，则很难长久地保持下来。即使家中的金玉珠宝堆满厅堂，也不可能长期守住。若是因为拥有财富和权力生活就变得骄纵

放肆，就一定会给自己带来灾难。功成业就以后就急流勇退，这样才是最合乎“天道”的做法。

【赏析】

人心是世界上最大的东西，如果一个人的心中充满了慈悲，那么他的慈悲就会无限大；反之，如果一个人的心中充满了欲望，那么他的贪婪就会充斥整个大脑。欲胆包天，欲壑难平，没有比人的欲望更大的东西。

老子在这一章中用“金玉满堂，莫之能守；富贵而骄，自遗其咎”诠释的就是“物极必反”的道理。“钱财权势”这种身外之物，生不带来，死不带去。人存活一世，不能被这种过眼云烟般的外物迷了心、遮了眼。面对这种浮华的东西，我们要以淡泊宁静的心态淡然处之。对待功名利禄、钱财权势要学会拿得起，放得下。

第十章

载营魄抱一[1]，能无离乎？专气[2]致柔，能婴儿乎？涤除玄览[3]，能无疵乎？爱民治国，能无知[4]乎？天门

开阖，能为雌乎⑤？明白四达，能无为⑥乎？

生之畜之⑦，生而不有，为而不恃，长而不宰，是谓玄德。

【注释】

①载营魄抱一：身体与魂魄合二为一。载，承载，拥有。营魄，魂魄。抱，合在一起。一，既可以指魂魄与身体合一，也可以专指“道”。

②专气：专，聚集，集中。气，精气，指人体内的生机与活力。

③涤除玄览：清除杂念，省察内心。涤，清除，除去。玄，幽深玄奥，指内心。览，通“鉴”，镜子，意为省察，关照。

④无知：清静无为，无所作为。

⑤天门开阖，能为雌乎：天赋的感官与外界接触，能够保持内心平静而不为之所动吗？

⑥无为：通“智”，智巧，心机。

⑦生之畜之：上天创造它，养育它。畜，养育，滋养。

【译文】

身体与魂魄合二为一，能够不分离吗？聚集精气达到柔和顺达，能够像婴儿一样吗？清除杂念，省察内心，能够使思想清澈明净，毫无瑕疵吗？爱护百姓治理国家，能够不依

靠自己的智慧吗？天赋的感官与外界接触，能够保持内心平静而不为之所动吗？明察秋毫通达事理，能够做到顺其自然清静无为吗？上天创造它，养育它。虽然供万物生长却不占为己有，为万物提供帮助而不自恃其功，滋养万物生长而不去主宰它们，这才是至高至善的德行啊。

【赏析】

在这一章中，老子连用六个质问，振聋发聩地警醒人们要学会深刻反省一些问题，在这些问题上应该怎样去处理，如何明确自己的目标。老子还告诉人们什么才是至高无上的德行，为世人提出了更为远大的奋斗目标。

其实，我们经常由于自身认识不足，而使问题的解决方法充满了局限性和片面性，自然会导致很多错误与失败，甚至会造成许多无法挽回的损失。只要真正明确自己想做什么，该做什么，问题自然会迎刃而解。

第十一章

三十辐共一毂①，当其无，有车之用②；埏埴以为器③，当其无，有器之用；凿户牖以为室④，当其无，

有室之用。故有之以为利，无之以为用。

【注释】

①三十辐共一毂：车轮上的三十根辐条聚集在车轴的周围。

②用：功效，作用。

③埏埴以为器：糅合黏土做成陶制的器皿。

④凿户牖以为室：开凿门窗建造房屋。

【译文】

车轮上的三十根辐条聚集在车轴的周围，正是因为中间只剩下了一个穿轴的空间，所以车轮才能发挥出它本身的作用。糅合黏土做成陶制的器皿，正是因为陶器的中间是空虚的，所以陶器才能发挥出容器的作用。开凿门窗建造房屋，正是因为屋子的结构中间是空的，所以房屋才能发挥出自己本身的作用。所以，“有”可以给人们带来益处，“无”也可以发挥其本身有利的作用。

【赏析】

老子在本章就“实有”和“虚无”进行了一系列的阐述，讲述了“虚无”的作用。在很多人看来，“虚无”是一无是处的，包括一心研究“虚无”的道家学派做的也是没有丝毫实际意义的学问。难道“虚无”就真的如大家所想

一样毫无用处吗？老子在本章中通过一个个浅显易懂的实例论证了并不是“虚无”没有用，而是大家还没有发现，或者是还没有看出“虚无”的实际作用。

第十二章

五色令人目盲①，五音令人耳聋②，五味令人口爽③，驰骋畋猎令人心发狂④，难得之货令人行妨⑤。是以圣人为腹⑥不为目，故去彼取此。

【注释】

①五色令人目盲：缤纷绚丽的色彩令人眼花缭乱。五色，青、赤、黄、白、黑，这里用来泛指缤纷绚丽的色彩。目盲，喻指使人眼花缭乱。

②五音令人耳聋：嘈乱纷杂的音乐使人耳朵失聪。五音，宫、商、角、徵、羽，这里用来指纷乱嘈杂的音乐。耳聋，喻指听觉不灵敏，耳朵失聪。

③五味令人口爽：口味浓烈的佳肴使人丧失味觉。五味，酸、苦、甘、辛、咸（也作酸、甜、苦、辣、咸），这里用来指味道浓烈而厚重的食物。口爽，口内生有疾病，这里喻

指味觉失灵。

④驰骋畋猎令人心发狂：骑马奔驰在野外狩猎玩乐使人内心狂乱。驰骋：纵马疾行，骑马急速奔跑。畋猎，打猎，这里指纵情地狩猎玩乐。心发狂，内心放荡而不可抑制。

⑤妨：伤害，妨害。

⑥腹：代指最基本的生存需要。

【译文】

缤纷绚丽的色彩令人眼花缭乱，嘈乱纷杂的音乐使人耳朵失聪，口味浓烈的佳肴使人丧失味觉，骑马奔驰在野外狩猎玩乐使人内心狂乱，稀奇难得的珍贵宝物使人的行为不轨。

明·文徵明《聚桂斋图卷》

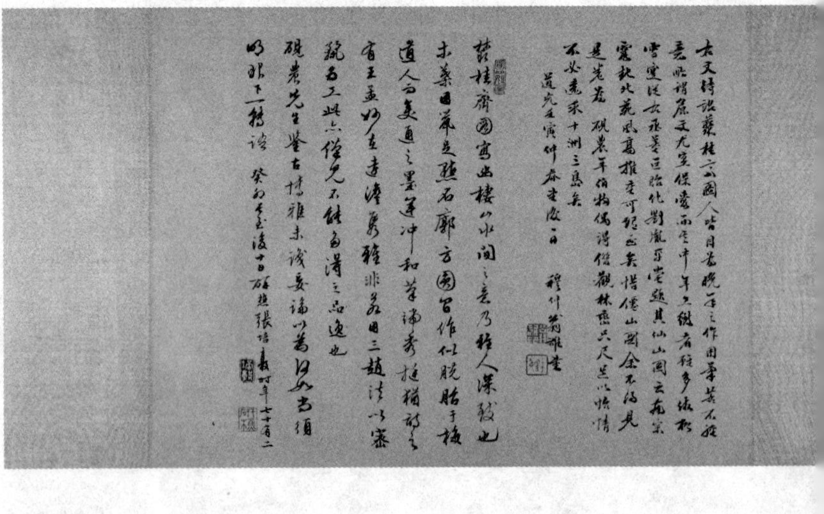

所以，圣人只追求维持基本的生存需要而不会沉湎于感官的享受，因此应当舍弃外物的繁华而保持平和的生活。

【赏析】

老子在这一章中提出了“去彼取此”的观念，告诫世人：真实的享受是理性而有节制的，是有正确的取向和明确的价值观的，而不是沉溺于镜花水月般虚幻的享乐和愚蠢的放纵之间，只有回归自然，顺其正道才是真正的宁静致远。

形形色色的外物给我们的心灵蒙上了尘垢，让我们无法真正欣赏这个世界，无法用清明澄澈的目光去了解和探索这个纷杂的世界。对于我们来说，有敏锐的目光并不是

坏事，但是当我们的目光执着于那些我们无法控制和把握的事物上时，就会不断地滋生我们的占有欲和贪婪欲，让我们的心变得迟钝而毫无意义。

第十三章

宠辱[①]若惊，贵[②]大患若身。

何谓[③]“宠辱若惊”？宠为上，辱为下[④]，得之若惊，失之若惊，是谓宠辱若惊。

何谓“贵大患若身”？吾所以有大患者，为吾有身，及[⑤]吾无身，吾有何患[⑥]？故贵以身为天下，若可寄[⑦]天下；爱[⑧]以身为天下，若可托天下。

【注释】

①宠辱：宠，受到宠爱。辱，受到侮辱，不敬。

②贵：以……为贵，重视。

③何谓：什么才是，什么才可以称作是。

④宠为上，辱为下：把受宠视为尊荣，把受辱视为卑下。这两句，王弼本原作一句“宠为下”，据景福碑、陈景元本改。

⑤及：到。

⑥患：祸患，顾忌。

⑦寄：寄托，交付。

⑧爱：以……为爱，乐意。

【译文】

受到宠爱或侮辱都感到担惊受怕，重视大的祸患就像重视自己本身一样。什么才是受到宠爱和侮辱都感到担惊受怕呢？因为人们把受宠看得很荣耀，把受辱看得很卑下，所以得到宠爱就感到惊恐，失去宠爱也感到惊恐。这就叫作受到宠爱和侮辱都会感到担惊受怕。什么才是重视大的祸患就像重视自己本身一样呢？我之所以有大的祸患，是因为我有身体，如果我失去了身体，那么我还有什么样的祸患呢？所以崇尚那些将自己的身体奉献给天下苍生的人，那样才可以将天下交付给他。像爱自己的身体一样爱护天下黎民苍生的人，才可以将天下托付给他。

【赏析】

老子在这一章中讲的主要是“贵身”和人的尊严问题，是接着上一章“是以圣人为腹不为目”而言的。老子认为：一般人对于宠辱荣患都是十分看重的，甚至有许多人重视这些身外的宠辱远远超过自己的生命。这种观点看起来很正常，十分贴近人性，但这同样也是人性之中最脆弱的部分。

人只要活着，就离不开功名利禄的纷扰，但是把这些东西摆在什么样的位置上，不同的人往往会有不同的态度。如果你把它摆在比生命还要宝贵的位置之上，那是大错特错。生命的重要性远远超过了我们被世俗蒙蔽之后所在乎的名利荣宠，一个人若是想要真正获得自由洒脱，就必须要清心寡欲，拒绝一切声色货利之事，潜心修行，然后才可以受天下之重寄，而为万民所托命。

第十四章

视之不见名曰夷，听之不闻名曰希，搏①之不得名曰微。此三者不可致诘②，故混而为一。

其上不皦③，其下不昧④，绳绳⑤不可名，复归于无物。是谓无状之状，无物之象，是谓惚恍。迎之不见其首，随之不见其后。

执古之道⑥，以御今之有⑦，能知古始。是谓道纪⑧。

【注释】

①搏：捉摸。

②致诘：穷究，追究。

③皦：皎洁明亮的样子。

④昧：晦暗阴暗的样子。

⑤绳绳：缥缈，渺茫，不清晰的样子。

⑥古之道：自古就存在的“道”。

⑦今之有：当前存在的事物。

⑧道纪：道的法则。纪，纲纪，法则。

【译文】

看它却看不见，称呼它为“夷”，听它却听不见，称呼它为“希”，捉摸它却捉摸不到，称呼它为“微”。这三种现象，不能归根结底地探究，所以将它们混为一体。它的形而上的一面不是明亮的，它的形而下的一面不是晦暗的。缥缥缈缈，连绵不断，既无法描绘，也难以形容或命名，只能把它归于没有物体的虚无形态。这就叫作没有形状的形状，没有物体形象的形象，这就叫作“恍惚”。正面迎上去，你却看不见它的头，随后追上去，你却看不到它的尾。把握好亘古长存的“道”，用它来驾驭当前存在的一切事物。用它能够了解远古的起源，这就叫作“道”的规律。

【赏析】

在本章中，老子解释说："道"不是我们通过五官就可以感受得到的东西，人类只有充分发挥自己的思维，才能够与"道"进行近距离的接触。"道"这种东西没有具体形状，只能出现在人的思维空间里。这也就是道家为什么主张追求"虚无"的作用，要用心灵体验事物的本源，注重洞察一切事物的原因。因为"道"是非具象的，没有任何东西可以明确指出道存在的本体。我们只能把道归结为一种万物都必须遵循的规律。

老子不仅指出要站在"道"之外对"道"进行描述，而且还需要融入其中，最终以达到"天人合一"的境界。所有人都能感觉到风的存在，可是没有人能够与风融为一体。所有人能够感知到水的存在，可是谁又能够与水融为一体。五行如此，万物依然。

第十五章

古之善为士者，微妙玄通，深不可识①。夫唯不可识，故强为之容②：

豫[3]焉，若冬涉川；犹[4]兮，若畏四邻；俨[5]兮，其若客；涣兮，若冰之将释；敦兮，其若朴；旷兮，其若谷；混兮，其若浊。

孰能浊以止？静之徐[6]清；孰能安以久？动之徐生。保此道者不欲盈，夫唯不盈，故能蔽而新成。

【注释】

①微妙玄通，深不可识：见解精微奇妙，深远通达，深刻得让人难以看透。微妙，精微玄妙。玄通，深奥通达。识，看透，读懂。

②强为之容：勉强地加以形容。强，勉强。容，描绘，形容。

③豫：迟疑谨慎。

④犹：警惕戒备。

⑤俨：严肃庄重。

⑥徐：渐渐地，表示非常小心谨慎的样子。

【译文】

古代那些善于运用“道”的人，见解精微奇妙，深远通达，深刻得让人难以看透。正是因为无法轻易看透，所以只能勉强地加以形容：小心谨慎，就像在大冬天里涉水渡过河流；高度警惕，就像提防四邻来突然攻击；严肃庄重，就像在别的地方做客；开朗洒脱，就像渐渐融化的坚冰；敦厚实在，就像未经雕琢的原木；豁达开朗，就像空旷的山谷；浑厚深沉，就像是浑浊的河水。谁能使浑浊的河水安静下来渐渐变得澄清？谁能让一直安稳的事物活动起来渐渐焕发出生机？保持这种“道”的人不会贪图盈满，正是因为不贪图盈满，所以才能够收敛光芒，推陈出新，做出新的成就。

【赏析】

老子在本章中主要讲的是“得道之人”的品质与特征，他们为人谨慎小心，仪容端庄严肃，性格开朗洒脱，不显山不露水，整个人都处于一种虚怀若谷的状态，可以隐于世中，融于众人之间，深藏不露而有所作为。老子主要是想告诫我们做人要懂得“韬光养晦”，不可过分地急功近利，否则终有一天会自食恶果。

第十六章

致虚极，守静笃①。万物并作，吾以观复②。

夫物芸芸③，各复归其根④。归根曰静，是谓复命⑤。

复命曰常，知常曰明⑥。不知常，妄⑦作，凶。

知常容，容乃公⑧，公乃王，王乃天，天乃道，道乃久，没身不殆。

【注释】

①致虚极，守静笃：进入虚无宁静的极端状态，守住沉静达到最诚心的地步。

②万物并作，吾以观复：万物竞相生长，我从而可以观察它们的循环往复。

③芸芸：纷杂，繁多，茂盛的样子。

④根：根源，本源，这里指“道”。

⑤复命：回归本来的状态。

⑥复命曰常，知常曰明：回归生命的起点就称之为常规，了解常规的人可以称得上是明智的人。常，常规，常理。明，明智，明德。

⑦妄：胡作妄为，轻举妄动。

⑧知常容，容乃公：了解常规的人才会包容一切，包容一切的人才会大公无私。

【译文】

进入虚无宁静的极端状态，守住沉静达到最诚心的地步。万物竞相生长，我从而可以观察它们的循环往复。天下万物的品类变化纷纷纭纭，各自最终都要返回到他们最本源的状态。返回各自的本源称之为“静”，这也被称为生命的回归。回归生命的起点就称之为常规，了解常规的人可以称得上是明智的人。不了解常规的人，轻举妄动就会给自身招来灾难，了解常规的人才会包容一切，包容一切的人才会大公无私，大公无私的人才配成为王者，王者就是顺应天理与天道的人，顺应天理的人就符合天“道”，符合天“道”的人才能长久地存在，终身都不会遇到危险。

【赏析】

老子在本章中提出“宽容”的概念，劝解人们要常怀

宋·佚名《松荫谈道图》

一颗宽容之心。宽恕他人，就是放过自己。宽容是一个人懂大局、明事理的表现，宽容的人往往眼界更宽，高度更高，能使自己拥有一片更广阔的天空，让自己走得更远，飞得更高。

老子说“虚静”是万事万物的本源，叶落归根，万物从“虚静”开始，总有一天会回到“虚静”的地方。只有懂了这个道理才会包容一切，才不会被名利所累，被外物所纠缠，才会更接近“道”的境界，更能一心为公向大同。只有能够做到一心为公的人才不会被名利牵累，才会真正追寻自己的“道”，舍小我以成就大我，也只有这样的人才配成为天下领袖。

第十七章

太上[1]，不知有之[2]；其次，亲而誉[3]之；其次，畏之；其次，侮[4]之。

信不足焉，有不信焉[5]。悠兮，其贵言。功成事遂，百姓皆谓“我自然”[6]。

【注释】

①太上：最好的，最上等的。

②之：指统治者。

③誉：赞美，称赞。

④侮：侮辱，轻视。

⑤信不足焉，有不信焉：统治者的诚信不足，百姓们自然就不会相信他。

⑥自然：本来就是这样子的。

【译文】

最好的统治者治理国家，下面的百姓是不知道他的存在的；稍微次一等的统治者，百姓们称赞他，亲近他；再次一等的统治者，百姓们都畏惧他；最差的统治者，百姓们都轻视他，侮辱他。统治者的诚信不足，百姓们自然就不会相信他。一流的统治者悠闲自得，很少发号施令，等到大功告成，事情完美处理的时候，百姓都会这样说：“我们本来就都是这样的。”

【赏析】

老子在本章中强调的是“信用”的重要性，一个受人尊敬的人，必定是一个守信用的人。一个值得信赖的人，

必定是一个诚实的人。如果一个人不守信用，言行不一致，那么这种人是无法将后背交托出去的，也就是说这种人无法全心全意地合作，就算是做到普通的正常交往也很难，更别说获得别人的信任和尊敬了。

老子从统治者的角度出发，意在劝诫人们要守信用，信用是一个人立身的根本，我们必须要谨守诚信为本的原则。

第十八章

大道废，有仁义；慧智出，有大伪[①]。六亲[②]不和，有孝慈；国家昏乱[③]，有忠臣。

【注释】

①慧智出，有大伪：聪明智慧出现了，狡诈虚伪也就出现了。慧，聪明。智，智巧，智慧。伪，虚伪狡诈。

②六亲：指父、子、兄、弟、夫、妻，这里指家庭关系。

③昏乱：混乱，动荡不安。

【译文】

大道被放弃后，才有了所谓的仁义；聪明智慧出现了，狡诈虚伪也就出现了；家庭亲戚之间的关系不和睦了，才能彰显出孝心和慈祥；国家混乱动荡不安了，才能显示出所谓的忠臣。

【赏析】

老子在本章中再次用到了辩证的思维方式，看似条条都是绝路，但条条绝路后面都会暗藏生机。正如老子所说：“大道五十，天衍四十九。天道缺一，但留一线生机。”一个萝卜一个坑，任何难题的出现，都会有属于它的解决办法。

人在生活中遇到各种各样的问题是不可避免的，但是困难始终是一个死物，而人却是有生命的。活人去解决死的问题，是不存在绝路这种说法的。天无绝人之路，绝望的尽头一定是希望。在老子看来，方法总比问题多，没有绝对的绝路，人的智慧是无穷的。在遇到困难的时候不必一直退缩、逃避，应该正面迎上它并去解决它。只要自己不放弃，再棘手的问题也会找到解决办法。

第十九章

绝圣弃智，民利百倍①；绝仁弃义，民复②孝慈；绝巧弃利③，盗贼无有。此三者以为文不足④，故令有所属⑤：见素抱朴⑥，少私寡欲，绝学无忧。

【注释】

①绝圣弃智，民利百倍：抛弃聪明智巧，人民就可以获得百倍的利益。

②复：回归，恢复到……的状态。

③绝巧弃利：抛弃投机取巧的手段和对私利的争夺。

④此三者以为文不足：将这三句话作为政令写下来不一定能够行得通。

⑤属：依附，归属。

⑥见素抱朴：呈现出纯洁质朴的样子。

【译文】

抛弃聪明智巧，人民就可以获得百倍的利益；抛弃虚伪的仁义，人民就能够重新恢复到孝心慈爱的状态；抛弃投机取巧的手段和对私利的争夺，就不会再有盗贼。将这三句话作为政令写下来不一定能够行得通，所以要让老百姓的认识有所归属：不仅外表呈现纯洁的样子，内心也要保持质朴的状态，减少自己的私心，舍弃自己的欲望。抛弃学问，不要思考。

【赏析】

在本章中，老子对“大道”废弃之后出现的许多问题有针对性地提出了解决方案。这些方案对于眼下的问题来说是极为有益的，但是这些方法又太过理想化，在现实社会中很难作为政令颁布实施，这就是最难做的地方。

老子认为，一个统治者必须使人们认识到智慧的根本，世间万物的本质，才能让大家有所归属。只有彻底舍弃所谓的圣明，揭去了所谓的包装，人民的生活才能真真实实地安定下来。于是老子告诫统治者要做到心思单纯，保持淳朴的心态，减少个人的私欲，这与帝王之道是相违背的，与人性也有所出入，这就是《道德经》被翻来覆去研究了无数遍后，人们仍然达不到老子所说的境界的原因。

第二十章

唯之与阿①，相去几何？善之与恶，相去若何②？人之所畏，不可不畏。荒兮，其未央哉③！

众人熙熙，如享太牢，如春登台④。我独泊兮，其未兆⑤，如婴儿之未孩⑥。儽儽⑦兮，若无所归。

众人皆有余，而我独若遗⑧。我愚人之心也哉，沌沌兮！俗人昭昭，我独昏昏。俗人察察，我独闷闷。澹兮，其若海；飂兮，若无止。

众人皆有以，而我独顽似鄙。我独异于人，而贵食母。

【注释】

①阿：怠慢地回答，一般用于形容长辈回答晚辈，上级回答下级。

②若何：又有多少呢？

③荒兮，其未央哉：就像宽敞广漠的宇宙啊，道理始终是没有尽头的。荒兮，久远的样子。未央，没有走到尽头。

④众人熙熙，如享太牢，如春登台：人们都是高高兴兴的样子，就好像参加盛大的宴会，品尝到绝世美食般，又好像是在春天里登台眺望美景。

⑤未兆：没有迹象，引申为无动于衷。

⑥孩：通“咳”，指小孩的笑声。

⑦儽儽（léi léi）：懒散的样子。

⑧遗：不足，不够。

【译文】

顺从与违背，能够相差多少？美善与丑恶，它们相差能有多远？人们所畏惧的，我们不能不畏惧。就像宽敞广漠的宇宙啊，道理始终是没有尽头的。人们都是高高兴兴的样子，就好像参加盛大的宴会，品尝到绝世美食般，又好像是在春天里登台眺望美景。只有我恬静淡泊，对周围的环境无动于衷，就像是刚刚出生还没有学会笑的婴儿。心里有着牵挂，仿佛找不到归宿。众人都富足有余，唯独我什么都没有。我的心真是愚钝啊！世俗中的人都那么清醒、明白，只有我一个人独自昏昏沉沉。世俗中的人都那么明辨、清楚，就我一

个人糊里糊涂、思绪混乱。它就像是大海一样浩渺深远、难以捉摸，它就像是天边游荡的云彩一般自由自在、隐隐约约。众人都已经有所作为，唯独我一直顽固笨拙。唯独我与众人不同，重视“道”这个万事万物的根本。

【赏析】

老子在本章中写出了自己的真实写照，将自己与世人的状态进行了对比，揭示了向“道”之人的特征。老子借此来告诫人们，做人不能太过随波逐流，要有自己的主见，有自己的人生价值取向。同时，老子对统治者奢靡的追求物质上的享受给予了无情的揭露和尖刻的嘲讽，以“反话”的形式肯定了自己的所作所为，将社会中的大部分人冠上了“俗人”的称号。在当今这个时代，老子的做法值得我们学习借鉴。

第二十一章

孔德之容，惟道是从[1]。

道之为物，惟恍惟惚[2]。惚兮恍兮，其中有象[3]；

恍兮惚兮，其中有物④。窈兮冥兮，其中有精⑤；其精甚真，其中有信⑥。

自古及今，其名不去，以阅众甫。吾何以知众甫之状哉？以此。

【注释】

①孔德之容，惟道是从：有大“德”的人能够处事谦卑而无所不容，做事完全是遵循“道”的轨迹。

②道之为物，惟恍惟惚：“道”能够创生万物，恍恍惚惚似有似无。

③惚兮恍兮，其中有象：虽然隐隐约约模糊不清，但是其中确有着万物的形象。

④物：并非指实实在在的物体，而是说存在这种物质。

⑤窈兮冥兮，其中有精：幽暗深远啊，没有实质的形象可以追寻，但是其中却有着事物的本质。

⑥信：可信的，真实的，真切的。

【译文】

有大“德”的人能够处事谦卑而无所不容，做事完全是遵循“道”的轨迹。“道”能够创生万物，恍恍惚惚似有似无。虽然隐隐约约模糊不清，但是其中确有着万物的形象。隐隐约约模糊不清，但其中确有实实在在的物质。幽暗深远

啊，没有实质的形象可以追寻，但是其中却有着事物的本质，这种事物的本质是十分真切的，其中包含有许多可以相信的内容。从古到今，它的名字都不曾更改或者离开过，从它那里可以认识到万物的萌生。我从哪里知道万物最开始的情况呢？就是从“道”这里啊！

【赏析】

当我们面对差异毫无头绪的时候，“道”已经给我们指出了一条明路。我们首先应该认清自己的优点和缺陷，然后量力而行，扬长避短，这样才能有所得。但是因为人性的缘故，我们总是很难认清自己的短处，就像我们只能看到别人脸上的黑却看不到自己脸上的黑一样，“认识自己”并为之不懈地努力，是最接近“道”的坦途。

第二十二章

曲则全，枉则直[1]；洼则盈，敝则新[2]；少则得，多则惑[3]。

是以圣人抱一为天下式[4]：不自见，故明；不自是，

故彰⑤；不自伐，故有功；不自矜，故长⑥。夫唯不争，故天下莫能与之争。

古之所谓“曲则全”者，岂虚言哉？诚全而归之。

【注释】

①曲则全，枉则直：弯曲的事物反而更容易保全，委屈反而对成长更有利。

②洼则盈，敝则新：低洼的地方才更容易积满，破旧的事物才更容易生出崭新的事物。

③惑：迷惑，产生困惑。

④是以圣人抱一为天下式：所以圣人持守“道”的本意行事并将此作为天下的标准。

⑤不自见，故明；不自是，故彰：不目空一切所以才能够明见事理，不自以为是所以才能够有所彰显。

⑥不自伐，故有功；不自矜，故长：不自我夸耀所以才会有所功劳，不自负自大所以才能够长久地存在。

【译文】

弯曲的事物反而更容易保全，委屈反而对成长更有利；低洼的地方才更容易积满，破旧的事物才更容易生出崭新的事物；本身缺少反而容易获得，本身过多反而容易迷惑。所

以圣人持守"道"的本意行事并将此作为天下的标准：不自空一切所以才能够明见事理；不自以为是所以才能够有所彰显；不自我夸耀所以才会有所功劳；不自负自大所以才能够长久地存在。正是因为他不与人相争，所以天下人没有人能够与他争胜。古人所说的"委曲求全"这句话，怎么可能会是一句空话呢？确实是有一定的道理的。

【赏析】

老子在本章中提出的主要是一些他在日常生活中仔细观察、体验生活而得出的规律。老子通过这一系列例子进一步揭示了没有永远的敌对，只要达到一定的条件，敌对之间也是可以相互转化的。将老子的思想推广到更高层次，那么这种辩证地看待事物关系的理论就是"道"的规律。在日常生活中，人们只要能够按照"道"的规律行事，不好大喜功，不心浮气躁，那么离自己的目标就不会太远了。

第二十三章

希言自然[1]。故飘风不终朝，骤雨不终日。孰为此[2]者？天地。天地尚不能久，而况[3]于人乎？

故从事[4]于道者同于道，德者同于德，失者同于失。同于道者，道亦乐得之[5]；同于德者，德亦乐得之；同于失者，失亦乐得之[6]。

信不足焉，有不信焉。

【注释】

①希言自然：少说话，少发号施令，这样是顺从自然法则的。

②为此：造成这样的情况。

③况：况且，何况。

④从事：积极追求，遵循。

⑤同于道者，道亦乐得之：与“道”志趣相同的人，

“道”也愿意和他在一起。

⑥同于失者，失亦乐得之：失去了“道”和“德”的人，“道”与“德”也会放弃他。

【译文】

少说话，少发号施令，这样是顺从自然法则的。所以狂风不会一直吹整整一个早上，暴雨不会一直下整整一天。是谁造成这样的情况呢？是上天和大地。天地的力量都不能让这种狂暴长久地维持着，更何况是我们人类呢？所以遵

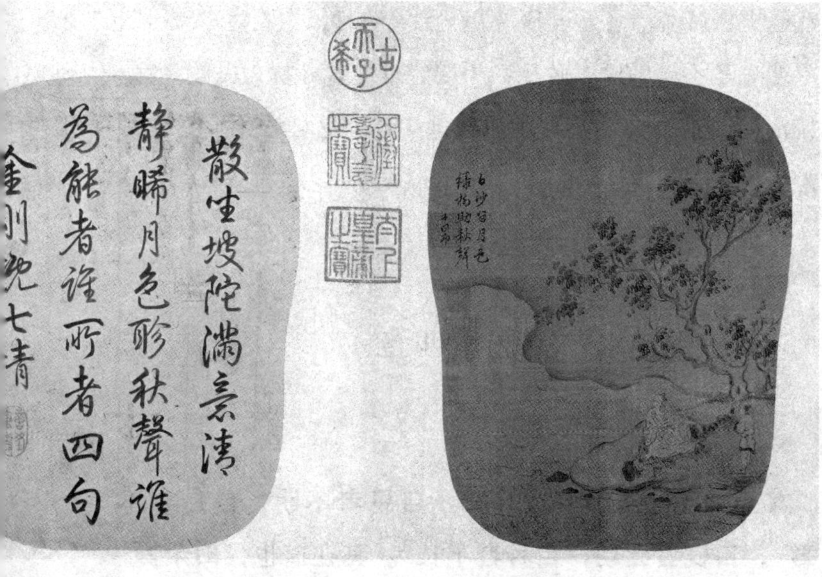

宋·马和之《月色秋声》

循“大道法则”的人就会与“道”相合在一起，按照“天地大德”做事的人就能与“德”相合在一起。失去“道”和失去“德”的人只能和“无道”与“无德”合在一起。与“道”志趣相同的人，“道”也愿意和他在一起；与“德”志趣相同的人，“德”也愿意和他在一起；失去了“道”和“德”的人，“道”与“德”也会放弃他。不够诚信的人，大家自然就不会相信他。

【赏析】

老子在本章中主要讲的是道家的“为政”思想。老子在这里告诫统治者处理政务要学会适当地给老百姓“减压”，不要总是不停地颁布政令，不要经常性地打扰人民的生活。统治者应该学会让老百姓自然地生活，这样才不会导致统治者与基层民众之间的矛盾。

第二十四章

企者不立，跨者不行[①]；自见者不明，自是者不彰[②]，自伐者无功，自矜者不长[③]。其在道也，曰余食[④]赘行[⑤]，物或恶之，故有道者不处。

【注释】

①企者不立，跨者不行：踮起脚尖的人是难以站得稳稳当当的，跨步前进的人走得一定不会很长远。

②自见者不明，自是者不彰：只看见自己的人是没有格局明鉴事物的对错是非的，自以为是的人是不值得被表彰夸奖的。

③自伐者无功，自矜者不长：自我夸耀的人往往会盖住自己功劳的光环，自大自负的人更是难以长久存在的。

④余食：剩饭剩菜，残羹冷炙。

⑤赘行：通“赘形”，指身体上多余的部分，累赘。

【译文】

踮起脚尖的人难以站得稳稳当当的，跨步前进的人走得一定不会很长远；只看见自己的人是没有格局明鉴事物的对错是非的，自以为是的人是不值得被表彰夸奖的。自我夸耀的人往往会盖住自己功劳的光环，自大自负的人更是很难以长久存在的。如果站在道的角度来看，以上这些行为都只能算得上是残羹冷炙，苦果毒药。所有的人和事物都厌恶它，所以“得道”的人绝对不会这样为人处世。

【赏析】

老子在本章中主要诠释的是“自以为是”的危害性。一个急功近利、急于求成的人往往会过分地展示自己，这样的行为无疑会让人诟病，这样短暂的风光也注定不会长久。老子在这里告诫我们要本本分分做人，踏踏实实做事，不张扬，不骄傲，只有正确地认识自己才能有所成就。

第二十五章

有物混成①，先天地生。寂兮寥②兮，独立不改，周行而不殆③，可以为天下母。

吾不知其名，字④之曰“道”，强为之名⑤曰“大”。大曰逝⑥，逝曰远，远曰反。

故道大，天大，地大，王亦大。域中有四大，而王居其一焉。人法地，地法天，天法道，道法自然。

【注释】

①有物混成：有一种物体是浑然天成的。

②寥：空旷而没有具体的形象。

③殆：停止，停歇。

④字：给……命名。

⑤名：名状，形容。

⑥逝：消逝，这里指“道”的运行来来往往、永不停止。

【译文】

有一种物体是浑然天成的，它比天地都出生得早。它寂寞无声，广阔无形，独自存在于茫茫的宇宙中而亘古不变。周而复始地循环运行却永不停止，它可以看作是天地之间万事万物的母亲。我不知道它的名字是什么，只能勉强给它取名叫作“道”，再勉强用“大”来形容它。广大无边可以称得上是运行不止的意思，而运行不止可以称得上是遥远渺茫的意思，遥远渺茫可以称得上是回归本源的意思。所以说“道”是大的，“天”是大的，“地”是大的，“人”也是大的。整个宇宙中一共有四个大的东西，人就是其中之一。人类效法大地，大地效法上天，上天效法大道，大道效法自然。

【赏析】

老子在这一章中对“道”的含义进行了深入的解释。老子认为道是万物的本源，人类依托着世间万物而生存，所以我们应该对天地心怀尊敬，效法天地至理，而不能妄自尊大，自负自傲。

人的一生只有短短几十年时光，相比于永恒的天地日月是微不足道的。在这短暂的一生中，要想给世界留下一些痕迹，就必须博闻强识，成为一个学识渊博的人，对社会做出一定的贡献。“学到老，活到老”，将学习作为一件贯彻终身的事情来做。

第二十六章

重为轻根，静为躁君①。

是以圣人终日行不离辎重②，虽有荣观，燕处超然③。奈何万乘之主④，而以身轻天下⑤？轻则失本，躁则失君⑥。

【注释】

①重为轻根，静为躁君：厚重是轻浮的根本，沉静是狂躁的君王。

②辎重：军队中用来运载粮食和装备的车辆。

③虽有荣观，燕处超然：虽然有着美好的景致，但是却

安然处之，超然物外。

④万乘之主：拥有兵车万辆的大国君王。

⑤轻天下：以轻率的态度治理天下。

⑥轻则失本，躁则失君：轻率就会丧失自己的根基，心浮气躁就会失去自己的掌控权。

【译文】

厚重是轻浮的根本，沉静是狂躁的君王。所以圣人整日在外面行走，不离开他代步的工具。虽然有着美好的景致，但是却安然处之，超然物外。为什么身为万乘大国的君王，却要轻率浮躁地治理国家呢？轻率就会丧失自己的根基，心浮气躁就会失去自己的掌控权。

【赏析】

老子在本章中主要强调的是“重”和“静”的重要性。老子以此来告诫我们要明辨是非，心里必须有一杆公平的秤，分得清孰轻孰重，不能用自己的主观判断来意气用事。尤其是身居庙堂之高位的统治者，不能够用轻率的态度处理事情，要以天下江山社稷、百姓民生为重，不能够急功近利，否则迟早会自取灭亡。

第二十七章

善行，无辙迹；善言，无瑕谪；善数，不用筹策①；善闭，无关楗②而不可开；善结，无绳约③而不可解。

是以圣人常善救人，故无弃人④；常善救物，故无弃物，是谓袭明⑤。

故善人⑥者，不善人之师；不善人者，善人之资⑦。不贵其师，不爱其资，虽智大迷。是谓要妙。

【注释】

①筹策：古人用来进行数学计算的工具。

②关楗：古代人用来闩门的门闩，一般由质地较硬的木材制成。

③绳约：用绳索捆绑。约，约束，一般指用绳索捆绑住物体使其不能自由移动。

④是以圣人常善救人，故无弃人：所以圣人们总是善于

救助别人，所以也就没有了被放弃的人。

⑤明：明智、明达的状态。

⑥善人：有能力，善于做事的人。

⑦资：借鉴。

【译文】

善于行走的人，不会留下任何痕迹；善于言论的人，不会留下任何错误让人指责；善于计算的人，不用借助任何计算工具；善于关闭的人，就是不用锁钥别人也无法打开；善于捆绑的人，不用绳索的束缚别人也无法挣脱。所以圣人们总是善于救助别人，所以也就没有了被放弃的人；圣人们经常善于合理地利用物资，所以没有被浪费的物资，这就叫作总是保持着明达的状态。所以有能力、善于做事的人，是没有能力做事的人的老师；没有能力、不善于做事的人，是有能力而且善于做事的人引以为鉴的。不尊重他的老师，不爱惜他的老师提供给他引以为戒的资料，就算是智者也会出现最大的迷惑，这就是所说的精深奥妙道理的要点。

【赏析】

老子在这一章中讲的主要是“道”在现实生活中的作用。老子提出了一个非常科学的观点：每个人都有自己的长处和短处，我们要善于发现别人的长处并且帮其发挥到最大化，这点与现在“人尽其才，物尽其用”的管理学观点不谋而合。

在现代社会，很多人都会走上领导的岗位，这时“知人善任”的要求就高多了。作为一个领导，必须善于发现自己下属的特长，并将其分配到最容易发挥特长的地方，这样才能双方都获得益处。下属会因为你的赏识而尊重你、敬佩你，他的努力也会成就你。

第二十八章

知其雄，守其雌，为天下谿①。为天下谿，常德不离，复归于婴儿②。

知其白，守其黑，为天下式③。为天下式，常德不忒④，复归于无极⑤。

知其荣，守其辱，为天下谷。为天下谷，常德乃足，复归于朴⑥。

朴散则为器⑦，圣人用之则为官长。故大制不割。

【注释】

①知其雄，守其雌，为天下谿：知道雄的刚强，却能够安守雌的柔弱，甘做天下的沟谿。谿，河沟。

②婴儿：象征着纯洁、稚嫩。

③式：范式、典范、榜样。

④忒：迷失，出现差错。

⑤无极：无穷无尽的初级状态。

⑥朴：朴实，质朴，这里指“道”的本质。

⑦器：器具，这里指处世方法，做事态度。

【译文】

知道雄的刚强，却能够安守雌的柔弱，甘愿做天下的沟谿。甘愿做天下的沟谿，永恒的“德”就不会消失，就能回到初生的婴儿时的状态。明白事物光鲜亮丽的一面，却安然地接受事物黑暗隐晦的一面，这是天地间万事万物的准则。作为天地间万事万物的准则，永恒的“德”就不会出现失误，就会回归到无穷无尽没有极限的“道”的境界。知道光耀的荣华，却能够安守屈辱的低下，这才是天地造化山谷的本意。作为天地间的山谷，永恒的“德”就会充足，就能回归到朴实的境界。将这份朴实划开作为为人处世的方式方法，圣人依据这些方式方法做事，就能成为领导者。因此，大气完善的政法体制是不违背“道”的。

【赏析】

老子在本章中主要讲的是“修身”的问题。老子认为一个人应该学会不争，在不违背“道”的准则的情况下做到知白守黑，知荣守辱，这样才能到达“道”所要求的通达的境界。尤其是在形势不利的情况下，我们更应该学会忍受屈辱，千万不能因为一时冲动而逞匹夫之勇，使自己彻底失去回旋的余地。

第二十九章

将欲取天下而为之，吾见其不得已①。天下神器②，不可为也。为者败之，执③者失之。

故物或行或随，或歔或吹④，或强或羸，或挫或隳⑤。是以圣人去甚、去奢、去泰⑥。

【注释】

①将欲取天下而为之，吾见其不得已：想要夺取整个天下再去治理的行为，我看是不会得到好结果的。

②神器：由神圣的东西组成。器，组成，合并为。

③执：支配。

④故物或行或随，或歔或吹：所以天地间万事万物有的独自行走，有的结伴而行，有的性格急躁，有的性格温和。

⑤隳：从车上坠落下去，这里引申为毁灭、灭亡的意思。

⑥是以圣人去甚、去奢、去泰：因此圣人必须去除极端、去除奢侈、去除过度的要求。甚，极端。奢，奢侈。泰，过度，过分。

【译文】

想要夺取整个天下再去治理的行为，我看是不会得到好结果的。天下是由神圣的东西组成的，不能用强制的办法治理它，也不能够妄想去支配它。想要用强制的办法去治理它的人必然会失败，妄想去支配他的人一定会失去它。所以天地间万事万物有的独自行走，有的结伴而行，有的性格急躁，有的性格温和。有的渐渐变得强盛，有的渐渐变得弱小。有的逐渐增多，有的逐渐减少。因此圣人必须去除极端、去除奢侈、去除过度的要求。

【赏析】

老子在本章中着重强调“顺其自然”的重要性，老子告诫人们不可以违逆“道”的规律，不然必定会给自己招来灾祸。统治者治理国家要像圣人一样不走极端，不过奢侈享乐的荒淫生活，不去过分地苛责百姓，否则只会适得其反，取得不好的效果。

第三十章

以道佐人主者，不以兵强天下[①]。其事好还[②]：师之所处，荆棘生焉[③]；大军之后，必有凶年[④]。

善有果而已，不敢以取强[⑤]。果而勿矜，果而勿伐，果而勿骄[⑥]，果而不得已，果而勿强。物壮则老，是谓不道，不道早已。

【注释】

①以道佐人主者，不以兵强天下：用“道”来辅佐君王的人，不倚仗着军队强大就在天下为非作歹。

②还：报应。

③师之所处，荆棘生焉：大军所到过的地方，会长满荆棘、一片荒芜。荆棘：字面意思是说会长满荆棘这种灌木，实际是说土地会一片荒芜，以此来突出战争给老百姓带来的

灾祸。

④大军之后，必有凶年：大型的战争过后，一定会是灾荒之年。

⑤善有果而已，不敢以取强：善于用兵的人目的达到了就会赶紧停下，不依靠着强大的武力去逞强。

⑥果而勿矜，果而勿伐，果而勿骄：取得了成果切记不能自大，取得了成果切记不能夸耀，取得了成果切记不能骄傲。

【译文】

用“道”来辅佐君王的人，不倚仗着军队强大就在天下为非作歹。以武力来征伐天下这样的事很容易遭到报应：大军所到过的地方，会长满荆棘、一片荒芜；大型的战争过后，一定会是灾荒之年。善于用兵的人目的达到了就会赶紧停下，不依靠着强大的武力去逞强。取得了成果切记不能自大，取得了成果切记不能夸耀，取得了成果切记不能骄傲，取得了成果切记要告诉别人自己是迫不得已的，取得了成果切记不能逞强。事物发展到过于强大的时候就会衰败死去，这就是因为它的所作所为违背了“大道”的法则，违背了“大道”的法则就会过早地死去。

清· 石涛 《山水册》

【赏析】

老子在本章中着重强调了自己的战争观。老子提出“战争是有违大‘道’法则”的观点，他认为战争会给整个社会带来极坏的影响，只有在迫不得已的情况下才能选择以战争的方式来解决争端问题，而且取胜的一方不应该自大、骄傲，去宣扬自己的“丰功伟绩”。因为靠武力来逞强本来就不是一件合乎“天道”的事，没有拿来宣扬的理由，否则就会遭到报应，很快颓势尽显，一步步地衰落下去。

“物极必反”是天地间亘古存在的至理，一件事物如果太过强盛，那么它必然会走向衰败。这些人往往看不到自身出现的问题，反而是沉醉在既得的胜利中，不能够及时清醒过来做出正确的补救办法，这会直接导致他们一步一步走向失败。

第三十一章

夫唯兵者，不祥之器，物或恶之，故有道者不处①。君子居则贵左，用兵则贵右②。兵者，不祥之器，

非君子之器，不得已而用之，恬淡为上③。胜而不美，而美④之者，是乐⑤杀人。夫乐杀人者，则不可以得⑥志于天下矣。

吉事尚左，凶事尚右。偏将军居左，上将军居右，言以丧礼处之。杀人之众，以哀悲莅之，战胜，以丧礼处之。

【注释】

①夫唯兵者，不祥之器，物或恶之，故有道者不处：兵器，是不祥的物件，物和人都讨厌它，所以有“道”的人不会去与它接近。

②君子居则贵左，用兵则贵右：君子平时都是以位左者为贵，打仗用兵却是以右为贵。

③恬淡为上：最好保持恬静淡泊的心态。

④美：得意。

⑤乐：名词作动词，喜欢。

⑥得：实现。

【译文】

兵器，是不祥的物件，物和人都讨厌它，所以有“道”的人不会去与它接近。君子平时都是以位左者为贵，打仗用

兵却是以右为贵。兵器这个不祥的物件，不是君子应该使用的东西，就算不得已要使用它，最好保持恬静淡泊的心态。打胜仗不是一件得意的事，觉得得意的人，那是喜欢杀人。喜欢杀人的人，就不可能在人世间实现自己的抱负。吉庆的事情都是崇尚居左的，凶丧的事情是崇尚居右的。偏将军位居左边，上将军位居右边，这就是用处理凶丧的礼仪来处理打仗。打仗杀人众多，应该以哀痛悲伤的心情去参与，战争胜利了，也要用处理凶丧的礼仪去处理。

【赏析】

这一章依旧是老子的“反战”思想的呈现。老子认为，左为阳，右为阴，阳为生，阴为杀，阳代表着一切美好的事物，而阴却代表着毁灭和哀丧。本节开头就提出“有道者不处”的观点。说在平日里，有德行的人都是以左为尊，而打仗的时候却是以右为尊，可见战争是一件十分不好的事情，所以这代表着战争的兵器不是一个君子应该使用的东西。

但从社会现实出发，用兵又是一件不可避免的事情，所以老子紧接着又提出折中的办法。如果君子到了万不得已的时候，一定要使用兵器，一定要打仗，那也要用沉稳淡泊的心态去对待兵器和战争，要“胜而不美”，要“以丧礼处之”，这样才能平衡人性和现实的矛盾。

在这一节中，老子将自己的反战思想与礼俗进行了结合比对，可以看出，反战不仅仅是他个人的思想，同时也是整个礼俗的蕴含，他主张的不过是这个传统礼仪习俗所主张的，是完全符合和尊重社会的礼俗的。

第三十二章

道常无名，朴虽小，天下莫能臣也[①]。侯王若能守之，万物将自宾[②]，天地相合，以降甘露，民莫之令而自均[③]。

始制有名，名亦既有，夫亦将知止。知止可以不殆[④]。

譬[⑤]道之在天下，犹川谷之于[⑥]江海。

【注释】

①道常无名，朴虽小，天下莫能臣也："道"是永远也没有固定的名字的，它本身虽然微乎得几乎看不见，但天地间还没有什么物和人能够让它臣服的。

②宾：服从、归顺。

③天地相合，以降甘露，民莫之令而自均：天地间的阴阳之气匹配上了，就会降下甘露，不用人们去命令它就自然而然地均衡了。

④殆：危险，危害。

⑤譬：打比方、比喻。

⑥之于：流入、汇入。

【译文】

“道”是永远也没有固定的名字的，它本身虽然微乎得几乎看不见，但天地间还没有什么物和人能够让它臣服的。诸侯如果能够遵循它的规则去治理领地，那么天地间的万事万物都将会自动归顺。天地间的阴阳之气匹配上了，就会降下甘露，不用人们去命令它就自然而然地均衡了。治理国家，最开始的时候需要制定制度，给予办事的人名分，有了名分之后，也需要知道有所限制，知道适可而止才不会有危险。打个比方，“道”存在于这世上，就像川流要汇入江海中一样。

【赏析】

在这一章中，老子主要提出一个“顺应”的观点。如果君王能够顺应“道”的规则去治理他的国家，那他也会受到一种来自臣民的自然的顺应。这是老子的“无为而治”思想的一种体现，所谓“无为”，就是不要刻意，要顺应自然的规律，就像这天地间一切山川河谷中的细流最终都会汇入江海中一样，这是自然的。这就是“道”，是“自然而然”。

同时，老子在这一小节中还提出了一个重要的观点，那就是“知而不殆”。知道停止，知道事物的限度在哪里，做事情处于这个限度之内，要懂得适可而止，才不会有问题，才能避开危险。

第三十三章

知人者智①，自知者明②。胜人者有力③，自胜者强④。知足者富。强行⑤者有志。不失⑥其所⑦者久。死而不亡⑧者寿。

【注释】

①智：聪明的。

②明：高明的。老子认为“明”是高于“智”的。

③力：力量，能力。

④强：强悍，果决。老子认为“强”是高于“力”的。

⑤强行：坚持不懈地去做。

⑥失：丢失，丢弃，放弃。

⑦所：所：住所，地方。其所在这里是指“道”的根本。

⑧亡：精神的消亡。

【译文】

能够了解别人、深刻认识别人的人，这是十分聪明的人。能够了解自己、深刻认识自己的人，这是高明的人。能够战胜他人的人，是十分有能力的人，但能够战胜、超越自己的人，才是真正的强者。懂得满足的人是富有的。能够坚持不懈地努力去完成自己的目标的人都是有志向、有理想的人。不忘记，不放弃坚持“道”的根本，事物或者人才能长长久久。身体虽然死亡但是精神却没有随之消失的人，才是真正的长寿。

【赏析】

在这一章中，老子对人的类型下了定义。智、明、力、强、富、志，这六个字，代表了六种类型的人，都是比较优良的人。其中还有一个比较，“智”和“力”比不上“明”和“强”，以及后边所提及的“富”和“有志”这两类人，他们之间的根本区别在于，“智”和“力”类型的人都是比别人强的人，而其余四种类型的人能够明已、克己，做到坚持不懈，这是对自我的一种升华。

这一章所体现出的主要思想就是，要做到知人、胜人，还要做到自知和自胜，有自知之明和能够战胜自己的人是富足的，是能够实现抱负和理想的人！这是坚持了“道”的本源，回到了“道”的怀抱的精神品质，这种精神品质就跟“道”一样，是长长久久、永远也不会消亡的。

宋·佚名《山坡论道图页》

尽管老子所阐述的“自我”观的主观性很强，认为满足了自我就一定能够达到“明”“强”“富”“志”的高度，这是一种唯心主义思想,但他所提出的那些“自知者明”“自胜者强”的观点，对于人生却并非毫无道理，这些观点可以促进人自身的修养提高，具有很好的启示意义。

第三十四章

大道泛①兮，其可左右。万物恃之而生而不辞，功成而不名有②，衣养万物而不为主③，常无欲。

可名于小，万物归④焉而不为主；可名为大，以其终不自为大，故能成其大⑤。

【注释】

①泛：大水漂流，广泛，泛滥。

②万物恃之而生而不辞，功成而不名有：世界上的万事万物都依靠着它而生长发展，从来都不推辞拒绝，等到将万物都滋养出来，却说不出它到底在其中做了些什么。

③衣养万物而不为主：它对世界上的一切事物都施以恩

泽，养育它们，却不把自己看成是它们的主宰。

④归：归附，归顺，归依。

⑤以其终不自为大，故能成其大：正是因为它自始至终都不把自己当作是伟大的，所以才能成就它的伟大。

【译文】

大道就像是泛滥的河水一样，可左可右，任其流淌。世界上的万事万物都依靠着它而生长发展，从来都不推辞拒绝，等到将万物都滋养出来，却说不出它到底在其中做了些什么。它对世界上的一切事物都施以恩泽，养育它们，却不把自己看成是它们的主宰，它没有欲求，可以说是十分渺小的；世间的万物都主动归附于它却不做它们的主宰，这又可以称它是伟大的。正是因为它自始至终都不把自己当作是伟大的，所以才能成就它的伟大。

【赏析】

在这一章中，老子着重阐述了“大道”的“大”字。“大道”就像泛滥的河水一样，存在于这个世间的任何地方。这个“大”指的是一种对世间万物的涵养、包容和宽容。“道”是一种无形的东西，它作为一种抽象概念，只能通过思维假设的形式去表述一些东西，却不能表现事物的本身

实质和脱离形式推论及理论假设。这在学术上是一种典型的唯心思想，然而对于现实来说，并非没有实质性的意义。

老子在这一节中着重提出“不辞”“不有”“不为主”的精神，这也是一种“无为”的精神。不主动地去占有，不因为自己施了恩泽就把自己当成是主宰，这种不自以为主的精神可以消解人们的占有欲和支配欲。特别是对于君主来说，这种担责和自敛是不可缺少的品质。不能因为自己是统治国家的第一人，就把自己当成这个国家的主宰，也不能因为天下百姓都认同你的治理，就把天下完全当成自己的私有物，任意作为。老子在这里提出“以其终不自为大，故能成其大”的思想，即是他的“无为”理念的一种阐述。只有无为和无声，才能真正成就人，这跟“大道无形”同理。

第三十五章

执大象，天下往[1]，往而不害，安平泰[2]。乐与饵[3]，过客止。道之出口，淡乎其无味，视之不足见[4]，听之不足闻，用之不足既[5]。

【注释】

①执大象，天下往：掌握了大道之象，天下的人和物就都会向他靠拢。执，掌握、把持。大象，大道之象。往，去，到……去；投靠，归附。

②往而不害，安平泰：投靠他却不会被妨碍，于是大家就和平安宁了。安，就，则，于是。泰，平和，安宁。害，妨害，妨碍。

③饵：诱人的食物。

④见：知道，懂得。

⑤既：尽，完，终了。

【译文】

掌握了大道之象，天下的人和物就都会向他靠拢。投靠他却不会被妨碍，于是大家就和平安宁了。乐曲和诱人的食物，让过路的人都为之止步。“道”如果用言语表述出口，那么就平淡得没有“道”的韵味了，看得见它，并不足以能够懂得它，听得见它，并不足以得知得了它，使用它的时候，它的作用却是无穷无尽，没有终止的。

【赏析】

在这一章中，老子着重阐述了“道”的作用，即“天

下往”，天下归附于掌握了“大道”的人。与之前章节不同的是，在本节中，老子不再是单纯地论道，而是在论政。掌握“大道”的人，天下的人或物如果向他靠近，是有利无害的，是能够维系安宁和和平的，所以君主一定要掌握“大道”。

另外，这里提出的“安平太”与儒家提出的“安太平”异曲同工，都是企图通过一定的主张达到天下安宁的状态。春秋战国正处于一种诸侯割据、战乱不断的时代，百姓生活悲苦，老子在“安平太”后紧接着提出“乐与饵，过客止”，是告诫执政者不要沉迷于奢靡的生活，是怀着一种忧患百姓的心态和历史责任感。同时，这一节的最后，老子再一次强调“大道”的作用和影响，看到和听到“道”并不就是懂得了“道”，参悟了“道”。悟道是一个艰难的过程，但道的作用没有穷尽，一旦了悟，所带来的影响也是极其深远的。

第三十六章

将欲歙之，必固张之[①]；将欲弱之，必固强之；将欲废之，必固兴[②]之；将欲夺之，必固与之[③]。是谓微明[④]，柔弱胜刚强。

鱼不可脱于渊，国之利器[⑤]不可以示人[⑥]。

【注释】

①将欲歙之，必固张之：想要收敛它，就必须暂且扩张它。歙，敛，合。张，张大，扩大。固，暂且，暂时。

②兴：振兴，使……兴盛。

③将欲夺之，必固与之：想要争夺它，就必须先暂且给予它。夺，一本作“取”，夺取，争夺。与，给，同“予”。

④微明：微妙的先兆。

⑤国之利器：指治国方略、重大决策、镇国之宝、军事机密等。

⑥示人：给人看，向人炫耀。

【译文】

想要收敛它，就必须暂且扩张它；想要削弱它，就必须暂且加强它；想要废黜它，就必须先让它暂且兴盛；想要争夺它，就必须先暂且给予它。这就叫作虽然微妙而又显明，柔战胜刚，柔战胜强。鱼不可以离开池渊而生存，国家获得社会财富的权力工具不可以轻易拿出来在人前炫耀。

【赏析】

在这一章中，老子主要阐述了事物所存在的矛盾。矛盾是指事物之间或事物内部各要素之间既对立又统一的关系，在这里，老子所提出的歙张、弱强、废兴、夺与等都是矛盾的两个方面。这是一种辩证关系。在事物发展过程中，当发展到一定阶段的时候，就会向着相反的方向发展，这是由矛盾的性质所决定的，所谓“物极必反”。在歙张、弱强、废兴、夺与这四对矛盾体中，又主张用柔弱的一面去对抗刚强的一面，这又是他“以柔克刚”思想的体现。在老子看来，柔弱的东西其实并非真正柔弱，柔弱的表面下，蕴藏着一种强大的生命力，其韧性和发展的后劲是极其强大的。而那些表面看起来似乎十分刚强的东西，它已经到达了刚强的边缘，这会失去发展前景。所以拥有强大生命力的柔弱足以战胜已经走到尽头的刚强。这又是一种新事物必将战胜旧事物的思想。

最后，老子从论“道”衍生到论“政”，提出国之利器不可以示人的观点。正如柔弱胜刚强一样，国家的那些治国方略、重大决策等，最好不要拿出来显摆，因为显摆了就意味着将要失去效用了，只有深藏着才能在该发挥作用的时候发挥出威力来。

第三十七章

道常无为①而无不为。侯王若能守之，万物将自化②。化而欲③作，吾将镇之以无名之朴。无名之朴，夫亦将无欲。不欲以静，天下将自定。

明·石芮（石锐）《轩辕问道图卷》

【注释】

①无为：指顺其自然，不妄为。

②自化：自我化育、自生自长。

③欲：指贪欲。

【译文】

“道”永远是任其自然发展而不需要特意地去作为的，所以自然没有什么事情是它所不能为的。王侯如果能遵守“道”的原则去守卫自己的土地和百姓，那么时间的万事万物就都会自我化育、自生自长了。在自我化育的过程中产生贪欲的时候，我就要用“道”的那种没有什么能够说得清的本源去镇压它。“道”的本源是什么都没有，什么都说不清的质朴，那也就不会有贪欲之心了。世间万物都没有贪欲之心，安静了，那么天下就自然而然地稳定了。

【赏析】

“无为”是老子的主要思想，这种“无为”是“道”的精髓，并不是我们从字面上所理解的不作为，而是不刻意地作为，是顺应自然、顺应事物的发展规律。无为所以无不为，“道”是宇宙运行的最根本准则，它创造万物，任万物发展和淘汰，所以看似什么也没有做，其实万事万物都依附它存在。

紧接着，老子又引入为政观点，王侯治理国家，就应该要遵守“道”的规律，这样百姓也会自动地归附于他，从而又引出“化而欲作，吾将镇之以无名之朴”的结论。老子认为理想的执政者，只要遵守“道”的规则，用“道”的质朴的本源去洗涤运动过程中所产生的欲望，就能够达到“不欲以静”，达到“天下自定”这样的理想社会，这是一种自然而然的事情，如同“道”的无为一样。老子在这里所说的“镇”，并非是指以武力的形式镇压百姓，而是镇压那种反抗的思想，从思想上去解决那些欲望，这是一种进步的思想，是积极的，符合人类社会发展的，也体现出老子内心深沉的历史责任感。

下篇 德经

第三十八章

上德不德，是以有德；下德不失德，是以无德。

上德无为而无以[①]为，下德为之而有以为。上仁为之而无以为，上义[②]为之而有以为，上礼为之而莫之应，则攘臂[③]而扔[④]之。

故失道而后德，失德而后仁，失仁而后义，失义而后礼。夫礼者，忠信之薄[⑤]而乱之首。前识[⑥]者，道之华而愚之始。是以大丈夫处其厚，不居其薄；处其实，不居其华。故去彼取此。

【注释】

①以：心、故意。

②义：道义，合道义的。在老子的观点中，“仁”是高于“义”的存在。

③攘臂：扬起胳膊。

④扔：强力牵引。

⑤薄：不足，衰薄。

⑥前识：先知先觉，先见之明。

【译文】

具备上等品德的人是不在于表现为外在的有德的，实际上是真正有“德”的人；而具备下等品德的人表现在外为没有失去品德，实际是没有“德”的人。具备“上德”的人顺应了事物的自然发展，也无心作为；而具备“下德”的人虽然也顺应了自然的发展，但有心作为。具备“上仁”的人顺应了事物的自然发展，也无心作为；而具备“上义”的人虽然也顺应了自然的发展，但有心作为。具备“上礼”品格的人做出了行动但是没有得到回应，就会扬着胳膊来强力牵引别人。所以丧失了“道”之后剩下了“德”，丧失了“德”之后剩下了“仁”，丧失了“仁”之后剩下了“义”，丧失了“义”之后而剩下了礼。“礼”，代表着忠信不足，是战乱的开端。先知先觉的人，是“道”的虚华体现，是愚昧的开端。所以大丈夫立身敦厚、朴实，不位于浅薄的境地；处于朴实，不位于虚华。所以要舍弃浅薄虚华的品格，择取朴实敦厚的品格。

【赏析】

《道德经》被划分为“道经”和“德经”，从这一节开始，即为“德经”。老子在本节中提出“上德”的品质，这种品质的本质也是一种“无为”，并且是一种“无以为”，近乎“道”，包纳万物却不自以为主。而后又提出“下德”“上仁”“上义”“上礼”几种品格。在这些品格中，“礼”是最下层的，而“德”则是最高标准。为政者不以功利为目的，不单凭着自己的主观意识去处理事情，这就是一种无为，是符合“道”的运行规律的。而这又是一种把“道”的影响体现在人间的行为，所以又是“有德”。最后，老子给“大丈夫”做了一个结论，大丈夫应该“去彼取此”，即“处其厚，不居其薄；处其实，不居其华”。摒去“薄”和“华”，恢复“厚”和“实”。这是老子对政治的最低要求。

第三十九章

昔之得一[1]者：天得一以清，地得一以宁，神得一以灵，谷得一以盈，万物得一以生，侯王得一以为天

下贞②。

其致之③，天无以清，将恐裂；地无以宁，将恐发；神无以灵，将恐歇；谷无以盈，将恐竭；万物无以生，将恐灭；侯王无以贵高，将恐蹶④。

故贵以贱为本⑤，高以下为基。是以侯王自谓孤、寡、不穀⑥，此非以贱为本邪？非乎⑦？故致数舆无舆，不欲琭琭如玉，珞珞如石。

【注释】

①得一：即得道。

②贞：高贵，意为首领。

③其致之：推而言之。

④蹶：跌倒，失败。

⑤本：根本，基础，“基”意同。

⑥孤、寡、不穀：古代帝王自称为“孤”“寡人”“不穀”。不穀即不善的意思。

⑦非乎：不是吗？

【译文】

自古以来但凡是得道的：天得道后变得清明；地得道后变得宁静；神得道后变得灵妙；河谷得道后变得充盈；万物

得道后开始生长；王侯得道后变成天下的首领。推而言之，天不清明恐怕就要崩裂；地不安宁恐怕就要震溃；人不能保持灵性恐怕就要灭绝；河谷不能保持流水恐怕就要干涸；万物不能保持生长恐怕就要消亡；王侯不能保持天下首领的地位恐怕就要被倾覆。所以贵是以贱为根本的，高是以低下为基础的。因此王侯们用“孤”“寡”“不谷”来自称。这不就是以贱为根本吗？不是吗？所以经常被赞美称誉的其实是不足以被称赞的，人要不愿像宝玉一样琭琭晶莹，要宁愿像山石一般珞珞坚硬。

【赏析】

在这一章中，老子揭露了客观世界所存在的矛盾，阐述了“天、地、神、谷、万物和王侯”的内部矛盾的变化，继而又突出这一变化要终归于“一”，可见老子所主张的也是矛盾的两个方面的辩证统一。这是对于“道”来说的，对于人类社会而言，则更需要矛盾的两个方面的统一。对于统治者而言，须懂得“故贵以贱为本，高以下为基”的道理，即谦卑、低下。这里是老子对统治者的劝谏，要以民为本，须知“水能载舟，亦能覆舟”，要做一个有道的君主。而有道并不在于世人的称赞，被世人称赞反而失去了有道的韵味，还是要像“道”一样质朴。

第四十章

反者①，道之动，弱者②，道之用。天下万物生于有，有生于无。

【注释】

①反者：循环往复，另有一说是指相反，对立面。

②弱者：柔弱、渺小。

【译文】

循环往复的变化，是“道”的运动，微妙，柔弱地作用于人或者物是“道”的使用方式。天地间的万事万物都产生于可见的有形物质，然而有形的物质却又产生于不可见的无形物质，那就是“道”。

【赏析】

在本章中，对于道德的论述又回到了“道”之上。老子用极其简练的文字，讲述了“道”的运动变化法则和

“道”产生天下万物的作用。言简意赅，含义丰富。

《道德经》里多次涉及事物矛盾的两面性以及对立统一的观点，这种矛盾和对立统一的观点揭示了自然和人类社会的本质现象，是具有辩证思想的。老子在提出“反者道之动”的时候，就揭示了这种对立的转化，“道”的运动是周而复始、相互交融转化着的。又提出“弱者道之用”，老子一直认为弱的事物具有强大的生命力，这也是“道”的精髓所在。

紧接着，老子再一次讲“有”和“无”的观点，“天下万物生于有，有生于无”。即把“有”和“无”当成是相互对立的两个哲学范畴，有与无都是道的属性，是道产生天地万物时由无形向有形转化的过程。无是第一性，有是第二性。

第四十一章

上士闻道，勤而行之[①]；中士闻道，若存若亡[②]；下士闻道，大笑之，不笑，不足以为道。

故建言[③]有之：“明道若昧，进道若退，夷道若颣，

上德若谷，大白若辱，广德若不足，建德若偷，质真若渝④，大方无隅，大器晚成，大音希⑤声，大象无形。”道隐无名，夫唯道，善贷⑥且成。

【注释】

①勤而行之：努力去实践。勤，努力，尽力。行，行动，实践。

②若存若亡：将信将疑。

③建言：立言。

④渝：污浊。

⑤希：同“稀”，稀少，稀疏。

⑥贷：施与，给予。这里指帮助，辅助。

【译文】

上士听闻了“道”的理论，会努力去实践；中士听闻了“道”的理论，会怀着一种将信将疑的心态；下士听闻了“道”的理论，会哈哈大笑。如果不被嘲笑，那就不足以成其道了。因此古时有这样的言论：光明的道好像是暗淡的珠子；前进的道好像是在后退；平坦的道好像是崎岖的山路；崇高的德好像是低洼的峡谷；广大的德好像还有很多不足；刚健的德好像性情懈怠；质朴而纯真好像混浊还没开。最洁白的东西，反而会含有杂质；最方正的东西，反而会没有棱角；而最有用的器物，也有可能是在很晚的时候才铸成；最大的声响，反而若有若无；最大的形象，反而是没有固定的形状。隐匿没有名称和不被质疑的。只有“道”，才能帮助万物善始善终，有所成就。

【赏析】

在这一节中，老子首先提出了“上士”“中士”“下士”对于“闻道”的反应，“士”都是具有领导权的贵族，通过他们对于闻道的反应，将这些人分为上中下三等，继而引出下士嘲笑“道”，而这却是“道”之所以为道的一种体现。于是紧接着又引出十二个成语，老子列举了一系列构成矛盾的事物双方，展现了现象与本质的矛盾统一关系，互相对立又互相依存。

通过十二个富有哲学意义的成语，从有形与无形、存在与意识、自然与社会各个领域多种事物的本质和现象中，论证了矛盾的普遍性，揭示出辩证法的真谛。老子表明事物的“道”都是具有两面性的。在这十二个成语之中，前六个成语是针对“道”和“德”而言的，体现道的双面；后面的六个成语，则是体现“道”的一种心态。若有若无，隐隐约约。于是有了老子最后的一句总结“道隐无名无疑”。“道”是幽隐无名的，本质是前者，表象是后者。

第四十二章

道生一，一生二，二生三，三生万物[1]。万物负阴而抱阳，冲气以为和[2]。

人之所恶，唯孤、寡、不穀，而王公以为称。故物，或损[3]之而益[4]，或益之而损。人之所教，我亦教之："强梁者不得其死。"吾将以为教父[5]。

【注释】

①道生一，一生二，二生三，三生万物："道"衍生混沌的元气，混沌的元气又一分为二，成为阴阳，阴阳二气相交达到均衡而衍生出世间万物。一，即混沌，道的最初衍生状态。二，指阴阳二气。"道"的本身包含着对立的两方面。阴阳二气所含有的统一体即是"道"，有时也指天地。三，阴阳二气这两个方面所衍生的世间万物。

②万物负阴而抱阳，冲气以为和：世间万事万物背阴向

阳，并且在阴阳二气的互相发生冲撞和交融而生成新的和谐的状态。

③损：折损。

④益：增益。

⑤父：始，本，规矩，这里指根本的意思。

【译文】

“道”衍生混沌的元气，混沌的元气又一分为二，成为阴阳，阴阳二气相交达到均衡而衍生出世间万物。世间万事万物背阴而向阳，并且阴阳二气互相发生冲撞和交融而生成新的和谐的状态。人们所最为厌恶的是“孤”“寡”“不穀”，但王侯却用这些字来作为自己的称呼。因此对于人或者物来说，折损它或许反而是能够得到增益之处的，或者是原本想要增益它却反而变成了折损它的。别人所教导我的，我也这样去教导别人。强暴的人不得好死，我将要把这句话当作教诲人的根本信条。

【赏析】

宇宙万物的总根源是“混而为一”的“道”，这是独一无二的。然而道又能够转化成世间的万物，所以道又是包容的。老子以此警诫王公要以贱为本、以下为基。之后又再一次阐述了辩证法思想：矛盾双方是对立统一的，双方

明·董其昌《仿古山水》其五

是变与转化的。老子的“道”虽然是唯心主义，但却是否定神的存在的一种主观唯心主义。在这一节中，他提出了一种宇宙观，这在古代是一个十分重要的论述。而他所提出的冲气则更是提出了一种均衡的思想。此外，老子还阐述了“满招损，谦受益”的辩证之道。

第四十三章

天下之至柔，驰骋①天下之至坚。无有入无间②。吾是以知无为之有益。不言之教，无为之益，天下希③及之。

【注释】

①驰骋：形容马奔跑的样子。

②无有入无间：无形的力量可以穿透没有间隙的东西。无有，指不见形象的东西。无间，没有间隙。

③希：稀少。

【译文】

天下间最柔弱的东西，是能够在最坚硬的东西中穿梭奔腾的；无形的力量可以穿透没有间隙的东西。我因此认识到“无为”的益处。“不言”给予的教诲，“无为”给予的益处，天下间少有什么东西是能够赶上它的。

【赏析】

这一章是讲人的尊严，阐释了“柔之胜刚，弱之胜强”的“是谓微明”之术。老子认为，柔弱的事物能够在刚强的事物中穿梭，这是一种以柔克刚的思想，紧接着就从柔弱刚强过渡到了有无思想，阐述了他的“不言之教”理论和“无为之益”的观点。

老子认为，柔弱的事物当中总是蕴藏着一种人们看不到的力量，这种力量是恢宏的，世界上再强硬的东西也无法抵挡这股力量的侵袭。而“柔弱”发挥出来的作用，在于“无为”，水是最柔的东西，但它却能够穿山透地，所以老子以水来比喻柔能胜刚的道理。“柔弱”是“道”的最原始的表现，是万物具有生命力的表现，也是真正有力量的象征。如果我们深入一个层次去考虑问题，就会发现老子要突出的是事物转化的必然性，不是一味地劝谏人“守柔”和“不争”，而是以柔弱克刚强。这种“克”在于克制，并不代表着柔弱的事物真的在当下就比刚强的事物要厉害，“克”是有一定的发展的，这是老子思想中尤为重要的一面。

第四十四章

名与身孰亲[1]？身与货孰多[2]？得与亡孰病[3]？是故甚爱必大费[4]，多藏必厚亡[5]。知足不辱，知止不殆，可以长久。

【注释】

①孰亲：谁更亲厚？孰，谁。亲，亲厚，亲近，接近。

②身与货孰多：性命和货利哪一样更为贵重？多，轻重的意思；货，财富。

③得与亡孰病：获得和放弃相比哪一个更有危害？得，指名利；亡，指丧失性命；病，有害。

④费：耗费。

⑤厚亡：惨重的损失。厚，惨重的。亡，损失。

【译文】

名声和性命相比哪一样更为亲厚？性命和货利相比哪一

样更为贵重？获得和放弃相比哪一个更有危害？因此过分在意必然要付出更多的耗费，过于积敛财富，必定会招致更为惨重的损失。所以说，懂得满足才不会受到屈辱；懂得适可而止，就不会遇到危害，才能够保持住长久的和平与安宁。

【赏析】

这一章上半部分主要讲人的自重和自爱。老子把名、身、货三者进行对比，提出“身”大于“名”，“身”大于“货”的理念。即一个人的生命是最重要的，而那些名利和钱财都是最低等的存在。虚名和人的生命、货利与人的价值哪一个更可贵？这是一个十分尖锐的问题。紧接着又提出一组比较，即“得”与“亡”。这是承接在之后的名、身、货三者之后做出的一种由人过渡到世界观的观点。争夺货利还是重视人的价值，这二者的得与失，哪一个弊病多呢？老子宣传自重、自爱的人生观，但这并非就是吝惜生命，贪生怕死，而是面对虚名和货利这种具有诱惑性质的事物，要懂得节制。

“知足不辱，知止不殆”，这是老子处世为人的精辟见解和高度概括。贪求的越多，付出的代价也就越大。老子希望人们在面对财富的时候，能够懂得适当地占有，只有自己懂得适可而止了，才不会因为这件事情受辱，也就是“不辱”。“多藏必厚亡”，意思是说丰厚的贮藏必有严重的损失。这种损失主要是指人精神上和人格品质上的损失，而不单单只是物质上的。一个面对名利懂得适可而止的人才能避免因为无限制的贪欲而危害到自己；反之，为名利奋不顾身，争名逐利，则必然会落得身败名裂的可悲下场。

第四十五章

大成若缺，其用不敝[1]。大盈若冲[2]，其用不穷。大直若屈，大巧若拙，大辩若讷[3]。躁胜寒，静胜热，清静为天下正[4]。

【注释】

①敝：破，坏掉。这里引申为消失。

②冲：冲气。

③讷：拙嘴笨舌。

④正：通“政”，统治天下的意思。

【译文】

最完满的东西，好像有残缺一样，但它的作用是永远也不会消失的。最充盈的东西，就好像是虚无没有痕迹的冲气一样，但它的作用是永远也不会穷尽的。最正直的东西，就好像是曲折的一样；最精巧的东西，就好像是粗劣的；最卓越的辩才，就好像是不善言辞的一样。运动能够战胜寒冷，安静能够克服暑热，清心静欲才能统治天下。

【赏析】

任继愈在《老子新译》中写道：“这一章讲的是辩证法思想。老子认为有些事物表面看来是一种情况，实质上却又是一种情况。表面情况和实际情况有时完全相反。在政治上不要有为，只有贯彻了‘无为’的原则，才能取得成功。”这个分析是准确的。老子运用辩证法认识事物、认识人。老子的这番论述，最主要是针对那些拥有执政权力的王侯来说的。王侯们拥有宽阔的土地、众多的人民，还有强盛的甲兵，又身处高位，备受尊崇，所以很容易在高位上迷失自己，看不到自己的缺点和不足之处。这是不可取的。王侯只有在自己充盈的同时，还能够观察细微，能屈能伸，才能真正地治理好国家。

第四十六章

天下有道，却[1]走马以粪；天下无道，戎马[2]生于郊。祸[3]莫大于不知足，咎[4]莫大于欲得。故知足之足，常足矣。

【注释】

①却：屏去，退回。

②戎马：战马。

③祸：祸端。

④咎：过失。

【译文】

天下治理得合乎“道”的规则，那么连战马也可以从战场上撤回来退还到田间用于耕种农作。天下治理得如果不合乎“道”的规则，那么连怀胎的母马也要被送上战场去作战，

在战场上下崽。最大的祸端莫过于不知道知足，最大的过失莫过于贪求获取。因此，知道事情到了什么地步就该满足的人，这才是真正的永远满足。

【赏析】

这一章的前半部分，反映了老子一贯坚持的反战思想。春秋列国各贵族领主集团间频繁的兼并战争和掠夺战争是老子所不喜的，也是违背了“道”的规则的。因为只有背“道”才会产生战争，如果顺应“道”，天下是安定和谐的。老子不但表明了自己的反战思想，还分析了战争的原因，认为这是因为统治者贪欲太强，罪莫大于贪欲，祸莫大于不知足，咎莫大于欲得。

所以，紧接着有了后面的结论——故知足之足，常足矣。这是他所提出的解决问题的最根本的办法，就是要懂得知足。统治者只有懂得知足，才能够从根本上解决那些不间断地爆发的战争。老子的“知足之足，常足矣”的观点的提出，尽管是一种唯心史观，但却有一定的现实意义，是值得肯定的。

第四十七章

不出户，知天下；不窥牖[①]，见天道。其出弥[②]远，其知弥少。是以圣人[③]不行而知，不见而名，不为而成。

【注释】

①牖：窗户。

②弥：更加，越来越，愈发。

③圣人：指懂得了“道”的真谛。

【译文】

不跨出门户，就能够推知天下的事理；不看向窗外，就能够认识日月变幻的“天道”的自然规律。一个人向外奔走得越远，他所知晓的道理也就越少。所以，“圣人”是不需要出行却能够知晓万事万物，不作为却可以有所成就的。

【赏析】

这一章的基本观点是：世界上一切事物都依循着某种规律运行着，掌握了这种规律，就可以洞察事物的实况。许多人都把这一节认为是老子唯心主义的论证，认为这完全不符合客观规律和实践的原理，这显然是没有理解老子“道”的精髓所做出的片面的定义。老子通过“不出户，知天下；不窥牖，见天道……”所想要阐述的，是一种“认识上纯凭感觉经验是靠不住的”的理念，因为这是没有深入事物内部的，不能认识事物的全体。所以他提出，要认识事物就只有靠自省，下功夫自我修养，才能领悟“天道”，知晓天下万物的变化发展规律。老子认为，人应该通过自修和内修的方式去提升自己的品德，去消除心中的欲望，用一颗清净之心，去了解世间的万事万物以及他们运行的规律。

第四十八章

为学日益①，为道日损②，损之又损，以至于无为。无为而无不为。取③天下常以无事④，及其有事⑤，不足以取⑥天下。

【注释】

①为学日益：求学的人，其情欲文饰一天比一天增加。为学，是反映探求外物的知识。此处的“学”当指政教礼乐。日益，指增加人的知见智巧。

②为道日损：求道的人，其情欲文饰则一天比一天减少。为道指的是通过冥想或体验的途径，领悟事物未分化状态的“道”。道，指自然之道，无为之道。损，减少，降低，耗损。

③取：治、摄化之意。

④无事：即无扰攘之事。

⑤有事：繁苛政举在骚扰民生。

⑥取：取得，获得，这里引申为治理。

【译文】

求学的人，其情欲文饰一天比一天增加；求道的人，其情欲文饰则一天比一天减少。减少再减少，到最后就到达“无为”的境界了。如果能够做到无为，那么任何事情都可以作为了。治理国家的人，要经常以不骚扰人民为治国之本，如果经常以苛政扰害民众，那就不配治理国家了。

【赏析】

在这一章中，老子从“为学”开始讲起。“为学”和“为道”是两个想法的过程，“为学”注重的是积累，是追

求外在的经验知识的增加；而“为道”却是一个减少的过程，是要在日复一日中，渐渐地洗涤完自己心中的欲望，然后回归“道”的本源，“道”的质朴，以至于最终可以达到“无为”。这里所讲的“为学”是反映“政教礼乐之学”，老子承认求学问，天天积累知识，越积累知识越丰富，但他也认为求学足以产生机智巧变，这是一种私欲，然而“为学”的人是不能治理好国家的，只有清静无为的“为道”者，没有私欲妄见的人，才可以治理国家。

“为学者日益，为道者日损”的主张其实并不神秘、蒙昧，这是世界上的万事万物发展到一定时期必定会呈现出来的一种可观的历史现象。本节正是从认识论和方法论上，概括了对‘礼’所做的探源与批判，而且是具有相当深刻性的。“学”与“道”，“日益”和“日损”是老子辩证思维的体现，从哲学高度来论证“无为”的社会意义。从表面上来看，“无为”似乎是一种后退的表现。因为“不进则退”，哪怕是停止不作为，但没有做出前进的举动，那也是一种损害。然而在这里，老子提出了一种新的观点。即“无为”的真正目的并不是不作为，而是希望人们在前进的路途中，主观能动地避开那些存在的矛盾和问题，最终达到“无不为”的目的。

第四十九章

圣人无常心[1]，以百姓心为心。

善者，吾善之；不善者，吾亦善之，德[2]善。信者，吾信之；不信者，吾亦信之，德信。

圣人在天下，歙歙[3]为天下浑其心[4]，百姓皆注[5]其耳目，圣人皆孩[6]之。

【注释】

①无常心：一本作“常无心”，意为长久保持无私心。

②德：假借为“得”。

③歙歙：形容思想混沌、憨愚的样子，即下文所说的“浑其心”。

④浑其心：使人心思化归于浑朴；浑，使……混沌质朴。

⑤注：专注。

⑥孩：使……像小孩一样。

【译文】

圣人常常是没有私心的，他们以百姓的心为自己的心。善良的人，我善待于他；不善良的人，我也善待他，这样就能够得到善良了。守信的人，我信任他；不守信的人，我也信任他，这样就可以得到诚信了。有道的圣人治理天下，要使天下人的思想都变得混沌、憨愚一些。百姓们都专注于让自己的耳目变得聪明，有道的圣人使他们都回到婴孩般淳朴的状态。

宋· 马远 《江上小船》其三

【赏析】

这一章是表达老子政治思想的。文中所讲的“圣人”是老子所认为的最理想的人，也是最理想的执政者。老子认为理想的执政者是没有私心的，是以百姓之心为心的，能够使人人守信、向善。老子把以“道”治天下的希望寄托给一个理想的“圣人”。“圣人”是能够收敛住自己的欲望，能够约束自己而不放纵，能够礼让百姓而不与他们争利的，也不会全然依照自己的主观意识行事，胡作妄为。同时，老子提出“圣人无常心，以百姓心为心”，这又是一种民本思想的展现。

第五十章

出生入死①，生之徒十有三②，死之徒③十有三，人之生、动之死地亦十有三，夫何故？以其生生之厚④。

盖闻善摄生者⑤，陆行不遇兕⑥虎，入军不被甲兵。兕无所投其角，虎无所措其爪，兵无所容其刃。夫何故？以其无死地。

【注释】

①出生入死：人出世为生，入地为死。一说离开了生存必然走向死亡。

②十有三：十分之三。

③死之徒：属于夭折的一类。

④生生之厚：求生的欲望太强，营养过剩，引申为奉养过厚了。

⑤摄生者：指善于养护生命的人。

⑥兕：犀牛。

【译文】

人出世为生，入地为死。人从出生到死去的这一个阶段，长寿的人有十分之三，短命的人也有十分之三，人本来可以活得长久些，却意外地自己走向死亡的，也占十分之三。为什么会这样呢？是因为奉养过度了。据说，善于养护生命的人，在陆地上行走不会遇到凶恶的犀牛和猛虎，在战争中也不会受到武器的伤害。犀牛没有办法对他使用角，老虎也没有办法对他伸爪，武器对着他也没有可以使用锋刃的地方。为什么会这样呢？因为他没有进入死亡的领域。

【赏析】

这一章主要讲养护生命。人活在世上，应善于避害，这样才能长寿。老子也注意到人为因素对生命的影响，提出不要靠争夺来保养自己，要以清静无为的态度和远离死地的方式来养生。这里的人为因素指的是太注重生命，所以奉养过剩了。

对于本章中“以其无死地”一句，庄子是这样解释的：

只要人能够依照天道行事，那么外患就不能侵入其身，他就不会走向死亡的领域。在老子看来，这个世界充满危险，生命随时都会受到威胁，所以要处处小心，不要进入危险范围。而不进入危险范围，就要无所作为，也就是清静无为、恪守“道”的无为原则。

第五十一章

道生之①，德畜②之，物形之③，势④成之。

是以万物莫不尊道而贵德。道之尊，德之贵，夫莫之命而常自然。

故道生之，德畜之，长之育之[⑤]，亭之毒之[⑥]，养之覆之[⑦]。生而不有，为而不恃，长而不宰，是谓玄德。

【注释】

①道生之：大自然产生万物。道，大自然。生，产生。

②畜：养育。

③物形之：万物成形。物，大自然中的一切物品。形，形成。

④势：环境条件。

⑤长之育之：成长培养。长，动词，使其成长。育，动词，培养教育。

⑥亭之毒之：考核磨炼。亭，通假字，同“停”，停止。

⑦养之覆之：养活和灭亡。

【译文】

大自然产生了万物，大德养育了万物，世间万物形成各种形状则是物质结构，是外部环境和形势造成这样的结果。因此，万物无不尊重道和德。道之所受尊崇，德之所受珍重，并不是因为有外部什么力量的强制和逼迫，而是按照自然规则，自然而然地产生。所以，大道产生了万物，大德养育了万物，大道与大德使万物茁壮成长、健康发育，使万物变得自立与成熟，使万物都能够得到润养与庇护。生育它却不拘系从而占为己有，成就它而不以其为依仗，得尊重而不肆行主宰，这就叫玄妙不可思议的德。

【赏析】

世间万物都是大自然的产物，而万物的成长却要尊重显贵的道德。而世间万物的形成，又和我们生长的环境密不可分。父母养育了我们，又用高尚的道德教育我们。我们刚出生的时候，每一人都是一样的。但随着我们接触的环境不一样，所受的影响也就不一样，慢慢地我们每个人的性格、脾气也都变得不一样了。

大自然生养万物，而后又教化万物，我们与大自然是一个统一的整体，休戚与共，密不可分。我们应该遵循自然的客观规律，不能按主观意志去做事情。

第五十二章

天下有始[①]，以为天下母。既得其母，以知其子。既知其子，复守其母，没身不殆。

塞其兑[2]，闭其门[3]，终身不勤[4]。开其兑，济其事[5]，终身不救[6]。

见小曰明，守柔曰强。用其光[7]，复归其明，无遗身殃[8]，是为习常[9]。

【注释】

①天下有始：天下万物的产生。始，开始。

②塞其兑：堵住口。

③闭其门：关闭心门。

④终身不勤：一生不勤奋。

⑤济其事：利用手段成就自己的名利。济，本意为“多”，这里引申为利用多种手段。

⑥终身不救：一生不得救。

⑦光：慧光。

⑧无遗身殃：生命不遭祸害。

⑨习常：掌握了大道。习，熟悉，掌握。

【译文】

天下万物都不是无缘无故产生的，都有产生自己的母体，只要明白了解了产生它们的母体，便可以进一步全面了解他的儿子，了解了他儿子，就要思考着怎样来保护他们的母体，在这个大千世界中，我们只有守住了产生万事万物的母体或源头，才能让我们的大自然生生不息，永生不灭。如果我们塞住耳、目、口、鼻诱惑，关闭喜、怒、哀、乐的欲门，一生便能安逸不勤苦。放开耳、目、口、鼻的痛快，打开欲望之门去追名逐利，一生不可救药。能看到他人所不能看见的细微之处，才会真正明白什么是“光明”，懂得守住自己的弱点，才能真正明白什么是“坚强”，使用自己对“光明”的领悟，才能走上光明大道，不给自己带来灾祸，这可以说是掌握了大道。

【赏析】

我们这个世界有其运行的基本规则，每个生命的产生都可以追溯到本源。一切从哪里出来，最终又都会回到哪里，我们每个人的生命都是这样一个不断循环的过程。

只有懂得万事万物是从什么地方来，最终又将回归到什么地方，才能算是看清自然的本质，了解万事万物的本源。

我们短暂的一生中，会受到各种各样的诱惑。我们的耳、目、口、鼻等等，都是我们受到外界诱惑的大门。如果我们的耳中充满靡靡之乐，我们的眼中充满色诱幻象，我们的口腹贪得无厌，鼻子里总是能闻到一些邪恶的引诱。

如果我们不能管住自己的耳、目、口、鼻，而是放开自己的欲望，那么我们终将变成一个傀儡，被这些欲望所操纵，一世辛苦，得不到解救。

第五十三章

使我介然有知[①]，行于大道，唯施是畏[②]。大道甚夷，而民好径[③]。

朝甚除[④]，田甚芜[⑤]，仓甚虚[⑥]。服文彩[⑦]，带利剑，厌饮食[⑧]，财货有余，是谓盗竽。非道也哉！

【注释】

①介然有知：进入其环境有所认知。介，进入。

②行于大道，唯施是畏：奉行大道，并小心戒备地避免行入邪道。施：邪道。

③径：不正当的道路。

④朝甚除：上朝甚至都废除。朝，上朝。

⑤田甚芜：田地很荒芜。

⑥仓甚虚：仓库很空虚。

⑦服文彩：穿着艳丽的衣服。

⑧厌饮食：挑剔丰盛的宴席。厌，挑剔。

【译文】

假如在我进入其环境时，我有真正的见识，那么我一定要奉行大道，行进在正确的道路之上。正理大道很正直，而人却还要走不正当的道路。我最害怕的就是走错了路，走入了邪路，所以我一直都十分小心谨慎。大道是平坦的，可有些人却总是喜欢走捷径，走小道。自己居住的地方和玩乐的地方整理地一尘不染，可没想到的是朝政败坏，农田荒芜，仓廪空虚，田地经营得一塌糊涂。那些执政者穿着漂亮的衣服，佩戴着锋利的宝剑，挑剔着丰盛的酒宴，胡乱挥霍金银财宝，这样的统治者和强盗头子又有什么区别，这些像猛虎一样的统治者违背了天理，就是无道。

【赏析】

老子把不顾百姓死活，只贪图自己享乐的当权者比喻成强盗头子，可见老子对这些执政者的无为是多么愤怒。

我们活在这个世界上，不要忘了我们的责任是什么。

做人一定要奉行大道，不贪图小便宜而去走捷径，否则最终都会害了自己。可见老子的思想并非只是“无为而

治”，并非都是消极的，他还警告我们，一定要走正道，不要为了一些利益而坠入邪道，让自己遗憾终生。

那些残暴的国君，视天下人命如草芥，只为自己活得很高贵，却不顾黎民百姓的死活，这样的统治者终将失去人心，坠入邪道。最终将引起天下人的愤怒。须知天下乃天下人之天下，而非一人之天下。国君若不爱民，则天下人群起而攻之。得道多助，失道寡助，无道残暴的统治者终将会被消灭。

第五十四章

善建者不拔[1]，善抱者不脱[2]，子孙以祭祀不辍[3]。

修之于身[4]，其德乃真；修之于家，其德乃余[5]；修之于乡，其德乃长[6]；修之于国，其德乃丰；修之于天下，其德乃普。

故以身观身，以家观家，以乡观乡，以国观国，以天下观天下。吾何以知天下之然哉？以此。

【注释】

①善建者不拔：完美的创建者不拔除根基。

②善抱者不脱：完美的守持者不脱离守护物。

③辍：忘本。

④身：自身。

⑤余：指家人都有德。

⑥长：更加长进。

【译文】

在人的一生中，善于建立自己品德的人，他们会根基牢固，没有人能够撼得动他们。只要牢牢地守住这份品德，他们的功德就会代代相传，子子孙孙，世世代代都会祭祀不断，没有人可以把这些品德忘记。只有修建自身的品德，这样的品德才算得上是纯真；只有在自己的家庭中，广泛传播有益的德性，才会让自己的家庭充满美好的品德；只有在自己的乡亲邻居中树立美好的品德，才会让自己的品德传播得更加广远，让自己的乡亲邻居都受到这份美德的感染；如果能在自己的国家修建美好的品德，那么自己这份美好的品德就会让全天下的人都受益；如果能在全天下建立自己的美好品德，那么自己的这份品德便如太阳一般，照耀着大地。因此，用我们自身的利益来和他人的利益对比，用我们乡亲邻居的利

益来和他人乡亲邻居的利益对比，用我们整个国家的利益来和其他国家的利益对比，用全天下人的利益来和我自己天下的利益对比，我凭借什么去判断天下是怎样一个状况？用的就是以上的方法。

【赏析】

老子的这段话告诉我们，向更高尚的人看齐，并把自己的品德和他们的品德进行对比，才能看清楚事情的本质，然后对我们所做的事情进行正确的判断。也只有这样做，才能让我们的生活不再迷茫，做事情更加主动。及时获取更多的天下情况，擦亮眼睛，抓住机会，解决问题，成功也许就是一件很容易的事情。

第五十五章

含德之厚①，比于赤子②。蜂虿虺蛇不螫③，猛兽不据④，攫鸟⑤不搏⑥。骨弱筋柔而握固⑦。

未知牝牡之合而全作，精之至也。终日号而不嗄，

和之至也。知和曰常，知常曰明，益生曰祥，心使气曰强。

物壮则老，谓之不道，不道早已。

【注释】

①德之厚：具有深厚的德。

②赤子：初生的婴儿。

③螫：蛰。

④据：抓伤。

⑤攫鸟：猛禽。

⑥搏：捕捉。

⑦握固：紧握拳头。

【译文】

有着高尚品德行为的人，就好比刚出生的婴儿：有毒的虫子不会来蛰他，凶猛的野兽不会来伤害他，强悍的鸟禽不伤害他，婴儿的身子骨虽然柔弱却能紧握住拳头，不知男女交合的事情却能照常勃起，这是精力十分充沛的表现；婴儿整天啼哭却不会因此而嗓音发哑，这就是生命力充沛的表现。懂得以柔克刚，我们的生命才会更加祥和与持久，懂得怎样让生命更加祥和与持久，才算是真正地明白道理。贪求生活

享受而不顾体内谐和，这样我们的生命便会产生危险，过度地放纵自己的欲望，透支自己的精力，这叫逞强。过度地透支我们的生命，就会渐渐变得衰老，这样就不符合养生之道了。如果我们不遵循养生的道理，我们的生命就会过早地死亡。

【赏析】

老子在这里告诉我们怎样提高自己的品德，品德提高之后，我们又应该去做些什么，应该掌握一个什么样的尺度。我们每一次对道德有了新的感悟，都相当于一次重生。就像是一个新生的婴儿，代表着我们新的生命的开始。

在现实生活中，我们往往会因为金钱、名望等，而过度地透支自己的时间和精力。这样可能会给自己带来一时的风光，但也同样会使自己更快地走向灭亡，并最终导致失败。所以无论我们做任何事情，都不能心急气燥，不能一味地求快。

第五十六章

知者不言[①]，言者不知[②]。

塞其兑，闭其门；挫其锐[③]，解其纷[④]；和其光[⑤]，同其尘[⑥]。是谓玄同[⑦]。

故不可得而亲，不可得而疏；不可得而利，不可得而害；不可得而贵，不可得而贱。故为天下贵。

【注释】

①知者不言：有智慧的人不多说话。

②言者不知：不断说话的人不明智。

③挫其锐：挫损锐气。

④解其纷：解决纷争。

⑤和其光：调和注意力。

⑥同其尘：融入世俗中。

⑦玄同：玄妙不可思议的共同。

【译文】

有智慧的人不会多说话，那些乱说话的人往往都是不聪明的。如果我们把自己的耳、目、鼻、口都给堵住，关闭自己喜怒哀乐的欲望大门，收敛自己的锋芒，不再过多理会世间的纠纷，通过自我调整，融入世间的光辉，解脱红尘俗世浊尘，同一切存在混为一体，这就是深远无边的“玄同”。所以，在得到了高尚的品德之后不可以至爱，不可以疏远，不可以讲利益，不可以伤害，不可以居高而自贵，不可以认为其他低贱。已经超脱亲疏、利害、贵贱的世俗范围，所以就为天下人所尊重。

【赏析】

在现实生活中，我们总觉得自己有很多东西要去表达，可是最终我们表达出来的，并不是我们想表达的。于是我们彷徨，我们迷茫，我们一遍又一遍地在原地打转，却不知道究竟在寻找着什么。

生活中存在着各种各样的矛盾，让我们的精神备受煎熬。人生其实就是这样，往往让我们得到一些的同时，也让我们失去一些。

人生之中，满足与不满足之间，快乐与不快乐之间，更多的是红尘俗世的挣扎，修道的人注定要忍受孤寂与清苦。

第五十七章

以正治国，以奇[①]用兵，以无事[②]取天下。吾何以知其然哉？以此：天下多忌讳[③]而民弥贫；民多利器[④]，国家滋昏；人多伎巧[⑤]，奇物[⑥]滋起；法令滋彰[⑦]，盗贼多有。

故圣人云："我无为，而民自化[⑧]；我好静，而民自正；我无事，而民自富；我无欲，而民自朴。"

【注释】

①奇：意想不到的方法。

②无事：没有祸国殃民的战术。

③忌讳：没必要的讲究。

④利器：锐利的武器。

⑤伎巧：投机取巧。

⑥奇物：奇怪的事物。

⑦彰：公布。

⑧自化：自己被教化。

【译文】

用正直的道理治理国家，用奇诡的战术指挥军队作战，用不会祸国殃民的战术争取天下。我是如何明白这个道理的呢？以下都是我的根据：天下没必要的讲究太多而无引导，人民就会越来越贫困；人民恃强逞利，国家就会混乱不堪；人们各种幻想奇思太多，怪物奇事便会越多；法令太过严苛不合人情，盗贼反倒更多。因此圣人说："我没有作为从而使人民自我教化，我喜欢清静从而使人民自我端正，我没有事端从而使人民自己富贵，我没有私欲从而使人民自己淳朴。"

明·周臣《白谭图》

【赏析】

在这一章里，我们看到老子并不是一个墨守成规的人，老子告诉我们的“无为”思想，只是为了让大家都能和平共处，让大家都能培养自己的美好品德。一旦发生了争执与对抗，同样可以用奇兵对付你，诡诈起来或许比你想象得更加厉害，这就是老子思想的灵活应用。好人与坏人的争斗，好人总是采取被动防御，而恶人总是不断进攻，好人的反击往往彻底而决绝，恶人却是不停地试探。好与恶的争斗，是压迫与反压迫的爆发，无论恶嚣张到哪个程度，善最终会取得胜利。

第五十八章

其政闷闷，其民淳淳[①]；其政察察[②]，其民缺缺[③]。祸兮福之所倚[④]，福兮祸之所伏[⑤]。孰知其极[⑥]？

其无正[⑦]，正复为奇[⑧]，善复为妖[⑨]。人之迷，其日固久。是以圣人方而不割，廉而不刿，直而不肆，光而不耀。

【注释】

①淳淳：淳朴厚道。

②察察：严格冷酷。

③缺缺：全都躲避。

④倚：靠着。

⑤伏：隐藏。

⑥极：祸福转换的极限处。

⑦其无正：这极限处没有准确的标准。正，正确的方法。

⑧正复为奇：找到准确的标准就是奇迹。

⑨善复为妖：善转过了就是祸患。妖，引申为“祸患”的意思。

【译文】

一个国家的政治如果看起来好似昏昏沉沉，有些随和散漫，老百姓反而更加淳朴厚道；如果政治看起来严格冷酷，对老百姓进行无情地统治，老百姓就会消极躲避。灾祸啊，往往都是幸福的伴侣；而那些幸福，也往往都隐藏着灾难。谁也无法知道一件事到底是“福”还是“祸”？“祸”和“福”的转换并没有准确的标准。正可以转化为诡异，善也有可能转化为妖邪，人们在这里迷惑不已，成了一个固执的偏见。因此圣人做事，会让自己有理有据，既能坚持自己的原则，又不会伤到别人，为人正直豪爽，不会向任何势力低头，即使是做了很伟大的事情，也不会向别人炫耀。

【赏析】

老子的这段话告诉我们，一个国家民风的形成，和这个国家的政治、国民教育有着很大关系。因此，政治是国家的命脉，政权是国家的核心。只有正确利用自己手中的政治，对自己的国民进行“品德”教育，才可以使国家长治久安。天下乃天下人之天下，当权者的权利是人民赋予的，只有人民对当权者认同，政权才可以稳固。“水能载舟，亦能覆舟”，失去民心的统治者，也终将被人民所抛弃。

同时，这段话还告诉我们另外一个道理。我们要以一个正确的心态来对待自己所得到的“福”或者“祸”，要知道“祸”和“福”是同时存在的，塞翁失马，焉知非福?福有时会转为祸，祸有时会转为福。人要是走运挡都挡不住，人要是倒霉同样是挡都挡不住。所以当我们在生活中遇到一些困难时，一定要以积极的心态来看待这个问题，不要因为一点小的困难，就“自怨自艾”，抱怨生活。同样当我们走运时，也不要高兴得过早，更不要到处炫耀自己的幸福，因为谁也不知道，明天还会有什么事情发生。所以一定要以一颗平常心来看待，这样才会让幸福更持久。

第五十九章

治人、事天①莫若啬②，夫唯啬，是谓早服③。早服谓之重积德④，重积德则无不克⑤，无不克则莫知其极⑥。莫知其极，可以有国。有国之母，可以长久。是谓深根固柢、长生久视之道⑦。

【注释】

①治人、事天：对待别人祭祀天地。

②莫若啬：不要如同吝啬一样。

③早服：提前服从道法。指修道。

④重积德：注重积累功德。

⑤克：攻克。

⑥极：极点。

⑦深根固柢、长生久视之道：命脉深厚牢固长久生存并看得长远的道。

【译文】

一个国家，想要治理人民，奉行天道，最好的方法就是勤俭节约；一个国家只有懂得勤俭节约，才能更好地体会到什么是自然天道；只有体会到自然的天道才能更加重视积蓄德行；当德行积蓄到一定的程度之后，再去做事情的时候才能无往而不败，因为无往不败，所以别人才不知道你的深浅；不知道你的深浅，便可以更好地保有国家；保有国家这一根本，才能让国家长治久安，这才是千秋万代长盛永进的道理。

【赏析】

老子通过这段话，告诉我们做人要淡定，不要张扬，做事要低调不要狂妄。淡定说明你更加成熟，让别人更愿意同你合作；低调显示你的品位，只有这样才能让你避免许多麻烦，让你生活得更加从容。做人一定要内敛，内敛便是不张狂不嚣张保持本心，让自己永远处于一个强盛、厚积薄发的状态，那些动不动就四处炫耀，张扬着不可一世的人，其实是很愚蠢的行为，因为他把自己的底牌暴露给了别人，对别人也没有丝毫隐瞒。别人可以针对他的弱点进行攻击，这不是很愚蠢的行为吗？

第六十章

治大国若烹小鲜[①]。

以道莅[②]天下，其鬼不神[③]。非其鬼不神，其神不伤人。非其神不伤人，圣人亦不伤[④]人。夫两不相[⑤]伤，故德交归焉[⑥]。

【注释】

①治大国若烹小鲜：治理大的国家，就像是烹调小的鱼儿一样。

②莅：临、治理。

③其鬼不神：那些鬼神就不会灵验。

④伤：伤害，使人受伤。

⑤相：全、都的意思。

⑥故德交归焉：所以他们的德行就相交归一了。

【译文】

治理大的国家，就像是烹调小的鱼儿一样。用“道”来治理天下，那些鬼神就不会灵验。并不是说那些鬼神不灵验了，而是他们就算是灵验了也不会伤害人。不仅仅是灵验了的鬼神伤害不了人，圣人也不会伤害人。鬼神和圣人都不伤害人，所以他们的德行就相交归一了。

【赏析】

老子在这一章中提出的“治大国若烹小鲜”实在是惊艳了世人，寥寥数字就把治国道理分析得头头是道，不仅中国人熟知，在海外也被很多知名人士奉为至理，可见这一句话对治国及现代企业管理的影响是非常大的。

第六十一章

大国者下流[1]，天下之交；天下之牝，牝常以静胜牡，以静为下。

故大国以下小国，则取小国；小国以下大国，则取大国。故或下以取，或下而取。大国不过欲兼[2]畜人[3]，

小国不过欲入事人[4]。夫两者各得所欲[5]。大者宜为下。

【注释】

①下流：势力处下。

②兼：兼并。

③畜人：指把别国国民化为本国国民。

④事人：侍奉上权获得利益。

⑤欲：想要的，指利益。

【译文】

大国强国若能谦逊居下，关爱天下，便能让天下归心，让天下之国都与他们结交。温柔安静的雌性能以其安静平复暴躁不安的雄性，原因在于安静能够居下容人。因此大国强国若能对小国弱国谦逊，小国弱国自然心甘情愿地归附。如果小国弱国能懂得谦逊居下，便能成为大国；大国不过分贪欲而让小国分享国际资源，小国不过分贪欲而让大国占据领导地位。它们双方要达成如此稳定的利益妥协，大国应该善于谦逊居下。

【赏析】

在生活中，我们不能靠自己的强势去欺负、去镇压别人，以暴制暴，可能带来更大的暴力。要学会更多地去听从他人的意见，多反思自己的错误，学会宽容大度地去对待每一个人。如果我们学会和其他不如自己的人交流时，放低自己的姿态，那么别人就会更愿意向我们请教，更愿意听从我们的意见，从而让别人真正认可我们。恩威并重的作用就是你有足够的暴力威慑，就不怕别人跟你论暴，而要真正征服就应攻心，让人对你心悦诚服不是因为你的暴力，而是你们之间可以互取所需。不是别人一定要听你的，而是你也有别人需要的时候。

第六十二章

道者①，万物之奥②，善人之宝③，不善人之所保④。

美言可以市尊⑤，美行可以加人⑥。人之不善，何弃之有！故立天子，置三公⑦，虽有拱璧⑧，以先驷马⑨，不如坐进此道。古之所以贵此道者何？不曰求以得，有罪以免邪？故为天下贵。

【注释】

①道者：指那些实用主义的大道之理和世道奥理。

②奥：奥理。

③宝：贵重的。

④保：保存。指保存起来作为获取利益的资本。

⑤市尊：得到大众的尊敬。

⑥加人：交到朋友。

⑦三公：三大权力机构。

⑧拱璧：大璧。泛指珍宝。

⑨驷马：同拉一辆车的四匹马。

【译文】

道，深藏于万物运用之中，它是善人立身保命的珍宝，善人利用道的珍贵，用来为天下人服务，而不善的人则祈求道的庇护，把道当成为自己牟取利益的工具。美好的言辞可以让人们相互尊重，美好的行为也可以让人们相互感染，对那些不为现行价值观所认可的人，我们为什么要去指责他们呢？所以，认为自己是“天子”，就觉得自己高人一等，设置各式各样的人来听从自己的使唤，虽然看起来好像是尊贵显耀，其实还不如来进修我所说的道。从古以来，人们如此推重我所说的道是为了什么呢？还不是因为它有助于人们达成目的，避免过错吗？所以才得到天下人的共同推重。

【赏析】

在现实生活中，有些人总是为了名、为了利而不惜大打出手，和别人争得面红耳赤，从中得到了什么呢？

在这一章里，老子教育我们，与其争名逐利不如坐而论道。道，存在于我们生活的每一个角落，只有潜心学习，才会让我们在遇到一些事情的时候不会太迷茫，让我们能够放平心态，踏实努力地去做好任何一件事情。只有自己静下心来，好好地去研究一下什么是道，才会让我们更加深刻地去理解生活。深刻的道理，可以让我们的生活更加美好，但如果有些人不好好利用自己学来的道理，只是把道当成自己牟利的工具。那么道就会渐渐地远离他们。失去了道，我们做任何事情都会处处碰壁，最终也会犯下不可弥补的过错。我们只有不断总结错误才能进步，不断地总结教训，才能取得发展。

人与人之间的互相攻击应该是人与人之间对道的互相探讨，这才是我们应该追求的生活状态和我们符合道的生存状态，只有这样我们才能获得永恒的价值。才能让社会发展得更加健康与美好，完善自己的德行，宽恕别人，改进别人，不抛弃不放弃，让所有的人都受到道的普惠，使人类能够在道的保护和法则之下走向完善。

第六十三章

为无为，事无事，味无味，大小多少，报怨以德。

图[①]难于其易[②]，为大于其细[③]。天下难事必作于易，天下大事，必作于细。是以圣人终不为大，故能成其大。

夫轻诺必寡信[④]，多易必多难。是以圣人犹难之，故终无难矣。

【注释】

①图：谋求。

②易：简单。

③细：仔细。

④寡信：失去信誉。

【译文】

要从事可使自己混沌无为的作为，处理可使自己无所事事的事务，以无味去感受品味。以对待大事的态度处理小事，以对待复杂的态度处理简单，要用合道之行所生发的德能去消解细微的抱怨纠结。处理困难的事从简单的地方下手，做大事从小事做起。天地间再难的事也是从简易开始，天下间所有的大事都由小事构成。因此，圣人始终都不自以为自己很伟大，所以都能成就大事。那些轻易许诺的，必然难以守信；视问题太过轻易的人，必然会遭遇很多困难。因此，圣人对这些问题都加以认真审慎地处理，这样才不会有什么真正的困难。

【赏析】

老子的这段话告诉我们，无论做任何事情，我们都要以一颗平常心来对待。不要有太大的思想负担，不要自己给自己太大的压力，要专注于做好每一件事，不要三心二意，半途而废。如果遇到我们解决不了的问题，就试着从最简单、最容易的地方入手，不要有心理负担，一步步来，再难的事也会被我们解决。

在生活中，那些成就一番事业的人，往往都能够静下心来，耐得住寂寞。当有一天功成名就的时候，他们也不会觉得太兴奋。相反，恰恰把别人眼中很了不起的事情，只当作是平时吃饭喝水一样平淡。正如本段老子所说的那

样“为无为，事无事，味无味”。而有些人，一有成就便以为自己很了不起，拿自己的成就与别人相比，以势压人，这是不可取的。

第六十四章

其安[1]易持[2]，其未兆易谋[3]，其脆[4]易泮[5]，其微[6]易散[7]。为之于未有，治之于未乱。

合抱之木[8]，生于毫末[9]；九层之台，起于累土；千里之行，始于足下。

民之从事，常于几成而败之。慎终如始，则无败事。

是以圣人欲不欲，不贵难得之货；学不学，复众人之所过。以辅万物之自然，而不敢为。

【注释】

①安：安定。

②持：保持。

③谋：筹划。

④脆：易碎的。

⑤泮：融解。

⑥微：细小。

⑦散：挥散。

⑧合抱之木：一群人一起才能围住的大树。

⑨毫末：毫毛的梢儿。这里指很小的树苗。

【译文】

局面安定的时候比较容易维持，在情势还没有明朗的时候比较容易图谋，在事物脆弱的时候比较容易消解，在事物微小的时候比较容易散失。在事情还没有开始时就要有所打算，在祸乱还没有发作之前就要早做预防。

多人合抱那么大的树，也是从很小的树苗开始长成的；九层的高台，也是一抔土一抔土堆起来的；几千里远的行程，也是一步一步走出来的。对于这些渐进的过程，如果空想自然失败，妄求自然不得；如果执意于某一情态而加以抗拒，反而会使局面失去控制。因此，圣人不会做力所不能及的事情，所以不会失败；不抗拒渐进的演变，所以不会使局面失控。人们做事，常在接近成功的时候失败，对待终点就像对待起点一样慎重，那么事情则没有失败的可能。因此，圣人都会合理控制自己的欲望，不去追求那些稀贵能得的资源；

学那些不知道的东西，弥补众人的过错，借此以辅导万物行于自然而不强加干涉。

【赏析】

在生活中，如果我们做一件事情之前，没有仔细考虑，那么十有八九会把这件事搞砸。我们经常抱怨老天的不公平，为什么没有把好的机会留给我们？其实，这种想法大错特错，机会其实一直就在我们身边，只是我们在机会来临的时候，没有提前做好充分的准备。想要做成功一件事情，就要学会未雨绸缪，在事情还没开始的时候就应该做好充分的准备。机会往往都是给有准备的人，不要想着天上会掉馅饼。

我们在生活中往往只看到别人成功的表面，却不曾看到别人为这份成功所付出的努力。就像这段话中说的那样“合抱之木生于毫末，九层之台起于累土，千里之行始于足下”，量变才会引起质变，没有平时一点一点地积累，就不可能有耀眼的成功。我们做事情要善始善终，不要好高骛远。眼睛高，行动少，这样只会让你成为一个夸夸其谈的人。对于不幸之事则要防患于未然，在没有发生时就提前制止了。成大事的人都是能沉得住气的人。

明·唐寅《步溪图》

第六十五章

古之善为道者，非以明民①，将以愚之。民之难治，以其多智。故以智治国，国之贼②；不以智治国，国之福。

知此两者亦稽式③，常知稽式，是谓玄德。玄德深矣、远矣，与物反矣。然后乃至大顺④。

【注释】

①明民：使百姓有投机取巧的聪明。

②贼：祸害。

③稽式：准则，法式。

④大顺：大顺利。指遵照自然而使其很完美。

【译文】

古来善于以道为行为典范的统治者，不是用道来让人觉得自己聪明，也不是用道来让人民多知多见，而是使人民趋于愚昧浑朴。老百姓之所以难于管教，就是因为他们的见解太多了，都自以为聪明，不尊教化；因此，鼓励人们觉得自己聪明，是对国家的残害；不教化人自以为聪明，才是国家之福分；知道这两者的关系，就是治天下之定式；常怀这种定式教人，懂得在两者之间作此选择，才是大德至深之德；大德深厚远播，这样反而不是愚蠢，而是真正进步，之后人类才能真正和平发展，天下大治。

【赏析】

在现实生活中，我们往往会遇到这样的人，他们的行为明明很愚蠢，却自认为很聪明。这是我们共有的缺点，就是我们往往只看到自己的优点，却看不到自己的缺点。这个世界，如果我们每个人都能做到谦逊不骄傲，都不自作聪明地控制别人，那么这世界便会少很多争执和烦恼。向别人炫耀自己的聪明，本身就是愚蠢的行为。只有深刻理解什么是愚蠢，什么是真正的聪明，才会让自己的品德更加高尚。

国家的走向必须是正道所向，以创造实用主义的价值，培养对社会有用的人才，这样才会让国家长治久安，提高国家的综合实力。如果我们这个社会到处都是投机取巧的

人，那这会成为我们国家的灾难。如果我们的社会上到处都是“自己以为愚蠢”，却踏实肯干的人，那这是我们国家的福气。有福之国，国贵民富，则国运大顺，势必会长治久安。

第六十六章

江海所以能为百谷王者①，以其善下之，故能为百谷王。

是以欲上民②，必以言下之；欲先民③，必以身后之。是以圣人处上而民不重，处前而民不害。是以天下乐推而不厌。以其不争，故天下莫能与之争。

【注释】

①百谷王者：河川汇聚的地方。

②上民：地位处在人民之上。指统治人民。

③先民：走在人民前面。指引领导人民。

【译文】

江海之所以能汇注河流百川而成为王，就是因为它善于处下，所以能成为百川之王。所以，如果想要领导万民，就要把人民的意见放在上面，如果想要做人民的领导，就要将自己的利益放在人民的后面。所以，虽然圣人的地位要居于人民之上，但人民却并不因此感到负担沉重；虽然他们会走在人民的前面，但人民却并不感到他对自己构成妨碍。因此圣人得到了天下人民永不厌弃的真心拥戴。因为他们能够不和人争，所以天下人没有人能够和他争。

【赏析】

老子的这段话告诉我们，做人要有宽广的胸怀，要能够容得下各种各样的意见。“海纳百川，有容乃大”，只有容得下各种各样的磨难，才能成就一个伟大的人生。在生活中我们往往会遇到各种各样的不公平，这时如果我们一味地去抱怨和发牢骚，那我们是不会有任何收获的。在大多数情况下我们要问问自己，我们究竟做了多少，“不问收获，只问耕耘”，只有以这样一种心态去做事情，才能做出一番成就。

世界上的事都是这样，你越想得到的东西，往往越得

不到，你只要勤勤恳恳去做，有些事便都成了。淡然地看待“得”与“失”，不要计较太多。失去了不悲伤，得到了也不张狂，这就是真正的生活。忘记抱怨与牢骚，努力去做，成功就在眼前。我们应该学会如何去争取，如何去获得，而不是一味地等待。

以其不争，故天下莫能与之争，能够专注于如何做好事，而不计得失，自然没有胜败的负担。成功与失败只是两种概念，做好自己的事才最关键。放下执念，才能有新生。

第六十七章

天下皆谓我道大，似不肖。夫唯大，故似不肖。若肖，久矣其细也夫！

我有三宝[1]，持而保之：一曰慈[2]，二曰俭[3]，三曰不敢为天下先。慈，故能勇[4]；俭，故能广[5]；不敢为天下先，故能成器长。

今舍慈且勇，舍俭且广，舍后且先，死矣。夫慈，以战则胜，以守则固。天将救之，以慈卫之。

【注释】

①宝：法宝。这里指处世的大智慧。

②慈：慈善。

③俭：俭朴。

④勇：勇敢。

⑤广：广大。

【译文】

天下之人都说道是很大的，好像没有什么具体的形象。之所以会这样，正是因为道的内涵丰富到了极处，所以已经无法描述、表达和设想，就好像没有具体形象一样。如果道能够有具体的形象，就一定可以被人实实在在地掌握了，那它也早就变得微不足道了。我自己有三条最基本的行为原则，把持它来保证大道能够得以贯彻执行：第一是慈爱；第二是俭约；第三是不敢自以为是天下第一。一个人只有拥有了慈爱之心，才能产生出无比强大的勇气；一个人只有做到了勤俭节约，才能在广阔的天地间行走；不敢走在天下人的面前引领第一，这样才能指挥别人因材用人。如果没有慈爱之心而妄逞勇武，舍弃俭约而行广，舍弃谦让而争先，那就死定了。保持慈爱，投入战争就能取得胜利，用于防守就能巩固。对于慈者，老天都会救助他，因为慈爱在守护着他。

【赏析】

通过这段话，老子告诉了我们三个处世的法宝。排在第一位的是慈爱，可见慈爱是多么的重要。在现实生活中，我们或多或少，会因为别人做错了事，而对别人横加指责，没有一点慈爱之心。我们对子女的教育就是一个很好的例子，当我们的子女做错事情的时候，我们做父母的一般都会去责怪我们的孩子，更有甚者会对子女又打又骂。其实这些都不是正确的教育方式，如果我们换一种语气，用关爱而不是指责的方式去教育子女，那么子女就会被我们的这份“慈爱”所感动，也会更加乐意听从我们的意见。第二个法宝是俭约，勤俭节约是我们中华民族的传统美德。我们应该教育子女从小养成勤俭节约的好习惯。让我们携起手来，共同抵制铺张浪费。第三个法宝是，不自己认为自己是天下第一，这是告诉我们无论做什么事情，无论我们处在一个什么样的位置，都应该学会谦让。不要总在别人面前炫耀自己，这样对自己没有什么好处。

第六十八章

善为士者不武①，善战者不怒②，善胜敌者不与③，善用人者为之下。是谓不争之德，是谓用人之力，是谓配天④、古之极⑤也。

【注释】

①武：乱动武。

②怒：冲动。

③与：与敌直接作战。

④配天：符合天道。

⑤古之极：古代最高的法则。

【译文】

善于做将帅的人，不会炫耀武力；善于投身战斗的人，不处处与人争强好胜；善于胜敌的人不趾高气扬，懂得谦逊求教；善于驱动别人的人对他人表示谦下。这就叫作有了不

争的德行，有了善于驱动别人的能耐。这就是配合天道行事的最高原则。

【赏析】

善于带兵打仗的人，不会向别人炫耀自己的武力，这也是“将军”和“元帅”的区别。我们在读《三国演义》时，常常会羡慕诸葛亮那绝世的才华。虽然诸葛亮并没有到前线去打过一次仗，但那庞大的军队却都要服从他的指挥。这讲的是“兵家之道”，不过这个道理完全可以用在我们现实生活之中。如果你是一个商人，就不要处处去炫耀自己的财富，要懂得谦虚低调，这样才能让自己在经商中立于不败之地。在生活中，如果我们想要得到别人的认可和信任，就需要把事情做得合理，不与他人争功抢功。老子的这段话，重点是告诉我们要想成就一番大事业，就要学会“不争”。真正厉害的人，不是冲在一线的人，是在背后指挥一切的人，这样的人才有真正的“大将之风”。又何必非要在他人面前出风头，同他们争抢一些毫无意义的东西。所以我们在生活中要学会谦让，学会不争。“不争”其实就是“争”，只不过这是一种更高级的方法。

不管是兵家之道，还是商道，还是待人之道，都得有合理的法则。不争的品德，符合自然法则，遵循天道，是行事的最高法则。

第六十九章

用兵有言："吾不敢为主①而为客②，不敢进寸而退尺。"是谓行无行③，攘无臂④，扔无敌⑤，执无兵⑥。

祸莫大于轻敌⑦，轻敌几丧吾宝。故抗兵相加，哀者⑧胜矣。

【注释】

①主：主动侵犯。

②客：战略防御。

③行无行：可以行动但不行动。

④攘无臂：不挥手下令向前。

⑤扔无敌：不出击。

⑥执无兵：没有对手。

⑦轻敌：战术上轻视敌人。

⑧哀者：愤怒的一方。

【译文】

兵法里有这样一句话："我不敢主动侵犯而是进行战略防御，不敢轻易进一寸而宁愿让一步。"就是可以行动但不行动，没有阵势的阵势，不挥手下令向前，不出击，没有对手虽然要奋力出击但却表现出无力可使，虽然可以与之相敌却表现出一种无法与之相敌，虽然有兵可用有将可使但却要表现出没有。轻视自己的敌人，就会给自己带来灾难，轻视自己的敌人会丧尽自己的军事实力，所以，等到真正以武力相对抗的时候，首先宽容忍让，最后才不得已而奋起的一方通常会取胜。

【赏析】

老子这一章讲的主要是兵法，在用兵打仗时，切记不要该进攻时不进攻，不该进攻时乱进攻；该防守时不防守，不该防守时犹如懦夫般怯战；该撤退时不撤退，不该撤退时仓皇出逃式撤退。战略上可以藐视敌人，战术上一定得重视敌人。不能战略上藐视敌人，战术上也藐视敌人。战略上藐视敌人是为了鼓舞士气，提升军士们的信心和勇气。而战术上也藐视敌人就会脱离实际，从而骄兵必败。

老子在这一章还劝说我们，尽量不要使用武力去解决问题。以暴制暴，只会产生更多的暴力。在生活中，我们一旦使用暴力去解决问题，那我们在伤害别人的同时，也会伤害到我们自己。别人不进攻我们，我们也不主动去攻打别人。能坐下来和平解决的问题，为什么非要大打出手，闹得双方都不愉快？能和平解决的问题，没有必要发动战争。但是如果是别人故意挑衅我们，我们就不能像个懦夫一样，唯唯诺诺，不敢应战。在生活中也是这样，人不犯我，我不犯人。

清·杨晋 《仿古山水册页》其九

第七十章

吾言甚易知，甚易行①；天下莫②能知，莫能行。

言有宗，事有君③。夫唯无知④，是以不我知。知我者希，则我者贵⑤。是以圣人被褐怀玉⑥。

【注释】

①吾言甚易知，甚易行：我说的话很容易明白、理解，非常容易实行。

②莫：没有（人）。

③言有宗，事有君：说话言论必须有主旨，做事行事必须有根据。

④知：知道，通晓。

⑤知我者希，则我者贵：能理解我的人很少很少，能实行我的话的人更是可贵。

⑥是以圣人被褐而怀玉：所以有智慧的人常常是身穿着

粗布衣裳，怀里却揣着美玉的人。被，通“披”，穿在身上。褐，粗布制成的衣服。

【译文】

我说的话很容易明白、理解，非常容易实行。但是天下没有人能够明白，也没有人能够实行。说话言论必须有主旨，做事行事必须有根据。由于人们的无知，所以人们才不能理解我。能理解我的人很少很少，能实行我的话的人更是可贵。所以有智慧的人常常是身穿着粗布衣裳，怀里却揣着美玉的人。

【赏析】

不管多么华丽的衣服、多么亮丽的面容、多么精致的美食，都会有逝去的那一天。这些身外之物都是生不带来死不带去的，能够陪伴我们终生的只有我们自己孤独而高洁的灵魂。

“人不可貌相，海水不可斗量”，我们不仅要学会用知识武装自己，用德行丰富自己的内在修养，也应该学会用一个人的内在美来衡量别人的德行。

第七十一章

知不知，上①；不知知，病②。

夫唯病病③，是以④不病。圣人不病，以其病病，是以不病。

【注释】

①上：上好的，最好的。

②病：弊病，毛病，缺点，错误。

③病病：把弊病当作弊病。第一个“病”是名字用作动词词性，将……当作弊病；第二个“病”是名词，指代前面说的“不知知”的弊病。

④是以：所以，才。

【译文】

知道自己还有不知道的，是最好的；不知道却以为自己知道的，这是弊病。只有知道自己的弊病是弊病，才不会真正的存在弊病。圣人没有弊病，因为他把弊病当作弊病，所以才不会有弊病。

【赏析】

人贵有自知之明，一个人只有时刻保持清醒的头脑，睿智的目光，才能冷静地分析当前的形势，认识到自己的不足。但是这就够了吗？答案显然是不够，只有认识到自己的不足并加以改正，才能将自己的不足及早地弥补起来，将眼光放长远，心态放平衡。

第七十二章

民不畏威，则大威至①：无狎其所居，无厌其所生②。夫唯不厌③，是以不厌。

是以圣人自知，不自见④；自爱，不自贵⑤。故去⑥彼取此。

【注释】

①民不畏威，则大威至：当人民不畏惧统治者的威迫的

时候，那么大的祸乱就要发生了。威，威迫，威压。大威，大的灾祸、祸乱。至，到达，抵达。

②无狎其所居，无厌其所生：不要逼迫得人民流离失所，没有居住的地方；不要压制人民谋生的道路，害得人民难以生存。

③厌：厌恶，厌弃。

④见：通“现”，表现。

⑤贵：认为……很高贵。

⑥去：去除，舍弃。

【译文】

当人民不畏惧统治者的威迫的时候，那么大的祸乱就要发生了。不要逼迫得人民流离失所、没有居住的地方，不要压制人民谋生的道路，害得人民难以生存。正是因为不去压制人民，才不会被人民所厌弃。因此圣人能够充分地了解自己而不去炫耀表现；爱惜自己却不觉得自己有多么高贵。所以才要舍弃后者而采取前者。

【赏析】

老子在本章中讲的主要是自爱与兼爱。统治者如果一心想着压榨百姓，那么必然招来老百姓的反抗。当代社会也是如此，领导者应该有自知之明，既不要妄自菲薄，也不能看不起下属，只有这样才能得到别人的拥护和爱戴。

一个人如果孤芳自赏、刚愎自用，便会成为孤家寡人。真正的智者是不会茕茕孑立的，他们会有很多志同道合、一呼百应的人。

第七十三章

勇于敢[1]，则杀；勇于不敢，则活。此两者，或利或害。天之所恶，孰知其故[2]？是以圣人犹难[3]之。

天之道[4]，不争而善胜，不言而善应，不召而自来，繟然而善谋[5]。天网恢恢，疏而不失[6]。

【注释】

①敢：敢于作为，胆大妄为。

②故：原因，理由。

③难：感到为难。

④道：运行规律。

⑤谋：谋划，有谋略。

⑥天网恢恢，疏而不失："天道"像是一张广大无边、连绵不绝的大网，网眼虽然稀疏，但是不会有什么东西能够从中漏掉。

【译文】

勇敢到胆大妄为的时候就会被杀死，虽然勇敢但不忘乎所以的就会活下去。这两种做法，一个有利，一个有害。上天所厌恶的，谁又能知道其中的原因呢？因此圣人也总是难以把握这点。"天道"运行的规律，是不去争斗而善于取胜，不去召唤而善于回应，不去召唤而自动到来，从容宽广而善于计谋。"天道"像是一张广大无边、连绵不绝的大网，网眼虽然稀疏，但是不会有什么东西能够从中漏掉。

【赏析】

老子在这一章主要讲的是"小不忍则乱大谋"。在很多情况下，人的盲目会让自己变得冲动，逞匹夫之勇。匹夫之勇体现的是几分血性，甚至可以说是个人英雄主义，离"君子之勇"差了不知道有多少。"君子之勇"表现的是沉着，坚毅，冷静，隐忍。

第七十四章

民不畏死，奈何以死惧之①？若使民常畏死，而为奇者②，吾得执③而杀之。孰敢？

常有司杀者④杀。夫代司杀者杀，是谓代大匠斫⑤。夫代大匠斫者，希⑥有不伤其手矣。

【注释】

①民不畏死，奈何以死惧之：民众不畏惧死亡，又怎么能够用死亡来让他们害怕呢？

②若使民常畏死，而为奇者：如果让民众总是害怕死亡，对于那些为非作歹的人。

③执：抓住，逮捕。

④司杀者：专门负责杀人的人。

⑤是谓代大匠斫：就好比代替木匠去砍伐树木一样。大匠，指工匠中记忆超凡的人。斫，砍伐树木。

⑥希：同“稀”很少，鲜有。

【译文】

民众不畏惧死亡，又怎么能够用死亡来让他们害怕呢？如果让民众总是害怕死亡，对于那些为非作歹的人，我们就可以把他们抓住然后杀掉。谁还敢继续为非作歹呢？应当有专门的机构去负责执行死刑，要是能够代替那些专门的机构去执行死刑，就好比代替木匠去砍伐树木一样。那些代替专业的木匠去砍伐树木的人，很少有不伤到自己的手的啊。

【赏析】

老子在本章中用“民不畏死，奈何以死惧之”这句话，严厉地痛斥了统治者们妄图用严厉苛责的刑罚来逼迫百姓听话的这种做法。老子认为这种做法只会使人像非专业的木匠伐树一样，取得“适得其反”的结果。

水能载舟，亦能覆舟，若是强迫人民做他们不愿意做的事，到头来受害的也会是统治者本身。换一种角度来说，老子在此处提出的是“杀一儆百”的管理方式，意思就是对害群之马进行特别的惩罚，用这种典型的负面事例来教育大多数不遵纪守法的人，形成一条标准线。这条标准线对于一个团队、团体的管理来说是卓有成效的，它可以严明纪律，增强一个团队的凝聚力和团体作战能力，在古代的军中颇受欢迎。

第七十五章

民之饥，以其上[1]食税[2]之多，是以饥；民之难治，以其上之有为[3]，是以难治；民之轻死，以其上求生之厚[4]，是以轻死。夫唯无以生为[5]者，是贤于贵生[6]。

【注释】

①上：社会的上层阶级，这里指统治者。

②食税：吞吃税务。食，名词用作动词词性，吞吃。

③有为：过分的作为，强作妄为。

④求生之厚：指统治者过分地追求生活的享受。厚，过于。

⑤无以生为：不把生活享受看得太重。

⑥贵生：过分看重生活享受。贵，以……为贵。

【译文】

民众之所以会感到饥饿，是因为统治者收税太多，所以百姓才会有饥饿的现象。民众之所以难以治理，是因为统治

者过分的作为，所以才会出现民众难以治理的现象。民众之所以会轻视死亡，是因为统治者太贪图丰厚奢侈的生活享受，所以民众才会轻视死亡。只有那些不贪图生活享受的人，才会比那些太过珍视生命的人更加开明贤达。

【赏析】

在本章中，老子一针见血地指出民众饥饿，国家难以治理，百姓轻视死亡的原因皆是因为统治者而生，警示统治者应该勤俭无为，不应该太过在意生活享受，要多关注民众的疾苦，否则，这个社会就很难治理好。

俗话说："流水不腐，户枢终不蠹。"这句话与老子的"夫唯无以生为者，是贤于贵生"有异曲同工之妙。都是在告诫人们不能贪图平静安逸的享受，否则必将走向腐朽的灭亡。除了头顶的上天和脚下的大地之外，没有永恒的东西。做人应该学会圆滑地变通，具有忧患意识，并且发愤图强，向着既定的目标前进，才能取得较大的成就。

人一旦处于安逸享乐的环境中，就会忘记忧患的存在，意志消沉，得过且过，止步不前，放弃谋求自己长远的发展。

第七十六章

人之生也柔弱，其死也坚强[①]。万物草木之生也柔脆，其死也枯槁[②]。故坚强者死之徒[③]，柔弱者生之徒。

是以兵强则灭，木强则折[④]。强大处[⑤]下，柔弱处上。

【注释】

①人之生也柔弱，其死也坚强：人在活着的时候身体本是柔软的，在死亡以后身体却变得僵硬坚实。

②枯槁：生气衰弱，濒临死亡的状态。

③徒：和……一类。

④是以兵强则灭，木强则折：因此军队强硬了就会渐渐地走向灭亡，树木强壮了就会难逃被折断的命运。

⑤处：位于……的位置。

【译文】

人在活着的时候身体本是柔软的，在死亡以后身体却变得僵硬坚实。世间万物一草一木在活着的时候都是柔软脆弱的，在死亡以后也就变得枯槁如死灰了。所以说坚固强硬的东西大多是和死亡同一类型的，柔软脆弱的东西大多是和活着的东西属于同一类型。因此军队强硬了就会渐渐地走向灭亡，树木强壮了就会难逃被折断的命运。坚固强大是向下衰落的趋势，而柔软脆弱则是向上发展的趋势。

【赏析】

老子在本章中主要诠释的是“生”与“死”的对立统一关系。老子通过对人体和草木等世间万事万物的观察，系统地阐述了“弱之胜强”“柔之胜刚”的至理。老子认为柔弱的东西内部蕴含着勃勃的生机和潜力，属于正在生长进步的那一类。而坚强僵硬的东西则是属于走到了辉煌的尽头，即将死亡的那一类，这也就是“物极必反”的道理，事物若是太过于强大，必然会走向灭亡。

在弱肉强食的丛林中，同样有一句话叫作“适者生存”。各种动物想要生存繁衍，就必须适应周围的环境。作为灵长类动物之首的人类，我们更是将“适者生存”发挥到了极致。

第七十七章

天之道，其犹张弓①与？高者抑之，下者举之②；有余者损之，不足者补之③。天之道，损有余而④补不足，人之道则不然⑤，损不足以奉有余。

孰⑥能有余以奉⑦天下？唯有道者⑧。是以圣人为而不恃⑨，功成而不处⑩，其不欲见贤。

【注释】

①其犹张弓：犹如拉弓射箭的样子。

②高者抑之，下者举之：目标高了就压低些，目标低了就抬高些。

③有余者损之，不足者补之：弓弦拉得太满，就把它放松一些，弓弦拉的不够满，就把它拉紧一些。

④而：用来。

⑤不然：不是这样。

⑥孰：谁。

清·改琦《人物山水》

⑦奉：奉献。

⑧道者：得道的人，这里可直接翻译为圣人。

⑨恃：居功自傲，恃才傲物。

⑩处：自居其功，自己抬高自己的地位。

【译文】

天的“道”的运行轨迹，不正像拉弓射箭的样子吗？目标高了就压低些，目标低了就抬高些；弓弦拉得太满，就把它放松一些，弓弦拉的不够满，就把它拉紧一些。天的“道”运行的轨迹就是这样的，减少多余的来补足不够的。人的“道”却不是这样的，而是减少不足的来奉献给有富余的人。谁能够把自己多余的拿出来奉献给天下人呢？只有真正得道的圣人才会这样做。因此，圣人能有所不为而不自恃己功，有所成就而不自居其功，他们不愿意表现出自己的才能。

【赏析】

老子在本章中主要阐述“天道”与“人道”的关系，老子认为“天道”与“人道”是有所不同的，“天道”在于损有余而补不足；而“人道”在于损不足以奉有余，“人道”在这方面是违背“天道”的，如果社会自由放任，放在老子生存的年代，定然会被认为是违反“天道”，破坏社会稳定的不安分子。

第七十八章

天下莫柔弱于水①，而攻坚强者莫之能胜，其无以易之②。弱之胜强，柔之胜刚，天下莫不知，莫能行③。

是以圣人云④："受国之垢，是谓社稷主⑤；受国不祥⑥，是为天下王⑦。"正⑧言若反。

【注释】

①天下莫柔弱于水：天下间没有什么东西比水更柔弱了。

②其无以易之：所以没有东西能够替换它。以，用来。易，替换，替代。

③行：有所行动，做出反应。

④云：说，提出……的观点。

⑤主：……的主人。

⑥不祥：灾祸，祸事。

⑦王：称王。

⑧正：正直的，真实的。

【译文】

天下间没有什么东西比水更柔弱了，但是攻击坚硬的东西的话，没有东西可以胜过水，所以没有东西能够替换它。所以弱能胜过强，柔能胜过刚，这个道理天下人没有不知道的，但是却没有人能够实行。因此圣人说：能承受国家的耻辱，才能有资格成为一国之主。能够承受国家的灾祸，才有资格做天下的君王。这是真理，听起来却好像与事实相反。

【赏析】

老子在这一章中再次提到了“水”的柔软，从“水”的正反两方面讲述“道”的柔。柔弱能够战胜刚强，如水滴石穿，这个道理我们所有人都懂，但是很少有人能够把它作为为人处世的行为准则，拿着这把“戒尺”去把控自己的行为。

有人说，这是一种贴近人性的弱点的东西。原因很简单，因为所有人从小耳濡目染的都是要做一个顶天立地的人，要宁折不弯，宁可站着死，也不跪着生，所以就形成了一个很大的误解：大家都认为柔软就是懦弱，就是屈服，就是胆小怕事，就是贪生怕死。因此，人们很难真正地做到从内到外柔软。

第七十九章

和[1]大怨，必有余怨，安可以为善[2]？是以圣人执左契[3]，而不责[4]于人。有德司契[5]，无德司彻[6]。

天道无亲[7]，常与善人。

【注释】

①和：调节，和解。

②安可以为善：这怎么可以说是妥善的做法呢？

③左契：左边的契约。古人借贷金钱、粮食等财物都用契约，这种契约由竹木制成，中间刻横画，两边刻相同的文字，记着财物的名称、数量等，劈成两半。左边就是左契，右边就是右契。左契上刻着负债人的姓名，由债权人保存，右契上刻着债权人的姓名，由负债人保存。索物换物时，需要将两契合二为一方能生效。

④责：索要债务。

⑤司契：掌管契据。司，掌管，主管。

⑥司彻：掌管税收的人。彻，税务，税收。

⑦天道无亲：天道并不会偏爱谁，也不会亲疏有别。亲，偏爱，偏私，偏袒。

【译文】

和解巨大的仇怨，必然还会留有残余的怨恨，这怎么可以说是妥善的做法呢？所以圣人虽然持有结局存根之类的契约，但并不用它来催人偿还债务。所以有德行的人通过契约来明确责任，而没有德行的人只会像掌管税收的人一样通过契约去苛责追究。天道并不会偏爱谁，也不会亲疏有别，它永远帮助德行高尚的人。

【赏析】

老子在这章中讲的主要是“王霸之道”。道家一直讲究“以柔克刚”，他们认为“柔”才是天道的根本。若是像“掌管税收的人”一样用强硬而冷漠无情的态度处理事情，那是违背天道伦常的，就算能够很快地办成大事，也会导致关系的疏远和负能量的产生。

这段话看似是提醒人们为人处世的方法，其实也是提醒统治者们对待民众要常常怀着一颗仁慈宽容的心，民众才不会产生大的怨恨。水能载舟，亦能覆舟。如果百姓心中的积怨大到难以化解的程度，离乱世也就不远了。统治

者要以德治国，善待平民百姓，不能用苛杂的税务去要挟、去搜刮、去逼迫、去压榨，否则，是会因违背天道伦常而受到惩罚的。

第八十章

小国寡民。使有什伯之器而不用①，使民重死而不远徙②。虽有舟舆③，无所乘之；虽有甲兵，无所陈之④；使人复⑤结绳而用之。

甘其食，美其服⑥，安其居，乐其俗⑦。邻国相望，鸡犬之声⑧相闻，民至老死，不相往来⑨。

【注释】

①小国寡民。使有什伯之器而不用：国家要是小，人民要是少，即使有各种各样的器具也不使用。

②使民重死而不远徙：让人民重视死亡，而不向远方迁徙。

③舆：车子。

④虽有甲兵，无所陈之：虽然有铠甲和兵器，却没有必要非得去使用它，去布阵打仗。甲兵，铠甲和兵器。陈，陈列，此句引申为布阵、交锋、打仗。

明· 陈洪绶 《溪石图》

⑤复：恢复到。

⑥甘其食，美其服：人民认为自己的食物是最香甜的，自己的衣服是最漂亮的。

⑦安其居，乐其俗：自己居住的地方是最舒适的，自己的习俗是最快乐的。

⑧鸡犬之声：用夸张的手法来形容距离极近。

⑨民至老死，不相往来：可是人民就算一直到老死也不相互往来。

【译文】

国家要是小，人民是要少，即使有各种各样的器具也不使用；让人民重视死亡，而不向远方迁徙；虽然有船只和车辆，却不必每次都要乘坐它；虽然有铠甲和兵器，却没有必要非得去使用它，去布阵打仗；让人民再次回到远古时期结绳记事的自然状态之中。人民认为自己的食物是最香甜的，自己的衣服是最漂亮的，自己居住的地方是最舒适的，自己的习俗是最快乐的。国与国之间能够互相望得见，鸡鸣狗吠的声音都可以互相听得见，可是人民就算一直到老死也不相互往来。

【赏析】

老子提出的观点，用现在的话来说，就是“乐活”，即热爱生活。在本节中，老子提出了自己心目中最理想的国度。正如《桃花源记》中描述的一样："阡陌交通，鸡犬相闻。"在老子的理想国度中也是如此：这里的生活自然而舒适，没有战争与贪欲，没有勾心斗角，人民安居乐业。

老子用理想的笔墨，着力描绘了"小国寡民"的农村社会生活情景，表达了他的社会政治理想。

小国寡民是老子所描绘的理想社会，它反映了中国古代社会自给自足的生活方式。老子幻想着恢复到没有压迫、没有剥削的原始社会时代，在那里，没有剥削和压迫，没有战争和掠夺，没有文化，也没有凶悍和恐惧。这种单纯的、质朴的社会，实在是古代农村生活理想化的描绘。

老子用整整一个章节的东西来描述理想社会，并不是用来介绍实际的东西，而是为了传达一种"乐活"的精神，以此来告诉我们：快乐就在身边。

第八十一章

信言①不美，美言不信；善者不辩②，辩者不善；知者不博③，博者不知。

圣人不积④，既以为人，己愈有⑤；既以与⑥人，己愈多⑦。天之道，利而不害⑧；圣人之道⑨，为而不争。

【注释】

①信言：真实可信的话。

②善者不辩：善良的人不花言巧语。

③博：广博、渊博。

④圣人不积：有道德的人不自私，没有占有的欲望。

⑤既以为人，己愈有：已经把自己的一切用来帮助别人，自己反而更充实。

⑥与：给予、帮助。

⑦多：与“少”相对，此处意为“丰富”。

⑧利而不害：使万物得到好处而不伤害万物。

⑨圣人之道：圣人的行为准则。

【译文】

真实可信的话不漂亮，漂亮的话不真实。善良的人不花言巧语，花言巧语的人不善良。真正有知识的人不广博，学问广泛的人不会有精深的学问。圣人是不存占有之心的，而是尽力照顾别人，他自己也会感到更为充足；他尽力给予别人，自己反而会收获更多。自然的规律是让万事万物都得到好处，而不伤害它们。圣人的行为准则是，有所作为，但不与人争夺。

【赏析】

本章是《道德经》的最后一章，是全书正式的结束语。

本节采用了格言警句的形式，前三句讲人生的主旨，后两句讲治世的要义。提醒人们表象和本质往往并不一致。

真正善良的人是绝对不会与人争论是非的，他们从来不会对自己的所作所为的功过是非进行争辩，虽然看似愚钝但是心如明镜，老子通过这些告诉世人：为人处世中，想要与人为善，做个“善者”，就不要与人争辩，避免正面冲突。

最后，老子强调了凡事应当顺其自然，不要一味地强取豪夺。芸芸众生中有三种人：既“不争”也“不为”的隐士和庸才；既“不为”还要“争”的小人；既有“为”也要“争”的强势者。在这三种人之上，应该有一种人是“道”在人间的代表——“为而不争”的圣人。圣人只是默默地奉献而不要求外物加于自身的回报，他和万事万物之间没有纷争、没有打斗，只有奉献。这是一种崇高、幽远的境界。所谓的“不争”，就是指不争这世间俗人趋之若鹜的功名利禄。如果说“善者不辩”是提醒人们不要花言巧语的话，那么“为而不争”则是劝人们修心向善。

了不起的国学启蒙 5

鬼谷子 青少年版

（战国）鬼谷子◎著　木　沐◎译注

江苏凤凰文艺出版社
JIANGSU PHOENIX LITERATURE AND ART PUBLISHING

图书在版编目（CIP）数据

鬼谷子：青少年版 /（战国）鬼谷子著；木沐译注
. -- 南京：江苏凤凰文艺出版社，2024.5
（了不起的国学启蒙；5）
ISBN 978-7-5594-8531-1

Ⅰ. ①鬼… Ⅱ. ①鬼… ②木… Ⅲ. ①《鬼谷子》-青少年读物 Ⅳ. ① B228-49

中国国家版本馆 CIP 数据核字（2024）第 059785 号

鬼谷子：青少年版

（战国）鬼谷子　著　木沐　译注

责任编辑　王昕宁
策划编辑　李　根
特约编辑　连　慧
装帧设计　天下书装
责任印制　杨　丹
出版发行　江苏凤凰文艺出版社
　　　　　南京市中央路 165号，邮编：210009
网　　址　http://www.jswenyi.com
印　　刷　北京雁林吉兆印刷有限公司
开　　本　880毫米×1230毫米　1/32
印　　张　6.5
字　　数　113千字
版　　次　2024年 5月第 1版
印　　次　2024年 5月第 1次印刷
书　　号　ISBN 978-7-5594-8531-1
定　　价　199.80元（全7册）

前言

鬼谷子是中国文化史上极富传奇色彩的人物，他姓王名诩，又名王禅，是纵横家的鼻祖。在史料中，有关鬼谷子的事迹记载并不多，但从黄帝时代到汉代的两千多年的史料中均载有鬼谷子的故事，给人以“神龙见首不见尾”之感。史书说鬼谷子是精于纵横之术的谋略家；在文化史上，他是与老子、孙子、孔子、孟子、庄子、荀子、墨子、韩非子等先哲齐名的学术大家；另外，民间还有很多关于鬼谷子的传说，很多人把他说成是未卜先知的神仙。

相传，孔子有“弟子三千，七十二贤”，是教育史上继往开来的一代宗师。但孔子的这些弟子在历史上却都没有什么太大的作为，没有人是能够搅动天下、翻云覆雨的奇才异士。但鬼谷子的门下，却出了很多光耀千古的政治明星。比如，苏秦是战国时期著名的纵横家，他身挂六国相印，联合六国共抗强秦；而同样是鬼谷子高徒的张仪则凭借高超的辩术成为秦国宰相，瓦解了苏秦生前所创造的六国合纵，使秦国最终一统天下；庞涓也是鬼谷子的弟子，他曾率领魏国军队，战无不胜，威震天下，使宋、鲁、卫、郑的国君纷纷去到魏国朝贺；而身为同门的孙膑不仅打破了庞涓的不败神话，还留下了《孙膑兵法》这一重要著作，在历史上久负盛名。此外，毛遂、徐福、甘茂、司马错、乐毅、范雎、蔡泽、邹忌、郦食其、蒯通、黄石、李牧、尉缭等人物据说也都出自鬼谷子的门下。

《鬼谷子》，又名《捭阖策》，是纵横家游说经验的总结，它融汇了鬼谷子毕生学术研究的精华，有着极高的应用价值。《鬼谷子》全书共十四篇，其中第十三、十四篇已失传。由于鬼谷子所崇尚的是计谋、权变及辩论技巧，其思想基调与儒家所推崇的仁义道德大相径庭，因此，一直以来人们在公开场合对《鬼谷子》都颇有微词，更有禁而毁之者，但私下却又时而习之，并乐此不疲。《鬼谷子》中的立论高深幽玄却又妙用无穷，文字奇古神秘却又寓意深远，是中华民族智慧的结晶，所以历来有“智慧禁果，旷世奇书”之称。

为了传承国学文化，为了帮助更多的人领略鬼谷子深邃的智慧之光，我们编写了此书。书中的版块设计别出心裁，

“原文”参照了当下最权威的版本进行核对，力求真实地还原历史原文；“注释”选取了原典中比较生僻的字词进行解释，方便读者阅读和理解；“译文”是将原典内容译成了更好理解的现代白话文，让晦涩的句子变得直白易懂；“赏析”则通过意味隽永的妙语对原典内容进行深刻解读，将书中的谋略智慧剖析得细致入微，让读者进一步理解那些谋略智慧在实际运用中的妙处。

随着时代的发展，人们的思想也在不断进步，越来越多的人开始从理性的角度来看待《鬼谷子》中的智慧。通过阅读本书，你学到的将不仅仅是兵法谋略和政治权变，更能学会将其中的高深智慧应用于当下的社会生活之中，从而展现出更好的自己，使自己从芸芸众生中脱颖而出。

目　录

捭阖第一 …………………………………… 001
反应第二 …………………………………… 025
内揵第三 …………………………………… 045
抵巇第四 …………………………………… 063
飞箝第五 …………………………………… 079
忤合第六 …………………………………… 093
揣篇第七 …………………………………… 107
摩篇第八 …………………………………… 119
权篇第九 …………………………………… 135
谋篇第十 …………………………………… 151
决篇第十一 ………………………………… 173
符言第十二 ………………………………… 183

捭阖第一

“捭阖”是《鬼谷子》全书的开篇。“捭”的意思是开启，“阖”的意思是闭藏，捭阖具体来讲其实是一种谈判术，是纵横家游说活动的根本方法。鬼谷子深知语言在人类社会的重大作用，所以他提出“捭阖之道”，旨在提醒游说者要根据各人的特点采取相应的对策，以此来达到游说的目的。

顺应时代发展，成就一番伟业

粤若稽古，圣人之在天地间也，为众生[①]之先。观阴阳之开阖[②]以名命物，知存亡之门户，筹策[③]万类之终始，达人心之理，见变化之朕[④]焉，而守司其门户。故圣人之在天下也，自古及今，其道一也。

【注释】

①众生：指大自然中的一切生命。

②阖（hé）：关闭。

③筹策：原指古代的一种计算用具，这里是谋划的意思。

④朕：征兆、行迹。

【译文】

纵观上古时期的历史，可以知道圣人在天地间的作用，是芸芸众生的主宰。圣人通过观察阴阳两类现象的变化来给

事物命名。圣人了解事物存亡的关键。圣人通过计算和预测事物的发展进程，从而洞悉人们思想变化的关键。圣人通过揭示事物变化的征兆，从而把握事物发展变化的关键。所以圣人在这世上的作用，自古至今都是一样的。

【赏析】

在鬼谷子的观点中，有些人之所以被人们尊为圣人，最根本的原因是他们懂得“守司其门户”。用现代的话来说，就是懂得顺应时代发展的大趋势，能遵循天下兴亡之道，所以做起事来才会事半功倍，最终成就一番伟业。

一说起“兴亡之道”，人们常常喜欢从夏、商、周这三个最古老的朝代中去寻找佐证，这是为什么呢？有一种解释阐述得十分合理：在夏、商、周这三个朝代更迭的过程中，人们的社会政治思想还是混沌一片，儒、道、法、阴阳等诸子百家的思想也统统不存在，后世所倚重的计谋权变之术在当时也尚未取得足以决定胜负的地位。在这样一个原始气息十分浓郁的时代里，历史的“兴亡之道”就显得非常纯粹，纯粹到可以用简单的“天命”来概括。其实当时的人们还是比较愚昧的，无论是君还是民，都十分相信“天命”的说法，认为它决定着天下兴亡的命运，这种解释是符合中国人传统思维的。这种天命其实就是后世人们所说的时势走向，而那些能够早一步看出这种发展规律的人，就被人们称为“圣人”。

做事把握关键，方可事半功倍

变化无穷，各有所归，或阴或阳，或柔或刚，或开或闭，或弛或张①。是故圣人一守司其门户，审察其所先后，度权量能②，校其伎巧短长。夫贤不肖、智愚、勇怯有差，乃可捭，乃可阖；乃可进，乃可退；乃可贱，乃可贵，无为以牧之。

【注释】

①阴、阳、柔、刚、开、闭、弛、张：这些都是指事物所处的不同状态及表现形式。

②度权量能：推测智谋的高低以及能力的大小。

【译文】

虽然事物的发展变化无穷无尽，但它们最终都会找到属

于自己的归宿：有的属阴，有的归阳；有的柔弱，有的刚强；有的开放，有的封闭；有的松弛，有的紧张。所以，圣人把握事物发展变化的关键，观察事情的来龙去脉和先后顺序，推测对方智谋的高低，衡量对方能力的大小，再比较他们技巧方面的长处和短处。至于人们所说的贤良和不肖、智慧和愚蠢、勇敢和怯懦，都是有所区别的。所有这些既可以开放，也可以封闭；既可以进升，也可以辞退；既可以轻视，也可以敬重，这都要靠无为来掌握。

【赏析】

我们都知道，驴子是古时人们农耕劳作的好帮手，但驴子也不总是那么听话的。它有时犟起来，真是拉也拉不动，打也打不走。其实，人们之所以感觉驴子很难制服，是因为很少有人知道驴子的“要害”。找不到“要害”，一般的抽打根本起不了太大的作用。常用驴子干农活的人，都知道有个驯服犟驴的好方法，就是踢打它的“要害”。这个“要害”的具体位置不太好描述，通俗地说是在驴子肚皮中点至脊柱中点这条弧线的左侧方约五分之一处，农村的人称之为驴子的“肚绷子”。在驴子不听话时，你只要对准它的“肚绷子”踢上一脚，它就会立刻如触电般僵立在那里，什么脾气都没有了，乖乖地任你摆布。

同样，中国有句俗话叫“牵牛要牵牛鼻子”。要想驱使一头壮硕的水牛进田里耕地，光用蛮力去推是没有用的。这时候，古人都会刺穿牛的鼻子，给牛系上鼻环，用绳子牵着鼻环下田。牛被牵住了要害，自然就会乖乖地听从主人使唤。这跟西方哲学家所说的“给我一个支点，我可以撬动地球”是同一个意思。万事万物都存在着起决定作用的关键点，抓住了这个关键点，就能掌控全局，主宰一切。

提前测准风向，才好张帆使舵

审定有无与其实虚，随其嗜欲①以见其志意。微排其所言而捭反之，以求其实，贵得其指②；阖而捭之③，以求其利。或开而示之，或阖而闭之。开而示之者，同其情也；阖而闭之者，异其诚也。可与不可，审明其计谋，以原其同异。

【注释】

①嗜欲：这里指特殊的爱好。

②指：通“旨”，宗旨。

③阖而捭（bǎi）之：先封闭再打开。

【译文】

审定一个人才干的高低和思想的虚实，可以先观察他的嗜好和欲望，从中推断出他的志向和意志。和一个人进行辩论时，可以先略微驳斥他的观点，诱使他打开话匣子之后再加以反驳，这样可以得到对方的实际情况，更可贵的是可以把握对方言行的宗旨。然后沉默继而挑动对方发言，从而抓住对方的要害。或者开启自己，让对方知道自己的真实想法；或者闭藏自己，不暴露自己的真实想法。让对方知道自己真实想法，是为了获得共同的情感和相互间的信任；不暴露自己的真实想法，则是要考虑彼此的诚意。判断可行与不可行就是要清楚地知道对方的计谋，以便探索其中相同与不同的地方。

【赏析】

鬼谷子告诉我们，无论处理政事还是待人接物，都应当充分认清当时的形势，找准前进的方向，采取灵活多变的处世之道。树上没有两片完全相同的树叶，世界上也不可能存在两个完全相同的人。因此，鬼谷子认为我们平时说话办事都要因人而异，不可一概而论。只有全面而深刻地了解别人的内心需求，才能“得其指”，从而实现“求其利”的目标。

《战国策·魏策四》记载着这样一则寓言故事：一个人要乘车到楚国去，却选择了相反的方向，别人明明已经告诉他方向反了，他却不听别人的劝告，结果只能离楚国越来越远了。故事虽然简单，却告诉我们一个深刻的道理：无论做什么事儿，都首先要看准方向，一旦前进方向搞错了，一切努力都将是徒劳的。

然而，大多数人在读到这个故事时，顶多只是一笑了之，并不做深解。因为在人们看来，世界上根本不存在这样的傻瓜。诚然，“南辕北辙”所反映的是一种比较极端的现象，不可能真的发生这么可笑的事情。但在现实中却有很多人偏离了方向尚不自知，直到历尽沧桑才发现自己绕了很大的弯路。

正所谓“看准风向好使舵”，无论是在国家的政治、军事、外交等领域里，还是在个人的求学、创业、致富的过程中，找准前进方向都是首先要解决的问题。只有这个问题解决了，才能为成功打下良好的基础；否则就可能走很多弯路，甚至功败垂成。

训练缜密思维，做事滴水不漏

离合[1]有守，先从其志。即欲捭之贵周，即欲阖之贵密[2]。周密之贵微，而与道相追[3]。捭之者，料其情也；阖之者，结其诚也。皆见其权衡轻重，乃为之度数。圣人因而为之虑[4]，其不中权衡度数，圣人因而自为之虑。

【注释】

①离合：离，分离、不一致。合，闭合。

②密：保密、隐秘。

③追：接近。

④虑：权衡谋划。

【译文】

计谋有与自己不相同的和相同的，对此，应该在尊重对方意愿的前提下把握好自己的主张。如果要运用开启之术，贵在周详和完备；假如要运用闭合之术，贵在隐藏和保密。要达到周密，最重要的是做得微妙，合乎事物发展的规律和道理。所以要让对方开启，是为了判断对方的实情；要让对方闭藏，是为了坚定对方的诚意。这些都是为了彻底摸清对方的底细，以便探测其各方面的表现。若据此足以做出分析和预测，圣人就可为其谋划。若分析和预测的结果不理想，圣人就会想办法另行谋划。

【赏析】

在本节中，鬼谷子强调运用捭阖之术时的一个重要原则就是要确保周详缜密、滴水不漏。如果捭阖之术运用不够仔细，不但不能达到预期的效果，反而会让自己门户大开，给敌人乘虚而入的机会。要想避免这种情况发生，就要掌握其中的最关键之处，那就是学会在韬光养晦中安然渡过难关，慢慢地积攒实力，等待时机，待到准备充足时再果断出手，达到一役而胜的目的。

真正能成就大事业的人，一要胆大，二要心细，缺一不可。所以，古往今来的成功者不仅要有开创大局的雄伟气魄，也要有体察入微的缜密心思，倘若缺乏这种缜密思维，顶多只能算是个有勇无谋的莽夫，成不了扭转乾坤的

明·唐寅《松林扬鞭图》

真英雄。自诩“力拔山兮气盖世”的楚霸王，虽然成为名传后世的一代豪杰，却不能成为最后的胜利者，因为他不懂得“欲捭之贵周，欲阖之贵密”的道理，不能很好地处理自己身边的人和事。

审时度势，纵观全局，思虑周全，这是一个成功人士的必备素质。我们常说：“三思而后行。”一个人要想获得成功，做事之前必须慎重思考将会出现的情况，对环境、对手以及自身都要有充分的分析和了解。很多时候，高手与高手的对决归根结底都是细节的较量，只有滴水不漏地处理好各个细节，才能把握整个局势，找到最有利于自己成功的方式和道路。

拒绝因循守旧，避免陷入死局

故捭者，或捭而出之，或捭而内之；阖者，或阖而取之，或阖而去之。捭阖者，天地之道。捭阖者，以变动阴阳，四时开闭，以化万物。纵横[①]反出，反覆反忤，必由此[②]矣。

【注释】

①纵横：自由自在的变化。

②必由此：必须通过这里。

【译文】

因此，所谓开启，或者是通过开启而展示使用，或者是通过开启而收纳闭藏；所谓封闭，或者是通过封闭来自我约束，或者是通过封闭使别人离开。开启和闭合，是世间万物变化发展的规律。开启和闭合，是使事物阴阳对立的各方面发生变化的动力，就像春、夏、秋、冬四时的交替一样，促使万物发生变化。世间出现的纵横、离开、归复、反抗等现象，都是通过开启和闭合来实现的。

【赏析】

在鬼谷子看来，捭阖之道是普遍存在的，万物的生长变化都离不开它。在自然界，万物的春生、夏长、秋收、冬藏都是动态的，整个世界都处在不断变化当中，永恒不变的事物是不存在的。因此，在奔腾不息的历史长河之中，那些拘泥于传统、不求变革的人常常会让自己陷入死局。

古代有这样一个笑话：有个人想让他的妻子为他做一条新裤子，妻子就问他想要什么样的新裤子，他拿出自己的旧裤子说要像这条裤子一样。于是，妻子在做好裤子后，又把新裤子放在地上踩了踩，还用剪刀剪出几个破洞，弄得和旧裤子一模一样了。显然，这则笑话是在讽刺那些因循守旧的人。世上就是有很多这样的人，他们总是片面地凭着老经验去办事，虽然费了很大的力气，结果却只能一败涂地，这都是不懂变通导致的结果。

曾经有位哲人说："人的一生不能两次踏入同一条河流。"阐释了世间万物都处在发展变化当中的至理。所以，如果仅以一时一地的经验为依据，来指导自己面临的所有情况，那就偏离鬼谷子所说的捭阖之道了。所以说，一个人要想让自己一直走在时代的最前沿，就必须懂得适时和变通。

"变"是事物发展的规律，"应变"则是我们应具备的能力，灵活通变并不是牺牲原则，恰恰相反，而是顺应变化规律化解矛盾的有效途径。我们在做事时，如果一直沿着既定的模式和程序而进行思维活动，那就等于把自己的思维限制在一个狭小的空间里，抑制了自己的创新能力。所以，我们在改造常规性思维的同时，必须学会非常规性思维，这样才能让自己变得思路广阔、头脑灵活，才能在事情的变化中取得主动权。

既要敢于开口，更要措辞得当

捭阖者，道之大化，说之变也。必豫审[1]其变化，吉凶大命系焉。口者，心之门户也；心者，神[2]之主也。志意、喜欲、思虑、智谋，皆由门户[3]出入。故关之以捭阖，制之以出入。

【注释】

①豫审：豫，预先。审，审察、考察。

②神：这里指精神。

③门户：嘴巴。

【译文】

开启和闭藏，是万物运行的现象，也是游说活动的一种形态。人们必须首先慎重地考察万物变化，事情的吉凶和人们的命运是紧密相连的。语言是心灵的门窗，心灵是精神的主宰。意志、情欲、思想和智谋都要由口这个门户表达出来。因此，需要用开启和闭藏来把守这个关口，以控制言语的出入。

【赏析】

在生活中我们发现，有些人总是掌握不好说话的分寸，有些话明明不该说却一直说个没完，而有些话需要解释清楚反倒惜语如金。鬼谷子认为，一个人要想成就大事，不但要敢于说话，更要措辞得当，敢说而不会说和会说而不敢说都是不行的。

常言道："祸从口出。"嘴巴是一个人表达自己意愿的门户，同时也是宣泄情感的门户。嘴巴的开合一定要注意"进退有度"，否则一句不恰当的措辞就有可能让你得罪他人。一个会说话的人总是能把有益的话放出来，把得罪人的话关在肚子里。

语言是人与人之间沟通的桥梁，不同的言辞给对方带来的感受会有所不同，所获得的效果和回报也会大不相同。在《史记·魏其武安侯列传》中记载，公元前131年，武安侯田蚡娶燕王的女儿，魏其侯窦婴与将军灌夫奉王太后的命令前去祝贺。因为当时窦婴已经失势，所以当灌夫给田蚡他们敬酒时，田蚡及他的手下不理不睬，灌夫借着酒劲大骂他们，结果惹恼了田蚡，给自己招来了杀身之祸。

灌夫“醉而生嗔”，痛骂了小人田蚡，当时只是为图一时之快，但当他知道自己会因此而招来杀身大祸时，想必也十分后悔吧。

掌握进退之道，领悟处世方略

捭之者，开也，言也，阳也；阖之者，闭也，默也，阴也。阴阳其和，终始其义[①]。故言长生、安乐、富贵、尊荣、显名、爱好、财利、得意、喜欲，为“阳”，曰始。故言死亡、忧患、贫贱、苦辱、弃损、亡利、失意、有害、刑戮、诛罚，为“阴”，曰终[②]。诸言法阳之类者，皆曰始，言善以始其事；诸言法阴之类者，皆曰终，言恶以终其谋。

【注释】

①终始其义：此处指开闭有节。

②终：患难、贫贱的意思。

【译文】

开启之术，就是公开的、可言及的，属于阳的方面；闭合之术，就是关闭的、沉默的，属于阴的方面。阴阳两方相协调，开放与封闭就会有节度。所以说长生、安乐、富贵、尊荣、显名、嗜好、财货、得意、情欲等，属于阳的范畴，叫作“始”。而死亡、忧患、贫贱、羞辱、毁弃、损伤、失意、灾害、刑戮、诛罚等，属于阴的范畴，叫作“终”。凡是那些遵循“阳道”的人，都可以称为“新生派”，他们以谈论“善”来开始游说；凡是那些遵循“阴道”的人，都可以称为“没落派”，他们以谈论“恶”来终止施展计谋。

【赏析】

在鬼谷子看来，开放与封闭要有节度，才能善始善终，具体何时开放、何时节制，需要视万物的实际情况而定。

元·钱选《扶醉图》

我们平时做事，也一定要把握开放与封闭的时机，该进则进，该退则退。要根据形势的细微变化，灵活地调整策略，合理运用进取和防御这两种方案。

把握进退有度的原则对于谈判工作有着重要的指导意义。在谈判场合，利益的博弈就是双方寻求妥协的过程，就是原则性和灵活性的平衡。要想取得谈判的成功，达成合作协议，各自都要有必要的让步和妥协。当然，这种让步和妥协并不是完全对等的。过早提出让步和妥协，会被对方认为是软弱可欺，导致对方漫天要价，不利于谈判的成功。让步太迟又容易惹怒对方，导致谈判的失败，出现两败俱伤的结局。

所以，把握进退的节奏是十分重要的，有时候需要一步到位，有时候则需要分段让步。要使对方感到你的妥协是通情达理的，对谈判是诚心诚意的。如果你的让步太过突兀，就会让对方感到不合逻辑，进而怀疑你的动机。所以，你还要让对方知道自己做出让步是不容易的，而且在做出让步的同时，也需要对方付出相应的代价或者做出相应的让步，以获得自己认为有价值的东西，这样才能真正取得谈判的成功。

树立高远志向，才能走得更远

捭阖之道，以阴阳试之。故与阳言者，依崇高[①]；与阴言者，依卑小。以下求小，以高求大。由此言之，无所不出，无所不入，无所不可。可以说[②]人，可以说家，可以说国，可以说天下。为小无内，为大无外。

【注释】

①与阳言者，依崇高：和情之阳者交涉时，就谈论崇高的话题，并对此加以试行。

②说：游说、说服。

【译文】

运用开启和闭藏的法则，需要从阴阳两方面来检验。因此，对积极进取者，应谈论崇高奋进之事来加以引导；而对消极保守者，应谈论卑微求全之事来加以引导。卑微求全的

事儿，易得到胸无大志的人采纳；而崇高奋进的事儿，则更易得到志存高远的人采纳。若能从人物心理出发去游说，就没有什么事情不能了解，没有什么事情不能探索，没有什么事情不能实现。这种游说方法，可以游说他人，可以游说大夫，可以游说诸侯国的国君，可以游说周天子。不论内部有多小，也不论外部有多大，均不能局限于本身，而须辩证地对待。

【赏析】

在本节中，鬼谷子提出了“与阳言者，依崇高；与阴言者，依卑小”的论点。他把人笼统地分为两个大类：一类是“阳言者”，即积极进取者，这样的人往往胸怀大志，不甘居于人下；一类是“阴言者”，即消极保守者，这类人一般胆小怯懦，对人生没有什么奢望。总的来说，志存高远是一个人取得伟大功绩的前提条件，没有高远的志向是很难取得进步的。

无数事实证明，那些消极保守者往往很难有大的作为。因为一个人能取得多大的成就，很大程度上取决于他的志向，只有志存高远才能让自己越走越远。另外，光有远大的志向但缺乏实际行动的人，也是难以成功的。人有两个耳朵，两只眼睛，却只有一个嘴巴，这种奇妙的组合蕴含着很深的哲理，那就是告诫人们要多听，多看，少说。那些整天将志向挂在嘴边的人，虽然看上去是“积极进取者”，但大多是一群浮夸之人，他们只是脑子一热冒出一些想法而已，并不能算是真正的志向。“无志者常立志，有志者志不移”，真正胸怀大志的人会把志向藏在心里，默默坚持，努力朝着理想迈进。

参悟协调之道，领会阴阳之理

益损、去就、倍反①，皆以阴阳御其事。阳动而行，阴止而藏，阳动而出，阴隐而入。阳还终阴，阴极反阳②。以阳动者，德相生也；以阴静者，形相成也。以阳求阴，苞以德也；以阴结阳，施以力也。阴阳相求，由捭阖也。此天地阴阳之道，而说人之法也。为万事之先，是谓圆方之门户。

【注释】

①倍反：倍，通“背”，背叛。反，复归。

②阳还终阴，阴极反阳：阴和阳相辅相生，并且可以相互转化。

【译文】

所有损益、去就、背叛与复归，都可以依据阴阳来驾驭。阳的方面，运动前进；阴的方面，静止隐藏。阳的方面，活动显出；阴的方面，随行潜入。阳气运行最终复归于阴，阴气运行最后返归于阳。凡是凭阳气而行动的人，道德就与之相生；凡是凭阴气而静止的人，形势就与之相成。用阳气来追求阴气，要靠道德来包容；用阴气结纳阳气，要施用力量。阴阳互相追随，是由于遵循开启和闭藏的规律变化。这是天地阴阳之道理，又是说服人的方法，是各种事物的先导，是天地的门户。

【赏析】

鬼谷子认为：“以阳求阴，苞以德也；以阴结阳，施以力也；阴阳相求，由捭阖也。”就是说用阳气来追求阴气，要靠道德来包容；用阴气结纳阳气，要施用力量。阴阳之气相追随，是依据开启和关闭的原则，这就揭示了和谐共处的原理。

在太极图中，有阴阳两条鱼，阳鱼头抱阴鱼尾，阴鱼头抱阳鱼尾，互相纠结，浑融婉转，恰成一个圆形，无始无终，无头无尾，无前无后，无高无下。最妙的是阴鱼当中有阳眼，阳鱼当中有阴眼，相互包容，相互蕴含，相互激发，相互转化，又相互促生。其实管理协调工作也是一样，只有充分了解工作对象的特点，然后根据这些特点制定出与之相生或相克的对应策略，才能更好地解决问题，这正是阴阳相生的哲理。

我们无论做什么事儿，都不能当单枪匹马的侠客，而要借助团队的力量，也需要为团队贡献力量。俗话说：“一个好汉三个帮，一个篱笆三个桩。”只有团结协作，我们才能发挥各自的优势，实现资源的最佳配置。如果不懂得融入团队，不仅会影响团队的工作，也不利于自己的成长。一个人就像一滴水，很容易被干旱征服，怎样才能让一滴水永不干涸呢？只有让这滴水融入大海这个团队之中，才能够拥有长久的生命力。

反应第二

在本篇中，鬼谷子集中讲解了反应术，阐述了刺探情报所用到的谋略。鬼谷子认为，要想准确掌握对方的真实意图，关键在于掌握“反”的诀窍。要冷静地观察和分析对方，并在此基础上运用所谓的“钓言之道”，让对方说出真话，从而掌握主动权，让自己立于不败之地。

借助历史经验,可以少走弯路

古之大化者，乃与无形俱生。反以观往，覆以验来；反以知古，覆以知今；反以知彼，覆以知己。动静①虚实之理，不合于今，反古而求之。

【注释】

①动静：行动和停止。

【译文】

古代以大道教化天下的圣人，是与无形的道共生的。反观以往，可察验未来；反观古代，可洞察今天；反观他人，可了解自己。动静虚实的道理，假如跟未来和现在都不相符合，那么，就要回到历史中去探求。

【赏析】

在本节中，鬼谷子以一个纵横家的视角，阐明了“反

以观往，覆以验来；反以知古，覆以知今；反以知彼，覆以知己”的道理。我们每个人做事都应当以史为鉴、以人为镜，汲取他人的经验和教训，使自己成长。

人类的伟大之处就在于能借助思维从间接经验中获得智慧，借鉴别人成功的经验和失败的教训，是获得宝贵经验的路径之一。生命有涯而知无涯，有限的生命不可能体验所有的事物。直接经验是宝贵的，却是有限的，所以要重视对间接经验的吸收。他人成功的实践经验可以成为自己的借鉴，他人失败的教训也可以提醒自己不要再犯同样的错误。

人的一生不可能总是一帆风顺，总会遇到一些坎坷和波折。智者在经历过坎坷之后，能“吃一堑长一智”，不会第二次犯同样的错误，而愚者却懒得去总结经验教训，所以总是重蹈覆辙。学习前人成败得失的经验，目的只有一个：少走弯路，少犯同样的错误。古之所谓俊杰，都深明洞察先机之道。看破时势，看透人心，这是成功人士必备的能力。

掌握口才艺术，让你受益一生

事有反而得覆者，圣人之意[①]也，不可不察。人言者，动也；己默者，静也。因其言，听其辞[②]。言有不合[③]者，反而求之，其应[④]必出。言有象，事有比[⑤]，其有象比，以观其次。象者象其事，比者比其辞也。

【注释】

①圣人之意：圣人的主张。

②辞：所说的话。

③言有不合：所说的话不符合常理。

④应：反应、答应。

⑤比：类比、类推。

【译文】

任何事情都可以通过运用“反”而得到“覆”，这是圣人的见解，我们不可不悉心研究思考。让别人说话，使其处

于动态之中；我沉默不言，是处于静态之中。所以，要根据对方所说的话来了解他想表达的意思。如果发现他的言辞有矛盾，不合乎实情，要反复地追问、诘难他，他必然会有应对之辞。言谈之中，会用到象形、类比等修辞方法。听了对方的原话，要体会藏在其中的含义。所谓象，是指用象形法说其事；所谓比，是指用同类类比法述其意。

【赏析】

在本节中，鬼谷子教导我们要耐心倾听别人说话，如果别人话里有话，要搞清楚隐含的意思，同时要抓住机会提问，从对方的回答中了解实情。

语言是一门很奇妙的艺术，懂得运用语言的人往往比不会说话的人办事容易，总能达到事半功倍的效果。语言可以激起人的感情共鸣，可以让人瞬间放下防备、拉近距离，还可以让人心情舒畅、意气风发。

聪明的人应该清楚，空话、大话是不起作用的。即使别人说得天花乱坠，我们也要保持理智，绝不轻信。有时，可以通过有效的诘难，了解事情的真相。轮到自己说话的时候，则尽量做到简洁有力，最好带有生动的修辞。很多时候，恰当的措辞就像一把万能钥匙，可以打开很多便捷的门径。

如果说眼睛是心灵的窗户，那么嘴巴就是心灵的大门。看一个人是善良还是邪恶，要看他的眼神；而看一个人是智慧还是愚蠢，则要听他的言语。一个会听话也会说话的人，在人生的博弈中将获得更多的机会。办事儿必须依靠信息的交流、思想的交流和感情的交流来完成，而有人交流得好，有人则交流得不好。所以说“好马出在腿上，好人出在嘴上”，会说话的人大多是会办事儿的人。

学会察言观色,捕捉更多信息

以无形求有声。其钓语[1]合事，得人实也。其犹张罝网[2]而取兽也，多张其会而司之。道合其事，彼自出之，此钓人之网也，常持其网驱之。其不言无比[3]，乃为之变，以象动之，以报其心，见其情，随而牧之。己反往，彼覆来，言有象比，因而定基。

【注释】

①钓语：像钓鱼投饵一样，这里指引诱对方发言。

②罝（jū）网：罝指捕兔子的网，网指捕鱼的网。

③其不言无比：指对方沉默不言，或言辞无可比较。比，可比的规范。

【译文】

以无形无声的玄微之理求得对方有声的语言，以诱导的话引出与事理相符合的发言，就能得到实情。以张网捕兽为例，若多张置一些网，并加以密切关注，就能多捕获一些野兽。方法符合情理，对方自然就会表现出来，这就是钓人的网。经常拿着这张网与人周旋，可使对方向你推心置腹。如果对方沉默不言，或言辞无可比较，就要学会改变方法，用更加形象的事物去打动对方，让对方体会到其中的真情实感，从而加以控制。若能你一言我一语地进行交流，且双方言辞均有形象、比喻，这就有了沟通的基础。

【赏析】

本节是鬼谷子对如何在说话中“钓”到自己需要的东西的一段精彩论述。我们前面讲到，好的口才可以让你掌握说话的主动权，而更高明的人则会设置“钓人之网”，引诱别人多说话，以从中获取有用的信息。

在生活中，口若悬河的人固然会成为众人的焦点，却不一定能交到知心的朋友，而那些懂得给他人说话机会、善于倾听他人说话的人，则常常会成为大家乐于交往的对象。所以，我们在人际交往中要善于用巧妙无形的方法引诱对方说话，若“钓语”合乎人情事理，就不难从他人的话语中窥测其内心的真实情感。譬如以张网捕兽，若多张置一些网，并加以密切关注，就能多捕获一些野兽。与人交谈时，多设置问题，给他人表现的机会，就能多获取一些信息，从而有利于自己的判断。

这里需要说明的是，鬼谷子用了“钓人之网”这样的字眼，难免会引起后人的猜疑，以为这位“智圣”在鼓励人行奸使诈的行为，但其实这是一种误解。本节所说的“钓人之网”并不带有贬义色彩，我们可以把它理解为一种交际之法而借鉴之，掌握这个方法对于我们每个人的行为处世有着积极的指导作用。

思维不要僵化，勇于打破常规

重之袭之，反之覆之，万事不失其辞。圣人所诱愚智①，事皆不疑。故善反听者，乃变鬼神②以得其情。其变当也，而牧之审也。牧之不审，得情不明；得情

不明，定基不审。变象比，必有反辞，以还听之。欲闻其声反默，欲张反敛③，欲高反下，欲取反与。

【注释】

①愚智：愚者和智者。

②鬼神：鬼，悲苦、幽暗、隐私。神，美妙、洒脱、欢乐。

③敛：收拢、收敛的意思。

【译文】

若双方言语投机，你来我往，则世间万物没有说不清楚的。圣人以此诱导愚者和智者，任何事儿都能得到实情而无疑惑。所以那些善于从反面听人言论的人，总是可以通过鬼神莫测的方法刺探到实情。他们变化很得当，也能驾驭住对方。若驾驭不住对方，得到的信息就不明了。信息不明了，交谈的基调就不确实。言谈中，若能灵活运用形象、类比之法，说反话刺激对方，通过观察对方的反应，即可探测到实情。想要讲话，反而先沉默；想要敞开，反而先收敛；想要升高，反而先下降；想要获取，反而先给予。

【赏析】

在本节中，鬼谷子提出了“欲闻其声反默，欲张反敛，欲高反下，欲取反与”的观点，意在说明做事情时如果能走与目标相反的道路，往往能够收到良好的效果。这里是利用了一种非常规的思维指导自己的言谈和行动，即所谓的“反弹琵琶，逆道而行”。

我们平常与人相处时，如果能灵活运用形象、类比之法，说反话刺激对方，通过观察对方的反应，即可探测到实情。想要听对方讲话，自己就应当保持沉默；想要对方敞开心扉，自己就应当暂且收敛；想要使对方高傲起来，自己就应当表现得谦恭一些；想要从对方那里获取什么，自己就应当先给予点什么。

很多时候，当常规思维无法取得预期效果的时候，逆向思维会比常规思维取得的效果更佳。逆向思维也叫求异思维，它是对司空见惯的、似乎已成定论的事物或观点反过来思考的一种思维方式。大多数情况下，人们都习惯于沿着事物发展的正方向去思考问题并寻求解决办法，其实对于某些问题，如果能从结论往回推，倒过来思考，或许会使问题简单化。

元· 任贤佐《人马图》

巧用攻心计策，让你无往不利

欲开情①者，象而比之②，以牧其辞。同声相呼，实理同归。或因此，或因彼，或以事上，或以牧下。此听真伪，知同异，得其情诈③也。

【注释】

①开情：敞开心怀叙述。

②象而比之：象，模仿。比，类比。

③情诈：实情和欺诈。

【译文】

想要开启实情，就要模仿比较，以便掌握对方的讲话。同类的声音可引起共鸣，切实的道理会有共同的结果。或因此共鸣，或因彼共鸣，或以共鸣法来侍奉上司，或以共鸣法来管理下属。这就是听取真假、知道同异，以便刺探敌人的实情或者欺诈。

【赏析】

在本节中，鬼谷子阐述了迅速俘获人心的基本原则，即说话要声情并茂，善于借助象形、比喻的修辞方法，引起对方内心的共鸣，这就是我们常常说的“攻城为下，攻心为上”。

与人交谈时，达成共鸣十分重要。心与心的共鸣可以让我们的生活多一些宽容和谅解，少一些纠纷和矛盾。对于不讲理的小人，揭露、斥责都是必要的，但这毕竟是外力所致，要想真正挽救这些人，最好的办法是让他们自己内心受到震动，得到感化，使他们充分认识到自己的错误。这样，他们就会抛弃侥幸之心，从而改邪归正。

“攻心术”是一种高明的口才技巧，掌握好这门技巧需要我们平时多注意观察和思考，用心揣摩他人的所思所想，寻找对方心中的软肋，采取有针对性的应对策略。一些现代管理者在谈到树立威信的方法时，有“以德树威”“以才树威”“以识树威”“以信树威”“以情树威”等。这些树立威信的方法，如果我们加以分析，实际上都是使人在心里产生认同感，是使人“心服”的一个过程——“攻心”的过程。

“攻心术”同样适用于规谏失足之人。人的心中都有善念，只是有些人的善念已经沉睡，需要用别人的善行去唤醒。对于那些看似冥顽不化的人，我们也要以诚相待，尽力去感化他们，来启发他们的良知。《孙子兵法》云："不战而屈人之兵，善之善者也。"能让失足之人主动去弃恶从善，那是最好的。

把握细枝末节，才能避免失败

动作言默，与此出入，喜怒由此以见其式，皆以先定为之法则。以反求覆，观其所托[①]，故用此者。己欲平静以听其辞，察其事，论万物，别雄雌。虽非其事，见微知类。若探人而居其内，量其能射其意[②]，符应不失，如塍蛇[③]之所指，若羿之引矢。

【注释】

①观其所托：观察其主张的本意。

②射其意：这里指准确猜中对方意图。

③塍（téng）蛇：古代传说中的一种灵蛇。

【译文】

举止行为、言语或缄默，与此相关，喜怒情绪都可以从

这里见到端倪，都是事先定于情再做出法则。总之，要以反听法求得对方的回应，以此判断对方的心理寄托。处理对方回应的信息，首先自己要平和冷静，不带个人情绪和偏见，以便能听取对方言辞，考察事理，论说万物，辨别真伪。虽然所谈的事不是当务之急，但从表现出来的细微之处就可以了解总的变化。就像刺探敌情而深居敌境一般，首先要估计敌人的能力，其次再摸清敌人的意图，像验合符契一样可靠，像螣蛇所指一般神奇，更像羿拉弓射箭一般准确。

【赏析】

在本节中，鬼谷子阐释了细节的重要性。做任何事情都要提前考虑好方方面面的细节，这样才能万无一失，把握成功。有时候，急中生智固然是一种难得的智慧，却不能过分依赖。尤其在与人交谈时，我们应努力控制谈话中的细节，通过细致的准备，最大限度地提升说服他人的概率。

纵观古今，我们发现那些杰出人士无不具有高深的个人涵养，他们对细节的重视程度非普通人可以想象。我们往往只了解他们风光、潇洒的一面，却不知道他们为此付出了什么样的艰辛努力。比如，“二战”时期的英国首相丘吉尔是闻名于世的政治家、外交家，他在应付大场面时的谈吐、风度令人倾倒。可谁又知道，丘吉尔每次接待外宾，都会提前几天就开始准备材料，为了设计好每一句话，他甚至睡觉时都在琢磨。

靠精工细活而闻名于世的瑞士手表，每一个部件的尺寸及重量都经过了严格的测量与打磨；以建造工艺复杂精确而著称的古埃及金字塔，它的每块巨石之间绝妙的吻合，令现代人都叹为观止。这些都体现了细节的重要性，是细节成就了它们的完美。把握细节的能力不是生来就有的，它来自人们日常生活中的磨炼。人若是平日松懈自己，不注意观察身边的事物，真正遇到问题时就会很难全面把握，而决定事业成败的关键往往就在于细节。离开对细节的把握，会让很多努力功亏一篑。

先要了解自己，才能看透他人

故知之始己[①]，自知而后知人也。其相知也，若比目之鱼[②]；其见形也，若光之与影。其察言也不失，若磁石之取针，如舌之取燔骨[③]。

【注释】

①知之始己：想要了解他人，就必须先了解自己。

②比目之鱼：旧说此鱼只有一只眼睛的鱼，必须两条鱼一起才能游动。

③燔（fán）骨：烧烤骨头上的肉筋。

【译文】

想要了解他人，就必须先了解自己，只有了解了自己，然后才能了解别人。对别人的了解，就像一起游动的比目鱼一样没有距离；明了对方的情形，就像光和影子一样交相辉映；侦察对方的言辞，不失为如同用磁石来吸取钢针，就像用舌头来获取焦骨上的肉筋一样。

【赏析】

“知己知彼，百战不殆”是我们都很熟悉的一句名言，出自春秋时期著名的军事家孙武。而在本节中，鬼谷子提出的“知之始己，自知而后知人”，也含有“知己知彼”的意思。不过，鬼谷子更强调自知的重要性，把自知作为知人的前提，这是很有见地的。

自知之明，确实是人的一种重要品质。如果一个人没有充分地了解自己，那他是很难成就大事的，因为他做起事来眼高手低，常常会沦为“语言的巨人，行动的矮子”。所以我们在决定努力方向之前，先要了解自身的价值，对自己的能力进行全方位的评估。

古人云："人贵有自知之明。"鸵鸟身重翅小，不妄想飞向蓝天；海豚无脚，不妄图爬上陆地。茫茫人海，芸芸众生，自知者能施展自己的才华，成就一番事业；不自知者往往一念之间前功尽弃，贻人笑柄。了解别人固然重要，但更重要的是要充分地了解自己。不仅要看到自己的长处，充分利用好自己的长处，而更重要的是要了解自己的短处，知道自己的不足所在，以免使别人有机可乘。

掌握方圆之道，通晓处世之理

其与人也微，其见情也疾。如阴与阳，如圆与方。未见形，圆以道之；既见形，方以事之。进退左右①，以是司之。己不先定，牧人不正。事用②不巧，是谓忘情失道。己审先定以牧③人，策而无形容④，莫见其门，是谓天神。

【注释】

①进退左右：人事的升迁、黜退，左贬、右升。

②事用：处理事情。

③牧：统率、驾驭。

④形容：形状和容貌。

【译文】

把自己暴露给对方的微乎其微，而发现对方的行动却十分迅速。无论用于“阴”或“阳”的情况，“圆”或“方”的事物，都能得心应手。在情况还未明朗之前以圆略来诱惑对手，在情况明朗以后就要用方略来战胜对方。不论前进还是贬退，是左迁还是右调，一切都要用上面的方法管理。如果自己不事先确定策略，统率别人也无法步调一致，做事没有技巧，叫作“忘情失道”；自己先详细掌握处世用人法则，再去管理人才，施用谋略而不露痕迹、不见门户，这样就可以称之为“天神”了。

【赏析】

鬼谷子在本节中提出，在情况还未明朗以前与人相处要以圆略来诱惑对手，而在情况明朗以后就要用方略来战胜对方。方圆之道是一种做人做事的大智慧，在人际交往中无论是向前还是向后，无论是向左还是向右，都可用这个方法来对待。

与人相处的过程中，我们一定要有分寸，既不可对人苛刻，也不可过于亲近。我们常常说对人要真诚友好，这并不是说要没有选择地和任何人做朋友。尤其在向别人掏心挖肺时，一定要先对他有所了解。一个人不设防地对待他人，而且成了习惯，那么如果他自己感觉累了，或觉得彼此志不同道不合了，这时如果再想抽身，对彼此都是没有好处的。

“方圆”之说源于我国古代的钱币，一枚铜钱，外圆内方，朴实无华，但古代先贤却在这小小钱币中悟出许多的道理。“方”是做人之本，是堂堂正正做人的脊梁，但人仅仅依靠“方”是不够的，还需要有“圆”的包裹。一个人如果过于方方正正、有棱有角，必将碰得头破血流；但是一个人如果八面玲珑、圆滑透顶，总是想让别人吃亏，自己占便宜，也必将众叛亲离。因此，做人必须方中有圆，圆中有方，外圆内方。

内揵第三

在本篇中，鬼谷子论述了如何处理人际关系的内揵术。因为每个人的性情都不一样，所以游说他人应当先了解其性情，共同处事应当先寻求见解一致。运用“内揵”之法，要求人臣善于揣摩君主的心思，从而维持和谐的上下级关系，并让自己进退自如，不为官场羁绊所困。

只要措辞得体，忠言也能顺耳

君臣上下之事，有远而亲，近而疏，就[1]之不用，去之反求。日进前而不御，遥闻声而相思。事皆有内揵[2]，素结本始[3]。或结以道德，或结以党友，或结以财货，或结以采色。用其意，欲入则入，欲出则出；欲亲则亲，欲疏则疏；欲就则就，欲去则去；欲求则求，欲思则思。若蚨母[4]之从子也，出无间，入无朕，独往独来，莫之能止。

【注释】

①就：接近。

②内揵（jiàn）：从内心下功夫、从内心谋划以让对方心服的谋略。

③素结本始：意思是平常就有联系，有感情基础。

④蚨（fú）母：一种昆虫，形似蝉而稍大。

【译文】

君臣上下之间的关系，有的人看似距离遥远实际上却很亲近，有的人看似亲近实际上却很疏远；有的人主动亲近却不录用，有时离任了反而被聘用。有的人虽然每天都觐见君主却不受欢迎，有的人只是远远地听闻他的名声却常常被君主提起。种种微妙关系的形成，都是内揵的缘故。内揵一开始就将君臣从根本上结合到一起。或凭道德相结合，或依朋党相结合，或以钱物相结合，或靠艺术相结合。君王采纳臣下意见，那么你想要进来就进来，想让君主出去就出去，想要疏远就疏远，想要投靠就投靠，想要离开就离开，想要求取就求取，想让君主思念就思念。好比青蚨母子相随而不分离一样，来去相随而不留痕迹，独往独来，谁也没法阻止。

【赏析】

俗话说："良药苦口利于病，忠言逆耳利于行。"意思是说良药多数是苦涩难咽的，但有利于治病康复，而教人从善的语言多数是不太动听的，但有利于人们改正缺点。这句贤文旨在教育人们要勇于接受忠言批评，原指忠诚正直的劝告，现已泛指所有的批评之语了。这话说起来虽然很有道理，但难道良药就一定苦口，忠言就一定逆耳吗？随着现代医药技术的进步，很多药物也可以做得不那么难以下咽了。同样，如果能有恰当的措辞，一些规劝他人的话也可以变得顺耳、动听。

台湾著名的成功学家林道安说："一个人不会说话，那是因为他不知道对方需要听什么样的话。假如你能像一个侦察兵一样看透对方的心理活动，你就知道说话的力量有多么巨大了！"学会用恰当的措辞说话是一件既容易又很不容易的事儿，说容易是因为我们谁都会说话，并且都知道说话要做到讨人喜欢；说不容易是因为要想真正把握别人的心理很难，而且绝大多数时候说话是即时的，容不得你仔细考虑。

在鬼谷子看来，向居上位者进忠言之前，要先摸清楚他的想法，然后顺着他的心思去说，这样就能在避免犯上的同时，还能使他愉快地接受你的观点。我们在理解了这一点后，平时说话就要注意自己的言辞，无论是对上还是对下，都要提前做好应对准备，打好心理基础，充分把握对方的心理特点，从而发挥自己的游说技巧。只有掌握了对方的真实意向和情感，才能依据实际情况确定行动策略，增加成功的概率。

想要劝谏他人，需要讲究技巧

内者，进说辞也；揵者，揵所谋[①]也。欲说者，务隐度[②]；计事者，务循顺。阴虑可否，明言得失，以御其志。方[③]来应时，以合其谋。详思来揵，往应时当也。

【注释】

①揵所谋：揣摩君主的心理状态以献计谋。

②隐度：隐秘，这里是暗中揣测、估量的意思。

③方：方法，计谋。

【译文】

所谓“内”就是听取建议；所谓“揵”就是进言献策。想要说服他人，就一定要暗地里揣度好，谋划事情一定要遵循规律。要在暗中分析出事情的可行性，透彻地分辨出得失分寸，以便更好地影响君主。要用巧妙的方法来提供建议，以便与君主的想法相融合。要用心思考进言献策的技巧，以适应形势的发展需要。

【赏析】

内揵，说白了就是指从对方的内心下功夫，谋划让对方心服的谋略。每个人的性情都是不一样的，所以游说他人必先了解其性情，找好切入方式。鬼谷子认为："远而亲者，有阴德也；近而疏者，志不合也；就而不用者，策不得也；去而反求者，事中来也；日进前而不御者，施不合也；遥闻声而相思者，合于谋待决事也。"所以，如果能采用对方的意见，就可以独往独来；如果能掌握对方的情况，就可以控制对方施展权术，可以坚持，也可以放开；如果想离去，就将危险留给他人，就像圆环旋转反复，使人不

知要干什么；这就是说要根据他人的特点来对付他，采用合适的说服策略，那么想进就可以进，想退就可以退。当然，即使有朝一日，你功成名就、高居要职，也不要忘了适时隐退是上策。

一句话，可以成就一件千载难逢的好事；一句话，也可以惹恼一个你不想得罪的人。所以说，好口才助人成功，好口才成就人生。我们在向他人献计策的时候，常常会因为不受重视、不被采纳而苦恼。特别是身为企业的员工，当一个经过潜心研究、周密思考后提出的优秀建议被上司断然拒绝的时候，我们会感到十分沮丧。出现这样的问题是由于人们在陈述事情或者观点的时候，通常会以“我”的角度，而不是“我们”的角度，这样往往会引起对方对自我观点的防御性保护，导致很难接受其他观点。

北宋·李赞华《番骑图全卷》（局部）

要想说服他人，很重要的一点是要学会剥茧抽丝，逐步引导，层层深入，最后“图穷匕见”，将对方的思想统一和升华到一个新的高度。有时也可借题发挥，讲出“醉翁之意不在酒”的道理。这样可以避免把讲道理变成简单的演绎论证，使对方易于接受。

既要处乱不惊，又要善于应变

夫内有不合者，不可施行也。乃揣切时宜，从便所为，以求其变。以变求内者，若管取揵。言往①者，先顺辞也；说来②者，以变言也。善变者，审知地势，乃通于天，以化四时；使鬼神，合于阴阳，而牧③人民。见其谋事，知其志意。事有不合者，有所未知也。合而不结者，阳亲而阴疏。事有不合者，圣人不为谋也。

【注释】

①往：过去、往事。

②来：未来、将来。

③牧：统治、驾驭。

【译文】

但凡事情的发展有不合时宜的地方，就不要轻易付诸实践。做事要懂得揣摩内情以切中时宜，给自己的所作所为提供方便，以求得事情的改变。用善于变化的进言技巧来争取被采纳，这样就能像以门管来接纳门揵一样顺当。谈论过去的事情，要先顺着君王的心思加以合理的解释；凡谈及未来的事儿，需要留有可以变通的余地。善于变化的人，要详细了解地理形势、通晓天时，遵循四时变化规律，驾驭鬼神，合于阴阳之道，他统治的百姓，都能够安居乐业。只要看君主的做事方式，就可判断出其志向和意愿。所办的事情凡有不合君主之意的，是因为对君主的意图还有不了解的地方。如果你的计谋合乎君主之意，却没有任何结果，那么君主在表面上与你亲近，而暗中与你疏远。如果与君主的意见没有吻合的可能，圣人是不会为其谋划的。

【赏析】

在本节中，鬼谷子强调了“应变”的重要性。“变”是事物发展的规律，“应变”则是为臣者能力的表现。灵活通变并不是牺牲原则，而是一种化解矛盾的有效途径。如果我们的思维方法总是沿着既成的模式和程序而进行思维活动，那就等于把自己的思维限制在狭小的天地里，抑制了自由创造的生机。所以，要想提高应变能力，就必须学会非常规性思维。一个人必须思路广阔、头脑灵活、敏捷好动、审时静思，方能在变化中取得主动权。

从心理学的角度来讲，处乱不惊和随机应变都是心理素质优秀的表现。应变能力高的人往往能够在复杂的环境中沉着应战，而不是紧张和莽撞从事。在工作和生活中，遇事沉着冷静，学会自我检查；自我监督、自我鼓励，有助于培养良好的应变能力。假如我们遇事总是迟疑不决、优柔寡断，就要主动地锻炼自己分析问题的能力，迅速做出决定；假如我们总是因循守旧，半途而废，那就要从小事做起，努力控制自己，不达目标不罢休。

在封建社会，为臣者要想成就一番事业，不仅需要有治世之才，也需要有应变之才。每个人的应变能力都是不一样的，造成这种差异的原因，一方面可能有先天的因素，如多血质的人比黏液质的人应变能力高些；也可能有后天的因素，如长期从事紧张工作的人比工作安逸的人应变能力高些。因此，应变能力也是可以培养的，只要下决心锻炼就会不断增强的。

事先做足调查，才能正确决策

故远而亲者，有阴德[1]也；近而疏者，志不合也。就而不用者，策不得也；去而反求者，事中来也。日进前而不御者，施不合也；遥闻声而相思者，合于谋以待决事也。故曰：不见其类而为之者见逆[2]，不得其情而说之者见非[3]。得其情，乃制其术。此用可出可入，可揵可开。故圣人立事[4]，以此先知而揵万物。

【注释】

①阴德：心意暗合。

②见逆：事与愿违。

③见非：遭到拒绝。

④立事：立身处世，建功立业。

【译文】

所以与君主相距很远却被亲近的人，是因为能与君主心意暗合；距离君主很近却被疏远的人，是因为与君主志向不一。找上门而不被录用，是因为所献计策不被君主欣赏；离去之后反受聘用，是因为其主张的正确性为事实所证明。每天都在君主面前而不被信任，是因为行为举止不合君意；相隔遥远却被思念，是因为其主张与君主相合，现遇疑难，急需此人参与决断。所以说，在情况还没有明朗之前就去游说的人，定会事与愿违；在还不掌握实情的时候就去游说的人，定要受到拒绝或非议。只有充分掌握情况，并有制服人的方术，才可出可入，可内揵，也可离开。圣人立身处世，都是预先洞悉全面情况，从而把握世间万物。

【赏析】

在本节中，鬼谷子阐述了谨慎决策的观点。我们平时说话办事要想达到预期的效果，就一定要重视调查研究工作。鬼谷子认为，要“得其情，乃制其术”，就是说做事之前必须通过调查研究，掌握实情，然后根据实情锁定目标，采取行动。如果冲动做事，在掌握实情之前就盲目行动，那结果必然遭遇失败。

盲目行动，为智者所不取。秦赵长平之战，赵括没有做足调查就轻易出击，导致了四十万大军被活埋；诸葛亮一生谨慎，事事做足功课再出手，所以才能让蜀国雄踞西南，与强大的魏、吴三分天下。充分调查是行动成功的保障，一个事先不经过调查研究就盲目行动的人，他在前进过程中必然会遇到无数意料不到的波折，这对一个人的进取心打击是非常大的；而对于实现仔细做过调查研究的人来说，一切的困难都在预料之中，并且在行动之前就已经准备了应对方案，所以才能一路顺风顺水。

只有团结合作，才能上下一心

由夫道德、仁义、礼乐、忠信、计谋，先取《诗》《书》，混说损益，议论去就[①]。欲合者用内，欲去者用外，外内者必明道数[②]。揣策[③]来事，见疑决之。策无失计，立功建德。治名入产业[④]，曰揵而内合。

【注释】

①议论去就：经过讨论决定是否行动。

②道数：做事的原则和方法。

③揣策：推理判断。

④产业：产，谋生、财产。业，经营功绩。

【译文】

凡是道德、仁义、礼乐、忠信、计谋这类重要问题，先引用《诗经》《尚书》验证自己的学说，然后综合研究有害还是有益，最后经过讨论决定是否行动。若想留下与人合作，则用内揵之法，用力于内；若想离职而去，则用置身于外之法，用力于外。处理内外大事，必须先明确理论和方法，会预测未来，并善于在各种疑难处，当机立断。在运用策略时没有失误，从而建立功业和积累德政。治理百姓，使其安居乐业，就是君臣上下之情相契合。

【赏析】

在本节中，鬼谷子强调了加强内部团结的重要性，“揵而内合”就是指君臣关系的情相契合，无论君臣之间还是机构内部，只有团结合作才能发挥整体的作用。

俗话说：“一个好汉三个帮，一个篱笆三个桩。”一个

人即使再怎么了得，他的力量终归是有限的。一部好看的电影，除了耀眼的主角，还有默默无闻的配角，除了赫赫有名的导演，还有名不见经传的制作人员，他们都为这部影片的诞生贡献了自己的力量。再有名的导演、再大牌的明星，也不能一个人完成一部电影，这就是个人的局限性。

在非洲大草原上，狮子虽然号称“百兽之王”，但也有害怕的东西。如果你看到狮子在奔逃，那就是象群发怒了；而大象虽然是陆地上体型最大的动物，但如果你见到象群在逃命，那一定是蚂蚁大军来了！大象不一定能单挑过狮子，但象群的力量却是狮子无力抗衡的；单个的蚂蚁虽然渺小得很，但是当它们团结起来作为一个集体的时候，它们的力量让整个象群都害怕。世间万物都是如此，个体的力量终究有限，但一个优秀的团队却可以发挥出不可想象的战斗力，可以创造出令人难以置信的奇迹。

良禽择木而栖，智者择主而侍

上暗不治，下乱不寤，揵而反之[1]。内自得而外不留[2]，说而飞之。若命自来，己迎而御之。若欲去之，因危与之。环转因化，莫知所为，退为大仪[3]。

【注释】

①揵而反之：与内心相反，不为其服务。

②不留：不接受他人的主张。

③大仪：好办法、大原则。

【译文】

如果上层昏庸不理国家政务，吏治腐败不堪，君主还不醒悟，那么你应该考虑返回，不为其服务。如果你在游说过程中，发现君主自以为是，不接受他人的主张，则你在游说后应离去，免遭祸患。若受到君主的重用，机遇降临到自己头上，就不妨加以把握和利用。但一旦决定离开，就要在危险到来之前放弃权柄。就像圆环一样随着情况不停转换，让人不知道他的行动，能做到这样，则懂得全身而退的大原则。

【赏析】

从古至今，“忠”字一直都是作为人臣的第一信条，很多文人武者毕其一生的追求就是成为一名忠臣良将。但“忠”也分成忠烈和愚忠，一味地忠诚并不一定是明智之举。鬼谷子认为，如果遇到“上暗不治，下乱不寤”的情形，就可以“反”；一旦自己受不到重视，就可以“飞”。

南宋·夏圭《坐看云起》

这一“反”一“飞”，清晰地表明了鬼谷子“良禽择木而栖”的观点。

古代有很多因为愚忠而害死自己的例子，梁山好汉李逵是个天不怕地不怕的主，但偏遇到了宋公明这样的哥哥，宋江自己率领梁山受招安还不算，他怕自己死后李逵还会造反，因此骗李逵一起喝下毒酒，并告诉了李逵，但李逵并没有怪罪宋江，并愿意和宋江一起死，这也算是愚忠的典型了。每当我们读到这样的故事，总是不胜感慨。虽然我们现代人不会那样做，但在那个时代，这种愚忠竟然会被认为是一种可敬的行为。而两千多年前的鬼谷子却早已看出了其中的弊病，并指出真正的智者应该能够洞察先机，在灾难来临之前就急速离去。

抵巇第四

在本篇中，鬼谷子论述了发现和消除裂痕的方法。抵是抵塞的意思，巇原本是险峻、险恶的意思，这里指缝隙。鬼谷子认为，世间万物都有自然发展的规律，万事都有聚合分离的法则。但是，在裂痕产生的萌芽时期，智者可以通过研究其规律，预测到它的发展脉络，防患于未然，这就是抵巇的妙处。

平时注重细节，才能获得成功

物有自然[1]，事有合离[2]。有近而不可见，有远而可知。近而不可见者，不察其辞也；远而可知者，反往以验来也。

【注释】

①自然：非人所为的，天然。

②合离：聚合与分离。

【译文】

万物都有自然发展的规律，万事都有自然离合的道理。虽然距离很近却互不认识，虽然距离很远却能互相了解；距离近的之所以看不见，那是因为没有考察对方的言辞；在远处的之所以能得知，因为反观以往，可以推验未来。

【赏析】

在本节中，鬼谷子说：“有近而不可见，有远而可知。”意思是，近处的东西视而不见，远处的东西却能相互了解。这是为什么呢？因为近处的东西太平常了，人们已经习惯了他们的存在，从而忽略其中的细节。古话说：“不积跬步，无以至千里。”没有细节积累，何来丰功伟绩？

涓涓细流汇到一起，才形成了浩瀚的海洋；根根树木连成一片，才变成了广袤的森林。不要瞧不起身边的蝇头小事，要知道积土成山的道理，正是这些平凡日子里的点滴积累才给了雄鹰搏击长空的能力。所以我们应当记住，只有把握细节，才能成就伟业。

一个人的本性是善良的，但人的内心总是会受到周围事物的影响，这个影响是微乎其微的，并不容易被人发觉，但长期累积起来就会让人在潜移默化中发生蜕变。所以，一个人如果不注意修养自身，不在意不起眼的小细节，总有一天会堕落沉沦，这就是“勿以善小而不为，勿以恶小而为之”的道理。

老子说过：“九层之台，起于垒土；千里之行，始于足下。”揭示了量变产生质变的道理。任何惊天动地的大事，都是由一件件小事组成的。无论在生活中还是工作中，都不要忽略细节，因为细节是获得成功的重要筹码。

及早发现裂痕，才能消除隐患

巇[1]者，罅[2]也；罅者，峒[3]也；峒者，成大隙也。巇始有朕[4]，可抵[5]而塞，可抵而却，可抵而息，可抵而匿，可抵而得，此谓抵巇之理也。

【注释】

①巇（xī）：原意指险峻、险恶，此处指缝隙。

②罅（xià）：裂痕、间隙。

③峒（jiàn）：山与山之间的缝隙。

④朕（zhèn）：通“眹”，征兆。

⑤抵：弥补。

【译文】

所谓“巇”，也就是罅。罅是由小的裂缝开始，最后发展为像山涧一样的大裂隙。在裂痕刚出现征兆时就要通过

“抵”使其闭塞，通过“抵”使其减小，通过“抵”使破裂停止，通过抵的方法而使之消失，通过抵的方法而获得成功，这就是抵巇的原理。

【赏析】

在本节中，鬼谷子对古代圣贤应付社会危机的办法进行了分析，概括为一句话，就是把危机消除在萌芽状态。当危机刚出现苗头的时候，很多愚者还蒙在鼓里，但智者就已经能敏锐地察知问题所在，并做出正确的应对措施。

那些古代圣贤明君之所以能把国家治理得井井有条，就是因为他们总是能及时发现问题，并在问题还处于萌芽状态的时候就加以消除。反过来，那些昏庸无能的亡国之君就是因为对危机的先兆视而不见，最终把大好江山葬送出去的。

古人说：“千里之堤，溃于蚁穴。”所以不要小瞧细微的“蚁穴”，很多重大的危机就是因为小隐患而诱发的。为政者要有居安思危的意识，因为危机和危难往往蕴藏于安定祥和的表象之下，而危机和危难的爆发，肯定有其最初的细微诱因和苗头。真正的智者会将身边灾难的诱因和苗头消灭在萌芽之中，不会等到酿成大乱再去处理。

与其亡羊补牢，不如未雨绸缪

事之危也，圣人知之，独保其身。因化[1]说事，通达计谋，以识细微。经起秋毫之末，挥之于太山[2]之本。其施外，兆萌芽蘖[3]之谋，皆由抵巇。抵巇之隙，为道术用。

【注释】

①因化：顺应变化之理。

②太山：东岳泰山。

③芽蘖（niè）：伐木后从根部所生的新芽，指新的小计谋。

【译文】

当危机征兆出现时，圣人就敏锐地察觉到了，而且能够采取措施而自保。顺应变化分析事物，从而使用计谋，发现细微之处，并提前预防。事情初起时如秋毫之末那样微小，

发展起来就可以形成震动泰山的效果。圣人的德政推行于外后，当对方出现危机征兆时，就要运用抵巇对付，予以排斥或者消灭。总之，抵巇是圣人处理事情的根本方法。

【赏析】

在本节中，鬼谷子提出了未雨绸缪的思想。未雨绸缪的意思是趁着天没下雨，先修缮房屋门窗，比喻事先做准备，以免临时手忙脚乱。最早出自《诗经·豳风·鸱鸮》："迨天之未阴雨，彻彼桑土，绸缪牖户。"清代朱用纯《治家格言》："宜未雨而绸缪，毋临渴而掘井。"

患祸的出现，在于没有防患于未然并采取相应的对策。如果预先将各种可能发生的情况考虑周全，在灾祸未成规模的时候就采取相应的措施加以疏导，便能将危险和损失降到最低程度，就可以达到"我无为而民自安"的目的，这是无为而治天下必须掌握的一个要则。

《左传·襄公》中曰："居安思危，思则有备，有备无患。""居安思危"这个成语包含着丰富的哲理，成为中国几千年来从政者的警句和座右铭。很多人是因为感到饥饿了才觅求饮食，这样做是不对的。正确的饮食方法是定时定量，到时候就吃，而且不暴饮暴食，这样才不会为饥饿

清·弘仁《林泉春暮图》

所害。人们做事也同样如此，“书到用时方恨少”“临时抱佛脚”的做法不仅无利，反而有害。因此，我们一定要学会提前准备充分，做到未雨绸缪。

一旦责任来临，就要义不容辞

天下纷错[1]，士无明主，公侯无道德，则小人谗贼[2]，贤人不用。圣人窜匿[3]，贪利诈伪者作。君臣相惑，土崩瓦解而相伐射。父子离散，乖乱反目。是谓萌芽巇罅。圣人见萌芽巇罅，则抵之以法。

【注释】

①纷错：四分五裂。

②谗贼：用谗言挑拨离间的奸邪小人。

③窜匿：逃亡隐匿。

【译文】

天下如果分崩离析，士没有明君，公侯丧失道德，小人们就会谗害忠良，贤能之人就得不到任用，圣人被迫逃匿，贪利伪诈之徒兴风作浪，君臣互相猜疑，国家土崩瓦解，以致百姓互相杀伐，父子离散，骨肉分离，反目成仇，这就是“萌芽巇罅”。圣人见到萌芽巇罅之后，就会采取“抵巇”之术堵塞裂隙。

【赏析】

人们十分关心危机的处理手段，这是临时抱佛脚、病危之时才寻医的具体表现。但大家都知道，一个人要想活得长、活得好，仅仅临病求医是远远不够的，进行经常性的身体检查预防疾病更加重要。危机的突发性和不可预料性决定了危机的不可避免性，只有尽早制订周密的应急计划，才能将危机扼杀在襁褓之中，将其所带来的严重后果降到最低。

然而，智者千虑必有一失，即使一个人再小心谨慎，还是难免会有问题出现，那这时候就不要推卸责任了。就像鬼谷子说的那样：“圣人见萌芽巇罅，则抵之以法。”遇到问题责无旁贷，这才是为政者应有的做法。

为政者不能有丝毫鸵鸟心态，认为危机绝不会降临到自己的头上，等到事后发出“假如当年不那样就不会今天这样”的慨叹，只能伴着千古遗恨被写进历史。与其抱着侥幸心理去消极面对危机，还不如制订切实可行的周密的危机管理计划，化被动为主动。

适时推陈出新，走在时代前沿

世可以治则抵而塞之，不可治则抵而得之[1]。或抵如此，或抵如彼。或抵反之[2]，或抵覆之[3]。五帝[4]之政，抵而塞之。三王[5]之事，抵而得之。诸侯相抵[6]，不可胜数。当此之时，能抵为右[7]。

【注释】

①抵而得之：得，取得。用“抵”来取得。

②反之：帮助其恢复原状。

③覆之：颠覆对手。

④五帝：中国古代五位圣天子，即黄帝、颛顼（zhuān xū）、帝喾（kù）、尧、舜。

⑤三王：中国古代三位明王，即夏禹、商汤、周文王。

⑥诸侯相抵：这里指春秋五霸，即齐桓公、晋文公、宋襄公、楚庄公、秦穆公五个霸主互相抵制和对抗。

⑦右：上位。

【译文】

当世道可以治理的时候，可以用抵巇方法堵塞缝隙；当不可以治理的时候，则可用抵巇的方法获得它。总之要解决矛盾，或这样对付，或那样对付，或弥补裂缝，或颠覆更新。例如，五帝时期对当时的社会巇罅，均采取补塞的办法；夏、商、周三王时代，则是采取颠覆办法，取得政权；春秋战国时期诸侯之间的互相征伐，更是多得数不清。当天下混乱时，善于运用抵巇之术就是上策。

【赏析】

在本节中，鬼谷子提出了革旧迎新的观点。他认为，当出现“天下分错，士无明主，公侯无道德”的现象时，就表明社会出现了问题，这时候就需要一场颠覆式的变革来加以整顿。古往今来，那些古代圣人所进行的符合社会发展规律的变革，都能起到安定社会、造福万民的作用。

从哲学的角度来讲，事物都是发展变化的，如果一味地因循守旧，就会为历史所淘汰。革旧迎新是历史发展的必然趋势，这是个人的愿望改变不了的。荆轲刺秦王的壮举虽然令人钦佩，他那不畏强暴、不怕牺牲的英雄气概也

一直为人们所称道，但从另外一个角度来说，荆轲的刺杀行动却是以阻止变革为目标的。当时秦国攻灭燕赵，统一六国，是符合社会发展趋势的，不是某个刺客的暗杀行动所能阻止的，所以荆轲从一出场就注定了他失败的结局。

然而，变革旧的事物绝不是什么轻而易举的事情，往往会遭到守旧势力的疯狂反扑。在变革的过程中，为政者的德行修养也十分重要，只有坚守道德，才能上行下效，让变革取得成功。古代圣王的变革都是顺天应人、大公至正的，没有什么阴谋可疑之事，就像是老虎身上的斑纹一样昭然可见，天下人看得清清楚楚，无不信从。东汉的马融说“虎变威德，折冲万里，望风而信”。可见“德”是多么重要，任何人在推行变革之时，能够做到德行天下，革道显明，天下人自然会云集响应，这样的变革当然会顺风顺水。

与其锋芒毕露，不如急流勇退

自天地之合离、终始，必有巇隙，不可不察也。察之以捭阖，能用此道，圣人也。圣人者，天地之使也。世无可抵[1]，则深隐而待时；时有可抵，则为之谋。此道可以上合[2]，可以检下[3]。能因能循，为天地守神[4]。

【注释】

①无可抵：无可补救。

②可以上合：对上可以合作。

③可以检下：对下可以督促检查。

④天地守神：守护天地万物的神灵，这里指统治者。

【译文】

天地万物有合有离、有始有终，裂隙逆乱总是相伴相随，不能不明察秋毫。发现裂隙，能用“捭阖之道”，就是圣人。

圣人是天地所派遣的特使，假如世间没有裂隙需要抵塞，那么就深深地隐藏以等待时机；遇到裂隙出现需要抵塞，那么就为此谋划。这些谋划，上可说服君主，下可治理百姓，既依据实际情况，又遵循客观规律，真可谓天地的统治者。

【赏析】

在本节中，鬼谷子教导我们要学会韬光养晦，因为锋芒过露是做人的大忌。鬼谷子所说的“深隐而待时”，也并非消极等待，而是要刻苦磨砺自己、约束自己，把自己修炼成济世之才。深隐之时要有“晦”。只有经过剪枝的树木才能长成栋梁，只有勤于自我约束才能成为有用之才。不怕有缺点，只怕看不见缺点。不能自我约束的人不但不能改掉缺点，连原来的优点也会逐渐丧失。

古往今来，中国的有志之士总是在出世与入世的两端徘徊。到底什么时候应该入世，建功立业，造福社会；什么时候又应该出世，藏身山林？这里鬼谷子的回答是：“世无可抵，则深隐而待时，时有可抵，则为之谋。”也就是说，当社会出现了危机，就应该入世立功；当天下太平了，就应该深隐待时。

自古以来，“鸟尽弓藏，兔死狗烹”是开国功臣的共同命运。例如勾践杀文种、赵匡胤杯酒释兵权、朱元璋滥杀功臣等。正所谓功高震主，所有开国皇帝都明白，所谓开国功臣，就是那些当初与自己一起爬冰卧雪、风餐露宿打天下的“患难之交”。他们有苦劳、有功劳、有资格与自己平起平坐；他们最了解自己过去的历史，最清楚自己现在的心思。他们距自己的龙椅最近，也是最有能力抢夺龙椅的人，这样的人当然不能留在皇帝的身边了。所以，如果功高盖主者不知道急流勇退，那么迎接他的就只有以悲剧收场的结局。

飞箝第五

本篇中，鬼谷子讲述了说服人的谋略。语言是人类交流的重要手段之一，语言使用得当就会给人留下极其深刻的印象，巧妙的带有诱导性的语言甚至可以感染一个人，进而控制人的思维。飞箝术的运用就是使用语言诱使对方说话，然后以褒奖的手段使其无法拒绝自己。

只有知人善任，才能人尽其才

凡度权量能[①]，所以征远来近[②]。立势而制事，必先察同异，别是非之语，见内外之辞[③]，知有无之数，决安危之计，定亲疏之事。然后乃权量之，其有隐括，乃可征，乃可求，乃可用。

【注释】

①度权量能：度量权略，权衡能力。

②征远来近：征召远近有才能之人。

③内外之辞：对内、对外的各种进言。

【译文】

凡是揣度人的智谋和测量人的才干，都是为了吸引远近人才为我所用。为政者要造成一种声势，一定要首先考虑彼此之间的相同和不同之处，区别各种对的和不对的议论，了

解对内、对外的各种进言，了解他们是否有真才实学，决定事关安危之大计，确定与谁亲近和与谁疏远的问题，最后把以上情况综合起来加以衡量。最值得重视的，是那些具有“可塑性”的人才。对于可塑之才，可以征召，可以聘请，可以使用。

【赏析】

作为统治者，必须得到人才的辅佐，才可能成就大业。而要想得人才，首先要学会识别人才，这就需要有鉴人之术。正如鬼谷子在本节所言，“凡度权量能，所以征远来近”，为政者若不能鉴人识人，便是身边人才济济，也会视而不见。

无论是一个国家还是一个机构，若想取得事业的进步和发展，都要善于发掘和运用各种人才。作为领导者、统帅，要想取得成功，也必须善于发现人才、网罗人才、礼待人才，并且大胆使用，因才授职，尽其所长，使得人尽其才。如果不善用才，即使人才多如过江之鲫，对国家和企业也是起不到作用的。

“滥竽充数”这个典故在中国可谓家喻户晓。南郭先生滥竽充数的伎俩之所以能够得逞，最大的责任不在南郭，而在齐宣王。身为一国之君的齐宣王为南郭的花言巧语所蒙骗，犯了失察的大过。还好南郭先生只是一个在乐队里混饭吃的市井无赖，要是在一个集体里面，所谓的“人才”都像南郭这样，其后果将不堪设想。

想要留住人才，先要留住人心

引钩箝之辞[1]，飞而箝之。钩箝之语，其说辞也，乍同乍异[2]。其不可善者，或先征之而后重累[3]，或先重以累而后毁之。或以重累为毁，或以毁为重累。其用或称财货、琦玮[4]、珠玉、璧帛、采色以事之，或量能立势[5]以钩之，或伺候见峒而箝之，其事用抵巇。

【注释】

①钩箝（qián）之辞：比喻引诱他人的言论。

②乍同乍异：时而相同，时而不同。

③重累：反复实验。

④琦玮（qí wěi）：珍贵的宝玉。

⑤量能立势：通过衡量才能来创造态势。

【译文】

先运用言辞诱使人才说出实情，然后通过褒扬赢得其心，以此来钳住对方。钩箝之语是一种游说辞令，如何使用应根据谈话情况而定，时而赞同他人，时而反对他人，没有什么死规矩。对于那些以钩箝之术仍没法控制的对手，或者首先对他们威胁利诱，然后再对他们进行反复试探；或者首先对他们进行反复试探，然后再对他们加以攻击摧毁。有人认为，反复试探就等于是对对方进行破坏；有人认为对对方的破坏就等于是反复的试探。准备重用某些人时，用财物或各种珠宝等给予试探，或者衡量、考察对方才能，确定去留的趋向以引诱出对方实情，或者发现对方的弱点钳制对方，上述情况，需要结合抵巇之术达到自己的目的。

【赏析】

在本节中，鬼谷子对怎样留住人才做了详细阐述。他认为，能否让各种各样的人才为己所用，是评判一个为政者是否合格的重要标准。那么怎样吸引人才为我所用呢？只知鉴才而不能用，岂不成了叶公好龙了吗？在这里，鬼谷子提出了“飞而箝之”的办法，即首先要了解对方，其次要以褒扬的方式俘获其心。

聪明的为政者会主动给人才以恩惠，让手下的人才有一种“大树底下好乘凉”的感觉，让他们既感觉到温馨，又感受到安全。这样必能获得下属的衷心拥戴。有人说“世界上没有无缘无故的爱”，只有和下属搞好关系，赢得下属的拥戴，才能调动起下属的积极性，激发他们努力工作的热情，为事业的发展尽心尽力。

“收买人心”这四个字在汉语里虽含有贬义，但如果我们改用一个好听的名字，就是激励人心。就是想办法把下属的积极性调动起来，让他们把储存的潜能发挥出来。现代市场，竞争之激烈亦如古之兵战，现代管理人员必须懂得，治理的要害在于管“心”。欲成大业，人才的重要性是不言而喻的。能收揽人才，并且能驾驭驱使之，那么就有可能成就大业。若无人才相助，或有人才而不能用，最后必然成不了大事。

要想说服他人，就要学会攻心

将欲用之于天下，必度权量能，见天时之盛衰，制[1]地形之广狭，岨崄之难易，人民货财之多少，诸侯之交孰亲孰疏、孰爱孰憎，心意之虑怀。

【注释】

①制：控制，这里是掌握、了解的意思。

【译文】

如果想把飞箝之术用于天下，必须考核人的权谋和才能，观察自然和社会以及了解天地的盛衰，掌握地形的宽窄和山川的险阻，了解人民财富的多少。在诸侯之间的交往方面，必须考察彼此之间的亲疏关系，究竟谁与谁亲密，谁与谁疏远，谁与谁友好，谁与谁相恶，国君个人耿耿于怀的心意是什么。

【赏析】

古人说：“攻城为下，攻心为上。”鬼谷子认为，与人交往可以先探出对方的喜好，摸清对方的软肋，然后再采取行动，这样就可以控制对方，从而达到自己的目的。如果是交朋友，可以先从他的爱好下手，会得到更多的好感和信任，并且能迅速地收到效果；如果是对付敌人，可以先做好充分的调查，了解了对方的软肋，自然就能稳操胜券。

在攻心策略的运用过程中，“欲取”的目标必须暂时隐藏不露，且在未露之前投其所好，先给对方甜头尝尝，待对方尝得高兴了，再顺势把自己“欲取”的目标提出来。因为对方先得到了甜头，不但心情好，而且还可能产生知恩图报的心理，这就像“吃人家的嘴软”一样。在这种心理驱动下，很容易答应己方的请求。

学会攻心策略，要能够找出对方的软肋所在，满足对方的需求，你就可以拥有你想要的结果。可以说，先予的成果如何，直接关系到预取的目标实现。

明·文徵明《松石高士图》

做到知己知彼，才能百战不殆

审其意，知其所好恶，乃就说其所重[①]，以飞箝之辞，钩其所好，以箝求之。用之于人，则量智能、权材[②]力、料气势，为之枢机[③]，以迎之随之，以箝和之，以意宣之，此飞箝之缀[④]也。

【注释】

①说其所重：指游说其所重视的问题。说，游说、说服。重，重视。

②材：通“才”，指才干、能力。

③枢（shū）机：关键所在。

④飞箝之缀：这里指飞箝之术的运用。缀，联结、缀合。

【译文】

仔细观察国君的意图，了解其好恶，然后抓住对方最注重的问题游说国君，再用“飞”的方法诱出国君的爱好所在，最后再用“箝”的方法把国君控制住。如果把飞箝之术用在人身上，就要揣摩对方的智慧和能力，度量对方的实力，估计对方的气势，然后以此为突破口与对方周旋，进而以飞箝之术达成议和，以友善的态度建立邦交。这就是“飞箝”的妙用。

【赏析】

在本节中，鬼谷子揭秘了“飞箝”在对敌时的妙用。提出要摸清对方的实力，调查对方的部署，然后出击才能纵横不败。

“知己知彼，百战不殆”是《孙子兵法》中最光辉的军事思想，同时他提倡的谋略也是建立在了解敌我双方力量的基础上的，因此我们认为它始终贯穿于《孙子兵法》之中。何谓“知己”？知己是对自身条件的严格审查和分析，这样才能做好客观的分析，才能知道我方的军事优势何在，以此进行谋略和战术安排；何谓“知彼”？知彼即对敌方的力量能进行深入的了解，分析敌人的优势和劣势，以做到避强击弱，因敌谋略，采取不同的应战方案。所谓“知己知彼”即为了“运筹于帷幄之中”，以“决胜于千里之外”。

政治斗争中，敌我进行的双方必定都各有优缺点。要赢得竞争对手，特别是集中争取选票的过程，必定要先了解自己的优势在哪里，以在任何一个时候适时表现。对于对手，要充分了解他的缺点，以进行有目的的攻击，或者制造机会让对手出错，以此取胜。

既要积极进取，又要谨小慎微

用之于人，则空往①而实来，缀而不失②，以究其辞。可箝而从③，可箝而横；可引而东，可引而西；可引而南，可引而北；可引而反，可引而覆④。虽覆能复，不失其度。

【注释】

①空往：仅仅用语言赞美歌颂。

②缀而不失：联结而不失去，意思是把握好时机不要失去。

③从：通“纵”，与“横”相对，古时以南北为纵。

④覆：回去、回来的意思。

【译文】

如果把飞箝之术用于他人，可用好听的空话去套出对方的实情，但要与对方的事业紧紧联系，不要再有失误；还要经常研究对方的辞令，揣度其意图。这些关键点把握之后，就可箝住对方，或纵或横，或东或西，或南或北，或反或覆。虽然如此，但还是要小心谨慎，不可丧失其节度。

【赏析】

在本节中，鬼谷子提出“缀而不失”的观点，做人谨慎些自然是好的，但也不可太畏首畏尾，一旦遇到好的时机，就要积极进取，切不可犹豫不决。如若不然，就会像诸葛亮舌战群儒时讥讽张昭的那样，“坐议立谈，无人可及；临机应变，百无一能”，那岂不是有“纸上谈兵”之嫌了。在进取的过程中也要当心，切不可做得太过，“木秀于林，风必摧之”，这会引起小人的妒忌。在某种特定的情况下，甚至会引起君主的猜忌。

在社会上打拼的人，难免遇到危难，要积极进取，同时也要格外小心谨慎。不谨慎无以身安，不进取无以脱困。谨慎和进取犹如硬币的两面，任何一面都不可偏废。过分谨慎而不进取，就易变为保守；过分进取而不谨慎，就易变为冒进。保守会逐渐落后，并导致最后衰败；冒进会使根基不稳，并导致倾覆。这两种情况就像孔子说的“过犹不及”一样。

最后，当功名升到一定的程度后，就不该再有野心了。如若再升就有逼上的嫌疑，这时就需要妥善处理自己的地位与晋升之间的矛盾。此时应该好好经营自己的那份事业，用自己的功劳，铺垫好今后的路，免得自己的基础不牢靠。如果当止不止，很可能会引火烧身。

忤合第六

在本篇中，鬼谷子论述了灵活应变的谋略，即忤合之术。忤合本意是指违背一方的意愿而迎合另一方的意愿，这里指在游说过程中进退自如，灵活决定自己的立场。忤合之术在运用中要清楚自己该联合谁、反对谁，同时下功夫研究各方的内情，做到知己知彼，这样才能让自己的游说游刃有余。

机会一旦来临，就要牢牢抓住

凡趋合倍反[①]，计有适合。化转[②]环属[③]，各有形势。反覆相求，因事为制。是以圣人居天地之间，立身、御世、施教、扬声、明名也，必因事物之会，观天时之宜，因之所多所少[④]，以此先知之，与之转化。

【注释】

①倍反：倍，通“背”，背反，悖逆的意思。

②化转：变化和转移。

③环属：像圆环一样连接旋转。

④因之所多所少：以此可知宜多或宜少的地方。

【译文】

凡是要趋向合一或背叛分离，都要施以与理相合的计谋。所向与所背的双方，就像圆环一样旋转而无中断，各有自己

的形势。对于各方的具体情况，应反复进行研究。根据事态的发展，决定自己的态度。所以圣人生存在世界上，他们的立身处世，都是为了说教世人，扩大影响，宣扬声名。他们必须把握事物的发展机遇，观察自然和社会气候是否相宜，以此可知自己所做的事宜多或宜少的地方，预先察知、调整而使计谋随之转化。

【赏析】

每个人都渴望成功，但成功却只垂青一小部分人。有人感到十分疑惑，觉得自己的勤奋程度与那些成功人士相比犹有过之，为什么至今未能成功？那答案很可能是这样一个词——机会。把握机会，是成功的重要环节，把握机会的能力也是成功人士的必备素质之一，这就是鬼谷子所说的“因事物主会”。

现实生活中，有很多人因为自己能力小，做不成事，就借口说时机没有成熟，这其实就是“吃不到葡萄就说葡萄酸”。遇到好机会不能犹豫，一定要果断出手把握住。如果你对自己没有信心，想再等一等，那机会就白白地溜走了。在许多人的一生中，都曾有过这样的遗憾。避免这种遗憾的唯一方法，就是要提前做好准备，未雨绸缪，而不是临渴掘井。

我们常常会听到有人说“你这个事情我有机会一定给你办”。在这个“机会”中，隐藏一个“等待”的含义，也就是我主观上非常积极，需要等待客观上的“机会”来临，否则毫无办法。“机遇”有它的偶然性和客观性，但“抓住机遇”却有了一个“通过寻求而获取”的含义，显示了人们的主动性和渴望。这与“机会”中的消极等待有很大的区别，也就是这个区别，有人去“等机会”，有人去“抓机遇”，从而产生了天壤之别的结果。

南宋· 夏圭《雪堂客话图》

明确自己立场，不要犹豫不决

世无常贵，事无常师。圣人无常与，无不与；无所听，无不听。成于事而合于计谋[①]，与之为主[②]。合于彼而离于此，计谋不两忠，必有反忤[③]。

【注释】

①合于计谋：实现预定的计谋。

②为主：各为其主。

③反忤：反，背反。忤，悖逆。

【译文】

世界上的万事万物没有永远尊贵的，世界上的万事万物也没有永远效法的对象。圣人做事，没有永恒不变的赞同或反对，也没有永恒的听从或不听从。做好要做的事儿，重要的是不违背定下的策略。如果计谋合于彼方的利益，则一定会背离此方的利益。不可能同时效忠于对立的双方，必然有合有忤。

【赏析】

在本节中，鬼谷子提出了“忤合之道”，意在表达明确立场的重要性，立场明确的人做事总是雷厉风行，果断执着，绝不会出现“风吹两边倒”的情景。

一头毛驴在两垛青草之间徘徊，犹豫应该先吃那一垛，奔波良久而不能抉择，最后竟然饿死在两垛青草之间，这就是著名的“布里丹毛驴效应”。其实很多时候我们就像这头毛驴一样，做事总是犹犹豫豫，畏首畏尾，以致最后一事无成。须知犹豫不决是做事的一大忌讳，只有果断出手，才能避免错失良机。现实生活中，如果我们立场不坚定，往往会导致决策上犹犹豫豫，踌躇不前，从而错失很多良机，给自己的事业带来很大的损失。

少一分无谓的犹豫，就多一分成功的可能，无数事实证明，做事优柔寡断会使你在反复的考虑之间错失成功的机会。当幸运女神来敲门的时候，你怀疑她是否可信，犹豫着要不要开门，而当你考虑良久终于决定打开门的时候，幸运女神早已走远了。倘若每一次机会都在这样的犹豫不决中失去，成功将与你渐行渐远。

让脚步不停歇，让舞台更宽广

反①于此，忤于彼；忤于此，反于彼。其术也。用之于天下，必量天下而与之；用之于国，必量国而与之；用之于家，必量家而与之；用之于身，必量身材能气势而与之。大小进退，其用一也②。必先谋虑计定，而后行之以飞箝之术③。

【注释】

①反：此处当顺从解释。

②其用一也：它的功用是一致的。

③飞箝之术：引诱钳制之术。

【译文】

合乎这一方的意愿，就要违背另一方的意愿；违背一方的意愿，就会合乎这一方的意愿。这就是“忤合之术”。如果把这种“忤合之术”运用到天下，就必然要把全天下都放在忤合之中；如果把这种忤合之术运用到某个国家，就必然要把整个国家都放在忤合之中；如果把这种忤合之术运用到某个家族，就必然要把整个家族都放在忤合之中；如果把这种忤合之术用到某一个人身上，就必然要把这个人的才能气势都放在忤合之中。总之，无论把这种“忤合之术”用在大的范围，还是用在小的范围，其功用都是相同的。因此，必定先用忤合之术进行谋划、分析，计算准确了以后再用“飞箝之术”实现它。

【赏析】

鬼谷子认为，在决定自己志向时应当有所权衡。在这个世界上，每个人都有自己的追求，有人追求高官厚禄，有人则追求自由随性。每个人在选择自己的追求目标之前，都要首先考虑好一个问题：“我到底想要一个什么样的舞台？”这个问题的选择关系到我们今后的生活会是一个什么样子，会和什么样的人打交道，是否能够适应那个环境。

在选择自己的目标时，既不能好高骛远，也不能鼠目寸光。我们应结合自己的实际能力，不能选得太不切实际而对自己的进取心产生打击，同时也不能选得太没追求而缺乏激励作用。我们要学会把握一个度，即要确定你的舞

台一定是真实存在的，并且通过自己的不懈努力是可以达到的。

在现实生活中，并不是每个人都有着崇高的奋斗目标，我们常看到很多人满足于现状，任由自己醉生梦死地生活。这样的人是不思进取的典型，他们的行为就是做一天和尚撞一天钟，根本不考虑将来的人生会变成什么样。毫无疑问，这种糊里糊涂的生活态度是不可取的。这样的人只能守着手里有限的财富过着平庸的生活，永远也不会有属于自己的广阔天空。

既然选择远方，就要接受风雨

古之善背向者，乃协四海，包诸侯，忤合[1]之地而化转之，然后求合。故伊尹[2]五就汤，五就桀，而不能有所明，然后合于汤；吕尚[3]三就文王，三入殷，而不能有所明，然后合于文王。此知天命之箝[4]，故归之不疑也。

【注释】

①忤合：逆合。

②伊尹：商朝开国名相。

③吕尚：姜子牙，曾辅佐周文王、周武王，后封于齐地。

④箝：制约。

【译文】

古代擅长忤合之术的人，可以协和四海，包容诸侯，用忤合之术考察天时地利的向背，促成其转化，最后选定圣贤君主与之联合。因此，贤相伊尹曾五次接触商汤，又五次接触夏桀，最后决定背桀向汤，助其灭夏建商。商朝末年，姜子牙三次接触周文王，又三次接触商纣王，其立场仍未显露于世，最后才决定臣服于周文王，助其灭商建周。这是关系到天命的地方，所以伊尹和吕尚才归顺商汤和周文王而无所怀疑。

【赏析】

古时有很多这样的贤人，他们会谨慎挑选值得辅佐的君主，而一旦选定了符合条件的明君，他们就会毫不犹豫地为之效忠，不会再有动摇。鬼谷子称这类人为“善背向者”，无论是辅佐商汤灭夏兴商的伊尹，还是辅佐文王、武王灭商兴周的姜子牙，都是这样的人才。

作为现代人，我们也应学习古人的执著精神，一旦选择了自己要走的路，就要锲而不舍地走下去，不可半途而废。《荀子·劝学》中说："锲而舍之，朽木不折；锲而不舍，金石可镂。"意思是成功需要有持之以恒的精神，只要坚持不懈，成功总会属于我们。做事业不可能没有挫折，一遇到问题就失去信心，就想着放弃，这几乎是那些失败者共有的特征。相反，那些成大事的人，都有一种锲而不舍的狠劲儿，无论遇到什么样的挫折和难题，他们也不会轻易地把"放弃"两个字说出来，因为他们知道，放弃就意味着失败。

对于一般人来讲，暂时的磨难和短暂的痛苦都是可以忍受的，但当痛苦和磨难旷日持久时就另当别论了。越是筋疲力尽的时候，越是对意志的考验，俗话说："行百里者半九十。"意思是一百里的路程，走到九十里也只能算是走了一半而已，比喻做事愈接近成功愈困难。这时候一定要对自己狠一点，要有锲而不舍的精神，不达目的誓不罢休。

力量暂时不足，学会蛰伏隐忍

非至圣达奥，不能御世；不劳心苦思，不能原事；不悉心见情，不能成名；材质①不惠②，不能用兵③；忠实无真，不能知人。故忤合之道，己必自度材能知睿，量长短远近孰不如。乃可以进，乃可以退，乃可以纵，乃可以横。

【注释】

①材质：才能素质。

②惠：通“慧”，聪明。

③兵：士兵，这里指军队。

【译文】

不是道德最高尚能够通达高深道理的人，就不能治理天下；不是劳费心思苦苦思索，就不能弄清事物的本来面目；

不是全神贯注地观察真实情况，就不能成就名声；才能素质不够足智多谋，就不能进行军事运筹；心地忠厚朴实缺少真知，就不能识别人。因此，要想用好忤合之道，首先估量自己的聪明才智，衡量自己的优劣长短，分析在远近范围内还不如谁，这样就可以进取，可以退守；可以合纵，可以连横了。

【赏析】

在鬼谷子看来，要想成就一件功业，就要仔细衡量自己的能力，这样才能进可攻退可守。如果能力不足，不如暂且忍耐，蛰伏起来等待时机。

我们经常说的一句话是“用实力说话”。确实，在决定成功的内外因素之中，内因发挥最关键的作用。只有不断增强自己的实力，才能在激烈的竞争中立于不败之地。同时，在做出重大举动前，一定要正确评估自己的力量，不要做超出自己能力范围以外的事儿。倘若力量不足，就不要贸然出手，不然就会给自己的事业带来不必要的损失。

选择隐忍并不是懦弱之举，蛰伏是为了爆发。在自然界，蛰伏不动的毒蛇最是凶猛，因为它在蓄势待发，随时准备出击，毫不留情地斩杀猎物；而在人类社会，深藏不露的人往往是最厉害的角色，因为他在韬光养晦，等待着厚积薄发的绝佳时机，一旦机会来临，这种人常常能掀起滔天巨浪。

当年毛遂向平原君自荐时说：“吾乃囊中之锥，未曾露锋芒，今日得出囊中，方能脱颖而出。”真正胸怀大志的人都是善于隐忍的，在他们眼里，吃了眼前亏也未必不是好汉，与其计较眼前的纷纷扰扰，不如选择克己忍让，厚积薄发，争取更加美好的未来。

南宋· 马远《高士観眺图》

揣篇第七

在本篇中，鬼谷子讲到了揣术。揣即揣度，揣术就是通过揣情测意来游说他人，具体来讲就是在敌人高兴的时候刺激他们的欲望，在敌人愤怒的时候了解他们心中的仇怨，在敌人固执不变时要暂且避开话题，这样才能一步步走进他们的内心世界，由表及里地发掘其内心的弱点，从而有效地说服和控制他人。

重视情报收集，少犯低级错误

古之善用[1]天下者，必量天下之权[2]而揣诸侯之情。量权不审[3]，不知强弱轻重之称；揣情不审，不知隐匿变化之动静。何谓量权，曰：度于大小，谋于众寡[4]，称货财有无之数，料人民多少，饶乏有余不足几何；辨地形之险易，孰利孰害；谋虑孰长孰短；揆君臣之亲疏，孰贤孰不肖；与宾客之知慧，孰少孰多；观天时之祸福，孰吉孰凶；诸侯之交，孰用孰不用；百姓之心，去就变化，孰安孰危，孰好孰憎。反侧[5]孰辨，能知此者，是谓量权。

【注释】

①用：治理。

②权：形势。

③审：熟知。

④度于大小，谋于众寡：估量疆域的大小，预测人口的多少。

⑤反侧：反复倾斜。

【译文】

古代善于统治天下的人，必然首先能洞察天下各种力量的形式，揣摩诸侯的实情。如果不能周密切实地审时度势，权衡利害，就不会知道各诸侯国的强弱情况；如果不能周密地揣度形势，便不知道各种隐藏的情况和发展变化。什么是“量权”呢？就是考虑一个国家地域的大小；谋士数量多少；估量财货有无；估计人口多少、贫富，什么物资有余、什么物资不足，以及发展达到了什么样的程度；分辨地形的险峻与平易，考察哪处与己有利，哪处与己有害；研究哪个策略是长策，哪个策略是权宜之计；在君臣亲疏关系中，要知道哪些人贤德，哪些人不正派；在谋士与宾客中，哪个足智多谋，哪个是平庸之才；考察命运祸福时，什么是吉利的，什么是凶险的；与诸侯交谊中，谁是可以效力的，谁是不能效力的；判断各国老百姓的人心向谁，背弃谁，哪国比较安定，哪国潜伏危机；考察国内的老百姓拥护谁、厌恶谁；考察不顺从的势力，哪些要提防，哪些可相契。如此这些，就是所谓的“量权”。

【赏析】

在本节中，鬼谷子强调了收集情报的重要性，他认为治理天下的人必须审时度势，权衡利弊得失，在综合各方信息的基础之上制定策略。他列举了若干个需要了解的信息，告诉国家的决策者从这些方面下手去权衡，从而更好地管理国家。

无论古代还是现代，无论企业还是个人，竞争优势往往取决于领导者的决策能力，而决策能力取决于情报资源。任何科学的企业决策都必须依赖于足够及时、准确的情报信息和规范的情报管理体系。实施竞争情报收集的第一个步骤就是确定目标。

宋· 马远《山径春行图》

找到敌方弱点，才能一击命中

揣情[1]者，必以其甚喜之时，往而极其欲也，其有欲也，不能隐其情；必以其甚惧之时，往而极其恶[2]也，其有恶也，不能隐其情。情欲必知其变。感动而不出其变者，乃且错[3]其人，勿与语而更问其所亲，知其所安。

【注释】

①揣情：揣测对方内心的实情。

②恶：厌恶。

③错：通“措”，措置、安放。

【译文】

揣测对方内心的实情，就是必须在对方最高兴的时候，去加大他们的欲望，既然他们有欲望，就无法按捺住实情；又必须在对方最恐惧的时候，去加重他们的恐惧厌恶，他们既然有害怕的心理，就不能隐瞒住实情。情欲必然要随着事态的发展变化流露出来。情感受到了触动却不能体现好恶喜惧的变化，就暂且搁置不与他深谈，而另外问他所亲密的人，了解他情感所依托的根据。

【赏析】

在本节中，鬼谷子强调游说时要抓住对方“甚喜”“甚惧”两个时机，以此作为突破口。为政者在做任何事情时，也应事先寻找突破口，使自己获得更快速、更完美的成功。

行事鲁莽的人喜欢用蛮力，而善于谋划的人却喜欢用巧力。用蛮力者看似非常拼命，结果却收效甚微；而用巧力的人却精于观察和思索，总是能在最好的时机，选取最佳的角度出击，达到一击命中的目的，可以说是事半功倍。

审时度势，纵观全局，思虑周全，这是一个成功者的必备素质，能够做到这些才能减少失误，增加成功的筹码。我们常说做事“三思而后行”，要想在事业上纵横不败，做事之前必须慎重思考将要出现的情况，对环境、对手以及自身都要有充分的分析和了解，从而把握整个局势，选择最佳切入口和最有利于自己成功的方式和道路。

学会统筹规划,方可料敌机先

夫情变于内者，形见于外。故常必以其见者而知其隐者，此所以谓测深揣情。故计国事者，则当审权量；说人主[①]，则当审揣情；谋虑情欲必出于此。乃可贵，乃可贱；乃可重，乃可轻；乃可利，乃可害；乃可成，乃可败。其数[②]一也。故虽有先王之道、圣智之谋，非揣情，隐匿无可索之。此谋之大本[③]也，而说之法也。

【注释】

①说人主：向人主献说陈情。

②数：法术，这里指道理。

③本：基本原则。

【译文】

人的情绪在内心发生变化，而在行动上有所表现，必须经常凭他人所表现出来的去了解他所掩饰的情况。这就是所谓的“测深揣情”。所以谋划国家大事的人，就应当详细衡量本国的各方面力量；游说君主的谋士，必须精心揣度实情。一切策划、谋略和欲求，均须从量权和揣情出发。精通揣情之术，可使人富贵，也可使人贫贱；可使人手握重权，也可使人微不足道；可使人受益，也可使人受害；可使人成功，也可使人失败。它的道理是一样的。所以，虽然有古代先王的德行，有圣人高超的智谋，不揣度透彻所有隐蔽的和深藏的实情，将什么也追求不到。由此可知，揣情之术是策划计谋的根本条件，也是游说君主的基本法则。

【赏析】

在本节中，鬼谷子强调了统筹规划的重要性。在统筹全局的前提下进行科学合理的规划，才能制定出正确的行动策略，从而避免自己走弯路。

生活中，很多人做事像没头苍蝇一样乱撞，尽管每天忙忙碌碌却一直碌碌无为，这就是做事缺少计划性，缺乏统筹规划能力的结果。现在的市场竞争如战场角逐一般激烈，当一种为众人共得的大机遇出现时，往往也可以给自己带来盈利的契机。能否抓住这一契机，关键要看我们能否做好整体布局，规划出面面俱到的可行方案，不忙于一

时竞争，才能冷静决断，抓住时机，实现自我追求的目标。

现代社会，一个优秀的企业应该是目标远大、气氛良好、团结和谐、积极进取的。企业就是一个大家庭，家庭里的成员个性万千，情况瞬息万变。这要求管理者审时度势，及时调整管理策略，做好动态管理。所谓审时度势、动态管理是指根据企业的具体情况，尤其是出现的新情况新问题，采取相应的措施，而不是死搬教条，一条胡同走到底。

积攒经验智慧,成为预言大师

常有事于人，人莫能先，先事而生，此最难为。故曰揣情最难守司①，言必时其②谋虑。

【注释】

①守司：监守，这里是把握的意思。

②时其：选择良机。

【译文】

善于运用揣情和量权为人谋事的人，总是让人无法超越。

能在事情发生之前就预见到，这种境界是最难达到的。所以说，揣情是最难把握的一点，游说时一定要时时谋虑，小心应对。

【赏析】

在本节中，鬼谷子描述了这样一类人，他们总是能准确地预测未来将要发生的事情，我们通常都会用“神机妙算”“料事如神”“未卜先知”等词来形容他们。但其实，我们每个人都可以做到这一点，所谓的神机妙算其实并不神秘，靠的是经验和智慧的累积。只要我们平时注意观察积累，勤于思考，久而久之，就能对很多事情做出准确的预测。

古人说：“先谋后事者昌，先事后谋着亡。”先做好谋划再付诸实践，而在实践的过程中又能恰如其分地运用，这才是为政者的成功之道。善于谋划的人，总是能将对手控制在鼓掌之间，比如三国时期的诸葛亮，他可以说是神机妙算的典型，他的一生可谓传奇，即使死去也能料定身后之事，“死诸葛吓走生仲达”，将他那神鬼莫测的智慧发挥到了极致，不愧有“智圣”的称号。

文饰工作要有，但别做得太过

故观蜎飞蠕动①，无不有利害②，可以生事。美生事者，几之势也。此揣情饰言成文章，而后论之也。

【注释】

①蜎（yuān）飞蠕动：昆虫的飞动姿态。

②无不有利害：世间没有不具备利害之心的东西。

【译文】

所以我们看到昆虫飞动，都隐含着利益相关，因此才发生各种事端。而大的事情在刚刚产生之时，都呈现一种微小的态势。这就需要借助漂亮的言辞，然后才能进行游说。

【赏析】

在本节中，鬼谷子用“蜎飞蠕动，无不有利害”的比喻来强调文饰的必要性。在一个人说话或写文章的时候，表达的义理固然是首要的，但文饰也不可或缺。同时，文饰要恰如其分，不能做得太过。因为文饰只是促进事业成功的助因，而不是主因，只起辅助作用，不起决定作用。决定因素仍然是内在的实质。

适当的文饰是有必要的，但文过盛，实必衰，这是千古不变的真理。如果你用翡翠做钓线，用桂枝做钓饵，渔竿是够美了，鱼看了却一定会吓跑。正像浓妆艳抹，往往会掩盖容貌本身的清丽；过于华美的文辞，也常常会妨碍思想的表达。人们只记住他的文字，却没有注意他的思想，这对于文人而言实质上是一种失败。因此唐宋时期才有古文运动，其目的就是反对此前文坛堆砌辞藻、无病呻吟之风，提倡直抒胸臆、真情实感之文，因为这样的文章才能代表真实思想。

摩篇第八

在本篇中，鬼谷子提出了如何去摩的命题。摩，本意为切磋，这里指通过适当的言论刺激对方，以获知其真实意图，可视为揣的一种具体运用。鬼谷子先生崇尚阴道阳取，他认为善于揣情摩意的人就像在深泽大湖垂钓的老翁，投饵藏钩，必能钓到大鱼。

只有学会隐忍，才能东山再起

摩[1]者，揣之术也。内符[2]者，揣之主也。用之有道，其道必隐。微摩之，以其所欲，测而探之，内符必应。其所应也，必有为之。故微而去之，是谓塞窌[3]、匿端、隐貌、逃情，而人不知，故能成其事而无患。

【注释】

①摩：摩擦、切磋。

②内符：内心情感的变化及其外在表现。

③窌（jiào）：地窖。

【译文】

所谓“摩”就是揣测的权术；所谓“内符”就是揣摩之后的主要目的。进行“摩”时需要掌握“揣”的规律，而这些规律都是隐而不现的。这就要适当地去“摩”，投其所好

进行测探，其内情就会通过外符反映出来。内心的感情要表现于外，就必然要做出一些行动。这就是“摩”的作用。在达到了这个目的之后，要在适当的时候离开对方，把动机隐藏起来，消除痕迹，伪装外表，加避实情，使人无法知道是谁办成的这件事儿。因此，达到了目的，办成了事儿，却不留祸患。

【赏析】

在本节中，鬼谷子强调了隐忍的重要性，提倡在与人交流的过程中要想办法使对方的真情充分暴露出来，同时自己这边要做好隐蔽的工作，让对方猜不透自己的心思，以此来营造出一种敌明我暗的局面，这对政治家进行谈判是非常有利的。

在古今中外的战争理论中，有一条放之四海而皆准的重要原则就是要注意隐藏自己的实力，故意让对手认为我方不具威胁而产生轻视心理，等到敌人大意而来，所有的弱点均暴露无遗时，我方再采取各个侦破的策略，加以重拳出击，一举击溃对方。

学会隐忍，学会隐藏实力，这是进行政治军事活动惯用的策略。在现代的管理工作中，也可以借鉴古人的这些战术，其有效性已经为很多实例所验证。石油大王洛克菲勒曾经给他儿子写过很多信。信的内容大多是告诉儿子做人的道理以及为人处世的方法。其中有一封信里说“装傻也是一门学问”。这句话说得多好，与我们平时说的“难得糊涂”是同样的道理，这样做其实是一种十分聪明的行径，可以很好地保护自己不受伤害，赢得积攒力量的时间。装傻的另一面是“锋芒毕露”，太锋芒毕露往往会适得其反。装傻需要很大的勇气和毅力，装傻有时还需一时的自取其辱。这般涵养与忍耐是一般人是很难做到的。

选取诱人鱼饵，才能钓到大鱼

摩之在此，符应①在彼，从而用之，事无不可。古之善摩者，如操钩而临深渊，饵而投之，必得鱼焉。故曰主事②日成而人不知，主兵③日胜而人不畏也。

【注释】

①符应：与之呼应。

②主事：掌管政事。

③主兵：指挥军事。

【译文】

“摩”对方的时候，对方一定会用行动表现出来，只要我们有办法让对方顺应我们的安排行事，那就没有什么事是不可以成功的了。古代善于“摩”的人，就像拿着钓钩到水潭边上去钓鱼一样。只要把带着饵食的钩投入水中，不必声张，悄悄等待，就可以钓到鱼。所以说，掌管政事日渐成功而别人却不知道，指挥军事行动达到了目的还没人感到恐惧。

【赏析】

在本节中，鬼谷子强调了“香饵钓鱼”的妙处，在做事情时如果能先精心设置诱惑的陷阱，就能轻松地引鱼上钩，达到自己的目的。

在自然界，有很多动物善于利用饵食来引诱其他动物上钩。比如，深海鮟鱇鱼就是利用自己头部前端的发光器官来引诱小鱼，以达到捕食的目的；再如猪笼草就是利用自己花朵的特殊香气来吸引昆虫，从而引诱它们“迷途深陷”。同样的一件事情，有多种多样的解决方法。有的方法能够成功，有的方法却注定会失败。但有一种十分便捷有效的方法就是设置鱼饵，让其他人主动为自己效命，常常可以起到事半功倍的效果。

如今，市场竞争说到底就是如何吸引更多的消费者来购买自己的产品，现在产品的同质化越来越严重，竞争越来越激烈。身为一个企业经营者，要想在激烈的竞争中占有更多的市场份额，企业必须学会谋划，将顾客吸引过来。做事前谋与不谋，效果是截然不同的。善于谋划的管理者总是悄悄地抛下诱饵，然后让消费者闻“香”而来。要收到这样的效果，必须仔细分析消费者，以消费者为中心，针对他们的需求，发现他们的需求，有的放矢地抛下诱饵，自然能够事半功倍。

越是深藏不露，越是不可小觑

圣人谋之于阴①，故曰神；成之于阳②，故曰明。所谓主事日成者，积德也，而民安之不知其所以利；积善也，民道之不知其所以然，而天下比之神明也。主兵日胜者，常战于不争不费③，而民不知所以服，不知所以畏，而天下比之神明。

【注释】

①阴：暗地里。

②阳：公开的。

③不争不费：不使用武力，不消耗战费。

【译文】

圣人谋划事情总是在暗地里进行，人们不知就里，故称之为“神”；而他所取得的成功都显现于众人眼前，所以人们称之为“明”。所谓主事日成的人，就是积有暗德的具体表现，而百姓安宁，却不知道谁给了他们其中的好处；他不断地引导教育民众，而民众不知其所以然的话，那天下人就可以把他比作神明。圣人指挥军事每天都能打胜仗，是由于他不热衷于争城夺池，战争的消耗很小，老百姓不知道敌国为何拜服，也不知道战争有什么可怕。天下人都把这样的人比之为神明。

【赏析】

在本节中，鬼谷子强调低调行事的重要性，他认为一个人如果锋芒太露，就会招致他人的嫉恨和陷害，只有懂得隐藏自己，才能化险为夷，厚积薄发。将自己藏起来，并不是从此默默无闻，而是让自己在这种不被关注的情况下，去发现那些隐藏在表面现象之中的本质问题，然后再实行具体的措施，达到“一鸣惊人”的效果。

历史上很多例子可以证明，凡能建功立业者，无不深谙韬光养晦之道。刘备一向深藏不露，但吕布兵败被擒之后，他在曹操耳边一针见血的一句话，就让吕布落了个白门楼殒命的下场；康熙面对权臣鳌拜的威压，丝毫不露声色，还故意表现出沉迷嬉乐的样子，却在鳌拜放松警惕之后一举将他擒拿。表面上的碌碌无为，其实是为了给自己减少阻力，这才是干大事的人。

老子说过“兵强则灭，木强则折”，其原因就是锋芒过露。智者不会过早地暴露自己的真正实力，明于内而憨于外，就会时时主动；否则的话，就会处处被动，事事受制。为人处世也是如此，不要让人过早知道自己有多么强大，要懂得隐藏。做事之前，应当懂得将自己的才能、智慧隐藏起来，保持静默从而细心观察别人的动作，这样所有人的内外情形就都真实地展现在自己眼前，那么事业也就自然能成。

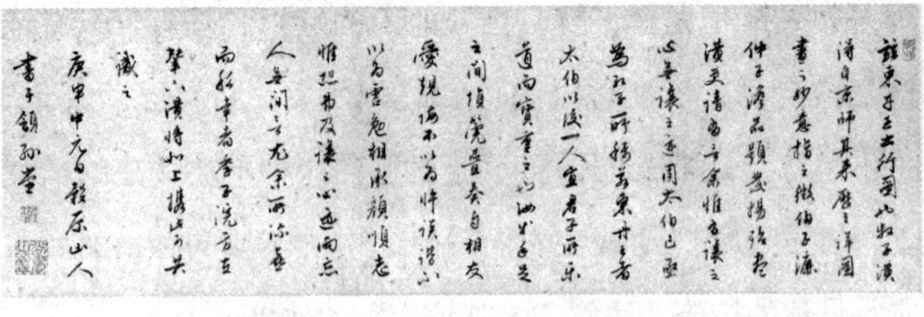

北宋·李赞华《番骑图全卷》（局部）

学会借力打力，熟练运用技巧

其摩者，有以平，有以正，有以喜，有以怒，有以名，有以行，有以廉，有以信，有以利，有以卑。平者，静也；正者，宜也；喜者，悦也；怒者，动也；名者，发①也；行者，成也；廉者，洁也；信者，期也；利者，求也；卑者，谄也②。故圣人所以独用者，众人皆有之③，然无成功者，其用之非也。故谋莫难于周密④，说莫难于悉听，事莫难于必成。此三者，唯圣人然后能任之。

【注释】

①发：扩大名声。

②卑者，谄（tāo）也：所以要谦卑，是为了隐藏起来。

③皆有之：都能运用。

④莫难于周密：没有比周详、缜密更难的了。

【译文】

在运用揣摩之术时，可以使用的方法有用和平进攻的，有用正义责难的，有用讨好的，有用愤怒激励的，有用名声威吓的，有用行为逼迫的，有用廉洁感化的，有用信义说服的，有用利害诱惑的，有用谦卑套取的。和平就是平静，正义就是适宜，喜欢就是讨好，愤怒就是激动，名望就是声誉，行为就是实施，廉洁就是清明，利益就是需求，谦卑就是隐藏。所以，圣人所独用的“摩”之术，平常人也都可以具有，然而没能运用成功的，那是因为他们用错了。所以谋划没有比缜密更难的，游说没有比全部被听从更难的，事情没有比必定能成功更难的，能做到这三方面的人只有圣人了。

【赏析】

在本节中，鬼谷子提出了“借力打力”的处事策略，对我们颇有借鉴意义。我们平时要想在竞争中获得胜利，一定要诉诸一定的手段，根据目标的不同，采取的手段也各不相同。如果你掌握了“借力打力”的方法，肯定会取得事半功倍的效果。

北雁南飞是一种常见的动物迁徙现象，充分体现了“借力”的重要性。每到秋天，大雁便会飞往温暖的南方，在这段长途跋涉中，他们一般都采用V字形或者一字形。这

种飞行方式可以使雁群节省能量，更快更轻松地飞行。科学研究表明，大雁组队飞行的速度要比单独飞行提高22%。

借助他人之力，才能更好地成就自己。人们曾经为世界上哪种植物最结实而争论不休，直到有一天，有人提出了美洲的红杉树，争论的声音才终于平息下来。红杉树的高度大约为90米，相当于30层楼高。一般来说，越是高大的植物，越容易折断，要想站得更稳，它的根系就必须扎得更深。但是红杉树并非如此，它的根系非常浅。按说拥有如此高大的树身和极不相称的根系的树木，只要一阵大风就会倒下。但红杉树却可以在狂风暴雨中巍然屹立，它们到底是如何做到的呢？原来，红杉树不是单独生长的，它们总是成群而生，一棵接着一棵，一行连着一行，依靠得非常紧密，他们的根系虽然浅，却彼此纠结在一起，就像人们手牵着手一样。因此，即使是很猛烈的狂风，也无法撼动成千上万棵根部紧密相连的红杉树。

练就口才艺术，培养说服能力

故谋必欲周密，必择其所与通者说也，故曰或结而无隙也。夫事成必合于数，故曰道数[1]与时相偶[2]者也。说者听必合于情，故曰情合者听。

【注释】

①道数：指规律与方法。“数”通“术”，道与术。

②偶：合。

【译文】

所以谋划必须周到缜密，游说要首先选择与自己可以相通的对象，所以说，相互结合紧密，没有缝隙，凡办事要想取得成功，必须有适当的方法；所以说，规律、方法与天时互相依附。进行游说的人要让对方听信，必须使自己的说辞合于情理，只有合情理才有人听。

【赏析】

鬼谷子认为，游说他人最难的就使其言听计从。为了达到说服他人的目的，游说者应该使自己的说辞合乎情理，不能信口开河，用一些夸大其词的言论来危言耸听。有些人为了尽快说服他人，会刻意捏造一些并不存在的美好蓝图，虽然短期内可能取得一定的效果，但总有一天会沦为笑柄。

说服是以求得对方的理解和行动为目的的谈话活动。因此，说服的最大特征就在于引起对方的关注。如果只是一味地述说自己的想法，将自己的想法以堆积的形式强加在他人的头上，这样的说服是不可能获得成功的。

简单来说，说服能力就是“什么人”“说什么”“怎么说”三者的综合。它是从“劝说者的人品”“说服内容的含金量”以及“劝说者对于突发事件的应变能力”这三者的综合效果中产生的，不可能为某一种单一的技巧所替代。所谓的说服，就包括这些要素，并事先预测到所有可能会发生的事儿。

为政者要培养自己说服别人的能力，就必须在平时有意识地培养自己这方面的能力，这实质上就是在培养一种综合的谈话能力，它在执政当中的作用是不可小觑的。

采取心理战术，不战屈人之兵

故物归类，抱薪趋[1]火，燥者先燃；平地注水，湿者先濡。此物类相应，于势譬犹是也。此言内符之应外摩也如是。故曰摩之以其类焉，有不相应者，乃摩之以其欲，焉有不听者？故曰独行之道。夫几者[2]不晚[3]，成而不拘，久而化成。

【注释】

①趋：走近。

②几者：通晓机微的人。

③不晚：不失时机。

【译文】

世界上万事万物都有各自的属性，比如说抱着柴草向烈火走去，干燥的柴草就首先着火燃烧；往平地倒水，湿润的

地方就要先积水。这些都是与物性相适应的道理，以此类推，其他事物也是如此。这就是“内符”与“外摩”相呼应的道理。所以说，按着事物的不同特性来实施“摩”之术，如有不反应的，就根据被游说者的喜好而施行“摩”之术，这样哪有一个不听从游说的呢？所以，这是圣贤独行之道，只有他们才能施用“摩”之术并确保成功。能够通晓机微的人，都会把握好时机，有成绩也不居功，并且持之以恒，最后一定会成功。

南宋·马远《晓雪山行图》

【赏析】

在本节中，鬼谷子强调了心理战术的神奇作用。你说的话、做的事儿，怎样才能深入人心？用鬼谷子的观点来说，就是施用以“摩”术，做到“摩之以其欲”就可以了。

“摩之以其欲”，用现代的话来讲就是要体察人性。古代著名的政治家、军事家大都有深入体察人性的本领。诸葛亮七擒孟获而不杀之，为的就是要在心理上使之折服，达到不战而屈人之兵的目的。而在现代商场上，心理战术有着神奇的妙用。竞争对手之间也同样存在心理战问题，胜负除了与经济实力、竞争方法等因素相关外，还取决于心理战能力和心理素质。俗话说：“知人知面不知心。”在与人打交道的时候，一定要学会揣摩对方的心理，一旦达到“知心”的地步，你就已经胜券在握了。

心理战术是以组织中的人作为特定的研究对象，重点在于对共同经营管理目标的人的系统研究，以提高效率，在一定的成本控制条件下，最大限度地调动人们的积极性和创造性。心理学都是以人本思想为前提的，它有助于调动人的积极性、改善组织结构和领导绩效，提高工作生活质量，建立健康文明的人际关系，达到提高管理水平和发展生产的目的。

权篇第九

在本篇中，鬼谷子讲的是游说的谋略。权是度量权衡的意思，鬼谷子认为与人交谈要运用权衡之术，通过对方的言谈权衡出对方的品性和意图，找出对方身上隐藏的弱点作为游说的突破口，从而实现自己的游说意图，这是游说活动的根本方法之一。

莫为小人所误，不要听信谗言

说者，说之也；说之者，资之也。饰言者，假之[1]也，假之者，益损也；应对者，利辞也，利辞者，轻论[2]也；成义者，明之也，明之者，符验也。言或反覆，欲相却也。难言者，却论[3]也，却论者，钓几也。佞言者，谄而干忠；谀言者，博而干智[4]；平言者，决而干勇；戚言[5]者，权而于信；静言者，反而干胜[6]。

【注释】

①假之：假借以说服人。

②轻论：轻视的言论。

③却论：反对的言论。

④博而干智：以看似广博的言辞求取智慧的虚名。

⑤戚言：忧愁的话。

⑥反而干胜：自己有不足却指责他人从而求取胜利。

【译文】

游说，就是劝说别人；劝说人，就是帮助人。凡带有装饰性的说辞，都是假借来说服人的言辞，假借来说服人的言辞，既有好处也有坏处。凡要进行应酬和答对，必须掌握伶俐的外交辞令，凡是伶俐的外交辞令，都是不实在的言论；要树立起信誉，就要光明正大，光明正大，就是为了让人检验复核。双方意见不合就会反复辩难，想让对方让步。凡是言谈时意见不合，都是反对地议论，凡是反对地议论，都是诱导对方说出秘密的说辞。说奸佞话的人，由于会隐藏，反而变成“忠厚”；说阿谀话的人，由于会吹嘘，反而变成“智慧”；说平庸话的人，由于果决，反而变成了“勇敢”；说忧伤话的人，由于看似善权衡而变成“守信”；说平静话的人，由于知道自己不足而指责他人，反而变成“胜利”。

【赏析】

鬼谷子希望人们学会说好听的话，但同时也提醒人们，要警惕小人的花言巧语。每个人都爱听好听的话，好听的话的确能够使人精神愉悦，可是有些好听的话从居心不良的人口中说出来就如漂亮的罂粟花，开放时美丽，吃下去却有毒。

纵观历史我们发现，很多君王都因为听信谗言而使忠臣良将遭到诛杀，这样的君王往往也没什么好的下场。为政者如果常听难以入耳的忠言，常遭遇使心中不悦的难事，就能修身养性，提高自己的品德和洞察真相的能力；漂亮话谁都爱听，但俗话说“忠言逆耳”，真正的良善之言大多是听上去不那么顺耳的。如果我们任由那些虚假的言辞充斥我们的耳朵，就会如同中了鸩毒一般，渐渐混淆了视听。

鬼谷子所说的佞言、谀言，其实就是奉承话，对于喜欢说奉承话的谄媚之徒，人们一般都比较反感。然而，有一种话和奉承话相似，那就是赞美话。赞美与奉承的区别，在于奉承的话总是缺乏根据，让人一听就大倒胃口。因此，喜欢说奉承话的人往往被称为“马屁精”。赞美则立身于“有其事”，而且往往是出于善意的。

保持头脑清醒，准确分析局势

先意承欲者，谄也；繁称文辞者，博也；纵舍不疑者，决也；策选进谋者，权也；先分不足而窒非[1]者，反也。故口者，机关[2]也，所以关闭情意也；耳目者，

心之佐助③也，所以窥瞯奸邪。故曰参调而应④，利道而动。故繁言而不乱，翱翔而不迷，变易⑤而不危者，睹要得理。

【注释】

①窒非：扼住错误、缺陷。

②机关：事物的关键之处。

③心之佐助：思维的辅助。

④参调而应：三者调和呼应。参，通“三”，指口、目和耳三种器官。

⑤变易：变化、改变，这里指言辞形式或内容的改变。

【译文】

为实现自己的意图来钻别人欲望空子的就是“谄”；用很多美丽辞藻来夸张的就是“博”；即使舍弃也无疑虑的就是“决”；精选谋略而献策的人就是“权”；自己不对反而责备他人的就是“反”。所以说嘴是言语发出之处，是用来宣布或闭锁情意的；耳朵和眼睛是思维的辅助，可以察知发现奸诈邪恶。所以说，只要口、耳、目三者相互呼应，就会走向成功。一般说来，虽有烦琐的语言并不纷乱，虽有翱翔之物并不迷惑人，言辞虽有变化并不危险，就是要在观物时掌握要害。

【赏析】

在本节中，鬼谷子强调在纷乱的局势面前要保持头脑的清醒。在鬼谷子的眼里，世间没有任何事物是绝对孤立存在的，同一个事物往往会以不同的面目呈现出来，这时候就看你能否用清醒的头脑去看待。因此，为政者要始终保持清醒的头脑，对事件发生的始末进行精确的分析，以便做出正确的判断。

头脑清醒的人对事情的判断往往更加具有前瞻性，一时的失利或者吃亏并不会让他们心灰意冷。“吃亏是福”也是一种哲理，生活中的聪明人善于从吃亏当中增长智慧。“知足”则会对一切都感到满意，对所得到的一切充满感激之情；“安分”则使人从来不奢望那些根本就是不可能得到的或者根本就不存在的东西。没有妄想，也就不会有邪念。表面上看来，“吃亏是福”以及“知足”“安分”会有不思进取之嫌，但是，这些思想确实能够教导人们，成为对自己有清醒认识的人。

我们常说：“人非圣贤，孰能无过。”谁都无法抛开七情六欲，谁都会受到情绪的困扰，并因此而影响自己对事物的判断。但是，要成就大业，在选择面前，就得分清轻重缓急，放眼长远，把握事物本质的发展方向。

措辞小心谨慎，以免酿成祸乱

故无目者[①]不可示以五色[②]，无耳者[③]不可告以五音[④]。故不可以往者，无所开之也，不可以来者，无所受之也。物有不通[⑤]者，圣人故不事也。古人有言曰："口可以食，不可以言。"言者，有讳忌也。"众口铄金"，言有曲[⑥]故也。

【注释】

①无目者：没有眼睛的人，这里指对色彩感觉不敏锐的人。

②五色：青、黄、赤、白、黑五种颜色，这里泛指各种色彩。

③无耳者：没有耳朵的人，这里指对声音感觉不敏锐的人。

④五音：古乐中的宫、商、角、徵、羽五个音阶，这里泛指各种音乐。

⑤不通：不通达。

⑥曲：偏邪、不正的意思。

【译文】

所以对色彩感觉不敏锐的人，不能给他欣赏各种色彩；对听觉不敏锐的人，不能跟他谈论音乐变化。所以不该去的地方，是那里没有可以开导的对象；不该来的地方，是因为这里没有人能接受你这样的说法。双方信息不流通，圣人是不会乱做事的。古人说："口能吃东西，不能随便说话。"是因为言语有所顾忌隐讳。"众口铄金"，是因为言语容易偏邪不正。

【赏析】

在本节中，鬼谷子提到"众口铄金"，意思是很多人的话加起来就有着熔化金属的强大力量。所以我们平时做事应该注意低调，以免落人把柄而被人揪了小辫子。鬼谷子认为，即便是有雄辩之才，也应该谨言慎行。有些话说出来没有效果，根本没必要说。有些话说出来犯忌讳，容易伤害别人，一定不要说。

祸从口出，这是一句多么可怕的喻世恒言呀，如果连说句话都要招惹祸灾引火上身的话，这个世界上的人还要语言干吗？之所以要敏于事而慎于言，就是因为权者手里的那把尚方宝剑实在是太锋利了，弱小的你不能不去顾及。没有忌讳不行，无所顾忌信马由缰也不行，心血来潮办事

会惹祸上身。如果你要生存，你就得加强修养；你不但要敏于事，更须慎于言。否则，即使你是有口无心说着玩儿的，那罪名加身、大祸临头的日子离你就不是那么远了。

没有语言作桥梁，人与人之间就无法实现沟通。但是语言能成事，也能坏事，所以古人提倡谨言慎行，要说该说的话，否则一言有失，即酿大祸。有些人事情还没有做，就开始漫天吹牛，这种人只是些夸夸其谈之辈罢了，一定成不了大事。

宋·王诜《柳荫高士图》

发挥自己长处，就能无往不利

人之情，出言则欲听，举事[①]则欲成。是故智者不用其所短，而用愚人之所长，不用其所拙，而用愚人之所工[②]，故不困也。言其有利者，从其所长也；言其有害者，避其所短也。故介虫[③]之捍也，必以坚厚；螫虫[④]之动也，必以毒螫。故禽兽知用其所长，而谈者亦知其用而用[⑤]也。

【注释】

①举事：办事、行事。

②工：擅长、善于。

③介虫：指有甲壳的虫类。介，通“甲”。

④螫（shì）虫：带毒刺的虫。

⑤知其用而用：知道使用他该用的游说术。

【译文】

人之常情，只要自己说出话就希望有人听，只要办事情就希望能成功。所以聪明的人不用自己的短处，而宁可用愚人的长处；不用自己的笨拙，而宁可用愚人的技巧，因此不致陷于困境。说到别人有利的地方，是因为顺从其所长；说到别人有害的地方，就要避其所短。因而，甲虫防卫，是用其坚硬的甲壳；而毒虫行动，一定用那有毒的螫子。连禽兽都知道用自己的长处，何况进谏的人，更应该会用游说术了。

【赏析】

在本节中，鬼谷子强调：一个人只有善于扬长避短，才能趋利避害，缩短与成功之间的距离。与人交往的问题，鬼谷子的论述很多。生活中，很多人都存在自卑的心理，其实大多情况下，他们是在用自己的短处比别人的长处。每个人都有自己的强项，好好把握它就能发挥其最大功效。真正出类拔萃的人不会在所有方面都一争长短，他们都善于发挥自己的专长，做自己最善于做的事情，从而成为某一领域中的佼佼者。

在与他人竞争角逐的时候，如果能把握住已有的优势，往往可以弥补劣势的不足。比如田忌赛马，孙膑并没有让田忌更换马匹，只是改变了马的出场顺序，充分发挥了田忌上等马和中等马的优势，从而扭转了败局。辨识一个人的长处，将其配置在合适的位置，从而为组织创造最大的价值，这是一个基本的用人常识。

要想清晰地辨识每个人的倾向和长处不是一件容易的事。为政者应面对两个事实：其一，每个人都与众不同，每个人都拥有自己与生俱来的独特的长处；其二，每个人最大的成长空间在于充分发挥其长处而不是弥补短处，很少有人因倾心掩盖、弥补短处而获得成功，凡成功者必是将其长处发挥到极致。

控制你的情绪，不要失去理智

故曰辞言五：曰病、曰恐、曰忧、曰怒、曰喜。病者，感衰气而不神[1]也；恐者，肠绝而无主[2]也；忧者，闭塞而不泄也；怒者，妄动而不治[3]也；喜者，宣散而无要[4]也。此五者，精则用之，利则行之。

【注释】

①不神：头脑不精神。

②无主：心里没有主意。

③不治：语言没有条理。

④无要：做事抓不住要领。

【译文】

一般而言，要摒弃外交辞令中的五种言态：一是病态之言，二是恐惧之言，三是忧郁之言，四是愤怒之言，五是喜悦之言。病言，就是指有衰竭之气而精神不足的言辞；恐言，就是哀怨断肠而没有主意的言辞；忧言，就是关闭阻塞不能宣泄的言辞；怒言，就是草率行动而没有条理的言辞；喜言，就是松散抓不住要领的言辞。以上这五种言态，只有精于言说者也可一用，若用之有利，则不妨付诸实行。

【赏析】

在本节中，鬼谷子简单列举了病言、恐言、忧言、怒言、喜言等五种情绪化的语言，以提醒我们控制情绪的重要性。我国古人十分重视修身，修身最重要的一点就是要控制自己的情绪。在与人交往中，尤其要注意这一点，试问谁愿意与一个喜怒无常的人交往，谁又愿意与一个总是愁眉紧锁的人交谈？

人区别于动物的根本点之一，就在于人是有思想的，因而可以按照一定的目的，理智地控制自己的感情和行动。自制力是坚强的重要标志，与之相反是任性。对自己持放纵态度，对自己的言行不加约束。任意胡为，不考虑行为的后果。

控制不了自己的情绪往往会得罪很多人，也会失去很多机会。在与人交往的时候最忌一个“怒”字，动不动就发脾气，终会害了自己。容忍心中的怨气确实不太容易，但只要遇事多思虑一下，又怎能让一时之气冲昏头脑呢？

每个人都有情绪失控的时候，这时候要学会控制。此时，可默默地侍花弄草，观赏鸟语花香，或挥毫书画，垂钓河边，这种看似与排除不良情绪无关的行为恰是一种以静制动的独特的宣泄方式，它是以清静雅致的态度平息心头怒气，从而排除沉重的压抑。

学会看人说话，才能左右逢源

故与智者言依于博[1]，与博者言依于辩，与辩者言依于要，与贵者言依于势，与富者言依于高，与贫者言依于利，与贱者言依于谦，与勇者言依于敢[2]，与愚者言依于锐[3]。此其术也，而人常反之。是故与智者言，将以此明之；与不智者言，将以此教之，而甚难为也。

故言多类，事多变。故终日言，不失其类而事不乱。终日不变而不失其主，故智贵不妄④。听贵聪，智贵明，辞贵奇。

【注释】

①依于博：依靠渊博的知识。

②敢：果敢决断。

③锐：细小。

④智贵不妄：智慧的可贵之处在于不紊乱。

【译文】

因此与聪明的人谈话就要依靠渊博的知识，与知识广博的人谈话就要依靠雄辩的口才，与善辩的人谈话要抓住要点，与地位显赫的人谈话就要依靠宏大的气势，与富有的人谈话就要依靠高屋建瓴，与贫穷的人谈话就要以利益相诱惑，与卑贱的人谈话要依靠谦敬，与勇敢的人谈话要以果敢决断为原则，与愚笨的人谈话要从细小之处着眼。这是言谈的方法，而人们却常常违背它。所以与聪明的人言谈就用这些方法阐明；与不聪明的人言谈就用这些方法教导，然而这些也是很难做到的。所以言谈有多种方法，事物有多种变化。掌握这些后，即使终日谈论，也不会把事情搞乱。事情不断变化，也不会失其原则。所以就智者而言重要的是要不乱不虚。听话要善辨真伪，聪颖则善断是非，智慧要能明辨事理，出言要变化莫测。

【赏析】

在本节中，鬼谷子认为与智者、博者、辩者、贵者、富者、贫者、贱者、勇者、愚者这些不同类型的人交谈，所使用的方式是截然不同的。现实生活中，说话不光要看一个人的贫贱、富贵、智愚，还要根据他的生活环境、性格特征来综合考虑。

俗话说："好话一句三冬暖，恶语一句六月寒。"说话是我们的本能，但在不同的场合、对不同的人，怎样说话才最好，却需要思考了又思考！有时候需要笨嘴拙舌，有时候需要伶牙俐齿。生活中充满了多样性，人的语言掌握程度也各不相同，即便大家都说同一种语言也是如此。如果想和对方快速实现沟通，一定要注意听众的接受程度。同样的意思可以尝试采用不同的说法来表达。

生活中，我们需要去应对各种类型的人。而这些人的心理特点、脾气秉性、语言习惯也都是各不相同的，这些因素决定了他们对语言信息的要求是不同的。所以，不能用统一的通用的标准语的说话方式来交流，见什么人说什么话，因人而异是非常必要的，否则无异于"对牛弹琴"。

谋篇第十

本篇是鬼谷子论述谋略的专篇，集中讨论了计谋在游说中的意义及运用窍门。谋就是计谋的意思，即动用一切可以运用的手段，调动任何可加以利用的资源，以达到自己游说的目的。鬼谷子认为最高明的谋略是在暗中进行的，并且最难做到周密，所以说圣人的谋略在于隐蔽不露。

尝试出奇制胜，才能扭转败局

凡谋有道，必得其所因[1]，以求其情。审得其情，乃立三仪[2]。三仪者：曰上，曰中，曰下，参以立焉，以生奇。奇不知其所雍，始于古之所从。故郑人之取玉也，载司南之车[3]，为其不惑也。夫度材量能揣情者，亦事之司南也。

【注释】

①因：依靠、凭借。

②三仪：借用天、地、人三仪，指上智、中才、下愚。

③司南之车：中国古代发明的一种装有磁石的车，能够指明南方。

【译文】

凡是为人筹划计谋都要遵循一定的法则，一定要弄清缘由，以便探索出实情。审慎考核实情，然后确立“三仪”，即上、中、下三种策略，此三者互相参验，通过分析论证，就能定出奇谋。这样产生的奇谋所向无阻，自古以来便是如此。据说，郑国人入山采玉，必乘载带有司南针的车，为的是不迷失方向。为人谋事，一定要考量其才干、能力，揣测其实情，也类似做事时使用指南针一样。

【赏析】

我们常说："有人的地方就有斗争。"人与人之间的争斗总是源源不绝，要想在这场旷日持久的斗争中取得主动，让自己脱颖而出，就要学会用奇招。在本节中，鬼谷子道出了出奇制胜的奥妙，"奇不知其所拥，始于古之所从"。正如孙子所说："凡战者，以正合，以奇胜。故善出奇者，无穷如天地，不竭如江海。"出奇制胜，正是优秀将帅的追求。

因循守旧的人做事也许很稳妥，但不是个适合参与争斗的人，因为斗争的双方往往是无所不用其极的，能够取得斗争胜利的人都是善于用奇招、狠招的将才。事实证明，出奇制胜往往能够收到奇效，让很多看似难办的事情迎刃而解。

在一些管理工作中，很多的管理者都常常按照常规的思路去想问题、办事情，由于绝大多数人都是这样做的，所以他们并不感到有变化的必要，也并不觉得这样做有什么不好。

可是当遇到困难时，用常规的做法解决不了，而另一些人却用反常规的办法，巧妙而有效地解决了困难。其实这是一个很简单的道理，世界上绝大多数人已经习惯了按部就班地生活、按部就班地思考，所以就造成难产生有创意的想法。其实，商场上出奇制胜的例子，往往只需要一个好点子、一句广告词就足够了，根本不需要大费周折。

谨慎选择盟友，拒绝貌合神离

故同情而相亲者，其俱成者也；同欲而相疏者，其偏害者也。同恶而相亲者，其俱害者也；同恶而相疏者，偏害者也。故相益[1]则亲，相损[2]则疏。其数行也，此所以察异同之分[3]也。

【注释】

①相益：互相有利。

②相损：互相损害。

③所以察异同之分：根据这个来判断异同的原因。

【译文】

凡志趣相投的人联合谋事，感情亲密，事成后双方都能得利；感情疏远，就仅有一方受到伤害。凡有共同憎恶的人联合谋事，感情亲密，就会同受其害；感情疏远，就仅有一方受到伤害。所以，如果能互相带来利益，就要密切关系，如果相互牵连地造成损害，就要疏远关系。这都是有定数的事情，也是要用这个来判断异同的原因。

【赏析】

孔子说：“道不同，不相为谋。”意即志向不同，不能一起谋划共事。鬼谷子也认为：在为人谋事时，一定要考察彼此在各方面的异同。否则就会有害于双方。每个人的道德修养既与个人后来所学有关，又必然与所处的外界环境相关联。重视对朋友的选择，是我们一贯注重的问题。一个人初出茅庐，如果能够得到朋友的正确指点和帮助，会在创业的途中大为受益。这就是“近朱者赤，近墨者黑”的现实意义。

人与人的思想不同，想法也就不同。如果一味坚持己见，可能会引起一些争执，甚至会造成矛盾，使盟友之间闹得不愉快。“道不同，不相为谋”是选择盟友的一个重要原则。志同道合才能在一起合作，志不同、道不合就会南辕北辙，越走越远。

志趣不同的人是很难在一起共事的，因为他有他的想法，你有你的想法，各自找出自己的答案，也许结果会证明双方未必都正确。如果只是认定了自己的想法就不肯罢休，往往会导致合作关系的僵持。所谓“道不同，不相为谋”，何不先放弃和对方争执，先了解真正的原因所在，最后与朋友间的意见也许会达成一致。

司马迁说，世上学老子的人不屑于儒学，学儒学的人也不屑于老子。道不同，不相为谋。这是思想观念、学术主张不同，不相为谋的典型。伯夷和叔齐相传为殷代孤竹君的两个儿子。武王灭殷，天下宗周，伯夷叔齐义不食周粟，隐居首阳山，终于饿死。司马迁由此而感叹道不同，不相为谋，真是各人追随各人的志向啊！这是由于政治态度不同，不相为谋的典型。

做事循序渐进，成功才能稳妥

故墙坏于其隙，木毁于其节，斯盖其分也。故变生事，事生谋，谋生计，计生议，议生说，说生进，

进生退[1]，退生制。因以制于事，故百事一道而百度一数[2]也。

【注释】

①进生退：进取产生于退却。

②一数：一定的变数。

【译文】

所以，墙壁通常因为有裂缝才倒塌，树木通常因为有节疤而折毁，这都是它们的分界之处。因此，事情的突变都是由于事物自身的渐变引起的，而事物的问题又产生谋略，谋略产生计划，计划产生议论，议论产生游说，游说产生进取，进取又需要产生退却，退却产生控制。事物由此得以控制，各种事情，各种制度，其根本道理都是相同的。

【赏析】

在本节中，鬼谷子认为任何事物的质变都是循序渐进而来的。古语云："骐骥一跃，不能十步；驽马十驾，功在不舍。"凡事都要循序渐进，持之以恒，不可急功近利，武断行事，否则就很容易忙中出错，导致功亏一篑。鬼谷子也说，万事的变化都是一个规律，而各种心机谋略也只有一种法则。只要遵循这一法则，就可以进。这个"进"就是我们现在所说的“循序渐进”，即按照步骤，逐渐深入和提高。

“冰冻三尺，非一日之寒。”成功不是骤然降临的，而是一步步努力得来的。循序渐进是事物发展的一个普遍规律。力量薄弱不要紧，只要循序而进，就可以避免失误。循序渐进应该建立在自力更生的基础之上，但是并不排斥正当的外力援助。作为管理者，当自己的力量尚嫌不足时，应尽快寻找一个比较平安的环境，渐渐壮大自己，再徐图进取；所处环境不安稳时，要善于应变，运用柔顺的方法争取强者的援助。渐进的道路也有曲折，也有种种阻碍，应该认识到这种复杂性。尽管道路曲折，前途却是光明的。

充分了解对手，才能轻松应对

夫仁人轻货，不可诱以利，可使出费；勇士轻难，不可惧以患，可使据危；智者达于数，明于理[1]，不可欺以诚，可示以道理，可使立功，是三才也。故愚者易蔽也，不肖者易惧也，贪者易诱也，是因事而裁之[2]。

【注释】

①达于数，明于理：通达数术，明晓事理。

②是因事而裁之：根据事情的不同特点予以巧妙裁夺。

【译文】

仁德的人不看重财物，不可用财物相诱惑，只可让其提供财物；勇敢的人不惧怕危难，不可用祸患相恐吓，只可使他据守险地；智慧的人知权变、明事理，不可假装诚信相欺骗，只可晓以大义，使其建功立业。这是三种人才啊，必须好好使用。所以愚笨的人容易被蒙蔽，品行不好的人容易害怕，贪婪的人容易受诱惑。这些要根据不同特点巧妙裁夺。

【赏析】

在本节中，鬼谷子阐述了人有仁人、勇士、智者、愚者、不肖者、贪者的区分。要亲近或利用一个人，就应首先分析他的性格特征，采取相应的应对办法。若采取的方法不当，就可能事与愿违，引起别人对你的反感，导致举措的失败。

《孙子兵法》中说："知彼知己者，百战不殆。"对于行军打仗来说，充分地了解对手很重要。了解对手的性格特征，就能有的放矢，收到良好的效果，这在政治和军事较量中有重要意义。在《三国演义》一书中，就有大量这样的例子。三国时代的所有枭雄中，袁绍的出身是最尊贵的，“四世三公”的家世与声望，在当时确实是一块响亮的招牌，相对能够获得更多人的拥戴。然而孔融和曹操都说袁绍是“冢中枯骨”。历史上的“官渡之战”，曹操就是利用了袁绍的“志大而智小，色厉而胆薄，忌克而少威”等弱点，引袁绍轻举冒进，曹军则后撤筑垒设防，集中兵力坚守要隘。结果在两军力量悬殊的情况下，对峙数月，曹操寻找到抄其后路、焚其粮草的机会，终于打败了袁军，创造了以少胜多的经典战例。而一度以织草鞋为生的刘备虽暂栖他人门下，却依然是曹操眼里的“英雄”。曹操对自己对手的充分了解，是他取得巨大成功的一个重要因素。

谁先掌握主动，谁就成为赢家

故为强者，积于弱也；为直者，积于曲也；有余者，积于不足也。此其道术行也。故外亲而内疏[①]者，说内；内亲而外疏[②]者，说外。故因其疑以变之，因其见以然之，因其说以要之，因其势以成之，因其恶以

权之，因其患以斥之。摩而恐之，高而动之，微而正之，符[③]而应之，拥[④]而塞之，乱而惑之，是谓计谋。

【注释】

①内疏：内心疏远。

②外疏：表面疏远。

③符：验证、应验。

④拥：通“壅”，用土堵，阻塞。

【译文】

所以强大是由弱小积聚而成，平直是由削去弯曲积累而成，有余是由不足积累而成。这是道术的体现。若对方表面与我亲近而内心疏远，则我要从打动其内心入手；若对方内心与我亲善而表面疏远，则我要从改善外部关系入手。因而，要根据对方的疑惑来改变，根据对方的表现来推移，根据对方的说辞来归纳，根据对方的趋势来组织，根据对方的缺陷来权衡，根据对方的忧患来排斥。揣摩之后加以威胁，抬高之后加以策动，削弱之后加以扶正，设计祥瑞的征兆之后加以验合；拥护之后加以堵塞，骚乱之后加以迷惑，这就是计谋之道。

【赏析】

在本节中，鬼谷子强调了得“势”的重要性。为政者在施展谋略时，要力求“得势”，即要根据对方的情况随时调整自己的策略，为的就是将主动权牢牢地抓在自己的手里。先发制人，后发制于人，只有掌握了主动权，才能将事态的发展控制在自己手中，让自己在前进的路上顺风顺水。

每天早上，一只非洲羚羊醒来，它就知道自己必须跑得比狮子要快，否则就会被吃掉；每天早上，一只非洲狮子醒来，它就知道自己必须跑得比羚羊要快，否则就会饿死。这个世界就像是一个弱肉强食的狩猎场，无论你是羚羊还是狮子，都要争取掌握生存的主动权，你只有比自己的竞争对手跑得更快，才能在这个世界生存下去。

无论是生物界的你死我活，还是战场上的胜负成败，以及商场上的荣辱得失，其实都逃不出“弱肉强食”这一规律的约束。与对手之间的较量，往往就取决于一瞬间，只有抓住机遇，快速出手征服对手，才可以问鼎天下，否则就会惨遭滑铁卢。

古往今来，成王败寇都是亘古不变的生存法则，如果对对手同情就有可能给自己带来极大的伤害甚至付出生命的代价。一个人要想获得成功，成就一番事业，就必须掌握主动权，只有让自己出手更快，才能有更大的概率击败对手，从而成为当之无愧的王者。

清· 王宸《山水册页》5

只有结而无隙，才能同舟共济

计谋之用，公不如私，私不如结[1]，结而无隙者也。正不如奇[2]，奇流而不止者也。故说人主[3]者，必与之言奇；说人臣者，必与之言私。

【注释】

①私不如结：暗地里谋划不如结为死党一起商议。

②正不如奇：正统的方法不如出奇制胜。

③人主：君主帝王。

【译文】

运用计谋，公开谋划不如私下密谋，私下密谋不如结为同盟，结为同盟就可以亲密无间。运用计谋，常规策略不如奇谋，施以奇谋就像流水一样，不可阻止。所以向人君游说的人，必须先谈论奇策；同理，向人臣游说时，必须先进行私交。

【赏析】

在本节中，鬼谷子提出了“结而无隙”的结盟原则。朋友的选择要心灵相通，不能貌合神离，要团结一致，防止出现不必要的隔阂，否则就可能导致事业不顺，给双方都带来危机。

俗话说：“近朱者赤，近墨者黑。”荀子也说过：“蓬生麻中，不扶而直；白沙在涅，与之俱黑。”就说明了朋友的影响是十分巨大的。因此，在交朋友之前，除了自身保持中正之外，还要注意所交朋友的人品。以防止所交非人，对自身造成某些潜移默化的不良影响，进而影响到以后人生道路的选择。

从某种层面上来讲，选择朋友其实也就是选择自己未来的人生。选择了“益友”，就选择了人生路上在遇到风雨的时候可以用来遮蔽风雨和歇脚的驿站；选择了“损友”，就选择了人生前进路上可能在你跌倒的时候落井下石的小人。

孔子说：“君子喻于义，小人喻于利。”意思就是说看重道义的就是有益的朋友，只重视利益的就是有害的朋友。选择朋友的时候不妨以此为参考的标准，在遇到事情的时候，注意观察，就可知道所谓的朋友是“益友”还是“损友”了。

学会欲取先予，才能更好地取

其身内其言外者疏，其身外其言深者危。无以人之所不欲而强之于人，无以人之所不知而教之于人。人之有好也，学而顺之；人之有恶[1]也，避而讳之。故阴道而阳取之也。故去之者纵之，纵之者乘之。貌[2]者，不美又不恶，故至情托焉。

【注释】

①恶：厌恶。

②貌：外形、外表。

【译文】

你在一个圈内，关系很亲密而说的话却又很见外就会被疏远；你在一个圈外，关系很疏远而说的话又很深入就会有危险。不要把人家不喜欢的东西强加给人，不要把人家不愿知道的事情强教给人。如果对方爱好某种东西，你要学着迎

合他的兴趣；如果对方厌恶什么东西，你要尽量加以避讳。所以，你是在暗中顺从对方，得到的却是公开的信任。所以要去除某事就可以放纵它，放纵的目的在于寻找可乘之机。那些不轻易喜形于色的人，可以将大事托付给他。

【赏析】

孔子说过："己所不欲，勿施于人。"这是处理人际关系的一项基本准则。在本节中，鬼谷子也提出了"无以人之所不欲，而强之于人"的处世原则。即要想从他人那里获得利益，就必须图人所好，知道怎样在不丧失原则的基础上，尽力去取悦他人，以求达到自己的目的，这就是"欲取先予"的处世原则。

掌握好"欲取先予"的原则对我们处世为人大有裨益。举个例子，有个樵夫想要砍掉一棵大树，但树上住着三种动物，分别是麻雀、蜜蜂和蝉。为了阻止樵夫继续砍树，麻雀和蝉决定一起去劝说他。于是，麻雀围着樵夫飞来飞去，叽叽喳喳地叫着；蝉也放开喉咙，对着樵夫大声歌唱。但樵夫只感到非常厌烦，于是更加紧了砍伐的力度。这时，蜜蜂飞了出来，它就把一滴蜜滴到了农夫的手上，农夫尝了尝蜂蜜后，就连忙抛下斧头，不再砍树了，而且还小心地保护起了这棵树。只有先付出，才能有回报，蜜蜂的做法，符合了"欲取先予"的原则。

学会隐藏实力，厚积才能薄发

可知者[1]，可用也；不可知者，谋者所不用也。故曰事贵制人，而不贵见制于人。制人者，握权也；见制于人者，制命也。故圣人之道阴[2]，愚人之道阳。智者事易，而不智者事难。

【注释】

①可知者：可以了解的人。

②阴：隐而不露。

【译文】

对于能够透彻了解的人，可以予以重用；对那些还没了解透彻的人，有智慧的人是不会重用他们的。所以说，从事政治活动最重要的是掌握人，绝对不要被人家控制。控制人的人是掌握大权的统治者；被人家控制的人，是唯命是从的被统治者。所以圣人运用谋略的原则是隐而不露，而愚人运

用谋略的原则是大肆张扬。有智慧的人成事容易，没有智慧的人成事困难。

【赏析】

在本节中，鬼谷子说“圣人之道阴，愚人之道阳”，意思是圣人运用谋略的原则是隐而不露，只有愚蠢的人才会明目张胆地暴露自己，这番话揭示了“柔能克刚”的道理。

为人处世也是如此，不要让被人过早地知道自己有多么强大，要懂得隐藏。做事之前，应当懂得将自己的才能、智慧隐藏起来，保持静默从而细心观察别人的动作，这样所有人的内外情形就都真实地展现在自己眼前，那么事业也就自然能成。有些人不懂得做人的艺术，无论是工作还是生活，都处处碰壁，不是因为他们智商不高，相反，很多时候恰恰是因为他们过于聪明了。“聪明难，糊涂更难”，聪明是一种天分，然而聪明过头却往往会招来其他人的嫉恨，给自己带来不必要的损失，所谓“聪明反被聪明误”即是此理。

老子说过“兵强则灭，木强则折”，其原因就是锋芒过露，太刚而易断。所以智者不会过早地暴露自己的真正实力，明于内而憨于外，就会时时主动；否则的话，就会处处被动，事事受制。锋芒不露讲的就是一个“藏”字，仅这一个

"藏"字，包含着无穷意味。"藏"的目的，是不让别人发现自己所有的长处，不引起别人的妒忌，更好地保护自身。要知道，在纷繁复杂的社会中，人际关系占着举足轻重的地位，只知显露，不知敛藏，不是真正的"狠"，懂得韬光养晦，待时而动，这才是真正的"狠"。所以"花宜半开，酒宜微醉"，低调做人，收敛起一些锋芒才是大智慧。

一旦时机成熟，就要果断出击

以此观之，亡不可以为存，而危不可以为安[①]，然而无为而贵智矣。智用于众人之所不能知，而能用于众人之所不能见。既用，见可，否择事而为之，所以自为[②]也。见不可，择事而为之，所以为人也。故先王之道阴。言有之曰："天地之化，在高与深，圣人之制道，在隐与匿。"非独忠信仁义[③]也，中正而已矣。道理达于此之义，则可与语。由能得此，则可与谷远近之诱。

【注释】

①亡不可以为存，而危不可以为安：救亡图存和转危为

安都是很难的事儿。

②所以自为：这是为自己而做的。

③忠信仁义：分别指忠心、诚实、仁爱、道义，这是古代基本的道德法则。

【译文】

由此看来，一旦国家灭亡了就很难复兴；一旦国家骚乱了，就很难安定，所以顺应规律和智慧是最重要的。智慧是用在众人所不知道的地方，才干是用在众人所看不见的地方。施展才智如果能做到隐蔽，就不要选择公开去做事，这是为自己去做。如果不能做到隐蔽，选择将事情公开去做，这是为别人去做。所以前代君王做事贵在隐秘，古语说："天地的造化在于高与深，圣人的治道在于隐与匿。"并不是单纯讲求仁慈、义理、忠诚、信守，不过是在维护不偏不倚的正道而已。如果能彻底认清这种道理的真义，就可以与人交谈。假如双方谈得很投机，就可以发展长远的和目前的关系。

【赏析】

在本节中，鬼谷子说到"既用，见可，否择事而为之"，意在提醒人们遇到好的机会不要犹豫，果断出击才是王道。见机而动，关键是要善于看准机会。而这需要为政者拥有敏锐的眼光，并在有七分把握的条件下当机立断，勇于实践，否则，时机稍纵即逝，永远抓不住机会，也永远得不到成就事业的甜美果实。

真正做大事的人，当力量薄弱的时候，应该隐忍待机，切忌妄动；当可以出世而又羽翼未丰的时候，应该以诚待人，积聚力量；在成长时期，一方面应该奋发有为，同时也要戒骄戒躁，谨慎处事；当机会来临可以放手一搏的时候，应该把握最有利的时机，果断出击，一举成功。“布衣三尺取天下”的刘邦，可谓是善于见机而动的有为之人。他本是秦朝的一个小官，但当他看到秦末山雨欲来风满楼的形势后，便带领一批人跑到大山中，密谋起事。后来，他的那支起义部队成为一支劲旅，最后从项羽手中夺得天下，建立了刘汉王朝。

决篇第十一

在本篇中，鬼谷子强调了决策的重要性，决指的就是决断、决策。鬼谷子讲述了面临危机时采取决策的重要性和如何采取决策的一些方法，认为决策的前提是认清事物的性质，杜绝偏见，以使决断无误。一个善于决断的人，应能做到当机立断，决不拖延。

只有深思熟虑，才能算无遗策

凡决物[1]，必托于疑者，善其用福[2]，恶其有患。善至于诱也，终无惑偏。有利焉，去其利则不受也，奇之所托。若有利于善者，隐托[3]于恶，则不受矣，致疏远。故其有使失利者，有使离[4]害者，此事之失。

【注释】

①决物：决断事物。

②善其用福：意思是喜欢你做出的决策能带来的福利。

③托：凭借。

④离：通“罹（lí）”，遭受。

【译文】

大凡为他人决断事物，都是受托于有疑难的人。一般说来，人们都希望你的决策能带来福利，不希望你的决策带来灾祸。善于决策，一定要先诱得实情，最终能排除疑惑。在

为人做决断时，如果只对一方有利，那么没有利的一方就不会接受，这是因为奇计所凭借的基础不平衡。任何决断本来都应有利于决断者的，但是如果在其中隐含着不利的因素，那么决断者就不会接受，彼此之间的关系也会疏远。如果决断招来不利，甚至还会遭到灾难，这就是决断的失误。

【赏析】

在本节中，鬼谷子强调了决策的重要性，在重大的决策面前一定要深思熟虑，不要轻易下决定，以免差之毫厘，谬以千里。为政者考虑问题要通盘谋划，尤其是在重大决策当中，更是要三思而后行。做事情之前应特别注意，不仅要考虑到事情的利，更要考虑到其弊处所在。倘若只顾眼前利益，而不顾身后祸患，那必然要倒大霉。

现实中，我们经常会遇到生命中的十字路口。当面前只有一条路的时候，我们自然可以毫不犹豫地走下去，然而，难就难在人生很多时候会走到三岔路口或十字路口，从而面临一系列新的选择，我们该何去何从？这个问题，是对我们每一个人的最大考验。遇到这种情况，我们所要做的就是谨慎再谨慎，让每一个决策都科学合理，让自己真正做到算无遗策。

鬼谷子着重强调了决策的合理性，为达目的不择手段的做法，是遭人鄙夷的。再好的目标，再纯洁的动机，离开了手段的合理性，也难免会变质。所以说，为政者做出决策一定要有根有据，合理充分，只有这样的决策才能走向成功。

明·盛茂烨《山水图》

目光高瞻远瞩，才能锁定成功

圣人所以能成其事者，有五：有以阳德之者，有以阴贼之[1]者，有以信诚之者，有以蔽匿之者，有以平素之者。阳励于一言，阴励于二言，平素、枢机以用。四者[2]，微而施之。

【注释】

①以阴贼之：用暗中的计谋来对待之。

②四者：一言、二言、平素、枢机。

【译文】

圣人能够取得成功，主要有五个途径：有的依靠公开的仁德，有的依靠暗中的计谋，有的依靠诚实信义，有的依靠谦卑隐匿，有的依靠平素积累。为人决疑，要分清是阳谋还是阴谋。行阳道则努力守常如一，行阴道则努力掌握事物对立的两面，要在平时和关键时刻巧妙地运用。这四方面，要不知不觉地使用。

【赏析】

在本节中，鬼谷子列举的“阳德、阴贼、信诚、敝匿、平素”，其实就代表了五种战略。大到一个国家，小到一个团体，都会有一些战略性的规划。鬼谷子想要告诫人们，制定决策的时候必须服从于整体战略，用战略的眼光去看待问题，才能做出正确的决断。

企业管理的实践表明，战略的制定和实施对于企业的发展来说至关重要。一个高瞻远瞩的战略是管理者事业成功的前提，有效的战略实施是企业战略目标顺利实现的保证。另一方面，如果管理者没有能完善地制定出合适的战略，但是在战略实施中，能够克服原有战略的不足之处，那也有可能最终导致战略的完善与成功。当然，如果对于一个不完善的战略选择，在实施中又不能将其扭转到正确的轨道上，就只有失败的结果。所以，要想锁定成功，就要具备高瞻远瞩的眼光。

做事力求果断，拒绝优柔寡断

于是度以往事[①]，验之来事，参之平素，可则决之。王公大人之事也，危[②]而美名者，可则决之；不用费力而易成者，可则决之；用力犯勤苦，然不得已而为之者，可则决之；去患者，可则决之；从福者，可则决之。

【注释】

①度以往事：以往事去揣度。

②危：崇高。

【译文】

推测以往的事儿，验证未来的事儿，再参考平素的情况，若能做出判断，可立即决断。王公大人们委托决断的大事，若能为其带来美名，并且有望成功，可立即决断；无须费力而易成的事儿，可立即决断；虽然费力但又必须做的事儿，可立即决断；能为人免除祸患的事儿，可立即决断；能为人带来福祉的事儿，可立即决断。

【赏析】

在本节中，鬼谷子强调果断行事的重要性。一个行事果断的人是值得依托的，而一个优柔寡断的人则会逐渐丧失别人对他的信任。造成优柔寡断的主要原因是缺少自信心，而自信心又是来源于经验的积累，你只有在不断的积累中才会有自信心，才会克服掉优柔寡断的性格。必须承认，做出有些决定是痛苦的，但是为了整体的利益，管理者必须鼓起勇气，当机立断，甚至不惜放弃局部的利益。

然而，果断意味着承担风险，如果我们没有足够的信心和勇气去承担这份风险，就很难培养出果断的性格。只要是自己认准的事儿，就应全力以赴去实施，想好了就不要再犹豫，不管做出什么样的决定，总比不做决定要好。失败与机遇并存，风险和魅力同在，没有风险，就不会有波澜壮阔的人生，就不会有绚丽壮美的人生风景。

越是危急关头，越要保持冷静

故夫决情定疑，万事之基。以正乱治[①]，决成败，难为者。故先王乃用蓍龟[②]者，以自决也。

【注释】

①以正乱治：肃清动乱的意思。

②蓍（shì）龟：蓍是一种多年生草本植物，龟指的是龟甲，二者都是古代的占卜工具。

【译文】

所以说解决事情确定疑难，是处理万事的基础。澄清动乱，决定成败，这是一件很难做到的事儿。古代贤君遇到疑难时不得已而用蓍草和龟甲进行占卜，以此帮助自己决断。

【赏析】

在本节中，鬼谷子论述了“决断”这个话题。他告诉人们，在重大关头要做出正确决断是一件很困难的事情，所以古代圣贤需要利用占卜来帮助决断。他提醒人们越是重大关头，越应该沉着、镇定，控制好自身的情绪，以免让事情陷入更为复杂的境地。

其实，在面临重大选择的关口，任何人都不可避免地会出现焦虑或紧张情绪，这就要看是否能够自我调节、自我克制了。淝水之战时，谢安和张玄下棋时神闲气定，其心中未必不忐忑或激动。这一点在客人告辞后他的反应中便可看出：当时的谢安抑制不住心头的喜悦，舞跃入室，把木屐底上的屐齿都碰断了。由此看来，面对危急，自我调节，才能最终走出危急的情况。这时能保持果敢、沉着、镇定的态度，方显英雄本色。

越是危急时刻，越应该保持冷静，否则就会自乱阵脚，还没开始做什么就先败给了自己。头脑冷静理智的人往往具有很好的抗压能力，他们在危险面前能更好地保持清醒，迅速做出正确的反应，以便化险为夷。

符言第十二

在本篇中，鬼谷子阐述了做事公平公正的原则。符言指言辞与事实像符契一样吻合，引申为为政者明察秋毫、奖惩分明必须奉行的准则。为政者只有做到坦然无私，才能让天下归服，这样也就顺应了自然之道，如此国家必能长治久安，自己也可以不受侵害。

谨慎运用权力,防止权力腐化

安徐正静，其被节无不肉。善与而不静，虚心平意①以待倾②损。右主位③。

【注释】

①平意：使意念很开朗。

②倾：倾覆。

③主位：主要讲善守其位。

【译文】

如果在位者能做到安详、从容、正派、冷静，就像骨节上必须有肉在上面一样。在位者应善于让利于人，与世无争，并始终充满危机感。以上讲在君主的位置上要善守其位。

【赏析】

在本节中，鬼谷子提出了自己对权力的看法，那就是：

摆正自己的位置。人生在世，很多人都对权力极为迷恋，都想拥有至高无上的权力。然而，权力却是一把双刃剑，用得好可以功成名就，造福万民；用得不好，却会腐败堕落，遗臭万年。

在这里，鬼谷子告诉人们，权力的运用要谨慎，要懂得克制，不可滥用，以免权力腐化，伤及自身。那么，如何才能保证大权在握的同时不会为权力所侵蚀呢？其实答案很简单，就是谦逊。相比普通人来说，一个居高位者比平常人更需要谦逊这种美德。穷汉在别人面前怎样摆弄自己的家具也不会有事，而一个百万富翁如果在广场上晾晒自己仓库里的珠宝，那就很危险。从这方面来说，谦虚谨慎地使用权力，也是一种韬光养晦的高深哲学。

发挥群众力量，拒绝刚愎自用

目贵明，耳贵聪，心贵智。以天下之目视①者，则无不见；以天下之耳听者，则无不闻；以天下之心思虑者，则无不知。辐凑并进，则明不可塞。右主明②。

【注释】

①以天下之目视：以天下人的眼光来看待。

②主明：主要讲察人之明。

【译文】

对于眼睛来说，最重要的就是明亮；对耳朵来说，最重要的就是灵敏；对于心灵来说，最重要的就是智慧。作为君主，若能借助全天下的眼睛去看，就没有什么看不见的；若能借助全天下的耳朵去听，就没有什么听不到的；若能借助全天下的心灵去思考，就没有什么不明白的。作为君主，若能集思广益，就能明察秋毫，无可闭塞。以上讲君主如何做才能英明。

【赏析】

在本节中，鬼谷子提到“目贵明，耳贵聪，心贵智”，这是为政者应该具备的素质。要想让自己少犯错误，就要学会集思广益，发挥群众的力量，如果执意于自己的世界，闭目塞听，就只能沦为一个孤家寡人。

为政者要想少犯错误，就不能有刚愎自用的毛病，这样做出的决策才能更加公平正确，但不能一味只听好听的赞美之词，更要多听听那些“逆耳”的意见，因为这些逆

耳的话中往往包含着更加真实的信息。谁都喜欢听好听的话，好听的话的确能够使人精神愉悦，使我们的虚荣心得到满足；可是有些好听的话犹如漂亮的罂粟花，虽然开放时很美丽，却是容易上瘾的毒药。对于一个领导者来说，最容易犯的过失有好谀、好货、好色三项，而其中最难避免的是阿谀奉承。往往最初有所警觉，日久天长就习以为常了，到后来不听反而不习惯，最后到了对歌功颂德者重用、对犯颜直谏者仇恨的地步，那就离灭亡不远了。

崇尚德行之人，虚心听取建议

德之术曰：勿坚而拒之[①]。许之则防守，拒之则闭塞。高山仰之可极[②]，深渊度之可测。神明之位德术正静，其莫之极。右主德[③]。

【注释】

①勿坚而拒之：不要坚持己见而拒绝对方。

②可极：可看到顶点。

③主德：主要讲崇尚德行。

【译文】

崇尚德行的方法是：不要坚持己见而拒绝对方。如果能听信人言，就使自己多了一层保护，如果拒绝别人进言就使自己封闭。高山仰望可看到顶，深渊计量可测到底，而德的地位就像神明一样，崇德之术要心态平正平静，这样就没什么可以比得上的。以上讲崇尚德行的方法。

【赏析】

在本节中，鬼谷子强调了崇尚德行的重要性，他说“勿坚而拒之”，这是鬼谷子所赞赏的为君之道。一个有才德的君子给自己提意见时，不管是否合乎自己的心意，都应该慎重对待。尤其对别人的批评，更要做到“有则改之，无则加勉”。

纵观古今，不听取有德之人的意见，而一意孤行的人总是没什么好下场。比如，力拔山兮气盖世的霸王项羽，有万夫不敌之勇，最终却命丧乌江，其致命错误就是因为不听人劝谏。在鸿门宴的时候，亚父范增屡屡示意项羽下决心杀掉刘邦，可项羽却认为刘邦势孤力单，不足为虑，结果就为自己的刚愎自用付出了生命的代价。崇尚德行，听取有德之人的建议，避免一意孤行，才能更好地提升自己。

做到赏罚分明，才能赢得民心

用赏贵信，用刑贵正。赏赐贵信，必验①耳目之所闻见，其所不闻见者，莫不暗化矣。诚畅于天下神明，而况奸者干君。右主赏②。

【注释】

①验：验明真相。

②主赏：主要讲罚赏必信。

【译文】

凡奖赏，最重要的是守信；凡刑罚，最重要的是公正。赏必信，刑必正，必须让臣民亲身见闻，对于那些没有亲见亲闻者，也有潜移默化的作用。君主的诚信如果能畅达天下，那么连神明也会来保护，又何惧那些奸邪之徒犯主君呢？以上主要讲赏罚必信。

【赏析】

在本节中，鬼谷子强调了“赏罚分明”的重要性。他提出“用赏贵信，用刑贵正”的观点，提醒人们无论奖赏还是处罚都应该说到做到，不能失信于人。我们都知道，有功不赏，则无人思进取；有过不罚，则恶人将肆虐。赏、罚都要取信于民，使社会形成良好的风气。所以鬼谷子认为，“信”与“正”是“赏”与“罚”的关键所在。

作为一名管理者，必须正确处理赏与罚的关系。说起“赏”的艺术，其实并不像赏功那么简单。有时候，为了鼓舞士气，即便无功也要赏。而“罚”的艺术，则应强调有过必罚。赏和罚都是管理者手中的两件法宝，但也可以是两件致命的自杀武器。用得好的话，可以事半功倍；倘若用得不好，不但事业难成，还可能出乱子。赏和罚作为管理者统御术的两个方面，都有一定的尺度，不能乱赏乱罚，只有坚持赏罚分明的原则，才能取得预期的效果。

依靠民众力量，才能社稷稳固

一曰天之，二曰地之，三曰人之。四方上下，左右前后，荧惑[1]之处安在。右主问[2]。

【注释】

①荧惑：火星，这里指危险的迹象。

②主问：主要讲多方询问。

【译文】

一要问天时之吉凶，二要问地理之险易，三要问人情之顺逆。还要遍查四方、上下、左右、前后，看哪里有危险的迹象？以上主要讲多方询问。

【赏析】

在本节中，鬼谷子提醒统治者，测知吉凶不但要看天时地利，还要着重看人情，即观察老百姓是否支持自己。

一旦失去了老百姓的支持，统治者的江山也就会像失去了地基的大厦一样，瞬间土崩瓦解，化为一片虚无。

无数事实证明，谁小瞧了人民群众的力量，谁就会付出代价。从古至今，各王朝的建立和颠覆，无不证明了民众在历史潮流中的巨大作用和不容忽视的地位。唐太宗把民众与统治比作水与舟的关系，称“水能载舟，亦能覆舟”。先贤孟子也曾说过：“民为贵，君为轻，社稷次之。”由这些足见前人对民众力量的重视。

学会鉴别人才，合理使用人才

心为九窍之治，君为五官[1]之长。为善者，君与之赏；为非者，君与之罚。君因其所以求，因与之，则不劳。圣人用之，故能赏之。因之循理，固能久长。右主因[2]。

【注释】

①五官：古代的五种重要官职，殷商时期指的是司徒、司马、司空、司士、司寇。西周时期指的是司徒、宗伯、司

清· 王宸《山水册页》4

马、司空、司寇。这里泛指百官。

②主因：主要讲遵规循理。

【译文】

心是九窍的主管，君主是各级官员的统治者。凡做善事的人，君主应给予赏赐；凡做坏事的人，君主应给予惩罚。君主要根据臣下的欲望来决定赏罚，斟酌情况给予适当回报，这样就不会劳神。圣贤的君主这样做了，所以受到臣民的称赞。只要能遵循客观规律，国家就能长治久安。以上主要讲遵规循理。

【赏析】

在本节中，鬼谷子强调了人才运用的重要性。在所有的资源中，人才是最宝贵的一种资源。要想成就一番事业，就必须做到“人尽其才”，这样事业才有希望。但是，人事安排是一项很困难的工作，需要花费精力去研究。如何去安排人事呢？鬼谷子给了我们答案：“君因其政所以求，因而与之，则不劳。圣人用之，故能赏之。”

居上位者无论能力如何突出，也不可能事事躬亲，他们所应做好的是方向的把控和战略的制定，而一些细枝末节的事情就应该交给下属去处理。所以说，管理者应该选

贤任能，适当授权。以众智为己智，善取下级之智慧以临天下，这才是以智慧临下的“智临”。既不必事事躬亲，又并不脱离民众，这才是无过无不及的“中道”。汉高祖刘邦总结自己的成功经验时说：“夫运筹帷幄之中，决胜千里之外，吾不如子房；镇国家，抚百姓，给馈饷，不绝粮道，吾不如萧何；连百万之军，战必胜，攻必取，吾不如韩信。此三者，皆人杰也，吾能用之，此吾所以取天下也。”刘邦可以说是善取臣下之智以临众的“大君”了。善于任用刚健能为的大臣，辅助自己君临天下，这正是“大君”的明智之处。

不要固执己见，防止思想僵化

人主不可不周，人主不周，则群臣生乱。家[①]于其无常也，内外不通，安知所开。开闭不善，不见原也。右主周[②]。

【注释】

①家：居。

②主周：主要讲遍通事理。

【译文】

作为人主必须广泛了解外界事物，如不通人情道理，那么就容易发生骚乱。群臣处于无常的状态，内外没有交往，怎么能知道问题的根源。开放和封闭不适当，就无法发现事物的根源。以上主要讲遍通事理。

【赏析】

在本节中，鬼谷子强调了明辨事理的重要性。做人不能固执己见，尤其是领导者，必须通达人情，了解时局，才能做出一番事业。固执己见的人最大的表现是性格执拗，自己认准的事就是十头牛也拉不过来，不会轻易被人说服。但是，为政者如果盲目地坚持己见，不变通事理，考虑问题不周密，就会给自己的大业带来重大损失。

固执己见是一种浅薄的表现，这类人往往思维僵化，不懂变通，很难听进去他人的意见，生活中也总是会处处碰壁。现实生活中有很多人极为固执，他们从不肯改变看法，如果你的下属中有这样的人，这是一件比较头痛的事情。你必须努力说服他，先是改变原来的错误或者有缺陷的观点，接着就是要让他认可你的看法。很多时候，一个人即便知道自己的看法不对，也不会立即接受你的看法，他会比较谨慎地考察一番之后，再选择自认为稳妥的方案。

识破小人阴谋，才能防止祸乱

一曰长目，二曰飞耳，三曰树明。明知千里之外，隐微之中，是谓洞天下奸，莫不暗变更。右主恭①。

【注释】

①主恭：主要讲洞察奸邪。

【译文】

一要使眼睛看得更远，二要使耳朵听得更远，三要建立搜集信息情报的联络点。不论是在千里之外，还是在隐隐约约、渺渺茫茫之处所发生的事情，君主都能觉察出来，这就是所谓的洞天下，这样所有的奸邪就不得不暗中停止自己的胡作非为了。以上主要讲洞察奸邪。

【赏析】

在本节中，鬼谷子强调了洞察奸邪的必要性。诸葛亮在《出师表》中说过："亲贤臣，远小人。"这是对历代君主最深刻的警示之语。为政者应该宽宏大量，这样才能留住人才，但大到一个国家，小到一个企业，任何一个组织都难免鱼龙混杂，免不了有一些宵小之辈。如果管理者一味地宽宏大量，对小人掉以轻心，那结果只能使你在阴沟里翻船。

孔子说："世间惟女子与小人难养也，近之则逊，远之则怨。"世上什么人都有，当然小人也比比皆是。小人成事不足，败事有余。如果你这辈子叫小人盯上了，那么肯定就麻烦大了。小人没有什么事儿好做，因此他可以专心致志地琢磨你。"小人"没有特别的样子，脸上也没写上"小人"二字，所以他们的行为常常让人防不胜防。所以，为政者如果发现身边有小人存在，应该迅速清除之，不要让其留在身边，成为祸根。

倘若名不副实，只会贻笑大方

循名而为，实安而完。名实相生，反相为情。故曰：名当则生于实，实生于理，理生于名实之德，德生于和，和生于当。右主名①。

【注释】

①主名：主要讲名实相符。

【译文】

依照名分去考察实际，根据实际来确定名分。名分与实际互为产生的条件，反过来又互相表现。所以说，名分与实际相符就能得以治理，不相符则易产生动乱。真理诞生于名实相符的道德之中，而道德诞生于和平之中，和平诞生于适当。以上讲名实相符。

【赏析】

在本节中，鬼谷子强调了名实相符的重要性。一个人如果顶着虚高的名声是很危险的，比如战国时期的赵括，他因为辩论兵法比父亲还厉害而为自己赢得了不错的名声，但当赵王真的让他去领兵打仗的时候，他却让赵国遭遇了前所未有的大败。

《后汉书·左周黄列传》中说："盛名之下，其实难副。"这句话是形容名气很大，但真实情况可能很难符合。很多时候，名声都是传播出来的，在传播的过程中，很多事实都已经被扭曲、拔高了。有些人顶着"名不副实"的虚名，却沾沾自喜，不知自省，这样的人一般得意不了几天，一旦西洋镜被拆穿，就会沦为他人的笑柄。

名与实相符才是硬道理，我们应按照名分去做事，按照事实来决断。这样名与实才能相互助长，相辅相依。适当的名称产生于客观事物，而客观事物产生于有关道理，道理产生于决定事物的法则，法则产生于大地之间的智慧，智慧产生于万物之协调。这是鬼谷子所告诉我们的道理。

了不起的

国学启蒙⑥

孙子兵法 青少年版

（春秋）孙武◎著　木 沐◎译注

江苏凤凰文艺出版社
JIANGSU PHOENIX LITERATURE AND ART PUBLISHING

图书在版编目（CIP）数据

孙子兵法：青少年版 /（春秋）孙武著；木沐译注
. -- 南京：江苏凤凰文艺出版社，2024.5
（了不起的国学启蒙；6）
ISBN 978-7-5594-8531-1

Ⅰ.①孙… Ⅱ.①孙… ②木… Ⅲ.①《孙子兵法》
- 青少年读物 Ⅳ.① E892.25-49

中国国家版本馆 CIP 数据核字（2024）第 060623 号

孙子兵法：青少年版

（春秋）孙武 著 木沐 译注

责任编辑 王昕宁
策划编辑 李 根
特约编辑 连 慧
装帧设计 天下书装
责任印制 杨 丹
出版发行 江苏凤凰文艺出版社
南京市中央路165号，邮编：210009
网 址 http://www.jswenyi.com
印 刷 北京雁林吉兆印刷有限公司
开 本 880毫米×1230毫米 1/32
印 张 6.75
字 数 113千字
版 次 2024年5月第1版
印 次 2024年5月第1次印刷
书 号 ISBN 978-7-5594-8531-1
定 价 199.80元（全7册）

前言

《孙子兵法》又称《孙武兵法》《吴孙子兵法》《孙子兵书》《孙武兵书》等，是中国现存最早的兵书，也是世界上最早的军事著作，被誉为“武学之圣典，兵家之绝唱”，处处表现出道家与兵家的哲学。全书共十三篇，包括计篇、作战篇、谋攻篇、形篇、势篇、虚实篇、军争篇、九变篇、行军篇、地形篇、九地篇、火攻篇、用间篇，基本上以权谋为经线，以战争进程为纬线来谋篇布局，内容涉及战争规律、哲理、谋略、政治、经济、外交、天文、地理等。

在战略思想上，孙子“重知”“崇变”“尚谋”，在战术思想上提出了把握战争运动规律的一系列矛盾范畴。如敌我、主客、众寡、强弱、攻守、进退、胜败、虚实等。在战争问题看法上，孙子认为：“兵者，国之大事，死生之地，存亡之道，不可不察也。”在战略上，孙子推崇“不战而屈人之兵”的全省战略；在实施上，重视“伐谋”与“伐交”；

在作战行动上，强调“兵贵胜不贵久”……

如今,《孙子兵法》不仅在军事领域内得到了很多应用，而且被广泛地运用于政治、经济、外交、企业管理等各个领域，取得了令人瞩目的成就。

人生如战场，是一场不见硝烟的战场，形式虽然不同，但在本质上都是一样的。战场之上需要斗智斗勇，将头脑作为最有利的杀伤武器，用头脑去开启成功的大门。在人生这场无休止的战场上，我们要借用孙子的眼光看世界，分析世界，从而找到适合自己通往成功的路，把握好人生的机会，在人生之路上走得扎实、稳健。

孙子的兵法思想与其他思想相互融通，相映生辉，继承了前人的优点，也传承了自己的特点。它以军事专著的形式，讲述着生活的各个方面，哲学中的辩证法、人世百态的交际、处于不利的生活状态……人生就是一场博弈，用好“兵法”能事半功倍，改变人生格局。

本书文辞优美，对仗工整，含义深远，耐人寻味，既保留了原著的精华，又彰显了《孙子兵法》的现代价值和文化魅力。它是一部有益于人们陶冶情操、磨炼意志、奋发向上的经典读物。无论是在阅读中还是在合上书本后，我们都会在不知不觉中放松下来，开阔心胸，放慢脚步，在实现人生价值的同时享受生活。

目　录

第一篇　计篇

兵者，国之大事 ……………………002

经之以五事，校之以计 …………004

校之以计，而索其情 ……………007

因利而制权 …………………………009

兵者，诡道也 ………………………012

未战而庙算胜 ………………………015

第二篇　作战篇

用兵之法 ……………………………018

其用战也胜，久则钝兵挫锐 ……020

取用于国，因粮于敌 ……………022

国之贫于师者远输 ………………024

智将务食于敌 ………………………027

故杀敌者，怒也 …………………029

兵贵神速 ……………………………031

第三篇　谋攻篇

用兵之法 ……………………………034
不战而屈人之兵 ……………………036
上兵伐谋 ……………………………037
谋攻之法 ……………………………040
用兵之法，十则围之 ………………042
将者，国之辅 ………………………044
知己知彼，百战不殆 ………………046

第四篇　形篇

胜可知，不可为 ……………………050
守攻之道 ……………………………052
战胜不忒 ……………………………054
善战者，立于不败之地 ……………057
胜败之政 ……………………………059
胜兵以镒称铢，败兵以铢称镒 ……060

第五篇　势篇

治众如治寡 …………………………064
正合奇胜 ……………………………066
势如彍弩，节如发机 ………………068
斗乱不可乱 …………………………070
择人而任势 …………………………072

第六篇　虚实篇

致人而不致于人 ……………………076
出其所趋，趋其不意 ……………078
攻其必救 ……………………………080
形人而我无形，我专而敌分 ……082
敌虽众，可使无斗 ………………085
战胜不复，形于无穷 ……………087
避实击虚 ……………………………089
因敌取胜 ……………………………091

第七篇　军争篇

以迂为直，以患为利 ……………094
军争为利，军争为危 ……………096
兵以诈立，以利动 ………………098
金鼓旌旗者，一人之耳目 ………101
三军可夺气，将军可夺心 ………103
用兵八戒 ……………………………106

第八篇　九变篇

君命有所不受 ………………………110
将通于九变之利者，知用兵 ……112
智者之虑，必杂于利害 …………114
用兵之法，无恃其不来 …………117
五危，不可不察 ……………………118

第九篇　行军篇

半济而击之 ……………………………122
兵之利，地之助 ………………………125
伏奸之所处 ……………………………127
辞卑而益备者，进也 …………………129
怒而相迎，必谨察之 …………………132
兵非益多 ………………………………134
令之以文，齐之以武 …………………136

第十篇　地形篇

我可以往，彼可以来 …………………140
非天之灾，将之过也 …………………142
将之至任，不可不察 …………………146
进不求名，退不避罪 …………………148
视卒如婴儿 ……………………………150
知己知彼，胜乃不待 …………………152

第十一篇　九地篇

疾战则存，不疾战则亡 ………………156
合于利而动，不合于利而止 ……159
为客之道 ………………………………161
善用兵者，譬如率然 …………………164
九地之变，不可不察 …………………166

深则专，浅则散 ……………………168
散地，吾将一其志 …………………170
不知一，非霸王之兵 ………………173
其城可拔，其国可隳 ………………175
众陷于害，能为胜败 ………………177
为兵之事，在于顺详敌之意 ………179
践墨随敌，以决战事 ………………180

第十二篇　火攻篇

火攻有五，行火有因 ………………184
凡火攻，必因五火之变应之 ………186
主不以怒兴师，将不以愠而战 ……189

第十三篇　用间篇

先知者，必取于人 …………………194
用间有五，离间最多 ………………197
三军之事，莫亲于间 ………………199
令吾间必索知之 ……………………201
因而利之，导而舍之 ………………203

第一篇　计篇

战争是国家大事，它关系到国家的生死存亡，因此要认真考虑研究，要十分慎重，不可轻率用兵。在用兵之先，要探讨决定战争胜负的基本条件。“五事”“七计”就是必须探讨的首要条件。在战略决策上，主张“不战而屈人之兵”。

兵者，国之大事

孙子曰：兵[①]者，国之大事，死生之地[②]，存亡之道[③]，不可不察[④]也。

【注释】

①兵：士兵、兵器、军队、军事。这里指军事。

②地：土地、地方、地域、地形。这里取地域之意，引申为思想领域。

③道：主张、思想。这里与“地”互文见义，也指思想领域。

④察：观察，考察，了解。这里指考察。

【译文】

孙子说：军事是国家大事，是关系人民生死、国家存亡的思想领域，不可不深入考察。

【赏析】

《孙子兵法》首篇，表明孙子对战争的基本观点，这是从“安国全军”的根本利益出发，从战争的严酷性及其带来的灾难后果考虑的。

“死生之地”，关系到军民死生的场所，曹操在《蒿里行》中写道：“铠甲生虮虱，万姓以死亡。白骨露于野，千里无鸡鸣。生民百遗一，念之断人肠。”这里不仅揭示出东汉末年军阀混战使士兵和人民大量死亡的严酷事实，还进一步反映出当时田园荒芜，人口锐减，农业生产遭受严重破坏的悲惨情景。

“存亡之道”，国家的存亡往往决定于一场战争的胜负。涿鹿之战，黄帝兴，蚩尤亡；鸣条之战，商朝兴，夏朝灭；牧野之战，周朝立，商朝亡；巨鹿之战，秦亡，楚汉兴；赤壁之战，三足鼎立。

因此，孙子告诫人们要慎战、重战，对其加以重视和研究，并告诫人们：“亡国不可以复存，死者不可以复生。”在战争问题上切不可感情用事，轻举妄动，应切实做到“合于利而动，不合于利而止”，“主不可以怒而兴师，将不可以愠而致战”。

经之以五事,校之以计

故经①之以五事，校之以计，而索②其情：一曰道，二曰天，三曰地，四曰将，五曰法③。道者，令民与上同意也，故可以与之死，可以与之生，而不畏危；天者，阴阳④、寒暑、时制也；地者，远近、险易、广狭、死生也；将者，智、信、仁、勇、严也；法者，曲制⑤、官道、主用也。

【注释】

①经：经度，引申为分析研究。

②索：探索。

③法：法令，法规，制度。

④阴阳：这里指天气晴雨、天气昼夜的变化。

⑤曲制：曲，古代军队编制较小的单位，曲制即指军队的编制。

【译文】

军事家们要从五个方面来进行比较和谋算，以求得对敌我双方真实情况的了解。一是道，二是天，三是地，四是将，五是法。所谓道，是指能使人民与君心同德的政治方针和政策，它能促使人民甘愿与君主同生共死而违背国君的任何旨意。所谓天，是指用兵时所处的时节和气候，是晴天还是雨天，是气候寒冷还是气候炎热，是春夏秋冬的哪个季节。所谓地，是指用兵时，距离敌人是远，还是近；所处的地形是险峻，还是平坦；是宽阔地带，还是狭窄地带；是处于死地，还是处于生地。所谓将，是指统率军队的将领是否具备足智多谋、赏罚有信、仁爱部下、勇敢果断、治军严明的素质与能力。所谓法，是指军队的编制、法令、法规和对各级指挥官职责的划分和管理，以及后勤军需管理制度。

【赏析】

作战依靠军事力量，军事力量是作战的基础。孙子明确指出军事力量的形成有五个基本因素，即道、天、地、将、法，合称“五事”。

“道”，古人云：“政之所行，在顺民心；政之所废，在逆民心。”要顺民心，令民“与上同意”，须政治清明，国泰民安，使百将一心、三军同力，达到人人欲战、所向无敌。

“天”，任何战争都受天时的影响，所谓“冬夏不兴师”，是因秋季出师才便于“因粮于地”，春秋时战争多在白天进行，因为“夜战多金鼓”，否则不能指挥。闹蝗灾、旱灾、水灾时，敌国会乘虚而入。

“地”，地形条件“远近、险易、广狭、死生”直接影响战斗力的发挥。“夫地形者，兵之助也，料敌制胜，计险易、远近，上将之道也。知此而用战者必胜，不知此而用战者必败。”

“将”，孙子曰：“知兵之将，民之司命，国家安危之主也。”将不善，兵则败，强将手下出强兵，强将——“智、信、仁、勇、严”。

“智”——处世之宝，智欲圆而行欲方。

“信”——立足之本，民无信而不立。

“仁”——仁治天下，“仁者安仁，智者利仁”。

“勇”——果断坚毅，“将不勇，则三军不锐”。

“严”——禁令刑罚，“将兵还令，赏罚必信”。

“法”，曹操解释曰：“曲制者，部曲，旌旗、金鼓之制也。官者，百官之分也。道者，粮路也。主用者，主军费用也。”

由此可见，孙子认为战争力量是上述因素形成的合力，而这些因素在战争力量的统一体中，又根据具体条件占有不同的地位，发挥着各自的作用，“五事”之中任何一“事”都是不可忽视的。

校之以计，而索其情

凡此五者，将莫不闻[1]，知[2]之者胜，不知者不胜。故校之以计，而索其情，曰：主孰有道？将孰有能？天地孰得？法令孰行？兵众孰强[3]？士卒孰练[4]？赏罚孰明？吾以此知胜负矣。将[5]听吾计，用之必胜，留之；将不听吾计，用之必败，去之。

【注释】

①闻：听见、了解。

②知：知道，这里指深入了解。

③强：强壮，这里指士兵体质强壮。

④练：训练，这里指军士训练有素。

⑤将：时间副词，可解释为将要，也可引申为如果。

【译文】

大凡这五个方面，将领们没有谁没听说过，但只有透彻掌握的人才能取胜，没有透彻掌握的人则不能取胜。所以还要通过比较双方的具体条件来探究战争胜负的情形。这些条件是、双方君主哪一方施政清明、有道？将领哪一方更有才能？哪一方占有天时与地利？哪一方军队编制合理，法令、法规畅通无阻？哪一方军队体质健强？哪一方士兵训练有素？哪一方军队管理得好，赏罚严明？我从这些方面加以比较、算计，便可以预知战争的结局是谁胜谁负了。如果君主听从我的计谋，并用它去指导战争，就可以取得胜利，这种情况下，我会留下来帮助他；如果君主不听从我的计谋，而用其他计谋去指导战争，就会失败，这种情况下我也会离开。

【赏析】

“五事”是战争的五项基本因素，探索战争发展形势，预判战争胜负，应着眼于七个方面：“主孰有道？将孰有能？天地孰得？法令孰行？兵众孰强？士卒孰练？赏罚孰明？”曹操把这七方面称之为“七计”。本质上“五事”与“七计”所指为同一内容，“五事”较为概括，而“七计”较为具体，孙子将“法”细分为法令、兵众、士卒、赏罚，特意强调一个“孰”字，“道、能、天地、法令、兵众、士卒、赏罚”不仅具备，还得看谁拥有，意味着要全面了解双方的实际情况，做到“知己知彼”，才能做出正确的判断。

孙子讲述经五事、校七计，特意强调将“将听吾计，用之必胜，留之；将不听吾计，用之必败，去之”，因而孙子将能否执行“五事”“七计”作为胜、败、去、留的主要依据。

因利而制权

计①利以听②，乃为之势③，以佐④其⑤外。势者，因利而制权也。

【注释】

①计：计较，引申为衡量。

②听：听从。

③势：这里指形势、情势。

④佐：辅佐，引申为有助于。

⑤其：代词，这里指实现战略或战役目标的计划。

【译文】

君主经过权衡利弊，听从我的计谋，将会形成有利的客观形势，这有助于实现军事目的的外部条件。有利的客观形势是从对人有利的原则出发，根据实际情况，采取机动灵活的措施造成的。

【赏析】

孙子提出对敌我双方“五事”之对比，这只是静态分析，还要根据实际情况客观分析，灵活机动，从而赢得战争的胜利。

《荀子·议兵》:“权不可预设，变不可先图，与时迁移，随物变化。”没有称东西，不要预先把秤砣放在秤杆的准星上，计谋对策也不能事先决定，它们是随着时间推移、客

观情况而变化的。

战场瞬息万变，并无一定的规律可循，正所谓“虽有智慧，不如乘势；虽有镃基，不如待时”。随机应变，是一条重要的作战原则。

西汉时期，汉武帝想教霍去病学习《孙子兵法》《吴子兵法》，霍去病却说：“顾方略何如耳，不至学古兵法。”南宋宗泽以阵图授予岳飞，岳飞答曰：“阵而后战，兵法之常，运用之妙，存乎一心。”

三国时期，蜀国马谡遇事遵照教条，犯下“失街亭”

清·沈振麟《洪崖仙图》

的大错，他自认为熟读兵书，照搬“凭高视下，势如劈竹”和“置之死地而后生”等知识，忽视了敌我力量、地势、水源等因素，导致丢失了街亭的要塞，不仅断送了诸葛亮第一次北伐战果，还断送了三十万蜀军的退路。

兵者，诡道也

兵者，诡道①也。故能而示②之不能，用而示之不用，近而示之远，远而示之近。利而诱之，乱而取之，实③而备之，强而避之，怒而挠之，卑而骄之，佚④而劳之，亲而离之，攻其无备，出其不意。此兵家之胜，不可先传也。

【注释】

①诡道：即指欺诈的方法和计谋。诡、欺诈。道、这里作途径，引申为方法、计谋。

②示：显示，这里指伪装的显示。

③实：充实、实力。这里指敌人军力充实雄厚。

④佚：通“逸”，安逸，这里指部队得到充分休整。

【译文】

用兵是一种诡诈之道，需要用各种欺骗敌人的方法：自己本来力量很强，却要向敌人伪装出似乎没有什么力量；本来准备用兵，却要伪装成怯懦不敢用兵；本来已经接近敌方了，却要伪装成距离敌方还很远；本来距离敌人还很远，却要伪装出已经靠近敌人了。要用小的利饵引诱敌人，趁敌方混乱之时进行攻取。对实力雄厚的敌人要有充分的应战准备；对战斗力强的敌人要暂时避开他们的锋芒；对于容易冲动发怒的敌军将领，要设法挑逗他、激怒他，使其失去理智；对于轻视我方的敌人，要设法使他更加骄傲起来，丧失对我方的警惕；对于有充分休整、精力充沛的敌人，要设法搞得他们劳累疲惫；对于内部团结的敌人，要设法离间他们、分裂他们；要在敌人没有准备时，突然发起攻击，使我方的进攻出乎敌方意料。凡此种种，都是军事家们用兵取胜之道，这些都只能因时因地因人灵活运用，它们是无法事先传授的。

【赏析】

交友靠信誉，打仗靠诡计，孙子曰：“兵者，诡道也。”曹操曰：“兵无常形，以诡计为道。”兵不厌诈，古今常理。

在执行诡计前，首先要明了自己的意图，然后虚幻给对方，做到“能而示之不能，用而示之不用，近而示之远，远而示之近。利而诱之，乱而取之，实而备之，强而避之，怒而挠之，卑而骄之，佚而劳之，亲而离之”，简称“诡道十二法”。简言之，“攻其不备，出其不意”。此八字是“兵者，诡道也”的精髓，也是作战的总原则。

根据“诡道十二法”的运用，主要是利用对方惯性思维的弱点，捕捉对方思维空隙，突破人们思维的常规、常法和常识，反常用兵，在对方料想不到的时间、地点，以机动灵活的方式实施突然袭击，使对方在慌乱之中做出错误判断，采取错误行动，以致遭到失败。

《诸葛亮集·治军》中，诸葛亮指出：“敌欲固守，攻其无备；敌欲兴阵，出其不意。”他将“攻其无备”视为攻城的要诀，把“出其不意”视为略地的妙法。

兵以诡道取胜是不可预知的，因为作战中的主客观条件千变万化，只有随时根据战情变化，才能施行诡诈之术，出奇制胜。

未战而庙算胜

夫未战而庙①算②胜者，得算多也；未战而庙算不胜者，得算少也。多算胜，少算不胜，而况于无算乎！吾以此观之，胜负见矣。

【注释】

①庙：庙堂。

②算：古人的计算工具。

【译文】

用兵打仗之前，君主或统帅都要在庙堂之上进行策划谋算。谋算得多，非常周密，胜过了敌方，在战争中取胜的机会就会多一些；相反，谋算很少，很不周密，不能胜过敌方，取胜的可能性就会很少。战略策划周密就有可能取胜，战略筹划不周密就不可能取胜，更不用说那些根本不进行谋算的了。我从战争双方事前谋算的比较中，便可以预知战争的结局将会是谁胜谁负。

【赏析】

我国古代，凡国家遇到战事，都要到宗庙祭告祖先，并在那儿举行会议研究对策，这种活动，孔子称之为“庙算”。

古代的“庙算”都用于战事。君臣议庙堂（朝廷），对战争全局加以谋划，最终目的在于制定克敌方略，以指导战争的实施。它与现代所称的“战略决策”是基本相同的。战略概念的基本特征，一曰战，二曰略，缺一不可。“庙算”完全具备了这两种属性：一是实战性，二是全局性。

“庙算”是用“算筹”进行的，“算”通“筭”，“筭”是古人一种计数、运算的工具，用竹子削成，长六寸，类似今日的筹码。拿这种筹码分别代表战争双方各方面的具体情况，反复比较，做出决策，然后加以实施。这种运用“算筹”制定战略决策的方法，称为“运筹”，也就是孙子所说的“庙算”。

“算”，原意是计数用的筹码，引申为胜利的条件，胜利的具体条件就是“五事”“七计”，它们是决定战争胜负的基本因素。

第二篇 作战篇

战争对一个国家的人力、物力、财力具有依赖性，同时也会对一个国家的人力、财力、物力造成巨大的消耗。在作战时应以“兵贵速，不贵久”为原则，而军队的统帅能否熟练地掌握和运用速战速决的法则，会直接关系到国家的安危和一国民众的命运。

用兵之法

孙子曰：凡用兵之法，驰车[①]千驷[②]，革车千乘，带甲[③]十万，千里馈粮。则内外之费[④]，宾客之用，胶漆之材[⑤]，车甲之奉，日费千金，然后十万之师举矣。

【注释】

①驰车：我国古代作战用的一种大型战车，因驰骋轻快，又叫攻车或轻车。

②千驷：指战车千乘，也泛指战车众多。

③带甲：穿着戎衣。

④内外之费：指前方后方的军费开支。

⑤胶漆之材：修饰器械的材料。

【译文】

孙子说：一般用兵作战的规律是，动用轻车千辆，辎重车千辆，征召将士十万，同时还要千里远道运送粮草。至于

前、后方的军费开支。，诸如招待来宾使节，补充修饰器械的胶漆之材，供给各种车辆和盔甲等，每天有能力付出千金的巨资耗费，然后，十万大军方可起动。

【赏析】

兵强马壮无疑是取得作战胜利的前提，人要吃饭，马要食草，损坏了的兵器装备要及时补充，因此要有切实可靠的后方支援。孙子指出："军无辎重则亡，无粮草则亡，无委积则亡。"军队没有车马必亡，没有粮草必亡，没有储备的军资必亡，直截了当地说明了军队后方的重要性。

在战争中，后勤保障问题始终是战争胜败攸关的大事。因为没有充足的作战物资，用兵越多，困难越大，一旦供应中断就受制于敌。特别在战略、战役性的作战中，后勤保障显得更为重要。所谓"兵马未动，粮草先行"，就是这个道理。

历史证明，没有经济条件和经济资源，是无法取得战争的胜利的。古今中外，战争都是政治、军事与经济的竞赛，战争对经济的依赖性较强。经济是实施战争的基础，战争严格受物质条件的制约。同时，战争又会严重破坏经济，致使国家处于困境而无力再实施战争。孙子通过对战争费用的实际考察，认为充足的物资保障是实施战争的前提条件。战争极大地依赖于后勤，只有物资齐备，方可兴众举师征伐，才可能取得战争的胜利。

其用战也胜，久则钝兵挫锐

其用战[①]也胜，久则钝[②]兵挫锐，攻城则力屈，久暴师则国用不足。夫钝兵挫锐，屈力殚货，则诸侯乘其弊[③]而起，虽有智者，不能善其后矣。故兵闻拙速，未睹巧之久也。夫兵久而国利者，未之有也。故不尽知用兵之害者，则不能尽知用兵之利也。

【注释】

①用战：用兵作战。

②钝：这里为“弊”。

③弊：弊端，弱点。

【译文】

以十万大军出征作战，贵在神速，战争持久，就会导致

士卒疲惫，锐气受挫。攻打城池要耗尽兵力，军队长期在外作战会使国家财力难以维持，士卒疲惫，锐气挫伤，兵力耗竭，财力枯竭，就会招致其他诸侯国家乘机入侵，到那时，即便是足智多谋的人，也无法挽回危局了。所以，在用兵上，只听说有指挥笨拙但却要求战争速决的，从未见有指挥灵巧而要求战事持久的。因为长久对外用兵而对国家有利的事从未有过，所以不完全了解用兵之害的人，也就不可能完全了解用兵之利。

【赏析】

李筌曰：“计与不计也。是以薛公知黥布之必胜，田丰知魏武之必胜，是其义也。”

何氏曰：“凡用兵先定必胜之计，而后出军。若不先谋，唯欲恃强，胜未必也。”

作战，兵贵神速，这是取得胜利的第一要务，时间一久，就会“钝兵挫锐”，军心涣散，给人可乘之机，那时候再有智谋的人也无能为力。

拿破仑曾说过：“我也许会失去一场战斗，但我绝不会失去一分钟。”尤其在作战中，军需大，粮食运输困难，久战会使后勤供应不足，从而导致劳民伤财，更有可能导致“螳螂捕蝉，黄雀在后”的局面。

正如《百战奇法速战》中说道："大凡围攻城邑的作战，如果守城的敌人粮多兵少，而且又有外部的援助，那么，可以乘其外援未到之时，而果断地采取快速攻击的战术，就能取得胜利。诚如《孙子兵法》里所说，用兵最为宝贵的是，宁肯指挥笨拙但求速胜。"

取用于国，因粮于敌

善用兵者，役①不再籍②，粮③不三载。取用于国④，因粮于敌⑤，故军食可足也。

【注释】

①役：服兵役。

②籍：作动词，按名册征发。

③粮：作动词，征收粮食。

④取用于国：指从国内取得兵甲、战具等军用物资。用，军用物资。国，国内。

⑤因粮于敌：指从敌国取得粮食补充。因，依托，补充。敌，敌国。

【译文】

善于用兵的人，他们不再次征兵也不多次从国内征收军粮。在战争中，他们只从本国取用军用物资器材，而从敌国筹集粮食，这样，军队的粮草才会够用。

【赏析】

李筌曰："具我戎器，因敌之食，虽出师千里，无匮乏也。"

梅尧臣曰："军之须用取于国，军之粮饷因于敌。"

张预曰："器用取于国者，以物轻而易致也；粮食因于敌者，以粟重而难运也。夫千里馈粮，则士有饥色，故因粮则食可足。"

作战，后勤——生死攸关，没有充足的物资，则是兵之大忌，"兵马未动，粮草先行"，由于"国之贫于师者：远师者远输，远输则百姓贫"，长途跋涉送粮草，耗资巨大，百姓疾苦，从而导致国家贫困，因此孙子主张"役不再籍，粮不三载；取用于国，因粮于敌"。在敌国之处，尽量取得粮食供应，这就是"以战养战"，也是确保后勤方式的一种。

国之贫于师者远输

国之贫于师者远输[1]，远输则百姓贫；近于师者贵卖，贵卖则百姓财竭，财竭则急于丘[2]役。力屈、财殚，中原内虚[3]于家。百姓之费，十去其七；公家之费，破车罢马[4]，甲胄[5]矢弩，戟楯蔽橹，丘牛大车，十去其六。

【注释】

①远输：远道运输。

②丘：丘赋，古代按田亩征收军赋。

③内虚：国库空虚。

④罢马：马匹虚弱、疲惫。

⑤胄：古时士兵戴的金属制成的军帽。

【译文】

征战敌国需要远距离的战线补给，消耗过多的人力、财

元·佚名《人马图》

力就会造成国家贫困。大军集结附近的地方，物价飞涨，因而造成国库空虚，进而加紧向百姓征收赋税、兵役、劳役。这样人力耗尽、财力枯竭，会使国内百姓流离失所。苛捐杂税会占掉百姓收入的十分之七。战车、马匹、盔甲、箭弩、兵器、盾牌、牛车等的损耗将要耗去国家财政的十分之六。

【赏析】

千里跃进，出征远方，路途遥远，舟车劳顿，需要人力、财力、粮草的补给，过多的消耗，会给国家、经济等各方面造成巨大压力，百姓也因此备受战争带来的困苦，饥贫不堪。

孙子在《用间篇》做了一个计算：凡兴师十万，出征千里，因忙于运输给养、器材等任务而终日“怠于道路”，不能从事农耕者七十万家，而且途中这几十万人夫、车马的食用又有巨大的消耗。

巨大的开销就会造成“近于师者贵卖，贵卖则百姓财竭，财竭则急于丘役。力屈、财殚，中原内虚于家。百姓之费，十去其七；公家之费，破车罢马，甲胄矢弩，戟楯蔽橹，丘牛大车，十去其六”。

远道而输，国库空虚，百姓饥瘦。

如不供给，则将士无粮而亡，孙子因此提出“因粮于

敌”的解决办法。这种作战原则一直贯穿于古今，解决前线问题，减轻百姓压力，如果常驻，则要开荒种田，军队前往，也得时刻谨防粮草被盗。而另一种就是重视驿道、栈道、驰道的修筑，屯粮也可为远征解决粮草问题。

智将务食于敌

故智将①务食于敌，食敌一钟②，当吾二十钟；萁秆一石③，当吾二十石。

【注释】

①智将：聪明的将领。

②一钟：古时计量单位，等于六十四斗。

③一石：古时计量单位，等于十斗。

【译文】

聪明的将帅总是尽量在敌国境内筹集粮草。从敌国搞到一钟的粮食，就相当于从本国运输二十钟粮食，在当地取得饲料一石，相当于从本国运输二十石饲料。

【赏析】

粮草运输，耗资巨大，且需要重兵守护，作战精力容易分散，“务食于敌”不仅减轻了国家的经济负担、百姓压力、军队精力，而且作为战士本身，轻装上阵灵活性会更大。

孙子在文中已说明，粮草运输困难，自身运输二十，相当于就地取材其一。管仲曾曰：“粟行三百里，则国无一年之积；粟行四百里，则国无二年之积；粟行五百里，则众有饥色。”粮草本身不贵，却因为长途跋涉所需的人力与物力导致粮草价值昂贵，而越靠近战场，粮价就会越高，百姓需要花更多的钱满足日常所需，农民歉收，百姓贫穷，政府征收不到税，国家无法运转，如此反复，则国力弱，财力竭。

因此“务食于敌”如同“因粮于敌”，是军事重要战略之一。

孙子所说不局限于粮食，战争所需都可以，孙子强调重视从敌军中补充武器和病员，化敌用为我用，就地解决所需。

故杀敌者，怒也

故杀敌者，怒也[1]；取敌之利者，货也[2]。故车战，得车十乘已上[3]，赏其先得者，而更其旌旗[4]，车杂而乘之，卒善而养之，是谓胜敌而益强。

【注释】

①杀敌者，怒也：军队英勇杀敌，关键在于激励部队的士气。怒，动词用法，这里指激励士气。

②取敌之利者，货也：若要使军队勇于夺取敌人的财物，就要先依靠财货奖赏。利，财物。货，财货，此处指用财货奖赏的意思。

③已上："已上"即"以上"。已，同"以"。

④更其旌旗：在掳获的敌方车辆上更换上我军的旗帜。

【译文】

要使士兵拼死杀敌，就必须激发他们的仇恨心理。要使士兵勇于夺取敌方的军需物资，就必须以缴获的财物作奖赏。在车战中，抢夺十辆车以上的，就奖赏最先抢得战车的。而夺得的战车，要立即换上我方的旗帜，把抢得的战车编入我方车队。要善待俘虏，使他们有归顺之心。这就是战胜敌人而使自己越发强大的方法。

【赏析】

曹操曰：“威怒以致敌。”

杜牧曰：“万人非能同心皆怒，在我激之以势使然也。田单守即墨，使燕人劓降者，掘城中人坟墓之类是也。”

贾林曰：“人之无怒，则不肯杀。”

“杀敌者，怒也”，实则是激励将士，而后告知激将的办法，“取敌之利者，货也。故车战，得车十乘已上，赏其先得者，而更其旌旗，车杂而乘之，卒善而养之。”

激励我军对敌军的仇恨，善于利用敌人的物资犒劳我军将士，善待俘虏，用以强大自己的队伍。

“重赏之下，必有勇夫”，以利诱之，这样将士才能发挥战斗力，以利诱之，俘虏才能归顺，将士奋不顾身，便是以一敌十，俘虏归顺我军，便是意外之兵，自我强大。

兵贵神速

故兵贵胜，不贵久。故知兵之将，生民[1]之司命[2]，国家安危之主[3]也。

【注释】

①生民：泛指民众、百姓。

②司命：古代传说中掌握生死的星宿。此处借喻为人们命运的掌握者。

③主：主管、主宰。

【译文】

作战最重要、最有利的是速胜，最不宜的是旷日持久。真正懂得用兵之道、深知用兵利害的将帅，他们既是百姓生死的掌控者，也是国家安危的主宰者。

【赏析】

孟氏曰 :“贵速胜疾还也。”

张预曰 :“久则师老财竭，易以生变，故但贵其速胜疾归。”

“兵贵胜，不贵久”，其意是用兵贵在速胜，战争的目的是取胜，战争打的就是时间战，在时间上的消磨就是对胜利的延迟。首先，持久战需要消耗国民经济，基于经济之上的战争若长期消耗，会引起后勤压力，从而影响百姓，严重者影响国运。其次，兵贵神速是一种战略，战机一旦错过，便会丧失胜利的机会，一次战役可能就一次战机，抓住则胜，失去则败，从而改变了整个战争的走向。

兵贵神速，不仅在《作战篇》提到，在《谋攻篇》《九地篇》《用间篇》等篇中均有精辟论述，可见其重要性，“兵贵胜，不贵久”，时间一久，士兵容易疲劳，士气有所消减，对战役百害而无一利。

第三篇　谋攻篇

作战时，能够以谋略攻敌取胜，“不战而屈人之兵”显然是每一个将士在战场上所期待的。但现实是残酷的，“全争”显然只是一种理想境界，战争不可避免，于是能否成功地做到“上兵伐谋，其次伐交，其次伐兵，其下攻城”，则成了检验将士是否善战的标准。

用兵之法

孙子曰：凡用兵之法：全国①为上，破国次之；全军②为上，破军次之；全旅③为上，破旅次之；全卒④为上，破卒次之；全伍⑤为上，破伍次之。

【注释】

①全国：指完整占有别国的领土。

②军：春秋时期的军队编制，每军为一万二千五百人。

③旅：春秋时期的军队编制，每旅为五百人。

④卒：春秋时期的军队编制，每卒为一百人。

⑤伍：春秋时期的军队编制，每伍为五人。

【译文】

孙子说：战争的原则是，使敌人举国降服是上策，用武力击破敌国就次一等；使敌人全军降服是上策，击败敌军就次一等；使敌人全旅降服是上策，击破敌旅就次一等；使敌

人全卒降服是上策，击破敌卒就次一等；使敌人全伍降服是上策，击破敌伍就次一等。

【赏析】

曹操曰："兴师深入长驱，距其城郭，绝其内外，敌举国来服为上；以兵击破，败而得之，其次也。"

《尉缭子》曰："讲武料敌，使敌气失而师散，虽形全而不为之用，此道胜也。破军杀将，乘堙发机，溃众夺地，此力胜也。"

孙子认为尽量避免血战，"全胜"在于让对方降服，让一个国家降服，让一个军队降服，让将士降服。不屈才战，战败一个国家，战败一个军队，战败将士，"战"体现在一个"破"字。

凡战争，死伤无数，粮草万金，民不聊生。若能使对方降服，不费一兵一卒，对于战争本身、对百姓而言，可以避免巨大的灾难。

"争地以战，杀人盈野；争城以战，杀人盈城。"正是因为这样的战争惨状，孙子才主张战争以"安国保民"为宗旨，提出"全胜"的战略思想。

不战而屈人之兵

是故百战百胜，非善之善者也[①]；不战而屈人之兵[②]，善之善者也。

【注释】

①非善之善者也：算不上是最高明的。

②不战而屈人之兵：不通过双方军队兵刃交锋，便能使敌军屈服。

【译文】

所以，百战百胜，算不上是最高明的；不通过交战就降服全体敌人，才是最高明的。

【赏析】

曹操曰：“未战而敌（战）自屈，胜善也。未战而敌自屈服。”

张预曰：“战而后能胜，必多杀伤，故云非善。明赏罚，信号令，完器械，练士卒，暴其所长，使敌从风而靡，则为大善。若吴王黄池（地）之会，晋人畏其有法而服之者是也。”

“全”为上，“破”次之，“不战而屈人之兵”，这种战略思想可以避免“日费千金”“士杀卒三分之一”等损害，而这样做是为了安国保民，百姓安居乐业。

虽然用武力也能取得战争胜利，但我军也会或多或少造成损失，也会导致一将功成万骨枯。所以，孙子认为，百战百胜不是最高明的，最高明的是“不战而屈”。

上兵伐谋

故上兵伐谋[1]，其次伐交，其次伐兵，其下攻城。攻城之法，为不得已。修橹[2]轒辒，具器械，三月而后成；距闉，又三月而后已。将不胜其忿而蚁附[3]之，杀士三分之一，而城不拔者，此攻之灾也。

【注释】

①谋：计谋。

清· 石涛《山水册》(七)

②橹：一种用藤草制成的大盾牌。

③附：依附。

【译文】

上等的军事行动是用谋略挫败敌方的战略意图或战争行为，其次就是用外交战胜敌人，再次是用武力击败敌军，最下之策是攻打敌人的城池。攻城，是不得已而为之，是没有办法的办法。制造大盾牌和四轮车，准备攻城的所有器具，需要花费数月才能完成。堆筑攻城的土山，又要花费数月才能完成。如果将领难以抑制焦躁情绪，命令士兵像蚂蚁一样爬墙攻城，士兵死伤三分之一，而城池却依然没有攻下，这就是攻城带来的灾难。

【赏析】

曹操曰：“敌始有谋，伐之易也。交，将合也。兵形已成也。敌国已收其外粮城守，攻之为下（攻）也。”

梅尧臣曰：“以智胜。以威胜。以战胜。费财役为最下。”

要战胜敌国，拓展领土，不能仅依靠军事手段，而是以军事为后盾，全面运用其他手段，如政治、经济、外交等手段隐性征服。

作为三军统帅，不仅要擅长打仗，还要有敏锐的观察力，协调“伐谋”与“伐攻”，首先“伐谋”，再“伐攻”，站在政治高度考虑战争，才能统揽全局。

“伐谋”可以以极小的代价获取最高的胜利，“上兵伐谋”解释了战争的本质。

春秋战国，诸侯争霸，多边对抗，盟友可能会成为胜败的关键，“伐交”则是借盟友的力量瓦解敌方，由此可知“远交近攻”的重要性。

谋攻之法

故善用兵者，屈人之兵而非战也，拔人之城而非攻也，毁人之国而非久①也，必以全争于天下②，故兵不顿③而利可全，此谋攻④之法也。

【注释】

①久：这里指旷日持久的战争。

②必以全争于天下：指对敌国的全国、全军、全旅、全卒、全伍的胜利。

③顿：通“钝”，疲惫、挫折。

④谋攻：用计谋进行攻伐。

【译文】

善用兵者，不通过打仗就使敌人屈服，不通过攻城就使敌城投降，摧毁敌国不需长期作战，一定要用“全胜”的策略争胜于天下，从而既不使国力兵力受挫，又获得了全面胜利的利益。这就是谋攻的方法。

【赏析】

战争是一种政治手段，是为了解决资源等的争夺。若以其他方式解决，则战争是一种不必要的手段，这便是“不战之战”。善战者，不是使用武力让对方屈服，兴兵作战、刀兵相见，是战略的下下策。《尉缭子》指出“战再胜，当一败”。通过战争解决问题，再怎么胜利都是一种失败。

俗话说：“杀敌三千，自伤八百。”作为谋士将领，要最大限度地避免兵力损耗，兵不血刃，以“谋”为攻，用其他手段来取代需要以生命为代价的战争。

在思想上让敌方屈服，达到“自保而全胜”，“屈人之兵”不仅不费一兵一卒，而且也可以将敌方资源作为己用，“用兵之害”也会降到最低。而“用兵之利”达到“可全”，从而转化战争中的敌我矛盾。

用兵之法，十则围之

故用兵之法，十则围[1]之，五则攻之，倍则分[2]之，敌则能战之，少则能逃之，不若则能避之。故小敌之坚[3]，大敌之擒也。

【注释】

①围：包围。

②分：分开。

③坚：固执、坚持。

【译文】

在实际作战中运用的原则是，我十倍于敌就实施围歼，五倍于敌就实施进攻，两倍于敌就要努力战胜敌军，势均力敌则设法分散各个击破之。兵力弱于敌人，就避免作战。弱小的一方若死拼固守，那就会成为强大的敌人的俘虏。

清· 徐方《出征图轴》

【赏析】

曹操曰：“以十敌一，则围之；是为将智勇等，而兵利钝均也。若主弱客强，不用十也。操所以倍兵围下邳，生擒吕布也。”

这里，孙子论述了敌我力量不同时应采取的战术，量力用兵，争取最大的胜利避免巨大的损失，让战争向对自己有利的方向发展。在兵力优势的情况下采取进攻，集中兵力，速战速决；在兵力弱小时应保存实力，等待时机。

“十则围之，五则攻之，倍则分之”等是约数，“十则围之”的基本精神是，战役上拥有绝对优势时，采取包围迂回的战术，将敌人全部歼灭。“十则围之”是歼灭敌人的重要条件，体现绝对优势，满足歼灭敌人的基本条件。这样的条件让敌方军心动摇，陷入孤境便于全力歼灭敌军。

将者，国之辅

夫将者，国[①]之辅也。辅周则国必强，辅隙则国必弱。故君之所以患于军者三：不知军之不可以进而谓之进，不知军之不可以退而谓之退，是谓縻军[②]；不知

三军之事而同三军③之政，则军士惑矣；不知三军之权，而同三军之任，则军士疑矣。三军既惑④且疑，则诸侯之难至矣。是谓乱军引胜。

【注释】

①国：指国君。

②縻军：指束缚军队的行动。

③三军：三军，指我国古代作战设置的上、中、下或左、中、右三军，亦可泛指军队。

④惑：困惑。

【译文】

将帅是国君的辅佐。辅助之谋缜密周详，则国家必然强大，辅助之谋疏漏失当，则国家必然衰弱。国君对军队的危害有三种：不知道军队不可以前进而下令前进，不知道军队不可以后退而下令后退，这叫作束缚军队；不知道军队的战守之事、内部事务而同理三军之政，将士们会无所适从；不知道军队战略战术的权宜变化，却干预军队的指挥，将士就会疑虑。军队既无所适从，又疑虑重重，诸侯就会趁机兴兵作难。这就是自乱其军，坐失胜机。

【赏析】

李筌曰："辅，犹助也。将才足则兵必强。隙，缺也。将才不备兵必弱。"

张预曰："将谋周密，则敌不能窥，故其国强；微缺，则乘衅而入，故其国弱。《太公》曰：'得士者昌，失士者亡。'"

孙子在此指出将帅的重大作用：他指挥千军万马，他运筹帷幄，他叱咤风云，他关系着国家安危，关系着士卒生死。一个智谋的将领可以达到"屈人之兵"，一个愚蠢的将领即便有千军万马也可能战败，就如同一头狮子率领一群绵羊可以战胜一头绵羊率领的一群狮子。

门客三千，不一定均是智谋之人，但有其中一二便可改变国运，这也是古代不惜重金善待谋士、门客的缘故。

知己知彼，百战不殆

故知胜有五：知可以战与不可以战者胜，识众寡之用①者胜，上下同欲②者胜，以虞③待不虞者胜，将能而君不御者胜。此五者，知胜之道④也。故曰：知彼知

己者，百战不殆⑤；不知彼而知己，一胜一负；不知彼不知己，每战必败。

【注释】

①识众寡之用：了解用众多的兵力或者用人数少的兵力的各种战法。

②上下同欲：君主或统帅和下级军官有相同的欲望。

③虞：料想，这里引申为牵制，掣肘。

④知胜之道：能预测胜利的方法。

⑤殆：危险。

【译文】

预见胜利有五个方面：能准确判断仗能打或不能打的，胜；知道根据敌我双方兵力的多少采取对策者，胜；全国上下，全军上下，意愿一致、同心协力的，胜；以充分准备来对付毫无准备的，胜；主将精通军事、精于权变，君主又不加干预的，胜。以上就是预测胜利的方法。所以说：了解敌方也了解自己，每一次战斗都不会有危险；不了解对方但了解自己，胜负的概率各半；既不了解对方又不了解自己，每战必败。

【赏析】

张预曰："知彼知己者，攻守之谓也。知彼则可以攻，知己则可以守；攻是守之机，寒攻之策。苟能知之，虽百战不危也。"或曰："士会察楚师之不可敌，陈平料刘项之长短，是知彼知己也。"

杜估曰："外不料敌，内不知己，用战必殆。"

孙子曰："知彼知己者，百战不殆；不知彼而知己，一胜一负；不知彼，不知己，每战必殆。"计，计数，计算胜负的数，计算敌我胜算的数，指明战争指导者对敌我双方情况的了解和认识胜负的关系，提出了战争的普遍规律，也明确指出不计算，必败。

孟氏曾注曰："能料知敌情，审其虚实者生也。"意思是能够预测敌情，并能揣度他们的虚实，就能取得胜利。此言与孙子"知己知彼，百战不殆"的思想一致。

第四篇　形篇

军事实力为客观条件，有优劣、众寡、强弱差别，善于用兵的人，能够不断地变化军形，且有针对地适应敌情，去争取胜利。虽然自己在某些方面存在着弱势，但同样可以通过仔细分析，从而做到“自保而全胜”才是真正的胜利。

胜可知，不可为

孙子曰：昔之善战者，先为不可胜[1]，以待敌之可胜[2]。不可胜在己[3]，可胜在敌[4]。故善战者，能为不可胜，不能使敌之可胜[5]。故曰：胜可知，而不可为。

【注释】

①先为不可胜：指首先造成一种不被敌军战胜的形势。

②待敌之可胜：指等待敌人有可能被我军战胜的机会。

③在己：在于自己，引申为决定于自己。

④在敌：在于敌人，引申为决定于敌人。

⑤不能使敌之可胜：指不可能强迫敌军提供被我军战胜的机会。

【译文】

孙子说：以前善于用兵作战的人，总是首先创造自己不可战胜的条件，并等待可以战胜敌人的机会。使自己不被战

胜，其主动权掌握在自己手中；敌人能否被战胜，在于敌人是否给我们可乘之机。所以，善于作战的人只能够使自己不被战胜，而不能使敌人一定会被我军战胜。所以说，胜利可以预见，却不能强求。

【赏析】

梅尧臣曰："藏形内治，伺其虚懈。"

张预曰："所谓知己者也，所谓知彼者也。"

孙子曰："昔之善战者，先为不可胜，以待敌之可胜；不可胜在己，可胜在敌。"古代善于作战的人，首先要创造不被敌人战胜的条件，观察机会，然后战胜敌人。三大原则：保证不败，伺机而动，寻求取胜战机。这三个原则构成孙子倡导的战争攻守形式。

孙子曰："不可胜在己，可胜在敌。"其大意为能否被敌人战胜，主动权在自己手中；能否战胜敌人则在于敌人是否犯错。换言之，胜负掌握在自己手中，取决于内因，而不是外因，不犯错就不会失去主动权；对方犯错，自身就掌握了主动权，也会因此取得战争的胜利。

孙子告诫善战者，"先为不可胜，以待敌之可胜"，伺机而战。

"先"和"待"体现了军事哲学思想，"先"强调了作战的意识形态，转变敌我作战形势，强调了自身主观意识，这是取胜的内因，只有自身强大，敌方才不会取胜。“待”是等待，寻求战机，如果时机不对，则容易处于被动地位，战机也是取胜的重要原因。

守攻之道

不可胜者，守也；可胜者，攻也。守则不足[1]，攻则有余[2]。善守者藏于九地之下[3]，善攻者动于九天之上[4]，故能自保而全胜也。

【注释】

①守则不足：兵力不足时应着重防守。

②攻则有余：兵力充足有余时才发起进攻。

③藏于九地之下：把军队隐藏在深不可测的地下，使敌人莫测虚实。

④动于九天之上：军队进攻如同从天而降，既出其不意又势不可挡。

【译文】

敌人无可乘之机，不能被战胜，则防守以待之；敌人有可乘之机，能够被战胜，则出奇攻而取之。防守是因为我方兵力不足，进攻是因为兵力超过对方。善于防守的，隐藏自己的兵力如同在深不可测的地下；善于进攻的，部队就像从天而降，敌不及防。这样，才能保全自己而获得全胜。

【赏析】

曹操曰：“因山川丘陵之固者，藏于九地之下；因天时之变者，动于九天之上。”

梅尧臣曰：“九地，言深不可知；九天，言高不可测。盖守备密而攻取迅也。”

张预曰：“藏于九地之下，喻幽而不可知也；动于九天之上，喻来而不可备也。《尉缭子》曰：‘若秘于地，若邃于天’是也。守则固，是自保也；攻则取，是全胜也。”

攻守是作战的两种基本形式，攻得当则胜，不得当则败，守得当则自保，不得当则坐以待毙，而评断这个的标准就是攻守的胜算。“不可胜者，守也；可胜者，攻也。守则不足，攻则有余。善守者，藏于九地之下；善攻者，动于九天之上，故能自保而全胜也。”攻胜则攻；攻败则守；攻守胜算各一半，则根据自身情况，擅攻则攻，擅守则守。

攻守需要权衡各方面，天时地利人和，而各方面也不会都占优势，需要视情况而定，不仅是我方，还有敌方，全面权衡。

《孙膑兵法》:“客主人分。”即攻者兵力两倍，防者为其一半，这在兵力上给出了攻守的确切标准，而防御者可以根据进攻者的行动采取相应的措施，分析对方的战术，寻找破解之法，以达到“自保而全胜”。这也侧面说明在战而不胜的情况下，防御战术位居何等重要的地位。

总之，无论攻守，其最终目的都是自保。

战胜不忒

见胜[1]不过众人之所知，非善之善[2]者也；战胜而天下曰善，非善之善者也。故举秋毫不为多力[3]，见日月不为明目，闻雷霆不为聪耳。古之所谓善战者，胜于易胜者也。故善战者之胜也，无智名，无勇功，故其战胜不忒。不忒者，其所措必胜，胜已败者也。

【注释】

①见胜：预见到胜利。

②善之善：好而又好，最好的。

③举秋毫不为多力：举一件像毫毛那样极轻极细的事物不能算是力量大。

【译文】

预见胜利不能超过平常人的见识，算不上最高明；交战而后取胜，即使天下都称赞，也算不上最高明。正如举起秋毫称不上力量大，能看见日月算不上视力好，听见雷鸣算不上听力好。古代所谓善于用兵的人，只是战胜了那些容易战胜的敌人。所以，真正善于用兵的人，没有智慧过人的名声，没有勇武盖世的战功，而他既能打胜仗又不出任何闪失，原因在于其谋划、措施能够保证，他所战胜的是已经注定失败的敌人。

【赏析】

曹操曰：“敌兵形未成，胜之，无赫赫之功也。”

杜牧曰：“胜于未萌，天下不知，故无智者。曾不血刃，敌国已服，故无勇功也。”

何氏曰：“患销未形，人谁称智？不战而服，人谁言勇？汉之子房、唐之裴度能之。”

明·戴进《三顾草庐图》

胜利于无形，名声不为人所知，默默无闻，但在不知不觉中轻而易举获取胜利，这才是“善之善者也”，而立于不败之地的人，是因为他们抓住了战机，“无智名，无勇功”中的“无”将“智名”和“勇功”隐藏起来，看似“愚”，实则是为了不露杀机。

打仗之所以百战百胜，是因为事先经过精细的计算，不仅知己知彼，而且在兵形未现时，就已经见行趋势。这些都在看似愚钝的外表之下，通过深思熟虑创造了胜势，非不胜不战。

善战者，立于不败之地

故善战者，立于不败之地，而不失敌之败也。是故胜兵[1]先胜[2]而后求战，败兵先战而后求胜[3]。

【注释】

①胜兵：打胜仗的军队。

②先胜：这里指事先取得必胜的形势。

③败兵先战而后求胜：打败仗的军队是因为先打仗而后谋求胜利。

【译文】

善于打仗的人，不但使自己始终处于不被战胜的境地，也绝不会放过任何可以击败敌人的机会。所以，打胜仗的军队总是在具备了必胜的条件之后才交战，而打败仗的部队总是先交战，在战争中企图侥幸取胜。

【赏析】

曹操曰：“有谋与无虑。”

何氏曰：“凡用兵先定必胜之计，而后出军。若不先谋，唯欲恃强，胜未必也。”

全胜在于军事战略：“立于不败之地，而不失敌之败。”全胜的军事格言：“胜兵先胜而后求战，败兵先战而后求胜。”要想立于不败之地，便要在战前做好考察和计划，做到“知己知彼”，对所获得的信息去伪辨真。

善战者在全胜的情况下求战，不善战者带着侥幸去打仗，管子说：“天时地利，运数的多少，其关键一定出于计谋。”因此，战争攻伐的规律，先设定计谋，然后调兵遣将，最后才出境作战。

情况不明朗，不出战；敌人虚实不知，不出战；敌人将领不知，不出战；不了解敌方战术，不出战……出战便要百胜，绝不抱侥幸的态度，因此要有全胜的把握再出战。

胜败之政

善用兵者，修道而保法①，故能为胜败之政②。

【注释】

①修道而保法：修明治道，严明法度。

②为胜败之政：成为支配用兵胜败的主宰。

【译文】

善于用兵的人，潜心研究制胜之道，修明政治，坚持制胜的法制，才能成为战争胜负的主宰。

【赏析】

曹操曰："善用兵者，先自修治为不可胜之道，保法度不失敌之败乱也。"

杜牧曰："道者，仁义也；法者，法制也。善用兵者，先修理仁义，保守法制，自为不可胜之政，伺敌有可败之隙，则攻能胜之。”

法制，贯穿于整个战役，无规矩则不成方圆，制度因时因地制宜，制胜之道必要修明政治。“道可道，非常道”：可以名状的道，不是永恒不变的道。战役没有现成的标准，需要根据取胜的方法、前人的经验来修改战役所需的制度，这样才能达到取胜的预期。

而胜败的基本因素便是《计篇》中所提到的“五事”“七计”，“五事”“七计”中又把“道”放在首位，将“道”作为根本指导思想，继而“保法”，取得战争的最终胜利。

胜兵以镒称铢，败兵以铢称镒

兵法：一曰度，二曰量，三曰数，四曰称，五曰胜。地生度，度生量，量生数，数生称，称生胜。故胜兵若以镒称铢①，败兵若以铢称镒。胜者之战民也，若决积水于千仞②之谿③者，形④也。

【注释】

①以镒称铢：这里比喻胜兵与败兵的力量相差悬殊，胜

兵的实力占有绝对优势。

②仞：我国古代高度单位，有说一仞为七尺。

③谿：山洞。

④形：指由军事实力造成的形势。

【译文】

兵法：一是度，即估算土地的面积；二是量，即推算物资的容量；三是数，即统计兵源的数量；四是称，即比较双方的军事综合实力；五是胜，即得出胜负的判断。土地面积的大小决定物力、人力资源的容量，资源的容量决定可投入部队的数目，部队的数目决定双方兵力的强弱，双方兵力的强弱得出胜负的概率。因此，获胜的军队对于失败的一方就如同用“镒”来称“铢”，具有绝对优势，而失败的军队对于获胜的一方就如同用“铢”来称“镒”。胜利者一方打仗，就像积水从千仞高的山涧冲决而出，势不可挡，这就是军事实力的表现。

【赏析】

曹操曰：“轻不能举重也。”

梅尧臣曰：“力易举也，力难制也。”

“五事”“七计”“兵法”前后呼应，“五事”“七计”中“道”为首要，“兵法”的核心点在于敌我势力的衡量，作战前评估土地、资源、兵数、胜负的概率，对比敌我情势，综合考虑得出作战的策略，守或攻，如何守？如何攻？

“谋算”便是根据这几点因素而谋划的策略。

“胜兵若以镒称铢，败兵若以铢称镒。”形象地表现了胜兵与败兵对胜算的估计。张预注曰：“此言有制之兵，对无制之兵，轻重不侔也。”意思是，有限的兵力与无限的兵力相比，轻重是不一样的。

兵力，为战争之本，拥有强大的兵力，是战争取得胜利的保障，“以弱敌强”是要凭借天时、地利、人和等各方面的因素的，是一种冒险的行为，对于常规战争，需要以强大的兵力作为后盾。

第五篇　势篇

作战之中，“势”的形成和运用至关重要，能否控制距离，抓住战机，“择人而任势”，使其利用有利的态势，确保战争的全胜是非常重要的。除此之外，如何造“势”，也在一场战役中起着至关重要的作用。这样的手段，古往今来已为兵家所重视。

治众如治寡

孙子曰：凡治众[1]如治寡，分数[2]是也；斗众[3]如斗寡，形名[4]是也；三军之众，可使必受敌[5]而无败者，奇正是也；兵之所加，如以碫投卵者，虚实是也。

【注释】

①治众：治理人数众多的军队。

②分数：指军队的组织编制。

③斗众：指挥人数众多的军队作战。

④形名：指古时军队使用的旌旗、金鼓等指挥工具，这里引申为指挥。

⑤必受敌：一旦遭受敌人进攻。

【译文】

孙子说：治理大军团就像治理小部队一样有效，是依靠合理的组织、结构、编制；指挥大军团作战就像指挥小部队

作战一样到位，是依靠明确、高效的信号指挥系统；整个部队与敌对抗而不会失败，是依靠正确运用“奇正”的变化：攻击敌军，如同用石头砸鸡蛋一样容易，关键在于以实击虚。

【赏析】

孟氏曰：“碫，石也。兵若训练至整，部领分明，更能审料敌情，委知虚实，后以虚而加之，实同以碫投卵也。”

用石头打鸡蛋时，要灵活运用“避实就虚”的战术，首先要自我军队纪律严明，部队军事素养要高，敌我形式分析得当，谋算到位，得知敌军虚实，而后用兵要奋力，如同石头攻打鸡蛋一般。

“正”“奇”是两种相反的用兵形式，即正面作战与迂回作战，具体依战况而定，“正”“奇”运用，虚实结合，这两种相反的用兵形式却相辅相成，相互配合。“正”服务于“奇”，李筌曰：“当敌为正，傍出为奇。”明“正”暗“奇”，曹操曰：“先出合战为正，后出为奇。”出战要预留兵力以防万一，从而达到制胜的目的。

施计用谋，交兵破阵，巧妙处理正奇、虚实。

四大环节：分数、形名、奇正、虚实。“分数”是编制，编制有序，管理便利；“形名”是通讯，意图传递，调遣便利；“奇正”是战术，正面为正，侧面为奇；“虚实”是手段，以实击虚，以石击卵。

正合奇胜

凡战者，以正合，以奇胜①。故善出奇者，无穷如天地，不竭如江河。终而复始，日月是也；死而更生，四时是也。声不过五、五声之变，不可胜听也。色不过五、五色②之变，不可胜观也。味不过五、五味③之变，不可胜尝也。战势不过奇正，奇正之变，不可胜穷也。奇正相生，如循环之无端④，孰能穷之？

【注释】

①以正合，以奇胜：以正兵合战，以奇兵制胜。

②五色：我国古代以青、赤、黄、白、黑五种颜色为正色，其他为间色（即由两种或两种以上正色混合而成的颜色）。

③五味：指甜、酸、苦、辣、咸五种味道。

④循环之无端：顺着圆环旋转，没有尽头，比喻事物的变化无穷。

【译文】

大凡作战，都是以正兵作正面交战，而用奇兵去出奇制胜。善于运用奇兵的人，其战法的变化就像天地运行一样无穷无尽，像江河一样永不枯竭。像日月运行一样，终而复始；与四季更迭一样，去而复来。宫、商、角、徵、羽不过五音，然而五音的组合变化，永远也听不完；青、赤、黄、白、黑不过五色，但五种色调的组合变化，永远看不完；酸、甜、苦、辣、咸不过五味，而五种味道的组合变化，永远也尝不完。战争中军事实力的运用不过“奇”“正”两种，而“奇”“正”的组合变化，永远无穷无尽。奇正相生、相互转化，就好比圆环旋转，无始无终，谁能穷尽呢。

【赏析】

曹操曰：“正者当敌，奇兵从傍击不备也。”

杜佑曰：“正者当敌，奇者从傍击不备；以正道合战，以奇变取胜也。言应变出奇无穷竭。”

“凡战者，以正合，以奇胜。”为兵家推崇，“奇正”说法虽多有出入，但“正奇”的交叉使用是兵家常用的。

出奇制胜强调不拘泥于常规，以“制胜”为目的，不拘泥哪种形式，只要能获胜，正如“奇”是为“正”服务的，善用兵者，没有不用正兵的，也没有不用奇兵的，正兵为常态，奇兵因战术变化多端而奇。

活用奇正之术，以我之“奇”攻敌之“虚”，以我之“正”对敌之“实”，将者“循无端之环”，唯有善用出奇制虚者，才能领悟奇正变化的要旨，明了“阵而后战，兵法之运用之妙，存乎一心”，才能正确运用兵力、变幻战术，进而克敌制胜。

势如彍弩，节如发机

激水之疾[1]，至于漂石者，势也；鸷鸟[2]之疾，至于毁折者，节[3]也。是故善战者，其势险，其节短。势如彍弩[4]，节如发机[5]。

【注释】

①激水之疾：湍急的流水以飞快的速度奔泻。

②鸷鸟：凶猛的鸟，如鹰、雕之类。

③节：节奏。

④彍弩：指拉满的弓弩。彍，把弓拉满的意思。弩，用机括发箭的弓。

⑤发机：触发弩机。机，弩机，古代兵器“弩”的机件，类似枪上的扳机。

【译文】

湍急的流水之所以能漂动大石，是因为有使它产生巨大冲击力的势能；猛禽搏击雀鸟，一举可置对手于死地，是因为它掌握了最有利于爆发冲击力的时空位置，节奏迅猛。所以善于作战的指挥者，他所造成的态势是险峻的，进攻的节奏是短促有力的。“势险”就如同满弓待发的弩那样蓄势，“节短”正如搏动弩机那样突然。

明· 王世昌《俯瞰激流图轴》

【赏析】

曹操曰 :“险，犹疾也。短，近也。在度不远，发则中也。”

梅尧臣曰 :“险则迅，短则劲 ; 故战之势，当险疾而短近也。”

防守应构造一种险峻的形势自我保护，达到“一夫当关万夫莫开”，即便一人守，万人也攻不破，换言之，占据险要之地，让敌人难以攻破 ; 而进攻需要势如破竹，速战速决，找准敌人弱点，出谋划策，集中兵力，凶猛急促，一举歼灭。

战场，谨慎选勇士，趁敌不备，骁健击破，蓄势待发，迅速如弓弩，气势如射箭，使敌人惊慌失措，而后攻其城，断其兵，这是打仗取胜的指导方针。

斗乱不可乱

纷纷纭纭①，斗乱②而不可乱 ; 浑浑沌沌③，形圆④而不可败也。乱生于治，怯生于勇，弱生于强。治乱，数也 ; 勇怯，势也 ; 强弱，形也。故善动敌者，形之，敌必从之 ; 予之，敌必取之。以利动之，以卒待之。

【注释】

①纷纷纭纭：旌旗混乱的样子。

②斗乱：指在混乱状态中作战。

③浑浑沌沌：指混乱不清。

④形圆：指阵势部署得四面八方都能应付自如。

【译文】

旌旗纷纷，人马纭纭，双方混战，战场上事态万端，但自己的指挥、组织、阵脚不能乱；混混沌沌，迷迷蒙蒙，两军搅作一团，但胜利在我把握之中。双方交战，一方之乱，是因为对方治军更严整；一方怯懦，是因为对方更勇敢；一方弱小，是因为对方更强大。军队治理有序或者混乱，在于其组织编制；士兵勇敢或者胆怯，在于部队所营造的态势和声势；军力强大或者弱小，在于部队日常训练所造就的内在实力。善于调动敌军的人，向敌军展示一种或真或假的军情，敌军必然据此判断而跟从；给予敌军一点实际利益作为诱饵，敌军必然趋利而来，从而听我调动。一方面用这些办法调动敌军，一方面要严阵以待。

【赏析】

杜牧曰："言欲伪为敌形以诱敌人，先须至治，然后能为伪乱也。”

梅尧臣曰：“治则能伪为乱，勇则能伪为怯，强则能伪为弱。”

简言之，用伪装来迷惑敌人。“虚实”是采用假象迷惑敌人，隐藏自己的真实意图，让敌方因为假象而做出错误的判断。兵强，装作兵弱；兵严谨，装作兵散；兵果敢，装作怯懦；善于调动以对敌的将帅，装作无意调动。

两军交战无不为利而战，抓住对方弱点，施以假象，让对方暴露弱点，而后进行攻击，这样可以做到百战不殆。

“以利动之，以卒待之”，战场之上，生死置之度外，若能以小利让对方屈服，或以小利作为诱饵，不仅可以带来胜利，而且可以减少战争造成的损失。

择人而任势

故善战者，求之于势，不责于人①，故能择人而任势②。任势者，其战人③也，如转木石。木石之性，安④则静，危⑤则动，方则止，圆则行。故善战人之势，如

转圆石于千仞之山者，势也。

【注释】

①不责于人：不苛求部属。

②能择人而任势：挑选适当的人才，充分利用形势。

③战人：指挥士卒作战。与《形篇》中之“战民”意义相同。

④安：安稳，这里指地势平坦。

⑤危：危险，这里指地势陡斜。

【译文】

善战者追求形成有利的“势”，而不是苛求士兵，因而能选择人才去适应和利用已形成的“势”。善于创造有利“势”的将领，指挥部队作战就像转动木头和石头。木石的性情是处于平坦地势上就静止不动，处于陡峭的斜坡上就滚动，方形容易静止，圆形容易滚动。所以，善于指挥打仗的人所造就的“势”，就像让圆石从极高极陡的山上滚下来一样，来势凶猛。这就是所谓的“势”。

【赏析】

曹操曰：“求之于势者，专任权也。不责于人者，权变明也。”

贾林曰：“读为择人而任势，言示以必胜之势，使人从之，岂更外责人，求其胜败。择勇怯之人，任进退之势。”

根据具体的作战条件，选择适当的将士，才能发挥其才能，“用人如器，各取所长”。用人亦如此，文将不可武用，武将不可文用，善用兵者，取长就短，以己之长克敌之短。

择人而用关系到整个战役的走势，乃至成败，善用兵者，利用士卒特长使用适当武器。历史上许多战役的失败均与领兵打仗的将领失误有关，如诸葛亮误用马谡，导致街亭之失；反之，正确应用人才，可取得辉煌战果，如赤壁之战。

第六篇　虚实篇

何为“致人而不致于人”的原则和方法？所谓原则，即指“避实击虚”“因敌而制胜”；所谓方法，即指“形人而我无形”，掌握战场的主动权。探明敌我的虚实，制定出正确的作战计划是争取主动的前提，主动灵活地打击敌人，取得战争的胜利。

致人而不致于人

孙子曰：凡先处[1]战地而待敌者佚，后处战地而趋战[2]者劳。故善战者，致人[3]而不致于人[4]。能使敌人自至者，利之也；能使敌人不得至者，害之也。故敌佚能劳之，饱能饥之，安能动之。

【注释】

①处：到达、占据。

②趋战：仓促应战。

③致人：招致敌人，可引申为调动敌人。

④致于人：为敌人所调动。

【译文】

孙子说：大凡先期到达战地等待敌军的就精力充沛、主动安逸，而后到达战地匆忙投入战斗的就被动劳累。所以，

善战者调动敌人而决不为敌人所调动。能够调动敌人使之自动前来我预想的战地，是用利益来引诱；能使敌人不能先我来到战场，是设置障碍、多方阻挠的结果。所以，敌人若处军安逸，能使他疲劳；若敌人粮食充足，就能使他匮乏；若敌人安然不动，就能使他不得不行动起来。

【赏析】

李筌曰："故能致敬人之劳，不致人之佚也。"

王皙曰："致人者，以佚乘其劳；致于人者，以劳乘其佚。"

"致人而不致于人"是作战掌握主动权的谋略思想，是重要的用兵法则。

掌握主动权，则占得先机，不会因处于被动而受制于人，战争的胜负取决于多方面的客观因素，其中将领是否发挥主动性关系到战争的主动权，所谓主动权便是战争的选择自由权。

"调动"敌人，便是先发制人，能成功在战场上左右敌人，使敌人处于左右为难之境，掌握主动权，也奠定了战争胜利的基础，在战略上可采取攻、守、进、退的选择权，最大限度地做出对自身有利的形势。

出其所趋，趋其不意

出其所不趋[1]，趋其所不意[2]。行千里而不劳者，行于无人之地也；攻而必取者，攻其所不守也。守而必固者，守其所不攻也。故善攻者，敌不知其所守；善守者，敌不知其所攻。微[3]乎微乎，至于无形；神乎神乎，至于无声，故能为敌之司命。

【注释】

①出其所不趋：我军出击的地方是敌人无法救援的地方。

②趋其所不意：我军奔袭之处，出乎敌方的意料。

③微：微妙。

【译文】

通过敌人不设防的地区进军，在敌人预料不到的时间，向敌人预料不到的地点攻击。进军千里而不疲惫，是因为走

在敌军无人抵抗或无力抵抗的地区，如入无人之境。我进攻就会获胜，是因为攻击的是敌人疏于防守的地方。我防守一定稳固，是因为守住了敌人不会进攻的地方。所以善于进攻的，能做到使敌方不知道在哪防守，不知道怎样防守。而善于防守的，使敌人不知道从哪进攻，不知怎样进攻。微妙啊，微妙啊，竟然见不到一点形迹；神秘啊，神秘啊，居然不漏出一点消息。所以能成为敌人命运的主宰。

【赏析】

出其不意，乃兵家常用，一个会作战的谋者，往往会将自己的真实目的藏匿起来，让敌方意想不到，当我方出现在敌方面前时，敌人认为我方从天而降，惊讶不已，当反应过来逃跑时，却为时已晚。

在这种无准备的情况下，则必然取胜，这是因为善于作战的人，知晓防守之位如何稳固，知晓攻击的切入点，知晓该如何进攻，而这一切掩藏于敌人眼前，敌人全然不知，这才是用兵的高处。

准备不见一丝痕迹，作战时敌人竟毫无察觉，这才是真正的作战智者，不着痕迹，让敌人措手不及，趁乱而击败敌人。

在敌人预计不到的时间，预料不到的地点，趁敌军疲惫不堪、无力抵抗的时候乘虚而入，从疏于防守的地方攻入，守住敌人一定会进攻的地方，一切了然于胸，而让敌军全然不了解我军的情况。

攻其必救

进而不可御者，冲其虚[1]也；退而不可追者，速而不可及也。故我欲战，敌虽高垒深沟，不得不与我战者，攻其所必救也；我不欲战，画地[2]而守之，敌不得与我战者，乖其所之也。

【注释】

①冲其虚：冲击敌军防守空虚的地方。

②画地：画出界线。

【译文】

进攻时，敌人无法抵御，那是攻击了敌人兵力空虚的地方；撤退时，敌人无法追击，那是行动迅速敌人无法追上。所以我军要交战，敌人就算垒高墙挖深沟，也不得不出来与我军交战，是因为我军攻击了他非救不可的要害之处；我军

不想与敌军交战，只是在地上画出界限权作为防守，敌人也无法与我军交战，原因是我已设法改变了敌军进攻的方向。

【赏析】

作战之中，将帅要根据具体情况，如敌我数量、地形条件、敌我胜算等条件，采用适用于自身的计谋，而不让对方看出来，从而造成假象，战胜对方。

作战之中，综合考虑敌我，尽量迷惑对方，让敌人难以判断真正的战场和进攻方向，从而掌握主动权，使自身处于有利地位。

“攻其必救”目的在于成功调遣敌人，攻其弱点，如后方粮草，如薄弱之地，从而让敌人陷入困境，若集中要害，则军心动摇，有助于我方赢得战争主动权，若是我军兵乏，敌人难以攻克时，则不要调动祈求支援，因为会削弱自身势力。

“攻其必救”有时是为了解围，为了解救某个地区，攻打分散敌人兵力，将敌人引入对自身有利的情况，转而攻打敌人虚弱之处，间接营救受威胁的地区。

攻城与援助是战略上的战法，使敌人探不清虚实，找不出破绽，在无痕中遣散敌人的兵力，一则攻，二则援，一石二鸟。

形人而我无形，我专而敌分

故形人而我无形[①]，则我专[②]而敌分。我专为一，敌分为十，是以十攻其一也，则我众而敌寡；能以众击寡者，则吾之所与战者，约[③]矣。吾所与战之地不可知，不可知，则敌所备者多；敌所备者多，则吾所与战者，寡矣。故备前则后寡，备后则前寡，备左则右寡。备右则左寡，无所不备，则无所不寡。寡者，备人者也；众者，使人备己者也。

【注释】

①形人而我无形：用示形的办法欺骗敌人，诱使其暴露企图，而自己不露形迹，使敌人不知虚实，捉摸不定。

②专：专一，这里是集中的意思。

③约：少而弱的意思。

【译文】

使敌军处于暴露状态而我军处于隐蔽状态，这样我军兵力就可以集中而敌军兵力就不得不分散。（如果敌我总兵力相当）我集中兵力于一点，而敌人分散为十处，我就是以十对一。这样，（在局部战场上）就出现我众敌寡的态势，在这种态势下，则我军所与战者用力少而成功多也。敌军不知道我军所预定的战场在哪里，就会处处分兵防备，防备的地方越多，能够与我军在特定的地点直接交战的敌军就越少。所以防备前面，则后面兵力不足；防备后面，则前面兵力不足；防备左方，则右方兵力不足；防备右方，则左方兵力不足；所有的地方都防备，则所有的地方都兵力不足。兵力不足，全是因为分兵防御敌人；兵力充足，是由于迫使敌人分兵防御我。

【赏析】

《虚实篇》重点阐述争取战争的主动权，在掌握主动权的情况下，可以主动采取战略措施，而采取措施的原则便是“避实击虚”，方法便是“形人而我无形”。

“避实击虚”站在成败的角度，以迷惑对方的方式比正面直接交战胜算更大，站在兵力损失的角度，可以避免不必要的死伤，储存更多的兵力。

让敌人暴露更多的弱点，而隐藏自己的真实情况，降低对方的侦查效果，从而诱使敌人采取错误的指挥方针。“示行”，以伪装的方式暴露给对方，掩饰自己的真正目的，从而达到“制胜”的效果。

“示行”常用于敌众我寡，为了虚张声势，常制造假象迫使敌人分散兵力，时刻谨防，从而使对方疲惫，兵力日益薄弱，而后一一攻破。

战争的根本目的在于消灭敌人，保存自己，而保存自己需要适当地使用虚实，这也和前面提及的“兵者，诡道也”相辅相成。

用兵之道，不在于形式，结果才重要，这也是兵家核心。

明·朱瞻基《武侯高卧图卷》

敌虽众，可使无斗

故知战之地，知战之日，则可千里而会战。不知战地，不知战日，则左不能救右，右不能救左，前不能救后，后不能救前，而况远者数十里，近者数里乎！以吾度[1]之，越人[2]之兵虽多，亦奚[3]益于胜败哉！故曰胜可为[4]也。敌虽众，可使无斗[5]。

【注释】

①度：忖度、推断。

②越人：即越国人。

③奚：疑问词，何的意思。

④胜可为：胜利是可以争取到的。

⑤可使无斗：可以使敌人兵力分散而无法用全力与我交战。

【译文】

所以，既预知与敌人交战的地点，又预知交战的时间，即使行军千里也可以与敌人交战。不能预知与敌人交战的地点，又不能预知交战的时间，仓促遇敌，那么左军不能救右军，右军不能救左军，前军不能救后军，后军不能救前军，何况远的相距十里，近的也有好几里呢。依我对吴国所做的分析，越国虽然兵多，但对他的胜利又有什么帮助呢？所以说：胜利是可以创造的，敌人虽然兵多，却可以使敌人无法有效地参加战斗。

【赏析】

有一个有勇有谋之人，即便舟车劳顿，也不怕敌人偷袭。因为谋士能预知与敌人交战的地方，从而避开交战的地方，能预知交战的时间，从而避开交战的时间，即便意外躲避不开，但有周密的计划让部队处于安全的地位。

而对于无预谋的部队，在遭遇突袭时，会左右不顾，战场糟乱，从而给了敌军趁乱作战的机会。

作战不在于人多，而在于人精，人再多但作战时效率低，也会导致战争的失败。在作战的过程中，真正的作战人数计算的是有效作战人数。不管实际人数多少，而有效人数偏低，这就不是一件好事。人多则容易散，军心也会

跟着散，前后兵力不容易集中，从而导致乱而无治。

这是“以少胜多”的作战方式，人多，正面开战必然不利，若乘虚而入，扰乱敌军，降低敌军的有效作战兵力，从而达到制胜的目的。

战胜不复，形于无穷

故策①之而知得失之计②，作③之而知动静之理④，形之而知死生之地⑤，角之而知有余不足之处。故形兵之极，至于无形；无形，则深间不能窥，智者不能谋。因形而措胜于众，众不能知。人皆知我所以胜之形，而莫知吾所以制胜之形。故其战胜不复，而应形于无穷。

【注释】

①策：策度、筹算，这里是根据情况分析判断的意思。

②得失之计：这里指敌人作战计划的优劣长短。

③作：动作，这里是挑动的意思。

④动静之理：指敌人行动的规律。

⑤死生之地：指敌人所处地形的有利和不利的情况。

【译文】

通过仔细分析可以判断敌人作战计划的优劣得失；通过挑动敌人，可以了解敌方的活动规律；通过“示形”，可以弄清地形是否对敌有利；通过试探性进攻，可以探明敌方兵力布置的强弱多寡。所以，示形诱敌的方法运用得极其巧妙时，一点破绽也没有。到这种境地，即使隐藏再深的间谍也不能探明我的虚实，智慧高超的敌手也想不出对付我的办法。根据敌情采取制胜的策略，即使摆在众人面前，众人也理解不了。人们都知道我克敌制胜的方法，却不知道我是怎样运用这些方法制胜的。所以战胜敌人的战略和战术每次都是不一样的，应适应敌情灵活运用。

【赏析】

曹操曰：“不重复动而应之也。”

贾林曰：“应敌形而制胜，乃无穷。”

张预曰：“已胜之后，不复更用前谋，但随敌之形而应之，出奇无穷也。”

战胜不复，因为战事不复。敌军变，战计变；敌情变，战计变；战况变，战计变……若是遵循一个原则，循规蹈矩，则如同“刻舟求剑”，因而应该因势制定合适的谋略。

“兵无常势，水无常行”，具体情况具体分析，才能取

得胜利。

“战胜不复”，从战术、战役上理解，意在因敌之变，灵活采用战术，灵活利用客观条件，为作战提供有利形势，如韩信背水设阵，以奇取胜，不固守成规，不拘泥于某一种形式，而是大胆创新。

自古以来，采用设伏、奇袭获胜的战例屡见不鲜，但每次设伏和奇袭的方法都不同，“围魏救赵”“瞒天过海”等常被兵家使用，照抄照搬则败，因时因地思量才能取胜。

避实击虚

夫兵形[①]象水，水之形，避高而趋下，兵之形，避实而击虚[②]。

【注释】

①兵形：用兵的规律。

②避实而击虚：指避开敌人坚实之处，攻击其空虚薄弱的地方。

【译文】

兵的形态就像水一样，水流动时是避开高处流向低处，用兵取胜的关键是避开敌人实力强大的地方而攻击其薄弱的地方。

【赏析】

孟氏曰："兵之形势如水流，迟速之势无常也。"

张预曰："水趋下则顺，兵击虚则利。"

凡作战者，攻守为法，奇正为术，虚实料敌，因此兵家先知攻守之法，后知奇正之术，最后知虚实。

避实击虚，虚破实损，避强击弱，弱亡强消。作战只是常虚实结合，混淆敌人，突袭获胜。

何谓虚实？"虚"为"石头"，"虚"为"卵"，避实击虚，如同避石击卵，"虚实"不仅表现为兵力多寡，还有士气高低、吏卒勇怯、战斗力强弱、管理治乱等条件，因此分析"虚实"，也要具体问题具体分析。

"虚实"在战争中占有重要地位，计谋、方略等都出自虚实的交替和应用。

在与敌军交战时，也要分析敌军虚实，不可因虚而动兵，应转虚为实，而后才着力部署兵力，总结作战经验后再大动干戈。

因敌取胜

水因地而制流，兵因敌而制胜。故兵无常势，水无常形。能因敌变化而取胜者，谓之神[1]。故五行[2]无常胜，四时无常位[3]，日有短长[4]，月有死生[5]。

【注释】

①神：神奇、智谋高超，这里是用兵如神的意思。

②五行：金、木、水、火、土，古人把这五种东西看作构成万物的基本元素，并认为它们之间“相生相胜”。

③四时无常位：指春、夏、秋、冬依次更替，循环往复，没有哪个季节固定不变。

④日有短长：指一年之中，白天的时间有短有长，始终处于变化之中。

⑤月有死生：指月亮有圆缺明暗的变化。

【译文】

水根据地势来决定流向，军队根据敌情来采取制胜的方略。所以用兵作战没有一成不变的态势，正如流水没有固定的形状和去向。能够根据敌情的变化而取胜的，就叫作用兵如神。金、木、水、火、土这五行相生相克，没有哪一个常胜；四季相继相代，没有哪一个固定不移；白天的时间有长有短；月亮有圆也有缺。万物皆处于流变状态。

【赏析】

曹操曰：“势盛必衰，形露必败，故能因敌变化，取胜若神。”

梅尧臣曰：“应敌为势。因地为形。随而变化，微不可测。”

兵形如水，兵无常势，水无常形。水无形，因为所遇地形、容器而呈现其形貌，用兵亦是如此，没有固定的模式，遇敌杀敌之时，灵活用兵。

战争无常规，如流水般灵活运动，以消灭敌人为目的，把握敌方虚实，藏匿自身虚实，击败敌人。

“兵无常势”，真假虚实时刻都在变化，或心理战，或迂回战，或乘胜追击，或休养生息……能够根据敌情把握用兵之道，分析敌我，随机应变，百战百胜，此乃用兵之神。

第七篇 军争篇

争，就是争利，对于主动权的争取，“以迂为直，以患为利”；为了取得先机，理应察知“诸侯之谋”；两军相争，将帅应以“兵以诈立，以利动，以分合为变”为原则；同一号令，要有“变人之耳目”的计策；军队行动，要贯彻“治气”“治心”“治力”“治变”。

以迂为直，以患为利

孙子曰：凡用兵之法，将受命于君，合军聚众①，交和而舍②，莫难于军争。军争之难者，以迂为直③，以患为利④。故迂其途，而诱之以利，后人发，先人至，此知迂直之计者也。

【注释】

①合军聚众：把人们聚集起来，组成军队。

②交和而舍：指两军处于对峙状态。

③以迂为直：指把迂回曲折的弯路变为近便的道路。

④以患为利：指把有害的事情变为有利的事情。

【译文】

孙子说：大凡用兵作战的原则是，从主将接受国君的命令，到征集民众组成军队，开赴前线与敌人对阵，没有什么比掌握夺取制胜的主动权更困难的了。夺取制胜的主动权的

困难之处，就在于要把迂回曲折的途径变为近直方便的道路，把不利变为有利。所以故意迂回绕道，并用小利引诱敌人在途中滞留，这样我军做到比敌人后出动而先到达，这就是懂得以迂为直的计谋了。

【赏析】

曹操曰：“示以远，速其道里，先敌至也。”

杜牧曰：“言欲争夺，先以迂远为近，以患为利，诳给敌人，使其慢易，然后急趋也。”

梅尧臣曰：“能变迂为近，转患为利，难也。”

军争之难难于“迂”。于自身，转“迂”为“直”，争取战争的主动权，于敌人，转“直”为“屈”，以小利诱之，使敌人丧失主动权，从而将不利的因素变为有利的因素。“迂”与“直”、“患”与“利”是一对不可调和的矛盾，而又是可以相互转换的客体。

战机，并非在战争的开始就决定了，而是在于不断地调整，不断转化局势，以迂为直，结合实际，分析形势，打破常规，制造对自身有利的战况，“迂”与“直”本质上是“奇”与“正”的应用。

军争为利，军争为危

故军争为[1]利，军争为危。举军[2]而争利，则不及；委军而争利，则辎重捐[3]。是故卷甲而趋，日夜不处，倍道兼行，百里而争利，则擒三将军，劲者先，疲者后，其法十一而至。五十里而争利，则蹶上将军，其法半至。三十里而争利，则三分之二至。是故军无辎重则亡，无粮食则亡，无委积[4]则亡。

【注释】

①为：有。

②举军：指全部携带武器辎重的军队。

③委军而争利，则辎重捐：如果丢下物资装备去争夺先机之利，那么物资装备就会损失。

④无委积：没有物资储备。

【译文】

军争既有有利的一面，又有有害的一面。如果全军带着辎重去争利，就会行动迟缓而赶不上；如果放下辎重去争利，辎重就会损失。卷甲急进，白天黑夜不休息地急行军，奔跑百里去争利，则三军的将领有可能会被俘获，健壮的士兵能够先到战场，疲惫的士兵必然落后，只有十分之一的人马如期到达；走上五十里路去和敌人争利，前军将领就可能遭受挫败，这种办法的结果是只有一半人马赶到；走上三十里路程去和敌人争利，那也只有三分之二的人马能够赶到。因此，军队没有辎重就会失败，没有粮食就不能生存，没有物资储备就会失败。

【赏析】

曹操曰："善者则以利，不善者则以危。"

贾林曰："我军先至，得其便利之地，则为利。彼敌先据其地，我三军之众驰往争之，则敌佚我劳，危之道也。"

开战之前，对敌我双方需要全面分析，理清利害关系，尽量将不利转为有利，创造不被敌人战胜的条件，衡量胜算，方能争取战争的胜利。

万事万物皆有两面，利弊交织。万事俱备，则影响军事行动的敏捷性；若想轻装上阵，则需要丢掉装备。

“军争”与“军危”对立且相互转化、相互制约且此消彼长。因此，在作战中，想方设法施计增加我军的“利”，弱化敌军的“利”，避免自己的“危”，诱导敌军的“危”，尽力争取战争的主动性，获取胜利的主动权。

兵以诈立，以利动

故不知诸侯之谋者，不能豫交[①]；不知山林、险阻、沮泽之形者，不能行军；不用乡导[②]者，不能得地利。故兵以诈立，以利动，以分和为变者也。故其疾如风，其徐如林，侵掠如火，不动如山，难知如阴，动如雷震，掠乡[③]分众，廓[④]地分利，悬权而动[⑤]。先知迂直之计者胜，此军争之法也。

【注释】

①豫交：指与诸侯结交。豫，通“与”，参与。

②乡导：即向导，给军队带路的人。

③乡：古代地方行政组织。乡，通“向”。

④廓：开拓。

⑤悬权而动：指权衡敌我形势，相机而动。

元·赵孟頫《诸葛亮像》

【译文】

所以不了解诸侯各国的图谋，就不要和他们结成联盟；不知道山林、险阻和沼泽的地形分布，不能行军；不使用向导，就不能掌握和利用有利的地形。因此，用兵是凭借施诡诈出奇兵而获胜的，根据是否有利于获胜决定行动，根据双方情势或分兵或集中为主要变化。按照战场形势的需要，部队行动迅速时，如狂风飞旋；行进从容时，如森林徐徐展开；攻城略地时，如烈火迅猛；驻守防御时，如大山岿然；军情隐蔽时，如乌云蔽日；大军出动时，如雷霆万钧。夺取敌方的财物，掳掠百姓，应分兵行动。开拓疆土，分夺利益，应该分兵扼守要害。这些都应该权衡利弊，根据实际情况，相机行事。率先知道“迂直之计”的将获胜，这就是军争的原则。

【赏析】

杜牧曰：“诈敌人，使不知我本情，然后能立胜也。利者，见利始动也。分合者，或分或合，以惑敌人；观其应我之形，然后能变化以取胜也。”

孟氏曰：“兵法诡诈，以利动敌心；或合或离，为变化之术。”

“兵不厌诈”，“诈”是军事作战的重要技能之一，兵力大小不是取胜的绝对因素，“敌强我弱”“敌多我寡”而取

胜的战例比比皆是，而以少胜多的方法便是“兵以诈立”，分析敌我形势，随机应变。

“以利动”是“兵以诈立”的深化，“兵以诈立”作为战略指导，决定行动模式或守或攻，怎么守，怎么攻……即决定了用兵之法。“兵以诈立”最典型的是采用虚张声势的“诈”，用以威慑敌人，从而保全自己。

金鼓旌旗者，一人之耳目

《军政》曰：“言不相闻①，故为金鼓；视不相见，故为之旌旗。”夫金鼓旌旗者，所以一人之耳目②也。人既专一，则勇者不得独进，怯者不得独退，此用众之法也。故夜战多火鼓，昼战多旌旗，所以变人之耳目③也。

【注释】

①言不相闻：作战时，将官的言语号令，士兵听不见。

②一人之耳目：统一士卒们的行动。

③变人之耳目：扰乱敌人的视听。

【译文】

《军政》中说："将官的言语号令，士兵听不见。所以设置金鼓；将官的动作指令，士兵看不见，所以设置旌旗。"金鼓、旌旗，是用来统一人们的视听的。人们的视听既然统一了，那么勇敢的人就不会单独冒进，怯懦的人也不会单独后退了，这是指挥部队作战的方法。所以，夜间作战多用火把和锣鼓，白天作战多用旌旗，之所以这样，是为了扰乱敌人的视听。

【赏析】

战场混乱，命令不可能口耳相传，于是需要借助外物传达，如金鼓、旌旗。统一作战指令，一是为了便于指挥，使作战步调一致；二是为了统一军心，勇者怯者不会因为个人因素而不顾全大局。

军心一致，则一作十，攻守势如破竹；军心涣散，十万大军如同一盘散沙，多而无力。因此在作战前，为了将士奋而激战，一方面鼓舞我方将士士气，一方面击溃对方将士士气，在以弱敌强的案例中，屡见不鲜。

战而斗，斗而战。将士越战越勇，取胜可以鼓舞将士，斩断将士后路，唯有杀出一条血路方能生，亦能鼓舞将士，为了将士一心而采取的措施，便如金鼓、旌旗般指挥军心，

军心一致必言行一致显得更为重要。

善用人者，不仅善于用所长之人，更擅长用心。指挥者挥动旌旗、敲打金鼓，指挥作战方法，指挥者攻心，如手握千军万马，不畏惧，不慌乱。

三军可夺气，将军可夺心

故三军可夺气①，将军可夺心②。是故朝气锐，昼气惰，暮气归③。故善用兵者，避其锐气，击其惰归④，此治气者也。以治待乱，以静待哗⑤，此治心者也。以近待远，以佚待劳，以饱待饥，此治力者也。无邀正正之旗，无击堂堂之陈，此治变者也。

【注释】

①夺气：挫伤士气。

②夺心：指动摇将军的决心。

③朝气锐，昼气惰，暮气归：指军队初战时，士气旺盛，锐不可当；经过一段时间以后，由于力量的损耗，士气逐渐怠惰；到了后期，士气衰竭，将士思归。

④避其锐气，击其惰归：即避开敌军锐气，等到敌军怠惰疲惫、士气沮丧时予以攻击。

⑤哗：喧哗，嘈杂。

【译文】

对于敌方三军，可以挫伤其锐气，使其士气丧失对于敌方的将帅，可以动摇他的决心，使其丧失斗志。敌人早朝初至，其气必盛；陈兵至中午，则人力困倦而气亦怠惰；待至日暮，人心思归，其气益衰。所以，善于用兵的人，敌之气锐则避之，趁其士气衰竭时才发起猛攻。这就是正确运用士气的原则。用治理严整的我军来对付军政混乱的敌军，用我方镇定平稳的军心来对付军心躁动的敌人。这是掌握并运用军心的方法。以我方就近进入战场而待长途奔袭之敌；以我方从容稳定应对仓促疲劳之敌；以我方饱食之师应对饥饿之敌。这是懂得并利用治己之力以困敌人之力。不要去迎击旗帜整齐、队伍统一的军队，不要去攻击阵容整肃、士气饱满的军队，这是懂得战场上的随机应变。

【赏析】

《左氏》曰：“一鼓作气，再而衰，三而竭。”

王皙曰：“震热衰惰，则军气夺矣。纷乱喧哗，则将心夺矣。”

李筌曰 :“夺气，夺其锐勇。怒之令愤，挠之令乱，间之令疏，卑之令骄，则彼之心可夺也。”

“三军可夺气，将军可夺心。”此处，孙子再次强调“将”的重要性，《作战篇》中曾提及“将者，国之辅也”，两处交相辉映，前者是强调将在作战的地位，后者强调将在国家的地位。

“气”，士气。在长途跋涉的作战中，士气尤为重要，尤其是以弱抵强之时，士气在战争中会起到至关重要的作用。

“心”，军心。获取将士的心，让将士听从指挥者的命令，或离间敌军之间的信任，让彼此不再信任。

“治力”，保持军力。具体做法 :“以近待远，以佚待劳，以饱待饥。”简言之，让敌方处于松懈的状态，而我方处于战斗的状态。

“治变”，因敌而变的战术，这是作战的指导原则。根据实际情况，灵活运用兵法，根据实际变化，灵活调整作战方法。

“四治”乃军争要义，不拘泥于形式，以战败为目的。

用兵八戒

故用兵之法：高陵勿向①，背丘勿逆②，佯北勿从③，锐卒④勿攻，饵兵勿食，归师勿遏⑤，围师必阙，穷寇勿迫。此用兵之法也。

【注释】

①高陵勿向：对占领高地的敌人，不要去仰攻他。

②背丘勿逆：即敌人背靠高地，不可正面攻击。

③佯北勿从：敌人假装败走，不应跟踪追击，以防遭敌伏击。

④锐卒：指锐气方盛的部队。

⑤归师勿遏：指对正向其本国撤退的敌军，不要去拦阻他。

【译文】

用兵打仗的原则是，对占据高地、背倚丘陵之敌，不要正面仰攻；对于假装败逃之敌，不要跟踪追击；敌人有锐气时不要强攻；对敌人的诱饵之兵，不要贪食；对正在向本土撤退的部队不要去阻截；对被包围的敌军，要预留缺口；对于陷入绝境的敌人，不要过分逼迫，这些都是用兵的基本原则。

【赏析】

曹操曰：“《司马法》曰：‘围其三面，阙其一面，所以示生路也。’”

明·陈洪绶《杂画图册 6 远浦归帆·仿赵大年笔意图》

李筌曰："夫围敌必空其一面，示不固也。若四面围之，敌必坚守不拔也。项羽坑外黄，魏武围壶关，即其义也。"

杜佑曰："若围敌平陆之地，必空一面以示其虚，欲使战守不固，而有去留之心。若敌临危据险，强救在表，当坚固守之，未必阙也。此用兵之法。"

孙子前后谈及用兵之法，此处提出用兵之时应该注意的事项，简称为"用兵八戒"。

"高陵勿向""背丘勿逆"，皆从地势上分析，占据高山或背依高山时，不可攻，高山易守难攻；"佯北勿从"，假装逃跑，不可追，恐有伏兵；"饵兵勿食"，不贪图小利，不谎报军情，不为小部队所牵制；"归师勿遏"，敌人逃回国时，不要拦截，一则地势不占优势，二则援军相助，三则撤军有善后部队，需要酌情分析退兵缘由；"围师必阙"，包围要留生路，生路可以击溃将士军心，若围困，则进退不过一死，便会拼死冲出突围；"穷寇勿迫"，敌人处于绝境，不可过分逼迫，否则会物极必反。

第八篇 九变篇

变化的目的是争取战争的全胜，取得最终期待的结果，而在此过程中可以放弃小利。在任何时候都不要把希望寄托在敌人“不来”“不攻”上面，要做到“有以待”“有所不可攻”，使敌人无机可乘，无懈可击。

君命有所不受

孙子曰：凡用兵之法，将受命于君，合军聚众。圮地无舍①，衢地交合②，绝地③无留，围地则谋④，死地则战，途有所不由⑤，军有所不击，城有所不攻，地有所不争，君命有所不受。

【注释】

①圮地无舍：在难于通行的地方，不可驻扎。

②衢地交合：在四通八达的地方，要交结诸侯作为援军。

③绝地：没有泉井、畜牧、采樵、通路的地方。

④围地则谋：在四周险阻地带驻兵，要预设奇谋，以免被袭。

⑤途有所不由：有些路不走。

【译文】

孙子说：用兵的原则，将帅接受国君的命令，召集人马

组建军队，在难于通行之地不要驻扎，在四通八达的交通要道要与四邻结交，在难以生存的地区不要停留而要赶快通过，在四周有险阻容易被包围的地区要精于谋划，误入死地则须坚决作战。有的道路不要走，有些敌军不要攻，有些城池不要占，有些地域不要争，君主的某些命令也可以不接受。

【赏析】

曹操曰："苟便于事，不拘于君命也。"

李筌曰："苟便于事，不拘君命。穰苴斩庄贾，魏绛戮杨干是也。"

贾林曰："决必胜之机，不可推于君命；苟利社稷，专之可也。"

用兵的目的在于取胜，虽皆是受国君命令，率兵前行，翻越山水，但无法达到取胜目的，则可因时而变，君主的命令也可适时而行。

凡事不拘泥于形式，根据战况情势采取适当的作战方式，战争，应站在战略的高度，为战争的胜利服务。

战机决定战争的走向，战机不等闲，若因君命而错过战机，小则心痛，大则国亡，军情似火，瞬息万变，远水解不了近渴，非一纸文书可以左右的，因此善战者，因战而论，而不是因君命而论。

军情告急，若因途中往返耽误而遗失战机，将士没有发挥主动权，一味追求君臣之礼，即便战也败。

将通于九变之利者，知用兵

故将通于九变之利者，知用兵矣①；将不通于九变之利者，虽知地形，不能得地之利矣；治兵不知九变之术，虽知五利，不能得人之用矣②。

【注释】

①将通于九变之利者，知用兵矣：通晓极尽变化妙处的将领，就懂得用兵了。

②治兵不知九变之术，虽知五利，不能得人之用矣：指挥军事不懂得各种情况的应变方法，即使了解“五利”，也不能充分发挥出人的作用。

【译文】

所以将帅精通“九变”的具体运用，就是真懂得用兵了；将帅不精通“九变”的具体运用，就算熟悉地形，也不能得

到地利。指挥作战如果不懂“九变”的方法，即使知道“五利”，也不能充分发挥部队的战斗力。

【赏析】

“九变”是灵活作战的原则，“九”范指多，千变万化，尽管如此，能根据实际情况采取恰当的措施，不墨守成规，就能取胜。

王皙注曰：用兵的方法应该极尽变化之能事，不遵循特定的作战模式。战术是有限的，而应变是无穷的，将帅的作战能力不在于作战本身，而在于作战的应变谋划能力，其中应变能力则是思维的反应能力，处事不惊而应对策略反应快。

战况瞬息万变，作战场合随时在变，灵活变动作战方法，对于一个成熟、有经验的将领来说，这是作战的基本素养，对于瞬息万变的战况，灵活变动战术，将不利因素转为有利因素，正确指挥军队战斗，从而达到制胜的结果。

“不拘常法，临事适变，从宜而行之谓也。”多变，是作战的本质，没有一成不变的战争，没有丝毫不变的战术，唯一的不变就是万变。

智者之虑，必杂于利害

是故智者之虑，必杂于利害①。杂于利，而务可信也②；杂于害，而患可解③也。是故屈诸侯者以害④，役诸侯者以业⑤，趋诸侯者以利。

【注释】

①智者之虑，必杂于利害：明智的将领考虑问题，一定会综合考虑敌我双方各种有利和不利因素。智者，聪明的将

领。杂，混在一起，综合考虑。

②务可信也：战事就可顺利展开。务，任务，此处指战事。信通“伸”，伸展，发展。

③患可解：敌方对我方的威胁就可解除。

④屈诸侯者以害：利用对敌国有害的因素使其屈服。屈，使屈从，制服。

⑤役诸侯者以业：用各种事端烦劳敌国，使之穷于应付，不得安宁。役，驱使。业，事情，事端。

【译文】

所以智慧明达的将帅考虑问题，必然把利与害一起权衡。在考虑不利条件时，同时考虑有利条件，大事就能顺利进行；在看到有利因素的同时考虑到不利因素，祸患就可以排除。

明·仇英《赤壁图卷》（局部）

因此，用最令人头痛的事去使敌国屈服，用复杂的事去使敌国穷于应付，以利益为钓饵引诱敌国疲于奔命。

【赏析】

曹操曰："害其所恶也。业，事也，使其烦劳，若彼入我出，彼出我入也。令自来也。"

李筌曰："害其政也。烦其农也。诱之以利。"

战争中利害、虚实等相互依存，相互转化，对立统一，贯穿于战争的全过程，在整个战争中要站在战争的战略最高点分析利害，透过现象看本质，在看到利的同时也要考虑到害，趋利而避害，从而达到量变沉淀为质变，因此转变战略格局。

战争的复杂在于以小获大，用最小的付出换取最大的回报，目的导致战术万变，但万变不离其宗，攻其弱，首要便是人性之弱。

用兵之法，无恃其不来

故用兵之法，无恃其不来，恃吾有以待也[1]；无恃其不攻，恃吾有所不可攻也。

【注释】

①无恃其不来，恃吾有以待也：不要寄希望于敌人不来，而要靠自己有充分准备。恃，倚仗。

【译文】

所谓用兵的原则是，不要抱敌人不会来的侥幸心理，而要依靠自己有充分准备，严阵以待；不要抱敌人不会攻击的侥幸心理，而要依靠我方坚不可摧的防御，使敌人无法进攻。

【赏析】

曹操曰：“安不忘危，常设备也。”

梅尧臣曰：“所恃者，不懈也。所赖者，有备也。”

杜佑曰："安则思危，存则思亡，常有备。"

张预曰："言须思患而预防之。"

备战，不要寄希望于敌人"不来""不攻"，而是积极准备，不可懈怠，做到让敌人无机可乘，无懈可击，正如老子所说"祸莫大于轻敌"，轻敌，则松怠，则给了敌方进攻的有利条件，也因此将自身陷于被动不安的御敌形势。

五危，不可不察

故军将有五危①：必死，可杀也②；必生，可虏也③；忿速，可侮也④；廉洁，可辱也⑤；爱民，可烦也。凡此五者，将之过也，用兵之灾也。覆军杀将，必以五危，不可不察也。

【注释】

①五危：五种致命缺陷。

②必死，可杀也：拼死而无谋者，易被杀。

③必生，可虏也：贪生怕死者，易被俘虏。

④忿速，可侮也：对急躁易怒者，可用戏弄的办法诱其中计。

⑤廉洁，可辱也：对廉洁者，可用贬损其德行人格的办法诱其出战而败之。

【译文】

将领有五种致命的弱点：坚持死拼硬打，可能招致杀身之祸；临阵畏缩，贪生怕死，则可能被俘；性情暴躁易怒，可能受敌轻侮而失去理智；过分洁身自好，珍惜声名，可能会被羞辱引发冲动；由于爱护民众，受不了敌方的扰民行动而不能采取相应的对敌行动。以上这五种情况，都是将领最容易有的过失，是用兵的灾难。军队覆没，将领牺牲，必定是因为这五种危害，因此一定要认识到这五种危害的严重性。

【赏析】

“将有五危”强调将帅素质的重要性，御敌不计较生死，刚烈不屈，体恤将士……乃为将者的基本素质，但若极端至刻板，不根据实际变通，而一味感情用事，则会招致覆军杀将之灾。

“必死”为勇者，也为愚者，不知迂回、险中求胜，只是一味领着将士“勇”往直前，会导致将士因此举而全军覆没。

“必生”为自保者，也为怯懦者，作战以“自保”为前提，但一味自保，畏首畏尾，犹豫不前，将会使作战处于被动。

“廉洁”为美德，然而一味只追求声名，则会导致作战指挥受局限，也会因此为敌方所利用。

“爱民”为圣者，过分爱民，则容易偏离作战的本质，导致指挥谨慎不前，顾虑太多，遗失战机，会导致表面爱民，实则害民的结果。

“五危”是为了告诫将帅在临敌之时要懂得变通，不为其他所过分干扰，把握好“度”。

第九篇 行军篇

处军，一定要把自己的军队安置在有利的地理位置上——“凡军好高而恶下，贵阳而贱阴，养生而处实”。相敌，则是要了解敌情，从而做出正确判断，时刻谨记“兵非益多也，惟无武进，足以并力、料敌、取人而已”的思想，才更有可能在战争中取得胜利。

半济而击之

孙子曰：凡处军、相敌①：绝山依谷，视生处高，战隆无登②，此处山之军也。绝水必远水；客绝水而来，勿迎之于水内，令半济而击之，利；欲战者，无附于水而迎客；视生处高，无迎水流③，此处水上之军也。绝斥泽，惟亟去无④留，若交军于斥泽之中，必依水草而背众树，此处斥泽之军也。平陆处易⑤，而右背高，前死后生，此处平陆之军也。凡此四军之利，黄帝之所以胜四帝也。

【注释】

①处军、相敌：部署军队，观察敌情。

②绝山依谷，视生处高，战隆无登：在山地行军要靠近溪谷有水草的地方，休息时要居于向阳无遮蔽的高地，战斗时避免仰攻。

③无迎水流：不可于下游宿营（恐敌决水淹我），船舰也要避免逆水而战。

④绝斥泽，惟亟去无留：越过盐碱沼泽地带，应快速离去，不要停留。

⑤平陆处易：在平原作战，要选择战车和骑兵易于驰逐的地方驻军。

【译文】

孙子说：在各种不同地形上处置军队和观察判断敌情时，通过山地，必须依靠有水草的山谷，驻扎在居高向阳的地方，敌人占领高地，不要仰攻，这是在山地上对军队的处置原则。横渡江河，应远离水流驻扎，敌人渡水来战，不要在江河中迎击，而要等他渡过一半时再攻击，这样较为有利。如果要同敌人决战，不要紧靠水边列阵；在江河地带扎营，也要居高向阳，不要面迎水流，这是在江河地带上对军队处置的原则。通过盐碱沼泽地带，要迅速离开，不要逗留；如果同敌军相遇于盐碱沼泽地带，那就必须靠近水草而背靠树林，这是在盐碱沼泽地带上对军队处置的原则。在平原上应占领开阔地域，而侧翼要依托高地，前低后高，这是在平原地带上对军队处置的原则。以上四种“处军”原则的好处，就是黄帝能战胜其他四帝的原因。

【赏析】

李筌曰 :“韩信杀龙且于潍水，夫概败楚子于清发是也。”

王皙曰 :“‘内’当作。迎于水，则敌不敢济 ; 远则趋利不及，当得其宜也。”

张预曰 :“敌若引兵渡水来战，不可迎之于水边，俟其半济，行列未定，首尾不接，击之必胜。公孙瓒败黄巾贼于东光，薛万均破窦建德于范阳，皆用此术也。”

作战原则“半济而击之”意在中途歼敌，则敌人进无可进，退无可退。

“绝山依谷”“占隆无登”“半济击之”“无迎水流”“斥泽无留”乃兵家作战策略，驻守山谷，得水草便利，凭险防御 ; 占据高峰不可攻 ; 河渡一半而击之 ; 不在敌军下方驻扎布阵 ; 宽广之地不宜久留。

河川之战最佳营地——“绝水必远水”，避免背水一战 ; 最佳交战时机——“半济而击”，队形涣散，战斗散乱 ; 最佳作战方位——诱敌半渡而击，我军处于“视生处高”，切勿“迎水流”。

兵之利，地之助

凡军好高而恶下，贵阳而贱阴，养生①而处实，军无百疾，是谓必胜。丘陵堤防，必处其阳②，而右背之，此兵之利，地之助也③。上雨，水沫至，欲涉者，待其定也。凡地，有绝涧、天井、天牢、天罗、天陷、天隙，必亟去之，勿近也。吾远之，敌近之；吾迎之，敌背之④。

【注释】

①养生：有水源和茂草，可供饮水和饲养牲畜。

②阳：面南或面东为阳。

③此兵之利，地之助也：对部署兵力有利的措施，要依靠地形的辅助。

④吾远之，敌近之；吾迎之，敌背之：我远离它，让敌军去接近它；我面向它，让敌军去背靠它。

【译文】

大凡驻军总是喜欢干燥的高地，避开潮湿的洼地；重视向阳之处，避开阴暗之地；靠近水草地区，军需供应充足，将士百病不生，这样就有了胜利的保证。在丘陵堤防行军，必须占领它向阳的一面，并把主要侧翼背靠着它。这些对于用兵有利的措施，是利用地形作为辅助条件的。上游下雨，洪水突至，禁止徒涉，应等待水流稍平缓以后。凡遇到或通过绝涧、天井、天牢、天罗、天陷、天隙这几种地形，必须迅速离开，不要接近。我们应该远离这些地形，而让敌人去靠近它；我们应面向这些地形，而让敌人去背靠它。

【赏析】

远战扎营，乃兵家惯有之事，何地而居，何处而居，在古代打仗都是有讲究的，潮湿之地，容易水土不服，身体不适，而向阳的地方，有利于将士身体状况。

“绝涧”“天井”“天牢”“天罗”“天陷”“天隙”应避开，这种地方扎营，被偷袭时容易全然不知。作战之时，这些地势伏兵最为隐蔽，应竭力将敌军引入此，而后伏袭。

侦察地形，对作战本身而言虽无直接联系，但于备战而言，这是至关重要且不可忽视的。有经验的作战将帅要分析地形，从而让我军处于有利的地势，将敌军引入不利

的地势，谋算集中兵力将敌人击败。

古代的“谍战”本质上是地势战，侦查，谍入，歼灭。通过各种手段了解敌情，而后凭借地势条件——或创造或利用——将敌人集中在对自己有利的地势，而后将敌人歼灭。

伏奸之所处

军行有险阻、潢井①、葭苇②、山林、翳荟③者，必谨覆索④之，此伏奸之所处也。敌近而静者，恃其险也；远而挑战者，欲人之进也；其所居易者，利也⑤；众树动者，来也；众草多障者，疑也；鸟起者，伏也；兽骇者，覆也；尘高而锐者，车来也；卑而广者，徒来也；散而条达者，樵采也；少而往来者，营军也。

【注释】

①潢井：有池塘和洞穴之地。潢，池塘。井，洞穴。

②葭苇：芦苇丛生之地。

③翳荟：草木繁茂，遮蔽视线之处。翳，形容草木茂盛；遮蔽。荟，草木茂盛；遮蔽。

④覆索：反复搜索。

⑤其所居易者，利也：敌人驻扎在平坦之地，一定有许多便利条件。易，平坦，与“险”义反。

【译文】

军队两旁遇到有险峻的隘路、湖沼、水网、芦苇、山林和草木茂盛的地方，必须谨慎地反复搜索，这些都是敌人可能埋设伏兵和隐伏奸细的地方。敌人离我很近而安静的，是依仗他占领险要地形；敌人离我很远但挑战不休，是想诱我前进；敌人之所以驻扎在平坦地方，是因为对他有某种好处。许多树木摇动，是敌人隐蔽前来；草丛中有许多遮障物，是敌人布下的疑阵；群鸟惊飞，是下面有伏兵；野兽骇奔，是敌人大举突袭；尘土高而尖，是敌人战车驶来；尘土低而宽广，是敌人的步兵开来；尘土疏散飞扬，是敌人正在拽柴而走；尘土少而时起时落，是敌人正在扎营。

【赏析】

作战行军千里，兵不厌诈，一路且行且小心，尤其在地势容易掩藏敌人的地方：险阻、潢井、葭苇、山林、蘙荟，路经这些地方，一则尽量绕行，一则尽量谨慎，行军前，若无法绕行，必须通过时，应遣士兵前去排查，排除不利因素。

根据沿途状况：树动、鸟飞、兽奔、尘土飞扬等细小细节，观察可能伏击的现象，引起警觉，以防敌人来袭。

作为将帅，确保一路安全是作战的基本素养，人未至，全军已覆没，这是不明智的。而两军交战，这也是应对敌军来袭的方式，半路埋伏，伏击对方，这也是根据将帅所考虑的谋算，若将帅本为粗心大意、不善战者，则伏击，若将帅本为谨慎小心、善战者，则不必费兵力和精力去伏击。

是否伏击，也需要根据兵力多少，兵少则集中兵力防御而攻，兵多则分散兵力夹击，作战谋略都是视情况而定，以制胜为根本目的，过程都是为结果所服务的。

辞卑而益备者，进也

辞卑而益备①者，进也；辞强②而进驱③者，退也；轻车④先出，居其侧者，陈⑤也；无约而请和者，谋也；奔走而陈兵车者，期也；半进半退者，诱也。

【注释】

①益备：增加军备。

②辞强：措辞强硬。

③进驱：摆出进攻的样子。

④轻车：战车。

⑤陈：通“阵”。

【译文】

敌方使者言辞谦卑而实际上又增强军备的，是要向我进攻；敌方使者言辞强硬而军队又向我逼近的，是准备撤退；敌战车先出并占据侧翼的，是布列阵势，准备作战；敌方没有预先约定而突然来请求议和的，其中必有阴谋；敌军奔跑并展开兵车的，是期求与我交战；敌军半进半退，貌似杂乱，是诱我进攻。

【赏析】

“兵者，诡道也。”在首篇，孙子就已经说过，带兵打仗，用计乃兵家常事，在敌方使用时，我方一定要仔细揣度，不可因表面现象而上当，这里，孙子指出敌方表面现象所要掩饰的事实。

应对这些变化，最简单且最有效的方法便是不变，以高度警觉的作战敏感，随时警惕，不给敌人乘虚而入的机会。所谓进退，应根据实际，而不是根据敌人所表现出的

现象去做判断，一个用心之人，一定会见微知著，从细小之处看真知，从而做出正确的判断和作战计划。

面对敌人的“诡计”，表面顺应，实则洞察后采取行动，而不被对手的一面之词迷惑。若被迷惑，轻则损失将士性命，重则放虎归山或全军覆没。

在此之中，最为严重者莫过于为敌军杂乱无章所迷惑，出兵进攻，从而进入敌军的埋伏圈，这种战而必败，且重创后难以重整旗鼓。

明·商喜《关羽擒将图》

怒而相迎，必谨察之

杖而立者，饥也[1]；汲而先饮者，渴也[2]；见利而不进者，劳也[3]；鸟集者，虚也；夜呼者，恐也；军扰者，将不重也；旌旗动者，乱也；吏怒者，倦也；粟马肉食，军无悬缶，不返其舍者，穷寇也；谆谆[4]翕翕[5]，徐与人言者，失众也；数赏者，窘也；数罚者，困也；先暴而后畏其众者，不精之至也；来委谢者，欲休息也。兵怒而相迎，久而不合[6]，又不相去，必谨[7]察之。

【注释】

①杖而立者，饥也：拄着兵杖而立，说明士卒饥饿。杖，长柄兵器，此处用作动词，拄杖。

②汲而先饮者，渴也：打水的人抢先饮水，说明士卒很渴。汲，从井里提水，泛指打水。

③见利而不进者，劳也：见到利益而不前取，说明士卒非常疲劳。

④谆谆：絮絮不休。

⑤翕翕：低声下气。

⑥合：交战。

⑦谨：小心谨慎。

【译文】

敌兵倚着兵器而站立的，是饥饿的表现；供水兵打水自己先饮的，是干渴的表现；敌人见利而不进兵争夺的，是疲劳的表现；敌人营寨上聚集鸟雀的，下面是空营；敌人夜间惊叫的，是恐慌的表现；敌营惊扰纷乱的，是敌将没有威严的表现；旌旗摇动不整齐的，是敌人队伍已经混乱；敌军官吏急躁易怒的，是敌军过度困倦；敌人用粮食喂马，杀牲口吃，收起炊具，不返回营寨的，是要拼死的穷寇。低声下气同部下讲话的，表明敌将失去人心；不断犒赏士卒的，表明敌军没有办法；不断惩罚部署的，表明敌人处境困难；先粗暴然后又害怕部下的，是最不精明的将领；派来使者送礼言好的，是敌人想休兵息战。敌人逞怒同我对阵，但久不交锋又不撤退的，必须谨慎地观察他的企图。

【赏析】

古人云："用师之本，在知敌情，未知敌情，军不可举。"孙子在前人的基础之上，总结了三十二种直接观察和判断敌情的方法，"相敌"三十二法被称为指挥战争的精华。

观察入微，见微知著，从将帅的表现、从士卒的待遇推断敌人的处境，正如孙子所说，对部下低声下气、不断犒劳士卒、不断惩罚部属、粗暴而后友好、派使者送礼、对阵而不交锋，其意图跃然纸上，需谨慎处之，且用心抓住对方弱点，使用战略手段将对方制服。

兵不厌诈，需实事求是地观察敌人的动机，综合分析所表现的现象，切不可根据一个现象而套用兵法，这样会误导判断，从而导致失败。智者，会多观察事态变动，不会贸然行动，从而将将士陷于危险之中。

谋事之人，会从敌军的言语、举动之中抓住战机，如凭借犒赏来留住士兵，说明敌军已没有办法，军心涣散，此时正是乘虚而入偷袭的良机，凭借一个良机便是一场胜仗。

兵非益多

兵非益多也，惟无武进，足以[1]并力[2]、料[3]敌、取人而已。夫[4]惟[5]无虑而易敌者，必擒于人。

【注释】

①足以：足够用来，完全可以。

②并力：戮力，同心协力。

③料：预料。

④夫：句首语气词。

⑤惟：只，只有，只要，只是。

【译文】

兵力不必增加很多，只要不倚仗武力轻敌冒进，能够同心协力，察明敌情，战胜敌人就足够了。只是无谋而轻敌者，一定会被敌人俘虏。

【赏析】

取胜非兵多，历史上多有“以少胜多”“以寡敌众”的案例。在这些成功的案例中，皆是正确判断敌我形势，采取正确的作战方案，而不是贸然进攻，将兵力放在刀刃上，做到慎战、并力、料敌、取人四要素，兵精、将谋才是取胜的关键。

仅靠兵力多少取胜不是智者所取，即便取胜，也会造成我军军力损失严重。诸葛亮一曲“空城计”退万军，“围魏救赵”迂回救援，一石二鸟。这些经典的作战方式都不是与敌人正面作战，而是“智取”“智谋”。

将帅谋算，不仅可以免士卒血顶之灾，而且可以挽救一个濒临绝境的国家，因此国家用将，慎重为之，将帅之才，也非一般人可以胜任的。

令之以文，齐之以武

卒未亲附[①]而罚之，则不服，不服，则难用也；卒已亲附而罚不行[②]，则不可用也。故令之以文，齐[③]之以武，是谓必取[④]。令素行以教其民，则民服；令不素[⑤]行以教其民，则民不服。令素行者，与众相得也。

【注释】

①亲附：亲近，归附。

②罚不行：有罚则而不实施。

③齐：使整齐，制约。

④取：取胜。

⑤素：平素，一贯。

【译文】

将帅在士卒尚未亲近依附时，就贸然处罚士卒，那士卒一定不服，这样就难以用他们作战；士卒已经亲近依附，如果不执行军纪军法，也不能用来作战。所以，要用怀柔宽仁使他们思想统一，用军纪军法使他们行动一致，这样就必能取得部下的敬畏和拥戴。平素严格贯彻命令，管教士卒，士卒就能养成服从的习惯；平素从来不严格贯彻命令，管教士卒，士卒就会养成不服从的习惯。平时命令能贯彻执行的，表明将帅同士卒之间相处融洽。

【赏析】

曹操曰："文，仁也；武，法也。"

王皙曰："《吴起》云：'总文武者，军之将；兼刚柔者，兵之事也。'"

梅尧臣曰："令以仁恩，齐以威刑，恩威并著，则能必胜。"

奖惩、宽严、恩威在将士之间常用，依法办事，依军规赏罚，这些只能从形式上服从，而真正让士兵用心服从，则需要长期关怀体恤，军民一家。

军纪不可违，兵心需体恤。孙子强调"视卒若爱子"，士兵在外，心有所牵，心系家人，若将领抚恤他们，他们则会视军营之事为自己之事，也会心甘情愿为知己者死，将士才能一心。

《军谶》所曰："军井未达，将不言渴。军幕未办，将不言倦。军灶未炊，将不言饥。冬不服裘，夏不操扇，雨不张盖，是谓将礼。与之安，与之危，故其众可合而不可离，可用而不可疲。"简而言之，与士兵同吃同住同待遇，这样的将帅，才能为士兵所拥护，这样的将帅，士兵才会誓死效命于他。

第十篇　地形篇

在一场战役中，能够巧妙地利用地形是非常必要的。而在不同的地形地貌中，能够采用相应的战争方法，借助地形地貌的特征，帮助己方获得最后的胜利，是每一个将领都应该掌握的技能。

我可以往，彼可以来

孙子曰：地形有通[1]者、有挂[2]者、有支[3]者、有隘[4]者、有险者、有远者。我可以往，彼可以来，曰通。通形者，先居高阳，利粮道，以战则利。可以往，难以返，曰挂。挂形者，敌无备，出而胜之；敌若有备，出而不胜，难以返，不利。我出而不利[5]，彼出而不利，曰支。支形者，敌虽利我，我无出也；引而去之，令敌半出而击之，利。

【注释】

①通：四通八达。

②挂：易入难出。

③支：古代军事术语，指地形对敌我双方出兵均不利。

④隘：狭窄而险要。

⑤利：有利。

【译文】

孙子说：地形有通、挂、支、隘、险、远六种。凡是我们可以去，敌人也可以来的地域，叫作“通”；在“通”形地域上，应抢先占据开阔向阳的高地，保持粮道畅通，这样作战就有利。凡是可以前进，难以返回的地域，称作“挂”；在“挂”形地域上，假如敌人没有防备，我们就能突击取胜；假如敌人有防备，出击又不能取胜，而且难以回师，这就不利了。凡是我军出击不利，敌人出击不利的地域叫作“支”。在“支”形地域上，敌人虽然以利相诱，我们也不要出击，而应该率军假装退却，诱使敌人出击一半时再回师反击，这样就有利。

【赏析】

“通”“挂”“支”“隘”“险”“远”六种地形，也是作战的六个战场。

“通”形：四通八达的地方，我军可以去，敌军可以来。

“挂”形：挂形区域，易进难出，敌军若无防备，我军具有战胜的有利条件，敌人若有所防备，我军会受牵制。

“支”形：敌我各自以险为据，双方对峙，最好不动，或是引诱敌方动，我军突袭。

“隘”形：应占领隘口，等敌人来犯，而后举兵击之。

“险”形：我军先进入险区，占据地势高的向阳处，如敌军先进入险区，我军尽量避让，不可正面相争。

“远”形：相隔距离远，以逸待劳，让敌军疲劳行军，来犯我方。

“六形”为依据地势的六种作战模型，将帅打仗需以地势而决定作战方针，孙子依地势搭建的六种模式，为后代开拓了研究地形、利用战术的先河。

古今战史证明，地形首先占据了军事行动的方向，而后由其他因素所决定，由历代作战历史证明，熟悉地势便占据地利，从而做到因地制宜，如此才能克敌制胜。

非天之灾，将之过也

隘形者，我先居之，必盈之①以待敌；若敌先居之，盈而勿从②，不盈而从之。险形者，我先居之，必居高阳以待敌；若敌先居之，引而去之，勿从也。远形者，势均③难以挑战，战而不利。凡此六者④，地之道⑤也，将之至任，不可不察也。

【注释】

①盈之：周密防守。盈，满。

②若敌先居之，盈而勿从：假如敌人先占据了“隘”形之地，防守周密的话，就不要攻击。从，逐，赶走。

③势均：地势优劣均等。

④六者：指上述六种地形。

⑤地之道：利用地形的一般规律。

【译文】

在“隘”形地域上，我们应该抢先占领，并用重兵封锁隘口，以等待敌人的到来；如果敌人已先占据了隘口，并用重兵把守，我们就不要去进攻；如果敌人没有用重兵据守隘口，那么就可以进攻。在“险”形地域上，如果我军先敌占领，就必须控制开阔向阳的高地，以等待敌人来犯；如果敌人先我占领，就应该率军撤离，不要去攻打它。在“远”形地域上，敌我双方地势均同，就不宜去挑战，勉强求战，很是不利。以上六点，是利用地形的原则。这是将帅的重大责任所在，不可不认真考察研究。

【赏析】

地形有六种，兵败有六种，而这六种败兵情况，孙子从将士的素质和修养上做了阐述。陈皞的注释更为明确：一曰不量寡众，二曰本乏刑德，三曰失于训练，四曰非理兴怒，五曰法令不行，六曰不择骁果。与孙子所指出的“天时地利”相得益彰，同为“凡此六者，非天之灾，将之过也”。

将帅在作战中起着引导的作用，凡事需慎重诠释为之，认真分析敌我形势，分析敌我胜算，得出有利的作战方式，扬长避短，一鼓作气，将士一心。凭借对自己有利的作战方式，将被动转为主动，争取战争主动权、战争胜利权，切勿因将帅对地形地势考虑不周、考察不全而导致战争的失败。

孙子明确指出，走、弛、陷、崩、乱、北六种情况若不认真考察，而导致的错误指挥、作战方式，是将帅一人的责任。

南宋·佚名《赤壁图》

将之至任，不可不察

故兵有走者、有弛者、有陷者、有崩者、有乱者、有北者。凡此六者，非天之灾，将之过也。夫势均[①]，以一击十，曰走；卒强吏弱，曰弛；吏强卒弱，曰陷[②]；大吏怒而不服，遇敌怼而自战，将不知其能，曰崩；将弱不严，教道不明，吏卒无常，陈兵纵横，曰乱；将不能料[③]敌，以少合众，以弱击强，兵无选锋[④]，曰北。凡此六者，败之道也，将之至任，不可不察[⑤]也。

【注释】

①势均：地势均同，一说敌我双方力量均等。

②陷：陷于失败。

③料：预料。

④选锋：选精锐作为先锋。

⑤察：详审，明晰。

【译文】

军队打败仗有“走”“弛”“陷”“崩”“乱”“北”六种情况。这六种情况的发生，不是天时地利的灾害，而是将帅自身的过错。地势均同的情况下，以一击十而导致失败的，叫作“走”。士卒强悍，军官懦弱而造成失败的，叫作“弛”。将帅强悍，士卒懦弱而失败的，叫作“陷”。偏将怨仇不服从指挥，遇到敌人擅自出战，主将又不了解他们能力，因而失败的，叫作“崩”。将帅懦弱缺乏威严，治军没有章法，官兵关系混乱紧张，列兵布阵杂乱无常，因此而失败的，叫作“乱”。将帅不能正确判断敌情，以少击众，以弱击强，作战又没有精锐先锋部队因而落败的，叫作“北”。以上六种情况，均是导致失败的原因。这是将帅的重大责任之所在，是不可不认真考察研究的。

【赏析】

因走、弛、陷、崩、乱、北六种情况而导致的作战失败，是将帅对客观因素分析不周导致的。

陈皞注释曰：“一曰不量寡众，二曰本乏刑德，三曰失于训练，四曰非理兴怒，五曰法令不行，六曰不择骁果。”陈皞明确直白地指出孙子所说的六种情况，进一步说明将帅在部队作战方面的重要性。

主观与客观十二因素，明确告知将领分析客观与主观情况的方面，加之十二因素，若因为这十二因素而导致我军战败，那便是将帅的错误。

孙子明确将将帅的错误划分出来，只为强调将帅在作战之中的重要性。因此在作战中，将帅作为统筹，需要全面分析，全面谋划，而后速战速决。

进不求名，退不避罪

夫地形者，兵之助也①。料敌制胜，计②险厄③远近，上将之道也。知此而用战者必胜，不知此而用战者必败。故战道④必胜，主曰无战，必战可也；战道不胜，主曰必战，无战可也。故进不求名，退不避罪，唯人是保，而利合于主，国之宝也。

【注释】

①夫地形者，兵之助也：地形是作战的辅助条件。

②计：考察。

③厄：险地。

④道：规律，主客观条件。

【译文】

地形是用兵打仗的辅助条件。正确判断敌情，考察地形险易，计算道路远近，这是高明的将领必须掌握的方法，懂得这些道理去指挥作战的，必定能够胜利；不了解这些道理去指挥作战的，必定失败。所以，根据分析有必胜把握的，即使国君主张不打，坚持打也是可以的；根据分析没有必胜把握的，即使国君主张打，不打也是可以的。所以，战不谋求胜利的名声，退不回避失利的罪责，只求保全百姓，符合国君利益，这样的将帅，才是国家的宝贵财富。

【赏析】

杜牧曰：“夫兵之主，在于仁义、节制而已；若得地形，可以为兵之助，所以取胜也。‘助’，一作‘易’。馈用之费，人马之力，攻守之便，皆在险厄远近也。言若能料此以制敌，乃为将臻极之道。”

张预曰：“能审地形者，兵之助耳，乃末也；料敌制胜，兵之本也。既能料敌虚实、强弱之情，又能度地险厄、远近之形，本末皆知，为将之道毕矣。”

“进不求名，退不避罪”是孙子提出一个将帅具有难能可贵的武德的标准，体现了作为一个将士有崇高思想和无畏精神的品质，不为利诱，不为罪惑，敢于承担责任。

军队作战进退、胜负，应将个人名利功罪抛至一边，以国家军队利益为先，刚正不阿，不追名逐利，这样才能在战争中理智分析战况，从作战本身出发。

视卒如婴儿

视卒如婴儿①，故可与之赴深谿；视卒如爱子，故可与之俱死。厚而不能使，爱而不能令②，乱而不能治，譬若骄子③，不可用也。

【注释】

①视卒如婴儿：像看护婴儿那样对待战士。

②厚而不能使，爱而不能令：厚待士卒却不能使用，爱护士卒却不能使他们听令。

③骄子：娇生惯养之子。

【译文】

对待士卒像对待婴儿，士卒就可以同他共患难；对待士卒像对待自己的儿子，士卒就可以跟他同生共死。如果对士卒厚待却不能使用，溺爱却不能指挥，违法而不能惩治，那就如同娇惯了的子女，是不可以用来同敌作战的。

【赏析】

梅尧臣曰 :“抚而育之，则亲而不离 ; 爱而勖之，则信而不疑。故虽死与死，虽危与危。”

张预曰 :“将视卒如子，则卒视将如父，未有父在危难，而子不致死。”

这是孙子爱兵如子的观点，杜牧诠释得最为全面，他提及吴起用兵，与士卒同吃同睡，为士卒吸脓水，士卒为他效死沙场。张预补充言道，将帅将士卒当作儿子，则士卒会视将帅为父亲，当“父亲”身处绝境，必当以死相救。

这是一种将帅激励士卒的方式，以行动告知上下一心，齐力可断金，这会给士卒极大的鼓舞。

行军在外，背井离乡，思乡情绪浓烈，若将帅能感同身受，则士卒也同样能感受将帅之心，将帅给士卒的关怀，无以为报，唯有誓死驰骋沙场，才能回报一二。

在作战之时，与士卒共患难，则他们也会与将帅共患难，但在军纪面前，得铁面无私，否则便是宠溺，这种情况下不可用来作战，因此关怀看方面，还要把握一个“度”。

知己知彼，胜乃不待

知吾卒之可以击[①]，而不知敌之不可击，胜之半也；知敌之可击，而不知吾卒之不可以击，胜之半也；知敌之可击，知吾卒之可以击，而不知地形之不可以战，胜之半也。故知兵者，动而不迷[②]，举而不穷[③]。故曰：知彼知己，胜乃不殆；知天知地，胜乃不穷。

【注释】

①知吾卒之可以击：了解自己的军队可以作战。

②动而不迷：采取某种军事行动却不致发生迷误。

③举而不穷：举措千变万化，没有穷尽。

【译文】

只了解自己的部队可以打，而不了解敌人不可打，取胜的可能只有一半；只了解敌人可以打，而不了解自己的部队不可以打，取胜的可能也只有一半。了解敌人可以打，也了解自己的部队能打，但是不了解地形不利于作战，取胜的可能性仍然只有一半。所以，懂得用兵的人，他行动起来不会迷惑，他的战术变化无穷。所以说：知彼知己，胜乃不殆；知天知地，胜乃不穷。

【赏析】

李筌曰："人事、天时、地利三者同知，则百战百胜。"

杜佑曰："知地之便，知天之时。地之便，依险阻、向

元·赵孟頫《饮马图》（局部）

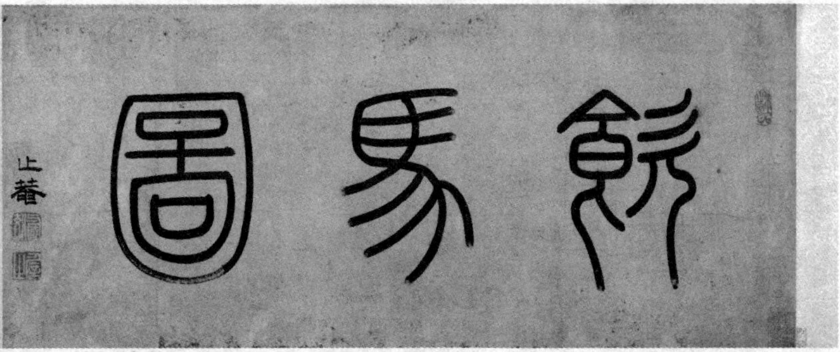

高阳也；天之时，顺寒暑、法刑德也。既能知彼知己，又按地形，法天道，胜乃可全，又何难也！”

将帅不仅要做到“知己知彼”“知天知地”，还要做到“知兵”，这样才能理解“知胜之道”，只有这样才能“动而不迷，举而不穷”。

“知彼知己，胜乃不殆”在《谋攻篇》已有阐述，再次重申说明孔子对“知己知彼”的重视。只有实事求是，做到“知己知彼”，才能所向披靡。一个智谋的将帅，必然会在作战中见微知著，了解敌情，而后进行敌我分析，从而得出对自己有利的作战谋略。

“彼、己、天、地”乃客观事实，需要从客观事实出发。两军交战，知天地、知彼己，才能取胜。

第十一篇　九地篇

散地、轻地、争地、交地、衢地、重地、圮地、围地、死地，即为“九地”。九种不同的战略地形，有其各自不同的作战方式，“散地”无战，“轻地”无止，“争地”无攻，“交地”无绝，“衢地”交合，“重地”则掠，“圮地”则行，“围地”则谋，“死地”则战。

疾战则存，不疾战则亡

孙子曰：用兵之法：有散地、有轻地、有争地、有交地①、有衢地、有重地、有圮地、有围地、有死地。诸侯自战其地，为散地；入人之地而不深者，为轻地；我得则利，彼得亦利者，为争地；我可以往，彼可以来者，为交地；诸侯之地三属，先至而得天下之众者，为衢地②；入人之地深，背城邑多者，为重地；行山林、险阻、沮泽③，凡难行之道者，为圮地；所由入者隘，所从归者迂，彼寡可以击吾之众者，为围地；疾战则存，不疾战则亡者，为死地。是故散地则无战，轻地则无止④，争地则无攻，交地则无绝，衢地则合交，重地则掠，圮地则行，围地则谋，死地则战。

【注释】

①交地：道路交错，往来方便之地。

②先至而得天下之众者，为衢地：同几个诸侯国的土地接壤，先到达就可以得到多国援助的，叫作衢地。

③沮泽：水草丛生之沼泽地带。

④无止：不宜逗留，以速进为利。

【译文】

孙子说：按照用兵的原则，军事地形有散地、轻地、争地、交地、衢地、重地、圮地、围地、死地。诸侯在本国境内作战的地区，叫作散地。在敌国浅近纵深作战的地区，叫作轻地。我方得到有利，敌人得到也有利的地区，叫作争地。我军可以前往，敌军也可以前来的地区，叫作交地。多国相毗邻，先到就可以获得诸侯列国援助的地区，叫作衢地。深入敌国腹地，背靠敌人众多城邑的地区，叫作重地。山林险阻沼泽等难于通行的地区，叫作圮地。行军的道路狭窄，退兵的道路迂远，敌人可以用少量兵力攻击我方众多兵力的地区，叫作围地。迅速奋战就能生存，不迅速奋战就会全军覆灭的地区，叫作死地。因此，处于散地就不宜作战，处于轻地就不宜停留，遇上争地就不要勉强强攻，遇上交地就不要断绝联络，进入衢地就应该结交诸侯，深入重地就要掠取粮草，碰到圮地就必须迅速通过，陷入围地就要设谋脱险，处于死地就要力战求生。

【赏析】

作战有九地：散地、轻地、争地、交地、衢地、重地、圮地、围地、死地。

“散地”——“士卒恃土，怀恋妻子，急则散走。”故而散地不适宜久战。

“轻地”——“始入敌境，士卒思还，是轻返之地也。”故而轻地不适宜久留。

“争地”——“险固之利，彼我得之，皆可以少胜众，弱胜强者，是必争之地也。”故而争地不可贸然进攻。

“交地”——“交错是也。言其道路交横，彼我可以来往。如此之地，则须兵士首尾不绝，切宜备之。”故而交地不可失联。

“衢地”——“彼我相当，有旁国三面之会，先至，则诸侯之助也。”故而衢地应结交诸侯。

“重地”——“难返还也。背去也；‘背’与‘倍’同。多，道里多也。远去已城郭，深入敌地，心专意一，谓之重地也。”故而深入重地掠取粮秣。

“圮地”——“水所毁圮，行则犹难，况战守乎？”故圮地应迅速通过。

“围地”——“前狭后险之地，一人守之，千人莫向，则以奇伏胜。”故而陷入围地要运谋设计。

“死地”——“前有高山，后有大水；进不得前，退则有阻碍；又乏绝粮，故为死地。在死地者，当及士卒尚饱，强志，殊死战，故可以俱免也。”故而死地要奋勇作战、死里求生。

战争，以取胜为目的，取胜不只是对主观因素的控制，而且也要对地形等条件运筹帷幄，这样才能达到全胜。

合于利而动，不合于利而止

所谓古之善用兵者，能使敌人前后不相及①，众寡不相恃②，贵贱③不相救，上下不相收④，卒离而不集，兵合而不齐。合于利而动，不合于利而止。敢问：敌众整而将来，待之若何？曰：先夺其所爱，则听矣。兵之情主速，乘人之不及，由不虞⑤之道，攻其所不戒也。

【注释】

①及：顾及，兼顾。

②众寡不相恃：大部队与派出的小部队及分支不能相互依靠。

③贵贱：官与兵。

④上下不相收：上下无法靠拢。

⑤虞：预料。

【译文】

从前善于指挥作战的人，能使敌人前后部队不能相互策应，主力和小部队无法相互依靠，官兵之间不能相互救援，上下级之间不能互相联络，士兵分散不能集中，合兵布阵也不整齐。对我有利就打，对我无利就停止行动。试问：敌人兵员众多且又阵势严整向我发起进攻，那该用什么办法对付他呢？回答：先夺取敌人最关心、爱护的，这样就听从我们的摆布了。用兵之理贵在神速，要乘敌人措手不及的时机，走敌人意料不到的道路，攻击敌人没有戒备的地方。

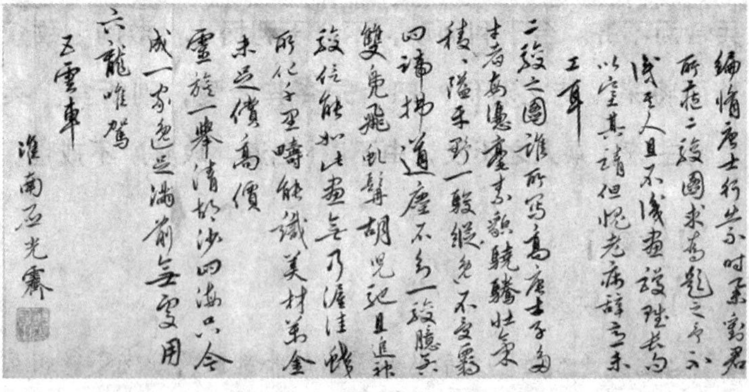

金·杨微《二骏图》（局部）

【赏析】

曹操曰："孙子应难以覆陈兵情也。"

李筌曰："不虞不戒，破敌之速。"

杜牧曰："此统言兵之情状，以乘敌间隙。由不虞之道，攻其不戒之处，此乃兵之深情，将之至事也。"

"主速"意在着重于速度，"兵之情主速"，意在让自己的行军、攻击让敌人意想不到，从而给敌军造成压力，在敌人防患于未然时突然袭击，达到制胜的目的。

伏袭为兵家常用的制胜方式，而伏袭取胜的关键在于"主速"，速度快，主动权掌握得越多，战胜的可能性越大。

"主速"，战其不备，攻其不意，急速前进，速战速决，取得战胜先机，从而获得战役的胜利。

为客之道

凡为客之道：深入则专，主人不克①；掠于饶野②，三军足食；谨养而勿劳，并气积力；运兵计谋，为不可测。投③之无所往，死且不北；死焉不得？士人尽力，兵士甚陷则不惧，无所往则固，深入则拘，不得已则

斗。是故，其兵不修[4]而戒，不求而得，不约而亲，不令而信，禁祥去疑，至死无所之。吾士无余财，非恶货也；无余命，非恶寿也。令发之日，士卒坐者涕沾襟，偃卧者涕交颐。投之无所往者，诸、刿[5]之勇也。

【注释】

①克：战胜。

②掠于饶野：抢先在敌国的富饶地区筹集粮草。

③投：置于。

④修：告诫。

⑤诸、刿：春秋时期吴国的勇士专诸、鲁国的武士曹刿。

【译文】

在敌国境内进行作战的一般规律是，越深入敌国腹地，我军军心就越坚固，敌人就不易战胜我们。在敌国丰饶地区掠取粮草，部队给养就有了保障。要注意休整部队，不要使其过于疲劳，保持士气，养精蓄锐。部署兵力，巧设计谋，使敌人无法判断我军的意图。将部队置于无路可走的绝境，士卒就会宁死不退。士卒既能宁死不退，那么他们怎么会不殊死作战呢？士卒深陷危险的境地，就不再存在恐惧，一旦无路可走，军心就会牢固。深入敌境军队就不会离散。遇到

迫不得已的情况，军队就会拼死奋战。因此，不需整饬就能注意戒备，不用强求就能完成任务，无须约束就能亲密团结，不待申令就会遵守纪律。禁止占卜迷信，消除士卒的疑虑，他们至死也不会逃避。我军士卒没有多余的钱财，并不是不爱钱财；士卒置生死于不顾，也不是不想长寿。当作战命令颁布之时，坐着的士卒泪沾衣襟，躺着的士卒泪流满面，但把士卒置于无路可走的绝境，他们就都会像专诸、曹刿一样勇敢。

【赏析】

孙子提出不同地区的备战方式，进入敌国腹部，要注意士气，军心坚定；在敌国富饶地区，要注意养精蓄锐，部署兵力，以防敌人偷袭。

作战时，要把士卒逼入险境，这样才能军心一致，士气大作，不再恐惧，唯有拼死一搏，才能绝处逢生，此时不需要过多地约束士卒，因为将士一心搏出，没有杂念。

“绝处”不一定是敌方逼入，也可为了激发将士士气，刻意将士卒引入，此时，士卒才能释放潜力，以一敌十，扭转局势，从弱势转为强势，此时，军令如生命指令，士卒用心领命，做殊死搏斗，从而将弱势转为强势，将不利转为有利，将战败转为战胜。

对于卜卦，是军中所禁止的，一则无用，二则消磨士气，三则涣散人心。

不利之物可以借之，士卒不可谈，将帅可以用卜卦告知神的旨意，从而振奋军心。

善用兵者，譬如率然

故善用兵者，譬如率然。率然者，常山之蛇①也，击其首则尾至，击其尾则首至，击其中则首尾俱至。敢问：兵可使如率然乎？曰：可。夫吴人与越人相恶也，当其同舟而济，遇风，其相救也如左右手。是故方马埋轮②，未足恃也；齐勇若一，政之道也③；刚柔皆得，地之理也④。故善用兵者，携手若使一人，不得已⑤也。

【注释】

①常山之蛇：古代打仗时的一种阵法。

②方马埋轮：古代稳定军阵的一种方法。

③齐勇若一，政之道也：使士卒步调一致，英勇顽强，万众一心，是治理军队的要领。政，治理。

④刚柔皆得，地之理也：使士卒的强者和弱者都能发挥作用，是利用地势部署兵力的准则。

⑤不得已：不可放弃。

【译文】

善于指挥作战的人，能使部队自我策应如同“率然”蛇一样。“率然”是常山地方一种蛇，打它的头，尾巴就来救应；打它的尾巴，头就来救应；打它的腰，头尾都来救应。试问：可以使军队像“率然”一样吗？回答：可以。

那吴国人和越国人是互相仇视的，但当他们同船渡河而遇上大风时，他们相互救援，就如同人的左右手一样。所以，想用缚住马缰、深埋车轮这种显示死战决心的办法来稳定部队，是靠不住的。要使部队能够齐心协力奋勇作战如同一人，关键在于部队管理教育有方。要使强弱不同的士卒都能发挥作用，在于恰当地利用地形。

所以善于用兵的人，能使全军上下携手团结如同一人，这是因为客观形势迫使部队不得不这样。

【赏析】

将帅要使军队作战步调一致，形成统一的作战思想，这样在作战中才能“首尾俱救”，这需要将帅的指挥协战能力。

古代作战兵器虽简陋，但在进攻战、包围战、夹击战、伏击战等战略中，对一致性要求很高，协同是作战的基本特征，协调才能达到“合力”。大规模、大面积、全过程都需要协同作战，这样才能集每个人的力量于一体，然后奋力击倒敌人。

战争齐心协力如同一人作战，则看似因人多而累赘的军队，立刻就能身轻如燕，且集万力于一体，迅速有利。

九地之变，不可不察

将军之事①，静以幽②，正以治。能愚士卒之耳目，使之无知；易其事，革其谋，使人无识；易其居，迂其途，使人不得虑。帅与之期③，如登高而去其梯；帅与之深入诸侯之地，而发其机，焚舟破釜，若驱群羊，驱而往，驱而来，莫知所之④。聚三军之众，投之于险。此谓将军之事也。九地之变，屈伸之利，人情之理，不可不察。

【注释】

①将军之事：统领军队这样的事情。

②静以幽：冷静而虑事深远。

③帅与之期：主帅向部属提出要求，就如同登上高处之后抽去梯子，有进无退。

④莫知所之：不知去向何处。

【译文】

主持军事行动，要做到善于谋略、沉着冷静而幽深莫测，管理部队公正严明而有条不紊。要能蒙蔽士卒的视听，使他们对于军事行动毫无所知；变更作战部署，改变原定计划，使人无法识破真相；不时变换驻地，故意迂回前进，使人无从推测意图。将帅向军队赋予作战任务，要像使其登高而抽去梯子一样。将帅率领士卒深入诸侯国土，要像弩机发出的箭一样一往无前。对待士卒要能如驱赶羊群一样，赶过去又赶过来，使他们不知道要到哪里去。集结全军，把他们置于险境，这就是统率军队的要点。九种地形的应变处置，攻防进退的利害得失，全军上下的心理状态，这些都是作为将帅不能不认真研究和周密考察的。

【赏析】

曹操曰：“人情见利而进，见害而退。”

张预曰："九地之法，不可拘泥，须识变通，可屈则屈，可伸则伸，审所利而已。此乃人情之常理，不可不察。"

用兵之利，在于灵活善变，进退自如，伸缩自然，刚柔并进，而非刻板不知变通，这种作战方式源于"阴阳说"。"两仪"到"八卦"，无限衍生，无穷无极，孙子将其放在战场，为了揭示事物发展变化和刚柔相济之理。

战争是生死较量，客观条件、主观因素综合考虑，"屈伸之利"体现的就是攻与防的原则，伸为攻打敌人，屈为保护自己，灵活处理，便能牵制敌人，从而达到取胜之目的。

深则专，浅则散

凡为客之道，深则专，浅则散①。去国越境而师者，绝地②也。四达者，衢地也。入深者，重地也。入浅者，轻地也。背固前隘者，围地③也。无所往者，死地也。

【注释】

①深则专，浅则散：深入敌境军心就会凝聚专一，浅入敌境军心就容易涣散。

②绝地：没有外援之地。

③围地：身后地势险要，面前道路狭窄，进退失据，容易受制于人，故曰围地。

【译文】

在敌国境内作战的规律是，深入敌境则军心稳固，浅入敌境则军心容易涣散。进入敌境进行作战的称为绝地；四通八达的地区叫作衢地；进入敌境纵深的地区叫作重地；进入敌境浅的地区叫作轻地；背有险阻前有隘路的地区叫作围地；无路可走的地区就是死地。

【赏析】

孙子专门提到在敌国境内作战的规律，主要重申敌国作战谨慎的重要性。进入敌境，宜深不宜浅，入境太浅，士卒作战军心涣散，不谨慎，容易给敌人乘虚而入的机会。孙子认为进入敌军地区作战，要进入腹部，这样士卒才有危机感，思想集中，对军令执行力度高，对于作战是有利的。

进入敌军区域作战，也不适宜打持久战，因为粮草日耗千斗。直赴敌人内部，不仅是为了一鼓作气，而且也是为了缩短作战时间，尤其是长途跋涉，会让士卒转而一蹶不振，士气难再聚。

孙子还认为最佳作战之地是死地，速战速决，且士气高昂，比重地更具有作战的有利条件。一鼓作气者，死地更为有利。

散地，吾将一其志

是故散地，吾将[1]一其志；轻地，吾将使之属[2]；争地，吾将趋其后[3]；交地，吾将谨其守；衢地，吾将固其结；重地，吾将继其食；圮地，吾将进其涂；围地，吾将塞其阙[4]；死地，吾将示之以不活[5]。故兵之情：围则御，不得已则斗，过则从。

【注释】

①将：副词，必定，就会。

②使之属：行军则使队伍相连不中断，驻扎则使营垒相连接。

③趋其后：催促后续队伍迅速跟上。

④塞其阙：堵塞可逃生之路，令士卒抱必死之心，而无

侥幸之意。

⑤示之以不活：向部属说明以及采取措施表明，身处死地，只有死战以求生。示，告知，说明，表明。

【译文】

因此，在散地，要统一军队意志；在轻地，要使营阵紧密相连；在争地，要迅速出兵抄到敌人的后面；在交地，就要谨慎防守；在衢地，就要巩固与列国的结盟；入重地，就要保障军粮供应；在圮地，就必须迅速通过；陷入围地，就要堵塞缺口；到了死地，就要显示死战的决心。所以，士卒的心理状态是，陷入包围就会竭力抵抗，形势逼迫就会拼死战斗，身处绝境就会听从指挥。

【赏析】

身处九地，孙子给出确切的应对方式。

散地，要稳定军心，在自己熟悉的战地，容易给人以优势的错觉，不可因为对环境熟悉而掉以轻心。

在轻地，则要时刻保持联系，一旦失联，容易给敌人造成各个击破的机会。

在交地，一定要多加看守出入口处，容易有奸细出入，所以要加强防范。

在衢地，要注意拉拢诸侯关系，从而壮大自己的队伍，给自己创造攻的优势。

在重地，要利用当地丰富的物资，让士卒休养生息，重整旗鼓，为战争做好准备。

在圮地，因地势适于敌军埋伏，而自身难以逃脱，因此要迅速通过，以免敌人偷袭。

在围地，要先占据优势地势，堵塞缺口，伏击敌人。

在死地，什么都不需要做，只要表现出一副求生的样子即可，因为此时军心一致，求生意识高度集中，所以什么都不需要做，也不要强迫士卒完成任务，此时他们只有求生的意志，这种意志会让部队置之死地而后生。

不知一，非霸王之兵

是故不知诸侯之谋者，不能预[1]交；不知山林、险阻、沮泽之形者，不能行军；不用乡导者，不能得地利。四五[2]者不知一，非霸王之兵也。

【注释】

①预：前文作“豫”。

②四五：四加五，指九地。

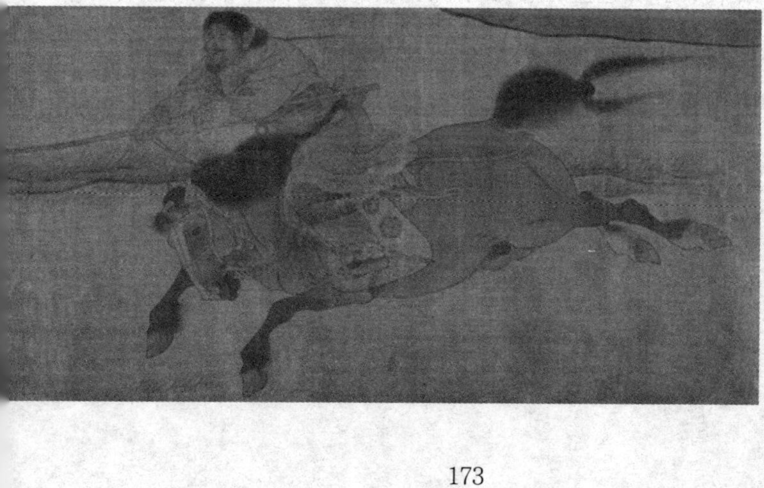

金·杨微《二骏图》（局部）

【译文】

因此不了解诸侯列国的战略意图，就不要与之结交；不熟悉山林、险阻、沼泽等地形情况，就不能行军；不使用向导，就无法得到地利。九种地形，如有一样不了解，都不能成为称王争霸的军队。

【赏析】

面对陌生的环境，最好的方式就是静待“向导”，切不可在不知形势的情况下乱闯，这样容易遭到敌人埋伏，而且容易涣散人心。与其东闯西进，不如休养生息，待时机到来，寻找一位向导引路。对于“向导”也要慎重为之，若是敌人派来的奸细，将全军带入埋伏区，则得不偿失，因此要详细侦查，要见微知著，以防上当。

如果不了解这些，率领军队指挥只会招致失败，造成军队损失惨重，轻则军队覆没，重则国家灭亡。因此，君主要慎用将领，根据将领作战经验、作战手法选择合适的将军远征。

其城可拔，其国可隳

夫霸王之兵，伐大国，则其众不得聚；威加于敌，则其交不得合。是故不争天下之交，不养①天下之权，信②己之私，威加于敌，故其城可拔，其国可隳③。

【注释】

①养：培植。

②信：通“伸”伸展、施展。

③隳：毁坏。

【译文】

凡是霸王的军队，进攻大国，能使敌国的军民来不及动员集中；兵威加在敌人头上，能够使敌方的盟国无法配合策应。因此，没有必要去争着同天下诸侯结交，也用不着在各诸侯国里培植自己的势力，只要施展自己的战略意图，把兵威施加在敌人头上，就可以拔取敌人的城邑，摧毁敌人的国都。

【赏析】

强国进攻，则在气势上压倒对方，在敌方还没来得及集中兵力时，在兵威上施加压力，让相邻的盟国也不敢答应陪战。这比费心思拉拢其他国家，在诸侯各国培养自己的势力快且少费精力。

“不争天下之交”不是不能交，“不养天下之权”不是不能养，而是站在“全胜”的战略点上，能用一个“慑”字解决的，何必费时间精力去“争交”和“养权”。

战争，都是以胜利为目的，无论是一个国家，还是一支军队，都是以实力说话，有实力便有威力。因此对于强国、强军，其名声就足以震慑八方，根本点立足于“不战而屈人之兵”，以实力为依靠，一声怒吼地抖三下，盟军则不敢言，兵力直接放在所攻打的国家。

强兵攻国，在兵力上占优势，在威慑上占优势，结合天时地利，则必胜。

众陷于害，能为胜败

施无法之赏，悬[1]无政之令，犯[2]三军之众，若使一人。犯之以事，勿告以言；犯之以利，勿告以害[3]。投之亡地然后存，陷之死地然后生。夫众陷于害，然后能为胜败[4]。

【注释】

①悬：公布，发布。

②犯：使用，指挥。

③犯之以事，勿告以言；犯之以利，勿告以害：驱使士卒作战，不要说明意图；用利益鼓励他们，不要告诉他们危险。

④为胜败：谋求胜利。

【译文】

施行超越惯例的奖赏，颁布不拘常规的号令，指挥全军就如同使用一个人一样。向部下布置作战任务，但不说明其中意图；只告知利益而不指出危害。将士卒置于危地，才能转危为安；使士卒陷于死地，才能起死回生。军队深陷绝境，然后才能赢得胜利。

【赏析】

曹操曰："必殊死战，在亡地无败者。"

孙膑曰："兵恐不投之死地也。"

张预曰："置之死亡之地，则人自为战，乃可存活也。项羽（将）救赵，破釜焚庐，示以必死；诸侯从壁上观，楚战士无不一当十，遂虏秦将是也。士卒用命，则胜败之事在我所为。"

"陷之死地"虽是大患，但能"疾战则存"，化危机为转机，置之死地而后生，破釜沉舟、背水一战……置于死地而士气大振，进退都一死，不如冒死一拼。

这也是在围歼时给敌军留一条生路的缘故，让军心士气散去，如此便能不费一兵一卒而制服敌军。若断绝退路，冒死一拼，则以一敌十，雄心壮志转危为安，反而拼出一条生路。

为兵之事，在于顺详敌之意

故为兵之事，在于顺①详②敌之意，并敌一向③，千里杀将，此谓巧能成事者也。

【注释】

①顺：通“慎”，谨慎。

②详：通“佯”，假装。

③并敌一向：并兵力以向敌人。

【译文】

指导战争的关键，在于谨慎地观察敌人的战略意图，集中兵力攻击敌人一部，千里奔袭，斩杀敌将，这就是所谓的巧妙用兵，实现克敌制胜的目的。

【赏析】

曹操曰：“佯，愚也。或曰：彼欲进，设伏而退；欲去，开而击之。并兵向敌，虽千里能擒其将也。是成事巧者也。一作‘是谓巧攻成事’。”

王皙曰：“顺敌意，随敌形，及其空虚不虞，并兵一力以向之，乘势可千里而覆军杀将也。”

“顺详敌意”是一种常见的诈兵之书，即“将计就计”。详细揣摩敌方的用意，而后顺其用意，创造利于自身的条件，一则转不利为有利或转败为胜，一则巧妙掩饰了自身的用意。

这是作战之时见微知著的一种，察言观色，观察敌人的真实用意，顺从他人的用意，从而达到自身的目的。

践墨随敌，以决战事

是故政举①之日，夷关折②符，无通其使，厉于廊庙之上，以诛其事③，敌人开阖，必亟入之④，先其所爱⑤，微与之期，践墨随敌，以决战事。是故始如处女，敌人开户；后如脱兔，敌不及拒。

【注释】

①举：实施、决定。

②折：折断，这里可理解为废除。

③厉于廊庙之上，以诛其事：在庙堂上反复推敲，来决定战争大事。

④敌人开阖，必亟入之：敌有间隙，赶快乘虚而入。

⑤先其所爱：先占有敌人看重的事物。

【译文】

因此，在决定战争方略的时候，就要封锁关口，废除通行符证，不允许敌国使者往来；要在庙堂里再三谋划，做出战略决策。敌人一旦出现间隙，就要迅速乘虚而入。首先夺取敌人战略要地，但不要轻易与敌约期决战。要灵活机动，因敌情来决定自己的作战行动。因此，战争开始之前要像未嫁的女子那样沉静柔弱，诱使敌人放松戒备；战斗展开之后，则要像脱逃的野兔一样行动迅速，使敌人措手不及，无从抵抗。

【赏析】

曹操曰：“行践规矩无常也。”

杜牧曰：“墨，规矩也。言我常须践履规矩，深守法制，随敌人之形；若有可乘之势，则出而决战也。”

张预曰：“循守法度，践履规矩，随敌变化，形势无常，乃可以决战取胜。墨，绳墨也。妇人左右前后跪起，皆中规矩绳墨是也。”

“践墨随敌，以决战事”强调随机应变，根据敌情变化改变作战计划，破除陈规，灵活行动，切勿“纸上谈兵”，从而导致全军覆没，成为茶余饭后的谈资笑话。

作战之前要不露声色，给人以纤柔羸弱之感，不会构成威胁，从而让敌方放松警惕，待机会成熟，创造出更好的条件适于进攻时，不顾一切，只为取得战争胜利。

不动则已，一动惊人，静若处子，动若脱兔，形象地说明了守攻之状，无间隙可寻，则安静等待时机，有间隙可寻，则集中兵力，一举歼灭。

第十二篇　火攻篇

以“火”助“攻”，主张“不战而屈人之兵，乃善之善者也”。火攻可以分为五类，即火人、火积、火辎、火库与火队。在孙子看来，火攻必须具备“发火有时，起火有日”和“行火必有因，烟火必素具”的条件。

火攻有五，行火有因

孙子曰：凡火攻有五①：一曰火人，二曰火积，三曰火辎，四曰火库，五曰火队②。行火必有因③，烟火必素具④。发火有时，起火有日。时者，天之燥也；日者，月在箕、壁、翼、轸也，凡此四宿⑤者，风起之日也。

【注释】

①火攻有五：火攻的对象有五类。

②队：同“隧”，泛指道路，此处指军事要道。

③因：可利用的条件。

④烟火必素具：火攻的器具平时要准备好。

⑤宿：星宿，星座。

【译文】

孙子说：火攻形式共有五种，一是火烧敌军人马，二是

焚烧敌军粮草，三是焚烧敌军辎重，四是焚烧敌军仓库，五是火烧敌军运输设施。实施火攻必须具备条件，火攻器材必须随时准备。放火要看准天时，起火要选好日子。天时是指气候干燥，日子是指月亮行经箕、壁、翼、轸四个星宿位置的时候。月亮经过这四个星宿的时候，就是起风的日子。

【赏析】

火攻的五种形式：火人、火积、火辎、火库、火队。

战国时期打仗用火，是焚烧。焚烧人、粮食、财物、住所、队伍，是直接用火，因此要受天气影响，需要具备一定的条件，如发火器材、火攻的有利时间、天气情况等。

古人经过长期的观察，月亮所处四个位置：箕、壁、翼、轸，当月亮运行到这四个位置的时候，正是起风的日子，起风有助于火势，火势大有助于火攻。

火攻有助于改变作战的局势，将帅需了解五种火攻方法，不仅要会运用，而且要会策反。如遇敌方采取火攻，需要沉着应对，将损失降到最小。若不冷静处理，士卒慌乱，敌军一拥而上，就会造成重大损失。

所以，将帅不仅要防患于未然，而且要在敌情有所变化时沉着冷静，尽快平复慌乱，以免造成更严重的损失。

凡火攻，必因五火之变应之

凡火攻，必因五火之变而应之①。火发于内，则早应之于外②。火发兵静者，待而勿攻；极其火力，可从而从之，不可从而止③。火可发于外，无待于内④，以时发之⑤。火发上风，无攻下风。昼风久，夜风止。凡军必知有五火之变，以数守之。故以火佐攻者明，以水佐攻者强；水可以绝，不可以夺。

【注释】

①因五火之变而应之：根据五种火攻引起的战情变化而以军队予以策应。

②火发于内，则早应之于外：在敌营内部放火，应及早派兵从外面策应。

③极其火力，可从而从之，不可从而止：充分发挥火的威力，可以顺势进攻就进攻，不能顺势进攻就停止进攻。极，

清·达礼善《关夫子像赞拓本》

尽，充分。从，顺从，顺势。

④火可发于外，无待于内：火可从外面放，不必等待内应。

⑤以时发之：根据气象条件，时机适当即可火攻。以时，根据天时，即上文所说的燥而有风。

【译文】

凡用火攻，必须根据五种火攻所引起的不同变化，灵活部署兵力策应。在敌营内部放火，就要及时派兵从外面策应。火已烧起而敌军依然保持镇静，就应等待，不可立即发起进攻。待火势旺盛后，再根据情况做出决定，可以进攻就进攻，不可进攻就停止。火可从外面放，这时就不必等待内应，只要适时放火就行。从上风放火时，不可从下风进攻。白天风刮久了，夜晚就容易停止。军队都必须掌握这五种火攻形式，等待条件具备时进行火攻。用火来辅助军队进攻，效果显著；用水来辅助军队进攻，攻势必能加强。水可以把敌军分割隔绝，却不能焚毁敌人的军需物资。

【赏析】

在火药还未发明之前，火攻是借天地之威，在当时所造成的危害不亚于当今的核武器。因此，在作战中，日夜防守的重要原因之一便在于防止敌军火攻，因为火攻在战

国时期是相当致命的方式，火所造成的危害，是后续不好弥补的，尤其是粮草，容易在不知不觉中悄然被烧。

在火攻的同时，也伴有其他方式，如夜袭、水攻等，但最为常用且造成巨大损失的还是火攻。首先，火原本是人的天敌，而后为人所用，火加快了人们的发展，在人的本性中，对火是充满畏惧的；其次，火所造成的损失和伤害不是单一的，而是成片或是连锁反应，因此，用火造成突袭的方式是常被采用的。

火攻强调里应外合，在敌人内部纵火，在敌人外部伏袭，待混乱之时发起攻击，让敌人措手不及。孙子提倡水攻，但水攻的条件较为苛刻，而且造成的损失没有火攻强，虽然可以将敌军分散，但不能毁掉敌人的军需物资。

主不以怒兴师，将不以愠而战

夫战胜攻取，而不修其功者，凶[1]，命曰“费留”[2]。故曰：明主虑之，良将修之，非利不动，非得不用，非危不战[3]。主不可以怒而兴师，将不可以愠而致战；合于利而动，不合于利而止。怒可以复喜，愠可以复

悦，亡国不可以复存，死者不可以复生。故明君慎之，良将警之，此安国全军之道也④。

【注释】

①不修其功者凶：不论功行赏的话，就会招致凶险。

②费留：耗费财力，逗留不前。

③非得不用，非危不战：不能得到利益不用兵，不到危急关头不轻易开战。

④此安国全军之道也：这是使国家安定，使军队保全的办法。

【译文】

凡打了胜仗，攻取了土地城邑，而不能巩固战果的，会很危险，这种情况叫作“费留”。所以说，明智的国君要慎重地考虑这个问题，贤良的将帅要严肃地对待这个问题。没有好处不要行动，没有取胜的把握不能用兵，不到危急关头不要开战。国君不可因一时愤怒而发动战争，将帅不可因一时气愤而出阵求战。符合国家利益才用兵，不符合国家利益就停止。愤怒还可以重新变为欢喜，气愤也可以重新转为高兴，但是国家灭亡了就不能复存，人死了也不能再生。对待战争，明智的国君应该慎重，贤良的将帅应该警惕，这是安定国家和保全军队的基本道理。

明·谢时臣《虎阜春晴图》

【赏析】

曹操曰：“暴之使离，乱之使不齐，动兵而战。”

梅尧臣曰：“然能使敌若此，当须有利则动，无利则止。”

“动”，行动，作战；“止”，静止，不战。《孙子兵法》中共有五十一处提到“利”，这五十一个“利”集结于“合于利而动，不合于利而止”，不利的时候就默默防守，伺机而动，有利的时候就速战速决，动而制胜。

战争，以“利”为着眼点，施计让我方获利，将不利转为利，施计让对方不利，将利转为不利，这样便制造了进攻的条件，从而创造了取胜的基石。

古今作战，两军以“利”伐谋，在获大利的情况下，会放弃眼前小利。一则迷惑敌人，使敌人骄傲，从而创造进攻的条件；一则不足以抵抗，放弃是为了得到更多。

第十三篇 用间篇

郑友贤说："《孙子兵法》先是教兵家学会'计算'的方法，接着教他们掌握'战攻''形势''虚实''军争'的谋略，然后再教他们'行军''九变'的战术，以及'地形''地名''火攻'的策略，最后，才可以教他们'用间'的高深理论了。"关于间谍，这其中最重要的就是"反间"。

先知者，必取于人

孙子曰：凡兴师十万，出征千里，百姓之费[1]，公家之奉，日费千金；内外骚动[2]，怠于道路[3]，不得操事[4]者七十万家[5]。相守数年，以争一日之胜，而爱爵禄百金，不知敌之情者，不仁之至也，非人之将也，非主之佐也，非胜之主也。故明君贤将，所以动而胜人，成功出于众者，先知也。先知者，不可取于鬼神，不可象于事，不可验于度，必取于人，知敌之情者也。

【注释】

①百姓之费：民众百姓的消耗。

②内外骚动：指前方后方动荡不安。

③怠于道路：老百姓因长途辗转运送军费物资疲劳不堪。

④操事：操持农事。

⑤七十万家：按曹操、李筌注，古代制度是一家从军，需要七家负担运输国粮等各种劳役。

【译文】

孙子说：凡兴兵十万，征战千里，百姓的耗费，国家的开支，每天都要花费千金，前后方动乱不安，戍卒疲惫地在路上奔波，不能从事正常生产的多达七十万家。这样相持数年，就是为了决胜于一旦，如果吝惜爵禄和金钱，不肯用来重用间谍，最后因为不能掌握敌情而导致失败，那就是不仁到极点了。这种人不配做军队的统帅，算不上国家的辅佐，也不是胜利的主宰。所以，明君和贤将之所以一出兵就能战胜敌人，功业超越众人，就在于能预先掌握敌情。要事先了解敌情，不可求神问鬼，

明·程嘉燧《山水图》

也不可用相似的现象作类比推测，不可用日月星辰运行的位置去验证，一定要取之于人，从那些熟悉敌情的人的口中去获取。

【赏析】

梅尧臣曰："主不妄动，动必胜人；将不苟功，功必出众。所以者何也？在预知敌情也。"

张预曰："先知敌情，故动则胜人，功业卓然，超绝群众。"

"动而胜人"，一出兵就战胜了敌人，在出兵前就预知了敌情。

用兵，首先要谋兵，谋兵前要计算，计算将帅的才能，计算敌我势力，计算地势，计算粮草……综合计算后谋兵，采用作战迎敌的对策，而后才出兵。

谋事在人，成事在天。有知才有谋，有谋才能成功，对于古代将个人乃至一个国家的命运寄托在虚无缥缈的鬼神之上，孙子批判了他的无知，也利用了这种无知为战争服务。

孙子在兵书中直接提到凡事以实际情况为准，根据实际情况制定策略，从而实行正确的作战方法，这样的将帅才是睿智的将帅，不脱离实际，不纸上谈兵。

用间有五，离间最多

故用间有五：有因间、有内间、有反间、有死间、有生间。五间俱起，莫知其道，是谓神纪①，人君之宝也。因间者，因其乡人而用之②；内间者，因其官人③而用之；反间者，因其敌间④而用之；死间者，为诳事于外，令吾间知之而传于敌间也；生间者，反报⑤也。

【注释】

①五间俱起，莫知其道，是为神纪：五类间谍同时使用，使敌方摸不清我方的用间规律，这是用间的神妙的法则。纪，要领，法度，准则。

②因其乡人而用之：因为是敌人的同乡而利用他做间谍。

③官人：敌方的官员。

④敌间：敌方的间谍。

⑤反报：安全返回报告敌情。

【译文】

间谍的运用有五种，即乡间、内间、反间、死间、生间。五种间谍同时用起来，使敌人无从捉摸我方用间的规律，这是使用间谍神妙莫测的方法，也正是国君克敌制胜的法宝。所谓乡间，是指利用敌人的同乡做间谍；所谓内间，就是利用敌方官吏做间谍；所谓反间，就是使敌方间谍为我所用；所谓死间，是指制造和散布假情报，通过我方间谍将假情报传给敌方间谍，诱使敌人上当，一旦真情败露，我间难免一死；所谓生间，就是侦察后能活着回来报告敌情的人。

【赏析】

曹操曰：“同时任用五间也。”

李筌曰：“五间者，因五人用之。”

孙子把间谍分为五种类型：乡间、内间、反间、死间、生间。这五种间谍中最为重要的就是“反间”，诱惑敌方，不仅可以获取大量信息，而且可以获取更多信息，这样的反间之人通常为将帅所信任，不仅可以得到以前的信息，还可以得到更多预备作战的信息。

“五间”之中，孙子最为重视的便是“反间”，因其特殊的身份，所以可以兼并其他四种间谍类型，也可以因此衍生、培养更多的间谍，获取长期有效的真实信息。再强

大的敌人，从内部一旦瓦解，便不久矣，此时发兵，必百战百胜。

“五间”之中最为常用的也是“反间”，因其特殊性，所以用此间的将帅很多，一则诱，二则降，但在反间中需警惕反间者提供虚假信息。正因为如此，间谍通常不止一个，多人传回相同的信息才具有参考性。

三军之事，莫亲于间

故三军之事，莫亲①于间，赏莫厚于间，事莫密于间。非圣智不能用间②，非仁义不能使间，非微妙不能得间之实③。微哉微哉，无所不用间也！间事未发而先闻者，间与所告者皆死。

【注释】

①亲：亲抚，亲自关照。

②非圣智不能用间：不是精灵机敏的人不能充当间谍。圣，刁钻，精灵。智，机智。用，任用，充当。

③非微妙不能得间之实：不精细分析可能得不到间谍所送情报的实情。

【译文】

在处理三军之事时，没有人比间谍更易受到将领的亲自关照，没有人比间谍得到的奖赏更优厚，没有什么事情比间谍工作更为秘密。不是精灵机敏的人不能充当间谍，不是仁慈慷慨的人不能指挥间谍，不精细分析有可能得不到间谍提供的真实情报。微妙啊微妙，无时无处不需要使用间谍。间谍的工作尚未开展而有人预先得到消息，那么间谍和了解内情的人都要处死。

【赏析】

间谍并不是每个人都能胜任的，也不是每个人都愿意胜任的，这就需要将帅者的眼光，先见微知著地观察，观察其忠厚老实的外表下是否有一颗精明的心，确定有当间谍的潜质后，再观察其喜好，是否能够被利诱，而后在威逼利诱下见对方态度，根据态度委以任务。

成功策反成为间谍后，要分析间谍所说真伪，因此间谍不能只有一个，而是秘密之中培养若干个。在得知每个人所说的消息后，还需核实分析，再三判断后才能进行谋划，而后进行作战。

若在采取行动之前，有人预先知晓消息，则间谍及知道内情的人都必须处死，这样才能封锁作战计划，才能按计划实施，用对的方式去击败敌方，让敌方在未反应过来

之前，就已拿下敌方。

攻其不备，出其不意。这需要间谍提供有效的信息，方能大胆使用，否则容易进入敌方的埋伏圈。

令吾间必索知之

凡军之所欲击，城之所欲攻，人之所欲杀，必先知其守将、左右、谒者[1]、门者、舍人[2]之姓名，令吾间必索知之。

【注释】

①谒者：负责引见的官员。

②舍人：门客或高官的内侍。

【译文】

凡是要打击的敌方军队，要攻占的敌方城市，要刺杀的敌方人员，都必须预先了解其主管将领、左右亲信、负责接待的官员、守门官吏和门客幕僚的姓名，指令我方间谍一定要首先了解清楚。

【赏析】

知己知彼，百战不殆。

在行军的路上，一路前行，一路侦查。前面提到遇到不熟悉的环境，宁可不前，也不可冒险前进，此处从侧面表明对地势了解的重要性。对于所要占领的郡县，大至郡县官员，小至门客守门等，一一侦查清楚，才能有所行动。

这也是见微知著的表现，通过郡县人员的考察，对官员之间的关系可以引申出可能的支援，或是调查出郡县与其他郡县的关系。

一旦鲁莽行事，不知后方有援军，则会受到两面夹击，让将士处于险境，两面受敌，小则连累一个部队，大则连累一个国家。

看似一件小事，却可能导致全军覆没，一蹶不振。因此在打仗时，任何一个细微之处都不能马虎，宁可费千金，不可冒险一赌，生命面前，钱财不值一提，这也是重金诱间谍的原因所在。

因而利之，导而舍之

必索敌人之间来间我者，因而利之①，导而舍之，故反间可得而用也。因②是而知之，故乡间、内间可得而使也。因是而知之，故死间为诳事，可使告敌③。因是而知之，故生间④有使如期。五间之事，主必知之，知之必在于反间，故反间不可不厚也。昔殷之兴也，伊挚在夏；周之兴也，吕牙在殷。故惟明君贤将，能以上智为间者，必成大功。此兵之要，三军之所恃而动也。

【注释】

①利之：给他好处，收买他；一说利用他。

②因：通过。

③死间为诳事，可使告敌：死间的任务是散布虚假消息，可以让他向敌人报告。

④生间：侦察后能活着回来报告敌情的人。

【译文】

一定要搜查出敌方派来侦察我方军情的间谍，从而用重金收买他，引诱开导他，然后再放他回去，这样，反间就可以为我所用了。通过反间了解了敌情，乡间、内间也能够利用起来了。通过反间了解敌情，就能使死间传播假情报给敌人了。通过反间了解敌情，就能使生间按预定时间报告敌情了。五种间谍的工作，国君都必须了解。了解间谍工作情况的关键在于使用反间，所以对反间不可不给予优厚的待遇。从前殷商的兴起，在于重用了熟悉并了解夏朝情况的夏人伊尹；周朝的兴起，是由于周武王重用了了解商朝情况的殷人吕尚。所以，明智的国君和贤能的将帅，能用智慧高超的人充当间谍，就一定能建树大功。这是用兵的关键，整个军队都要依靠间谍提供的敌情来决定军事行动。

【赏析】

反间谍最好的方式是让其为我所用，一方面可以得到敌军信息，一方面可以将假消息传回敌军，让敌军做出错误的判断，这样我军在作战之中占有优势，从而取得战役的主动权。

若是一场持久战，则敌军的信息可能决定了战役的走向、战役的成败，长期掌握敌军的信息有助于随时调整作战的准备，做到有备无患。

五间之中最为重要的便是反间，获取真实的信息，传递假信息，因此在安抚反间间谍时，不仅要从言辞上，还要从行动上给予其任何可以满足的需求，如此待遇才能让反间间谍死心塌地地为我军服务，从而让我军减少因战争带来的损失。相对于战争的损失，给反间间谍的再多也不算多。

因此，在反间间谍身上要舍得花钱，舍得给予任何给得起的待遇。笼络反间间谍，可能得到的便是让敌军不战而败，从而最大地减少因战争带来的损失。

经典国学

中高考真题精选

古文观止

一、(云南 2023 中考真题)名篇名句默写。

1.《陋室铭》中，表明作者因远离了世俗的娱乐和繁琐的公务，而感到无比喜悦的句子是“____________，____________”。

2. 古文中不乏以早晚天气的变化写山水之美的佳句，如《醉翁亭记》中的“日出而林霏开，云归而岩穴暝”;《岳阳楼记》中的“____________，____________”。

【参考答案】

1. 无丝竹之乱耳，无案牍之劳形

2. 朝晖夕阴，气象万千

二、(云南 2023 中考真题)阅读下面文言文，完成 14 ~ 16 题。

【甲】

邹忌修八尺有余，而形貌昳丽。朝服衣冠，窥镜，谓其妻曰 :“我孰与城北徐公美?”其妻曰 :“君美甚，徐公何能及君也?”城北徐公，齐国之美丽者也。忌不自信，而复问其妾曰 :“吾孰与徐公美?”妾曰 :“徐公何能及君也?”旦日，客从外来，与坐谈，问之客曰 :“吾与徐公孰美?”客曰 :“徐公不若君之美也。”明日徐公来，孰视之，自以为不如;

窥镜而自视，又弗如远甚。暮寝而思之，曰："吾妻之美我者，私我也；妾之美我者，畏我也；客之美我者，欲有求于我也。"

于是入朝见威王，曰："臣诚知不如徐公美。臣之妻私臣，臣之妾畏臣，臣之客欲有求于臣，皆以美于徐公。今齐地方千里，百二十城，宫妇左右莫不私王，朝廷之臣莫不畏王，四境之内莫不有求于王：由此观之，王之蔽甚矣。"

王曰："善。"乃下令："群臣吏民能面刺寡人之过者，受上赏；上书谏寡人者，受中赏；能谤讥于市朝，闻寡人之耳者，受下赏。"令初下，群臣进谏，门庭若市；数月之后，时时而间进；期年之后，虽欲言，无可进者。燕、赵、韩、魏闻之，皆朝于齐。此所谓战胜于朝廷。

14. 解释下列句中加点词的意思。

（1）私我也　　　私：________________

（2）时时而间进　　　间：________________

15. 用现代汉语翻译下列句子。

窥镜而自视，又弗如远甚。

____

____

16. 邹忌对身边小事观察得出的结论，对当时的齐国产生了哪些深远的影响？

____

____

【参考答案】

14.（1）偏爱　（2）间或

15. 照镜子审视自己，更觉得远远不如徐公美。

16. 让齐威王清醒认识到自身的处境；促使齐威王广开言路，除弊革新；使得齐国大治，四国皆朝于齐。

三、（云南 2022 中考真题）

（6）面对新上任的球队主教练，记者引用诸葛亮《出师表》中的“____________，____________”对他进行了评价，期待他能一改球队屡战屡败的命运。

【参考答案】

受任于败军之际，奉命于危难之间

四、（云南 2022 中考真题）阅读下面文言文，完成 15 ~ 17 题。

【甲】

环滁皆山也。其西南诸峰，林壑尤美，望之蔚然而深秀者，琅琊也。山行六七里，渐闻水声潺潺，而泻出于两峰之间者，酿泉也。峰回路转，有亭翼然临于泉上者，醉翁亭也。作亭者谁？山之僧智仙也。名之者谁？太守自谓也。太守与客来饮于此，饮少辄醉，而年又最高，故自号曰醉翁也。醉翁之意不在酒，在乎山水之间也。山水之乐，得之心而寓之酒也。

15. 解释下列句中加点词的意思。

（1）有亭翼然临于泉上者　　　翼：________________

（2）醉翁之意不在酒　　　意：________________

16. 用现代汉语翻译下列句子。

（1）山水之乐，得之心而寓之酒也。

____

17.【甲】文中“作亭者谁？山之僧智仙也。名之者谁？太守自谓也”，这两次问答在选段中的作用是什么？

____

____

【参考答案】

15.（1）像鸟张开翅膀　　（2）意趣、情趣

16. 欣赏山水的乐趣，领会于心间，寄托在酒上。

17. 运用设问的修辞方法，解释了醉翁亭的由来；表达了作者对亭的喜爱和自豪之情。

五、（2023年普通高等学校招生全国统一考试·全国甲卷）名篇名句默写。

补写出下列句子中的空缺部分。

（1）《邹忌讽齐王纳谏》中记载，齐王接受邹忌的意见，广开言路。一开始有很多人进谏，以至“①________________”；过了几个月后，则“②________________”。

【参考答案】

①门庭若市　②时时而间进

六、(2022年高考北京卷语文试题)名篇名句默写。

第4题

每个人都难免有自己的知识盲区，遇到不懂的领域，应该虚心听取专业人士的意见，正如《师说》所谓：______________________，______________________。

【参考答案】

道之所存，师之所存也。(或：问道有先后，术业有专攻。)

七、(2021年普通高等学校招生全国统一考试·甲卷)名篇名句默写

补写出下列句子中的空缺部分。

(1)《左传·庄公十年》记载，长勺之战结束后，曹刿向鲁庄公解释说，确认齐军不是伪装败退进而决定追击，是因为“____________，______________________”。

【参考答案】

(吾)视其辙乱，望其旗靡

八、（2020 年普通高等学校招生全国统一考试·全国卷三）阅读下面的文字，完成下列各题。

《古文观止》是一个文章选本，“观止”本于《左传》记载季札在鲁国看乐舞时赞美的话：“观止矣！”这个选本是清朝吴楚材、吴调侯在康熙三十三年（1694）选定的，它备受读者喜欢是有原因的。

第一，一般说来，它体现了比较进步的文学主张。古代的选本，梁朝萧统的《文选》也很著名。那时的文学主张，认为哲理散文和历史散文都不能入选。《文选》除诗歌外，选的主要是骈文，是一种讲究辞藻、对偶、声律的文章。唐朝韩愈起来提倡古代的散文，称为古文，用来反对骈文，这种主张是进步的。《古文观止》正是贯彻了韩愈以来的古文家的主张。

第二，一般说来，入选这个选本的文章丰富多彩，思想性和艺术性是比较高的。自从韩愈提倡古文以后，古文的选本在《古文观止》前早已有了，像宋朝真德秀的《文章正宗》选录《左传》《国语》到唐朝末年的作品，《古文观止》的选文从《左传》开始，就是本于《文章正宗》。不过真德秀是道学家，他用封建伦理的眼光来选文章，忽略了文章的艺术性，所以他的选本不受欢迎。《古文观止》所选，像先秦的历史散文《曹刿论战》《鲁仲连义不帝秦》，表现当时人的智慧和品德；两汉文《治安策》和《出师表》，反映出当时政治上的重大矛盾，表现出作家的远见和忠诚；唐文《捕蛇者说》，深刻暴露封建统治者“苛政猛于虎”的罪恶；宋文《岳阳楼记》，通过不同景物的描写来表现“先天下之忧而忧，后天下之乐而乐”的崇高精神……这些名篇，都是古今传诵。

这个选本所选文章的丰富多彩，也表现在文章的体制上。选本也选了几篇韵文、骈文。严格讲起来，古文跟骈文是对立的。但就中国文学史的发展讲，古文由散体趋向骈体，再由骈体回复到散体，完全不选骈体，就看不出这种变化来。

第三，这个选本的编选体例也有它的好处。萧统的《文选》分很多门类，烦琐不堪；真德秀的《文章正宗》古文部分分辞令、议论、叙事三类。《古文观止》不分类，按时代先后排列，从中可看出古代文章演变的迹象。这个选本得以广泛流传，跟它的篇幅也有关。康熙二十四年（1685），康熙命令编选《古文渊鉴》，称为御选。用皇帝的名义来刊行，却不能广为流布，这跟它用真德秀的体例有关，也跟篇幅有关，它有六十四卷，篇幅太多了自然不易推行。

以上三点，当是此书能广泛流布的原因。不过此书也有缺点，约略说来如下：一、编者识力不高。像李陵《答苏武书》，历来都疑为后人伪托，此书也加选录。还有宋朝人论历史人物的文章，往往抓住一点发议论，并不能够真正考虑当时历史的全面情况。这类文章也选多了。不免受到八股文的影响。选文所选《史记》，像《伯夷》《管晏》，这些传记议论多而不致力于刻画人物。编者选这些是看中它们的唱叹和转折，反而把最好的文章漏掉了。

（摘编自振甫《谈谈<古文观止>》）

1. 下列关于原文内容的理解和分析，正确的一项是（ ）

A. 与《古文观止》相比，萧统编选的《文选》体现的是一种相对落后的文学主张，选文在思想性和艺术性上都有一定差距。

B. 与《古文观止》相比，真德秀编选的《文章正宗》的弊病在于：选文的时代范围窄、道学气息重、分类复杂。

C.《古文观止》在体例和篇幅上的特点，一是选文按照时代先后排列，不另分类；二是篇幅较为适当，并不浩繁。

D.《古文观止》编者识力不高主要表现在历史见识方面，如认为《答苏武书》并非伪作，所选宋人作品持论偏颇且占比失当。

2. 下列对原文论证的相关分析，不正确的一项是（ ）

A. 文章陈说观点时使用“一般说来”“严格讲起来”等说法，体现了作者的分寸感。

B. 文章第三段列举多篇《古文观止》的选文，证明选本的经典性经得起历史检验。

C. 文章讨论《古文观止》的优缺点时，均与其他选本进行比较，学术视野较为开阔。

D. 文章的论述脉络清晰，主要观点分不同角度展开，各角度之间是一种并列关系。

3. 根据原文内容，下列说法不正确的一项是（ ）

A.《古文观止》借用季札“观止”的说法命名，显现了编选者的自信，以及对所选古文思想内涵与艺术境界的赞誉。

B.《古文观止》的编者对“古文”的理解基本贯彻了韩愈倡导古文运动以来古文家的主张，但也有一定的变通。

C. 有人评价《古文观止》存在 " 论策为多，又取便于科举 " 的倾向，这种看法与文章的观点是不谋而合的。

D. 阅读《古文观止》，可以大致了解我国散文从先秦开始的历史轨迹，也可以了解古人选文体例、标准的变迁史。

【参考答案】

1. C　　2. C　　3. D

论语

一、(2020 · 海南中考真题) 阅读下面文言文选段，按要求答题。

甲

虽有佳肴，弗食，不知其旨也；虽有至道，弗学，不知其善也。是故学然后知不足，教然后知困。知不足，然后能自反也；知困，然后能自强也。故曰：教学相长也。《兑命》曰：“学学半”，其此之谓乎！

(选自《< 礼记 > 二则》)

乙

子曰：“三人行，必有我师焉。择其善者而从之，其不善者而改之。”(《述而》)

子曰：“知之者不如好之者，好之者不如乐之者。”(《雍也》)

曾子曰：“吾日三省吾身：为人谋而不忠乎？与朋友交而不信乎？传不习乎？”(《学而》)

(选自《< 论语 > 十二章》)

1. 解释下列加点字的意思。

(1) 不知其旨也　　(2)《兑命》曰：“学学半”

(3) 知之者不如好之者　　(4) 传不习乎

2. 将下面句子翻译成现代汉语。

(1) 故曰：教学相长也。

（2）与朋友交而不信乎？

____

3. 比较甲、乙两段中的画线句，说说这两句论述的侧重点有什么不同。

____

____

4. 班级召开“学会反思”主题班会，你代表小组发言，请从甲、乙两文中选一句作为你发言的论据写在横线上。

____

____

【参考答案】

1.（1）味美　（2）教导　（3）喜爱，爱好

（4）传授，这里指老师传授的知识。

2.（1）所以说：教和学是互相推动，互相促进的。

（2）和朋友交往是不是真诚呢？

3. 示例①：甲段画线句是从反面论述不学习的后果；乙段画线句从正面论述要向他人学习。

示例②：甲段画线句强调要自主学习，乙段画线句强调要善于向他人学习。

4. 示例①：知不足，然后能自反也；知困，然后能自强也。

示例②：吾日三省吾身：为人谋而不忠乎？与朋友交而不信乎？传不习乎？

二、(2020·内蒙古包头·中考真题)阅读下文，完成各题。

《论语》八章

①子曰："学而不思则罔，思而不学则殆。"(《为政》)

②子夏曰："博学而笃志，切问而近思，仁在其中矣。"(《子张》)

③子曰："君子病无能焉，不病人之不己知也。"(《卫灵公》)

④子夏曰："君子有三变：望之俨然，即之也温，听其言也厉。"(《子张》)

⑤子曰："君子欲讷于言而敏于行。"(《里仁》)

⑥子曰："学而时习之，不亦说乎？有朋自远方来，不亦乐乎？人不知而不愠，不亦君子乎？"(《学而》)

⑦子曰："君子喻于义，小人喻于利。"(《里仁》)

⑧子曰："君子固穷，小人穷斯滥矣。"(《卫灵公》)

5. 解释下面句中加点的词。

(1)博学而笃志　　　　(2)即之也温

______　　　　______

6. 翻译下面的句子。

(1)学而不思则罔，思而不学则殆。

______

(2)君子欲讷于言而敏于行。

______

7. 找出文中与“人不知而不愠”意思相近的一章，说明此章中君子具有怎样的品德？

______

8. 阅读⑦、⑧章，概括“君子”与“小人”有哪些不同？

______

______

【参考答案】

5.（1）坚定　（2）接近（走近，靠近）

6.（1）只是读书却不认真思考，就会迷惑；只空想却不读书，就会疑惑。

（2）君子说话要谨慎寡言，但是做事要敏捷。

7. 第③章中说明君子注重提高自身修养而不重名望。

8. 君子安于贫困，坚守道义；小人则看重利益，会因私利而胡作非为。

三、(2017·山东德州·中考真题)

子曰："学而时习之，不亦说乎？有朋自远方来，不亦乐乎？人不知而不愠，不亦君子乎？"(《学而》)

曾子曰："吾日三省吾身：为人谋而不忠乎？与朋友交而不信乎？传不习乎？"(《学而》)

子曰："学而不思则罔，思而不学则殆。"(《为政》)

子曰："饭疏食饮水，曲肱而枕之，乐亦在其中矣。不义而富且贵，于我如浮云。"(《述而》)

子夏曰："博学而笃志，切问而近思，仁在其中矣。"(《子张》)

9. 与"人不知而不温"中的"而"字用法相同的一项（　）

A. 学而时习之　　B. 学而不思则罔

C. 曲肱而枕之　　D. 切问而近思

10. 结合选文，从内容和形式等方面概括《论语》的特点。

____

【参考答案】

9. B

10. 示例：《论语》是语录体散文，语言简练，含义深远，多格言警句，体现了孔子的道德修养及学习方法态度等。

四、（2015·四川宜宾·中考真题）

《论语》八则

子曰：“学而时习之，不亦说乎？有朋自远方来，不亦乐乎？人不知而不愠，不亦君子乎？”（《学而》）

子曰：“学而不思则罔，思而不学则殆。”（《为政》）

子曰：“岁寒，然后知松柏之后凋也。”（《子罕》）

子贡问曰：“有一言而可以终身行之者乎？”子曰：“其恕乎！己所不欲，勿施于人。”（《卫灵公》）

子曰：“不患人之不己知，患不知人也。”（《学而》）

子曰：“博学而笃志，切问而近思，仁在其中矣。”（《子张》）

子贡曰：“君子之过也，如日月之食焉。过也，人皆见之；更也，人皆仰之。”（《子张》）

司马牛忧曰：“人皆有兄弟，我独亡。”子夏曰：“商闻之矣：死生有命，富贵在天。君子敬而无失，与人恭而有礼，四海之内，皆兄弟也。君子何患乎无兄弟也？”（《颜渊》）

11. 下列词语解释正确的一项是（ ）

A. 学而不思则罔（罔：有害）

B. 然后知松柏之后凋也（然：这）

C. 切问而近思（切问：急切地追问）

D. 我独亡（亡：死亡）

12. 下列句子中加点词语意思、用法相同的一项（　）

A. 学而时习之　学而不思则罔

B. 仁在其中矣　其恕乎

C. 与人恭而有礼　未复能有与其奇者

D. 如日月之食焉　寒暑易节，始一反焉

【参考答案】

11. B

12. D

五、（2012·广东茂名·中考真题）主题阅读

《论语》十则

（一）子曰：“学而时习之，不亦说乎？有朋自远方来，不亦乐乎？人不知而不愠，不亦君子乎？”

（二）子曰：“温故而知新，可以为师矣。”

（三）子曰“学而不思则罔，思而不学则殆。”

（四）子贡问曰：“孔文子何以谓之‘文’也？”子曰：“敏而好学'不耻下问'足以谓之‘文’也。”

（五）子曰：“三人行，必有我师焉；择其善者而从之，其不善者而改之。”

（六）曾子曰“吾日三省吾身——为人谋而不忠乎？与朋友交而不信乎？传不习乎？”

（七）子曰“见贤思齐焉，见不贤而内自省也。”

（八）子贡问曰“有一言而可以终身行之者乎？”子曰“其恕乎！

己所不欲，勿施于人。”

（九）曾子曰：“士不可以不弘毅，任重而道远。”

（十）（点）曰：“莫春者，春服既成，冠者五六人，童子六七人，浴乎沂，风乎舞雩，咏而归。”夫子喟然叹曰：“吾与点也！”

13. 下列加点词语解释错误的一项是（　　）

A. 不亦说乎（通“悦”，愉快，高兴）

B. 不耻下问（可耻）

C. 为人谋而不忠乎（谋划，商量办法）

D. 与朋友交而不信乎（诚实）

14. 下列加点词语意义相同的一项是（　　）

A. 学而时习之　吾妻之美我者，私我也

B. 人不知而不愠　水落而石出者

C. 可以为师矣　可以一战

D. 其恕乎　其不善者而改之

15. 对选文内容理解错误的一项是（　　）

A. 第二、三则主要阐述了学习方法的问题，第四、五则主要阐述了学习态度的问题。

B. 第七则是说为人要终身遵守的准则，揭示了儒家所倡导的待人接物的宽容态度。

C. 第十则，曾点生动地描绘了一幅春风和煦、人群活动的祥和情景，孔子心有感触地大加赞赏。此则旨在告诉我们：人要和自然相融，锻炼身体，享用自然之乐。

D. 选文中有些话已成为成语，具有极高的文化价值。比如第七、八、九则分别概括为：见贤思齐”、“已所不欲，勿施于人”、“任重道远”。

【参考答案】

13. B　　14. C　　15. B

六、(2012·山西中考真题)阅读《论语》(节选),完成小题。

子曰:"学而时习之,不亦说乎?"

子曰:"温故而知新,可以为师矣。"

子曰:"学而不思则罔,思而不学则殆。"

子曰:"由,诲女知之乎!知之为知之,不知为不知,是知也。"

16. 给下面划线的词注音。

学而不思则<u>罔</u>(　　)思而不学则<u>殆</u>(　　)

17. 解释下面划线词的意思。

不亦<u>说</u>乎(　　)温<u>故</u>而知新(　　)

18. 下列划线词与"可以为师矣"一句中"以"字用法相同的一项是(　)

A. 先帝不<u>以</u>臣卑鄙　　B. 可<u>以</u>一战

C. 可<u>以</u>调素琴　　C. 皆<u>以</u>美于徐公

19. 把下面句子翻译成现代汉语。

知之为知之,不知为不知,是知也。

____

20. 中国古代曾有"半部《论语》治天下"的说法,今天我们阅读它同样获益匪浅,请写出初中语文课本"孔子语录"中的一则成语或格言警句(试卷上的除外)。

____

____

【参考答案】

16. wǎng　　dài

17. 愉快　　学过（旧）的知识

18. B

19. 知道就是知道，不知道就是不知道，这是聪明的。

20. 示例：子曰：三人行，必有我师焉；择其善者而从之，其不善者而改之？

七、（2011·内蒙古赤峰·中考真题）

子曰："学而时习之，不亦说乎？有朋自远方来，不亦乐乎？人不知而不愠，不亦君子乎？"

子曰："温故而知新，可以为师矣。"

子曰："学而不思则罔；思而不学则殆。"

子曰："由，诲女知之乎？知之为知之，不知为不知，是知也。"

子贡问曰："孔文子何以谓之'文'也？"子曰："敏而好学，不耻下问，是以谓之'文'也。"

子曰："默而识之，学而不厌，诲人不倦，何有于我哉！"

子曰："三人行，必有我师焉；择其善者而从之，其不善者而改之？

子曰："不愤不启，不悱不发。举一隅不以三隅反，则不复也。"

21. 解释下列加点词语在文中的意思。

（1）思而不学则殆

____

（2）学而不厌

____

（3）不愤不启

____

22. 下列各组中加点词意义相同的一组是（　）

A. 人不知而不愠 择其善者而从之　　B. 可以为师矣 可以一战

C. 必有我师焉 不可亵玩焉　D. 有朋自远方来 自三峡七百里中

23. 下面句子省略成分与其他三项不同的是（　）

A. 温故而知新，可以为师矣　　　B. 有时朝发白帝，暮到江陵

C. 林尽水源，便得一山　　　　　D. 悬泉瀑布，飞漱其间

24. 把“敏而好学，不耻下问，是以谓之‘文’也”一句翻译成白话文。

____

25. 用原文填空。

（1）为培养学生积极主动的学习精神，教师应抓住恰当时机进行开导，正如文中所说：

“________________________，________________________。”

（2）从文中任选一则表明学习态度的句子写在下面：____。

26. 相关内容链接。

（1）给下面一则断句，并加上标点。

子曰德之不修学之不讲闻义不能从不善不能改是吾忧也

____

（2）中国古代曾有“半部《论语》治天下”的说法，今天我们阅读它也会获益匪浅，请另外写出《论语》中你熟悉的一则（不得与试卷上的相同），并简要说说对它的理解。

____

____

【参考答案】

21.（1）疑惑　（2）满足　（3）心里想弄明白却不能够

22. B

23. A

24. 聪明并且勤奋学习，不以向不如自己的人请教为耻，所以人们称他为“文”啊。

25. 不愤不启，不悱不发。略。

26.（1）子曰：“德之不修，学之不讲，闻义不能从，不善不能改，是吾忧也。”（2）略。

八、（2011·湖南永州·中考真题）阅读下面文言文，完成后面题目。

《论语》十则（节选）

子曰：“学而时习之，不亦说（yuè）乎？有朋自远方来，不亦乐乎？人不知而不愠，不亦君子乎？”（《学而》）

子曰：“温故而知新，可以为师矣。”（《为政》）

子曰：“学而不思则罔，思而不学则殆。”（《为政》）

子曰：“由，诲女知之乎！知之为知之，不知为不知，是知也。”（《为政》）

子曰：“三人行，必有我师焉。择其善者而从之，其不善者而改之。”（《述而》）

孙权劝学

初，权谓吕蒙曰：“卿今当涂掌事，不可不学！”蒙辞以军中多务。权曰：“孤岂欲卿治经为博士邪！但当涉猎，见往事耳。卿言多务，孰若孤？孤常读书，自以为大有所益。”蒙乃始就学。及鲁肃过寻阳，与蒙论议，大惊曰："卿今者才略，非复吴下阿蒙！"蒙曰："士别三日，即更刮目相待，大兄何见事之晚乎！"肃遂拜蒙母，结友而别。

27. 下列句子中加点的词解释不正确的一项是（　）

A. 温故而知新　新：新的理解和体会

B. 学而不思则罔　罔：迷惑

C. 及鲁肃过寻阳　过：到

D. 但当涉猎　涉猎：全面广泛地阅读

28. 对下列两组句子中加点的词，用法和意义判断正确的一项是（　）

① 择其善者而从之　　③结友而别

② 安陵君其许寡人　　④攻大泽乡，收而攻蕲

A. ①②不同，③④也不同

B. ①②相同，③④也相同

C. ①②不同，③④相同

D. ①②相同，③④不同

29. 请你至少写出出自以上选文的三个成语。

____

30. 用现代汉语说出下列句子的意思。

（1）人不知而不愠，不亦君子乎？

____

（2）蒙辞以军中多务。

____

31. 孔子提倡学习要与思考相结合，孙权认为，学习"但当涉猎"。关于学习，你又有怎样的体验？请简要述说你的观点及理由。

____

____

【参考答案】

27. D

28. C

29. 不亦乐乎 温故知新 三人行，必有我师 择善而从 吴下阿蒙 士别三日，刮目相看（待）（写出“刮目相看”也可）。

30. 别人不了解（我），（我）却不恼恨，不也是君子吗？ 吕蒙拿军中事务繁多为理由加以推辞。

31.（开放题，能陈述自己的观点，语句通顺即可）示例：我的体验是，既要广泛涉猎，也要学思结合。对一般文章要广泛涉猎，才能拓展知识面，开阔视野；对文化经典要边读边思，认真品味，才能领会其中精要。这样，才能做到学有所获。

孙子兵法

一、（2015 年北京市中考语文试题）

“三十六计”是指中国古代 36 个兵法策略，是中华民族优秀文化遗产之一。“三十六计”中的许多计谋是借助比喻定名的。下列计谋的定名都借助了比喻的一项是（　　）

A. 远交近攻　顺手牵羊　反客为主

B. 围魏救赵　以逸待劳　偷梁换柱

C. 打草惊蛇　浑水摸鱼　调虎离山

D. 暗渡陈仓　金蝉脱壳　欲擒故纵

【参考答案】

C

道德经

一、(2022年普通高等学校招生全国统一考试·天津卷)

补写出下列句子中的空缺部分。

(1)知人者智,______________________________。胜人者有力，自胜者强。(《道德经》)

【参考答案】

自知者明

了不起的

国学启蒙 7

中庸 青少年版

（春秋）孔伋◎著 木 沐◎译注

江苏凤凰文艺出版社
JIANGSU PHOENIX LITERATURE AND ART PUBLISHING

图书在版编目（CIP）数据

中庸：青少年版 /（春秋）孔伋著；木沐译注．--
南京：江苏凤凰文艺出版社，2024.5
（了不起的国学启蒙；7）
ISBN 978-7-5594-8531-1

Ⅰ．①中… Ⅱ．①孔… ②木… Ⅲ．①《中庸》- 青少年读物 Ⅳ．① B222.1-49

中国国家版本馆 CIP 数据核字（2024）第 060833 号

中庸：青少年版

（春秋）孔伋　著　木沐　译注

责任编辑　王昕宁
策划编辑　李　根
特约编辑　连　慧
装帧设计　天下书装
责任印制　杨　丹
出版发行　江苏凤凰文艺出版社
　　　　　南京市中央路 165号，邮编：210009
网　　址　http://www.jswenyi.com
印　　刷　北京雁林吉兆印刷有限公司
开　　本　880毫米×1230毫米　1/32
印　　张　5.75
字　　数　101千字
版　　次　2024年 5月第 1版
印　　次　2024年 5月第 1次印刷
书　　号　ISBN 978-7-5594-8531-1
定　　价　199.80元（全7册）

前言

《中庸》原本是《小戴礼记》中的一篇。通常认为其作者是孔子的孙子子思（前 483—前 402）。据《史记·孔子世家》记载，孔子的儿子名叫孔鲤，字伯鱼；伯鱼的儿子名叫孔伋，字子思。孔子逝世以后，儒家分为八派，子思是其中一派。荀子把子思和孟子合称为一派。从师承关系来看，子思求学于孔子的得意门生曾子，孟子又求学于子思；从《中庸》和《孟子》的核心观点来看，也多有吻合的地方，所以世间有“思孟学派”的称谓。后代因而尊称子思为“述圣”。

《中庸》是被宋代学人提到显著地位上来的，有宋一代研究中庸之道的文章不下百篇。北宋程颢、程颐极力尊崇《中庸》。南宋朱熹又作《中庸章句》，并把《中庸》和《大学》《论语》《孟子》并列称为“四书”。宋、元以后，《中庸》成为官定教科书和科举考试的必读书，对古代教育产生了深远的影响。过去的八股文的题目都是从四书、五经中选取，因此，四书便成为南宋以后士子的必修书，其影响达七百年之久。

《中庸》里面阐述的是儒家的“中庸之道”，并提出人性修养的教育理论著作。郑玄注：“中庸者，以其记中和之为用也；庸，用也。孔子之孙子思作之，以昭明圣祖之德也。”

然而，这些都是《中庸》在古代世界中的成就，到了科技高速发展的现代，知识更新速度很快，知识总量差不多十年就增加一倍，而阅读调查显示青少年读书的时间越来越少，上网的时间越来越多。互联网的存在方便了我们查阅资料，有什么不懂的直接在线搜索，很少需要去翻书考证。那么国学经典《中庸》是不是已经在信息大爆炸的时代中落伍了呢?

其实并不是，《中庸》不落伍，而且在我们的时代发展到如今，历久弥新，焕发着新的生机。它是人类智慧的源泉，更蕴含着一个民族的文化命脉，是一个民族存续的文化基因。只要我们民族血脉延续着，这些著作就不会过时。

虽然时代变了，但是我们传承的道德精神没有变，我们骨子里的经典传统也没有变，本书更是将《中庸》里的知识与现代处事相结合，从而让《中庸》更加贴近我们现代的生活，让国学中的经典走进现代的世界。

目　录

第一章　天命谓性，率性谓道

天命谓性，率性谓道 ……………002

喜怒哀乐，万物皆有 ……………004

君子中庸，小人无惮 ……………006

商君变法，有迹可寻 ……………009

知者过之，愚者不及 ……………011

悲夫哀哉，道之不行 ……………014

执其两端，取之其中 ……………015

择乎中庸，不能期月 ……………017

择乎中庸，守之不失 ……………019

天下可治，中庸难寻 ……………021

第二章　人之自强，内外兼修

何以谓强，南北之强 ……………024

坚定不移，内实之强 ……………026

素隐行怪，后世有述 ……………027
圣者可依，依乎中庸 ……………029
费隐之道，亦有所得 ……………032
君子之言，谨慎待之 ……………034
中和之道，无处不在 ……………035
道不远人，人之为道 ……………037
治人之道，言行必果 ……………039

第三章　君子之道，贵在修心

君子之道，孝德为一 ……………044
君子之道，忠诚为二 ……………045
君子之道，事兄为三 ……………047
君子之道，义气为四 ……………048
言行兼顾，庸言之谨 ……………050
素位而行，在位谋政 ……………052
下不援上，上不陵下 ……………054
乐天知命，君子居易 ……………057
三省吾身，求诸其身 ……………059
一步一步，脚踏实地 ……………061
齐家之道，和乐宜家 ……………063

第四章　做人做事，亦乎中和

孔子不语，怪力乱神 ……………066
孝道典范，舜之大孝 ……………068

大德其位，因材而笃 ……………070
大德之人，受命于天 ……………072
宗庙飨之，子孙保之 ……………074
周公制礼，仲尼问礼 ……………076
行孝之法，善人之意 ……………078
凡事有礼，做事有理 ……………080
做人做事，恰到好处 ……………082
治国之道，如烹小鲜 ……………084

第五章 哀公问政，何以治国
哀公问政，治国之道 ……………088
仁德之道，君子守之 ……………090
哀公问政，五项伦常 ……………093
天下达德，为人之道 ……………095
天下达德，为政之道 ……………098
治国九经，行之者一 ……………100
事豫则立，不豫则废 ……………106
性之本善，诚身有道 ……………107

第六章 诚在于心，明在于德
真诚原则，从容中道 ……………110
笃实履行，持之以恒 ……………112
自诚则明，自明则诚 ……………114
天下至诚，能尽其性 ……………115

国家兴亡，必有征兆 ……………117
自我完善，自我成全 ……………120
以诚相待，相辅相成 ……………122
至诚无息，悠久无疆 ……………124
天道于诚，博厚高明 ……………126
圣人之诚，于穆不已 ……………128
圣人之道，盛大浩瀚 ……………130
明哲保身，进退自如 ……………132

第七章　人性天性，问道中庸
人性弱点，攻克循道 ……………136
从心所欲，但不逾矩 ……………137
因地制宜，顺势而为 ……………139
在其上者，做好榜样 ……………141
实践之后，才得真知 ……………143
大道之行，天下为公 ……………146
祖述尧舜，宪章文武 ……………148
天下至圣，聪明睿知 ……………150
宽裕温柔，足以有容 ……………151
发强刚毅，锲而不舍 ……………153

第八章　圣人凡人，取道中庸
齐庄中正，足以有敬 ……………156
文理密察，足以有别 ……………157

溥博渊泉，故曰配天 ……………158
诚心做人，专心做事 ……………161
低调做人，藏锋守拙 ……………164
自我反省，内省不疚 ……………166
若为君子，无愧于心 ……………169
奏假无言，时靡有争 ……………170
笃实恭敬，天下太平 ……………172
予怀明德，最高境界 ……………173

第一章 天命谓性，率性谓道

性格，是上天赋予我们每个人的一个特征，是我们自身的特点。每个人都有属于他自己的性格，自然也会产生情绪。世间万物，都有不同的情绪，关键之处就在于我们要学会如何控制自己的情绪。学会控制情绪，其实也是学会掌控自己的人生。

天命谓性，率性谓道

天命[1]之谓性，率性[2]之谓道，修道之谓教。道也者，不可须臾[3]离也，可离非道也。

是故[4]君子戒慎乎其所不睹，恐惧乎其所不闻。莫见乎隐[5]，莫显乎微[6]，故君子慎其独也。

【注释】

①天命：即天理，此处可代指人的天赋。

②率性：遵循本性。率，遵循。性，本性。

③须臾：片刻。

④是故：所以。

⑤莫见乎隐：没有比处在昏暗之中更为明显的。莫，无，没有，这里是“没有什么更……”的意思。见，通“现”，意为表现，体现。乎，通“于”，表比较。隐，暗处，隐蔽之处，此处代指细微的变化。

⑥莫显乎微：没有比置于细微之处更为鲜明的。显，显著，显露。微，小事，细微之事，这里指代一般人不易察觉的事情。

【译文】

人的自然禀赋（即人的天赋）即为“性”，遵循本性自然发展的原则而行动即为“道”，按照“道”的原则修养即为“教”。用来控制本性的“道”，是无时无刻都不能离开的，一旦能够离开，哪怕是离开片刻，就不能称之为“道”了。

所以能够被人称为君子的人，即使在别人眼睛看不到的地方也能做到非常小心谨慎；即使是在别人耳朵听不到的地方，也由于心怀恐惧而加以注意，生怕被人发现。毕竟没有比在昏暗之中更为明显的，也没有比置于细微之处更为鲜明的。所以君子能够保持在孤身一人的时候也十分小心谨慎。

【赏析】

人来到世间，万物皆无，唯有其天赋是与生俱来的。天赋是上天赋予人的，它影响着人的一生。

既然天赋是上天赋予人的，那么它就必然会按照一定的原则而发展，任何与其原则相逆的行为，都将作为阻碍发展的障碍，人的天性亦是如此。《三字经》中讲道：“人之初，性本善。”其实每个人在出生的时候，心都是向善的，只不过在后来的生活中，经过各种各样的外界因素，最终形成了每个人独特的性格和不同的习性。

人生伊始，每个人都是善者。成为善者，并不是什么难事，只要自己的心时刻保持着善意，无论在何种情况下都能做到刚正不阿，犹如莲花一般出淤泥而不染，哪怕遭到强权的打压、小人的诋毁，甚至以性命相挟，都始终可以坚持这种品质，至死不渝。

喜怒哀乐，万物皆有

喜怒哀乐之未发[①]，谓之[②]中；发而皆中节，谓之和。中也者，天下之大本[③]也；和也者，天下之达道[④]也。致[⑤]中和，天地位焉，万物育[⑥]焉。

【注释】

①发：表露，显露。

②谓之：称为。

③大本：最大的根本。本，根本。

④道：原则。

⑤致：达到。

⑥育：生长发育。

【译文】

人们的喜怒哀乐藏于内心，没有表露出来的时候称为“中”，在表露出来之后将符合自然常理、社会法度的称为“和”。“中”是天下太平最大的根本；“和”是天下苍生共同遵守的普遍原则。如果把中和的道理推而及之，以至圆满的境界，那么世间万物便都能各安其所、各享其生了。

【赏析】

《中庸》作为中国古代哲学重要的著作之一，也作为研究古代哲学最重要的学术范畴之一，自问世以来就有不少人对其持有不同之见解。本段以情感之角度切入，从正面对“中”与“和”做了基本的解释。本段中讲到，当一个人还未表露出喜怒哀乐之感时，心情处于平静的状态之中，故称之为“中”，但人是感情动物，拥有极其丰富的情感，每个人都无法时刻让心情处于平静，当达到一定的程度时必然会表现出来。如果是在常理之中或是在节度之中，这就可以称之为“和”了。

顾名思义，如果一个人可以很好地控制自己的喜怒哀乐，并且可以在适当的地方很完美地表达出来，这便是“中和”了。如果人人都可以达到“中和”之境，大家都心平气和地以礼相待，社会的秩序也十分安定，天下自然太平无事，百姓亦可安居乐业。

君子中庸，小人无惮

仲尼①曰：“君子中庸②，小人反③中庸。君子之中庸也，君子而时中④；小人之中庸也，小人而无忌惮⑤也。”

【注释】

①仲尼：即孔子。孔子，名丘，字仲尼，鲁国陬邑人，中国著名大思想家、大教育家，是儒家学派的创始人。曾受业于老子，带领部分弟子周游列国十四年，于晚年修订六经（即《诗》《书》《礼》《乐》《易》《春秋》），在其去世后，由其弟子及再传弟子将其思想以及言行语录记录，并编成《论语》。孔子在古代被尊奉为“天纵之圣”“天之木铎”，是当时社会上最博学者之一，被后世统治者尊为“孔圣人”，其

儒家思想对中国及世界都有深远的影响，为各朝统治者所传承发扬。

②中庸：意为“中和”。

③反：违背。

④时中：时刻按照中庸之道行事。

⑤无忌惮：没有顾忌和畏惧，做事不考虑后果。

【译文】

孔子说：“君子的言行时时刻刻都符合中庸所示的道德标准，而小人的言行却时时刻刻都在违背中庸所示的道德标准。君子之所以做任何事都能达到中庸的标准，是因为君子时时刻刻都要把自己所做的事情做到恰到好处，无过亦无不及；小人之所以时时刻刻都在违背中庸的标准，是因为小人的所作所为都肆无忌惮，从不考虑后果。”

【赏析】

做小人易，做君子难，而做比君子境界更高的圣人，则是难于登天。之所以说做君子难，是因为要想做到君子，首先要做到坚守个人原则，坚持以中庸之道来作为自己的行事准则，久而久之，就会使自己的精神境界不断提高，悟得的真理也越来越多，也就可以一步一步地成为君子，直至最后成为圣人。反观小人，之所以说做小人易，是因为小人是反对中庸之道的，他们的行为做派、言行举止，无一不是逆于中庸之道的，他们见风使舵，根本没有原则与道理可讲，如此放荡不羁，怎么能成为君子呢？

在人生的路上，通向目的地的道路有无数条，当然，也会有捷径，谁不喜欢走捷径呢？不过，也不是任何情况都适合走捷径，有的人通过走捷径，可以很快完成自己的目标；而有的人因为走捷径，非但没能完成目标，反而越走越远。这是因为所谓的捷径，总归是有不少的歧途夹杂于其中，而歧途之中，可能会是各种阻碍，有的路甚至是末路、绝路，一旦走到这些路上，后果将不堪设想。路虽多，但有一条路肯定可以完成目标，这条路虽然艰难，但胜算会很大，而且也会影响你之后的人生之路，那就是——正路。它不仅是一条路，更是自己为人处世的态度和对于人生的信念。

商君变法，有迹可寻

子曰："中庸其至[1]矣乎！民鲜[2]能久矣。"

【注释】

①至：极致，顶峰。

②鲜（xiǎn）：很少。

【译文】

孔子说："中庸之道应该是（做人的）最高的境界了，但百姓却很少理解它，更不要说坚持了，这种情况已经太久了。"

【赏析】

中庸之道是一个人为人处世的最高法则，也是人格修养的最高境界。它如此之高深，如此之神秘，实在是令常人深感可望而不可即。既然如此，那我们又为何去为之而不断努力呢？为之努力的意义又在何处呢？

事实上，古时候，先贤们就已经意识到了以中庸之道作为个人的行为准则，不仅会影响人的一生，亦会使自身受益无穷。先贤们正是看到了中庸之道的高明与伟大，希望以此造福子孙后代，对子孙后代进行智慧启蒙与德行培养。

虽然中庸之道伟大，但当时知识传播比较困难，导致了这种伟大的思想在百姓当中鲜有人知。毕竟，书本在当时是只有富贵人家乃至王侯之邸才能拥有的东西，对于贫苦百姓来说，想读到一本书是非常之困难的事情。读书尚且不易，何况思想的推广呢。所以孔圣人才会发出如此的感叹。

清·禹之鼎《移居图》

知者过之，愚者不及

子曰："道①之不行②也，我知之矣：知者过之，愚者不及也。道之不明③也，我知之矣：贤者④过之，不肖者⑤不及也。人莫不饮食也，鲜能知味也。"

【注释】

①道：指中庸之道。

②行：推广实行。

③明：明显，彰显。

④贤者：有贤能的人。

⑤不肖者：与贤者相对，指那些品行不端、性情顽劣之人。

【译文】

孔子说："中庸之道不能够推广实行的原因，我想我已经知道了：那些聪明的人，总是很容易做过了头，而那些愚笨的人则因为智力不足而根本无法理解。中庸之道无法彰显的原因，我想我也知道了：那些有贤能的人，总是会过度地去理解它，所以做事会过度，这是不对的；而不贤的人却往往做得不到位，这也是不好的。就像人每天都要吃饭一样，饭菜虽好，但很少有人能够真正地品出其中的美味来。"

【赏析】

孔子认为，那些自以为聪明的人，往往自以为是，在上级面前卖弄自己，耍小聪明，导致自身经常误解中庸之道的本意，从而做过了度；而那些并不聪明的人，因为智力不足，根本无法理解中庸之道的精髓，所以往往就会一意孤行，以自己的想法和观点去行事，这样一来则很容易歪曲中庸之道，更不利于它的传播。

中庸之道，是儒学者心中至高无上的境界，是需要不断警醒、不断提高自身修养才能达到的境界。即便现在的人按照一定的道德准则来行事，但由于无法对自身进行时刻的检点，导致很多时候不是做过了头就是做得不及。一心一意、尽心尽力地去做事，本来是很美好的品德，然而要是因过度认真以致心力交瘁，那从本身来讲就失去了做事的乐趣。

换言之，人淡泊名利本来亦是很高的境界，但过分的淡泊导致本身无法对社会做出有效的贡献，自然也就失去了存留于世的意义。因此，无论是过，还是不及，都是不可取的，唯有秉承中庸之道，才是唯一可取之路。毕竟，聪明的人太“聪明”了，而愚笨的人智力又太低，无法理解中庸之道。唯有一心一意地秉承中庸之道，才是真正有智之人的选择。

悲夫哀哉，道之不行

子曰："道其①不行②矣③夫！"

【注释】

①其：语气词，表推测，意为也许，大概，可能。

②不行：无法推行，无法实行。

③矣：语气词，表感叹。

【译文】

孔子说："中庸之道也许没有办法实行了！"

【赏析】

孔子所言"道其不行"，是因为孔子看到了统治者对于生命的漠视，随意杀戮，而由内心深处引发感慨。刚才提到，孔子的中庸之道，正是建立在民权之上的，如果没有民权的支持就无法推行。

但统治者在意的，大多是自己的王位，那些危及自身统治的人，基本上会被统治者下令处死了，不管之前这个人立过多少功劳。有时小人的一句谗言，就会使一名甚至多名对国家有功的大功臣死于非命，这种情况不在少数。统治者如此漠视生命，还会允许中庸之道在百姓之中流传吗？孔子就是在看到了这些现象之后，由内心深处发出了感慨。

执其两端，取之其中

子曰："舜[①]其大知[②]也与！舜好问而好察迩言，隐恶而扬善，执其两端，用其中于民，其斯以为舜乎！"

【注释】

①舜：指舜帝。舜是传说中的父系氏族社会后期部落联盟首领，以其才智与孝道而闻名，被列入"五帝"之中，奉为华夏至圣。

②知：通"智"，意为智慧，才智。

【译文】

孔子说："舜可以说是一位拥有很高才智的人啊！他天

生就喜欢向别人请教问题，并且能够从身边人的言行之中揣测他的心思。他不喜欢对外传播他人的恶行，而是喜欢对外宣传他人的善举，他能够很好地把握住极端的情况，并且能够折中地采取中庸之道来服务人民。这样，他才能成为人们所尊敬的舜啊！”

【赏析】

孔子通过赞扬舜的品质，说明统治者善于察言纳谏是有多么重要，无论是安民还是治国，都会有巨大的帮助。中庸之道要求我们的，就是要勤问勤学，永远保持自己的求知欲，多向别人请教。要知道，人生最大的智慧，就是学会如何把别人的能力和经验借鉴到自己的身上并收为己用，以达到“师夷长技以自用”的目标。

我们不应心甘情愿地沉沦于愚昧无知之中。孔子说过：“敏而好学，不耻下问。”告诉我们要想得到知识，即使向比自己身份地位低的人请教也不是羞耻的事情。多向别人请教，才能让自己学到更多的知识，懂得更多的道理。

择乎中庸，不能期月

子曰："人皆曰予①知②，驱而纳③诸罟擭④陷阱之中，而莫之知辟⑤也。人皆曰予知，择乎⑥中庸而不能期月⑦守也。"

【注释】

①予：我。

②知：通"智"，意为智慧。

③纳：纳入，此处意为落入，陷入。

④罟（gǔ）擭（nuò）：指陷阱。罟，网子。擭，捕兽的木笼。

⑤辟（bì）：通"避"，躲避，避开。

⑥择乎：选择。

⑦期（jī）月：一整月。

【译文】

孔子说："人人都觉得自己很聪明，可一旦用利欲来诱惑，就会使自身陷入天罗地网之中，连躲避都不知道了。人人都觉得自己很明智，可选择了中庸之道，却连一个月都不能坚持。"

【赏析】

人应有自知之明。身处社会之中，应该学会认清自己的真实水平，既然选择了一件事就应该坚持做下去，不可半途而废。

每个人对自己真实水平的认知是十分有限的。自身的水平不足，可能导致人在做事的时候感到心有余而力不足，遂心生弃念。但如果事先对自己的水平有充分的认识，就能很好地判断这件事可不可做，做出判断之后就可以发挥出自己的长处，有条理地去完成它。

正因为人对自己真实水平的认知有限，所以有人才经常做出自作聪明的事，闹了不小的笑话。自作聪明的人，往往我行我素，对别人的劝告一句都听不进去，所以他们不会正确理智地分析和判断，不清楚该做什么。这样一来，到最后只能走向失败，自吞苦果。因此，不要自以为是，自作聪明，在遭遇挫折的时候更不要放弃，要知难而上，有克服困难的勇气。

择乎中庸，守之不失

子曰："回①之为人也，择②乎中庸，得一善，则拳拳服膺③而弗失之矣。"

【注释】

①回：即颜回。颜回（前521—前481），字子渊，春秋末期鲁国曲阜人。颜回十四岁拜孔子为师，并且终生都尊孔子为师，是孔子最得意的门生。孔门诸弟子之中，孔子对其称赞最多，不仅赞其好学，且以"仁人"相许，是孔门十哲之一，孔门七十二贤之首，儒家五大圣人之一。

②择：选择。

③拳拳服膺：牢牢地记在心中。拳拳，牢牢抓住的样子，此处引申为诚恳，恳切。膺，胸。服膺，谨记于心。

【译文】

孔子说："颜回的为人啊，就在于他选择了中庸之道，得到了一个好的开端，并将它牢牢地记在心中，生怕会失去它。”

【赏析】

我们在世间生存，必须要经过不断地学习才能成长。学习，是一个漫长的过程。乡中有一句谚语讲道：“活到老学到老。”学无止境，无论是在我们的工作中还是生活中，都要学习不同的知识，比如在职场上要学习为人处世的技巧，在生活中要学习各种各样的生活必须技能等。

但我们学东西，总是有一个不小的问题，那就是真正学精的技能寥寥无几。我们接触的新事物会越来越多，我们的目标也会因此而发生改变，这就好像那则故事里讲的一样：一只小猴子下山掰玉米，掰下玉米之后看到了西瓜，就把玉米扔了去摘西瓜，摘了西瓜之后又看见小兔子，就又扔了西瓜，跑去抓兔子了，结果忙活一天，一无所获。

天下可治，中庸难寻

子曰："天下[1]国家可均[2]也，爵禄可辞[3]也，白刃可蹈[4]也，中庸不可能也。"

【注释】

①天下：指当时天子所统治与管理的地区。

②均：治理，平定。

③辞：辞掉，推辞。

④蹈：踏过，踩过。

【译文】

孔子说："天下和国家是可以治理的，官爵俸禄是可以推辞的，就连锋利的刀刃也是可以踏过的，但唯有中庸是很难做到的。"

【赏析】

对于君王来说，在其位而谋其政，有才能的君主是可以把自己的国家治理得很好的；对于隐士来说，如果只想一心归隐，再高的官爵，再高的俸禄，都是可以推辞的；对于勇士来说，为了自己的国家，哪怕是让他上刀山下火海，他也会心甘情愿地去。

但对于圣者来说，要始终恪守中庸之道，却是十分不易的。无论是政治清明之时，还是国家黑暗之时，能够坚持自己的操守始终不变，这是非常艰难的一件事，因为这需要将自身的精神境界提高到一定的程度，如果自身的精神境界不高，很难做到这些。

宋·马远 《月下把杯图》(局部)

第二章 人之自强，内外兼修

自强之人，内外皆强。有时，有勇无谋的外在之强，并不能代表什么，但内心的强，看似柔弱，却有撼动泰山、四两拨千斤的能力，这也是圣人所崇尚的原因。但人如果只有内在之强，容易遭到他人的欺凌。所以，人不但要有内在之强，更要有外在之强，内外兼备，才是王道。

何以谓强，南北之强

子路问强。子曰："南方之强与？北方之强与？抑①而强与？宽柔以教②，不报③无道，南方之强也，君子居④之。衽⑤金革，死而不厌⑥，北方之强也，而强者居之。"

【注释】

①抑：或者，还是。

②教：教育，教化。

③报：报复。

④居：具有。

⑤衽（rèn）：枕席，卧席。

⑥厌：后悔。

【译文】

子路问孔子什么是强。孔子说："你是说南方的强？还是

说北方的强？还是指你自己的这种强？如果以宽厚去教导感化他人，即使别人暴虐无道也不去随意的报复别人，这就是南方的强，也是君子所具有的强。把兵器盔甲作为枕席，即使是死去也不后悔，这是北方的强，也是强者所终身信守的强。”

【赏析】

当子路向孔子询问什么是强的时候，孔子用南方之强与北方之强作对比，表明不同的地域对强者的定义也是不同的。由于南方气候温和，致使南方人温文尔雅、清新恬静，没有那种与别人争强好胜的心态，所以南方人并不能征善战，但南方人的智慧却弥补了这一点，北方人若是和南方人斗智，有时会处于下风，所以南方之强是属于内在之强；而北方的气候干燥寒冷，所以北方人性情豪放粗犷，喜欢与人争强好胜，但也正是因为这点，南方人若是和北方人斗勇，有时会处于下风，所以北方之强属于外在之强。

孔子虽表明二者所强之处，但其本人还是比较偏好南方之强的。孔子不喜欢杀戮，他希望能将仁之道义广传天下，也希望世人多行善举。可事实上，人的欲望总是无穷的，有一句话曾说：“这个世界上只要有人的存在，杀戮与战争就不会停止。”孔子的思想是以仁待人，以仁爱人。既然推广仁爱，自然是要拒绝恶行的。

坚定不移，内实之强

“故君子和而不流①，强哉矫②！中立而不倚③，强哉矫！国有道，不变塞④焉，强哉矫！国无道，至死不变，强哉矫！”

【注释】

①流：随波逐流，随他人行动而行动。

②强哉矫（jiǎo）：这就是真正的强啊。

③倚：偏向。

④不变塞：不改变志向。塞，不通，指穷苦的环境。

【译文】

所以君子和顺且不随波逐流，这就是真正的强啊！保持中立，不偏向任何一方，这就是真正的强啊！国家政治清明的时候，不改变当初的志向，这就是真正的强啊！国家政治黑暗的时候，就是死也不改变自己的原则，这就是真正的强啊！

【赏析】

君子向来以和为贵，以礼为重，不偏不倚，不傲不轻。他们坚持自己的原则，无论身处什么样的环境之中，都不会轻易地改变。

人必须要有自己的原则，无论身处什么环境，都能坚定不移地维护自己的原则，这便是内心之强了。

内心之强拥有极大的力量，它可以让人在危难之中仍能保持理性的头脑，从而化险为夷。文弱书生张良，手无缚鸡之力，却帮助刘邦赢得了战争（即灭秦之战和楚汉争霸）的胜利，建立了大汉王朝。由此可见，内在之强，才是每个人都应该拥有的。

要知道，自身的命运永远掌握在自己的手里，也就是说，做事的时候一定要小心而谨慎，违反道义的事情千万不能做，否则的话，只能自吞苦果。

素隐行怪，后世有述

子曰："素①隐行怪②，后世有述③焉，吾弗为之矣。君子遵④道而行，半途而废，吾弗能已⑤矣。"

【注释】

①素 :《汉书》中记载此处应为“索”，意为探求，探索。

②行怪 :做些奇怪的事情。行，做事情。怪，奇怪，怪异。

③述 : 记述，记录。

④遵 : 遵循，遵守。

⑤已 : 停止。

【译文】

孔子说 :“探求一些隐秘的思想，做些奇怪的事情，后世也许会有人来记述他，但我不会这么做。身为君子，应该遵循道义来行事，也许有人会半途而废，而我不会停止。”

【赏析】

人应该有一个长久的目标，有新奇的想法是好的，毕竟这有助于自身的发展，可以让自己的知识领域得到延伸，但一切拓展，都是要建立在道义之上的，只有符合道义，才有发展的余地。毕竟，从古至今，一切有违于道义的思想，都在历史的长河中消亡殆尽，能够被世人传承下来的，只有那些符合道义的思想与学说。

但孔子所提倡的中庸之道，并不是什么荒诞怪异的思想，而是由孔子等人身体力行，通过一步一步地实践得来

的，是真正有利于人民、有利于社会的，也是真正的君子才能做到的。而行为怪诞、好逸恶劳、欺世盗名、哗众取宠之类的行为，则为君子所不齿。

君子行中庸，非锲而不舍不行。中庸之道，看似浅显易懂，实则要求我们保持毅力，有一颗坚定不移的心。恒心不足、办事有首无尾的人，是无法坚守中庸之道的。其实我们在遇到困难的时候，有时只需再坚持一下，终会看到希望的曙光。

圣者可依，依乎中庸

“君子依乎①中庸，遁世②不见知③而不悔，唯圣者④能之。”

【注释】

①依乎：遵循，按照。

②遁世：避世隐居。遁，隐遁，躲避。

③见知：被人所知。见，被。

④圣者：圣人。

【译文】

真正的君子是始终都在恪守中庸之道的，即便是隐世一生不被人所知也不后悔，这是只有圣人才能够做到的。

【赏析】

这句话表明中庸之道是只有圣人才能一贯地坚持到底。

沿着自己所选择的路，坚持不懈地走下去，不被别人的成功所迷惑，无论前方有多大的困难、多大的阻碍，都不会随意地改变自己的路线。只有这样，才能获得成功。而这，也是圣人们最为赞赏的。

其实我们要做到这一点，也不是不可能，但这就要很强的心理素质。心理素质不强的人，很容易被他人的成功所左右，改变自己的初衷，到头来一事无成。坚持恪守中庸之道的圣人们显然不喜欢这样的行为。

但并不是所有的人都能做到这一点，能够始终不改变初衷并且坚持到最后的人，才有成为圣人的潜质。而那些遭遇困难就心打退堂鼓的人，最终会一事无成，一丝的成就都不会得到。要想获得成功，就要一以贯之。

明·钱榖《竹亭对棋图》

费隐之道，亦有所得

君子之道费[1]而隐[2]。夫妇之愚，可以与[3]知焉，及其至也[4]，虽[5]圣人亦有所不知焉。夫妇之不肖[6]，可以能行[7]焉，及其至也，虽圣人亦有所不能焉。

【注释】

①费：用途广大。

②隐：细微，精微。

③与：预知。

④及其至也：到了精深微妙之处。

⑤虽：即便是。

⑥不肖：不贤明，不精明。

⑦行：实行。

【译文】

君子的思想既浅显易懂又高深莫测。浅显的时候，就连

那些愚夫愚妇都能够知道得非常透彻；但当高深的时候，就连圣人都有所不知。资质平庸的男女，也是可以实行君子之道的；但若是最精妙的地方，即便是圣人也无法做到。

【赏析】

君子之道之所以能被资质平平的人所理解，其原因就在于细节。

其实，如果学会发现细节，对我们的人生会有很大的帮助，因为，细节就在我们的身边。当我们做同样一件事的时候，有的人会觉得难做，心生放弃之念；而有的人稍稍观察一会儿就能找到解决的方法，从而使问题迎刃而解。其原因就在于，那些觉得事情容易解决的人，往往都抓住了细节，正所谓“细节决定成败”，抓住细节，往往就能抓住解决事件的根本，问题自然迎刃而解。

但现在的社会中，能够在遇到事情的时候真正把心静下来去面对的人少之又少。浮躁已经成了当代社会人们心态的代名词。事实上，在遇到事情的时候，心中浮躁、慌乱不堪是大忌，因为这会干扰人的思想，进而使人缺乏思考问题的分析能力，如果不能静下心来，一步一步地分析事情，怎么能顺利地解决问题呢？所以说，遇到事情，一定要时刻保持一颗冷静的心，发现细节并抓住它，这样一定可以解决问题，达到目的。

君子之言，谨慎待之

天地之大也，人犹有所憾[1]。故[2]君子语[3]大，天下莫能载[4]焉；语小，天下莫能破焉。

【注释】

①憾：遗憾，不满足。

②故：所以。

③语：谈论。

④载：承载。

【译文】

天地是如此之大，但人们总有不满足的地方。所以，如果君子谈论什么是大，恐怕全天下都未必能够承载得住；而如果君子谈论什么是小，那么微小的程度几乎已经不能再小了。

【赏析】

天地如此之大，人有哪里不满足的呢？人都有好奇心与求知欲，不论是君子还是小人。世界广大深远奥妙无穷，其中的精彩与未知是永远也探索不尽的。所以古希腊哲学家芝诺说过：“人的知识就好比一个圆圈，里面是已知的，外面是未知的。你知道得越多，圆圈就会越大，你不知道得也就越多。”君子学习得越多，就越是明白宇宙的浩瀚无穷。所以君子明白无边无际的时空是人们无法想象得大，也明白“一花一世界，一叶一菩提”的道理，知道即便是再小的地方也有细微精妙的景色。无论什么时候都要坚持不懈地学习，这才是正确认识天地之大的态度。

中和之道，无处不在

《诗》[1]云：“鸢飞戾天，鱼跃于渊[2]。”言其上下察[3]也。君子之道，造端[4]乎夫妇，及其至也，察乎天地。

【注释】

①《诗》：指《诗经》。《诗经》是中国古代诗歌开端，

我国最早的一部诗歌总集，分为《风》《雅》《颂》三部分。《风》是周代各地的歌谣；《雅》是周人的正声雅乐，又分《小雅》和《大雅》；《颂》是周王庭和贵族宗庙祭祀的乐歌，又分为《周颂》《鲁颂》和《商颂》。

②鸢（yuān）飞戾天，鱼跃于渊：本句引自《诗经·大雅·旱麓》，意为“老鹰展翅飞上蓝天，鱼儿摇尾跃在深渊”。鸢，一种鸟的名字，和鹰同属一类。戾，到达。

③察：昭著，显著。

④造端：发端，开始。

【译文】

《诗经》说：“老鹰展翅飞上蓝天，鱼儿摇尾跃在深渊。”这两句诗可以表明中庸之道博大精深，上可入天，下可入地。君子所恪守的中庸之道，发端于世间普通男女所知的浅显之理，但若是延伸至高深之处，却昭著于整个天地，无所不在。

【赏析】

中庸是人的品德和处理事务的能力，把握它，既容易又艰难，所以说“君子之道费而隐”。中庸之道，可大可小。大到可以观察宇宙，小到可以解剖原子。中庸之道既涵盖了圣者们都难以把握的宏大哲理，又包含了普通男女所能理解的生存智慧，可以说，中庸之道是无处不在的。

我们可以在日常实践之中感受到中庸之道的存在，因为它从不曾离开我们半步，我们可以很轻易地在身边发现它们、感受它们。但我们却并不具备自主探索中庸的能力，因为，我们的认知是不够的。认知不够，自然无法发觉中庸之道的真谛。

人类的活动分为“知”和“行”两部分，也就是所谓的认知和实践。实践由自身的认知来引导，并在不断地实践之中来收获认知，这两者是相统一的。没有正确的认知，自然不会有正确的实践。

道不远人，人之为道

子曰：“道不远①人，人之为道而远人，不可以为道。”

【注释】

①远：远离。

【译文】

孔子说：“中庸之道不会远离人们。如果有人奉行中庸之道，但道却远离了人，那就不可以说是认真奉行道了。”

【赏析】

人们都说“道不远人人自远”。道是长存于人们心中的，能否长留而不远，完全看人能不能坚守道而不让它离开。万物生长都有其规律，并不会因为人的行为而改变，遵守得福，违背遭祸。

那些人置自然与社会中的规律不顾，走极端道路，只为自己谋求一丝一毫微薄之利的人，不仅留不住这微薄之利，最终也不会得到善果，甚至于身败名裂，为后世唾弃。

要想获得真正属于自己的东西，必须通过自身努力奋斗才能得到，不劳而获永远不是最佳方式。比如想要获得最基本的生活收入，必须要去找工作赚钱；想要在考试中取得好的成绩，必须发奋读书；想要吃到甘甜的水果，必须要自己动手去种植果树……一分耕耘一分收获，只有真心付出了，才有丰厚的回报。邓稼先经过五年的时间，呕心沥血，带领科研人员夜以继日地工作，终于让中国第一颗原子弹爆炸成功；袁隆平经过数十年坚持不懈地努力，终于研究出杂交水稻……在这些丰厚成果的背后，是那些不为人知的辛酸与艰苦。

治人之道，言行必果

“《诗》[①]云：‘伐柯[②]伐柯，其则不远[③]。’执柯以伐柯，睨[④]而视之，犹以为远。故[⑤]君子以人治人，改[⑥]而止。忠恕违[⑦]道不远，施诸己而不愿，亦勿施于人。”

【注释】

①《诗》：指《诗经》，《诗经》是中国最早的一部诗歌总集，是中国古代的诗歌开端，相传为尹吉甫采集、孔子编订，被奉为儒家经典。《诗经》按《风》《雅》《颂》三类编辑，收集了约三百零五首古代诗歌，外加《笙诗六篇》（即南陔、白华、华黍、由康、崇伍、由仪六篇），反映了西周至春秋中期近五百年间的社会面貌。

②伐柯：砍伐树木制作斧柄。伐，砍伐。柯，树木，木头，此处意为斧头的手柄。

③远：远离，离开。

南宋·李南宋 李迪 《风雨牧归图》

④睨（nì）：斜视，斜着眼看。

⑤故：因此。

⑥改：改正。

⑦违：违反，违背。

【译文】

“《诗经》说：‘砍削斧柄，砍削斧柄，而斧柄的式样就在眼前。’拿着斧头砍伐树木来做斧柄，自己不会觉得有多大的差别，但如果你斜着眼睛看它，一定会看出其实是有很大差距的。所以，君子可以视人的情况来采取不同的办法去治理，只要人可以改正自己的错误就足够了。若一个人能做到忠恕，那么他离中庸之道也就不远了，所谓忠恕，就是指自身都不愿意做的事情，也不要强加给别人。”

【赏析】

中庸之道既律己又律人。无论是哪种道理，只有自己以身作则，才有用它来教育人的资本。比如，一个天天花钱如流水一般的人，却叫另一个人学着爱惜财物；一个天天吝啬到要死的人，却叫另一个人捐献财物去帮助别人。这样的行为，终究会被君子所不齿。

授人以理，必须要以身作则，正所谓“己所不欲，勿施于人”。将处事之道、为人之理传授给别人的时候，如果连自己都做不到，有谁会听你的呢？要知道，只有自己率先做到，身体力行，别人才会敬重你，才会听从你的管教，接受你所传授的道理。

与砍伐树木、制作斧柄的过程一样，治人也是这个道理。不同的人要采用不同的管理方法，好比说要想管教一个北方人，你不可能用管教南方人的方法去管教他，因为那种方法不适合他，既然不适合，再怎么管教也是无济于事的。所以，做事也好，治人也好，一定要掌握恰当的方法，这样才能用最短的时间、最少的损失，换回最大的收获。

第三章 君子之道，贵在修心

为君子者，必先修心。心正，方能处事。心若正，行为便会端正，做事自然会有条理。我们在社会中，会处在不同的角色之中，无论我们处在哪种角色之中，都要去做符合那种角色的事情：身为子女，要懂得尽孝；身为朋友，要懂得诚信……

君子之道，孝德为一

“君子之道四①，丘②未能一焉：所求乎子以事③父，未能也④。”

【注释】

①君子之道四：君子之道有四点，即孝、忠、弟、信四个方面。

②丘：即孔子，孔子名丘。

③事：侍奉。

④未能也：此处为省略句，全句为“（吾）未能（行）也”，意为“我没有做到”。

【译文】

君子之道有四点，而我孔丘却连其中的一点都没有做到。用我所要求子女侍奉父亲的标准来孝顺父亲，我没有做到。

【赏析】

俗话说："万恶淫为首，百善孝当先。"中国自古以来就是最为尊崇孝道的，在古代的帝王看来，如果一个人连最起码的孝顺父母都做不到，那还怎么指望他能够忠于自己，忠于自己的国家呢？孝，是一个人必备的美德之中，最为重要的一环，如果连最基本的孝道都不能做到，那也无法保证这个人的品行是有多么的端正了。

君子之道，忠诚为二

"所求[①]乎臣以事君，未能也。"

【注释】

①所求：用（我）所要求的事情。求，要求。

【译文】

用我所要求的臣下侍奉君王的标准来尽忠，我没有做到。

【赏析】

身为人臣，理应忠君爱国。为家尽孝，为国尽忠，这是作为国民的本分，是作为国民的责任和义务。为国尽忠，就是要报答国家的恩。于朝中为官，为君主分忧，这是作为臣子来说最应该做到的事情，也是必须做到的事情。身为朝臣，持有官饷俸禄，理应忠君爱民。因为，君为主，民为本，忠君即爱民。辅佐君王把持朝政，使得国富民强，百姓安居乐业，一切行为都以国家为重；遇到君王有失之处，哪怕冒着被杀头的风险也要加以劝谏，这样的大臣才可以被称为忠臣。

君臣有义，“义”即“君仁臣忠”。“仁”是会意字，左边一个“人”，右边一个“二”，两个人。是哪两个人？自己跟他人，想到自己就要想到别人，所以处处要替他人着想。君仁，是处处替下属着想，甚至于不是只有替下属着想，还要替他的家人着想。当一个君主有这样的胸襟，这样的仁厚之心，那下属一定会很感恩他，一定会效忠他。所以“臣忠”的忠是忠于君主，忠于他的本分、他的职责，忠于他的团体。君臣关系是道，仁与忠就是德。

君子之道，事兄为三

“所求乎弟以事①兄，未能也。”

【注释】

①事：做到。

【译文】

用我所要求的弟弟对哥哥的标准来做到恭敬，我没有做到。

【赏析】

家庭之中，要做到长幼有序。长为兄，幼为弟，兄爱弟，弟敬兄，兄宽弟忍，一团和气，不争不贪祖业之产，自然就可以做到长幼有序了。弟弟和哥哥在一起的时候，必须要时刻保持一种恭敬谦虚的态度，要时刻注意礼节，这是做弟弟的本分。

身为兄长，应该时时刻刻都想着弟弟，对弟弟悉心照顾，丝毫不敢懈怠；而弟弟也应该记住哥哥的恩情，因为哥哥自小就照顾自己，关怀备至，这份恩情不能忘掉，所以，弟弟必须要非常敬重哥哥。

兄弟应是同根而生，同气连枝。哥哥的行为若有过失，身为弟弟应该时刻注意进行规劝，不能让哥哥走向歧途，这是身为弟弟有义务要做的一件事，而哥哥也应当听取劝诫，修正自身。当然，弟弟要是行为有过失，哥哥更有义务要进行规劝了。只有相互监督，相互规劝，才有成长的余地，才有和谐的余地。

君子之道，义气为四

“所求乎朋友先施①之，未能也。”

【注释】

①施：施行。

【译文】

用我所要求朋友应该先做到的，我没有做到。

【赏析】

人们常说："在家靠父母，出门靠朋友。"朋友，是我们在为人处世的时候，最不可缺少的一环，如果我们没有朋友，在这个复杂的社会中，是很难立足的。

我们都知道"物以类聚，人以群分"这句话。确实，交什么样的朋友，自己也会成为什么样的人。人的朋友，有益者三友和损者三友。孔子说："益者三友，损者三友。友直，友谅，友多闻，益矣。友便辟，友善柔，友便佞，损矣。"就是告诉我们，好朋友有三种，即直率坦率的、宽容原谅的以及博学多才的，这三种是好朋友，是有益的；与之对应的，还有三种坏朋友，即脾气暴躁的、优柔寡断的以及谄媚奸佞的，在这其中谄媚奸佞的人最坏，这三种人断然不可交。

常言道："近朱者赤，近墨者黑。"我们必须要明白什么是益友，什么是损友。俗话说："患难见真情。"当你事业和地位如日中天之时，很多人都会和你称兄道弟；然而当有一天你滑到了低谷之中，就会发现，之前所谓的"朋友"，其实都是假的，只有在这种情况之下依旧对你保持不离不弃，或者助你一臂之力脱离困境的人，才是真正可交之人。

言行兼顾，庸言之谨

“庸德①之行②，庸言之谨③，有所不足，不敢不勉，有余不敢尽④。言顾行⑤，行顾言，君子胡⑥不慥慥⑦尔？”

【注释】

①庸德：平常的道德。庸，平常的。德，道德。

②行：此处意为践行，实行。

③谨：谨守。

④有余不敢尽：自己的长处不敢随便向别人夸耀。余，长处。尽，夸耀，炫耀。

⑤言顾行：言行要相互兼顾。

⑥胡：怎么。

⑦慥慥（zào）：忠厚老实的样子。

【译文】

践行平常的道德，谨守平常的言论，即使是这样都觉得

有不足之处，不敢不勉励自己继续努力。至于自己的长处，则不敢随便向别人夸耀。说话的时候要想到行动，行动的时候要顾及所说的话，这样的君子怎么会不忠厚老实呢？

【赏析】

常言道："祸从口出。"如果一个人在说话和做事的时候完全不考虑其他人的感受，这个人也不会交到很多的朋友。在人际交往中，要懂得谦虚。正所谓"谦虚使人进步，骄傲使人落后"。如果一个人太过骄傲，会使周围的人觉得这个人不可靠，从而渐渐疏远他，到最后连一个真正的朋友都收获不到，而且，骄傲的人会大肆地宣扬自己的那一点微薄的成功，他们会以自己的那点成绩作为宣扬的资本，这样下去，他们能够看到的也就只有那一点小小的成功，不思进取。而如果一个人时刻保持一颗谦虚的心，无论取得了什么样的功绩，都不会随随便便炫耀出来，别人若是提起会觉得不好意思，对于别人的意见也会进行采纳，这样的人常常会以成绩来勉励自己，期望自己获得更高的成就，他们会找到成功的原因，并沿着它继续走下去，同样也会找到不足之处加以改正，随着时间的推移，会收获到越来越多的成功。这就是说，只有虚心听取别人的意见，改正自身的不足，才会进步。

素位而行，在位谋政

君子素[1]其位而行[2]，不愿[3]乎其外[4]。素富贵，行乎[5]富贵；素贫贱，行乎贫贱；素夷狄，行乎夷狄；素患难，行乎患难。君子无入[6]而不自得[7]焉[8]。

【注释】

①素：名词活用作动词，日常，平常。

②行：行事，做事。

③愿：希冀，希望。

④其外：本位之外的东西。

⑤行乎：做……应该做的事情。

⑥入：所处情况。

⑦自得：自适。

⑧焉：于此。

【译文】

君子安于现状，做的事也是现在所处地位应该做的事情，而不羡慕在此之外的事情。平常处于富贵的地位，就应该做富贵之人应该做的事；平常处于贫贱的地位，就应该做贫贱之人应该做的事；身为夷狄的人，就应该做夷狄应该做的事情；身处患难之中，就应该做处在患难时应该做的事情。对于君子来说，无论处在哪种状态之下，都是安然自得的。

【赏析】

既来之则安之。我们身处不同的环境之中，就要懂得入乡随俗，懂得变通。好比说同人打交道，和不同民族的人打交道，就必须要懂得民族禁忌，如回族人不吃猪肉、土家族忌食狗肉等，稍有不慎便会触犯民族禁忌。如果是陌生人，容易招致别人的反感；如果是朋友，则容易伤了和气，甚至失去友谊。

每个人都有他在社会上的地位，富贵之人有富贵之位，贫贱之人有贫贱之位。富贵之人若是做那些贫贱之人所做之事，则会被人认为是沽名钓誉，容易招致笑柄；而贫贱之人若想行富贵之事，则会被人认为是装模作样攀高枝。所以，身处何种环境之中，就要做相应的事情，不可以做东想西，做出不符合身份的事情。

下不援上，上不陵下

在上位，不陵①下；在下位，不援②上。正③己而不求于人，则无怨。上不怨天，下不尤④人。

【注释】

①陵：通“凌”，傲慢，轻视，侮辱。

②援：攀缘，指刻意去交好有势力的人。

③正：端正。

④尤：抱怨，责怪。

【译文】

处在上位的人不要轻慢在下位的人，处在下位的人不要攀缘在上位的人，端正自己，不对别人处处苛求，就不会有怨言。既不要抱怨天命，也不要责怪别人。

清·黄山寿 《拟古山水其二》(局部)

【赏析】

君子很清楚自己所处的位置，对自己的下级以礼相待，也不会想着依靠奉承上级来获得额外的帮助或优待。君子秉性谦和，所以不会因为身份地位或者其他的原因就看轻别人，如果一个人经常看不起别人，用言语甚至行动去侮辱别人，又怎么会获得别人的礼遇？君子为人正直，所以不会以谄媚之姿去求得别人的好感和恩惠，一个人先尊重自己，才有可能获得别人的尊重。

君子也很清楚自己要做的事，安分的完成自己的工作，也不对别人有很高的要求。自己的事都做不好，更不会对别人指手画脚；别人的工作做得不好，也不应该因此而有这样那样的偏见。做的都是该做的事，说的都是该说的话，这样就不会产生抱怨，一件事做不好可能有许许多多的原因，不能把现状简单归结于种种外部因素。君子不怨天尤人，尽力做自己该做之事，成固然可喜，不成也不会沮丧。

乐天知命，君子居易

故君子居易[①]以俟[②]命，小人行险以侥幸。

【注释】

①易：本应作“平坦”之意，因与后文“险”相对，故此处指安定。

②俟（sì）：等待。

【译文】

所以君子安居现状去等待上天的使命，小人则铤而走险希望总是侥幸。

【赏析】

君子要做到“居易以俟命”。子曰：“吾十五而有志于学，三十而立，四十而不惑，五十而知天命，六十而耳顺，七十而从心所欲，不逾矩。”何谓知天命？人之一生，五十岁已过大半，此时的人生经验和阅历都已非少年人可比，他们已经了解了要完成人生理想的艰难。少年人倘能更早体会到这一点，人生当省去许多曲折了。那么我们就什么都不做了吗？当然不是，这句话是说，我们不要抱着必然成功的希望去做一件事，只要安安分分，尽自己的能力去做了，内心就可以获得满足，正所谓“谋事在人，成事在天”。纷纷繁繁的世界，其中的奥秘如何探索得尽？然而一代又一代地探索不还是在进行吗？

小人“行险以侥幸”，其实这是大多数人的想法。如果有不劳而获的可能，便很可能不愿为此付出更多的努力。如果成功了，便为自己的“侥幸”而沾沾自喜；一旦失败在微小的可能中降临，便又要抱怨自己的运气。生活就在这样不断地感叹与抱怨中度过。能做到居易俟命，“上不怨天，下不尤人”，才能始终以平和的心境对待事情的成败。

三省吾身，求诸其身

子曰："射有似①乎君子，失诸②正鹄③，反求诸其身。"

【注释】

①似：相似，此处指相似的地方。

②诸：兼词，意为"之于"，后面的"求诸其身"亦同。

③正鹄（gǔ）：正和鹄都是指箭靶子，画在布上的叫正，画在皮上的叫鹄。

【译文】

孔子说："射箭有和君子的行为相似的地方，射箭射偏了靶子，要反过来在自己的身上找原因。"

【赏析】

射箭射不准靶心，只能怪自己射艺不精。问题出在自己的身上，而不在靶子上。君子的处事也是这样，事不成才知道自己的不足，能更好地检查自己，督促自己多下功夫。君子对自己严格要求，正如曾子所言："吾日三省吾身，为人谋而不忠乎？与朋友交而不信乎？传不习乎？"时时刻刻不忘检查自己的言行，反省自己的作为。这样精益求精，才能使自己德行更圆满。不仅如此，君子还能做到"闻过则喜"，听到别人说自己的缺点反而高兴，并不为自己有不足的地方而感到羞耻或者难堪，而是高兴自己又可以改正错误。

然而，在生活中有些人并不能像君子这样勇于反省自我和改正完善自我，而是将过错推给别人，岂不是像无端去猜测"正鹄"一样可笑吗？能做到闻过则喜的人就更少，更有闻过则"怒"的，就更加不如了。如是这般，只会让人以为胆小怕事或者好面子。君子勇于改正，时时反省自己的作为，乐于看到自己的缺点，才更让人由衷的敬佩。

一步一步，脚踏实地

君子之道，辟如行远必自[1]迩[2]，辟如登高必自卑[3]。

【注释】

①自：从……开始。

②迩：近的意思。

③卑：低的意思。此处自卑不是一个词。

【译文】

君子的中庸之道，就好像走很远的路一定要从近的地方开始，就好像去很高的地方一定要从低的地方开始。

【赏析】

这里讲了一个很简单的道理，古代先贤们也多次谈及。老子《道德经》有："合抱之木，生于毫末；九层之台，起于垒土；千里之行，始于足下。"荀子《劝学》篇有："不积跬步，无以至千里；不积小流，无以成江海。”这就是君子之道，脚踏实地，不虚不浮。听起来很容易，然而先贤们如此强调，显然正是因为人们都没有认识到这一点；或者，虽明白确实如此，一旦做起事来，又忍不住去想那虚无缥缈的捷径。明知不可，为何还要做？若是希望“碰巧”之类的东西，恰又是“小人行险以侥幸”了。

君子如果有遥远的目标，就不会希望一蹴而就，而是从最基本的地方踏踏实实开始做起。在当今这个一切追求快的时代，“登高必自卑，行远必自迩”就更显出它重要的思想意义。从开头做起，循序渐进不断接近目标，这是直

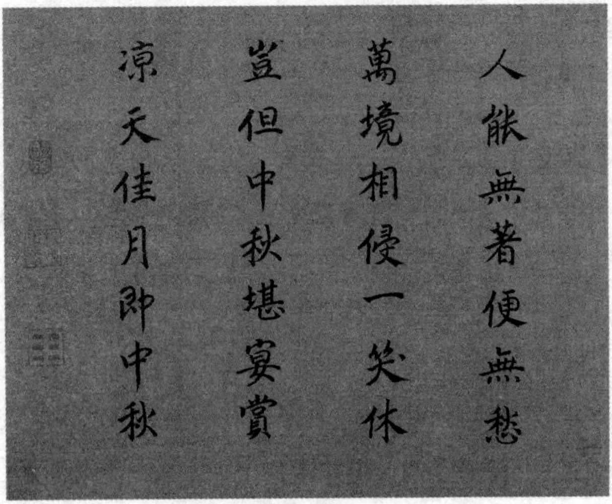

宋·马远 《月下把杯图》(局部)

线的走法，也是君子的选择。追求捷径，希望绕过困难，这是曲线的走法，走过的道路反而更长了。如果使用不轨的手段，即使更快达到，也必然要付出更大的代价。

齐家之道，和乐宜家

《诗》曰："妻子好合，如鼓[①]瑟琴。兄弟既翕[②]，和乐且耽[③]。宜尔室家，乐尔妻帑[④]。"子曰："父母其顺矣乎！"

【注释】

①鼓：这里做动词，鼓动，就是弹琴鼓瑟。

②翕（xī）：和好，融洽。

③耽：爱，喜欢。

④帑（nú）：通"孥"，儿女。

【译文】

《诗经》上说："与妻子和儿女感情和睦，就好像弹琴鼓瑟那样和谐美丽。兄弟相处快乐，又互相爱护。使你的家庭相处融洽，使你的妻子和儿女高兴快乐。"孔子说："这样，父母就会称心如意了啊！"

【赏析】

同是四书的《大学》有云："古之欲明明德于天下者，先治其国；欲治其国者，先齐其家；欲齐其家者，先修其身……"这就是儒家"修身齐家治国平天下"的最高理想的由来。君子先修身，才能接着谈到齐家。这里用了《诗经·小雅》中的词句，从文字内容来看，就是描写了一家美满和谐的景象，正体现了齐家的情景。一个家庭的和谐，要有夫妻的相敬如宾，兄弟之间的和睦相处，子女的快乐成长。而作为父母，看到子孙后代能有这样舒适的生活，就可以称心如意了。使家庭和睦，充满快乐的气氛，也是对父母的孝顺。

中庸之道虽然被奉为最高的道德标准，讲的其实就是为人处世的道理，不一定非要在治国等大事上才能用，生活中说话做事，与家人朋友相处，点滴小事，也可见得中庸的智慧闪光。单就个人来讲，亦是修身之准则，记住，"欲修其身者，先正其心"。

第四章 做人做事，亦乎中和

凡事皆有度，做事不可过度，亦不可不及。为人处世，须学会谦虚，学会讲礼。但凡事都要讲究度。待人谦虚但不过谦，彬彬有礼但不过度，这才能给人留下最好的印象，一旦过度，便会给人一种轻浮的不良印象。掌控做事的度，其实也是一门学问。

孔子不语，怪力乱神

子曰："鬼神[①]之为德[②]，其盛矣乎！视之而弗见，听之而弗闻，体物[③]而不可遗。使天下之人，齐明盛服[④]，以承祭祀，洋洋乎[⑤]！如在其上，如在其左右。《诗》曰：'神之格思，不可度思，矧可射思[⑥]。'夫微之显[⑦]，诚之不可掩如此夫[⑧]！"

【注释】

①鬼神：鬼，古人认为，人死后灵魂不灭，称为鬼。神，古代神话和宗教传说的超自然、主宰物质世界的精灵。在古人看来人的命运和世间事件的发展进程在一定程度上受鬼神的支配。

②德：功德效用。

③体物：体察、生养万物。

④齐明盛服：祭祀前沐浴斋戒，穿上合乎礼仪规定的华

美服饰。齐，通“斋”，斋戒之意。明，洁净。盛服，参加隆重仪式的华美服饰。

⑤洋洋乎：流动充满的样子。

⑥神之格思，不可度思，矧（shěn）可射（yì）思：出自《诗经·大雅·抑》，为卫武公自我警惕的事。格思，来临。思，语气助词。度，猜度，猜测。矧，何况。射，厌倦不敬。

⑦微之显：指鬼神之事既隐微又明显。

⑧诚之不可掩如此夫：恭敬诚实地不可掩藏，竟至于此。

【译文】

孔子说：“鬼神的德行可真是大得很啊！看它也看不见，听它也听不到，但它却体现在万物之中，使人无法离开它。天下的人都斋戒净心，穿着庄重整齐的服装去祭祀它，无所不在啊！好像就在你的头上，好像就在你的左右。《诗经》说：‘神的降临，不可揣测，怎么能够怠慢不敬呢？’鬼神从隐微到显著，真实的东西就是这样不可掩盖！”

【赏析】

在中国古代，圣人孔子对鬼神敬谢不敏。孔子的信仰是礼乐，唯心之所向，意味虔诚，这是一种追求。天地造化谓之鬼神，它是大自然的规律，并不是那些怪力乱神的东西。

把鬼神从怪力乱神中脱胎出来，形成一种特有的功德和善的信仰，可以说这个信仰是人们内心所畏惧的教条和精神法律，是一种道德观和价值观。没有规矩不成方圆，我们可以规定世俗里的条条框框，却不能潜入每个人的精神世界制定规矩，所以信仰具有极高的教化意义，这与儒家的入世原则相得益彰。

孝道典范，舜之大孝

子曰："舜其大孝也与[①]！德为圣人，尊为天子，富有四海之内。宗庙飨[②]之，子孙保[③]之。"

【注释】

①与：通"欤"，语气助词。

②飨（xiǎng）：通"享"，享有。此处指一种祭祀形式。

③保：保有，保持。

【译文】

孔子说："舜是最孝顺的人了吧！德行方面他是圣人，地

位方面他是天子，财富方面他拥有整个四海。宗庙里面祭祀着他，子子孙孙都保有他的功业。”

【赏析】

《孝经·开宗明义章》中有云：“身体发肤，受之父母，不敢毁伤，孝之始也。立身行道，扬名于后世，以显父母，孝之终也。”就是说，保护父母赐予自己的身体不受伤害，这是孝的开端；修养自身推行道义，在后世扬名，因此使父母尊贵，这是孝的终点。舜自身道德高尚，贵为天子治理四海，人们世世代代都纪念他，再没有人能比得过他。孔子认为他是最能体现孝经思想的人，是最大的孝子。

行孝道是自然而然的事情，不需要过多地劝诫，也不需要刻意地雕琢，乌鸦反哺，羔羊跪乳，这是动物的本能，对父母的孝顺也应当是人类与生俱来的本能。无论古今，无论中外，这都是一种理所当然地用以评判人的标准之一。或许不是每个人都可以做到扬名于后世以显父母，但只要能在父母还在的时候好好侍奉，不落得“子欲养而亲不待”，让他们见到自己安身立命，立身行道，也算是尽孝了吧。

大德其位，因材而笃

“故大德[1]必得其位，必得其禄，必得其名，必得其寿。故天之[2]生[3]物，必因其材而笃[4]焉。故栽者培之，倾者覆之。”

【注释】

①大德：指有大德的人。

②之：助词，无意义。

③生：产生。此处生物不是一个词。

④笃：厚待。

【译文】

“所以有很大的德行的人一定能够得到应有的地位和财富，名扬四海，享有很长的寿命。所以，天地生养万物，一定会根据它的材质来对待它。所以栽下去的要使它直着向上生长，倾斜着的要用土盖着（方便吸收土壤的营养）。”

【赏析】

一个人有多大的能力，就可以做多大的事情，就会得到多大的回报。“行人所不能行，忍人所不能忍”，这是很高的德行，会受到别人的敬重，得到上天的使命，同时也会得到“位”“禄”“名”“寿”。不同的人本质不同，经历

清·黄菱 《山水人物手卷（桃花源图）》（局部）

不同，所以能力和特长也不同。能担大任者，一定受过相应的磨炼。如果能力不足，却想着宏伟的目标，就是好高骛远，不能成功。所以我们要清楚自己的“材质”，欣然地去接受“打磨”，从根本上改变自己的材质，生铁百炼成钢，距离“大德”更进一步。

大德之人，受命于天

“《诗》曰：‘嘉乐君子，宪宪①令②德。宜民宜人，受禄于天。保佑命之，自天申③之。’故大德者必受命。”

【注释】

①宪宪：即“显显”，显明兴盛的样子。

②令：美好的。

③申：重申。

【译文】

“《诗经》上说：‘高尚和善的君子，拥有美好的德行，能让人们安居乐业，从上天那里得到福禄，上天保佑他，赐予他重大的使命。’所以有高尚德行的人必定会承受天命。”

【赏析】

君子高尚美好的德行，在生活中就会自然地体现出来。待人以礼，行事稳妥，这样就会让周围的人佩服和崇敬，慢慢地，人们就会主动地向君子学习，效仿君子的作为，这个地方的风气就会越来越好。君子以一个人的行为改变了一地一时的习俗，这就承担了教化的使命，人们崇敬他，赞扬他，这就是上天借人民之手来保佑君子，赐予他福禄。

当上天有某种重大的使命要人们来完成时，一定会有一些征兆或者趋势使人们能察觉到，这个时候君子就会勇敢地站出来接受这个使命，并且君子高尚的德行会使他获得人们的支持，成为承受天命的那个人。

这就是说，君子在不经意间就具备了承担天命的条件，天命降临时也会在千万人中选出德行最高的人，这就是“大德者必受命”的原因。君子“居易以俟命”，平时则立德修身，等待天命。所以我们想要成为能够接受天命的那个人，就要在日常生活中严格要求自己，不断完善自己的德行。

宗庙飨之，子孙保之

子曰："无忧者其惟[1]文王乎！以王季为父，以武王为子；父作[2]之，子述[3]之。武王缵[4]大王、王季、文王之绪[5]，壹戎衣而有天下。身不失天下之显名，尊为天子，富有四海之内，宗庙飨之，子孙保之。"

【注释】

①惟：只有。

②作：创作。

③述：继承。

④缵（zuǎn）：继续，继承。

⑤绪：前人遗留的事业。

【译文】

孔子说："（这天底下）没有忧虑的人，恐怕只有文王了吧！王季是他的父亲，武王是他的儿子，文王继承了父亲的

功业又把它传给子嗣。武王继承了曾祖父、祖父和父亲的事业，起兵推翻了商朝，成为天下的主人，自己在位时扬名于天下，拥有天子的尊贵地位，掌握四海，享受着宗庙的祭祀，子子孙孙保有他的功业。”

【赏析】

开篇说文王是最无忧的人，为何只提其父王季，其子武王，却对文王本人的功业只字不提呢？这里涉及一个传统的家族思想。后面的“父作之，子述之”讲的是一个传承，在精神、德行、信仰方面的传承。周朝的兴盛是从王季开始的，他秉承古公遗道，治理周宗，发展农业，推行仁义，使周逐渐强盛，成为西方霸主；周文王继承父业，在位期间，“克明德慎罚”，勤于政事，重视发展农业生产，礼贤下士，广招人才，使“天下三分，其二归周”，为武王灭商奠定了基础；武王会师孟津，于牧野大败纣王，建立周朝。一个家族一代又一代向着同一个目标不断努力，终于获得成功。

文王作为王季的儿子和武王的父亲，完整地看到了这个目标实现的过程，包括自己所做的努力带来的成果。在文王离世时，商朝已经是摇摇欲坠，西周则欣欣向荣，天下三分，其二归周，能亲眼见证伟大传承的实现，还有什么忧虑和遗憾呢？

周公制礼，仲尼问礼

“武王末①受命，周公②成③文武之德，追王④大王、王季，上祀先公以天子之礼。斯礼也，达乎诸侯大夫，及士庶人。父为大夫，子为士，葬以大夫，祭以士。父为士，子为大夫，葬以士，祭以大夫。期之丧，达乎大夫。三年之丧，达乎天子。父母之丧，无贵贱一也。”

【注释】

①末：末期，就是武王晚年。

②周公：姓姬名旦，是周文王姬昌第四子，周武王姬发的弟弟，曾两次辅佐周武王东伐纣王，并制作礼乐。因其采邑在周，爵为上公，故称周公。周公是西周初期杰出的政治家、军事家、思想家、教育家，被尊为“元圣”和儒学先驱。

③成：成全。

④王（wàng）：此处作动词，以……为王。

【译文】

“武王在晚年受命（掌管天下时间很短就去世了），周公成全文王和武王的德行，追认大王和王季为王，祭祀先人时用天子的礼节。周公制定的礼节，往上直到天子、诸侯和大夫，往下直到士和一般的平民百姓。如果父亲是大夫，儿子是士，那么送葬父亲的时候用大夫的礼节，而祭祀的时候用士的礼节；如果父亲是士，儿子是大夫，那么送葬父亲的时候用士的礼节，祭祀的时候用大夫的礼节。一年之期的丧礼，大夫都要遵守，三年之期的丧礼，天子也要遵守，父母的丧礼，不分贵贱，全部都是一样的。”

【赏析】

这一节讲的是周公创制的礼法。礼节的历史可以追溯到更早，孔子说：“殷因于夏礼，而有所损益，周因于殷礼，而有所损益。”可见至少在夏朝的时候已经有礼存在了。西周初期，在周公的主持下，对以往的宗法传统习惯进行补充、整理，制定出一套行为规范以及相应的典章制度、礼节仪式，大到国家的政治制度，小到个人的日常行为，比以往更加系统和完善了。

周公为何要制礼呢？当今得到公认的说法是为了维护宗法等级制度以巩固周王朝的统治，这是统治者们必然的要求。但不可否认的是，它有效地推动了文明的发展。举例来说，西周初年，世风硗薄，婚俗混乱，为整饬民风，周公把婚礼从男女说亲到嫁娶成婚分纳采、问名、纳吉、纳征、请期、亲迎、敦伦七个环节，每个环节都有具体细致的规定，合称“婚义七礼”。类似的祭祀、朝觐、成人、丧事等，都有相应的礼节约束，使人们做事有据可循，有礼法可依。

行孝之法，善人之意

子曰：“武王、周公，其达①孝矣乎！夫孝者：善②继人之志，善述人之事者也。春秋修其祖庙，陈③其宗器，设其裳衣，荐④其时⑤食。”

【注释】

①达：达到。

②善：善于，擅长。

③陈：陈列。

④荐：进献。

⑤时：应时的。

【译文】

孔子说："武王和周公应该算是孝子了吧！所谓孝顺的人，就是善于继承先人的志向，善于传承先人的未完成的事业。每到春天和秋天就打扫、修缮他们的祖庙，摆放好宗族的器物，把祖先们的衣物拿出来放好，把应时的食物进献给祖先。"

【赏析】

武王和周公实现前人遗志并使先人扬名，孔子赞叹他们是孝子。那么，作为一个孝子，如何纪念先人呢？其实就是时时刻刻不忘先人，无论有什么事都先考虑先人。定期打扫他们的住处，把他们喜欢的东西、想见的东西都放在他们面前，得到什么珍稀物件也要先给祖先过目，子孙有出人头地者，也要及时告知祖先，这就是对先人的孝敬了。

古人相信神明和在天之灵的存在，所以时有祭祀，相信先人们可以感受到子孙的祭拜，可以接收到子孙们传达的信息。这样先人们就会在无形中保佑着家族，使家族人丁兴旺，运道昌隆。在古代，即使官员有罪，祭祀的产业也是不入官的，想是因为念及先人功德吧。现在虽然不信鬼神，但是祭祖仍是必行之事，一是表达对先人的孝敬和追忆；二是增强家族的荣誉感与凝聚力，激励子孙奋发向上，兴旺家族。

凡事有礼，做事有理

“宗庙之礼，所以序昭穆①也；序爵②，所以辨贵贱也；序事③，所以辨贤也；旅酬④下为上，所以逮贱也；燕毛⑤，所以序齿也。”

【注释】

①昭穆：宗庙中神主牌位的序列，一般始祖居中，以下父子按左昭右穆顺序排列，这里指祭祀时排列出父子、长幼、亲疏的次序。

②序爵：祭祀时，参加祭奠的人员按官爵大小，以公、侯、卿、大夫四等顺序排列。

③序事：按照在祭祀时所担当的职务来排列次序。

④旅酬：众人举杯互相劝酒、酬唱。

⑤燕毛：宴饮时依照毛发颜色区分长幼。燕，同“宴”。

【译文】

“宗庙的祭礼，是用来排列昭穆的次序的。按官爵排列次序，是用来区分贵贱的。按职务排列次序，是用来区分贤与不贤的。祭祀后众人举杯劝酒，兄弟间按次序敬酒，是用来表明把祖宗的恩荣赐给年幼的人。按年龄大小安排宴会的座次，是用来排列长幼顺序的。”

【赏析】

中华上下五千年，一直被世人认定为礼仪之邦。我们为人处世讲礼，治国以礼，孝道是礼。孔子将复兴周礼作为最高的精神追求，克己复礼是他的道德追求。

中国古代，一直处于人治社会，制定的法律以当权阶级利益为准则，“礼”这个字就是“理”，让我们规范自己的行为，一旦越过礼的道德标准，就会遭到惩罚和唾弃。所以当法律不健全的时候，“礼”的出现就弥补了这个缺陷。

古代官员想要违法乱纪的时候，虽然法律的空缺使得对他们制约的幅度不大，但是民众有着礼法的认识，但凡为政者不仁不义，不守孝道，都将会被诟病，对他们的政途有很大的影响。

所以，虽然前文对礼法的一些解释在现在的我们看来有些苛刻，但是在古代，却是人们的最高道德准则，上至王公大臣，下至平民百姓，都要追寻礼的约束，甚至可以说，最高统治者可以违法，但是绝对不能违礼。

礼的出现和对人做出的一系列约束，在古代利大于弊，因为它为维护社会的秩序安定做出了巨大的贡献。

做人做事，恰到好处

“践其位①，行其礼②，奏其乐，敬其所尊③，爱其所亲④，事死如事生，事亡如事存，孝之至也。”

【注释】

①践其位：各就各位，坐在与各人身份相称的位置上。

②行其礼：行先王遗传下来的祭祀礼节。礼，这里指祭祀的礼节。

③尊：敬重的（人）。

④亲：爱护的（人）。

【译文】

“祭祀的人走到祖宗的牌位前，行先王遗传下来的祭祀礼节，演奏先王时代的乐曲，恭敬先王所敬重的人，体恤先王所爱护的百姓。侍奉死者就像侍奉活人一样恭敬；侍奉亡故的先人就像他们仍活在世间一样。能做到这些，便是最大的孝了。”

【赏析】

在中国古代，人们对死亡的态度是超然的，不是不怕死，而是他们相信轮回转世，相信死后其实会以另一种形式生存的。所以这句话中充分体现出一个观点，那就是生前和死后都需要祭奠。甚至人们非常看重死后的孝道，所以就有了宗庙之类的东西来缅怀先辈。

对待自己长辈，我们不仅要在他们生前努力尽孝，在

清·焦秉贞《耕织图册6》

他们逝世后，也要追思缅怀。同时我们也从中看出古人的一个想法：所有人都害怕被遗忘，都说人死如灯灭，但是若能流芳百世，倒也没有畏惧了。

孟子曰："养生不足以当大事，惟送死可以当大事。""养可能也，敬为难；敬可能也，安为难；安可能也，卒为难。"倘若死后，后辈不能尽到"慎终追远"的孝道，那么生前再如何孝顺都是没有用的。

孝是儒家理论的一个重点范畴，修身需要做到孝，因为这是一个品德；齐家需要孝，因为这是一种生存之道；治国平天下也需要孝，因为这是一个治国方针。从西汉始，就有以孝治国的方针政策。外戚之所以能肘制皇帝，原因就在一个孝字上了。

治国之道，如烹小鲜

"郊社之礼[①]，所以事上帝也。宗庙之礼，所以祀乎其先也。明乎郊社之礼、禘尝之义[②]，治国其如示诸掌乎[③]！"

【注释】

①郊社之礼：统称祭祀天地神明。周朝时，在冬至这一天于南郊举行祭天仪式，称为“郊”；在夏至这一天于北郊举行祭地仪式，称为“社”。

②禘（dì）尝之义：禘礼与尝礼的并称，这里代指四时祭祀。周礼，夏祭曰禘，秋祭曰尝。古代常用以指天子诸侯岁时祭祖的大典。禘，乃是指天子宗庙举行的隆重祭礼，五年一次大祭，极为隆重，只有天子有权举办。尝，秋祭，为宗庙四时祭祀之一，每年秋季举行。

③如示诸掌：就像人们看到自己的手掌一般。示，同“视”。

【译文】

“冬至时在南郊举行的祭天的礼仪和夏至时在北郊举行的祭地的礼仪，是用来侍奉天神和后土的。在宗庙举行祭祀礼仪，是用来祭祀祖先的。明白了祭祀天地的礼仪，明白了天子在夏季和秋季举行的盛大祭祀礼仪的含义，要治理好国家就像把东西放在手掌上来看那么清楚明白。”

【赏析】

前面一章说到孝道，这章讲述的是祭祀的礼仪，但是我们依然能从其中看到为人处世的章法。孔子也把“祭祀”

的一些章程和治理国家做了比较。要想治理国家，就必须先了解这个国家。没有调查就没有发言权，如果对一个事情没有具体的认知，如何能去摸清它的规律？

孔子之所以做这样的比较，也有他的道理。

先秦时代的政治还是“嫡长子继承制”，但是如果这个嫡长子没有能力继承，他底下的兄弟们不服从他时，祭祀的作用就显现出来了。每逢祭天，他们该站的位置，该做的事都有详细的说明。

所以祭祀其实是与政治挂钩的，这就是孔子为何要做这样的比较的原因。

谈到治国，也是一门大的学问。治理一个国家，并不单单需要一个杰出的君主，还需要在一旁默默辅助的贤官们，更要有一群爱国信国的人民，君主就相当于烹饪中必需的油，而贤官们则是不可少的佐料，人民就是要精心控制的火候，这三样当中，若一样没做到位，那这盘菜也就无法色香味俱全了，这不单单是留下了遗憾，也使国家得不到更好的治理。

第五章 哀公问政，何以治国

为政者，上到统治阶级，下到老百姓，都对一个国家的繁荣昌盛和长治久安起到了重要作用。到了现代社会，这个道理同样适用，哀公问政，先贤之德，值得我们好好学习。

哀公问政，治国之道

哀公问政。子曰："文武之政，布在方策[1]。其人存[2]，则其政举；其人亡，则其政息[3]。人道敏政[4]，地道敏树。夫政也者，蒲卢[5]也。故为政在人，取人以身[6]，修身以道，修道以仁。"

【注释】

①布在方策：记载于方册之中。布，陈列。方，书写用的木板。策，书写用的竹简，古时候用木板竹简记载政事。方策即"方册"之意。

②其人存：倡导某项政治措施的人处于相应的位置。其人，指文王、武王。

③息：灭，消失。

④人道敏政：人对政令的反应是敏锐的。人道，人的天性。敏，迅速，敏锐。指各种政策的快迅推行。

⑤蒲卢：即蒲苇。

⑥取人以身：意味着要得到贤臣的辅助，君王就要加强自身的道德修养。

【译文】

鲁哀公问为政的道理。孔子回答说："周文王和周武王的施政，都记载在竹简和木牍上面。当他们在位的时候，他们的教化就能施行；他们死了，他们的教化也就灭亡了。以人来施政的法则，是希望政教能快速推行，而利用土地种树的法则，是使树木快速生长。施政的道理，是希望如同蒲卢一般快速生长。所以为政之道，在于得到人才，而得人才的方法，在于领导者能修养自身，以德行感召人才。"

【赏析】

纵观《中庸》全篇，哀公问政，是整篇文章的重点内容，讲述了当政者的为政之道。该怎样治理国家和人民，这是历来所有政治家们探寻的问题。

孔子将施政比作种树，将施政过程比作"蒲卢"，蒲苇是一种柔韧且生长快速的植物，施政也是这样，推行政令的时候一定要迅速，做好一系列的准备方案，因为时机不待人，一旦更换了统治者，就会有新的政令出来。孔子向哀公提出了这个问题的应对方法。将一种治国理念传承下去，需要为政者“为政在人，取人以身”，统治者以身作则，加强自身的修养。孔子认为，上行下效中，关键是在“上”。

当然，这里孔子所阐述的中心实际上还是在个人的修养上，而非政治。他所提倡的是“人的本身”而不是行为的本身。这两者是有区别的，内心和行为的步伐有些时候并不相同。比如说，一个人内心中想着某种恶念，做的却是善事。当然这种比喻只是一个极端的说法。

哀公问政这篇的关键就在“上”，我们可以把全篇看成是一则劝谏君王的谏疏，是一篇集合了儒家修身与治国辩证关系的精华的文章，被历代明君推崇。

仁德之道，君子守之

“仁者，人也，亲亲①为大。义者，宜也，尊贤为大。亲亲之杀②，尊贤之等，礼所生也。在下位不获乎上，民不可得而治矣③。故君子不可以不修身。思修身，不可以不事亲；思事亲，不可以不知人；思知人，不可以不知天。”

【注释】

①亲亲：前者为动词，做相亲相爱解释。后者是名词，指亲人，父母兄弟。

②亲亲之杀（shài）：指相亲相爱的血缘亲族根据血缘关系的远近而有所区别。杀，等差，区别。

③在下位不获乎上，民不可得而治矣：处在下位的人，得不到上级的信任，百姓就不可能治理好了。郑玄说："此句在下，误重在此。"当删。

【译文】

"所谓仁，就是人性，以爱自己的亲人最为重要。所谓义，就是事事合宜，以尊敬贤德的人最为重要。亲人之爱有亲疏等差之别，贤能之士也有等级，礼节就是因此而产生的。处在下位的人，得不到上级的信任，百姓就不可能治理好了。所以作为君子，不能不注意自我修养。想要提高自我修养，就不能不侍奉双亲。想要侍奉双亲，就不能不了解人性。想要了解人性，就不能不了解上天。"

【赏析】

儒家用"仁、义、礼、智、信"来评论一个人是否是一个合格的君子，其中"仁"，排在第一位，足以说明儒家的价值观。孔子也将“仁”作为儒家的最高道德标准。一个“仁”包含了很多意思，胸怀宽广、心地善良这些说的都是“仁”。一个人只有心存善念，才能成为一个方端君子。同时孔子又将“仁”推及统治者身上，这就是“仁德之政”的必要条件。前面已经说过了上行下效的道理。当上层阶级施行仁德之政时，那么下层阶级自然而然也会民风淳朴、路不拾遗。

在《易经》中，也对“仁”做出了三种解释。

第一，它代表数目字，复数。指不仅是我一个人，还有除我以外的很多人；老吾老以及人之老，幼吾幼以及人之幼，要将心比心对待每一个人。

第二，代表天、地，指做人要效法天地。“三”代表天、人、地三才。“仁”字从二不从三，即要化掉人心，只怀天地心，以天性善良、地德忠厚的心来为人处事，即有博爱心、包容心，自会产生仁爱心。这是个人自我提升之道。

第三，作“上”字用，为上，代表崇尚、提升、升华。

儒家对“仁”的重视是毋庸置疑的，仅在《孟子》一书中，就出现很多次。

哀公问政，五项伦常

天下之达[1]道五，所以行之者三。曰君臣也，父子也，夫妇也，昆弟[2]也，朋友之交也：五者，天下之达道也。

【注释】

①达：实现。

②昆弟：同昆仲，指兄和弟。比喻亲密友好。

【译文】

天下可以实现仁道的途径有五个，可以实行的修养有三个。君臣、父子、夫妇、兄弟、朋友之间的交往，这五个是实现仁道的途径。

【赏析】

这章讲述了传统意义上的道德伦理规范，即君臣、父子、兄弟、夫妇、朋友，都有一套必须遵循的伦理规范，而且这种规范被认为是天经地义、无可否认的。这共有的五项伦常关系，除了因我国废除了君主制而再无君臣关系外，其他几项关系都依然是与我们血肉相连而不可分割的，也都是需要我们正确处理而不可忽视的。

中庸将“君臣”关系放在首位，这与儒家的三纲五常有关，“三纲”指“君为臣纲、父为子纲、夫为妻纲”，而“五常”即“仁、义、礼、智、信”，是用以规范君臣、父子、兄弟、夫妇、朋友等人伦关系的行为准则。

在封建王朝，君臣关系是一门大学问。对于君王来说，驾驭好臣子，就等于将国家治理好了一半。对于臣来说，要处理好与统治者之间的关系，做到君臣相得。所以在所有伦常中，这些关系都是相互的，是儒家不能不研究的一门入世学问。

对于我们现代社会来说，所谓的处理好人际关系，无非就是这五项，只是将君臣关系转成上司和下属的关系罢了。

天下达德，为人之道

知、仁、勇三者，天下之达德也，所以行之者一也。或生而知之[1]，或学而知之[2]，或困而知之[3]，及其知之一也。或安而行之[4]，或利而行之[5]，或勉强而行之[6]，及其成功一也。

【注释】

①生而知之：常用来形容天资聪颖的人，不用学习就能领悟。

②学而知之：指通过学习而求得知识、学问。

③困而知之：指因产生困惑后才知道的人。

④安而行之：指安然去做，顺天由人，无为而为。

⑤利而行之：指在利益的诱惑下欣然地去做。

⑥勉强而行之：被迫勉强地去执行。

【译文】

智慧、仁德、勇敢这三项德行是用来处理这五种关系的德行，这三种德行和五项大道的实施，就在于诚恳笃实，道理都是一样的。有的人生来资质好，就知晓大道，有的人通过刻苦学习才知道它们，有的人要遇到困难后才知道它们，但只要他们最终都知道了，那他与别人的收获就是一样的了。对于这些大道和德行地实施，有的人自觉自愿去实行它们，有的人为了某些好处才去实行它们，有的人被迫勉强去实行，但只要他们最终都实行起来了，他与别人的成效也就是一样的了。

【赏析】

孔子把“智”“仁”“勇”这三种品质称为“君子道者三”，认为这是一个品行高尚的君子必须具备的三种美德。所以这章的重点就在这三个字的理解上，能够做到这三点，基本上就达到了君子的要求。

“知”通常也写作“智”，是指对事物具备深刻的解读能力，即洞察力。要想解读人、洞察状况、预测未来，都必须具备“知”。的确，如果具备了这个，不管遇到怎样的情况，都能够做出正确的判断。

元·王振朋 《伯牙鼓琴图卷》（局部）

“仁”是指同情心，也可以说成是发自内心的仁慈。曾经有人说过：“人要坚强才能生存，要和善才有生存下去的资格。”而和善的母体即是“仁心”。

“勇”是指勇气。也就是要有把某件事干到底的挑战精神，还包括由此衍生出的决断力。如果不具备这些，就无法达成工作目标。

所以，喜欢学习，就能接近智慧；努力行善，就能接近仁义；知道羞耻，就能接近勇敢。知道了这三个方面，也就知道了怎么样来修养身心。这是为人处世的方法。

天下达德，为政之道

子曰：“好学近乎知①，力行近乎仁，知耻近乎勇。知斯三者，则知所以修身；知所以修身，则知所以治人；知所以治人，则知所以治②天下国家矣。”

【注释】

①知：智慧。

②治：治理。

【译文】

孔子说："喜欢学习的品格接近于智慧，努力行善的品格接近于仁爱，知道羞耻的品格接近于勇敢。一个人懂得这三点，也就懂得如何修养自己的品德了，知道了怎样修身就会知道怎样去治理人民，知道如何治理人民就知道了怎样去管理国家。"

【赏析】

孔子所说的"好学近乎知，力行近乎仁，知耻近乎勇"是儒家对知、仁、勇"三达德"的一种阐发。上章我们讲到，天下达德，这章就是中庸基于为人三德上，对政治领域的延伸。

我们一直在强调，中庸是修身和修心的学问。故而，一个人先要修身才能修心，为政者也要先修身才能治国。

修身的前提条件就是你要知道你到底有什么是需要改变的，或者说有什么是需要再加强的。这可以延伸到"自我反省"的命题上来。反省最大的优势就是可以改变一个人的心态。能够清楚地认识到自己的缺点的人，才是有进步空间的人，这也就是孔子所说的"知耻而后勇"。这里的"勇"除了理解成勇敢，也可以理解成奋发，只有知道自己的缺点，才能努力向上。

在古代，曾子给我们留下了自我反省的方法。《论语》中曾子曰："吾日三省吾身，为人谋而不忠乎？与朋友交而不信乎？传而不习乎？"古往今来，无论个人还是群体，知耻与不知耻的情形大不一样。纵览历代圣人贤哲，哪一位不是知耻惜荣的人杰？

所以，要修身和治国，不仅要知道自己为人所耻的地方，最重要的还要加以改正。否则毫无用处。

治国九经，行之者一

凡为天下国家有九经①，曰：修身也，尊贤也，亲亲也，敬大臣也，体②群臣也，子庶民③也，来百工④也，柔远人⑤也，怀诸侯⑥也。修身则道立，尊贤则不惑，亲亲则诸父昆弟不怨，敬大臣则不眩⑦，体群臣则士之报礼重，子庶民则百姓劝⑧，来百工则财用足，柔远人则四方归之，怀诸侯则天下畏之。

齐明盛服⑨，非礼不动。所以修身也。去谗远色⑩，贱货而贵德，所以劝贤也。尊其位，重其禄，同其好

恶，所以劝亲亲也。官盛任使[11]，所以劝大臣也。忠信重禄[12]，所以劝士也。时使薄敛[13]，所以劝百姓也。日省月试，既廪称事[14]，所以劝百工也。送往迎来，嘉善而矜不能[15]，所以柔远人也。继绝世，举废国[16]，治乱持危，朝聘以时[17]，厚往而薄来，所以怀诸侯也。凡为天下国家有九经，所以行之者一也。

【注释】

①九经：九条纲领、准则。

②体：体谅，体恤。

③子庶民：以庶民为子。

④来百工：招致各种工匠。

⑤柔远人：以柔婉之道安抚边地来的人。

⑥怀诸侯：对地方诸侯给予安抚和保护。

⑦不眩：没有疑惑。

⑧劝：劝勉。

⑨齐明盛服：斋戒沐浴，穿上干净的衣服。

⑩去谗远色：远离专门背地里说他人坏话的人，远离美色。

⑪官盛任使：官员众多，多到足够听人差遣。

⑫忠信重禄：厚养忠信之士。

⑬时使薄敛：役使百姓不误农时，并减轻其赋税负担。

⑭既（xì）廪（lǐn）称事：派发的利禄与工作业绩相称。

⑮嘉善而矜不能：嘉奖善行，体谅失误。

⑯继绝世，举废国：延续中断的家庭世系，复兴没落的邦国。

⑰朝聘以时：诸侯定期朝见天子。每年一小见叫小聘，三年一见叫大聘，五年一见叫朝聘。

【译文】

但凡治理天下国家都有九条规律，即提升修养、尊敬贤者、亲近亲人、敬重大臣、体恤群臣、爱民如子、兴旺百业、怀柔四方、威慑诸侯。提升自身的修养，就能立道。尊敬贤者，就不会疑惑。亲近亲人，那么父母兄弟对你就不会有怨恨。敬重大臣，则不会被小人迷惑。体恤群臣，那么群臣就会勤勉以报答你的倚重。把平民都当成自己的子女，那么百姓就会爱戴你。使百业兴旺，那么财富就会充足。对四方怀柔，则四方都会归顺于你。对诸侯威慑，那么天下的人就会敬畏你。

内心虔诚外表端庄，不符合礼仪的事坚决不做，这才是提高自身品德修养的方法。驱除谗邪的小人，疏远美丽的女色，看轻财物而重视德行，这才是劝勉贤人的最好方法。加升他们的爵位，给他们以丰厚的俸禄，与他们爱憎相一致，

这才是劝勉人们去团结亲族的好方法。为大臣多设属官，让众多的官员供他们使用，使大臣不亲细务，集中精力考虑国家大事，这是为了敬重大臣。对待士人要真心诚意地任用他们，并给他们以较多的俸禄，这才是劝勉士人为国效力的好方法。役使百姓要适时，赋税征收要减轻，这才是劝勉百姓努力从事生产的好方法。天天省视工匠的工作情况，月月考察他们的技术本领，发给他们的粮米薪资要与他们的功效相称，这才是劝勉各种工匠努力工作的好方法。对于远方的客人，要盛情相迎，热情欢送，对其中有善行的人要给予嘉奖，对其中能力薄弱的人要给予同情，这才是招徕远方来客的好方法。延续已经绝禄的世家，复兴已被废灭的国家，整顿已经混乱的秩序，扶救处于危难之中的国家，让诸侯各自选择适当的时节来朝聘，贡礼薄收，赏赐厚重，这才是安抚四方诸侯的好方法。但凡治理天下国家有九条常规，但是，实行这些常规的方法只是一条，即诚实专一。

【赏析】

如果说哀公问政是整个中庸的政治核心，那么本章便是哀公问政的核心。我们知道，古代的政治体制，说到底还是“人治”，最终目的还是为统治阶层服务。举一个很简单的例子，如果一个人犯了很大的罪，要被判刑，但是如果统治者当时的心情好，赦免他也是很简单的事情，一道命令就能更改法律的裁决。所以我们现在谈到九经治国，根本还是在“修身”上。这也就是我们前面所谈到的中庸的核心。

修身、尊贤、亲亲、敬大臣、体群臣、子庶民、来百工、柔远人、怀诸侯，这些其实就是《大学》中所讲到的修身、齐家、治国、平天下的道理，只不过九经比四纲更具体化了。不管是九经也好四纲也罢，修身仍是根本。

现在的社会已不再是君臣的国度了，那些繁文缛节也要在现代生活中做出修改，但是这里面体现出来的修身、尊贤、亲亲这三条却是可以继续保持发扬的。因为无论是什么样的社会，都需要不断修养自身品德，尊重贤德之人，亲近爱护自己的家人。

这里虽然说的是治国，但是我们也可以从政治的领域学到做人的道理，或者说从治国的领域学到做人的道理，任何学问都是相通的，需要研究透彻。

明·仇英《梧竹书堂图》

事豫则立，不豫则废

凡事豫①则立，不豫则废。言前定则不跲②，事前定则不困，行前定则不疚，道前定则不穷。

【注释】

①豫：同“预”，预备。

②跲（jiá）：说话不通畅。

【译文】

任何事情，事先有预备就会成功，没有预备就会失败。说话先有预备，就不会中断；做事先有预备，就不会受挫；行为先有预备，就不会后悔；道路预先选定，就不会走投无路。

【赏析】

伟大领袖毛泽东在《论持久战》里写道：“‘凡事豫则立，不豫则废’，没有事先的计划和准备，就不能获得战争

的胜利。”

这章讲述的道理其实就是做事要有准备。我们不能只是为了有路可走，盲目地进行选择，抱着走不通再换的想法。到那时，我们只能碰得头破血流，最后输掉的是年轻的资本。我们对未来应该有一个充分的规划和预期，每一步应该怎样走，心中都要有一个明确的计划。要知道，成功往往不是站在自信的一方，而是站在有计划的一方。这就是这章教给我们的道理。

性之本善，诚身有道

在下位不获乎上，民不可得而治矣①。获乎上有道：不信乎朋友，不获乎上矣。信乎朋友有道：不顺乎亲②，不信乎朋友矣。顺乎亲有道：反诸身不诚③，不顺乎亲矣。诚身有道：不明乎善，不诚乎身矣④。

【注释】

①民不可得而治矣：不能得到人民，并将其治理好。

②顺乎亲：顺从父母的心意，使父母高兴。

③反诸身不诚：反省自己的不真诚。

④不诚乎身矣：对自身就不可能诚实了。

【译文】

处在下位的人，得不到上级的信任，百姓就不可能治理好了。要得到上级的支持是有方法的：交朋友要讲信用，得不到朋友的信任，就不会得到上面的信任；要得到朋友的信任也有方法：对父母要孝顺，不孝顺父母，就得不到朋友的信任；孝顺父母也有方法：要使自己诚实，对自己不真诚，就不能孝顺父母；使自己真诚也有办法：不明白什么是善，就不能够使自己真诚。

【赏析】

我们都知道这样一个道理：做好事福至，干坏事祸来。公开做了好事，会有人来奖励他的操行；暗中做了好事，天地会回报应的德行。不论贵、贱、贤、愚的人，他们都相信这个说法。不是不报，是时候未到。人都会以行善得福，为恶遭祸。如果有两种观点摆在世人面前：性善论和性恶论，你选择哪一个？相信我们都会选择相信性善论。当然这两种观点都是历来备受争议的哲学议题，没有明确的回答。但是我们还是相信这个世界的本质是美好善良的。

第六章 诚在于心，明在于德

真诚的原则是无愧于心，做任何事情，我们最先要问自己：可以做吗？会不会违背自己的本心？人生在世，我们却也不能完全由着自己的性子做事，本心就是在一步一步修炼中，变得越来越赤诚，越来越强大。从心出发，修身修德，是由内而外的变化，也是最值得提倡的行为论。

真诚原则，从容中道

诚者，天之道也①；诚之者，人之道也②。诚者，不勉而中，不思而得，从容中道③，圣人也。诚之者，择善而固执之者也。

【注释】

①诚者，天之道也：意味着天道的通行是真实无妄的。

②诚之者，人之道也：人生活在天地中，应当努力遵循诚实的天性。

③从容中道：言行举止自然得体，合乎中庸之道。

【译文】

诚实是天道的法则，做到诚实是人道的法则。天生诚实的人，不必勉强为人处世合理，不必思索言语行动得当。从容不迫地达到中庸之道，这种人就是圣人。做到诚实的人，就必须选择至善的美德，并且要坚定不渝地实行它才行。

【赏析】

这章讲的是“诚”。一个“诚”字简简单单、坦坦荡荡，经过各朝各代人的推敲，形成了内涵丰富的“诚”之奥义。说到这个字，有人会想到“诚信”“诚实”“真诚”等等。其实“诚”不仅是形容一个人品德的字，还是一种治国手段。

当然这章中重点讲的还是人的品格和对事情的认识。

如文中所讲，这种在圣人身上才能出现的“诚”，应该是“至诚”。因为人无完人，随着我们的成长，“诚”就会慢慢为世俗改变。当然这种改变也是为了适应这个社会。

《易经》里说：“天地感，而万物化生；圣人感人心，而天下太平。”这表示了“诚”的重要性，如果天地能够交感，则能使万物化生，如果圣人能感人心，那么天下一定会变得太平。

其实，《中庸》也提到过：“诚者，自成也，而道自道也。诚者，物质之终始，无诚不物。”这说明“诚”作为一种精神力量，有着能使天地万物具有生命力和凝聚力的能力。

宋代理学家朱熹也表示：“诚者，真实无妄之谓。”他肯定“诚”是一种真实不欺的美德。这说明了人要说真话、做实事，反对欺诈和虚伪。

“诚”之一字，已经成为中华儿女为人处世、立国安邦之根本，是一种代代相传的美德。

笃实履行，持之以恒

博学之，审问之，慎思之，明辨之，笃行①之。有弗学，学之弗能弗措也；有弗问，问之弗知弗措②也；有弗思，思之弗得弗措也；有弗辨，辨之弗明弗措也；有弗行，行之弗笃弗措也。人一能之，己百之；人十能之，己千之。果能此道矣，虽愚必明，虽柔必强。

【注释】

①笃行：笃实地履行。

②弗措：不停止，不罢休，不半途而废。

【译文】

要广博地学习，要对学问详细地询问，要慎重地思考，要明确地辨别，要切实地力行。不学则已，既然要学，不学到通达晓畅绝不能终止；不去求教则已，既然求教，不到彻底明白绝不能终止；不去思考则已，既然思考了，不想出一

番道理绝不能终止；不去辨别则已，既然辨别了，不到分辨明白绝不能终止；不去做则已，既然做了，不确实做到圆满绝不能终止。别人学一次就会，我要学一百次；别人学十次就会，我要学一千次。如果真能够实行这种方法，即使是愚笨的人也一定会聪明起来，即使是脆弱的人也一定会坚强起来。

【赏析】

不管是学习课本知识，还是学习某种技能，都需要经过反复训练才能完成。

博学、审问、慎思、明辨、笃行。这五个词是为了告诉我们，学习首先要学会广泛涉猎，有了知识，才会存有疑惑，存疑代表我们会有针对性地提问请教。长此以往，我们就学会了周全地思考问题，形成清晰的判断力，这样，才能通过学到的知识，指导我们日后的所作所为。

学习最重要的是端正态度，要有一颗孜孜不倦、坚持不懈的心。对于一件事情，不做则已，既然做了，就一定要做到最好。也许作为芸芸众生中的一人，并没有天才的能力。但是，天才一学就会，我们可以学习百次，天才十次就明白，我们可以做一千次。只要有这种韧劲，哪怕开始迟钝一点，可总会变得聪明；开始柔弱的人，也会变得强壮有力。

自诚则明，自明则诚

自诚明[1]，谓之性；自明诚，谓之教。诚则明矣，明则诚矣。

【注释】

①自诚明：由于诚恳而明白事理。

【译文】

由于诚恳而明白事理，这叫作天性；由于明白事理而做到诚恳，这是教育的结果。真诚就会明白事理，能够明白事理也就能够做到真诚了。

【赏析】

《中庸》里认为“自诚明”是一种天性，这种天性不是指明白事理，而是指由于诚恳而明白事理的这个过程，这个自然而然的自我反应过程才能被称为天性。在儒家思想

中诸如此类的天性有很多。简单的有“性善论”和“性恶论”，而复杂的有像“自诚明”这种过程的天性。

人能够明白事理，就可以确定自己内心所向的目标，进而指导自己的行为。人也可反躬自省，自己的行为是否合于心中向善的本性，即真诚。如此一来，真诚与明白事理互为促进、相辅相成。“自诚明”是说由真诚而明理。“自明诚”是说由明理而真诚。不论是出于天性或是教育的结果，一个人处世立身的原则都应是为仁行善、自觉自愿、不为外在力量所促使，如果可以做到这样，人就能达到至真至纯、至善至美的境界。

天下至诚，能尽其性

唯天下至诚，为能尽其性[1]；能尽其性，则能尽人之性；能尽人之性，则能尽物之性；能尽物之性，则可以赞[2]天地之化育[3]；可以赞天地之化育，则可以与天地参[4]矣。其次致曲，曲能有诚，诚则形[5]，形则著[6]，著则明[7]，明则动，动则变[8]，变则化[9]，唯天下至诚为能化。

【注释】

①尽其性：充分发挥人之本性。

②赞：赞助。

③化育：化生和养育。

④与天地参：与天地并立为三。

⑤形：显露、表现的意思。

⑥著：显著，昭著。

⑦明：光明。

⑧变：变革。

⑨化：化育。

【译文】

只有至诚恳切的人，才能尽力发挥他的本性；能尽他自己的本性，就能尽知他人的本性；能尽知他人的本性，就能尽知万物的本性；能尽知万物的本性，就可以帮助天地万物的化育；能帮助天地万物的化育，就可以与天地并列为三了。一般的人致力于某一方面也能做到真诚。做到了真诚就会表现出来，表现出来就会逐渐显著，显著了就会发扬光大，发扬光大就会感动他人，感动他人就会引起转变，引起转变就能化育万物。只有天下最真诚的人能化育万物。

【赏析】

本段所谓人尽其性、物尽其性，就是儒家所讲究的穷理尽性。穷理尽性，就是充分发挥人的本性，穷究事理，以得其所。同时，人尽其性，也表达出儒家思想中追求人性自由、摆脱俗世束缚的意味。古往今来，在人们的固有观念中，儒家思想带有固有的刻板印象，一旦遇到重大的革新运动，第一个开刀的总是儒家思想。《中庸》是儒家至典，细细品味原文，会发现有些固化的印象，其实是为了统治需要所曲解，而今品读此章，可以看到儒学中对自由和人性的探讨。人性发展到极致就是自由。而在本篇中所表达的不仅仅是人尽其性，还有人尽其性的最高境界——达到天人合一。

国家兴亡，必有征兆

至诚之道，可以前知[1]。国家将兴，必有祯祥[2]；国家将亡，必有妖孽[3]。见[4]乎蓍龟[5]，动乎四体[6]。祸福将至：善，必先知之；不善，必先知之。故至诚如神[7]。

【注释】

①前知：预先知晓。

②祯（zhēn）祥：吉祥的征兆。

③妖孽：在古代指物类反常的现象。草木之类称为妖，虫豸之类称为孽。这里比喻邪恶的人或事。

④见（xiàn）：同“现”，呈现。

⑤著（shī）龟：蓍草和龟甲，用来占卜。

⑥动乎四体：从人们的四肢举动上可以看出来。

⑦如神：如神一样妙不可言。

【译文】

以极为诚恳的精神求告上天神灵，可以获得预先知道未来事件的能力。如果国家兴盛，一定会有吉祥的事情作为先兆；如果国家即将衰落，也一定会有妖魔鬼怪等怪事出现。呈现在蓍草和龟甲上，表现在人们的四肢举动上。祸福将要来临前：福，可以预先知道；祸，也可以预先知道。所以说，至诚的心可以通灵预知。

【赏析】

人们常说：善恶有报，不是不报，时候未到。中国人的传统哲学观中总是流露着善恶终有报的思想，普通人不能做坏事，否则就会招来灾难，手握大权者不能做坏事，

否则就会有亡国的祸患。

在传统的人治社会中，君王往往具有超凡的权力，他们决定这天下的兴亡，有时候他们的个人道德的高低直接决定这个国家的政治走向，所谓性灵方能预知未来的事件，不过是仁人志士通过君王的品行、作为去判断这个国家最终的前途。

当君王品行出众，并且具有相当的治世之才时，往往国泰民安，老百姓安居乐业，在这样的状况下，人们就会通过这种方式对君王歌功颂德，自然就会出现所谓的吉兆，事实上这反映了明君的人心所向。

如果君王的品行败坏，治理国家一无是处，在他们的统领下，国家一直走下坡路，老百姓居无定所，没有饭吃没有衣穿，在他们的心中就会将君王妖魔化，并希望通过神鬼妖怪来替天行道，这就是所谓的凶兆，反映了昏君的人心所背。

其实，简而言之，所谓国家兴亡的吉凶之兆不过就是反映了民心向背的问题，当权者应当时刻自省，看清楚人心，掌握民意，才能自然“性灵”，懂得如何治世才能长治久安。

自我完善，自我成全

诚者自成[1]也，而道自道[2]也。诚者物之终始，不诚无物。是故君子诚之为贵。

【注释】

①自成：自我成全，自我完善。

②自道：自我引导，自我规划。

【译文】

有诚心的人成就自我，而道路是自己找到的。诚心贯穿万物的始与终，没有诚心，万物的存在就没有意义了。所以君子看重诚心。

【赏析】

用心专一，恭敬于事，则能获得好的结果。正如《礼记》中所讲的正心、诚意、格物致知一样，只要虔心诚意，就能灵验；只要有坚定的信念，正确的心态，愿望就会实现，这就是心诚则灵。

怀着一颗永不放弃、至死不渝的真诚的心，就会给人带来永不言败、锲而不舍的精神意念，好的结果自然水到渠成。“灵不灵”其实在很大程度上取决于个人的内心。尽管结果的好与坏存在着许多不确定因素，但总有一些因素是由心而定的。相信只要忠诚地对待自己的理想，真诚地对待自己的学业和事业，坦诚地对待自己的亲朋好友……好的结果就会出现，忠诚度、真诚度、坦诚度越高，好的结果就会越早出现。

清·黄山寿 《拟古山水其三》

人不诚无以立。商人做事不诚，生意就会一落千丈；文人做事不讲诚信，文章就会一文不名；统治者如果做事不诚，国家就会岌岌可危。诚不仅是一种品德，更是一种实力和信心的象征，所以只有做到心诚，才能做好人，做好事，管理好国家。

因此，以诚待人，不仅可以成就自己，还可以影响身边的人，引导他们做一个讲求“诚”的人，以自身品德影响他人，让他们在无形中改变自己。这也是君子所追求的一种道义吧。

以诚相待，相辅相成

诚者，非自成己①而已也，所以成物也。成己，仁也；成物，知②也。性之德③也，合外内之道也，故时措之宜也。

【注释】

①成己：完善自己。

②知：同“智”，智慧。

③性之德：源自本性的德行。

【译文】

真诚，并非只是自我完善就够了，还要用来成就万物。自我完善，是仁义的表现；成就万物，是智慧的体现。天赋的真诚品德，是结合了自身与外物的道理，因此适时运用才是适宜的。

【赏析】

世上无难事，只怕有心人，只要专心诚意去做，什么疑难问题都能解决。人的诚心所至，能感动天地，使金石为之开。尽管有些夸张的成分，但是我们依然可以看出诚心的重要性。

俗话说，做事先做人。待人以诚要用心去换心，以真诚去缔造真诚，以友谊去缔造友谊。要想以诚待人，首先要学会做人，堂堂正正做人是为人的最基本准则，是一切道德之首，是人格品德的核心所在。它包含了丰富的内容：在事业追求中，视集体的利益和人民的利益高于一切，并以树立“诚信为本”的思想和精神去爱岗敬业、无私奉献。在这种前提下来谈待人，应该是谦虚谨慎，不骄不躁，说老实话，办老实事，做到言行一致，表里如一。在生活中要严格要求自己，以平常心处事，不与他人攀比。

至诚无息，悠久无疆

故至诚无息[1]。不息则久，久则征[2]，征则悠远，悠远则博厚，博厚则高明。博厚，所以载物[3]也；高明，所以覆物[4]也；悠久，所以成物[5]也。博厚配地[6]，高明配天，悠久无疆[7]。如此者，不见而章[8]，不动而变，无为而成。

【注释】

①无息：无休无止。

②征：征验，显露于外。

③载物：承载万物。

④覆物：覆盖万物。

⑤成物：成就万物。

⑥配地：与地有同等功效。

⑦无疆：无穷无尽。

⑧不见（xiàn）而章：虽不刻意显露，也会自然彰显出来。

【译文】

因此，最真诚的德行是永不停息的。永不停息就能长久，长久就会显现出来，显现出来就可悠远，悠远就会广博深厚，广博深厚就会高大光明。广博深厚用以承载万物，高大光明用以覆盖万物，悠远用以成就万物。广博深厚与地相匹配，高大光明与天相匹配，悠远而无边无际。这样，不用表现却自然彰显，不用行动却能自然变化，无所作为却能自然成就万物。

【赏析】

生活变化的轨迹往往都是不以人的意志为转移的。但是我们在生活面前要保持一个基本的态度，那就是一个字："诚"。以"诚"来面对庸扰的尘世。其实再多的道理到了最后都可以归结到一个"诚"字。在艺术里面，"真"是第一位的。而在生活中，做人最为重要的品质则是"诚"。以"诚"做人做事，尽力而为，过后可以没有遗憾。

但是"至诚无息"其实是一个很难达到的境界。我们都是普通人，又都面临着社会上无数的诱惑。世界上的事情常常并不是以它的本来面目出现，充满各种假象，于是要至诚往往可望而不可即。

天道于诚，博厚高明

天地之道，可一言而尽也：其为物不贰[1]，则其生物不测。天地之道：博也，厚也，高也，明也，悠也，久也。今夫天，斯昭昭之多[2]，及其无穷也，日月星辰系[3]焉，万物覆焉。今夫地，一撮土之多[4]，及其广厚，载华岳[5]而不重，振[6]河海而不泄，万物载焉。今夫山，一卷[7]石之多，及其广大，草木生之，禽兽居之，宝藏兴焉。今夫水，一勺之多，及其不测，鼋鼍[8]蛟龙鱼鳖生焉，货财殖焉。

【注释】

①不贰：忠诚如一，所以不二。

②斯昭昭之多：天由众多的小小的明亮积累而成。

③系：悬系，悬挂。

④一撮土之多：人们立足之地只是很少的一点土地。

⑤华岳：华山，古称西岳。

⑥振：通“整”，整治，引申为约束。

⑦卷（quán）：通“拳”，拳头大小。

⑧鼋（yuán）鼍（tuó）：大鳖和扬子鳄。

【译文】

天地的法则，简直可以用一个“诚”字来囊括：“诚”本身专一不二，所以生育万物多得不可估量。天地的法则：就是广博、深厚、高大、光明、悠远、长久。今天我们所说的天，原本不过是由点点光明聚积起来的，可等到它无边无际时，日月星辰都靠它维系，世界万物都靠它覆盖。今天我们所说的地，原本不过是由土慢慢聚积起来的，可等到它广博深厚时，承载像华山那样的崇山峻岭也不觉得重，容纳那众多的江河湖海也不会泄漏，世间万物都由它承载了。今天我们所说的山，原本不过是由拳头大的石块聚积起来的，可等到它高大无比时，草木在上面生长，禽兽在上面居住，宝藏在上面储藏。今天我们所说的水，原本不过是滴滴聚积而成，可等到它浩瀚无涯时，蛟龙鱼鳖等都在里面生长，珍珠珊瑚等值价连城的东西都在里面繁殖。

【赏析】

前面我们说到的“至诚无息”，讲的是做人的道理，这章我们要讲的是天道运行的法则，也就是一个社会、一个国家运行的法则，中庸里说这是“诚”。这里的“诚”有多种解读，对自然界来说是规律，对国家来说是法律，对社会来说是规则。这三者只有具备这些东西才能运行。本章用了许多自然界的规律现象来做比喻，可以说这就是古人敬畏的天道。

我们这里不能拘泥于“诚”这个字的本身，不是将其概括为诚信、诚实、真诚等小的方面，而是将其概括成一种无限的领域，小到国家社会，大到宇宙万物，这就是古人说的天道。也可以看成古人对自然界的规律的一种窥测。

圣人之诚，于穆不已

《诗》云：“维天之命，於①穆②不已！”盖曰天之所以为天也。“於乎不③显④，文王之德之纯！”盖曰文王之所以为文也，纯亦不已。

【注释】

①於（wū）：语气词

②穆：肃穆，深远。

③丕：通“丕”，大。

④显：明显。

【译文】

《诗经》说：“天命多么深远啊，永远无穷无尽！”这大概就是说的天之所以为天的原因吧。“多么显赫光明啊，文王的品德纯真无二！”这大概就是说的文王之所以被称为文王的原因吧，他的纯真也是没有止息的。

【赏析】

这章主要是吟咏圣人的“诚”，在我们前文评析的所有“诚”中，圣人的至诚是做人的最高境界。这章中我们提到了文王，要知道文王不仅是圣人，还是周朝意义上的第一位王。

周礼中讲天子七庙，意思是天子也只敬七代祖先，有庙号的就一代一代都保留着，没有庙号的，到了一定时间就不再保留他的庙，而是把他的神主附在别的庙里。

我们再来看周文王的“文”字，经纬天地曰文，道德博闻曰文，学勤好问曰文，慈惠爱民曰文，愍民惠礼曰文，赐民爵位曰文。周文王应该算是第一位使用谥号的天子，也是第一位使用“文”字为谥号的天子。这个字还是用得比较客观内敛。

圣人之道，盛大浩瀚

大哉圣人之道！洋洋乎[1]！发育万物，峻极[2]于天。优优[3]大哉！礼仪[4]三百，威仪三千，待其人[5]而后行。

【注释】

①洋洋乎：盛大浩瀚的样子。

②峻极：高峻到了极点。

③优优：平和宽裕，自然从容。

④礼仪：古代礼节的主要规则，又称经礼。

⑤其人：指圣人。

【译文】

伟大啊，圣人的道！浩瀚无边，生养万物，与天一样崇高；充足有余，礼仪有三百条，威仪有三千条。这些都有待于圣人来实行。

【赏析】

我们前面说了成为圣人几乎是不可能的事情，这章就谈到了圣人的仪态和威严，条条框框的规矩大约有三千条。圣人之道到底是什么，我们不可能了解得清清楚楚，

明·陈洪绶 《出处图卷》（局部）

正所谓大道三千，当然这里的三千是一个虚指，应该是千千万万，指的是无穷。

这里的圣人之道，与孟子的一段话有些相似，孟子说：“故天将降大任于斯人也，必先苦其心志，劳其筋骨，饿其体肤，空乏其身，行拂乱其所为，所以动心忍性，曾益其所不能。”圣人与凡人相比就是天边云彩和地上尘埃的区别，所谓能力越大责任也就越大，所受的磨炼就越多，这些都是相互的，没有什么事情能够一蹴而就。我们孜孜不倦地追求的圣人之道，其实是对前文中至诚的追求。

明哲保身，进退自如

故曰苟不至德①，至道不凝②焉。故君子尊德性而道问学③，致广大而尽④精微，极⑤高明⑥而道中庸。温故而知新，敦厚以崇礼⑦。是故居上不骄，为下不倍⑧。国有道其言足以兴⑨，国无道其默足以容⑩。《诗》曰：“既明且哲，以保其身。”其此之谓与？

【注释】

①苟不至德：如果没有极高的德行。

②凝：凝聚，引申为成功之意。

③问学：询问，学习。

④尽：达到。

⑤极：极致，达到最高点。

⑥高明：德行的最高境界。

⑦敦厚以崇礼：尊重厚道，崇尚礼仪。

⑧倍：通“背”，背叛，背弃。

⑨其言足以兴：他的话足以振兴国家。

⑩容：容身，这里指保全自己。

【译文】

所以说，倘若不是那有最大德行的人，这完美的大道便不会成功。所以君子尊崇道德修养而又精研知识学问。他达到最高远、最光明的大道，却又求证渺不可测的精微之处。他洞察最为高妙的真理，却又遵循中庸之道。他温习了过往的知识，从中获得新的知识。他尊重厚道来尊崇礼仪。能够做到这些，那么他身居高位也不会目中无人，身居卑位也不悖逆作乱。国家政治清明的时候，他依据大道献言献策，就可以使国人改过而振兴；国家政治昏乱的时候，他便保持缄默，这样便不会招来无道君主的憎恨，可以保存自身。《诗经》说：“既明智又通达事理，可以保全自身。”说的大概就是这个意思吧？

【赏析】

这章提到了我们一般在意义上理解的中庸之道：不偏不倚，不背离不逾矩。其中透露出两个观点，分别是“问道”和“求学”。

明代张居正对这章的理解亦复如是：“夫致广大、极高明、温故、敦厚，皆是尊德性的事。尽精微、道中庸、知新、崇礼，皆是道问学的事。君子能尽乎此，则德无不修，而道无不凝矣。”说到底，古代学者或者士大夫阶层对“道”的理解还是在研究学问和德行上。

贤者是既能够温故又能够知新的人，古人对这种“两面兼顾”的人很推崇。当然“温故”和“知新”都是一面，重点在于两面兼顾。这也就是我们知道的浅显的中庸之道。而深奥的中庸之道，只有在生活中去发现，每件事情不尽相同，具体情况具体分析。

我们要理解深奥的中庸之道，不如和太极图联系起来，要明白一个道理：“盛极必衰，物极必反。”万事万物相生相克且千变万化，取“中庸之道”就是最大的智慧。

第七章 人性天性，问道中庸

人性是百变的。我们对人性有本善和本恶两种争论，同时在我们慢慢长大的过程中，人性会发生改变，有人变好有人变坏，只有明白道理，明白对错，才能在遗失中，找到自我，从而完善自我。

人性弱点，攻克循道

子曰："愚而好自用①，贱而好自专②，生乎今之世，反③古之道。如此者，灾及其身者也。"

【注释】

①自用：自以为是、刚愎自用之意。

②自专：独断专行，听不进去不同的意见。

③反：同"返"，回复的意思，引申为复兴、恢复。

【译文】

孔子说："有的人本来是很愚笨的，却又爱自作聪明；有的人本来是很卑贱的，却又爱自作主张。又有一些人，本来是生活在当世，却要恢复古人的规范。这样的人，祸患是必定会降临在他们身上的。"

【赏析】

这章其实从侧面反映出孔子的另一个观点，就是虽然他提倡“克己复礼”，但不是盲目的“克己复礼”，有时候盲目地追求古代先贤的圣人之道，往往会招来大祸。从这里我们也可以看出孔子其实是一个善于变通的人，他并不迂腐，反而很开明。当然，能够提出“因材施教”的人，他的思维一定非常开阔。

正如孔子所说，一个人还是要认清自己的能力，不要好高骛远。这是所有人都知道的道理，但是为什么会出现好高骛远的人呢？我们从外部找过原因，即他们没有自知之明，孔子又给我提供了一种新的思路：越是愚笨的人，越爱自作聪明，越是卑贱的人，就越容易自作主张。这也是我们人性的弱点，越是没有的就越想得到。

从心所欲，但不逾矩

非天子，不议礼，不制度，不考文[1]。今天下车同轨，书同文，行同伦[2]。虽有其位，苟无其德，不敢作[3]礼乐焉；虽有其德，苟无其位，亦不敢作礼乐焉。

【注释】

①不议礼，不制度，不考文：不议论更改礼节，不制定法度，不考订通行的文字规范。

②车同轨，书同文，行同伦：车子两轮间的距离一致，文字统一，伦理道德相同。

③作：改作，改造。

【译文】

如果不是天子，就不允许随便议论更改礼节，不允许随便新制定规章，也不允许随便考究通行的文字规范。现在天下一统，各地的车子两轮之间都一样宽，都用同一种通行的文字，伦理道德观念也一样。即便是有的人有天子的尊位，如果不具有圣人的德行，也不敢随便改造前人留下来的礼规和乐曲。即便有的人具备了圣人的德行，如果他没有天子的尊位，也不敢随便改造前人留下来的礼规和乐曲。

【赏析】

这章中所引的孔子的话否定了那种“生乎今之世反古之道”的人，这与通常认为孔子主张“克己复礼”的观点似乎有些冲突。其实，孔子所要复的礼，恰好是那种“今用之”的“周礼”，而不是“古之道”的“夏礼”和“殷礼”。正如孔子所说，夏礼已无法考证，而殷礼虽然还在它

的后裔宋国那里残存着，但毕竟也难以为继了。所以，从本章所引孔子的一段话来评判，确实不能随便地给孔子戴上复古主义者的帽子。

因地制宜，顺势而为

子曰："吾说夏礼①，杞②不足征也；吾学殷礼，有宋存焉；吾学周礼，今用之，吾从周。"

【注释】

①夏礼：夏朝的礼制。

②杞：国名，传说周武王封夏禹的后代于此，故城在今河南杞县。

【译文】

孔子曾说："我讲论夏朝的礼规，但是夏王朝的后代，即现在的杞国的制度，是不可以作为证据的。我学习殷商的礼规，现在有殷商的后代宋国存在，但他们的遗礼却不合现代。我学那周王朝礼规，现在还使用着的它，所以我遵从这周王朝的礼规。"

【赏析】

孔子兴办私学时，把“礼”作为教学的重点，他在《八佾》中赞赏周礼“郁郁乎文哉，吾从周”，又说“不学礼，无以立”(《季氏》)。在《论语》中更是有四十多章直接谈论到“礼”。由此可见，“礼”的重要性可想而知。

子思作为孔子的嫡系子孙，同样也是奉行“礼”。那么，“礼”到底指的是什么呢？有人会说：“礼，即为周礼。”那周礼又是什么呢？孔子在《论语》中谈道：“殷因于夏礼，所损益可知也；周因于殷礼，所损益可知也。其或继周者，虽百世，可知也。”这段话把礼法的演变过程清晰地表达出来了。简而言之，商朝的礼法制度是夏朝的继承与发展，而周朝的礼法制度是商朝的继承与发展即我们所说的周礼。那孔子为什么要复兴“周礼”呢？它的存在与发展是有根可寻的，正是因为“周礼”有根可寻，又顺应时代，因此，我们可以由此预见王朝百世的发展。这样的礼法才是一个国家生存发展的前提。

值得一提的是，孔子所说的礼，是“今用之”的“周礼”，而不是“古之道”的“夏殷礼法”。本章中的“夏礼”与“殷礼”，已经不能顺应当时的国情。而周礼经过历史的变迁与发展，顺应了时代的潮流。

在其上者，做好榜样

王天下有三重①焉，其寡过②矣乎！上焉者③，虽善无征，无征不信，不信民弗从。下焉者④，虽善不尊⑤，不尊不信，不信民弗从。

【注释】

①王（wàng）天下有三重：统治天下要做到三件重要的事情。

②寡过：少犯错。

③上焉者：指夏、商两代的礼制。

④下焉者：指在下位者，即臣属。

⑤不尊：没有显贵的地位。

【译文】

君王要治理好天下，做天下的王，就必须办好三件大事（即礼、法度、文字）。能够办好这三件事，那么这位君王便很少会犯错了。制度方面，向上推溯到夏商两代，这两代的礼制虽然好，但年代久远，没有证验，所以不可全信。既然不相信，民众便不会依照夏商之礼去做了。往下推呢，可以推到孔子。孔子虽然德行纯美近于圣人，但他作为一介布衣，没有登上天子之位。既然没当上天子，百姓也就不相信他了。不相信，自然就不会跟从他了。

【赏析】

“王天下”中的“王”读去声，在这里指的是让一个人称霸天下。本章开头说要做好一个帝王，就必须做好三件事，即“议礼”“法度”“考文”。如果这三件事做得好，那么就很少有过失了。

但作为一个上位者要使天下信服，只做到这三件事是不够的。他既要有尊贵的地位，又要有服人的品德。夏桀、帝辛作为帝王，拥有了崇高的地位，但是由于他们没有使天下信服的美德，终取灭亡。像孔子这样的圣人，拥有美好的德行，却没有尊贵的地位，也不能号令天下。所以，一个帝王已经有了尊贵的地位，那么更要施行“王道”，即仁义之道了。

要把“王道”推行于天下，说明王者不仅要有崇高的德行，而且要将“仁政”施行天下。如果不能做到这一点，百姓就不能得到感化，即使表面是臣服的，内心却不能服从。

实践之后，才得真知

故君子之道，本诸身，征[1]诸庶民，考诸三王而不缪[2]，建诸天地而不悖[3]，质诸鬼神而无疑，百世以俟[4]圣人而不惑。质诸鬼神而无疑，知天也；百世以俟圣人而不惑，知人也。是故君子动而世为天下道[5]，行而世为天下法，言而世为天下则。远之则有望[6]，近之则不厌[7]。

【注释】

①征：验证。

②考诸三王而不缪（miù）：考查古代三朝创立的法则没有错误的地方。

③建诸天地而不悖：立于天地并且不违背天地之道。

④俟（sì）：等待。

⑤君子动而世为天下道：君子的举动世代为天下的人称道。

⑥远之则有望：意思是与君子相隔甚远之人，对君子常怀敬仰之心。

⑦近之则不厌：近在身边也不会生出厌倦之心。

【译文】

所以，有道德的君子，要治理好天下，就一定要以自身的德行为根本，再去验证百姓相信不相信，考察夏、商、周三代的礼制，看是否与之相符合。建立在天地中间，而不违背天的意旨；向鬼神求证，而没有疑心；过了百世之后，等后代的圣人来评判，不被后代圣人认为是悖乱。向鬼神占问而没有疑心，那就表明是知晓天道了；百世之后的圣人也认为他的制度不令人惑乱，那就表明是知晓人情了。因为这些缘故，所以治理天下的君子，一举一动都世世代代作为后人的标准；做事，就被后人所效法；说话，就成为后人的法则。人与他距离远些，便会仰望他；人与他接近，也不会因亲近熟识而讨厌他。

【赏析】

本章的开头说："故君子之道：本诸身，征诸庶民……"它的意思是说有道德的君子，想要治理好国家，就必须先有崇高的品德，然后再去百姓中验证它，看它是否经得起

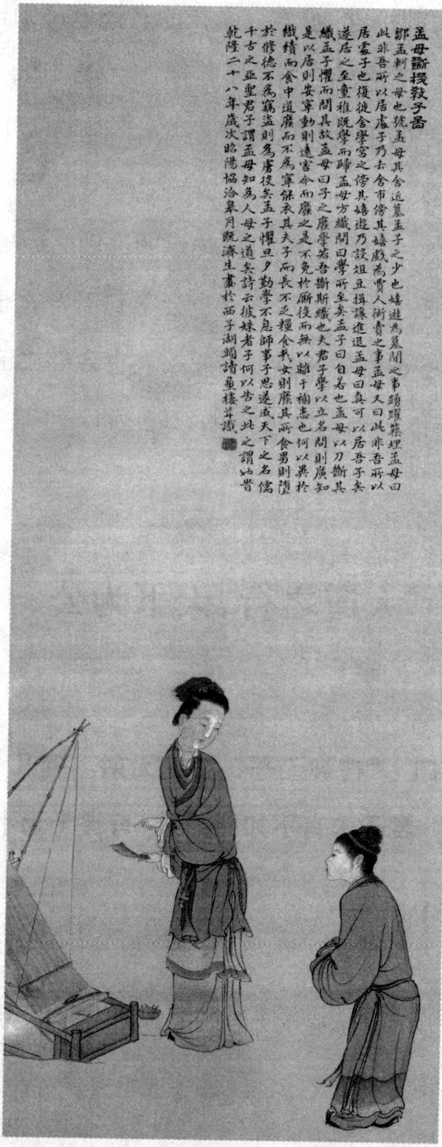

孟母斷機教子圖
鄒孟軻之母也號孟母其舍近墓孟子之少也嬉遊為墓間之事踴躍築埋孟母曰
此非吾所以居處子乃去舍市傍其嬉戲為賈人衒賣之事孟母又曰此非吾所以
居處子也復徙舍學宮之傍其嬉遊乃設俎豆揖讓進退孟母曰真可以居吾子矣
遂居之至童稚既學而歸孟母方織問曰學所至矣孟子曰自若也孟母以刀斷其
織孟子懼而問其故孟母曰子之廢學若吾斷斯織也夫君子學以立名問則廣知
是以居則安寧動則遠害今而廢之是不免於廝役而無以離于禍患也何以異於
織績而食中道廢而不為寧能衣其夫子而長不乏糧食哉女則廢其所食男則墮
於修德不為竊盜則為虜役矣孟子懼旦夕勤學不息師事子思遂成天下之名儒
千古之亞聖君子謂孟母知為人母之道矣詩云彼姝者子何以告之此之謂
乾隆二十八年歲次昭陽協洽皋月既濟生畫於西子湖頭

清·康寿《孟母教子图》

百姓的考验和时间的推敲。真正的有德者必须通过实践，才能判断自己的治世之道是不是能使百姓信服，是不是百姓所真正需要的东西。只有把“王道”施行天下，才能做到百世而不惑。

上行下效一直是我们世代传承的准则。如果上面的人行为有失偏颇，那么下面的人也会学到不当的准则；如果上面的人能够树立好榜样，下面的人也会形成正确的价值观。只有这样，一个国家才能顺利地运行。

大道之行，天下为公

《诗》曰：“在彼无恶，在此无射。庶几[①]夙夜，以永终誉[②]！”君子未有不如此而蚤[③]有誉于天下者也。

【注释】

①庶几（jī）：几乎。

②终誉：保持美好声名。

③蚤：即“早”。

【译文】

《诗经·周颂·振鹭》说："在那边没有人怨恨，在这边没有人讨厌，早晚都谨慎小心，以永久地保有美好的名誉！"但凡有道德的君子，没有不这样做的，所以能够很早就有很好的名声流传天下。

【赏析】

这章为我们描绘了一个儒家理想中的社会，《礼记·礼运》曾记过这个美好的蓝图："大道之行也，天下为公，选贤与能，讲信修睦。故人不独亲其亲，不独子其子，使老有所终，壮有所用，幼有所长，矜、寡、孤、独、废疾者皆有所养，男有分，女有归。货恶其弃于地也，不必藏于己；力恶其不出于身也，不必为己。是故谋闭而不兴，盗窃乱贼而不作，故外户而不闭，是谓大同。"天下大同就是满足生存需求，人人得到社会的关爱。

满足发展需求，人人都能安居乐业，货尽其用，人尽其力。在那边没有人怨恨，在这边没有人讨厌，早晚都谨慎小心，以永久地保有美好的名誉。这就是诗经里对这个社会的构想。

祖述尧舜，宪章文武

仲尼祖述[1]尧、舜，宪章[2]文、武，上律天时[3]，下袭水土[4]。辟如天地之无不持载，无不覆帱[5]，辟如四时之错行[6]，如日月之代明[7]。万物并育而不相害，道并行而不相悖。小德川流，大德敦化[8]，此天地之所以为大也！

【注释】

①祖述：效法、遵行前人的行止或学说。

②宪章：效法。

③上律天时：上达天命变化的玄机。

④下袭水土：下知地理风水变化的奥秘。

⑤覆帱（dào）：覆盖。

⑥错行：交错运行，流转不息。

⑦代明：交替光明，循环变化。

⑧敦化：使万物敦厚纯朴。

【译文】

孔子一生远宗尧、舜，近以周文王、周武王为典范。上取法于天地运行的常道；下依着水土因地制宜，行圣人的德行。就像那天地，没有一样东西不承载，没有一样东西不覆盖，又像春夏秋冬四季的交替运行，太阳、月亮的交替发光。世上的万物一同生长发育而不会互相戕害，各样的道理一同出现而不会互相攻击。小一些的德行就像那小河流水，虽然各自分流，却终究流入同一条大河里。大一些的德行敦实笃厚化育万物，又好比大河容纳多条小河一样。这便是天地之所以高明广博的地方啊。

【赏析】

上天对万物是无私的，万物按照自己的本性而生息，并非上天有意使某物存在、使某物灭绝。狼以羊为食物，并非有意害羊；羊以草木为食物，并非有意糟蹋草木；草木赖水土而生存，并非有意贪图享受。人以狼、羊、草木为食物，赖水土而生存，不能有意伤害它们，须知适可而止，妄杀一草一木，即是背弃天地之道，更何况国家之间、人类之间的杀戮呢？

天下至圣，聪明睿知

唯天下至圣[1]，为能聪明睿知[2]，足以有临也。

【注释】

①至圣：最高的圣人。

②聪明睿知：耳听敏锐称为聪，目视犀利称为明，思维迅捷称为睿，知识渊博称为智。

【译文】

只有天下最高的圣人，才能够真正耳聪目明，能体察出事物的真伪，能运用灵巧的心思与特别的卓识来认知、判断事物。他才能居上位从而治理国家。

【赏析】

《中庸》里这句话的意思大概是：唯有天下最通晓畅达道理的人（即圣人），可以完全做到用居高临下的角度来观察（天下万事万物），因为他们能做到聪明睿智。《中庸》

为君子提出了圣人的评判标准。

一个耳聪目明、知识渊博而又思维迅捷的人，能够运筹帷幄，识人断物。这样的人可以称为至圣。

所以圣人的境界是聪明睿智。第一个是聪明，绝顶的聪明，这个聪明是由本性而发起来的智慧，不是后天想出来的，也不是靠眼睛耳朵观察出来的，就是现在讲的“无上的灵感”。

有一个词叫“迷狂”，它是指一个普通人受到了上帝的指引，陷入一种疯狂的状态，他的思维源泉不断地涌现。当然现实生活中是没有上帝的，但是我们可以发现天分这个东西确实是存在的，聪明人把这个本性的智慧发挥到极致，他就有能力驾驭天下，从而达到统治天下的目的。

宽裕温柔，足以有容

宽裕温柔，足以有容也。

【译文】

他志气很高，性子却很宽裕平和，易亲近，因此他有足够广阔的胸怀来容纳别人。

【赏析】

中国传统文化是一种“德行”文化，非常重视人与人交往的“道”，以及遵循这种“道”而形成的“德”。作为中华文化的重要组成部分，儒家主张以道德实践为第一要义，由此形成了中国人道德至上的价值取向与文化精神。

处事做人，贵在有德。中国人所谓的处世，首先是要会做人。另一方面，在与人交往时要以德待人。

气量大的人，容人之量也很大。可以与不同性格、不同脾气的人相处得很好，可以听得进批评自己的话，也可以忍辱负重，更经得起误会和委屈。成就大事的人，往往有着如大海般宽广的胸怀，这样的人也会因为胸怀广博而

清·焦秉贞《耕织图册 3》

包容一切，逐渐走向成功。宽容别人，事实上也是为了得到别人对自己更多的宽容和谅解。当你善待他人的同时，也可以学习别人的优点，弥补自己的不足，那样你的生活也会变得异常宽阔。

发强刚毅，锲而不舍

发强刚毅①，足以有执也。

【注释】

①发强刚毅：奋发强劲，刚健勇毅。

【译文】

刚健勇毅，奋发强劲，就可以有足够的依仗。

【赏析】

中国传统文化蕴含着许多优秀的精神，其中坚持、奋发向上、贯彻始终是其中突出的特点。成功没有秘诀，贵在坚持不懈。任何伟大的事业，成于坚持不懈，毁于半途而废。其实，世间最容易的事是坚持，最难的事也是坚持。

说它容易，是因为只要愿意，人人都能做到；说它难，是因为能真正坚持下来的，终究只是少数人。

自古以来，凡有大成就的人对苦难所持有的态度都是忍耐、乐观、坚持和正视。苦难是对人最大的考验，只有真金才经得住火炼。自古英雄多磨难，只有知难而上，走出逆境，忍人所不能忍，方能成人所不能成之事。

第八章 圣人凡人，取道中庸

每个人生下来都是凡人，圣人只存在于那些史书典籍中。凡人是有缺点的，圣人则是完美无瑕的。追寻圣人之道，其实就是我们一点一点改掉自己不完美的地方，向圣人的目标前进。到了最后，也许我们成不了圣人，但是我们会成为一个有德行的人。在追求中自我完善，让自己变得更好。

齐庄中正，足以有敬

齐庄中正[1]，足以有敬也。

【注释】

①齐庄中正：整齐庄重，公平正直。这里是形容“礼”。

【译文】

他的容貌像在斋戒中时一样端正庄严，为人中正平和，因此他的威仪足以使人肃然起敬。

【赏析】

“齐庄中正，足以有敬也”是讲“礼”的重要性。在中国古代，社会的中坚分子是知识分子、士大夫阶级，他们被当作全国老百姓的榜样。这些士大夫阶级都能够守礼、行仁，老百姓自然也会效仿。

礼仪是很重要的，《礼记》开端就说“曲礼曰”，“曲”

是委曲婉转，“礼”是自卑而尊人，这个叫礼。所以“曲礼曰，毋不敬”跟我们“礼敬诸佛”一个意思，就是讲一切恭敬。“毋不敬，俨若思，安定辞，安民哉。”这四句话，第一句是讲恭敬，讲礼敬；第二句是讲端庄、庄严；第三句就是讲言语，言语要肯定，要安、要定、要柔和、要肯定。这三条做到，天下可“安民”！前三句是因，后一句是果。所以，世间都要重视“礼”，可见其重要性。

文理密察，足以有别

文理密察[1]，足以有别也。

【注释】

①文理密察：文章条理，详细明辨。这里是形容“智”。

【译文】

我们的思维，要像写文章一样条理清晰，对事物的表层与深层，能够深入详细地考察，有足够的眼光来鉴别事物真伪。

【赏析】

文，指的是文章有章法；理，指的是思维有理路。我们的思维、思想，要像写文章一样清晰有条理，要有严密的逻辑思维能力。密察，就是要善于思考，善于表达，善于体察事物最细密、最微妙的变化。那么，“文理密察”的目的是什么呢？就是“足以有别”，有足够的辨别能力，对是非善恶、人心背向、得失利弊等都能做到清清楚楚。

所以，真正的不生分别，是体现在这个明明了了的分别当中的。如果你想平等对待每一个人，并且真正无私地关怀每一个人，那你就要善于分别、善于观察每一个人的心理特点，善于了解每个人的性情结构、兴趣爱好。这样，你的爱心才能够具体地、平等地、有效地施加到每一个人身上。

溥博渊泉，故曰配天

溥博渊泉①，而时出之。溥博如天，渊泉如渊。见②而民莫不敬，言而民莫不信，行而民莫不说③。是以声名洋溢④乎中国，施及⑤蛮貊⑥。舟车所至，人力所

通，天之所覆，地之所载，日月所照，霜露所队⑦，凡有血气者，莫不尊亲，故曰配天。

【注释】

①溥（pǔ）博渊泉：圣人的行事作为，就好比广大而渊深的源泉一样。

②见：同“现”。

③说：同“悦”，高兴喜悦的意思。

④洋溢：广为传播。

⑤施及：蔓延，延伸。

⑥蛮貊（mò）：古代边缘部族的通称。

⑦队：同“坠”，坠落。

【译文】

他像那很大很深的泉水一样，能时时流泻出来。他像那无边无沿的青天一样，又像那渊深而流远的清泉与深不见底的水潭一样，因此，当他的圣德传播在外的时候，人民都恭恭敬敬。他说的话，人民没有一点怀疑的；他做的事，人民没有一个不欢欣鼓舞的。所以，他的美名在广大的国境内流传着，并一直传布到四境之外的野蛮部族中间。凡是船与车所能到达的地方，人的力量所能到达的地方，天所覆盖的地方，地所负载的地方，日月所照耀的地方，霜露所降临的地方，有血有气的生物，没有一个不尊重并亲近他的。所以说，这样的有德君子是可以与天相配的。

【赏析】

古人云："海纳百川，有容乃大；壁立千仞，无欲则刚。"人如果能够做到虚怀若谷，便能够汇集百川而成为汪洋。人如果能做到无欲无争，便能如峭壁一般，屹立云霄。水与山，一柔一刚，是如此的对立，又是如此的统一。山水总相依，有山有水才有无边风景。万事万物都一样，刚柔并济，阴阳协调，才能和谐。

人要常怀一颗感恩之心，方能使人敬仰。要多存善心，多行善举。只有这样，才能坦荡做人。

一个人如果没有信用，什么事也干不好。人与人之间的交往，关键是要讲信用。古人把守信看成做人的非常重要的品行之一，讲究"言必信，行必果"。人在社会上如果不讲信用，定没有人愿意与其交往，更不会赢得别人的信任。

诚心做人，专心做事

唯天下至诚，为能经纶①天下之大经，立天下之大本②，知天地之化育。夫焉有所倚③？肫肫④其仁！渊渊其渊⑤！浩浩其天⑥！苟不固聪明圣知达天德者⑦，其孰能知之？

【注释】

①经纶：本意为整理丝缕，后用来比喻经营政治的才干，这里引申为治理。

②大本：指根本的德行。

③倚：依傍，依靠。

④肫（zhūn）肫：真挚恳切的样子。

⑤渊渊其渊：意为圣人的思想如潭水一样幽深。

⑥浩浩其天：意为圣人的美德如同苍天一般浩渺无边。

⑦达天德者：意为通晓天赋美德的人。

【译文】

只有天下最诚心的人，才能够规划天下的常道，才能够确立天下的根本，才能够通晓天地的变化与万物的生育之道。除了至诚，他还有什么可以倚靠的呢？至诚的人，他的仁德是那么诚恳。他的心志就像那渊深的水潭一般。他化育万物，广大无边，就像那上天一样。如果不是他天然的聪慧，又有圣人的见识，是通达德性的人，又有哪个人能掌握这个道理呢？

【赏析】

《中庸》中比较精确地阐释了诚与明的关系，那就是“诚则明矣，明则诚矣”。诚、明二者的功用其实是相通的，无论是天性还是后天的教育，只要做到了真诚，二者也就合二为一了。而只有首先对自己真诚，然后才能对他人真诚，最终达到对这个世界的真诚，只有这样，才能更接近中庸之道。孔子认为，只要一个人为人真诚，便可以使自己立于与天地并列的至高不朽的地位，可见真诚的功用之大。

其实“不诚”未必真能欺人，可能只会欺骗我们自己，使我们陷入“不明”的状态。因为当我们不诚之时，它就阻塞了我们寻求真理和知识的路径，就会让我们自以为很

智慧、很聪明，好像真的在智谋等方面高人一等了。殊不知，聪明反被聪明误，自以为聪明的人，才是最愚蠢的。

我们一切“不诚”的言语，会在我们自身与真正的“明”之间筑起一道高墙，使我们不明白真理，使我们在追求知识的过程中不能真正进步。所以，诚心是一切求知识、求智慧的人的根本。一个人如果有一颗诚心，他自然会把一切事理看得通透，而一个智慧通达的人，也往往会比一般人更加心诚。

明·李在 《圯上授书》（局部）

低调做人，藏锋守拙

《诗》曰："衣[1]锦尚䌹[2]。"恶其文之著[3]也。故君子之道，暗然[4]而日章；小人之道，的然[5]而日亡。君子之道，淡而不厌[6]，简而文[7]，温而理，知远之近[8]，知风之自，知微之显，可与入德矣。

【注释】

①衣（yì）：名词动用，意为穿衣。

②䌹（jiǒng）：用麻布做的罩衣。

③著：鲜明，耀眼。

④暗然：黯淡的样子，隐而不露。

⑤的（dì）然：指确切鲜明的样子。

⑥淡而不厌：不取悦于人，起初看似淡薄，久而久之，愈加觉得可敬，无恶可厌。

⑦简而文：性情简静无奢欲，文采雄辩有韬略。

⑧知远之近：要想抵达远方，必须从近处起步。

【译文】

《诗经·卫风·硕人》说："她里面穿着绫罗绸缎，外面加了一件麻布的单衣。"之所以在绫罗绸缎之外加上一件单衣，是因为嫌恶那绫罗绸缎太耀眼。所以有道德的君子所奉行的大道，外表看似不明，却在内里有蕴藏，所以一天一天地显现出来。反之，那些小人的小道，外表看起来颇为光明，但其实腹中空空，没有什么蕴涵，所以一天一天地消减。有道德的君子所奉行的大道，看似清淡，却越钻研越觉得有味道，不会叫人厌倦；看似简单，其实却文采斐然；看似平和，其实却很有条理，非常缜密。知道抵达远方要从近处起步，知道风是从什么地方吹来，知道再细微的东西也会彰显。能够明晓这些，就可以算是一个明晓道德的人了。

【赏析】

中庸作为儒家道德智慧之精髓，被人们认为是一种崇高的道德理想，又是一种现实的道德实践活动。中庸之道上达于天，下达于地。它始源于浅显的知识，推究到事物的奥妙精深之处，昭然于天地万物之间。

中庸处世提倡做人要中正、平和、稳重、内敛。既不凌驾于人，也不卑贱于人。在芸芸众生之中要想保持中庸的状态，关键在于要学会在上与下、高与低、强与弱、显与藏、进与退之间把握好尺度，拿捏好分寸，选择一种适当的、中和的中庸之道，并贯彻到具体的人生中去。这样才能在社会的风雨中得以保全，在人生的道路上赢得更多的支持和认同。

自我反省，内省不疚

《诗》云："潜虽伏矣，亦孔之昭！"故君子内省不疚①，无恶于志②。君子之所不可及者，其唯人之所不见乎？

【注释】

①内省（xǐng）不疚：内心经常反省，没有愧疚。

②无恶于志：君子的言语行为无愧于自己的心志。

【译文】

《诗经·小雅·正月》中说："虽然隐藏了起来，却也是昭昭然地显现呀。"所以，有道德的君子无论何时何地，都能省察自身，不会做错事而抱愧，也不会有什么事会伤害他

的完美心志。有道德的君子，一般的人之远远不及他，那是因为他善于在寻常人所看不见的地方存养自我。

【赏析】

自省即自我反省，是一种自我道德修养的方法。孔子说过：“见贤思齐焉，见不贤而内自省也。”自省就是通过自我意识来省察自己言行的过程，其目的正如朱熹所说：“日省其身，有则改之，无则加勉。”孔子的学生曾子终生力行自省此主张，确切做到了“吾日三省吾身”。

人非圣贤，孰能无过。我们每个人都不可能是完美无缺的，都会有说错话、做错事的时候。没有人能保证自己每一件事都做得正确，都不犯错误。重要的是，我们以何种态度对待自己的不足，能不能像古人那样，每天都对自己进行严格地反省、检讨，对自己进行认真的剖析、审视，以君子的方式要求自己。

明·沈贞《竹炉山房》

若为君子，无愧于心

《诗》云："相①在尔室，尚不愧于屋漏②。"故君子不动而敬，不言而信。

【注释】

①相：注视。

②屋漏：古代室内的西北角相传是神明所在，常用来陈设帐幕供奉神明。

【译文】

《诗经·大雅·抑》说："在你自己的屋中，总有在暗中注视着你的，只要不做有愧于屋漏神的事，便用不着担惊受怕。"所以，有道德的君子不必有所动作，自然会有人尊敬；不用开口说什么话，自然会被人信任。

【赏析】

智者积蓄着淳朴、宽忍以选择真诚，信仰着桀骜不驯以选择坚强，塑造着至死不渝以选择忠贞。于是，人类才得以挣脱一张张苍白的罗网，继而蔓延到整个时代广阔的背景里。

古往今来，多少风流人物在逆境中达到自身心志的完善与圆满。愁苦而悲愤的遭遇成就的是他们熠熠生辉的选择，喊出发自心灵的声音，表达对真理的膜拜、对文明的追求，以抗争世事之不公。正如鲁迅，他选择弃医从文，立志救国，做一名坚强的文坛医师，为麻木疗伤，为革命确诊，向卖国求荣宣布死期，面对帝国主义发出轻蔑而不屈的冷笑。于是“铁屋子里沉睡的人们”被唤醒了，“刑场上冷漠的示众材料与看客”被赋予了新生，中国近代文学更是一跃千里。

奏假无言，时靡有争

《诗》曰：“奏假无言，时靡有争[①]。”是故君子不赏而民劝[②]，不怒而民威于铁钺[③]。

【注释】

①奏假无言，时靡（mí）有争：意思是默默无语地向神明祈祷，内心平和，没有争端。

②不赏而民劝：不需要进行奖赏就能使百姓互相劝勉行善。

③铁（fū）钺（yuè）：古代执行军法时用的斧子。

【译文】

《诗经·商颂·烈祖》说："默默地呈献一片诚心去感动神明，内心平和，便不会有纷争。"所以，有道德的君子，不用设立赏格，而民众自然会前赴后继地行善事；不用大发脾气，而民众自然会畏惧他比畏惧那斧钺还厉害。

【赏析】

这章讲述的重点就在"诚心"上。它可以引申为有原则、正直、心诚等意思。古语有云："心诚则灵。"

中庸思想里孔子创立的儒学具有人学特质。"人"一直是孔子思考和关怀的对象。中庸思想在现代人处理个人与社会、家庭、朋友、同事、异性交往等关系中，依旧有着积极的作用，这一点是任何一个与外界有必然联系的人所不可否定的。

现代人被日益汹涌的物欲所困，追名逐利，甚至为了达到目的而不惜以破坏为手段，结果把本不该误解、抛弃和毁坏的思想和智慧否定了，其中就包括中庸思想里的许多合理成分，如做人要讲诚信，做事要有尺度，不走极端，要恰到好处等。

笃实恭敬，天下太平

《诗》曰：“不显[①]惟德，百辟[②]其刑[③]之。”是故君子笃恭而天下平。

【注释】

①不显：大显。不，通“丕”。

②辟（bì）：很多诸侯。

③刑：通“型”，示范，效法。

【译文】

《诗经·周颂·烈文》说：“弘扬那德行啊，诸侯们都来效法。”所以，君子笃实恭敬就能使天下太平。

【赏析】

每个深谙中国历史的人都知道，自古以来，历朝历代凡成就大业的领导者无不以“江山社稷用人为先”为准则，

从而因用人而兴。齐桓公重用管仲，成就了一番春秋霸业；秦始皇利用韩非、李斯横扫六国，一统天下；刘邦有张良、韩信“运筹帷幄之中，决胜千里之外”的智谋，成为西汉的开国之君；刘备识得诸葛亮，而得“三分天下”之势；唐太宗正是采用“慎择”的用人方式，终有“贞观之治”的盛景；朱元璋凭借自己的真诚感动了心如死灰的前朝落魄士子刘伯温，使他终归自己帐下。

到了今天，我们也都想在用人上有所作为，但反躬自省，却发现自己在用人上远未达到先人们那种超凡自如的境界。因为大多数人往往习惯地想到用人是一种权力，而忽视了用人也是一门学问，更是一门艺术。古语有云：“事之至难，莫如知人；事之至大，亦莫如知人；诚能知人，则天下无余事矣。”

予怀明德，最高境界

《诗》云：“予怀明德，不大声[1]以色[2]。”子曰：“声色之于以化民，末也。”《诗》曰：“德𬨎[3]如毛。”毛犹有伦。“上天之载，无声无臭。”至矣！

【注释】

①声：号令。

②色：形貌。

③輶：古时候的一种轻便车，引申为轻。

【译文】

《诗经·大雅·皇矣》说："我怀有光明的品德，不用厉声厉色。"孔子说："用厉声厉色去教育老百姓，是最拙劣的行为。"《诗经·大雅·烝民》说："德行轻如毫毛。"轻如毫毛还是有物可比拟。《诗经·大雅·文王》又说："上天所承载的，既没有声音也没有气味，这才是最高的境界啊！"

【赏析】

一个有道德的人，他的待人接物、他的教化众生都是自然的，是无心的。就像太阳照人，就像雨滋润万物，我们可以通过学习经典，明白自己的不足，努力去克服它，使我们的不合理的行为越来越少。这就是通过有为来达到无为，使我们越来越变得像天地一样的无为。《中庸》汇集儒家经典，是表达儒家智慧的典籍之一，这里面对今人最大的教化功能之一就是德行。

道德的最高境界是思想和言行的融合，要自觉地遵守道德规范，而不是勉强去做。这两点对任何人都是适用的。